我的教学

王昀

中国电力出版社
CHINA ELECTRIC POWER PRESS

图书在版编目（C I P）数据

我的教学 / 王昀著. -- 北京：中国电力出版社,2018.7
ISBN 978-7-5198-2023-7

Ⅰ.①我… Ⅱ.①王… Ⅲ.①设计教学－教学研究

Ⅳ.①G426

中国版本图书馆CIP数据核字(2018)第090768号

本教材受北京建筑大学设计学学科建设项目资助出版

出版发行：中国电力出版社
地　　址：北京市东城区北京站西街19号（邮政编码 100005）
网　　址：http://www.cepp.sgcc.com.cn
责任编辑：王　倩
责任校对：常燕昆　太兴华
封面设计：方体空间工作室（Atelier Fronti）
版式设计：张捍平
责任印制：杨晓东

印　　刷：北京雅昌艺术印刷有限公司印制
版　　次：2018年7月第一版
印　　次：2018年7月北京第一次印刷
开　　本：787mm×1092mm 16开本
印　　张：59.25
字　　数：862千字
定　　价：286.00元

本书是本人与清华大学建筑学院 14 位三年级同学历时 8 周设计教学过程的呈现

写在前面的话：

《我的教学》是我在 2015 年作为设计导师在清华大学以"点子·手段·空间研究"为题所进行的 8 周设计教学内容的总结。

"点子·手段·空间研究"，是一个概念和内容都非常宽泛的设计题目。之所以决定用这个题目来作为本次建筑设计的课题，是因为在我们这个时代，并不缺少想法和所谓的设计理念，更不缺少点子和馊主意，但我们当下的生活环境中充斥的那些冠以新思潮、新理念、新材料、新做法、新结构、新技术等所谓非常有设计思想和谈起来贴满设计理论标签的丑陋房子，恰恰说明我们建筑学人缺少一种能够将一系列的"点子"和设计思路以一种空间形态语言进行转换的"手段"。而对于这种"手段"的发现、训练和使用，就是我选择这个设计课题的主要意图和这次建筑设计课的主要教学目的。

参与我设计课题的共有 14 位本科三年级上学期的同学。想到他们之前对于功能分析、图纸表达、模型在设计过程中的作用等设计基础问题的训练已经完成，因此我决定在教学中不再对上述方面进行强调，而是重点关注和训练学生们在设计过程中如何利用和寻求不同的"手段"，并与"点子"进行呼应的问题。

这 14 位同学的最终设计成果展现出他们在未来作为建筑师的优秀素质和潜质。虽然同学们都很年轻，对生活的理解在深度上还有局限，对于相应的建筑内容在空间使用方面以及对于"手段"的转换过程中所呈现出的那些丰富而且富于多种可能性的空间与行为的适应性方面还显得薄弱，但是同学们利用"手段"的能力已经得到了充分的训练并显示出对于"手段"本身意义的理解。这本书实际上正是这个过程的展现。

需要说明的是：由于这 8 周设计课程过程中所涉及的内容较多，书的篇幅有限，而内容本身又是在大量的课程录音基础上经过一系列的删减工作之后所呈现的状态，因此书中仅仅保留的师生对话内容或许会有不连贯和片段感，有些对话并不能够一一地列举所指相关的图片内容，一切都是在尽可能保证还原现场场景和不影响内容理解的前提下所进行的挑选，整体也只能算做简明版的过程呈现，这一点也希望大家能够谅解。

在整个的教学过程中，我们得到了清华大学建筑学院庄惟敏院长、单军副院长、徐卫国老师等多位老师的多方面帮助，也得到了参加课题的清华大学建筑学院本科三年级学生陈梓瑜、丁惟迟、杜光瑜、杜京良、高钧怡、侯兰清、李金赫、李明玺、吴之恒、谢志乐、徐逸、杨隽然、叶雪粲、周桐这 14 位同学在历时 8 周教学过程中的努力和积极回应，谨此一并致谢。

同时还要感谢参与教学评图环节的王丽方老师、张利老师、李兴钢老师、刘亦师老师等评图老师在重要节点上所给予的批评，也要感谢作为同事共同参与到本次清华开放式建筑设计课的其他组的 7 位设计导师：齐欣、崔彤、李虎、马岩松、朱锫、王辉和徐全胜老师在教学过程中所给予的相互促进与支持。

感谢本书编辑王倩女士在整个出版过程中所给予的帮助，感谢本次设计课程中我的两位助教老师张捍平和赵冠男老师在整体教学及本书相关资料整理过程中所给予的全程协助。

王　昀

2016 年 10 月于 ADA 研究中心

目录

写在前面的话

2015 年 1 月 27 日 13:26:47（星期二）我向徐卫国老师邮件提交了本次建筑设计课的教学任务书，任务书如下：

点子·手段·空间研究 2015 春季学期

指导教师：王 昀

一、建筑是什么？
建筑不是文学，不是诗歌，不是绘画，不是雕塑，不是电影，不是舞蹈，不是服装，不是……
建筑就是建筑。
建筑不是建筑之外的任何事情。
建筑有属于自己的语言系统。

二、点子
对于建筑设计而言，"点子"是重要的，"点子"就是想法，是构思，是设计师在自己进行设计时的所有知性的综合体现。当然"点子"本身也包含着设计师对于建筑功能的全部理解。

三、手段
"点子"的确是重要的，但所有人都会有"点子"。
这个世界实际上不缺少"点子"和馊主意。
"手段"是使点子转化为被设计"对象物"的通道。
建筑设计的"手段"是建筑师的专属。

四、课程目标
解决"点子"和"手段"的关系问题。关注"空间研究"是本课程的教学目标。

五、课程描述
根据既定的教学大纲和教学内容的要求，进行相应的题目设定。
重要的教学内容不是设计的对象物，而是设计本身。

六、成果
相关的表现图纸、模型和关于这个题目整体过程的 460 页的小册子。

注意事项：
本教学内容仅仅在课堂上的时间是不够的，需要同学们花费大量的业余时间和精力。

请大家利用假期时间锻炼好身体并尽可能提前安排本来计划安排在下学期前半学期预计要做的工作。

2015 年 2 月 25 日 18 点 39 分我收到了来自清华大学建筑学院徐卫国老师的邮件，内容如下：

"昀兄：时间安排见附件。卫国"。

下面是附件的内容：
2015 清华开放式建筑设计课教学时间安排

1 月 18 日教学小组会
          介绍 2014 教学情况；讨论 2015 教学任务书；
2 月 02 日之前提交正式设计任务书
          发学生选题分组；
3 月 02 日（周一）下午 1:30 第一堂课
          介绍指导教师，指导教师 5 分钟演讲，分组与学生见面；

※ 之后每周四上午 8:30~12:00、周一下午 1:30~5:00 为设计课辅导；

3 月 29 日（周日） 中期评图；
4 月 25 日（周六） 终期评图；
4 月 30 日 之前提交学生成绩分数。

根据上述的时间安排，8 周的设计课程就此展开。

01

第一课

2015年3月2日星期一

王昀：这节课是我们这次设计课正式开始之前的热身内容，没有过多的理论，仅仅是将我个人对于建筑的理解介绍给大家，供大家参考。需要说明的是，我讲这些的主要目的不是要求同学们所做的设计要与所讲的这些内容一样，而是希望以这些内容作为参考，在之后的设计课程中做出更多有意思的东西。

对建筑设计而言，想法与点子确实很重要。你有很多概念也好，有很多想法也好，最后其实都离不开一件事，就是你必须把这种思想性的东西转换到一个具体的对象物当中。正是本着这样的思考和想法，这次课题着眼于"点子"和"手段"关系的问题。点子其实谁都有，你问一位普通老百姓，如果做一个设计的话，他有什么想法时？他能夸夸其谈地讲很多，但讲了一大堆，想法该如何能够成为建筑的对象物，如何变成符合想法的空间形态？这其实就需要有手段。手段这件事儿其实就是建筑师能够做的，别人做不了的。比如你找文学家，关于建筑他能谈一大堆想法，讲建筑如何影响社会和时代。问到建个什么房子，他能谈的比你看上去还像建筑专家，可是落实到空间时就还得让建筑师出面。有时甚至在建筑圈里，谈理论天花乱坠的建筑师也有，但如果跟他说别光动嘴，您给咱来一个，或许马上露馅儿。咱们这儿的同学千万别这样，动嘴更要动手。但问题来了，每个人的动手能力不同，怎样才能迅速地做出不丢人的设计，而这些设计又不是模仿和抄袭目前已经存在的设计方案？这就是我们这次课程要解决的问题，也就是说我们要有自己的手段。

我不知道你们有什么手段来解决建筑问题，我可以先介绍一下我对手段的理解。在我看来，建筑师所做的最基本的工作，就是在纸上画几根线，然后让这些线成为空间，成为建筑，成为建筑的立面。但是这几根线如何能够画得让人信服，让人感到你能够画而他不能够画，这实际上就需要修炼和漫长的体会，当然还要知晓手段本身。

刚才已经说到了，建筑最初表现在纸面上其实就是那么几根线，表面上看每个人画出的线都是线，但线本身被画下去的那一刻，画线者的意识与所画出的线本身的意义，能够从线与线之间的关系中流露得一览无余。对于胸中有建筑的人，他们对于线的理解其实还有"发现"层面的作用，换句话来说，他可能画线条的水准不是很高，可他的鉴赏能力很高，或者说他对建筑本质的理解非常清晰，他就可以从"世界"中发现建筑本身的空间存在。简言之：如果把一个建筑设计归为几条线，那么我想世界上只要有线的东西都可以从中发现其存在着的建筑。

眼睛作为人的个体与外界沟通中的重要器官，连接着人的思想的同时，还可以使人们在行动的过程中保持状态并将思想付诸实践的同时保证实践的精准度。

眼睛的一个主要特征在于视线的自由。视线所经过之处，客观世界的物象便会呈现在视网膜当中。然而，尽管呈现在视网膜当中的"像"理论上理解均可以传输到大脑，但大脑能否去识别这个"像"，或者说我们于通常意义上所说的能够看到这个"像"，往往又是非常不尽然的。比如说：很多生活中遇到的视而不见的现象并不意味着那些客观存在的"像"没有作用到视网膜上，而是由于你的观念当中没有对客观事物所呈现的那个"像"有一种渴望去看到它的期待，这个"像"往往又是看不到的。如果说视线所经过之处，作用到视网膜上的"像"被通常所认为的是看的动作或行为的话，那么看到这个"像"却是背后有观念和思想在起作用。从这个层面去理解：如果要想让一个视线变得真正的自由，对应着的一定需要有一种自由的思想，否则尽管视线可能是自由的，是无时无刻都在游走的，但未必都能够被看到，或者说在自由的视线游走的过程中，会出现被过滤和删掉大量信息的现象，这恰恰因为一种固定的观念所造成的结果。比如面对同样一朵花，画家眼中的花看到的是由形态本身所引发的美感；诗人能够由此抒发出真情；植物学家眼中可以对其品种进行科学鉴别。可见同一个对象物从不同人的眼中传递给大脑后所得出的判断有所不同。这也说明了眼睛的视线尽管是自由的，但所得出的结果并不尽相同。而反过来，由于观念的确立，也会使对象物本身的其他性格被视而不见，这恰恰如同画家在看花时往往不太会关注到花本身的科学成分。

既然如此，作为建筑师，当我们看到对象物时，往往会不自觉地将自己的身体带入到那个对象物当中进行观察，而这样一个特点，实际上也反映出建筑师的观念和眼睛之间的关系。而这样一种关系，往往也会带来职业性的副作用，由于学科之间分类的不断细化，壁垒也在加强，所以建筑师的观念很容易被锁限在建筑本身这个门类之中，而一种以建筑为主的固定观念，往往又使得眼睛的视线变得不自由。经常会有当我们看到矿石会认为矿石是属于地质学的范畴；当我们看到乐谱会认为那是音乐家的事情；看到了垃圾会认为那是一些需要丢掉的东西，而由于观念上的这种固定的切分,使得建筑之外的东西,有了不被纳入建筑范畴的固定观念,限制了人眼睛的自由。尽管视线是在自由地进行观察，但是所观察到的一切已经由于一种固定的观念，将所看到的物象进行了筛选，而纳入不到所能够看到的那个领域和范畴。即便是在建筑学里面，也由于观念的固有化，使本来能够由一个部件转化到另一个部件的思考同样被固化。比如中国传统建筑中的斗拱，到目前为止，所有的建筑学固有观念中，都认为斗拱一定在柱子上面，而这样的一种固定的思维，使得中国建筑在和现代技术结合的同时，总是在进行斗拱的模仿或装饰性的处理，其实一旦我们让自己的思想自由起来，一旦让原本在柱子上面的斗拱落地，并在尺度上进行重新收放，重新赋予，这种曾经作为一种构件所存在的传统要素，就会成为拥有未来指向意义的建筑（图1-1～图1-3）。

考虑到这一点，我们不难发现，尽管从表面上看，人的视线是自由的，眼睛是自由的，但是眼睛能够得到真正自由的前提需要一种思想与观念的自由。所谓思想和观念的自由，就是我们打破专业壁垒，以一种开放的心态和视野重新审视周围的事物，会为建筑本身呈现出一个丰富的世界，同时也会带来一种真正的创作自由。用一种经过自由思想所洗礼后的自由的眼睛再去看周围的世界，其实一切都可以成为建筑。依照这种思路，我们用自由的眼睛再去看绘画、音乐、书法、自然、雕塑等一切，其实会发现殊途同归，他们都可以成为建筑。

下面向大家介绍我从不同的"门类"中发现其与建筑空间可能产生相关性的几项研究，即"建筑与音乐""建筑与书法""建筑与园林"以及"建筑与聚落"。

开始思考音乐与建筑的关系，应该是在1993年。当时我参加了一个竞赛，在过程中引发了很多对于建筑与音乐关系的思考。我们都听说过所谓"音乐是流动的建筑，建筑是凝固的音乐"之类的说法，但音乐是怎样被凝固的却无人深究。我们经常看到画家在画画之前或画画过程中放一段音乐，听完后产生灵感，一泼墨或打一个滚儿来完成作品，但这无法证明音乐是唯一具有激发性的源泉。如果不听音乐，在地上打个滚儿画出画来，可能也会很好。你说这是听摇滚画出来的也好，是抒情地拿个毛笔慢慢地抹，最后说是听《二泉映月》画的也可以。尽管我们也听说过有的建筑师是从音乐中获得灵感做出建筑设计，那可能是有道之人或天才。但是我们普通人有普通人的乐趣，普通人有普通人的玩儿法，更重要的是我们普通人可以站在天才肩膀上，这种站在天才的肩膀上的做法就是这里重点要介绍的思想方法。

谈到音乐与建筑关系的问题，还要补充说明两种不同的创作态度。一种态度就是去"做"，另一种态度就是"不做"。做和不做可以从20世纪两位著名艺术家的创作过程说起。

首先第一位出场的是毕加索。毕加索最大的特点就是他属于那种听完音乐能够在地上打滚来画画的，属于天才艺术家。他不断地去画，不断地去摹写，灵感上来可能画十张，他的作品非常多（图1-4）。这样的艺术家在我看来是不断地用画笔把他大脑中想到的场景、萌发的感受，涂抹和表现在纸面上，以表达自己的想法。另外一位登场的艺术家叫杜尚，他采用的是一种完全不同的创作态度，他最大特点就是"我不玩了"；我直接从

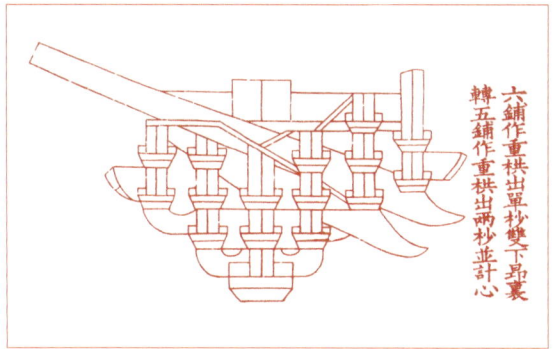

图 1-1

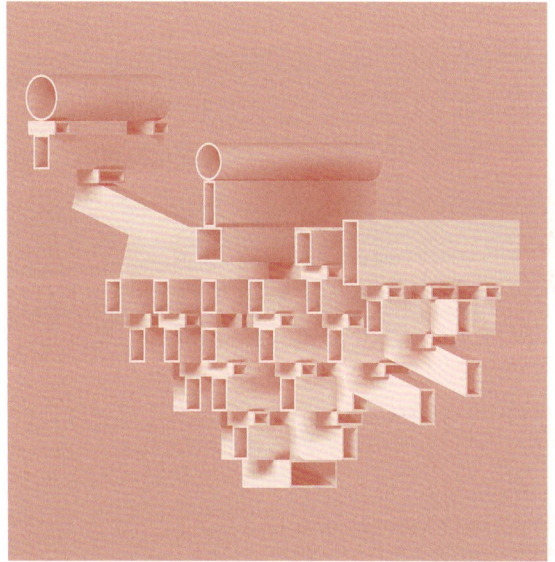

图 1-2

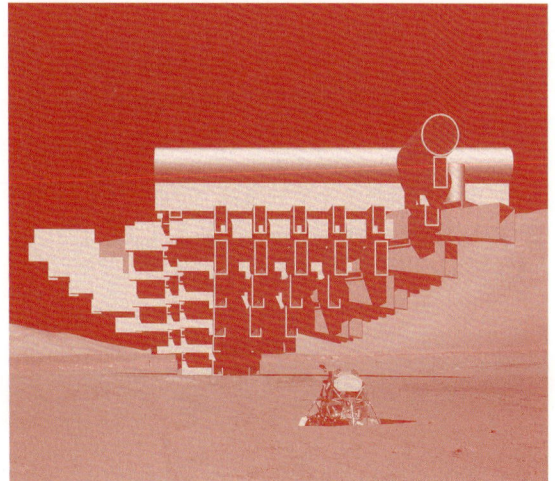

图 1-3

周围的"既成品"中选择出能够表达我思想的对象物 (图1-5)。

音乐与建筑, 同样也有一个做与不做的关系。我刚才所说的听着音乐去画画, 这属于毕加索式的玩法, 这个当然很好, 可以玩得天花乱坠。另外一种就是我想采取的一个态度, 就是音乐的"既成品"已经摆在那里了, 我们需要的就是用自由的眼睛去发现其中存在的建筑。

音乐是看不见、摸不着的, 音乐是通过声音在人的大脑中呈现出的某种景象, 所以我们在听音乐时眼前会呈现出某种景象。听一首牧歌, 眼前仿佛空旷一片, 遇到激烈、紧张节奏, 心跳还会加速。但每个人的感受不同, 实际上存在着不可知的成分。

我们总是想, 建筑是凝固的音乐, 音乐是流动的建筑, 但你有没有想过, 建筑如果是凝固的音乐, 那么音乐就是一堆建筑在那存在的一种状态。音乐是流动的建筑——你把建筑都给打碎了, 动一动你看它有音乐的感觉吗? 我觉得这两个物质本身是没有办法变换的, 那什么是可以变换的呢? 比如说我们可以说冰是凝固的水, 水是流动的冰。水凝固了就是冰, 冰加热融化就变成水, 这是可以互换的。 建筑是凝固的音乐, 音乐是流动的建筑, 初听起来好像有道理, 但是仔细想想, 其实一点道理也没有。不过如果让这些成为真的有点儿道理的内容, 抓住音乐怎样才能凝固便是关键的问题。其实答案很简单, 细想一下, 作曲家头脑中的音乐是通过五线谱中的记录完成的, 而通过看五线谱又将音乐家凝固在五线谱中的乐曲还原出来, 从这个层次上看, 乐谱就是凝固的音乐么。如果进一步去想: 乐谱是凝固的音乐。那音乐便是流动的乐谱。乐曲和乐谱之间才是可以互换的。

考虑到这一点, 在读乐谱的时候, 仅仅从乐谱本身就可以感觉到很多节奏和韵律的变化。当你看到乐谱中这些圈圈点点及它们高低不同的位置时候, 包括点的位置之间的距离, 就能感受到一种特别的美感。很多人问我, 王老师, 你懂音乐吗? 我不懂音乐, 能听, 但是我不懂五线谱。又问我说你不懂五线谱谈什么音乐? 其实大家不知道的是, 恰恰因为我不懂五线谱, 所以我抛掉了五线谱上所有音乐上的意义。如果懂五线谱, 看到五线谱后脑子里想的全是调, 能把这首曲子唱下来。看不懂的话, 作为建筑师, 这一瞬间则获得了一种建筑上的意义。

下面我给大家举几个例子, 第一个是名为沃切克的乐谱 (图1-6)。从该乐谱抽象出来这些圈圈点点, 就得到了一个空间图式的结果 (图1-7), 进而获得建筑空间 (图1-8)。

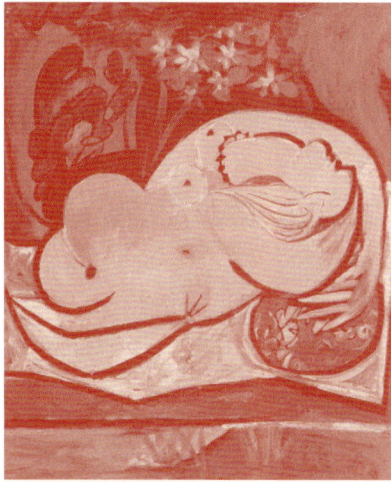

图 1-4

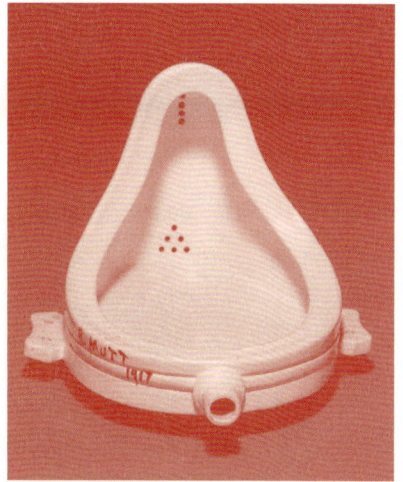

图 1-5

图 1-6

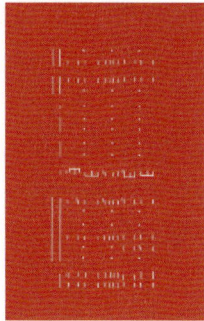

图 1-7

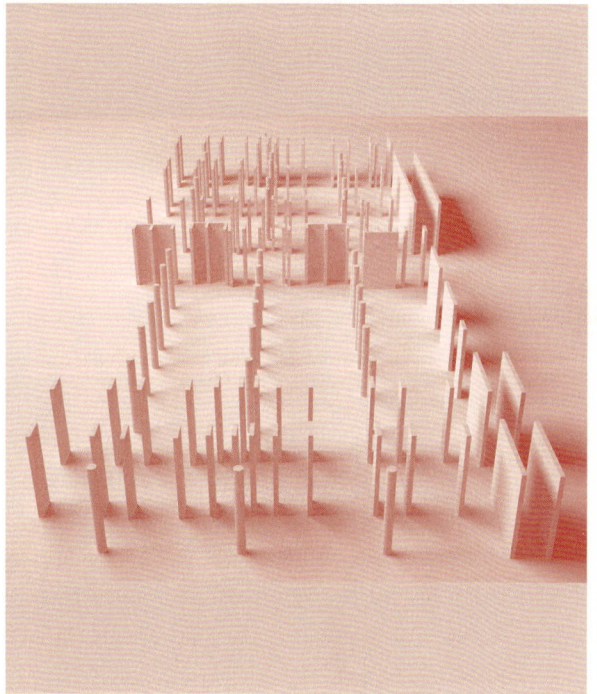

图 1-8

图1-9是西尔瓦诺·布索蒂 (Sylvano Bussotti) 的作品《西西里人》(Siciliano)。布索蒂是意大利当代著名作曲家,图1-10、图1-11是从图1-9的乐谱中抽取出来的空间。

图1-12是一位美国先锋派音乐作曲家乔治克拉姆1979年创作的,叫"螺旋星云"。这个跟好多人上大学时做的幼儿园设计看上去很一致(笑),不过我看它是美术馆! 走进来,里面展板都有,柱子也都点上了,还有楼梯间(图1-13)。从建筑师的角度看这种设计,从展厅走过来,还可以到院子里,它又很像我曾经调查过的福建土楼,可以引发无限想象(图1-14)。诸如此类,我们可以看到一系列的从乐谱到空间的可能。

在完成上述一系列观察之后,或许大家会有疑问,这些音乐的空间如何转化为可用的空间? 为了说明这件事,还要回到20多年前,就是我曾经谈到过多次的"萨蒂的家"的设计竞赛(图1-15)。

萨蒂是20世纪的前卫音乐家,为他设计房子的最大困惑就是面对的是一位过世的音乐人,想到上学时老师经常提到的所谓"建筑要为人民服务"。要为使用者服务。可是萨蒂本人已经不在,你做的设计如何能让他喜欢? 这里就用到了前面我们已经提到过的: 乐谱就是音乐家大脑当中的一种空间记录的方式,是音乐家用音乐的方式来表达。从这个意义上讲,萨蒂所做的乐谱就是萨蒂大脑中的一个空间概念的展现。而建筑师做设计,也是在一张纸上画出其自己头脑中点、线、面的一种关系,然后给出一种比例关系,最后再由现场施工的工人把它盖起来。

建筑图其实就是建筑师空间概念的记录载体,与乐谱是音乐家大脑中音乐的记录载体一样,而且两张都是图,我认为这就是建筑和音乐可以结合的地方。想到这一点,我作为建筑师,把萨蒂谱写的他喜欢的空间还原出来,再让他住进去的话一定是萨蒂喜欢的空间。

想到这里,我找来萨蒂所做的叫《高尔夫》的乐谱,根据住宅的功能赋予关系从乐谱中切下一段,萨蒂的家的设计就完成了。

这个萨蒂的家在去年被建了起来(图1-16、图1-17)。48米×8米的平面,建在一个小树林里,材质是混凝土。

按照同样的思考方式,我们可以继续以书法作为对象,并将其进行空间层面的转化(图1-18~图1-25)。

绘画与建筑是孪生兄弟,绘画与建筑间均拥有点、线、面的特征,说明着

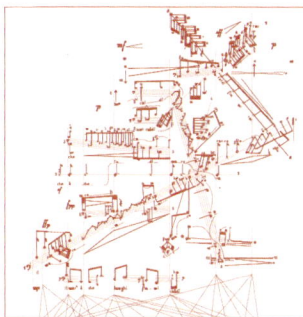

图 1-9

图 1-10

图 1-11

图 1-12

图 1-13

图 1-14

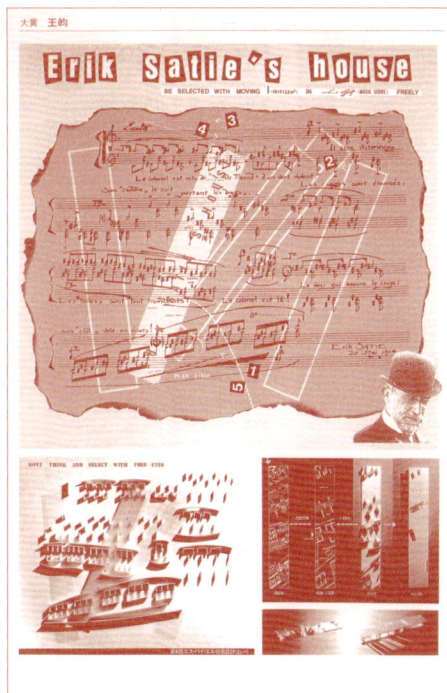

图 1-15

图 1-16

图 1-17

二者之间密切的关联性。如图1-26为荷兰画家彼埃·蒙德里安于1941年绘制的风格派绘画《纽约市I》。我们从这一绘画中进行了建筑的空间解读，可以直接将其转化为建筑的空间形态（图1-27～图1-30）。图1-31～图1-33是由立体派绘画《爱国庆祝会（自由单词绘画）》转化形成的建筑空间关系。

自由的眼睛不放过任何一个死角，甚至垃圾。我所说的"垃圾"，并不局限于日常生活中所理解的垃圾的概念，更是指那些被时代扔掉的、拥有时代技术结晶意义的垃圾。从这些"垃圾"中，可寻找到富有时代视觉"结晶体"含义的要素。图1-34是北京"未来城"的一个巨构的综合体的构想，那是一个未来城市。图1-35作为科技大厦的设计方案，图1-36是新世纪传媒中心，方案源于一个废弃的电脑部件，将其形态直接转换成为一个建筑，同样可以为我们的设计寻找新的形态打开思路。

我们生活的自然同样地会给我们提供一种全新的建筑形态和对空间的理解。特别是伴随着卫星地图的发展，获得大地图像的方式也变得轻而易举，而这种"鸟瞰自然"图像技术的发展最终也应该会促使着一种空间形态及观念在理解上的变化。图1-37截取的是北纬23.45'36.63''，东经117.22'11.19''周边的地形。从这里，我们对所看到的拥有空间意义的部分进行抽取，并对其进行空间图式层面的转化。（图1-38、图1-39）。同时如果将高低起伏的地形直接截取并将其形态直接地转换为可以进入的空间形态，设计便可以直接完成，威海市环翠区群众活动中心设计方案便是根据这样的简单操作而设计完成的（图1-40～图1-42）。我们从自然中随意捡到的一块心仪的石头并将其放入城市的尺度上，就会发现它已经成为这个城市当中的地标性建筑。图1-43是由一块天然的石头所引发的一个城市中的演播剧院的设计。

雕塑对于建筑来讲是最为密切的领域，可是我们往往又会将其视为艺术专业的一个领域和范畴。如果我们不是以古典雕塑为视点，而是以现代雕塑作为我们的基本认知的对象物。其实将雕塑可以直接地搬进城市（图1-44、图1-45）。

一个矿石或许在普通人的眼里，仅仅是一个结晶体，或者是它本身内部所具有的一些化学含量和成分的问题。然而在建筑师眼里，它却随时可以直接地转换为建筑。图1-46和图1-47分别是"紫水晶"与"石膏石晶体"所引发的未来城市的形态想象。

宇宙是一个极为广奥的世界，但在地球人眼里，宇宙世界又经常以星象来加以概括和呈现。而一旦将这样的星象图（图1-48）转化为建筑的基本语

图 1-18

图 1-19

图 1-20

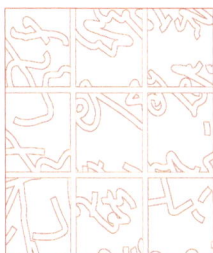

图 1-21

图 1-22

图 1-23

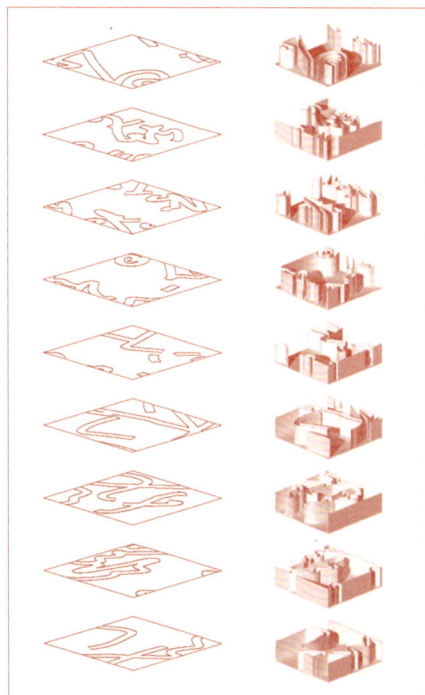

图 1-24

图 1-25

图 1-26

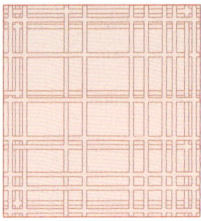
图 1-27

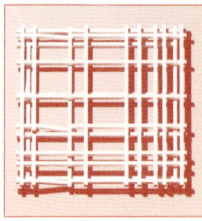
图 1-28

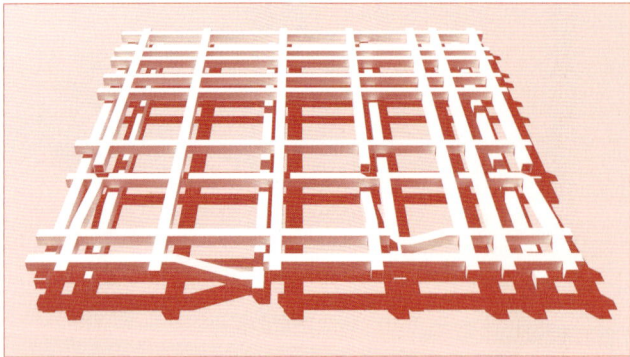
图 1-29

图 1-30

图 1-31

图 1-32

图 1-33

图 1-34

图 1-35

图 1-36

图 1-37

图 1-38

图 1-39

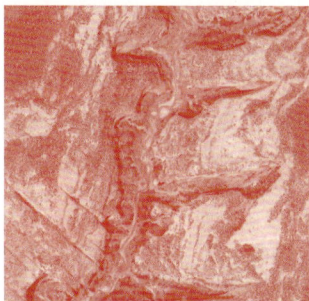

图 1-40

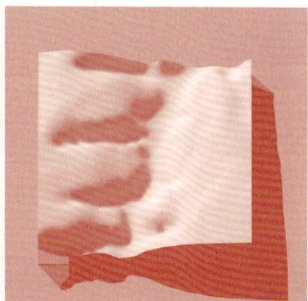

图 1-41

图 1-42

图 1-43

言，就会形成一种丰富的柱阵空间（图1-49、图1-50）。

由此当我们以这样的一种视点、观念和方法去对待周边所看到的一切。将其作为一种方法论，其实不难发现，世间所有一切都可以直接地转化为建筑。

到这里，我们以不同案例展示了我们以自由的眼睛对不同对象物的转换和分析。这一过程中，我们选取了如下要点：首先，当对一系列对象物进行审视与观察时，实际从某种意义上已将所审视的对象物本身转换为了一种建筑场景。而这些场景是人在想象步入其中时所看到的一系列场景，从而也就在这一系列的过程中，将不同的对象物转换为了建筑本身。

而对这些对象物而言，它们只不过是提供了某种契机，这种契机作用在建筑师身上，由于建筑师的知觉与观念的作用，其眼中能够看到的是一种建筑的意象。比如地质学上的矿石、音乐中的乐谱、绘画的点、线、面……，而所有这一切作用到建筑师的大脑后均获得了一个收束点，这个收束点就是建筑空间本身。在这个过程当中，我们的眼睛所到的已经不是那个对象物原本的面貌，而是由于知觉和观念的作用，事实上将对象物已经进行了一种同一性的转换。

眼睛的自由需要拥有知觉层面的铺垫，需要一种驰骋扫描的视野，更需要一种自由的精神。这一过程其实在于打破领域之间的界限，同时互换一种自由的精神，只有自由的精神所带来视线和眼睛的自由，才会带来自由的创作。

以上是建筑与空间转换关系的一些思考。仅仅是一种提示，期待大家能够在这段课程的过程中寻找到属于自己的手段，下一次课开始主要看同学们进行的空间寻找工作。

图 1-44

图 1-45

图 1-46

图 1-47

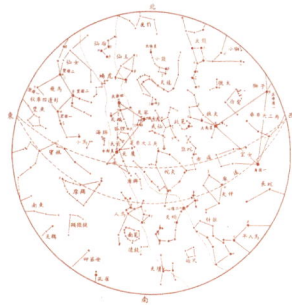

图 1-48

图 1-49

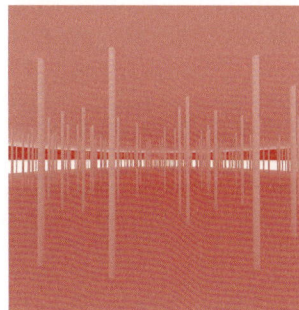

图 1-50

02

第二课

2015年3月9日星期一

王: 现在开始上课, 同学们按照顺序先来谈一下自己发现的内容, 就从杜京良同学这里开始吧 (图2-1、图2-2)。

杜京良: 我做的是一个经过筛选的地形。我看到意大利一些农田, 有一条河穿过整个平原。顺着它不停地找, 选了这一块, 有连续的大空间形式 (图2-3)。把它转换出来就是这个空间模型 (图2-4)。第二个也是意大利中部的山区。我也不清楚, 农田为什么是这样 (图2-5、图2-6), 那边的树变成点阵了。第三个是云南的梯田 (图2-7), 一边是山, 一边是坡地。它的特点是: 顺着它形成了一系列的曲线的城市, 汇集到某个大空间里。转换出来是这样 (图2-8)。

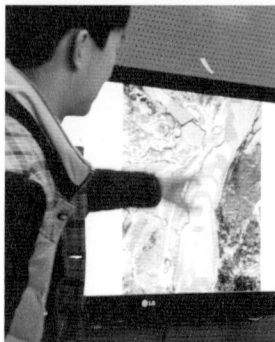

图 2-1

王: 先定个规则, 按顺序请每个同学介绍完, 点评放到最后。

图 2-2

图 2-3

图 2-4

图 2-5

图 2-6

图 2-7

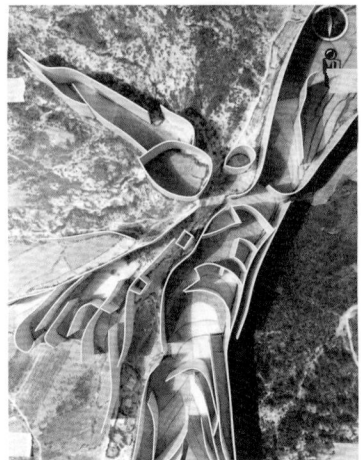

图 2-8

丁惟迟: 我这次想的主要是一些思路, 会制定一些基本的模度, 比如说以音乐的一小节作为模度, 规定一个长度。因为如果做可移动的空间, 没有准确的数来规定可能不行。初步想就是以小节作为一个长度。先规定它的横向长度, 再规定它的竖向长度, 都是从乐谱中截取, 最后把它们搁到一起。比如我要做一个比较规整的空间, 就用几面墙, 完全复制, 需要在中间留空间的话, 再把它排列。如果需要大空间, 可以在边界上多下一些功夫。 如果说有比较小的空间, 我可能把这两个墙叠加, 让它有大的空间感觉 (图 2-9 ～图 2-11)。

王: 叠加的感觉, 体现了一种偶然性。

丁惟迟: 更多的可能性还要再考虑, 现在只是想把它和几个声部结合起来。比如说我要想做一个较为丰富的空间, 可能会用一个复调的感觉, 就是把几个完全相同的主旋律放在不同的地方, 表现出一种错综感; 比较规整的空间, 会用柱式和弦的感觉, 把它们严丝合缝地对应。之后我又看了音乐家武满彻的理论, 又直接转换了一些东西 (图 2-12)。

王: 是从武满彻的乐谱直接转换来的?

丁惟迟: 其实严格来说, 这应该不太算乐谱, 是一个理论。它左边都是在说低声部该怎么进入; 如何持续, 间断在哪里, 键盘怎么进入; 如何变强, 如何变弱, 弦乐管乐怎么进入。他的理论都是这种整体的思路的表达。图的表面上看整个是一个圆圈。他理论中介绍, 无论是顺时针还是逆时针都是可以进行的。我用它做了一个。核心是一个中心区域, 中心的两圈为一个走廊, 旁边向四处伸展。

图 2-9

图 2-10

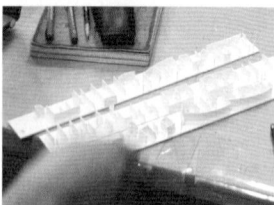

图 2-11

图 2-12

周桐: 我关心的是一个模度问题, 可概括为以下几点: 一个是空间方面的, 它是对图形所做的一个操作 (图 2-13), 比如如何在两个正方形当中插入第三个正方形; 二是数列方面的问题, 第二部分其实是一个一维的数列。两方面加在一起, 就得出它的模度理论, 我研究了它的几何做法, 过程中我发现, 柯布西耶模度中的数字其实一直在变。一开始他把法国人身高 1.75 米作为它的模度系统中人身高的高度。但是后来他自己用诡辩的方法, 把 1.75 米改成了 1.83 米, 把法国人的高度变成像他自己这样的更高大身材, 如果空间满足了高大身材的需要, 那么矮身材的也可以同时满足。但是在我看来, 这个想法其实是诡辩的。为什么是 1.83 米, 其实是为了满足公制单位和英制单位不可调和的矛盾, 所以我认为可以试着把数字扔掉。在模度中, 应该为我所用的其实是它的比例关系。比如先有一个正方形, 它引入了一个二倍关系。这个二倍关系在斐波那契数列中, 碰到了一个新的斐波那契数列, 两个加起来, 形成它的蓝尺和红尺。我觉得这应该是为我所用 (图 2-14、图 2-15)。因为我觉得柯布受风格派的影响, 就看了一些风格派的绘画, 找了一些我比较喜欢的画, 分析这些风格派绘画时, 我是在找他们的形式结构关系。比如胡札 (vilmos huszar) 的这幅画 (图 2-16) 是在立面上滑冰的人。我发现最有意思的是, 第一眼看这幅画, 觉得它是一些方块的组合, 一个个组建的感觉。随后发现, 其实是分为四类, 然后我就把它画出来, 画出来之后发现其实有两幅是一个镜像的关系。

图 2-13

虽然这个发现最终不一定体现在我的设计里, 但我把它们的形式结构提取出来, 作为我的一个图示里的基本语言。首先是杜斯伯格的画 (图 2-17), 他的原画是 Composition 1 (构成 1), 画的是一个静物。这幅画有一个 8mm×8mm 的网格, 其实可以看出来, 8mm×8mm 的网格中有一些结构控制, 包括有一些圆心在中轴线上的圆, 还有这些控制的三角形。下面这三幅画是杜斯伯格和塞尚的, 杜斯伯格画的这幅 the card players (玩牌者) 其实特别有意思 (图 2-18), 它其实是抽象了塞尚的一幅画 (图 2-19)。塞尚的这幅画也叫玩牌者 (the card players)。经过杜斯伯格抽象后, 我还发现了一张叫玩牌者构图 (the decomposition of the card players) (图 2-20), 这是在前面那张画的基础上创作的, 前面这张画我们可以认为它是一个构图 (composition)。但是下面这张画, 他自己对自己进一步做了分解 (decomposition), 这两张画其实是同源的。我自己做的方案就是, 先选这三幅风格派的画, 我觉得好就好在它们的抽象形式很明确, 但我没有把它们直接转译到我的空间上。我在一些控制线或形式的基础上, 做了些调整。但所有一切都是基于个人视角的空间感受。所以我做模型时一直都是这样看的, 我没有先画草图, 而是一边做一边想。我觉得做的时候比较有感触, 可以看到它的原图并没有这样的分割, 它的原图只是这些方块 (图 2-21、图 2-22)。

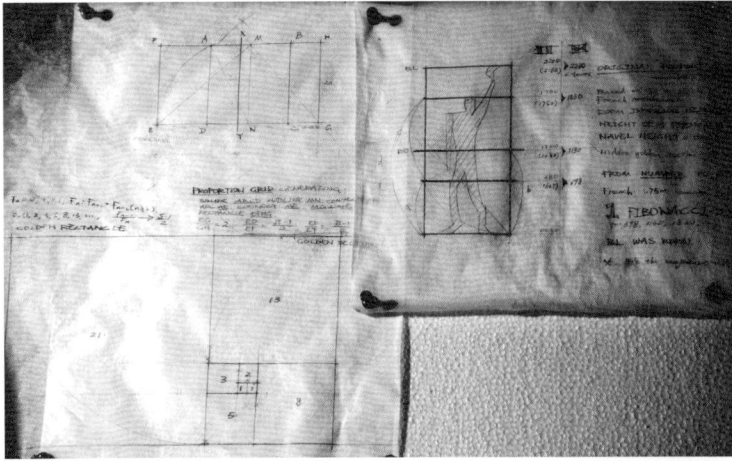

图 2-14

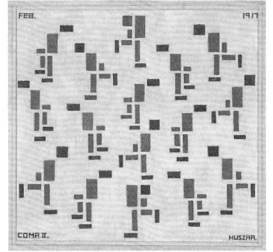

图 2-16

图 2-15

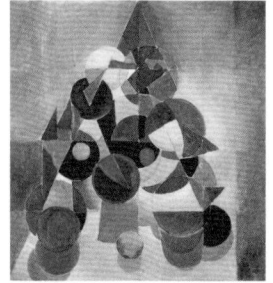

图 2-17

图 2-18

图 2-19

图 2-20

图 2-21

图 2-22

图 2-23

李金赫：我是朝鲜的留学生，我的方案先研究了朝鲜文字的构成和文字构成的基本图形。一个字的读音就是由构成它的母音和子音来确定的，这个是构成朝鲜文字的基本原理。我在这种构成原理中找到了一个逻辑。将这个逻辑应用到建筑语言中，子音可以是一个形体的表达，母音可以是一个连接体的表达。按这样的想法，我将所有的子音拼合在一起，就形成了一个复杂的形体。母音还是作为连接体。这四个是横坐标、纵坐标，这个方向都集中在一个坐标上，就得到了一个连接起来的形体，构成一个空间（图 2-23）。下面这张图是想表达一个形体（图 2-24），一个连接的空间，两个拼在一起，然后在围合的空间上加上字的变形，在这个基础上做了模型。

图 2-24

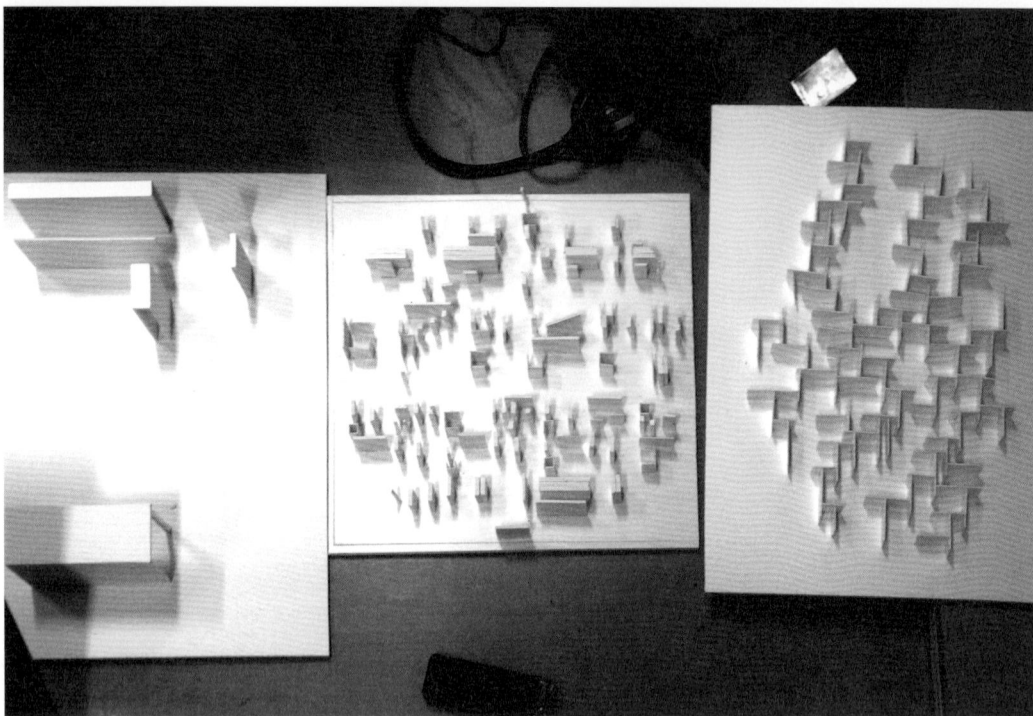

图 2-25

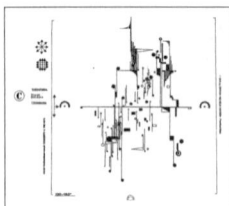

图 2-26

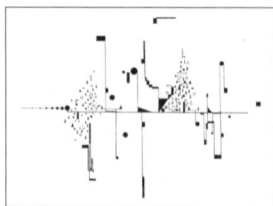

图 2-27

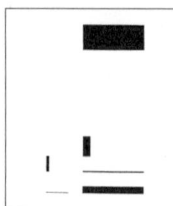

图 2-28

图 2-29

图 2-30

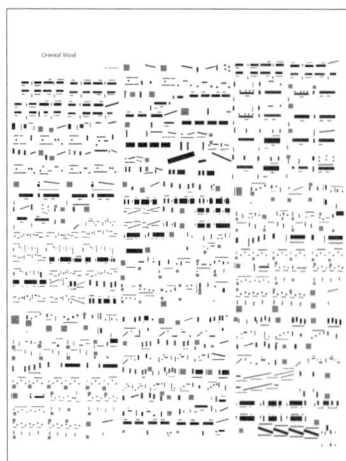

图 2-31

杜光瑜: 我觉得建筑和音乐有一些共同之处。一个是关于其完成与分解，某一些时期的建筑，也可以指它未完成的形态，比如说哥特教堂。音乐其实也有这样的特性。拆掉它其中的一些结构或者部分，它整体上可能还是一个完整的，它的构造也在一定程度上可以交换（图 2-25）。

第二个共同之处就在于不同的维度。勋伯格说韦伯的音乐就像是把一本书浓缩成了一句叹息。当我们看建筑图纸时，如果彼此发生变化，图形的维度也会变化。一个线条可能是由更低维度的很多线条密布成了一个比较细的面。我发现乐谱中的那些音符，比如说如果我们听到了以半音相隔的三个音组成的和弦，我们可能就会理解为一个音。所以相当于也是由单音组成了音的集合，相当于线构成了面。在某些乐谱中这样的粗音就会被记成一根粗的线或是细的面。所以我就想把那个音符放在更高的维度上看，进行线和面的转化。还有一个理论就是，乐器弹奏出的音在现实世界中也是不是单音的，除非是电子合成的。实际上更高的维度里都包含着更低的维度，所有的东西都是连续的。

一个美国的音乐家说，有一种社会建筑的普遍性，它在指导其他所有的领域。这种普遍性表现在各个层面上都有一种整体性。我觉得这种普遍性也是，艺术本身和世界本身有一种随机性和偶然性。而当那个熵值变得特别小的时候，它就会在整体各个层面上都有一种整体性。具体到音乐来说，以前传统训练方法是由音乐的单元出发，构成整体，这样的代价就是最后的整体形式只是一个结果，或者说过程导致了结果，而整体的结构又丧失了，只是构成的词根意思是一致的。这位美国音乐家认为，应该从形式本身出发来看形式，不能只把它看成结果。这谈到了音乐的宏观和微观、局部和整体的关系。以 john cage 为代表提到图形记谱法，也是我的一个理论依据。它有很多种图形记谱法，有一种思想就是，图形和书画更能表现出乐器和乐器之间的关系、整体和局部的关系。然后用不同的方法，比如拿面去代替音符、表示时间等（图 2-26、图 2-27）。

图 2-28、图 2-29 是一个平面艺术家做的构成。图 2-30、图 2-31 是我挑选的曲子用线和面的方式做的归纳。我发现它们其实非常相似，平面艺术可以转化为音乐或空间。我就对我挑选的久石让的曲子进行转化，这种就是基于线和面的表现。

王: 转化的依据是?

杜光瑜: 依据就是之前的那些理论，然后还加入我个人的理解，比如这些灰色的块，一般是一些全音，在全音的上面可能还有一些时长非常短的音，听的时候全音只是一个背景，所以我觉得它可能就是一个更弱化了的

图 2-32

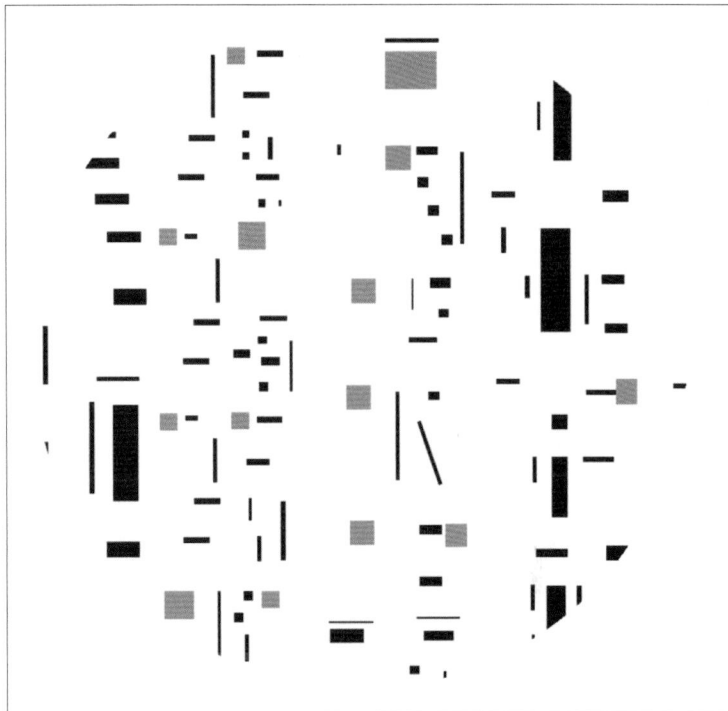

图 2-33

音。在模型中我用空心表示，也有可能是半开的这种。听到节奏更强烈的音更凸显出来它可能是间隔。还有一些，我可以再细细地写出来，大概是这个意思：把曲子整体做一个归纳，在其中挑选。但挑选可能不是那么完全，没有尝试所有的可能。但我可以先挑出来一些，看起来还不错的空间（图 2-32、图 2-33）。选圆是先尝试因为目前还没有合理的依据让我决定一个形态等。还有一个想法就是，我之前对分形理论比较感兴趣，其实现在有个理论叫做"分形音乐"。虽然我做的不是分形音乐，但是乐谱中有三个连音的是抖的，连音有三个是抖的，有一个节奏，它们的两倍那种感觉。旋律是无限地细分下去，你都可以再变调，放大或者几倍的关系，然后形成整体一个结构。我把这些作为个人的想象，对它进行删减和改动。形成一些更大或更小的东西，这是探讨一些整体性的问题，想看能不能把一个乐谱以整体性的视角来看待。

王：这个思考有很大的可能性，比如用这套逻辑读其他乐谱的时候，也能够转换出相应的抽象体块和空间关系。

侯兰清：我是从聚落的形象出发的，聚落本身有很多吸引我的图。不管是空间关系、朝向还是距离关系，错落有致的形态让我比较感兴趣。

聚落就是建筑与自然环境之间融合的关系，居住者在选址的时候，在自然中选址，在自然地形中建造自己的房子，也可以看作是自然地形的一种呈现。建筑之间的这种高低、距离关系也可以看作是自然地形的一种强化。所以我从几个方面做了几种尝试。

第一个是个染色厂（图 2-34 ～图 2-37），它有地形的高低变化。我在做时强化了这种形式，先还原了它的模型。考虑到几个方向，一是保留这些建筑，中间可以做一些建筑的理解。二是部分保留这些建筑，先选择一些能够对场地有控制和围合作用的建筑，并保留它们。其他的可以作为一些地形景观之类的场所。中间可能是一个公共的广场或公园。那些染色的染缸可以保留下来，作为柱子的阵列。最后一个，直接把建筑全部埋藏于自然环境之下，形成一些很低矮的平台错落的关系。

第二个是伊朗马苏莱的一个小镇，它的最主要特色就是住居空间之间的关系。街道露台可以把各家房顶串联起来，在自然环境中层层递进。另一个特色就是它的路径关系。从山脚到山顶，不管走哪条路都是相通的，每一层之间的街道也是相连的。我想保留这种体块的错落关系，将其抽象作为一个个建筑的体量，结合自然的一些路径关系，把它们串联起来，也可能是在不同高低层次上的结合（图 2-38 ～图 2-39）。

图 2-34

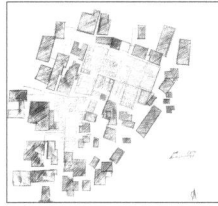

图 2-35

图 2-36

图 2-37

图 2-38

图 2-39

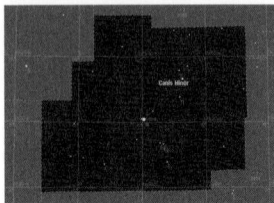

图 2-40

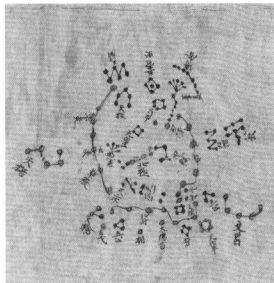

图 2-41

图 2-42

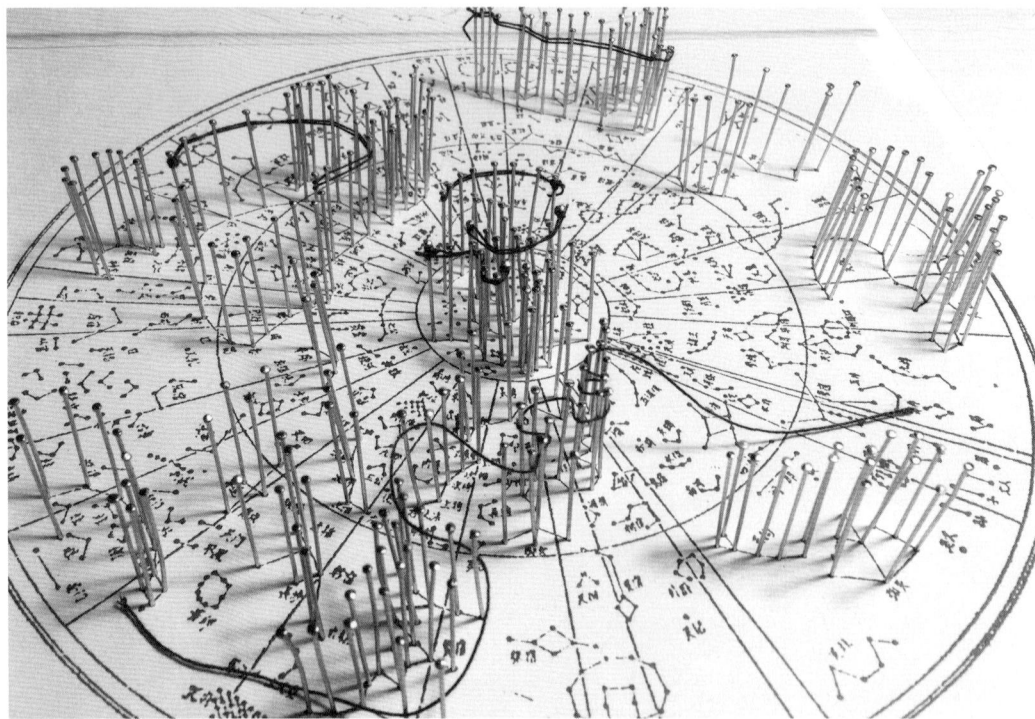

图 2-43

高钧怡：《春江花月夜》有一些关于宇宙和人生哲理的探讨，所以就联想到星图（图 2-40）。星图实际上是人对一些星星的选取及一些人为的连线。它的形成过程跟聚落有些相似，即依据一些自然的元素，经过长时间的人为累积形成。我选了两张，一张是北京的隆福寺的星图，比较原始，从中可以看出一些比较小的块，还有比较大的一块（图 2-41）。另一个现代的星图（图 2-42），连出来的线比较舒展一些。我对这两个星图做了一个尝试。

星图最重要的是点，先强调一些点的元素，把一些人为的连线连出来。后来我在想，其实这些连线还是有一定的可更改性的，因为本来连线也是一个非常人为的过程。所以这一部分是初期的探讨（图 2-43）。到后面我就想，也许它可以是一种更加灵活的围合，所以就又做了一种尝试（图 2-44、图 2-45）。后来我又做了一个尝试。先把一些长条的、形式比较明显的东西确定出来，然后做一些连线。虽然说这些连线放到建筑上我还没有想到一个非常好的对应，但因为是初期探索，就先试了一下。沿着线会把一些原有的连接形成一些更加有意思的空间。之后我又在想，星图是把空间投影到平面上，如果可以把平面还原成空间，可能又会得到新的东西。

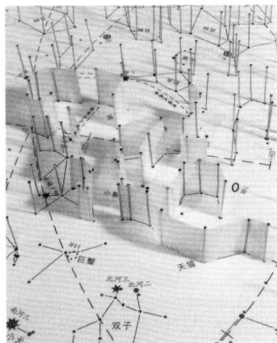

图 2-44

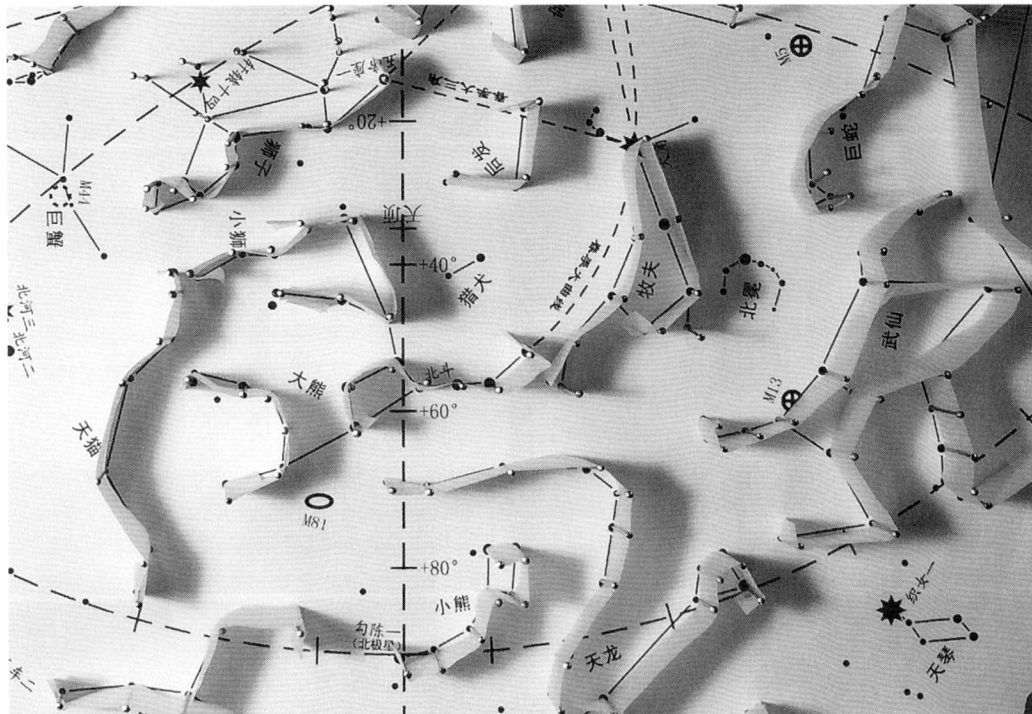

图 2-45

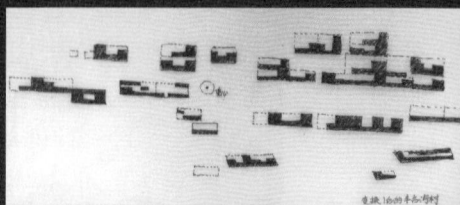

图 2-46　　　　图 2-47　　　　图 2-48　　　　图 2-49

图 2-50

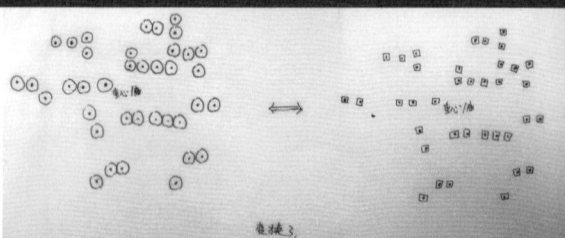

图 2-51　　　　　　　　　　　图 2-52

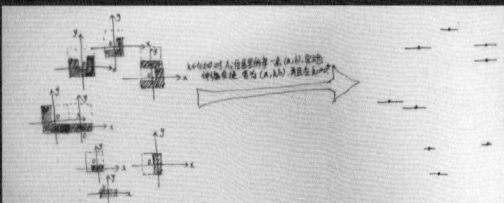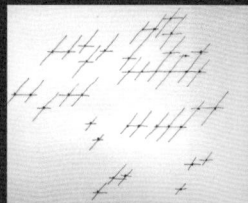

图 2-53　　　　　　　　　　　图 2-54　　　　　　　　图 2-55

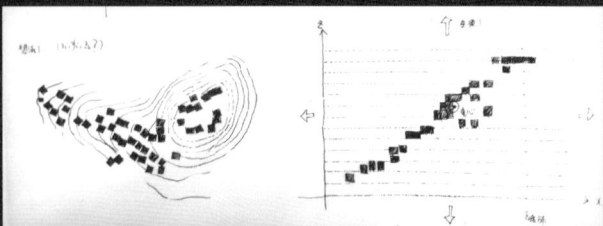

图 2-56

徐逸：我首先是去寻找聚落，寻找的过程中看到了巴列姆 (Baliem) 峡谷一个聚落的案例 (图 2-46)。这个聚落是一种复合型住居，它的特征是可以说是住宅，也可以说是聚落，同时又具有城市的结构特征。这是一栋两户的家族住宅，右侧是一个男性的房间，经过这个男子居住的房间以后，才是后面的女子房间。这里面有长条形的房屋，它的右侧是住宅，左侧是猪圈。我更倾向于聚落中能出现一种特殊的形态，比如说长条形让我眼前一亮，或者是一些方形和小圆形形成形态上的对比。对于这种特殊的形态，如果直接从中提取出空间的话，相对容易获得形式美与标识性，这样的形态可能比较独特 (图 2-47)。缺点是，要根据它的形态去寻找一种转译的手段。但对于这个聚落，这种方式没有更具普遍性、更能把握聚落内在结构的一种转译手段。我想到王昀老师博士论文中讲到的寻找聚落重心的方法。这种重心经常会是有意的设计，当聚落中的住居几乎均质的时候，重心的位置与住居有没有重量是没有太大关系的。

我想，能不能通过一定变化在保留聚落的空间拓扑关系的同时，生成不同尺度的空间，我选择了丰台沟村作为对象进行转化，这是我想的第一个变化，即将尺度缩放，将一个平面进行 (先单向) X 轴延伸，它的相对的位置关系、重心关系是不变的，它的平行关系、相对位置距离的比例都是不变的，这是第一个尺度缩放 (图 2-48～图 2-50)。第二个是旋转，当图形以重心 (原点) 为旋转中心旋转时，显然重心位置不变，且各个住居重心之间的相对位置关系保持不变 (图 2-51)。如果我们把中间的住居全部替换成新的、面积相似的体量，那么我们得到的它的重心位置是不变的 (图 2-52)。所以形成一个新的聚落，或一个新的空间形态，依然满足原来的拓扑特征。这种变换可以生出两种类似的变换，一种是直接把一个村落形态的住居单体替换为其他尺度上的一种体量，生成一个建筑群体，如果进一步替换成其他尺度的墙或家具，就可以生成一个新的空间分隔。这种变化还可以采取一种求极限的办法来实现。左图是一个例子 (图 2-53)，我随意取了几个住居中的一个部分，将每个住居以重心进行等比例缩放。这样我就可以把一个聚落通过求极限的办法生成一条条平行线的分割。由于 X 轴可以进行伸缩变化，所以这些线可长可短 (图 2-54)。我现在做的尝试是，把它从 X 轴和 Y 轴两个方向上直接叠加生成新的空间 (图 2-55)。

我还有一个想法，刚才一直在讲 X 和 Y 这些点，能不能把 Z 加进去？我直接看了一个聚落，在印度尼西亚，是从山体上叠落下来的一个聚落。我就在想它原来的住居本身就有一种高度上的特征。这样我就把前面的变换直接用在这里，三维空间本来就是有重心的，是不是还可以这样尺度缩放 (图 2-56)。

杨隽然: 我做的是曲线墙面, 上面有一个地形覆盖的形态。转译方法在于: 汉字在形象上能够产生一个很具象的平面, 尽管可以很简单直接地把它拉成立体, 把它的形象作为我的平面。但我想有没有可能让它在立体层面上对建筑的形态有一些影响。于是我就找到了同样一个汉字的不同字体, 每一种字体都是一种表现方法。它们能否产生不一样的空间? 我这次选的字是 "川" 字, 我会把很多的 "川" 字叠加在一起 (图 2-57 ～图 2-59) 。

虽然这些字的性格都很不同 (比如说一个点, 虽然不同的人写的非常不一样) , 但是它的起笔到顿笔整个过程有很多一致性。如果拿圆弧和直线去拟合, 会发现圆弧的数量是一样的, 就可以把点连到下面, 生成很多结构形, 最后就生成了一个形体 (图 2-60) 。

从人的视点来看, 走在里面, 真会有一种在峡谷和山川里走的感觉。可能这空间体验和它形成汉字空间之间是有内在联系的, 尤其是表现一些场所的汉字, 它所带来的空间还是挺有意思的。

图 2-57

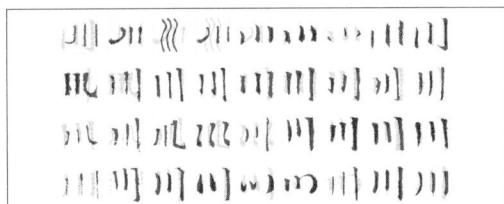

图 2-58

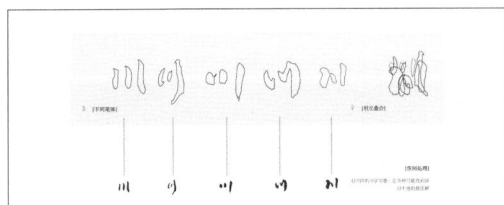

图 2-59

图 2-60

图 2-61

图 2-62

图 2-63

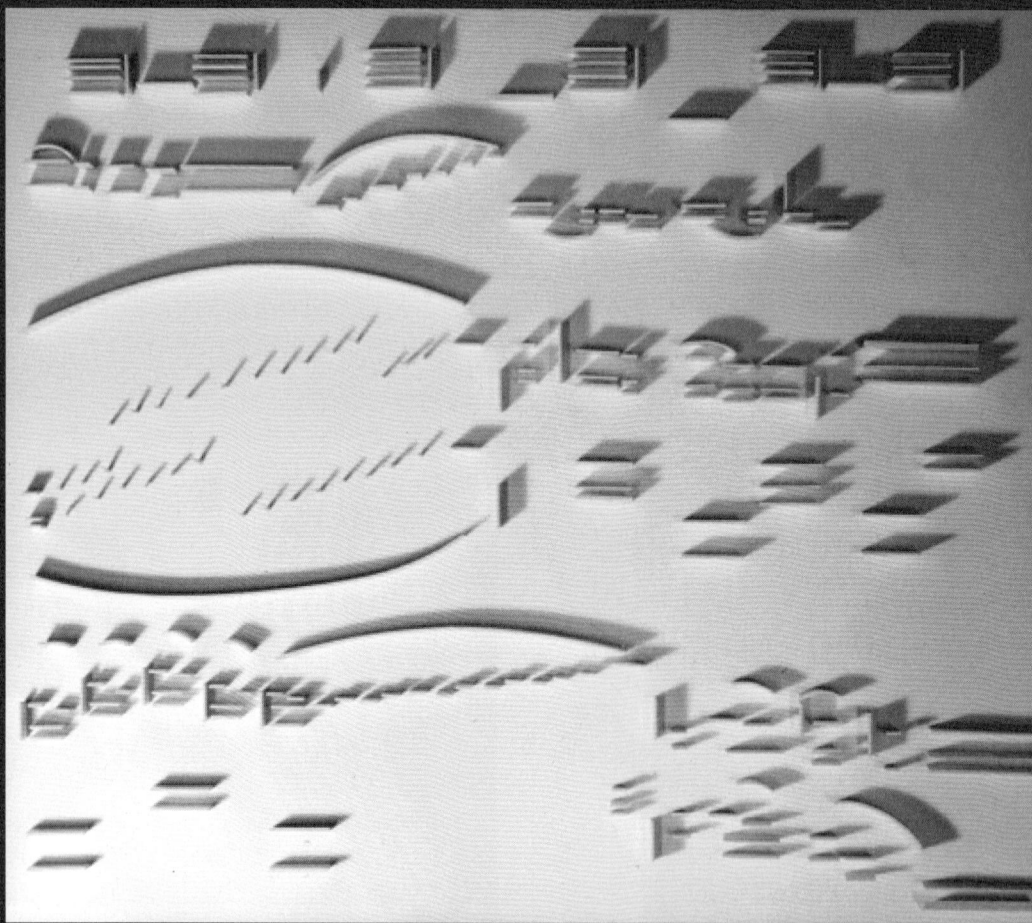

图 2-64

叶雪粲：我选择的方法是在同一个乐谱上（图 2-61）进行几种不同原型的尝试。在原型 1 中，我很主观地把一些墙加长和取齐，最后的空间效果也是比较单一的。原型 2 则充分尊重原来的长度和角度，仅提取音符的线性元素，相比之下更加尊重音乐本身的逻辑，因此它的空间效果也更加活泼一些（图 2-62）。

接着受到先锋音乐家图像记谱法（就是钢琴卷帘）类型的启发，取音的一个实值来表现一个音乐的逻辑，所以我在原型 3 操作上是把它蒙在五线图上，取它原先乐谱的平面关系，但是在它的音高部分进行时长的模拟（图 2-63）。原型 3 相比原型 2 的转化更加没有那么具象，但是由于我忽略的元素太多，它们的音符只是各自为政，然后空间太碎而且单一。

然后我又做了原型 4 的尝试，就是将原型 2 建成，再把它拉成 sketchup 模型（图 2-64）。结合原型 2 充分尊重原谱元素多样性的特征，增加一些弧墙、斜线和柱子。同时也受另外一个先锋音乐的谱子启发，把五线谱当作控制图形，即空间的重要参考线，用它来组织松散的空间元素，增加整个空间的围合感（图 2-65）。

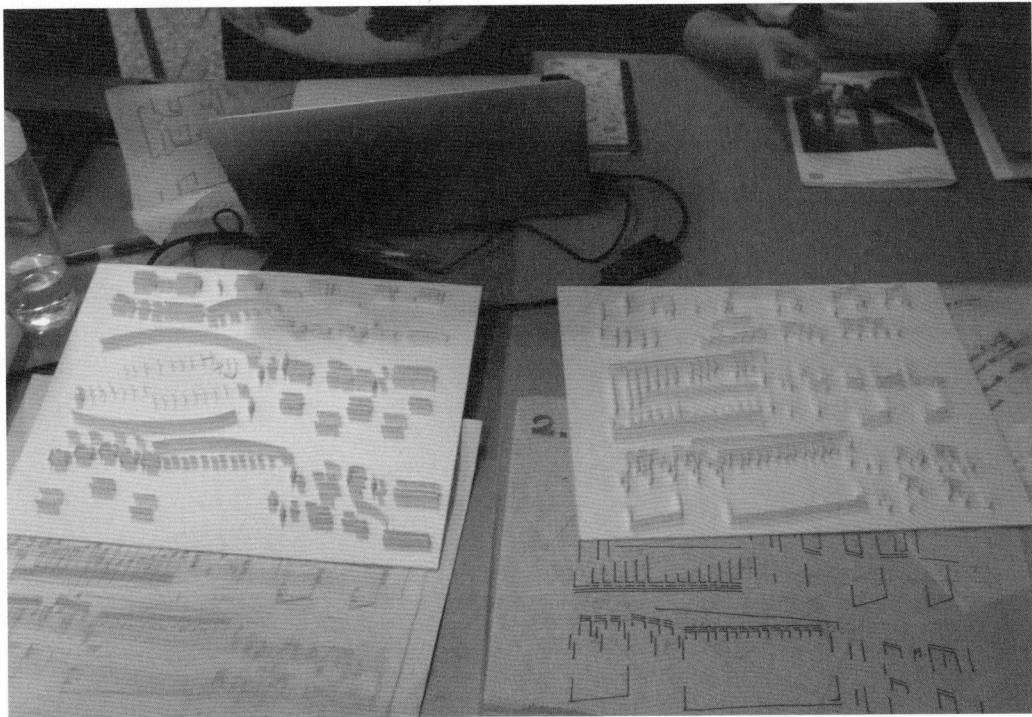

图 2-65

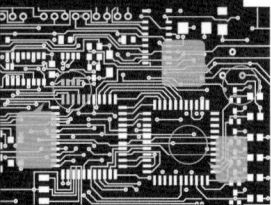

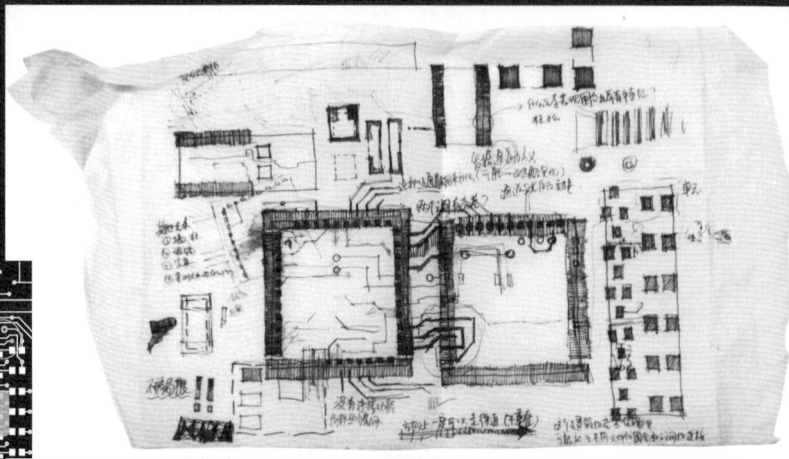

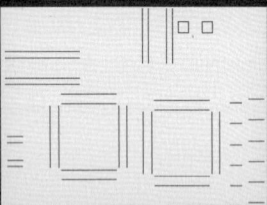

谢志乐：我选择电路（图 2-66）是因为其后有一定的数理逻辑，有一点空间关系，有一定的文化传统。在开始之前，我得先把电路本身是什么理清楚。电路板中，线应该怎么连，元件应该放在哪里，都是有自己的逻辑的。其中很重的点是焊点，它是用来连接零件的，也就是电子元件在电路板上的位置。电路板上的线叫"走线"，是用来连接电器信号的。元件之间这些小孔叫做"过孔"，是导线用来穿过这一层到下一层连接其他芯片的。同时它的布线逻辑其实是自动选定障碍物，遇到障碍物，这个线直接就 45 度角跨过它了。然后还有就是推进模式，比如这个地方有一个光标，当它移动到这里，所有的线都会按照一定的逻辑往旁边移动。它在移动过程中其实是保证了它每条线之间的间距的，这是自动排布的方式。电路板设计主要考虑布局和布线。布局就是放电子元件的部分，它的特点是没有任何一个重叠的线，因为它要考虑到安全间距，要考虑到短路的问题，还有考虑到电阻。所有绕过的线都有一个 45 度角的"走线"。这是为什么当我们看到电路图图形时，我们就知道它是一个电路图，虽然我把它变成黑白的，但是我们也知道它是电路图，原因是它有自己的特征和逻辑。它非常工业化，必须要保证布线的有效性，必须非常紧凑，没有多余的东西（图 2-67）。不同的构成元件非常有效地破分成几个区域。空间跟空间之间的联系方式非常像迷宫。

根据零件的特点可对不同的零件进行不同的操作，这张图是对焊点的操作（图 2-68），我把焊点两端的线画齐作为大空间和交通线的交接。当遇到这样的交接通道时，其实会在旁边打开，起到联通的作用。

关于过孔的处理，可以作为柱子的元素，利用它的方式也可以更多。我设立了几个原则，比如当遇到孔比较靠近的情况，就断掉两根线。第二个逻辑是，当它两边都有相同距离线时，两边都会断开。第三个逻辑是，当它两个点距离非常近时能够挂断两根线。空间相遇时，就按连线的方向来断开。第四个是处于节点的时候，所有周围的东西都会断开。第五个是类似这种地方（指模型中的一个位置），其实可以很方便地到达，有这个点也不能再断开了，否则整个空间就会非常碎。这就是关于这个方案的考虑，它们最终形成了一个城市（图 2-69）。

陈梓瑜: 这四张画是《十日谈》中的一个故事 (图 2-70)。我觉得它比较有意思,一是因为之前在想自己看过什么比较写实的画。一是这几幅画里有些比较打动我的地方。比如很强的叙述性,不了解这故事,也可以看到几个比较主要的元素和强烈的冲突感。再加上前面几个人物比较有散点的感觉,让这个故事发生,背景后面的部分是竖线条的树,横线条的水和山,结构图是一种比较。还有就是记录了一些冲突。

我做的尝试是,提取画中的元素,找到一个大致思路,把它们变得稍微简化一些,用线条来表现 (图 2-71)。我希望用比较完整的体块来表现实际存在,比如人或者物,或者树。强调树的线条。采用相对主观的做法来处理这部分内容。同一个场景里,两个不同时间发生的东西被显现出来;有的部分,就用折线来表示,类似于用线勾勒。在找形状方式时类似于寻找几个关键的点,像肩膀或者胯这样的地方。比较大的场景,会有很多人同时在一起,有长桌的画面。桌上会有一些不同的散着的小东西,也画成实体,类似于介于柱子和短墙之间的东西。从整体上看,它们摆放的混乱和有序可以显现出当时的气氛 (图 2-72、图 2-73)。

画面里有前后关系,像河和树之间的关系。我做的处理是,不想让它们和实际透视的场景特别相似,所以把树的线条在低处挖空断开。想从里选一些比较打动我的空间,主要集中在比较有秩序的部分,有活力的部分。

图 2-70

图 2-71

图 2-72

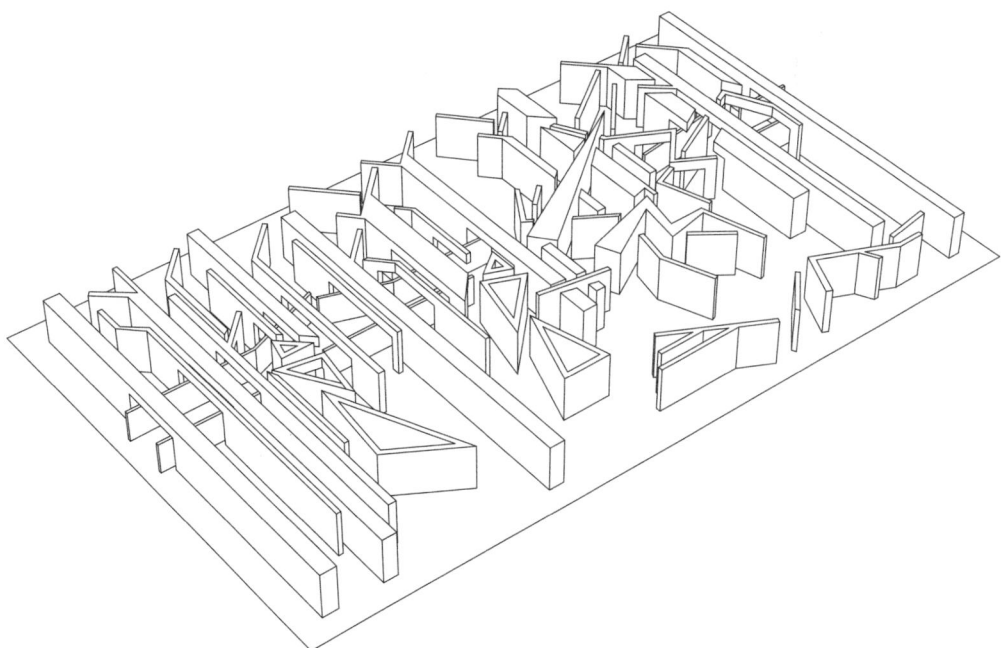

图 2-73

吴之恒：我是从电影入手的，曾经弄过一个完全按时间顺序做的，后来发现做法有些线性、很单调。所以改了一个这个，虽然还是要按照线性来做，但会引入景框的概念。电影是一个方形的空间，建筑营造也是一个空间，人在建筑空间行走时，眼睛所看到的场景也是一种方形空间，眼睛所框出的也是一个场景。二者其实是有一定对应性的（图2-74、图2-75）。

这些是我在电影中意识到的一些，比较有趣。有技术上对应的一些概念，也是电影中的一些概念。比如说我们平常不太注意的一些移动，从左往右就比较舒服，因为人的阅读习惯是从左往右的，在建筑里面行走，可能从左往右走或者视线从左往右比较符合人的习惯。

还有前进的方向给人的感觉差别，比如向下移动和向上移动。建筑中是人在走，电影里是镜头在走，其实是一个主观和客观的关系（图2-76）。

还有一个是景深（图2-77），景深在建筑里可能比较难表现。因为人眼的视角基本是固定的，改变幅度不大。表现广角，可能需要和广角的概念组合。下一个还有移焦的东西比较有意思，就是远处的东西是很实的，近处的东西是很虚的。如果在建筑里面表现，有时候会把近处的东西做一个模糊化，用一些半透明材质把它遮挡，或者将其本身做成一个比较模糊的东西，比如光比较暗什么的。

接下来的是画面，感觉这个比较容易和建筑联系。因为它有形状和平衡对称的关系，有方向大小的关系。这些跟建筑其实有天然的对应性，比如说形状，它能够给人以情感变化，还有一些有机形状和几何形状、自然和人类产生的区别。

剪辑电影有特有的手法。镜头不变，镜头里的东西变来变去，比如说我们把人固定在一个地方，前面的建筑形态在不停地变化，可以做一些移动，就是可变的建筑。

还有是交叉剪辑，就是两种差别极大的建筑形态交替出现。比如说一明一暗，一个是很暗的室内空间，一个是很亮的室外空间。两个交替出现会让人感觉同时在体验两种空间。还有分割画面。从一个地方突然有两条路径，但是两条途径是用透明材质做的，你走在一条路径上，但可以看到另外一边，两条路径可以相互看见，等于说你走在一处，却能看到两条路径上在同时发生的一切。

还有叠化，其实屈米设计的拉维莱特公园，用的就是叠化手法（图2-78）。

图 2-74

图 2-75

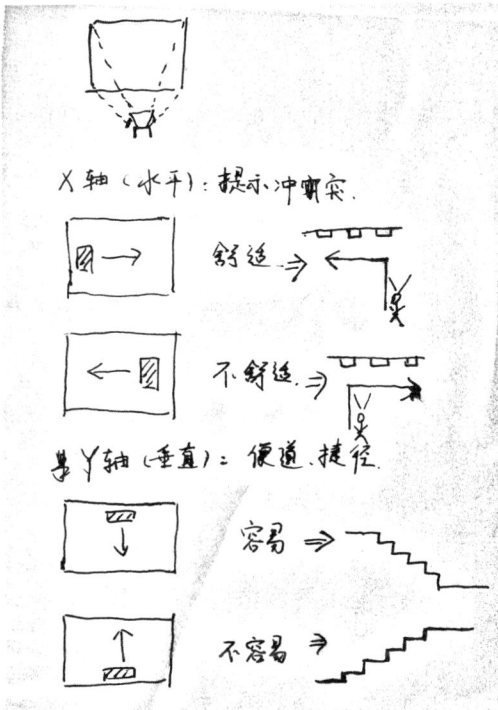

X 轴（水平）：提示冲突点.

▢→ → 舒适 →

←▢ → 不舒适.

Y轴（垂直）：便道. 捷径.

▢↓ → 容易 →

▢↑ → 不容易

图 2-76

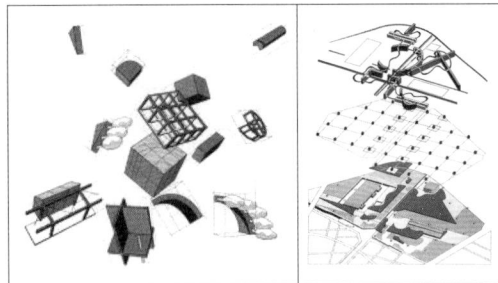

图 2-78

广角镜头：大景深.
前景、中景. 后景. 同时处于焦点范围内.

⇒ 开洞的大宫河

广角（远景和交代性镜头）.

⇒

V 作镜头

图 2-77

45

还有一个想法，从时间的间隔上讲，是一个融入的关系，比如说一个方正的形体，逐渐消减，最后消减成流线形的形体，一种逐渐消减和逐渐生成的关系。这是我下一步研究的方向。我还把色彩增加进来，比如有的电影是黑白的，而有的则特别灰暗，或特别明亮的。

还有景深，景深其实有一种透视感，透视感在建筑中比较容易表现。

还有一个偏向完形的空间，跟形状有关系。

光度很有意思，电影场景中有些地方很暗，有些地方很亮，给人的感觉不一样。如何在建筑空间中，通过明亮、虚实、开窗，通过一些变化形成情节冲突，我觉得是很难突破的一点，因为把电影转译成建筑是线性的，但是我们住的房子不可能一直是线性的，不可能住在一个长廊里，所以如果根据情节冲突形成一些路径的交叉或者是重叠，从而形成一个真正可用的空间，这是难点。

图片是电影《低俗小说》中的几个片断。镜头从车的部位开始往上推（图2-79-a），入口是一个台阶上去。第一镜头是一个对称构图，像一个对称的门（图2-79-b）。下面一个是镜头从右往左的移动。但是它里面的景物是从左往右地进入镜框，所以它其实是一个从左往右的横向流线，你看东西在这边形成一个向右的转弯，还有一个横向的流线（图2-79-c、图2-79-d）。

下一个是长镜头，镜头一直在前进旋转，有曲线的变化，形成了一个很大的曲线路径。其实中间还有一些其他的，比如说，镜头运行到一半时，可以往旁边推一下，看看旁边（图2-79-e）。还有一对称的近景（图2-79-f），对称的关系，正中间的东西，我把它比拟成一个短墙。还有最后中间这个短墙包括刚刚说的中景，穿插了一些中景，有一堵墙。有一个构图，是两个画面，一幅是第一帧，第二帧，等于是一左一右的，左面，右面，形成了一左一右的短墙，有两组。最后是跟随女主角进入到房间，跟随镜头，一个近远的镜头，形成两堵墙，延伸出去（图2-79-g～图2-79-j）。在这里我用镜头号决定排列顺序，由时间决定了空间形态延续的长度，由景别决定空间的形态（柱子、短墙等），由此形成了整个翻译过程（图2-80）。采用同样的方法，我们又试着把《低俗小说》中男女主人公进入餐厅的完整镜头转译成建筑空间（图2-81）。

镜头号决定了排列的顺序；
时间决定空间形态持续的长
度；景别决定了空间的形态
（墙、柱……）
我们试着把电影《低俗小说》
的片段转译成建筑空间。

图 2-79

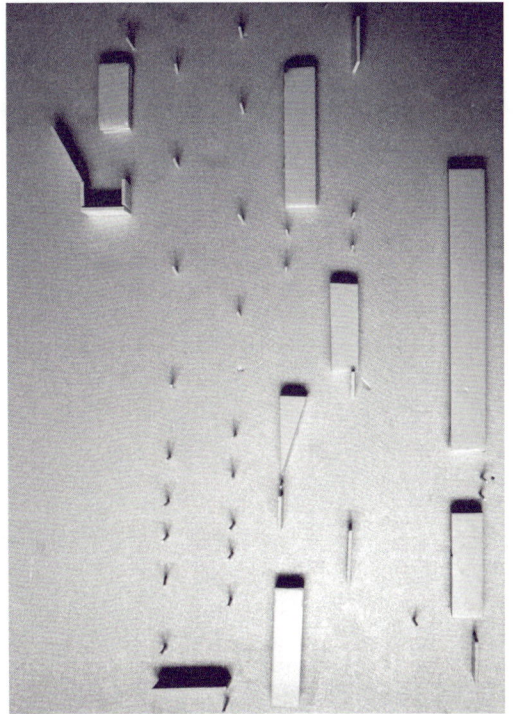

图 2-80

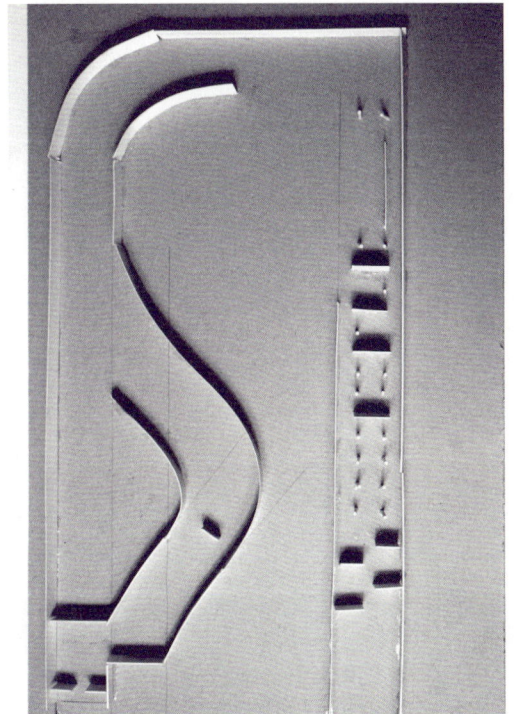

图 2-81

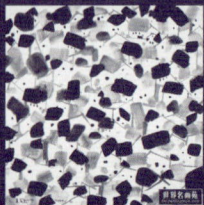
图 2-82

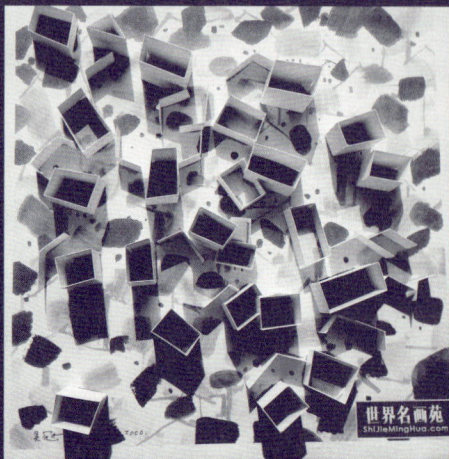
图 2-83

图 2-84

图 2-85

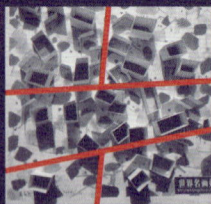
图 2-86

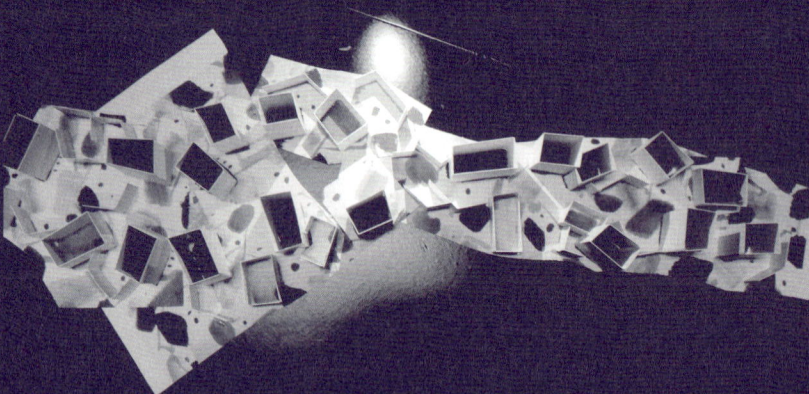
图 2-87

图 2-88

图 2-89

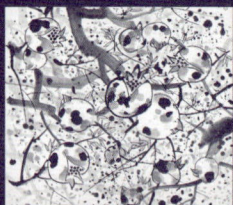
图 2-90

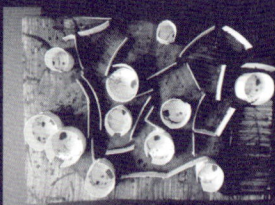
图 2-91

李明玺: 这个 (指图 2-82) 是我找到的吴冠中水墨江南，根据这个画做了几个模型 (图 2-83)。图 2-84 是它内部的一些视点比较低的透视。后来我就把它们重新编排了。按照图 2-85 的方式把它分割，再拼凑起来，变成一个非常像街区的空间 (图 2-86、图 2-87)，感觉特别棒。如果把它放矮也可以变成北京的一个新式小胡同。我觉得走在里面，会很开心。我还做了一个方案，算是陪衬吧，图 2-88 是吴冠中的一幅作品，我把它改造了，拆开后形成流动空间图 2-89，有点像密斯那种空间的感觉。后来我又找了一幅《石榴》的作品 (图 2-90)，也是选取中间的一些元素。空间既可以是尺度比较大的一片区域，也可以是像展厅一样的一个室内空间 (图 2-91)。

后来我又想到除了吴冠中的画之外，国画其实还有很多内容，从小学国画，《芥子园画谱》等于是一个教科书。我从中选取了一些比较喜欢的题材。第一个是竹子 (图 2-92、图 2-93)，竹子的感觉其实挺难操作的，因为它们互相渗透得比较多。它们有空间上的或者说是体块的感觉。第二个是松树 (图 2-94)，这幅空间就有点别样的味道了。我觉得古人设计园林时，说不定就是提根笔，跟着感觉一画。就有点像园林 (图 2-95、图 2-96)。

王: 各位同学从不同的方向进行的空间寻找内容很丰富，思考也很深入。接下来我想结合同学们所做的模型分别谈谈感受。

杜京良同学的地形分析中可以看到大自然和人类在地球上共同创造了新的视觉图式，为我们提供非常多的形态来源。大地上的肌理，其实就是一幅幅抽象绘画，一个个空间要素。杜京良同学的做法提示我们现在经常讲到的地域性问题。以往讲地域性往往是在谈当地建筑的造型，或仅仅

图 2-92

图 2-93

图 2-94

图 2-95

图 2-96

是材料。但地形所展示的肌理或许可以提供所有当地地域性所正在表达的一切。而且这一切是那么详细和具体，并拥有当下的时效性，同时也展现了一个非常具体的地域性的本质特征。

记得 1998 年我坐飞机从北京飞往成都途中，北京周边山如刀削，而进入四川看到的是云雾缭绕和延绵的山形，而这一切都在述说着地域本身的视觉特征。因此我希望能够再深入挖掘一下，目前思考的方向非常好。还有，实际上还可以把地形上什么地方有房子，什么地方没房子也一同展现出来。比如这一块可能就是立体的一块一块的房子，那一块就都是空的。屋顶色彩或许也会给你不同的想象。有高有低。思考再稍微深入一下，可能会获得更有意思的东西。色彩不仅仅是平面的，也可根据你的需要，选择它的高低，产生变化。在这个过程中，你可能会产生很多功能上的想法，此时可根据需要，你需要它高时，眼睛就把它看高，需要低，眼睛就看着让它低下去。

小丁同学是作曲家，直接把武满彻的乐谱立体化并看到了里面有很多的空间变化，但我最感兴趣的是你如何把它重新解释。你所说的如何对位，你所讲的那段故事，是你们作曲专业的语言系统。能不能在你所讲的故事的基础上，通过一种图像或图示把它的对位关系整理出来。有没有真正乐理上的对位法则，能否再具体一点儿。在理论上，可能还需要挖掘一下。不过你刚才把模型端出来的一瞬间，建筑似乎就已经完成了。有了这些模型，这一切就变成你做设计时某种新的对象物的道具，便可以彻底地抛开已经存在的建筑体块与空间摹本，你可以不断摆弄这些模型的排布方式并随时记录下来。进而将其成为在你的解释逻辑上能够说得通的，或根据乐理上的一些观念，将其引到建筑中，成为重新对空间进行构成的规则。

周桐同学从所选的画抽取到了数，认为最终宇宙中的最高级别是数字，用最本原的数字关系把空间对应出来，抽取出来，这是最高级的。你不关注形，不关注具像的世界，关注到数字，这一点我应该给予较高的评价。你选的这些画作包括一种抽象结构关系。你的这种抽取很有意思，不过在把它变成空间时，虽然结果也可以，但你加了主观性。

你本来是以很理智、很抽象的角度去做，突然加入情感，反而削弱了你对理性的极致追求，对比起来显得有些随意。所以这个阶段不用着急表露随意性，可以在所追求的极致上加以梳理，甚至对绘画本身的一些原理进行对应的梳理，这些都会有助于你接下来对问题的理解。

接下来要深入的就是要在保留它原汁原味的样子上进行梳理。如果我来

做，我可能先打上四个格子，从空间进去，借助绘画发现新的空间要素，不是急于将脑子里现有的要素加进去。请注意，已经属于你的东西不要着急拿出来。你现在的任务是找出不属于你的那些东西。我们正处于学习阶段，就是要把不属于我们的东西不断装到自己的脑子里，不断地去探索新的要素，学语言、学更多的可能性。所以，我建议还是原原本本地依着人家原来的东西去做一遍，在做的过程中，将其变成你的东西。

李金赫同学在试图建立一个体系，探讨文字的偏旁部首在空间中重新组合的可能性。特别有价值的是你做了一个非常简单的一些单品的语言要素，有点像住宅，厕所、厨房，还有其他的东西，把这些单品组织起来以后，随时一组合，就变成一个新的空间。你现在要做工作的重点在于：一是以墙为主，把这些要素变成一个墙，加上高度，变成空间，变成体，然后墙和体再叠加。这样体和体叠加，墙和体叠加，墙和墙叠加，重新一组合，变成了 X、Y、Z 的时候就变成有无限的可能性。

你实际上在试图整理出一种体系，我认为这个非常有特色。而且有意思的一点是，原型是从朝鲜的文字转换过来，很容易把一个非常具有民族传统的东西，用一个非常现代和抽象的形态展示。你组合文字的方式是按照传统逻辑去做的，但组合的形态不是传统的，是很现代的。什么是文化传统？文化传统不是形态，文化传统是人的智慧在传播，并不断地叠加。因此我认为，可以按这个方式在 X、Y、Z 轴再去拓展。你今天只是讲了一个逻辑，没有把文字的真正形态一个个地抽取。你把形态一个一个地抽取后重新表现，就是特别有语言学特征的建筑方式，一种有体系感的构成方式。

杜光瑜同学，你的想法很有突破，把乐谱转换到点、线、面的关系了。这种转换的方式是一种突破，这种突破在于比乐谱本身更加抽象。我想知道的是，你在解读它的时候，是按照一种什么样的逻辑去解读的？你需要把这种逻辑总结出来，这是很重要的一点。任意一个乐谱，如果你都可以把它读成这种结果，就更加抽象了。反过来，如果任何一个对象物，也都可以做回到乐谱，而这实际上又可建立一个能够进行音乐创作的逆反逻辑。一个具像的形态，通过你的分解又回到原形，再抽象到极致的时候，那个形态会变得非常多样化。实际上这本身就是一种设计的方法。

我今天看到大家能够把建筑学本身忘掉，这是特别好的开始。因为我们已经开始把不建筑学的东西直接引入到建筑学的领域中，我们的思路由此变得非常开放，视线也会变得更自由。将所有所见还原到一种空间形态上，这非常好。不过尽管实际上我们最终还是要回到建筑学（笑），但这并不意味着从一开始就要扎到建筑学的大坑里。其实所有的东西，都

可能是墙，都可能是柱子，都可能是建筑、是城市，或许可能什么都不是。

重要的是：通过训练如何能够生成形态，如何从一个具像形态生成一个抽象形态，并最后将步骤整理出来。

周桐同学，你有没有看到，其实风格派做的就是这件事。具像物体最后抽象成了点、线、面。你要把这个逻辑性挖掘出来，把它"为什么会成为这样"的道理理解和解释清楚。一旦这个道理清楚了以后，你可以做不同的形态，你就会做设计了，你就会做绘画了，你就会做音乐了。比如你可以根据这个逻辑解释不同的乐谱，从而出现这样的形态。你也可以用另一个逻辑去解释同一个乐谱，可能会变成另外一种形态。同一个乐谱，由于不同逻辑解释的加入变得不一样时，可能会很有意思。

侯兰清同学实际上今天有点偏题。偏在什么地方呢？就是太想把它快速地变成房子。你这个设计做出来过于具像了，太像一个村落了，要把村落的概念去掉，把它变得再空间化一点，不要体量化。一体量化，就永远是聚落本身，而空间化以后就变成建筑了。把自己的固有观念再削弱一点，从纯粹的图形出发，一个一个地把它立起来，把这种语言重新读取出来并变成你自己的东西时候，收获会不一样。模型的尺度可以大一点，简单一点都不要紧，要把它变成墙而不要变成块。因为我们现在做所有的建筑，是从雕塑感开始的，这是特古典的一个想法，上来就要做一个造型，是最大的问题。去掉雕塑感，还原它的空间感和平面感，只有还原到平面的时候，才会有空间产生。

做诗歌的高钧怡同学，你的模型我感觉很有意思。你发现了建筑的另外一种可能性。就是说，没有围合的一种建筑的可能性。比方模型的这处可以看做是一个城市，暂且就叫柱桩城市吧，全是柱子、桩，可以走哪儿，就围哪儿。点的逻辑性是很强的，你建立了一个非常重要的"原点性"。因为这些星座是靠引力形成的美学。之所以星星在那，其实是因为星球的大小、引力的大小，形成的互相之间的平衡，这种平衡一定是最美的，因为它是力量的平衡。

还有一个有意思的方面，关于星座，对比一下中西方你会发现，二者还是不太一样的。欧洲人与星座间连点的概念和中国人的不一样。连的是什么点，然后抽象到什么程度，截取到什么程度，这些都是有意义的，这里面其实有很多建筑。把这些内容直接立起来，就挺现代的，而且有很多的可能性。拉帘的城市其实也挺好的，很透明，很有肌理的一种感觉。可以沿着这种思路继续整理，或者是按照这种逻辑，再挖掘一下其他的规律性，包括宇宙的规律性，跟你诗歌中的想象再结合起来，春夏秋冬就会变得更有意思。

当我们共同面对同一个对象物时，不同的人会截取不同的生活片断，这跟每个人的个人经历有关。所以你做的设计，有你自身文化积淀在里面。也正是因为每个人从小生活都不一样，包括人的气质、性格都不一样，所以就算大家看同一件东西，但其实理解及其所看到的或许是完全不同的。

我想你通过这一个点，是不是还可以挖掘其他的可能性。比如说，你现在这个设计可以设定它有不同层面，或者这一些星星彼此有不同的质量。据此，在同一个平面上，高度是不是可以变得不一样？用高度来表示质量的时候，不同高度的质量连接起来是不是可以形成一个很自由的、高低起伏的体块。所以这个设计完全可以不用靠你曾经受过训练的那种绘画基础，尺度完全靠你那种理性和思想去把它发掘出来，自动生成。我建议你可以在这方面再下点儿工夫，挖掘一下。

徐逸同学，你做的这个住宅，但平面很好。这里面有广场，也有很多曲线，在视觉上显得很丰富。但我更感兴趣的实际上是你发现了一个逻辑关系：就是从聚落当中，根据它的点，依某种逻辑变成不同长度的线，从而把一个很具像的物体抽象成线了。你建立了一个逻辑关系，依据出现的墙的摆法，形成一个形象空间。如果都变成十字交叉线，所有的聚落，根据线的不同长短，依据一定的逻辑关系，也可形成类似于风格派的特点，形成另外一个体系。同时其与绘画之间的逻辑联系也全出来了。你这个逻辑很有意思的地方，就是你用线长来表达面积。只不过在方向上，确切地说是在不同方向的走向上，以及不同走向的长度上，这你得先自己建立起逻辑。此外，不同的聚落需要每一个都整体地做一下，可能要批量地去做，才能把其逻辑语言找出来。

在做时，有的可用线来表达，有的就保留它的体块，有的也可用圆的方式表述，然后再将它们重新叠加组合，或许你自己就能从中发现出几个逻辑关系。比如这里用 A 的方法，那里用 B，还可能用 C，还有 ABC 等等，也可能变成一个英文单词，BLACK，这是 B，这是 L，这是 A。你自己也可以编一句话，把你的语言翻译进去，由此，一个完全不一样的建筑有可能就出来了。沿着这种方向再深入，把 ABCD 所代表的再抽象化一点，逻辑关系就可能建立起来。

杨隽然同学，从你的模型里可以发现中国人写书法时间架结构间的逻辑，其实万变不离其宗，就是这个过程。你把某些理论颠覆了，是一个形态学上的发现。不过现在多少出现了一些问题。因为现在这样做会变得造型感很强。而如何使一大堆东西摞起来成为空间？这件事儿怎么去完善？看来

路边天文活动专用星图
春夜星图

还要再思考。我们毕竟终究还是做建筑，你还要把空间的概念再拽回来。比如你目前这个模型做完了以后，有没有再拿石膏之类的将它糊上？糊完干了以后，把石膏拿下来，就变成一个壳了。它变成空间了，这个空间也许就很好。

但是我还是想再提示下，就是怎么样能从中发现一种设计的规律。目前这样一次一次地做就变成单品的设计了，单品设计是比较偏艺术家特征的状态。但如果有一套语言系统在里面，也可能在你这描述它们时候，语言系统就产生了。不过这可能对你目前的学习来说，想有这种发现还是一个不小的挑战。

叶雪粲同学，你的设计比较深入，但逻辑过程现在说的稍微有点复杂。虽然从空间上表现得很丰富，但是复杂度上有点过，比如模型上几个地方的线。一种方法是把它作为一种转译，重建一个逻辑。另外就是当你感觉某个地方线很多、很繁复的时候，可以考虑换另外一种思路。你其实是在不断地进行一个组合，这是一点，还有一点，我在想，你把这个乐谱随便撕一下，重新进行组合或许可能也挺好。所有的东西可能随着乐谱的粉碎变得更加自由。

叶雪粲：我有个疑惑，这种粉碎操作是比较偶然的，而且我们现在又没有任何外部的限制因素。如果让我找一个理由，比如让我这么撕这么摆，那应该是怎么样的理由？

王：问题是有道理的，不过这种撕碎的过程也有可能伴随出现另外一种操作的可能。有时一个操作真的会就那么简单。只是建议尝试去换一种做法，对比一下偶然和可能性之间关系性的成分。有可能在做的过程中逻辑关系就呈现了。我想可以尝试再换几个乐谱做一下。

谢志乐同学，你解读了电路图，其实它里面可能会有一个城市的逻辑，有可能是交通的逻辑，也有可能是城市设计的逻辑，有可能包括交通怎样衔接，怎样贯通。还有你也可以再分为另外一个逻辑，比如 45 度角的逻辑会诱发怎样的可能？你现在的做法是把它摆在一层去思考了。你可以试着把它们拆到不同的层，看看电路图上所有点的布局有什么样的分层关系。

如果你按照电路的逻辑结合你自己的生成原理，空间就会有所变化。而当你放进一个其他要素，突然产生一个能量，你会发现这事儿有可能变得更有意思。空间可能会在这个城市既成的模式上出现一些新的演变。比如拿一张宣纸，我在上面滴点儿墨水，把晕下来的那一块全切掉，那种偶

然性，会完全变得不再是建筑逻辑了。所以我现在感兴趣的是电路板上那些元件能不能转移成对城市的理解，或者对一个房子功能的理解。这不是形态的问题，是一个逻辑性的问题。

再问一下：你的模型是怎么拼，拼的逻辑有吗？

谢志乐：它更多是叠在一起的，上面那些圆孔，就是为了让不同线能够交织在一起。

王：如果是上下联系的一个通道，其实就可以有所想象了。也可以采用反向思维，通过它去解读另外一个体系，转译一下。其实建筑设计就是一个需要来回转译的过程。因为转译后意思就隐含在里面。这些都有可能变成你思考的一个基本原则。

陈梓瑜同学，你这个做法跟刚才周桐同学的有点儿相仿。与风格派的思路是一样的。你现在做的这个工作是从塞尚变成了刚才我说的用撕碎之后重新组合的方式，产生了新的可能。这个逻辑我觉得就对了，建筑就得要这样做。只有这样，才会抽象到最极致的状态。你抽象的过程，是最有意义的。其实你看你这个模型和周桐那个的处理还是挺像的。这变得很有意思。有意思在哪儿呢？就是从不同对象物入手，梳理出结构，彼此却有异曲同工的妙处，反过来，把刚才你陈述的过程所产生的结果转翻译成画，是不是同样也可以？我想，这件事儿就是因为你看到结果后会继续有别的想象，灵感也许也就伴随而来了。而这个，实际上就是我们这个课要训练的一点。

吴之恒同学，你讲的电影里那些逻辑都挺好。但是你那缺少一个因素就是每帧画面持续了多少秒。

吴之恒：主要是因为，多少秒的问题，我觉得太强调线性。

王：我认为做设计可以"不择手段"，因为每个人的出发点都不一样，这样建筑的多样性就出来了。但从自身角度来讲，任意性就是没有给自己更高的要求。我相信你不是随着自己的感性去做的，你真是按照电影的逻辑分分秒秒切断。这本身就是一个很好的逻辑，是把一种抽象，变成视觉形态，这对自己也是一种训练。把一个故事用一种非常抽象的语言表达出来。就如同虽然用三角、方块、圆等看似无生命的几何形，但实际上仍然能表达情感，用这种纯粹几何体去表达情感，是真正的和建筑语言相关的东西。

像陈梓瑜同学这个设计，看上去是一棵树，但比真画一棵树水平高多了。它有可能变成其他的模型，有可能是你把所有的墙都去掉后就留如你图中所画的三角在里面，形成另外一个语言。把所有的，因由某一个逻辑的理解和意义去掉，留什么，不留什么，会因此产生不同的变化。

所以我觉得你可以把时间一秒一秒切断出来，纯粹按照时间和场景，简单说吧：就是把时间和场景结合起来。比如这张图片对应着哪个场景，那就把那个场景裁下来贴上，这不就变得有意思了？将场景转换成抽象的语言，变成空间的语言来表现，应该是很好的一个训练。

李明玺同学是在探讨中国绘画。我和你的感受一样，都已经想住里边了。不过我觉得从过程上还是有点儿太按照自己的逻辑走了。你按照我刚才的玩法玩一遍，一撕一拼，把偶然性引入，也许就好玩了，比如有可能这面墙真是撕掉了，那就断掉，切开好了。也许你认为是瞎撕的？但可能有时候并不是。万一是因为纸的力学在起作用呢？

《芥子园画谱》很好玩，我对其中所画的竹子和松树特别感兴趣。你能不能把芥子园最经典的元素全画一遍。《芥子园画谱》里的空间应该很有意思，有可以在里面能发现如同你刚才所说的中国人对园林的感觉。

从今天各位做的作业看：每位同学的兴趣和出发点有很大的不同。每节课做完后，桌子上摆满的这些模型好像一道盛宴，这是特别好的相互观摩和学习的机会。在这个学习交流过程中，每个人其实都可以发现彼此不同的思路和方法，发现对同一个空间题目不同角度的回应。更重要的一点是，在这个阶段，没有做得那么像建筑。

今天是周一，本周四咱们继续沿着这个思路进行。过程当中应注重梳理逻辑，让手法变得更加抽象和清晰。

目前我们做的这一切实际上不只是在做一个设计，实际上，没节课都是在做三四个、四五个小设计，每做一遍，就都是一个设计，里面都会有很多语言可以被发现。

需要强调的是，创新不是天天画就能创新。创新是要发现的，怎么样才能够发现？就是你必须在智慧上要有提升，视线上要有随意性，要在表面上看似没有关系的事物中发现事物彼此间的逻辑和相互关系。电路图、乐谱、电影、绘画等等，一切最后都可能归到建筑。建筑师实际上是在用空间的语言把这些逻辑表达出来，让空间变得有魅力。

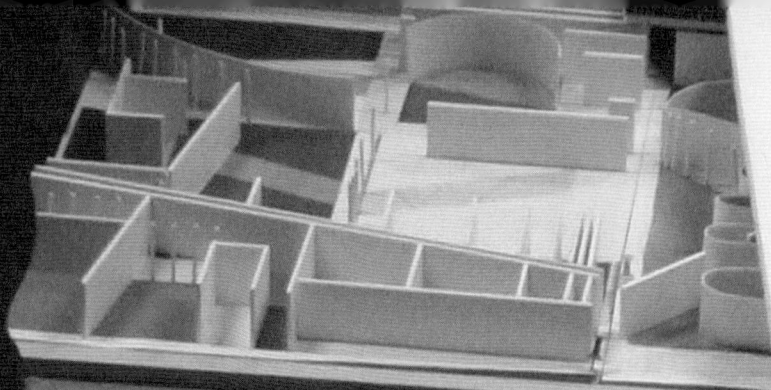

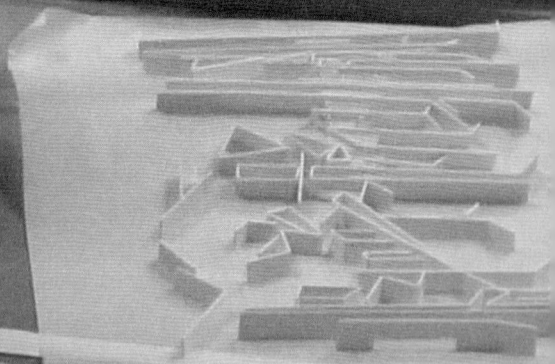

03

第三课

2015年3月12日星期四

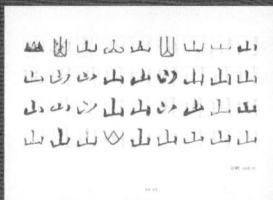
图 3-1

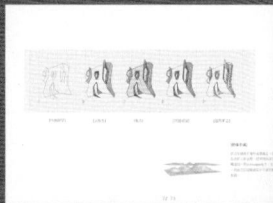
图 3-2

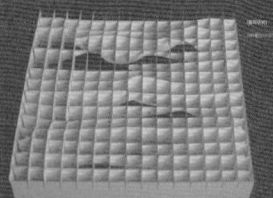
图 3-3

杨隽然：这节课我还是用了"川"字，但是我在立体上另选了一个"山"字（图 3-1、图 3-2），之后描出了它的外轮廓。然后让每一个"川"字都对应一个不同的"山"字，形成一系列空间。我先把一个形态生成，再去观察这里面有哪些我觉得还比较有意思的空间。首先"川"字这三条线能够形成连续的大空间。然后，我在安装模型的时候，都是靠着缝横着穿插的。在没有安装好的时候，会这儿卸掉一块，那儿再卸掉几块，形成一个比较大的空间（图 3-3）。模型边上形成的一些小空间可以用来做小隔断。通过这种形变，也可以做出参数化的效果，就如同徐逸在 Grasshopper 里调角度的那种效果。晚上，在灯光下看，不同光线下的效果是不同的，有非常丰富的光影效果。

徐逸：目前大家看到的是一个封面，准备把最后那个抽象画放在封面上。接下来是分析，在之前课程中展示过内容的基础上，找了数几个值，然后反思了这一系列的操作。我是先扫进了 30 个聚落信息，并画出了 30 个成果图（图 3-4），把它放进去，建立一个 grasshopper，如此一来就相当于什么都可以调节。以我现在放幻灯片的角度为例，首先它们是一系列村落的平面图（图 3-5），接着显出每个房屋（图 3-6），计算出重心，并找出一个整体聚落的重心（图 3-7）。图 3-8 就是，整体的村落是按照设定的角度来调节的。图 3-9 是它的 X 轴上，是这样调节的。它的 X 轴是取过直线了，所以看起来是目前这样，Y 轴的话，取的数值非常少，0.001，所以相当于是类似取极限 0。那在这个方向上就可以延展（图 3-10）。另一个是在第二层，我其实是把同样的操作用一个不同的角度叠加了一次，相当于在不同的方向上取极限。现在是 90 度，但也可以倾斜，也可以延展（图 3-11），如果是 90 度，非常像蒙德里安的作品（图 3-12）。上节课提过一个保留体块，我就在想原本这些体块，是具像的，我们现在把这些线条抽象化了。

王昀：这里你没发现挺有密斯风格的吗？

徐逸：对，当时一看我就想到巴塞罗德国馆了。

王昀：你这是什么软件？把密斯揭秘了（笑）。

徐逸：Grasshopper，是犀牛的插件。

王昀：然后并没有把它立起来，你现在只是先琢磨，是吧？

徐逸：：我在想可否能直接在这个平面的抽象图上增加一些元素。

图 3-4

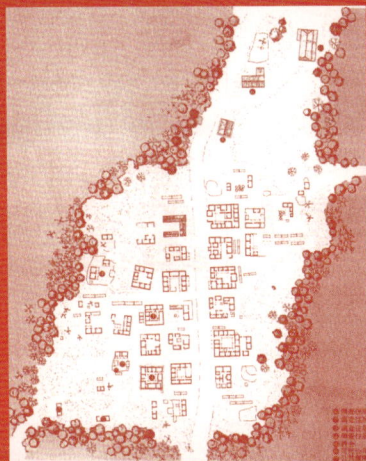

图 3-5

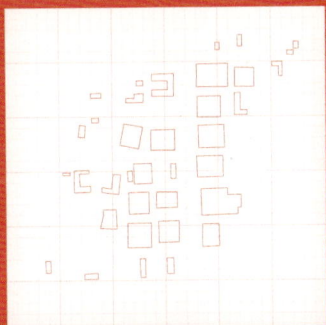

图 3-6

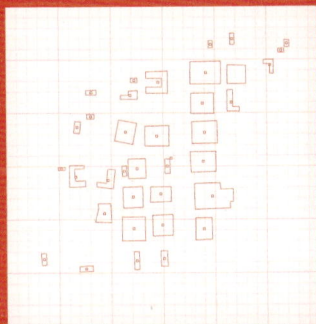

图 3-7

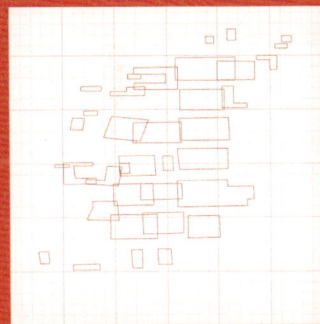

图 3-8

图 3-9

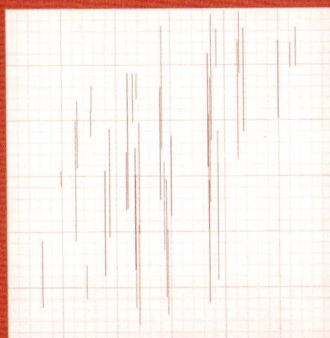

图 3-10

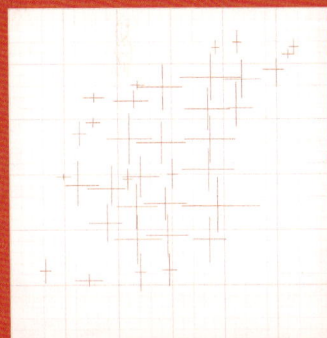

图 3-11

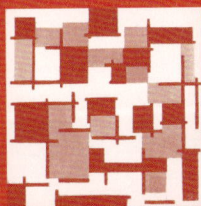

图 3-12

图 3-13

图 3-14

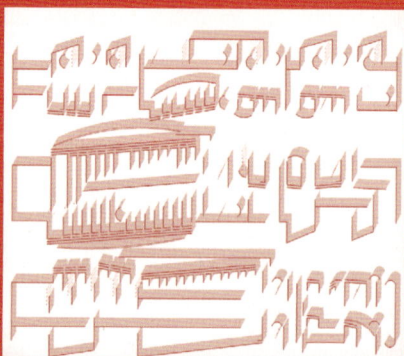

图 3-15

叶雪粲：这次做的还是建筑与音乐。第一个想法是关于音乐叠合，我找的乐谱的特征是更强调节奏的变化，旋律性更弱。在这个谱子中，我看出来一种音的叠合关系。因为在弹这个曲子时需要踩踏板，希望所有的音重合在一起，所以我取它的时值为特征，然后进行重叠。先是把最短的音以一个单位进行面积的设置，这样的做法是说时间越短，停留的空间越小。接下来可以看到模型中有些部分是大一点的空间，也有些是再大一点，还有比较起来是最大的。而将这几个进行联合，做正片叠底以后，出现了一个场景，它对应的是空间的一个叠合（图 3-13）。在这里有很多重叠的地方，我在它重叠的规则上设定，小的这种方框，它是在上面保持完整，跟它交叉的大的方块是在下面保持完整。所以也就在这种空间上面形成了上下穿插的一种效果（图 3-14）。第二个想法是纸牌游戏。上节课老师讲到了偶然性。但比如我撕纸这种偶然性操作，实际上还是有个人主观的因素，怎么撕，撕多大，怎么扔，还是不可避免地会有自己主观的一种控制。所以我就在想怎么样能够完完全全忘却我们关于空间操作的一种记忆。然后我看到了实验音乐中有一个纽约学派。它用了一种以抽象手法忘却记忆的方式来指导它所有的创作，提到忘却在实际操作中更实质的途径是什么，如何有效地摆脱原有方法的体系，以及创造固有的法定理。我就想应该找一种完完全全随机、完全摆脱个人主观意识的想法。所以我就想到了一种纯运气的一种操作手法，也就是赌博中的纸牌游戏。我先用骰子扔出两个数，然后分别对应一张完整的图。先是想着一张完整的乐谱，然后横竖的分隔的数量，再将它全部打乱进行洗牌。洗牌的过程不仅是顺序的变化，还有上下颠倒，然后正反面颠倒，最后出现无限的可能性（图 3-15）。洗牌后就像纸牌发牌一样，按着原来的位置叠好。

谢志乐: 第一个模型是上次的继续。上次老师说我的想法过于复杂，让我直接截取里面的一个片段，然后直接形成一个建筑。我想那我为何不把所有的片段都截取出来，然后做一个组合。我把所有的扇形分布分区都打印出来了 (图 3-16)，因为除了最外一圈外，它们的半径都是不一样的。我把它们的半径都变成同样大小 (图 3-17)，然后就得到了一系列体块。我之前看过一本书，罗兰巴特写的《S/Z》，他把巴尔扎克的小说《萨拉辛》中所有的句子分成 461 条语素，然后再根据语素不同的属性变成五种代码，从五种代码里随机抽取一种就可以组成一个相对完整的故事。我就想把它们当成类似字母一样的东西 (图 3-18)，依据面积大小的不同，得出自己的分类，不同类别之间有一个相对的数学关系，比如 c 类等于两个 a 类加一个 b 类。然后每一层都可以随机选取体块的数量和种类。这个模型就是依据这种规则得出的 (图 3-19)。第二个模型是陈梓瑜同学上次做的《十月谈》的那幅图 (图 3-20)，是通过形态、颜色的区分来对它进行抽象的，它不是我的模型，但我想如果我通过明暗对比能不能得到一个新结果呢。我在 Photoshop 上进行了一些操作，首先是去色，然后加大对比度，这样就可以忽略一些繁琐的细节。第二步是模糊处理，对一些暗的区块进行合并。第三步是锐化，让边界能够比较清晰。第四步是查找等高线，能够形成一系列比较丰富的围合的墙 (图 3-21)。然后我找了一些摄影师的作品。分析他们的图可以发现图的明暗都有一定的特点，我做了下面这个方案 (图 3-22)。

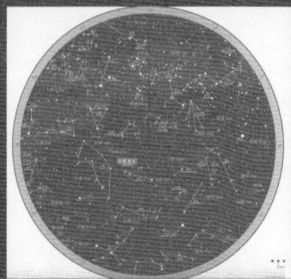

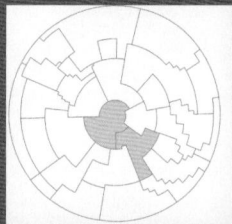

图 3-16

图 3-17

图 3-18

图 3-19

图 3-20

图 3-21

图 3-22

图 3-23

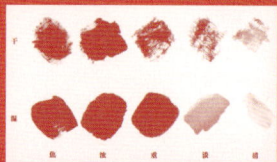

图 3-24

图 3-25

图 3-26

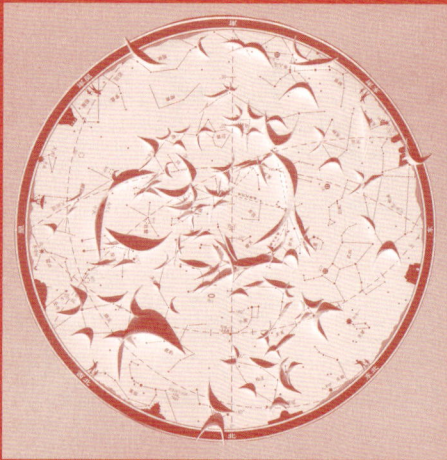

图 3-27

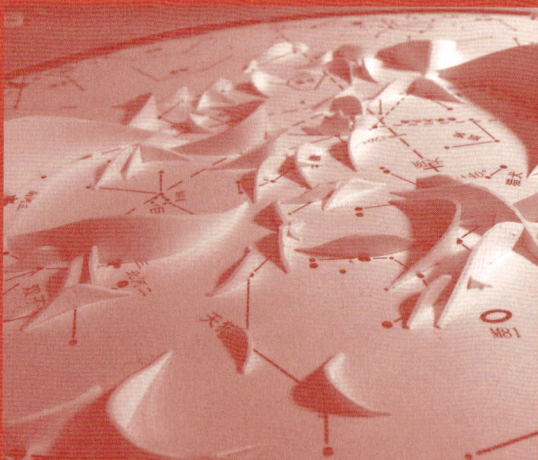

图 3-28

李明玺: 这回我又选取了一些新的素材, 就是中国画画家八大山人。八大山人在中国画的历史上具有重要的地位, 相当于莫奈或毕加索在西方绘画史上的地位。他是把写意画提升到一种简洁的高度。之前的中国画, 包括山水、花鸟, 甚至是工笔画, 都是非常细致的。但是八大山人以概括性的笔触, 做出了这种很有画面感的、更加追求意味的形式。这回是选择了他的一个作品。之前的做法都是把笔触直接从平面上拉起来 (图 3-23、图 3-24) , 然后我就想能不能变得更加立体。后来就想到中国画是近实远虚、近大远小。如果根据它的墨色浓淡能不能做出一个高差上的变化, 使层次更加丰富一些 (图 3-25、图 -26) 。

高钧怡: 这次又想了一下星图, 还有原来那些诗, 以及整个空间之间的一些关系。其实《春江花月夜》探讨了宇宙的永恒和瞬间的关系, 比如说 "人生代代无穷已, 江月年年望相似"。星图代表一个宇宙, 像斗转星移, 它有一种瞬间和永恒的关系。上次主要是找出了星图里的些点, 这次想从中挖掘出更多的信息。星图里包含星星的位置、星和星之间的夹角等。星等越小星星就越亮, 每两级之间的亮度基本上差 2.5 倍。我就想能不能通过一个逻辑, 把空间里一些特征落实。我用了竖向的弧形片的位置来表示星星的位置, 然后用上一些连线的夹角。我模型其实做小了, 感觉大一些会看得更清楚。模型上每一片的最中心的点是落在原本那个星的星标位置上, 让一些片形成一个弧度。夹角基本上跟连线的弧度是相对的。星等有相应的图例, 可以按照那个数字算一下比例, 然后对应到这些片的大小上。之所以用片状的形状是因为, 每一个星星落到这一点, 其实只是一瞬间。但是它们有逐渐消失, 然后到永恒的过程。所以当时就想用这样一种弧形来和它对应。主要也是通过这种对应手法, 形成一些不一样的空间, 然后整个交错就形成这个样子 (图 3-27、图 3-28) 。

王昀: 我想问一下这个曲率是怎么设定的, 有逻辑吗?

高钧怡: 之前制定的逻辑是不管大小、形状都是相似的, 然后模拟正弦曲线来切。

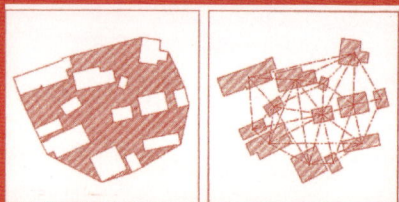

图 3-29

图 3-30

图 3-31

图 3-32

图 3-33

图 3-34

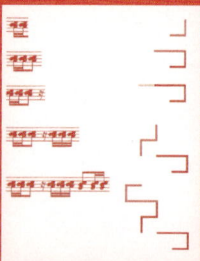

图 3-35

图 3-36

侯兰清: 我这节课主要是多临摹了些聚落形态, 然后试图找到抽象和转译的过程。聚落的抽象过程应该把面积、形态等还原到一种数学状态, 比如说点、线、面等。第一步是每个聚落先找重心位置, 然后把它们之间有直接联系的空间关系连起来 (图 3-29)。第二种方法是抽象出一些线来表示围合的墙, 主要是结合线的走向、面积、长度, 做了这些线性模型(图 3-30)。第三种方法是想到穴居住宅, 将一个正方形在聚落图里移动, 然后选取一个看似比较合理的状态, 大概就是我做的这种围合(图 3-31～图 3-33), 在这里有空地。有些地方通过一些空间的倒圆角, 用一些分隔的方法, 再将其反转一下就是目前的结果。

杜光瑜: 第一次我做的模型, 重点是在音的旋律, 也就是音高在变化上的研究。第二次我研究的其实是音乐的纵横体系, 就是把乐谱变成线面, 一套纬度的变化。第三次我的想法是, 音乐是一个时间坐标轴上的艺术, 用时间的变化就能表现其内在结构的逻辑。

所以我这次又想单纯地研究一下音乐的节奏。我看了一些有关作曲的书, 作曲家作曲时所采用的一些手法跟建筑设计很像, 比如重复中有变化, 还有旋律的逆行或者倒影等。这次我试图对同一首曲子做不同的理解, 图 3-34 仍然是我上次找的久石让的《东方之风》作品, 我给它设定的逻辑就是, 右边也就是正坐标系为旋律的顺行, 然后长度是由每个音符的拍子也就是时长来决定。因为我这次不想让它在横线条上延展, 而是每一个音符都会是一个正交体系, 这样它的夹角就会围出空间。夹角两个边长决定的面积, 就是空间中人游走的时间面积 (图 3-35)。图 3-36 选取的是它的 13 个小节, 是做的第一个版本。因为它是一个相对的, 每次是从横线开始, 还是竖线开始, 都不一样的。所以, 还可以延展出另一个版本。还是同样的 13 个小节, 用这种方法从曲子不同的地方切入都会有很不同的结果, 但其内在逻辑是一样的, 就是想表达节奏对空间的一种划分。

王昀: 你应该把你刚才说的过程一步一步展示出来, 而不是只展示一个结果。展示的过程很重要。把读解的过程列出来, 设计的逻辑就建立了。

王昀: 这样, 咱们接下来去听吴之恒讲的故事。估计他的模型也快拼完了。

吴之恒: 这两张是根据一些特有的句法做的, 我还是要分析这东西, 因为我觉得对后期做房子是非常重要的。比如说这两个东西, 从这边往那边看的话, 就是一个广角镜头的概念。然后这三个就是前景、中景、后景。广角镜头能够让人眼将近、中、远景都看清楚 (图 3-37)。反过来, 如果是长焦镜头, 会把距离拉近。我还画了一个鱼眼镜头的效果, 它有畸变。比如说墙原来是直的, 通过鱼眼镜头以后墙就变凸了 (图 3-38)。图 3-39 的大模型是我从《Taxi Driver》取得片段。我把片段切割成很多部分, 切割的原因是整个片段的节奏非常不同。它有起承转合, 有谋杀之前的铺垫, 可以拼成一个故事。

王昀: 我看你截取的这些图片可以放到地上, 接起来。

吴之恒: 每个分段都是一个转折点, 或者说空间上有很大的变化。从一开始的缓和的关系 (图 3-40、图 3-41), 到突然间就变得很局促 (图 3-42、图 3-43), 大家可以看出节奏的变化, 中间的事件特别多, 说明中间镜头切换得特别快 (图 3-44)。之后有个摄像头的视角, 从高的视角旋转那个镜头。然后这就是代表那个旋转。旋转的角度和长度是按照电影里的角度和时长来确定的。接下来是一个客观镜头, 它从下面的镜头开始, 镜头里是作案现场, 等于是凶手将每个作案现场再走了一遍, 不过是倒叙, 最后是镜头慢慢地推远。

其实本来我想找一块够大的板, 把图片整个拼起来, 做一个一体化的, 但最后实在找不到这么大的板子, 只能裁。结果发现根据事件, 或者说切割下来的镜头语言, 其实可以有些变化。比如说我现在是按照电影的时间顺序做的, 如果说我做个预告片, 就可以把模型中的一部分切下来, 然后再摆起来或者是进行别的尝试。

王昀: 你的每一个细节处理, 每一个角度, 都是什么? 为什么有几处转折, 转折是什么动因, 然后你模型的弧又是什么意思。你是不是可以建立一个系统, 比方说电影一共是 72 种语言, 那你是否可能做成 72 种不同空间小类型; 是准备用楼梯做上楼表现, 还是只在一层平面中展开。想通这些之后, 你未来的设计会不断地去组合、去加减乘除。你选的电影图片, 是否可以有空间上的组合, 而不是一个简简单单的单体设计, 可以试着有意识地去把语言做一个整体梳理, 最后给自己建立一套逻辑过程。

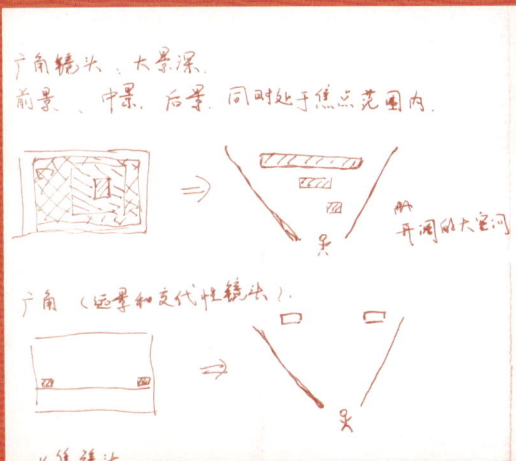

图 3-37

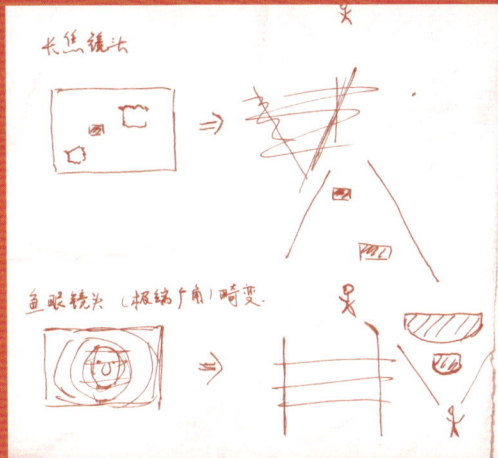

图 3-38

图 3-39

图 3-40

图 3-41

图 3-42

图 3-43

85

图 3-44

图 3-45

87

周桐: 前面阶段一直困扰我的一个问题是，大家的原形很多都是具象的，具有作为物的性质，我这次的原形想做一个抽象的，希望不管是模度也好，风格派的绘画也好，本身选的都是抽象的。面对一个抽象的形式，我如何再对它进行抽象。这两天我在想，或许我应该回到绘画作为一个物的性质上来。作为物的性质，它其实是一个物化，然后我对它抽象，其实过程本身是对绘画的再次抽象。我可以用一些手段，这次用的手段是碎片化。

我想通过碎片化，把物体作为绘画本身的完整性消解掉。在这个研究过程中，我发现风格派绘画的宇宙秩序、数理关系，发现更极致的追求，即便你把绘画本身的形式消解掉，它所承载的意义和那些秩序应该还是存在的。

这是我的操作过程。我选了一幅是蒙德里安的画，裁下后又折了一下（图 3-46）。我把这些碎片重新摆了摆，比如说摆成正交（图 3-47、图 3-48）。有些是粗的体块，有些是细的线，然后把线构成面。在一定程度上保持了风格派绘画原来的一些特征。它可能会有多种的结果，但是我这个操作最终的目的还是表现它的秩序。这是我对上次老师对我提出的追求极致与纯粹的理解。

然后我又做了一个模型。跟刚做的看起来毫无关系。但是我试图建立一些联系，这是用阿拉伯语写的一小段《古兰经》（图 3-49）。阿拉伯文字分很多种字体，这科马格里布体。它是一种书法，但是跟中国书法又不一样，我觉得它更接近一种几何意味的形式。例如里面的弧线和斜线，其实是有一些几何原型的意味在里面，包括斜线角度之类的。我还找到了一张 9 世纪的《古兰经》，它很有原始几何的力量。拿一个厚度不变的将形勾出来时，首先就完成了一次抽象（图 3-50）。阿拉伯语不管是印刷体也好，书写体也好，其实更多的时候是靠线的粗细变化来辨识的，它其实是有笔触的。当你把这种粗细变化概括上来，用你的单一厚度，或者是不变的一个厚度去描述它，首先就完成了一次抽象，摆脱了它对于原来物的描述。

王昀: 挺有意思的嘛。我建议把这个"谱子"还原成五线谱。其实我觉得这课可能做着做着就不是做设计了，有可能改成音乐课。但这个事儿有意思，你把不同内容什么来回串一串，又能串出个新东西。然后看着它的模型再能演奏一段，可能就更有意思了。

图 3-46

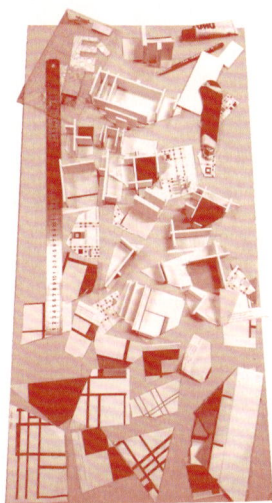

图 3-47

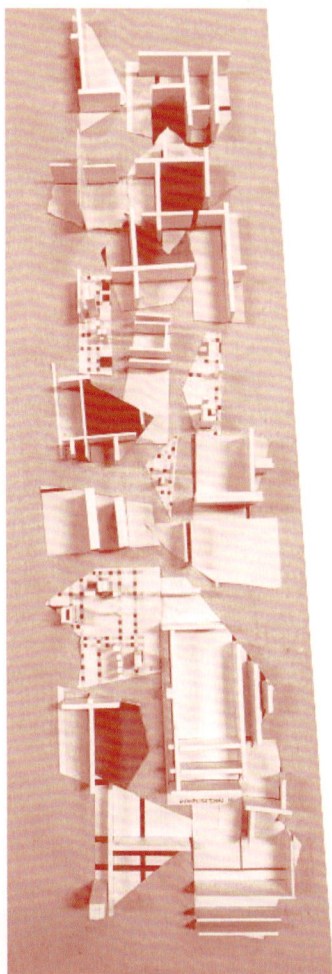

图 3-48

图 3-49

图 3-50

丁惟迟：我觉我之前选的谱子典型性不太够，这次就找了个特别对仗的谱子。图 3-51、图 3-52 是文艺复兴时期作曲家帕里斯特里纳写的《弥撒》，是一个合唱的谱子。它非常对仗，里面有赋格，还有一些即兴的华彩。我觉得里面可能包括了很多东西。我从里面提取一些语言，特别是从图 3-53 这段，两个声部比较像，起使有两个是完全一样的声部，只是一个同位转调的关系。就是说旋律都是一样的，但是它们只是进入的时机不同，然后就可以叠成非常好听的旋律。它其实上面是一个总谱，然后垒到钢琴里。我从里面提取图 3-53 语言，比较连贯，类似于旋律，我把谱子上那些转行，包括因为篇幅原因导致的一些错误，都给重新规整了。就是把它的时值都重新确定了一下，让它们比较连贯了。

然后我们看到的这个，是十六分音符，十六分音符是比较欢快的一种叽叽喳喳的感觉。可能它里面的形式是它的这个杠还是这么长，但是我会把它放成一个一个小单元，可能会比较细碎。这是另外一种，这是我所定义的长句。它们放在一起的时候，平着放是种感觉，错开的话，按照它的对位。再由另外一节接入，然后再看下一个环节，其实就是按它进入的时间点来接。这样的话，一些小片段之间可能会留出类似于天井的东西。像是类似于休止符，我也是想，将来如果是把它提个高度的话，是留成这样的。然后，我再加上一些之后出现的一种短句。这是第一个层面的。短句就是一个之前很长，之后又有一个非常急速结束的句子。

有些小手法，比如说复调，类似于华彩或者说注释和声，或者说上下行，考虑的都是一种小型的记法。当然还可以从大的一些方面来考虑它们的关系。比如说从乐曲的结构可能分奏鸣曲、回旋曲、然后序列曲等。回旋曲其实五段式，还有三段式的，中间主旋律会重复三次，这一种韵律的重复。我现在还有一个思路是在不同的高度上，它的排列可能是不一样的。

有一些想法，就是我觉得建筑和音乐间的转化可能还有点小问题。比如说音乐的旋律性就难以体现在建筑当中，比如说特别打动人的一些细节可能也没法体现，音乐没法百分之百地完全传递到建筑当中。而建筑在空间当中行走的可逆性又没法在音乐当中体现。有些音乐倒着放，就完全不知道是什么东西（图 3-54）。可能就是时间体验上一个单向和一个双向的原因，音乐其实是不太可逆的，建筑是可逆的。

图 3-51

图 3-52

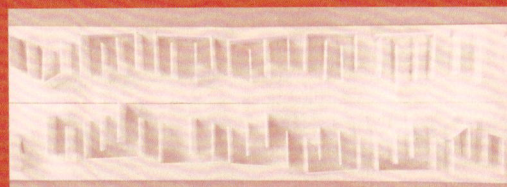

图 3-53

图 3-54

图 3-55

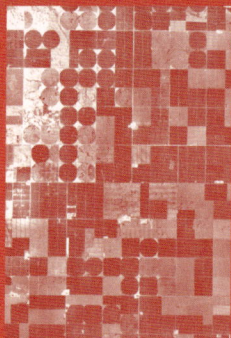

图 3-56

图 3-57

图 3-58

图 3-59

图 3-60

图 3-61

图 3-62

杜京良：建筑的地域性、自然要素、人文要素，是对抗全球化趋势的一个手段。不同地域下，它所属的机制不同。这也使不同地域的人对建筑地域性的不同理解。在时间、空间上，都体现出时空参与了建造。它有自发、自觉和自信。自发就是指传统的建筑的地域性，使用者自发地参与建造过程。自信是指现代的地域性，通过建筑师的设计表现。这三者由环境决定。

地貌是各种地质形态。它的影响因素包括内力和外力，内力是地质作用，外力包括流水、风力、太阳辐射等。特别值得注意的是生物的生长和活动，再具体一点就是人给它带来的影响。我之前选了大量农田作为切入点，农田其实是人工参与影响下的地貌的表现形式。地貌与建筑地域性共同反映出当地的自然环境及给人类带来的影响。

我总结我做过的那些地形，一个是平原田地，是人类意志的映射，受人类的影响特别大图3-55是特别常见的一种形式它特别规矩特别利于生产。图3-56是美国西部的一种农田形式，它是一个圆形，中间是灌溉机通过半径转动，包括一些机器和一些方便机械化的生产的工具。还有中国云南地区的以及意大利的地形，它们都在平原上，都表现出不同的形态，就是因为不同地区的人会对地形造成不一样的影响。

在梯田中加入自然因素，这种融合更多地反映了自然环境的一些影响（图3-57、图3-58）。人类影响再弱一点的是丘陵，形式上不可能出现大面积的农田，丘陵所在的地区一般地经济相对落后。图3-59是西班牙地区的地形。图3-60是完全没有受人类影响的状况。比如说图3-61是南极洲的一个地貌，然后是挪威的一个山脉。图3-62是北非的大沙漠，这里的主要风向是西北风，吹成了一条一条的形。然后我选了南极进行一个尝试，这是因为它中间有一条比较通透的空间，而四周不断有渗透，让我想到路易斯·康说的服务与被服务。这是在反思整件事的逻辑之后所做的第一部分。

王昀: 大家的方案都过了一遍, 模型也都摆好了, 我们一起观摩下。

徐逸同学, 你今天的话题有浓厚的蒙特里安风格, 源自于对聚落的逻辑梳理、几何关系的基础上再进行抽取。你把方框去掉, 由不同长短线重新组织一种空间关系, 很有启发性。建立一个新的逻辑体系, 旧有之物会变成一个新的空间的尝试, 如果你把模型中的一些线无限延长, 可能又被还原到一个新的几何空间的分隔上了。这种空间分隔, 其实是有意义的。因为房子和房子间的距离, 其实就是人和人之间的距离。一群人决定在一个地方定居的时候, 人和人之间的关系就显现出来了。而且每个人空间领域的划分就形成了。住宅建好后, 两户房子间的关系, 其实是两户人家一种心理距离上的关系。所以你所做的这些在聚落上是同样有意义的, 体现的是人和人之间一种心理关系的再现, 而你把这种逻辑抽取出来了。

线有的时候不一定延那么长, 将它切短, 变成一个个方框的重新组合。这其实也是在寻找另外一个逻辑。一开始并不知道它会产生什么, 而最后通过你的工作形成了个逻辑, 我认为这就是所谓的发现或是叫发明。就是我建立了一个体系, 最后生成以前没有的形态。应该再去看看还有没有其他逻辑建立的可能性。比方说把图转一个角度后, 那个投影所形成的网格又会变得不一样。有可能会变成屋顶的形式。因为你是建筑师, 你会随时把它还原成建筑语言。

杨隽然同学这次的模型比起上一节课所做的, 空间感已经形成。就像你说的, 把模型中的一部分摘下来是一个表达, 但其实有时不摘下来应该也可以, 因为目前你的模型实际上就如同一个已经盖好了的结构, 只不过你这下面的这些东西是空间。

房子中墙本身就是结构。把墙搭起来以后, 这一个个空间就可以用了。需要做的只不过是加上个门, 确定这墙用多高而已。你现在这个是一个文字, 如果你用两三个文字叠加去建一个东西, 是不是挺参数化的。

你那三个文字到屋顶上再切一下、补一下, 实际上就是在为你的造型找到一个逻辑。我们建筑师其实最后还是要还原成一个形象的东西。

比方再深入做一做, 再高低起伏一点, 将这里切掉 (指模型), 那这个地方是不是就有些什么路径可以上来。立起来 (把模型竖起), 盖个这样的大楼, 是不是也很高大上。这个大板楼, 底层架空, 窗户的表皮也会很有意思, 而且平台还可以上去。你不知道目前你做的这事儿有多伟大, 这就涉及你的发现力。不过一旦发现后还要看你如何把它再深入一点。

通过一系列试做，可能会发现特别有意思的方法和过程，不要只简单地针对一个模型。力求找出规律。你把模型里面掏空了，空间自然也就出来了。而你将两块往上一摞，上下还有通透的关系。多摞几个上去，如果这个边是空的，如果这个边也被抠掉了，你会发现一系列新的感觉，而且层和层之间还能形成这种有趣的空间。

王昀：叶雪粲同学的汇报中，我特别有兴趣的两点，一个是在原乐谱上进行读取，建了几个方块的逻辑进行重新叠加以后产生一个形态。另外一个就是纸牌游戏的分卡方法。这两个其实都可以带来一系列新的思考。比如你可以用其他同学的模型做一张草图，或者你把其他建筑师的平面拆了也行，例如你可以把柯布西耶的平面裁一下，以纸牌游戏的方法进行不同的组合。但最好是和建筑师没关的事，那可能更有意思。经过这种游戏方法重新组合的乐谱，这张图本身其实特别有意义，这里面出现了完全和原有乐谱不一样的长短线，并都可能随时成为某个与建筑相关的元素，比方说变成一个立面也挺好。从这里面可以有很多发现，当然也可以是城市。所以我觉得还是可以继续往下想，比方说，按照这个逻辑再找几个不同的乐谱进行操作，可能出现的形态就完全不一样了。有可能这个就变成你再创作的一个手段了。那个纸牌游戏中分卡的方式其实也可能是一种新的编排方式，有可能做着做着会产生新的逻辑。总之还是要让自己不断地去发现，不断发现新的可能性。你今天的工作和之前的相比，应该给特别高的评价。

李明玺同学这个模型比上次课有意思。从一个平面的东西读取立体的信息，其实这就是建筑学。你们一定要知道，平面图上的线和画画的线、音乐的线，还有和构成的线，都是不一样的。因为平面图的这一根线下来，高度是不同的，你要善于通过一根线去读取标高上的信息，这是建筑师的本事。反过来讲，既然这一根线上有那么多信息是需要读解的，那么你在看这个图的时候，是不是也可以根据你的想象，把它还原成不同的高度。这个还原是什么呢？就是根据你大脑里的层次和功能上的最终选择来确定它的高度，这本身就是在做建筑设计，你现在已经开始找到很多这样的语言了。

我建议既然你是在研究国画的这套体系，有没有可能再建立一个逻辑把它的语言抽取出来，也就是什么时候要怎么样转译。比如说刚才叶雪粲的纸牌游戏的方法，以后再见到这个乐谱，我就可以用那个逻辑去读它，只要这么一读，就变成另外一个与乐谱本身不同的空间了。建立一个自己的逻辑体系可能比从中找逻辑更好。像《芥子园画谱》，你创建一个李明玺空间做法图谱也行。

李明玺：我感觉画和建筑的距离可能只有半步，不像音乐，它可以通过一次转译，然后变成图线，变成立体。但绘画跟立体还是有一点距离，感觉中间再转译，也没什么逻辑，就是说逻辑会挺自由的，是自己想出来的。

王昀：为什么是这样呢？建筑其实也有不同的做法，有的是比较偏艺术一些的，根据自己的感受去做。而有的就会强调逻辑，通过进行推理来做。其实一直都存在几种不同的切入点和思考方法，我认为没有对错，只是每个人的切入点不同。因为人和人对问题的思考方式是不一样的。有可能你这个方案是这么对待，而下一个思考有可能是在探索一种转型、变化。这也是我为什么要大家在一块讨论，然后同学们通过这样一种比较，可以看到有 N 种不同的方式。

你刚才说绘画跟建筑之间只有半步，我认为它就是有半步。因为过去的建筑师和画家都是不分的，不同之处就在于这一笔下去，画家画的是二维的一根线，但建筑师画的这个线是三维的，是不同的。因为它有高低，于是这个时候就出现另外一些画派了，就是我怎么在一个二维平面上表达一个三维的空间和时间，并由此产生了立体主义。到了风格派的时候，对纯粹的几何形体进行一种新的排布，试图反映宇宙间的规律和法则。蒙德里安的《码头和海》，实际上是在画水，画的就是水上的太阳闪的波纹，最后抽象成一个小"十"字，构建一幅画。这就是从一个具象的东西向抽象的东西进行探索的过程。

现代建筑其实与现代绘画关系密切。像杜斯伯格做的那些探索，像蒙特里安做的这些探索，还有风格派的那些其他画家，都是直接可以转译来成为做建筑设计时来使用的对象。包括像早期的马列维奇做的纯粹主义绘画，都可以成为建筑形态以及空间形态的底色。

绘画和建筑，以及所有的平面图纸，其实都可以直接进行"迁移"。所以，我不认为建筑和绘画之间有那么大的差距。真正的差距在于古典建筑，它很具象，柱头上有花、草，古典的绘画，与手工业、手工艺结合得特别紧密。匠人对其不断地进行雕琢。到了工业化的时代，人们在看世界的时候，不再是用眼睛的视网膜去理解，而是以人的观念去理解事物。让绘画变得抽象有几种方法，有类似于谢志乐同学的这种抽象化，也有类似于马赛克方式，拍一个照片，变成马赛克，把墨色放到那个马赛克里面看，在电脑里不断放大，就变成一个方块的综合。然后你把它归类整理，用一个什么逻辑，有可能那个东西能变成几个块再提取出来。

对模型来说，都可以用其他东西，直接套上这种方法，产生形态。在这个基础上，你可以说：我要让中国画再抽象一些，让它看不出是传统意义上的中国画，通过采用一种逻辑的限定，说不定可以让中国画同时现代化起来（笑）。

王昀：侯兰清同学，我看这几个逻辑都可以往下继续，只不过可以让范围稍微再扩大一点，涉猎一下其他领域，不一定非要是聚落。

我们到下周一要做的事，一是继续往下深入，还有就是可以稍微试一下别人的做法，有可能在做的过程中，反过来对你自己做的又有新启发。你可能还会发现别人的问题，或者是自己有可能通过做别人的东西，突然发现自己做的这个事儿还能有所提高。而所有这一切，并不意味着你们做完了以后，就把别人做的生意给抢了，而是通过做别人的这个事儿，看是否可以把自己的工作做得更好。

杜光瑜同学。感觉你这个逻辑挺不错的，和你上次做的有点延续性。需要注意的，一是围合成房子时尺度上的概念。另外一个是广场的处理。围合时有可能一些是小房间，也有可能整个就是一个大房子。房子里面一些大的空间，可以做成一个展览展示空间。当然我更感兴趣的还是你读取乐谱的逻辑。

杜光瑜：我现在做的还是一个示意，在乐谱上看不到一个小节。目前这个长度是依据上面的节拍和单位模度。借鉴上次那个想象乐谱，空间上的意义我觉得就是前一个音和后一个音，他们共同组成了一种声音的空间。然后第二步如果遇到更长一些的音节，就是短音短音再长音的话，就像节奏被打断了一样，所以就是跟它原来前进方向正好是一个反向，节奏有个逆行。然后休止符就是按照那个节奏和空拍的方式。再接下来就是在休止符上面继续行走，然后遇到反向。这样就是从第一个音到后面就开始不断逆行。有点像分形的那种，也就是设定一个初始方向，设定它怎么走，初始方向可以变，所以可以出现不同的结果。

王昀：周桐同学的这个模型，其实就是摆的成分太强烈了。空中一撒，落下来是什么样就应该是什么样，需要那种偶然性。而你一摆的时候，就产生了纠结，所以结果就连你自己都感觉不满意。这个东西应该是这样的（扔纸片）。看！这空间真的还挺美的。你看这种空间（指撒的纸片），这是个大的斜面，这里有个大空间，所有的房子是斜的，这个楼板可以是直的。所以没有必要非得什么样，不是瞎摆，是偶然性的，是瞬间的。其实我们就是要这样去发现很偶然的东西。现在扔出来的这个模型可以直接是个美术馆了。这个状态不是挺好的嘛，而且这个状态是摆不出来的。这个距离感，是有张力的。如果你将它挪开的话，反而就没意思了。所以我说很多的事情在偶然。而当你摆的时候，其实每一个瞬间你都错过了。

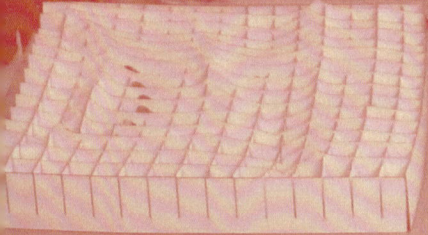

王昀: 通过这几次课觉得你们现在已经基本上掌握了我希望强调的视点和观察角度。而且做的东西特别不像一般意义上建筑学学生所做的, 这是特别对的事儿。我们做的是一个场所。有时我们常讲所谓的场所精神, 有了场所, 才会有精神, 我们现在其实在做努力做一个场所, 通过一种围合的关系, 来做气氛的展现, 关于气氛的营造和场所的营造, 是接下来要深入的话题。怎么样才能把眼前这些东西变得有气氛, 有场所感。这其中还有很多的细节, 比如要考虑光, 需要在什么地方开窗? 开窗的形式又是什么? 这些都应该细细琢磨。

我们下星期要做的事儿就是依照你们目前所做的这些探索, 找个环境, 把你们做的这个东西码进去, 给它一个尺度。地点可以在北京, 建议拿地图去找, 只要有块空地。关于用途, 做什么都行。只要一有尺度, 一放大, 目前所做的一切模型, 就不是仅仅把二维图立起来的小的构成或手工模型了, 而是模型本身有了人可以在其中行走的, 有尺度的空间。而一旦尺寸有了, 你们就想想能在里面干什么。建筑设计, 往往就是根据一个地形去想象这里放一个什么东西合适, 这是一般意义上我们进行建筑设计的逻辑。我们现在做的这个事, 是先有这么一个形, 我们需要想一下, 把它放在一个什么地形中合适的问题, 这是一个逆向的思考, 结果是一回事。

周桐: 我想说的是有些逻辑我感觉还没有搞清楚。我自己感觉有好几种, 比如说像谢志乐的那种, 比较接近于一种操作规则, 但是叶雪粲的比较接近于背后有一些原理性的内容, 不管是哲学的也好, 音乐性的也好, 就是它可能在意义的成分上更强一点。我想说的是: 这两种有没有同一种倾向性, 还是说最后都是为我营造场所感服务的?

王昀: 当然了, 最后结果是一样的, 都是为你的场所感服务的。但是你说哪一种逻辑会更好, 这是你学习过程当中要做的事。你要用一种非常抽象的方式去表达这个世界和情感, 而不是说我看这个世界是这样, 我就画一个一模一样的, 这个摹仿的东西, 不是我们要的。你要建立一种能力, 我一看这个东西, 马上就有, 用空间也好, 用几何学也好, 将其表达出来的这一种能力。在我看来, 那才是建筑师的语言。建筑师的语言不是画画, 不是在墙上种点儿草, 画点图案。而是要用一种抽象的语言表达你的情感。最好先别有那么强的目的性, 因为所有的目的可能恰恰是在做的过程中偶然获得的。你做着做着, 也许目的就来了。

第一节课做的时候, 你们会想到今天能做这么多有意思的空间吗? 估计不太可能会想到。但大家在做和看的过程中获得了这些, 在做的过程中很多想法会进到脑子里, 在不断地组合、摆弄的过程中, 一定会有新的观点和想法出现, 做是发现和发明的开始。

04

第四课

2015年3月16日星期一

王昀: 这次课,我们可以把思路再打开一点。现在你们是不是觉得做设计很容易了,有这种感觉吗?是不是已经开始感觉设计不那么复杂了,好像很快就可以做完了。如果明天交图,你们这么长时间做出来的这些东西,也可以随时拿出来"应对"一下了吧,至少在创意这块儿应该没有太大的问题了吧。

我想还是按照顺序请每人先讲一下,看看你们现在的工作。

周桐: 我看了一些古老的阿拉伯字体,选了两种,上次做的是马格里布体。这次选的叫东库夫体。我先选取了一整张的语段,上次是一行一行做的,现在想把它语言的结构破掉,但是又要尊重阿拉伯语自身特点。阿拉伯语有一个连笔的规则,所以我把连笔都保留了下来,这样就变成一小块一小块了。我切了20多块,有些进行了随机的两两组合,但是这个过程可能有些主观成分(图 4-1 ~图 4-3)。

我摆了几块模型,摆出来以后,有一些发现,比如说有些看上去像小住宅的原型,这些可能跟它原先文本的间架结构比较相似,而且空间上感觉比较匀质,然后我就舍弃掉,没有往下做,留下一些相对独立的小构件。之后还是拿这个字体做了一个尝试,阿拉伯语是从右往左书写,有一个连笔写的规则,那保留它的连笔并切成一小段一小段,然后两个连笔之间头尾相接。我是先放了一个小的弓形,然后放了一个斜线。它从右往左写,这儿有一个起点,这儿有一个终点,它有一横,所以在这个起点给它连上了别的语段,首尾相接,同时尊重它的正交体系,摆出来就是这个样子。我觉得这个主观因素比刚才那个要少很多。

王昀: 对了,想起了一件事儿,咱们很快就中期检查了,可能会有很多老师来听,把这些老师都想象成你的甲方就可以了。你的甲方来的时候,你会不会向人家倾述你是怎样痛苦地思考以及向人家说方案是如何做的过程呢?

杜光瑜: 那说什么?

王昀: 我想说的是,我们现在做的这些事情,都是建筑师自己的工作。是你训练自己语言的时候,你找不着语言的时候,自己回家找地练习。说白了,是自己纠结的过程。建筑师向业主汇报设计时,应该是从结果出发,从设计的本身开始说起。而汇报方案,自然要从场地、从使用、从功能来说,这些才是甲方能够理解和期待的东西。

还有如果今天你不把你的方案从哪里来的这个底图放出来,你突然拿这

图 4-1

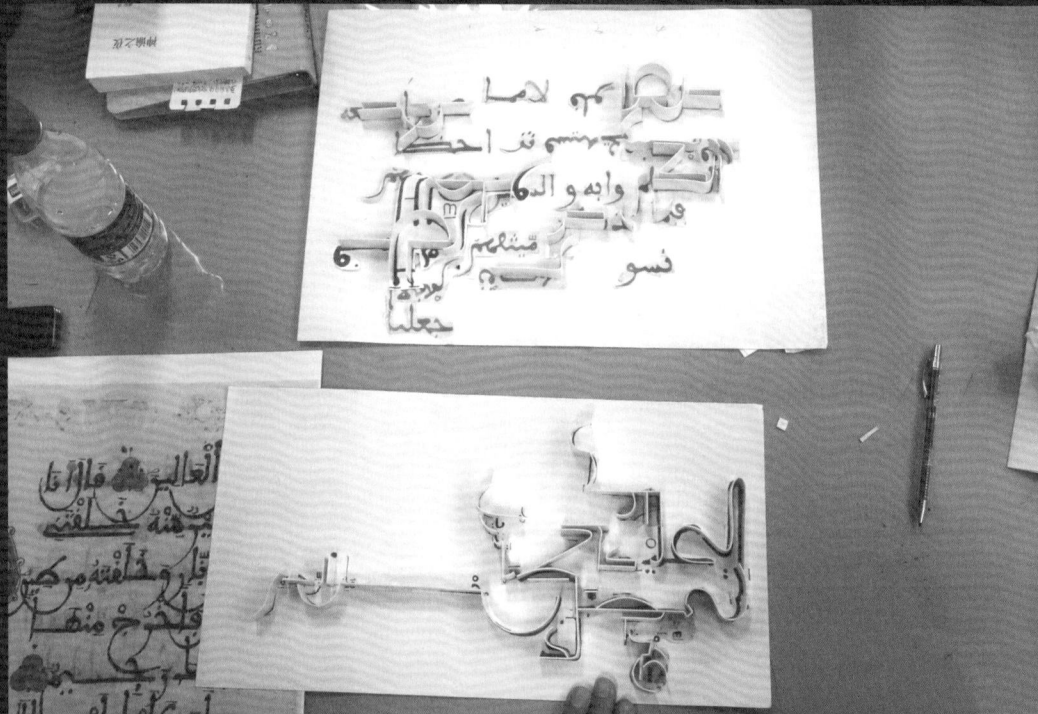

图 4-2

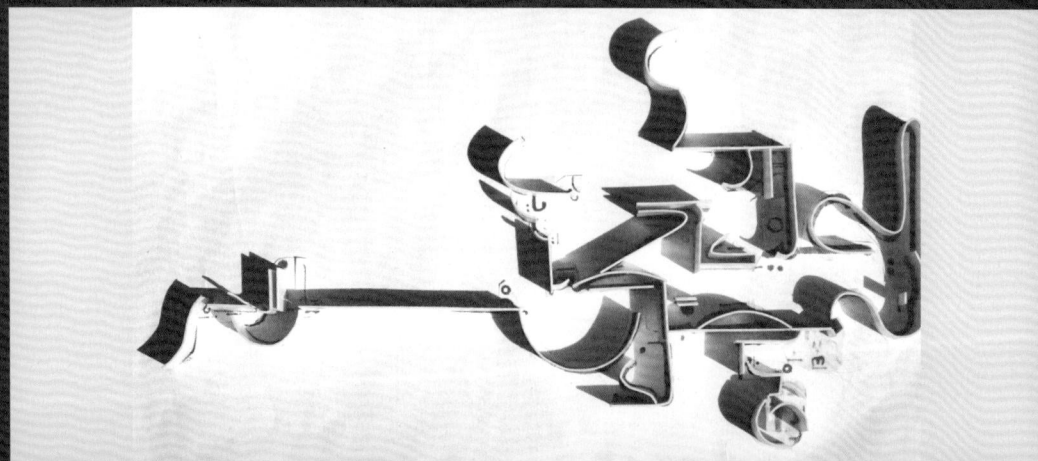

图 4-3

图 4-4

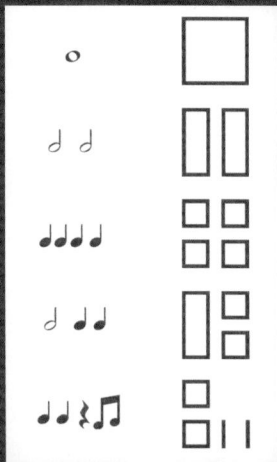

图 4-5

么一个方案出来，甲方或许会觉得这个住宅或者美术馆做得很完美，但如果你告诉他这方案是从阿拉伯文字变来的时候，那结果会如何呢？那结果一定会纠结于为什么用这个字母而不是别的，从而偏离了设计要讨论的问题。之所以在这个课上对你们进行这样的训练，就像我开始设题的时候说的，馊主意谁都会有，点子谁都会有，这个跟你的修养有关，但关键是你用什么方式把这个主意呈现。

我们现在是在学习阶段，学习本身过程是至关重要的。如果只是抄抄别人的语言，那就更简单了，是一个模仿的事。所以，评图那一天，你们也看看看甲方是怎么来评价你们的东西的。中期评图其实也是一个训练。先不多说了，周桐同学，你这个设计，最后是想把它做成什么呢？

周桐：我觉得艺术家工作室也挺好的，然后再加一个小青旅什么的。

王昀：挺好的，实际上你在脑子里已经基本上完成了。

周桐：做的时候倒没想到。

王昀：做完了以后，发现做这个还挺合适的，对吧！那么你现在要做的是给它找一个环境和地形并赋予生活。实际上就是你做着做着，突然就会发现，手上的这个空间做成另外一个生活的场所其实挺合适的。有时到最后把底图撤掉，做些微小的改动，从而把设计完成。

丁惟迟：算是上一节课的延续吧，就是稍微改了一下，想加入字的感觉（图4-4）。

王昀："武"，为什么是武字呢？

丁惟迟：因为是做武满彻的音乐。可能感觉这种形式还是没有突破，我就想把它，稍微重新归纳一下。因为我觉得乐曲一小节可能是一个基调，算是一个比较封闭的块，所以我现在也是取一小节为单元，是一个围合的感觉。其中的音符可能也是采取这种方法，比如说一个四分音符，它占了四分之一的篇幅，所以在这个地方也是围合起来。比这个空间更小的更加封闭的体块，如果是两个，就是八分音符的话，它是比较断续的，有可能会以图中的形式表现（图4-5）。相当于我先把音乐简化，把旋律性削弱，旋律可能起不到那么重要的作用，只影响走向，比如说这些错动和升高，都是根据小节和小节之间的音区所在的位置大致确定的。我现在标的都是小节号，下面是一个声乐谱，上面是一个钢琴谱。然后声乐谱是有声部的，我先随机取一个点，并把所有跟它有关联的点都摆出来，比如说这个小节，

图 4-6

图 4-7

是 40 小节的男高声部，然后我把跟它同时进行的一些声部和它自己时间前后的这些点取出来，这样的话，就形成一个互相错动，但是有一点"十"字的感觉。下一步会以"十"字的空隙空间做为中心，继续在上面垒另外一层（图 4-6、图 4-7）。这些都是错动，都是不同的语言。我现在建立了几个映射，比如说它的速度是跟大小对应的，速度越慢，它越大；速度越快，就越来越紧凑。上面这些三角形，我感觉是不太稳定的，三角形代表一个四三拍。四四拍是比较方正的，然后四三拍是一个不太稳定的状态，所以都是三角形，面积也是均分。但是我当时有一个想法就是，干脆它的整个体块也是三角形的，但是没敢弄，也没时间继续弄（图 4-8）。

图 4-8

王昀：为什么没敢弄？没时间？

丁惟迟：对，我还是想弄个更稳一点的，更有把握一点的。

王昀：为什么呢？

丁惟迟：因为里面有一点自己的主观想法。

王昀：那下面这个就不主观了吗？

丁惟迟：是主观，因为它是乐谱，先反映出来，然后经过自己的创造，再创造出一个新的乐谱。反复的这种调试，就是从乐谱到建筑，再到乐谱，再到建筑，可能里面多多少少还是会有一些主观的情绪。然后不同的谱之间可能也有不同感觉，像四三拍，可能流动性比较强，所以这个三角恰好也是一种导向性，但是获取方法是一样的。可能是建立了自己的一种语言，但是还不是特别成熟。

王昀：没关系，不成熟不要紧，关键是这些模型所摆放的位置，实际上你心里有一个音乐的状态，并在此基础上进行操作，只不过这个语言换成你自己的音符语言了。你现在是在做一个语言的转换，但是你搭接这一块，是一个随意搭接的形式，并没有把语言按照纯粹音乐的美妙旋律，或节奏的位置去恰当布置它。所以就感觉会很随意。换句话说，就是美学的状态不是很好。而你边上这个模型为什么会有一个很好的美学状态，因为这里的每一面墙都是由乐谱本身音响已经非常好的位置确定的。

关键是什么呢？就是你在做的时候，乐谱中音符表现出的位置和位置之间的距离，你确定的方法一定要让人看上去，或者你自己看上去，音调是有节奏的，或者是有这种旋律，如果没有的话，它在里面实际上又不符合任何一个逻辑了。三角其实也没有问题，关键是那个三角和这个三角之间的距离。你的摆放是任意的，这个任意本身，其实是有问题的。

比如这两个模型之间的位置（随手摆弄两个模型），如果是在很小的尺度上是不会有问题的，但是放大的话，间距和角度就会变成一个美学判断了。关键是你能不能把它还原到一个乐谱上，哪怕是你自己的乐谱也行。

丁惟迟：好像不太行。

王昀：有点难度不要紧，你朝这个方向去试一下，比如说你编排完了以后，拍一张照片，然后根据你的方式，去试着唱一下，或者是排练一下，你觉得那个声音不对了，就去调，去挪动它的位置，在你去判断的时候，这件事就变得有趣很多。也就是说，放到这儿的时候，音调不好，但放到那儿的时候，音调就调过来了。这件事虽然是一个建筑上的活动，但是从另一角度看可能已经变成了另外一件事，变成了音乐上的一个事情。否则的话，你这一层一层围起来，也会变得有问题。

感觉挺有意思的地方在于你想建立另外一个语言体系，有点向现代音乐靠近的感觉，那你在建立体系的时候，我想你在摆这些模型的时候，你的脑子里会有一个声音，刚才你讲的，像一个结构，什么样的结构？

这些模型（图 4-9），它具体的位置，就变得重要了。它们离目前现状这么远，产生了一种什么样的音响效果，如此就可能会产生一个新的东西。我感觉所谓难度和目前的症结，可能是在这儿出现了。它背后的构造是什么，是什么牵扯它们？构造在什么地方？就有点像皮影戏，虽然表演很丰富，但后头都有一些绳在拉着，木偶是出来表演的那些小人儿，但是后面拉的那个绳，最中心的那个点，那个东西是什么？它在你的心里，我们都看不到。

你心里的节奏感，或者韵律感，通过你模型的摆布，有没有形成你满意的状态？也可能状态还没有找到，于是，给我们的感觉就显得很混乱。尽管如此，这个方式方法，我认为还是可以探讨一下的。可能探讨过程中渐渐就和建筑没关系了，可能会探讨出一个音乐上的总结，其实那样也挺好。现在还没有找到一个合适的表达，我认为最大的问题可能在排布上，跟你的身体中的乐感、节奏和韵律没有对上。

我想你下面能不能把每一个单元的形，把它们之间的宽窄关系，用某种方式来表达。其实现代音乐里面，也有一些这样的做法，虽然音乐方面你更有发言权，但是这种形的关系，摆布的方式，其实可以用一种技术的方式表达。模型最好不要黏，要来回摆，摆完了拍照，拍完了再来回摆，再拍，这种方式可能会挺好。有可能最后给我们看的就是用这几个小模块摆出

图 4-9

各种各样的形，然后跟音乐之间或许会有一种对位的关系。

杜京良: 我找了一些山地的表达方式，就是地形图，把它抽象为一些形式。它有一些规范，摘了几个，形成房屋的围合 (图 4-10)。围墙是连续的柱子，篱笆有点像转门，还有转角有一个弧墙，形成一些围合感，我觉得比较有意思。比如这个"景观"围合可能像是展厅或能放一些东西。然后有的围合能通行，有的是不通的。我想把之前那些地形，比如说山地，进行这样图形化的一些模拟，然后一些特殊的地貌用这些抽象的符号来表示。

就像从音乐到建筑，并不是直接从音乐到建筑，而是从音乐到乐谱，然后再到建筑，这就相当于对应到音乐的乐谱，多了一层转译。

这是 (图 4-11) 比较典型的等高线的图。我把那些标高也变成柱子了，但总觉得怪怪的。把一些点标了一下，比如说这些点，我不知道做成什么，我没有做出来，感觉上还是这些符号和这些线条之间的关系 (图 4-12)。

王昀: 明白，你把这些符号套在你的模型里了，但是实际上想让它成为里面的一个建筑或者是空间上的一个元素，或者是柱子，或者是其他的，是这个意思吗？

杜京良: 对，但也有可能是这张图上的元素太多了。后来就找了一个研究地形学的案例，是一个坡地，从低到高，然后他提出想在 +22 这个标高上做一个圆形的平地，然后需要从高的地方挖土填到一边。挖完填过去后形成了两个断崖，用符号表示出来，我把这个做了出来，然后我用辅助线做了另一个层次。

王昀: 其实你应该把它移到一个白纸上，大家就不会笑你了，是吧。移到白纸上，大家会觉得它很酷。

杜京良: 但大家笑我主要是因为这些形状。

王昀: 有点像螃蟹，或者是蜈蚣。

杜京良: 怪怪的，后面跟同学聊天的时候，我就说太难看了，随便做一个都比这个好看。然后我仔细想想，真随便做了一个。

王昀: 那看看，比这个好吗？

杜京良: 这 (指图 4-13 上的模型照片) 是我直接根据感觉做的。它有时候

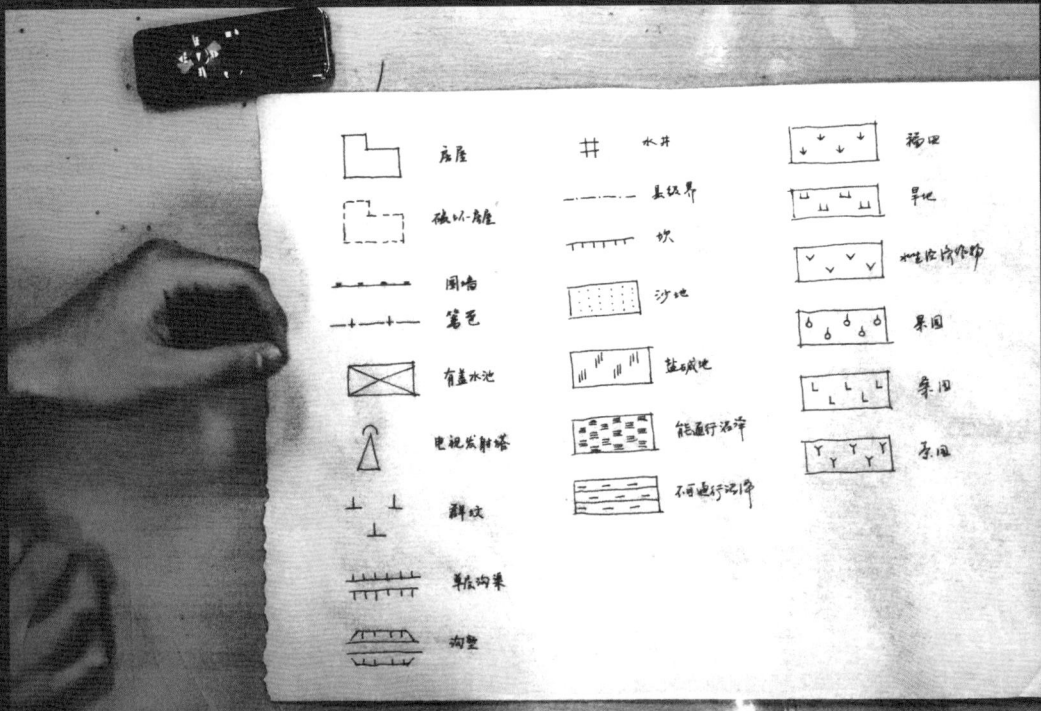
图 4-10

图 4-11

图 4-12

113

有特别尖锐的弯角，也有些很流畅的曲线。我做的时候都是随手切的，比如说这块。然后这些也是一些变形，都是随手弯的，因为之前做的时候，也会有很多类似的形式。比如说很急的转角往往并不是很舒服，但是那种转角做出来，特别符合山地的形式。比如说这些，我自己想的是点阵，稍微有一些变化。然后因为这种尖的形状有一种图底关系，放多了之后，图底之间会转换，所以到这儿就变成这样子，这其实是底。

王昀：做了那么多然后突然发现，随手一画就已经是特别牛的状态，是吗？我觉得看这个图，其实已经基本渐入佳境，找到了感觉性的东西。我们做的东西都是练习，最后就是要达到一种境界，就是你随手一捏把这些原来练习过的东西表达出来，感觉你有无限的创造力，其实你只是从大地上找了一些肌理而已。可是，通过这两个星期，你找到了一种，不能说是你的语言，而是你找到了某种风景，然后在做设计的时候，你把它作为一种功能性的东西表现出来，它就成为了你的一个部分，成为了你的设计语言的一个部分。

然后你说做一个美术馆也好，或者做一个什么也好，你说这个顶上盖一个盖子上下夹一下，做个椭圆形的盖子也可以，切成这样的（做动作）一个三角形盖子也可以，就沿着边缘，将它连在一块，形成一个建筑的形式也可以。这个空间就是可以用的，因为建筑本身就是有雕塑性和空间性的。雕塑性，其实是一个人在外面走时所看到的，空间性就是人要走到里头去看，去体验。然后在合适的地方开个门，加个窗户，这个其实就是一个特好的建筑。可以是个画廊，画布置在两边，变成一个小教堂也挺好。

这个形，你坐在那儿是想不出来的。你说这就是你想出来的，确实是你想出来的？如果是，那是因为你做练习了，所以你想了，你知道从哪个地方去抓这些线索。

杜京良：其实也不是。这实际上的确也是从一个地形拉出来的（图 4-13 上部的地形），但再说出来就有一些无聊。

王昀：所以你把我也骗了一下，但这挺好，因为我实际上就是甲方的角色。你刚刚说随便一做，其实背后并不随便。但你不告白时，大家都被你骗了，这一点的确实是建筑师的做事儿方法，所以说你现在这个状态已经很建筑师了（笑），评图的时候，就要跟甲方这样去说，而且还要告诉他们你是随便一做，因为这样才有大师感觉，是吧（笑）。

杜京良：做这个，我最大的障碍就是，不能让同学发现。

图 4-13

王昀：你说的特别好！揭露了建筑师做事儿的本质，这个原型就把它藏起来了，对吧。所以你刚才这个模型看上去就很棒。我们最后都为之一振，可你一拿出原型，我们就都有被你给蒙骗了的感觉。你这个模型是准备做个什么呢？希望好好想想。

杜京良：这种（指模型中一局部）我觉得跟展厅比较相近，这种（指模型中另一局部）的话，小教堂，或者是什么，我也不确定。

王昀：可能得把哪块儿去掉，把哪个地方删繁就简，把大量的东西去掉，

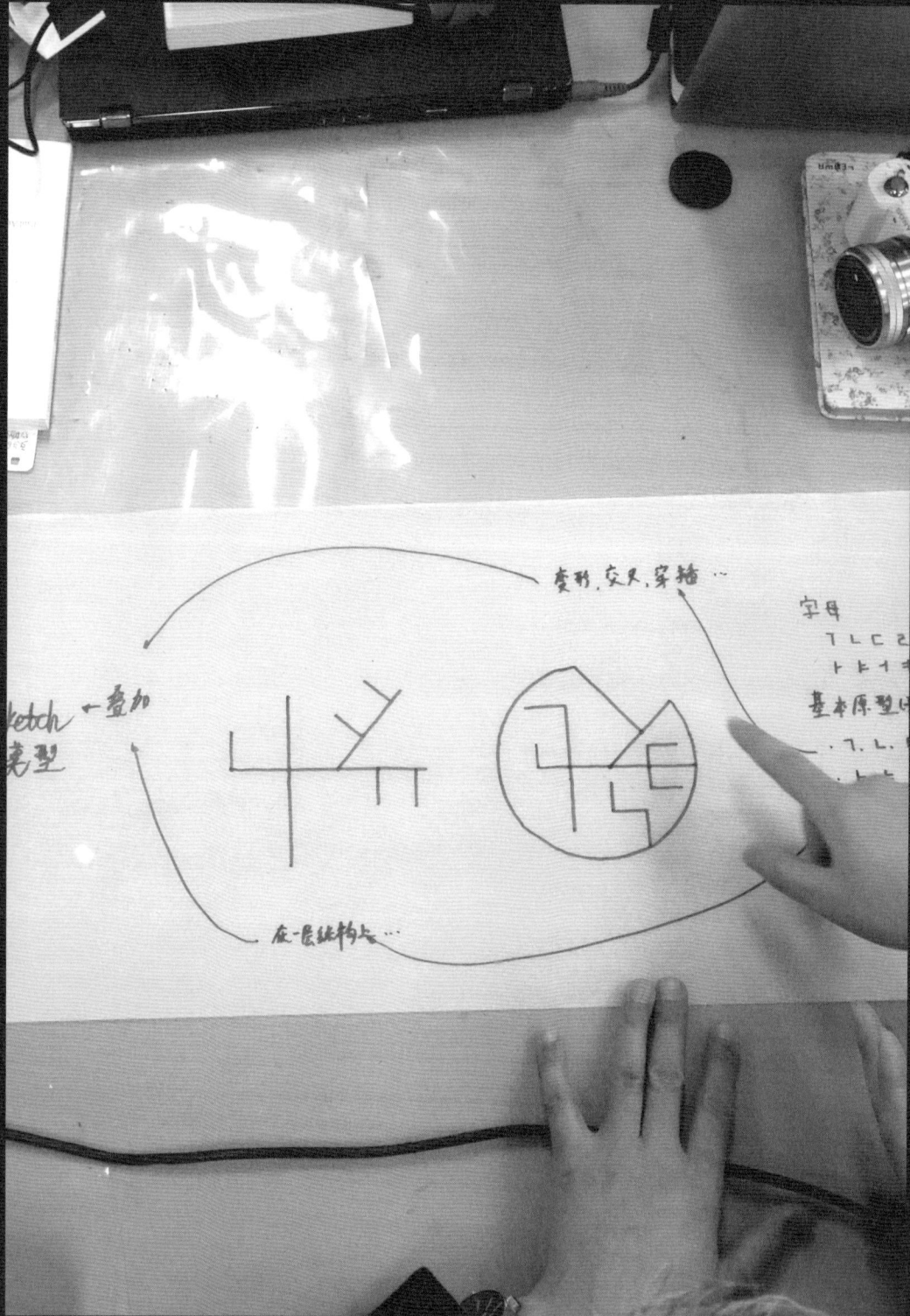

图 4-14

剩下几件小物件，把功能赋予进去，其实也是挺好的。

杜京良：刚才说这个太丑了。

王昀：所以你做了一个好看的。先做了一个假的，真的在后头，陪标方案。

李金赫：我先按照顺序摆布了一下，有大概如同街道的一个感觉，过程中我对我选的所有的朝鲜的字偏旁进行叠加。但是做完以后不像是一个建筑，不像一个空间，还是找不到感觉，好像有雕塑的感觉。然后我在这个基础上又做了这个图，先从朝鲜的文字的子音和母音当中找出一个基本原型，基本原型大概这九种，可以表现出所有的文字。

第一排是子音的基本原型，第二排是母音的。然后五个元素变形、交叉和穿插，都是通过中间的那个点，包括原来表达出来的元素。第二个就是在以前结构的基础上，重复后组成了这个体系，然后叠加在一起，形成这个形式。主要是做了体块化，然后用体块组成了形体 (图 4-14)。

王昀：体块是一方面，你可能要空间化一下，就是把体块里面的芯抛掉，让中间是空的。想象其中有一个空间，然后让人走进去，去体验一下看什么地方分岔路，什么地方有光，什么地方开窗。

剩下这块，你可以进行无数的组合，然后你把它们全都摞起来，你刚才摞了四五个，全摞起来的时候，再看看它们的关系。你可能觉得不像建筑，其实这都不要紧的，因为现在这个阶段，还不需要让它像建筑，而现在是要找出这些文字通过叠加得到的可能性是什么。你把它全摞起来以后，转一转，会发现，体块可以这样穿插，可以随时变，然后你会发现，尽管文字本身是挺简单的一种形体，但是经过几种不同的叠加和组合，可能出现的形体有无数种。简单地说：就是让一个最简单的事情，经过叠加和重复而变得复杂。

你先想一个造型是很难的，但是通过这种不断叠加的训练，你就知道，原来这么复杂的形态是由一个个特别简单的东西叠加起来形成的。所以当你再做一个复杂的形态，你就会想到它是由 ABC 组合起来的。这实际上也是我们训练的一个主要目的。把一个复杂的东西，用特别简单的方式来解决。

你的思路没有任何问题，就是组合可以多做一些可能性。你现在实际上已经完成了,比方明天说交方案,你把这个稍微改一改,这个方案就做完了。其实这么多时间,就是让你不断地去试错,最后从这么多试验当中拿出一个最满意的方案,给大家展示。

这次效果就比上次的要好,比上节课那个更加有空间感,有体量感,而且有一种叠加组合的感觉。我感觉现在叠加的量有点少。我建议你把所有的楼都摞起来然后你会发现空间可以有无数的组合和丰富度。

杜光瑜:先看一下模型,我这次没有延续之前的方案,又换了一个别的,玩了一下。上次是跟节奏有关,这次换了绘画,想以两种方式探究一下绘画。这个(图4-15)是想探究一下颜色的密度,把它抽象成了灰度值(图4-16),然后取不同的阈值,输出超过这个阈值的颜色的话,都会被涂黑,并且形成一些点阵(图4-17)。接下来把这些按照不同的层次搭起来(图4-18、图4-19),再选取一些角度。我拍的是正放的,也可以把它倒放,其实还可以把它整体变成一个由方体挖出的空间我尝试了两种,并把它应用在一个乐谱上,也对它进行不同阈值的输出。

最后我把一张乐谱简化成几个点、一些线,划分一些格,同时让每个黑色的格子可以替换成几种不同的空间,分别表示为一面围合、两面围合、75%的空间、50%的空间等。我随便试了一种,出现了构图,图4-20是把乐谱应用到其的画上,这中间产生了空间。

这次主要探究的是关于图绘和线描的关系。在17世纪以前,绘画都是线描式的,就是强调边界,但是17世纪从伦勃朗之后,就开始不强调实体和非实体,而是整体地作为一种形式,这就是线描和图绘的对比。我这次选了梵高的《夜间的咖啡馆》(图4-21),我觉得应该算是图绘式吧,线条就不是决定性因素。上面的光,变成了一种跟形式同等重要的因素。我觉得之前的那个操作提取,超过了一定阈值的颜色就涂黑,是不完全合理的,因为人对图像的感知,并不是体块本身的颜色决定的,而是跟旁边的颜色对比决定的,对比越强烈的话,它在画面里就越突出;对比越弱,它越靠后。我就拿matlab算了一下相邻格子的灰度值的色差(图4-22),然后输出这些矩阵,就是每一列每一行。这个就是把差值最大的一大于50的一提取出来的那些边,这些是差值为25到50之间的,还有是大于15小于25的,最后把这些线合在一起(图4-23)。在不同高度上模拟其层次,最后出来一个形态,可以得到绘画中那种景深的感觉,像图上的空间(图4-24)。

王昀:从乐谱和绘画中都可以得到这种图形?

图 4-15

图 4-16

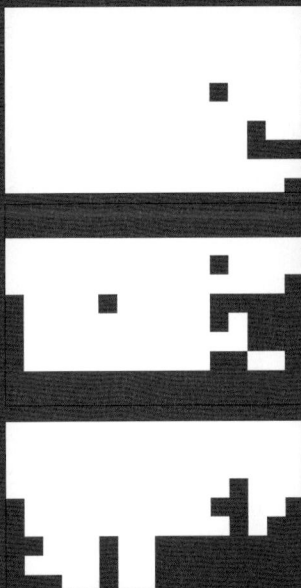

图 4-17

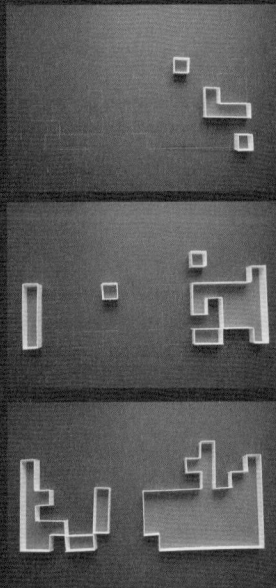

图 4-18

图 4-19

图 4-20

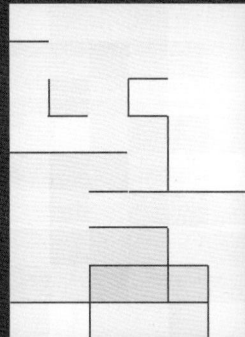

119

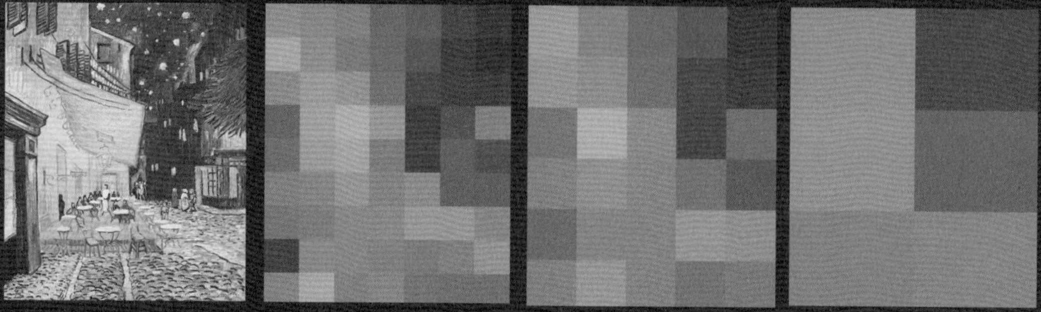

图 4-21

图 4-22

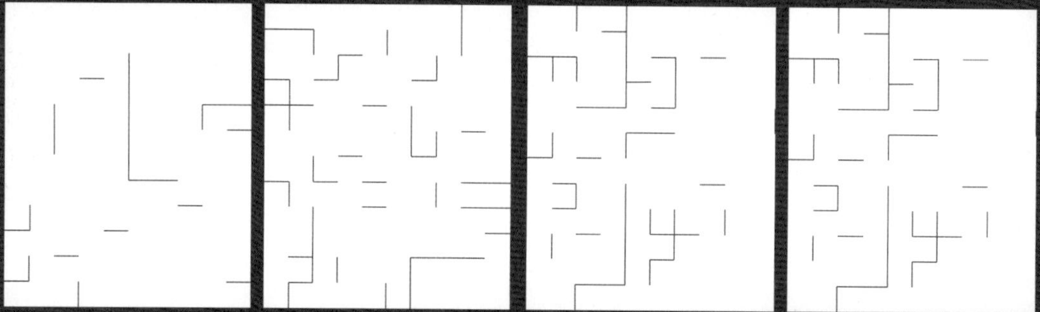

灰度差值大于等于 50　　　灰度差值小于 50 大于等于 25　　　灰度差值小于 25 大于等于 15　　　并集: 灰度差值大于等于 15

图 4-23

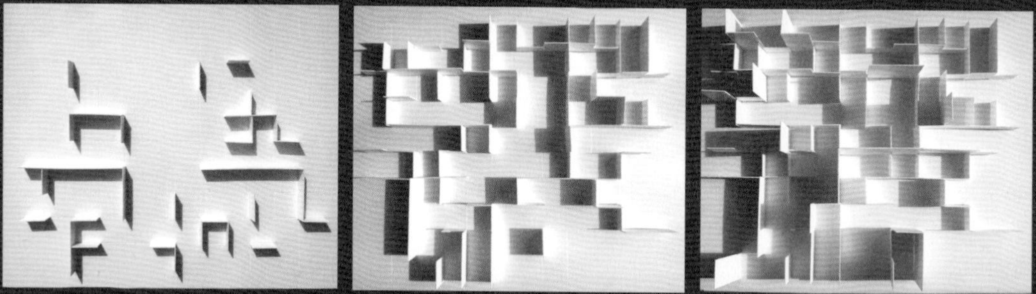

图 4-24

120

杜光瑜：对，二者都可以用这种方法。

王昀：现在如果要返回到绘画，返回音乐的话，返得回去吗？

杜光瑜：不可能返回一个完全一样的画，只能返回出一个关系。返回音乐的话，我上次那个节奏是可以的，但只能反映出音乐节奏的相对关系，而不是一个绝对值。

王昀：音乐乐谱是如何解读成的？

杜光瑜：跟解读绘画的方法一样，根据乐谱的疏密关系来做。就因为音符越多，声音的密度越高的地方，读出来的颜色就越深。

王昀：你乐谱中的几个切块的地方，是怎么切的？

杜光瑜：可以分不同的块，可以设长度，比如这里分得细点，那里分得稀疏一点。接它的灰度值做平均的。

这一个方块中，可能有几百个像素点，我们每一个算一次灰度值，然后加起来平均，得到方块的平均灰度值。所以可能最下面那部分对应的音符的密集很高，它的颜色也最深。格子越密的话，就会越接近原始值。可以在不同的层次上随便取一个维度。

王昀：你可以把基地切成格，然后进行像素的抽取，最后平均一下，可能就会在基地形成一个特别符合基地的造型。

王昀：我现在感兴趣的是，比方说，你现在画成的形是根据基地来的，然后你根据形再回到乐谱，用这种方法回得去吗？

杜光瑜：可以回到节奏的。

王昀：可以回节奏就可以，空间和音乐的对应性关系其实是可以这样去理解的。于是我就想到个问题，上次做聚落的那个同学（指徐逸），你不是说可以读回到原来乐谱吗？我建议你们可以商量一下，就是用几种方式来解读，其实都可以解读成一件事，大家能够在这里找到一个共通性。

侯兰清：还是先还原上次的网格（图4-25、图4-26），然后把它们空取出来，从前面的网格还原成一个立体网格，然后发现还原了一个蛇形画廊出来（图4-27、图4-28）。另外一个可能还是聚落，感觉各个体块之间具有路径的多样性，可以做一个会动的建筑。像房子里可能会动的就是类似门的东西，给它设计一个轴，空间的参观者就可以随意转动，形成特别丰富多样的空间。目前只是这么一个想法，但是还没有具体地把它在平面上制定一个规则（图4-29）。另外就是换了一个方向。《后窗》的海报是从电影海报中转化出来的（图4-30）。可能通过这样一些处理形成这样一种形态（图4-31），然后在这里头把体块简单地搭了一下，就还原成这样（图4-32）的效果了。还有一些方法，是通过类似马赛克的处理方式来还原。还有下面这种选用《盗梦空间》的一张海报，也是在电脑模型里简单地一做，有类似的庭院的感觉，就是有颜色深浅不同的变化（图4-33～图4-35）。

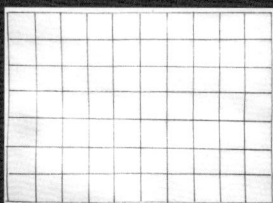

图 4-25

图 4-26

王昀：有意思的地方是你把这个模型变成可动的，可能是聚落的另外一种组合了，另外还有一点，就是有点像园林了。我觉得你这次的思路比上次要开扩了许多。因为我们不是要做一个聚落的设计，只不过它是一个点，有点儿像药引子一样，通过它，要联想很多的事情。目前看来，原来的思路还得整理，因为你这个图形有好多种处理途径。努力再开拓一下思路。

图 4-27

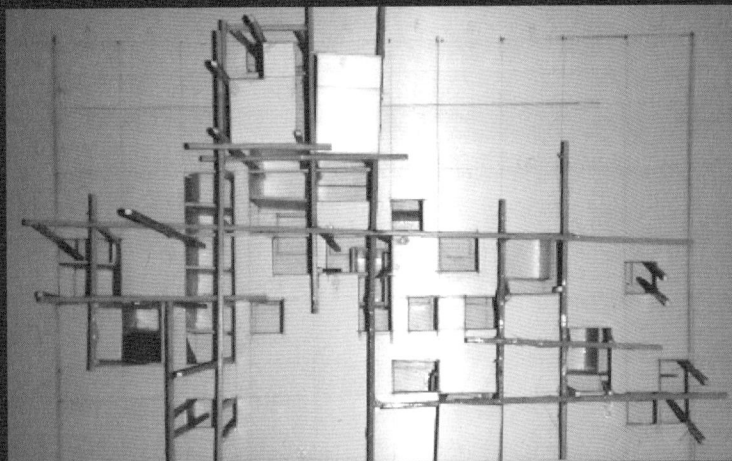

图 4-28

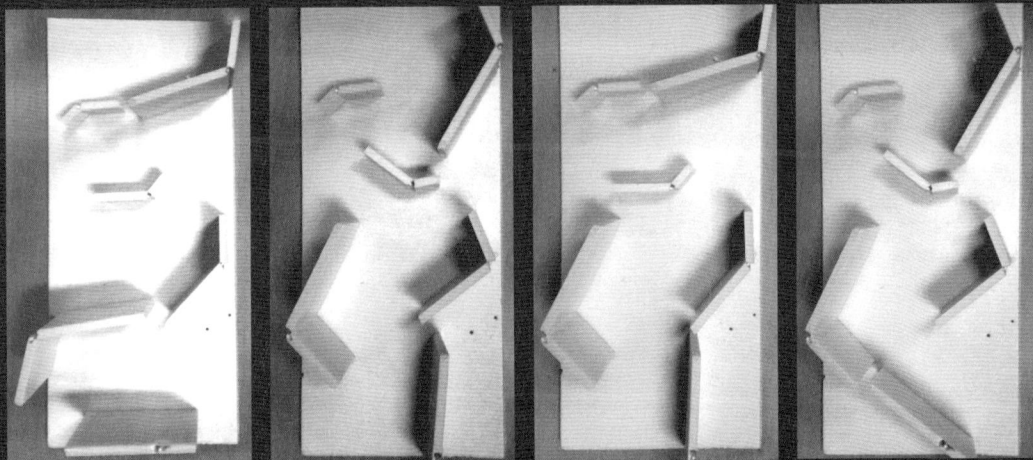

图 4-29

图 4-30

图 4-31

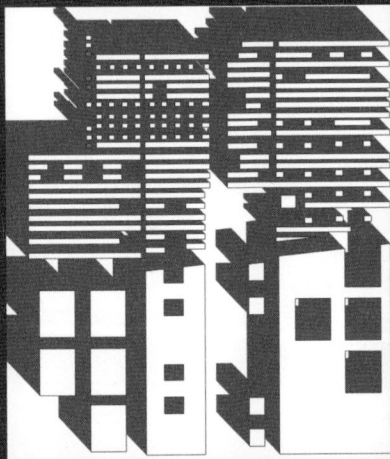

图 4-32

图 4-33

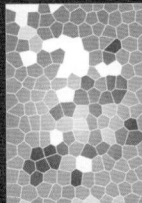

图 4-34

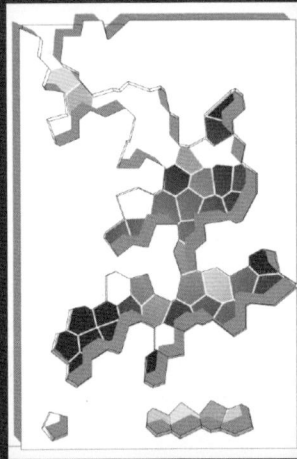

图 4-35

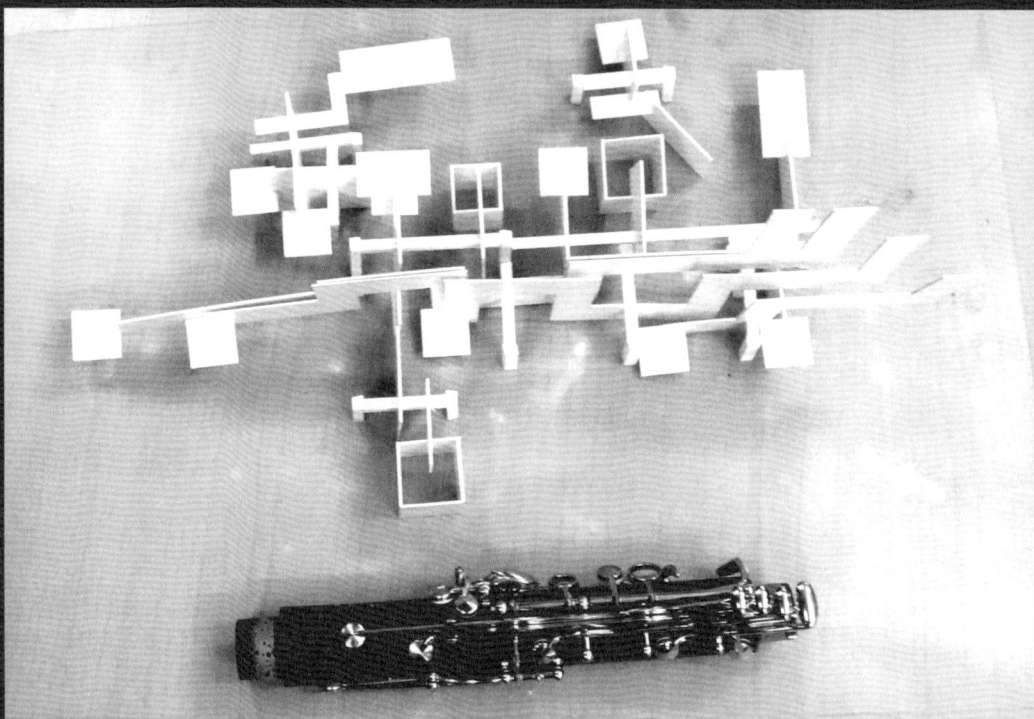
图 4-36

图 4-37

124

高钧怡: 这次是从单簧管抽象出来的一个空间 (图 4-36)。我先说一下这些按键的结构，它们看起来都是一样的，但实际上功能是不同的。有些位置是固定的，完全不能动，比如一些圆形的柱子，都是完全固定不能动的。但是有一些部件，比如像这种条状的片，是可以动的。此外，还有这种片顶住的孔，限定了手指的位置，用手指来堵住空隙。它们可以对应到不同的建筑元素 (图 4-37)。

就从这里开始说吧，这些键的固定、抬高、连接，所有类似的构件都是这种方式构成的。然后是长度关系，每个长度乘以 2，放大到这里。像这种片的话，就变成一个分隔的墙。这种片虽然说有一定的厚度，但它在乐器里的实际作用只是为了堵住乐器上的孔，所以就把圆简化成一个方形，长度也一样，按比例整个转译过来，像这种大的片，也是按一样的比例做的。

通过一个轴转，中间会有一些穿插，穿插过这种片状的东西。还会有一种跨越，把它对应过来，形成空间。

王昀: 这个想法可能会遇到一个问题。其实模型里的每一个空隙，还有中间的空间，形体本身，都是特别有空间的状态，但是你没有把它做出来。你现在做完的这个，变成雕塑了，因为它是一片一片的，是个雕塑感的装置，尽管这个提示了现代雕塑的一种创作方法。把它当做雕塑当然也很好。可是作为一个建筑，你应该是这样想象，比方说这一片一片的体块可以是一个什么样的空间? 你从里面可以联想到这个空间的构造，把人想成吹进去的气流，进去了以后，是怎么出来的。出气的孔是光进来的地方，其实里面都是一些好玩的小结构，尽管一下子看不清楚，不过我还是觉得这个东西的确是挺神秘的。

(想了一下) 现在虽然看上去也有空间感，但是本质上是雕塑性的、片状的，它没有围合，是一个构成。这实际上是用一种立体构成的语言去把单簧管的概念拿出来。这里面缺少一个空间的作为，毕竟建筑是一个空间，这里面缺少人走进去的围合感。我是觉得你可以试着这样去做: 就是把你目前这个模型看作是最简单的模拟，模型上有些东西，可能是更主要的。比如这里 (指模型) 空间很大，估计能有 20 米 ×20 米，然后在里面有很多小空间，沿这个思路，或许能有新的展开。

高钧怡: 还有另外一个是关于星图的。因为想让当时做的那些星星变化丰富一点，所以想了一个办法，把它对应的点戳出来，形成不同大小的孔洞，然后拓在泡沫上，再用 502 胶去腐蚀它 (图 4-38)。

王昀: 这实际上已经就是空间了。

高钧怡：嗯，但是因为泡沫本身存在一种结构，它本来就是一粒一粒的，所以腐蚀的时候，它形成的形状并不是想象中的完整形状，这反而又形成了一种边界（图 4-39）。

王昀：实际上我在想，你的这个模型可以做什么呢？关键是这像什么？倒过来看下，在这泡沫板上用石膏浇灌一下，可能就会变得好一点。最好保留，或者拿石膏翻个模，或者把两个扣起来。或翻两遍，然后两个对起来，就变成像屋顶一样的，同时底下还有一个空间，应该是很有趣的。还有如果是把这个模型倒上来以后，变成地形，把另外一个作为屋顶，再扣上去。人走进这些空间，小柱子也都支起来，可以用大头针支起来。然后可以做一个地质博物馆，上上下下。然后模型上的这些小包里可以作为很多房间使用，这些小房间上面的屋顶又可以走进去。这个逻辑感觉还挺可爱的。还有一种，就是你现在不是隐藏这个形了嘛？你把它薄薄地片掉，就变成屋顶的肌理了。

另外，就用这个形，变成屋顶的采光天窗。反过来，星星嘛，就得亮着。你可以把它想象成一个体块，里面是一个空间，在 sketchup 上建出来，想象人走进去。屋顶就变成斑斓的空间，光影照着，也会比较好。整体感觉还是不错的，月球表面什么的都可以。我觉得比单簧管的有意思。

李明玺：八大山人可能是个外号，原名朱耷。这个人耳朵比较大，是明末清初的一个画家、书法家；也是一个爱国志士，一天到晚想着反清复明，郁郁不得志，一般这样的人，艺术成就都比较高。八大山人的画，有很多的线条，像周桐以前说的，是一种表现物的线条。这些线条可能并不是在一幅画的组合里最具美感，但为了服从于表现画面整体的特点，所以要有类似的线条。我觉得我要是直接把这个线条立起来的话，可能还是比较低层次的。

后来我就听谢志乐同学的指点，把画里的一个元素概括出来，成为一个语言。我就想，这种画到底是什么最打动人？第一眼看上去就是他的构图，就是每个地方放得都非常合适。清代也有人评价八大山人的话，说构图非常棒，细节很到位。

李泽厚说得也非常对，说八大山人不是着眼于一花一鸟，而是着眼于画面布置经营上的地位和气势是否得当。他的落款题字和章节构图都非常讲究。所以就想概括一下八大山人这个人，比如这张图（图 4-40），概括一下的话，可能是不同图案组成的。再比如说下一张（图 4-41），这个鸟就是忽略它具体的形体，就是一个块，还有一些线状的元素。后来我觉得一张构图的元素比较少，我就又多找了几张，放在一块（图 4-42），然后就按

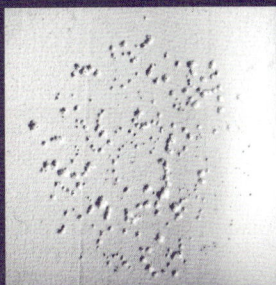

图 4-38

图 4-39

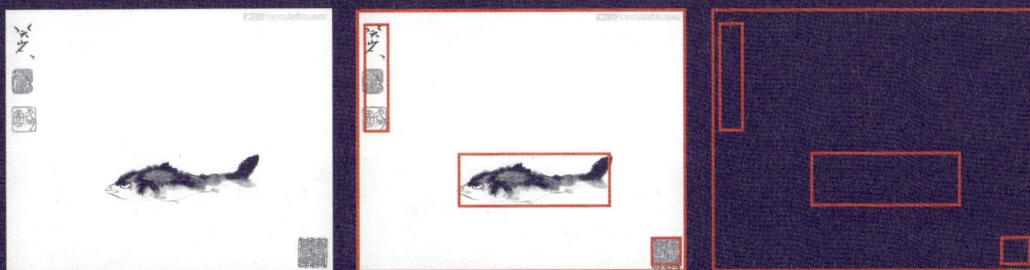

图 4-40

图 4-41

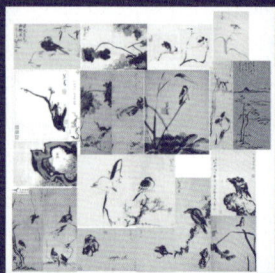

图 4-42

图 4-43

图 4-44

照刚才的逻辑重新画出构图（图 4-43），之后我按这种构图重新做了一个模型（图 4-44）。

王昀：这每一排的画是按照年代排的，还是随意排的？不同的排法，可能结果都不一样。从这里面可以抽取一些八大山人的构图意向，可以做一个八大山人博物馆。空间排列上的组合你有没有想过？他每一个构图，都是一个单体，是独立的。你把它组合起来，当然肯定挺好，但是你把每一个部分切分了之后，它失去了整个构图的意义时，又是怎么样的情景呢？有没有可能采用另外一种做法，就是说，你把每一幅画还保留着，切成分段，但空间的边线还在，墙在，东西都在，看的是一个空间。实际上是另外一个思路，就是走进八大山人朱耷的一个个空间去看，所以你那个原始性的东西，还是要有所保留，只不过，比如说这个空间是方的，人走进去，游走在空间里，从一个门出去，再到隔壁的另一个房门，一个个屋地走，走完了以后，对八大山人的空间会有一个体验。

比起单纯的形式，这样做就具有了双重性。就是说，分几个展厅，一个个方块都是一个展厅，只不过展厅里面有不同的墙，挖了不同的院子，这可能就跟画的本意联系得更加紧密。从一个门进去，那块有一个空间，比如说带小天窗的，进去以后人在里面走，跟人眼看画时，是一样的，是在行走。你看画，也是看空间的关系，你和图之间的那种关系，其实在空间里面体现出来了。朱耷他们家在哪儿？

李明玺：江西南昌。

王昀：在南昌找个地方。你就去这么做。给它来个盖，顶上是庭园，在空中还能够看到这样的一种空间关系，这个设计就做完了。你做的空间可以是朱耷生前的体验区，有小朋友们的作画区，还有市民的活动场所，可以做些高高低低的椅子，做一些开敞的空间，也可以做成一个室外的街道，人可以在里面行走，然后加上门，将一部分空间封闭，整体就像一个城市的小区了，我觉得还是挺好玩的。

当然，形式感还可以再推敲，因为这里面很多东西都太突兀了。对我们来讲，课题的结果可以有各种各样，但关键是里面空间的组织方式。每一个单品拿出来，可能就是一个挺好的建筑，但是目前你做的这个还是有些随意。关键在于你自己还得设一个逻辑。将原点上的东西进行第一遍、第二遍来回抽象的时候，因为你选择的画不同，抽象出来的结果是不一样的。你可以在 sketchup 上再试一下，把格子打开，看看空间是什么状态，把屋顶接上，看看是什么，或许就会又发现有很多不一样的空间。重要的不是形式，而是这套逻辑。

吴之恒: 现在我有一个整体步骤的考虑, 思路应该是这样的。这个跟造房子很像, 先是脚本, 然后到拍摄, 再到剪辑, 然后"造"起来, 之后叫"装修"吧, 最后就播出了。拍摄就是我前两节课做的东西, 把很长的叙事, 拍出来。这个是镜头语言, 我现在只做了 13 个 (图 4-45、图 4-46), 应该有很多语言, 我列的就有 27 个, 还有很多, 估计有 100 多个, 我不知道能不能全做出来。做出来以后, 下面不只是要剪辑, 还要把它们通过一种方式组合。现在考虑的第一种方法是叙事结构, 有几种把它装起来的方式。

可以把图上的小方块想象成一个单元, 然后把它摆起来, 每一个小方块对应一个镜头语言的抽象化。这样摆起来, 比如假设是一个 10 层的住宅 (图 4-47), 或者是一个工作室, 当然把它放倒、有首尾相连时, 会有一个线性的叙事。而要是错开, 其实就是一些室内、室外的区分。比如说还有一些方块可以立起来, 可能也会形成一些空间。下一步就是要把前两节课的模型和这节课的揉在一起, 用逻辑串起来。

王昀: 对我而言这件事儿是在叙述一个空间摆放的逻辑性。然后反过来, 这屋子里人这么走, 是个什么场景, 或者是达到一种什么样的效果, 需要你赋予它语言上的含义。

吴之恒: 我觉得最后要表达一个情绪。看一个电影, 中间可能有高潮, 有一些铺垫, 有一些地方恐怖, 有一些情绪上的变化, 可能我这个做出来的空间, 也是要表达一种情绪。

王昀: 因为现在它很抽象, 你只能说是一个情绪, 其实大家是体会不到这种情绪的。大家进去看, 看到的就是一个生活的空间, 可是你要解释的时候, 是需要翻译和转译的。

吴之恒: 下一步就是剪辑了。剪辑就是将两个东西衔接, 现在衔接得还很生硬, 交接起来, 或者摆起来, 其实可以有一些变化。比如说, 这两个东西是渐变的, 慢慢地有一个消减的过程, 或者是比如说突然间掉到这个空间里, 就是用电影剪辑手法。

王昀: 有意思的是, 盒子和盒子, 其实就是单元了。这两个怎么交接, 就是你要探讨的。当然, 第一件事儿是把语言给确定, 第二件事是这两个要怎么搭接, 是你要解决的问题, 也是你这个设计的有趣点。

吴之恒: 还有一个问题, 到这一步的时候, 其实做的很抽象了, 我要把它转换成形象的时候, 可能就会没有逻辑, 会加入太多主观的想法。

图 4-45

图 4-46

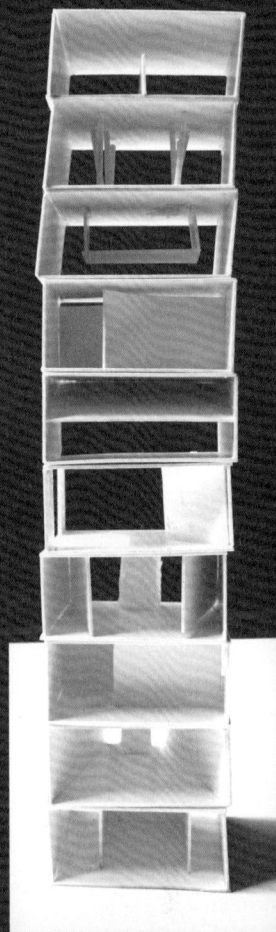

图 4-47

图 4-48

图 4-49

王昀: 主观是要加入和赋予的, 但是最后你还是要赋予它逻辑。

吴之恒: 从功能出发?

王昀: 可以这么理解, 不过这里的"功能"表达为"生活"更贴切。

谢志乐: 在第二节课之前, 我当时想的整个思路是这样的, 一个原型或许能够提取出逻辑来引导我们产生一个设计概念, 或者是能够给我们提取一个形象, 启发我们的形式语言。这个设计概念的原型跟我们形式语言的原型可能不是同一个, 但是都可以有指导和启发的作用, 是我们进行操作, 进入空间的步骤。后来, 第二节课结束之后, 我觉得这可能不是个简单的事情, 它可能更像是, 一个原型有两种类型 (图 4-48、图 4-49) 。一种是逻辑的原型, 就好比是诗歌, 它没有具体的形象; 一种是视觉的原型, 它能给我们很强烈的视觉感。视觉原型又可以给我们两种信息, 比如说一张乐谱, 它能给我们的纯视觉信息, 是那些曲线、那些点、那些面; 它也能给我们一些引申的信息, 就是它的音高、它的节奏。

而这些引申的信息, 可以作为我们对纯视觉信息的一种操作方法, 有一个可能性的依据。然后这些纯视觉信息又分为两种, 一种是比较具象的, 一种是比较抽象的, 比如说国画可能就是很具象, 乐谱也是很具象的, 标点符号其实也是很具象的。再比如说周桐的抽象画, 可能也是在这种抽象层面上的。二者的操作方法可能是不一样的, 但具象其实可能就只是先要经过一个抽象的过程而已。

抽象的方法, 比如有尺度变化、简化、片段、重组、合并等数学方法罗列的方法, 还有发纸牌、撕纸等随机的方法。这些操作方法能够给我们一个设计语言, 这种语言就能够指导我们得到一些空间。

这次我做的有直接视觉的原型，也有逻辑的原型。之前其实我们基本上所有人的方案，都可以在视觉的原型里面找到，除了吴之恒的电影，这次我就选择小说来做。我选的这本书叫《神谕之夜》（图 4-50），是我特别喜欢的一个作家保罗·奥斯特写的，节奏感比较强。小说主要是三个故事互相嵌套，其实如果细分的话应该会有七个故事，有三个主人公，故事是一层一层包在里面的（图 4-51）。我在 sketchup 上把情节的节点都按照页码排列出来。三个故事排列得越来越稀疏的（图 4-52）。图上有横线的地方，是预言性的铺垫部分。我把三条线靠近，然后把第一条线当作最主要的一条线折叠起来。不断地往里包裹，折叠的角度是 90°，确定边长长度就是确定篇幅的长度，都是页数之间的距离。第二个故事附着在第一个故事的里边，与第一个故事类似的，一样交接起来。在这个图里可以看到，左边的横线其实是一些预言性的故事，他跟第二层故事是有联系的，我就把这些点都连起来（图 4-53）。墙高是不同的层次，一个是 3 米，一个是 2 米（图 4-54）。

王昀：想问一下，实际上你跟小丁的问题有点相似，故事自己都理解得很清楚了，为什么会选这种长度，而不是其他的？

谢志乐：其实就是一个故事的相对长度。我现在有个问题，选取的逻辑非常不清楚。我知道我的问题是选取的方式太随意了，我需要去找到另外一个逻辑帮助我选取。但是我有一个疑问，比如说我是做随机选择，就像之前我们做撕纸，随机也是合理的，但是可能并不能达到一个更好的状态，比如说老师选的跟我自己撕一下模型然后选一个掉下来的纸片，老师选的可能会更好。所以我就觉得随机选择法是不是也有它的局限。

王昀：当然了，你在选的时候，其实是在训练你的眼力。我们这个训练其实不仅仅是画图，还是对你的知性的一个训练。其实手法上的事儿大家都会了，可是什么图形是最好的，就是你把它抽取出来的那一瞬间，是需要背后积累的。有些看上去是有意味的，就是让人感觉是有内容的，有些你选了半天，只是为了好看。无论怎样，你选的时候，一定在大脑里有一个图像。就是说，你头脑中的部分实际上是你看世界的一个非常重要的一个标尺，你用这种观念去选择的东西，是完全不一样的。为什么你看这个形，你选这张图？不同的人，选择的样子不同。甚至你可以做个实验，你把这张图发给咱们 14 位同学，或者你再找一张图，你用一个方块，你让不同的同学去选，选出来的东西都是不一样的。

其实这是在做一个视觉训练的研究。你的这个故事，如果叫我去选，不可能选一大堆了，可能选某一个片段，或者是就选中间连续的墙，一些线，把它选出来以后，给它加一个厚度，人在里面走，也挺好。关键是你脑子

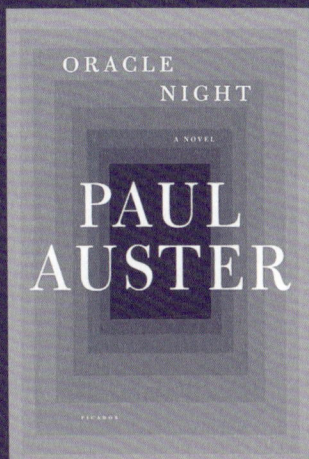

图 4-50

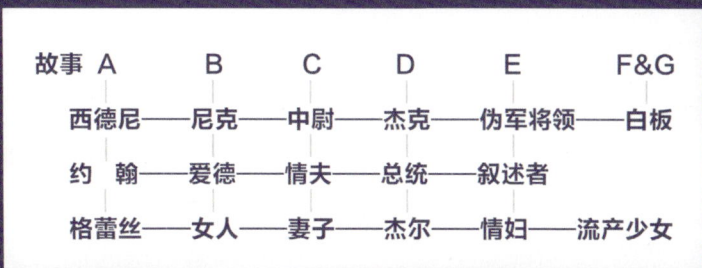

故事	A	B	C	D	E	F&G
	西德尼——尼克——中尉——杰克——伪军将领——白板					
	约　翰——爱德——情夫——总统——叙述者					
	格蕾丝——女人——妻子——杰尔——情妇——流产少女					

图 4-51

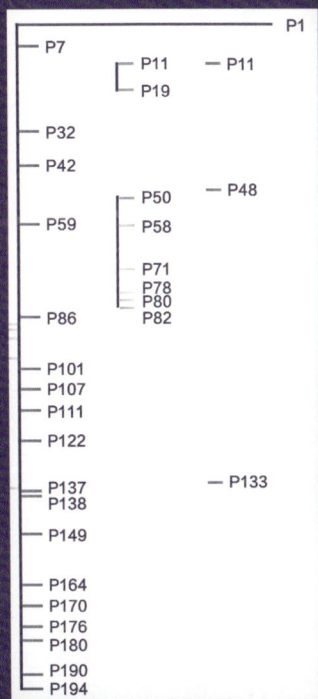

图 4-52

图 4-53

图 4-54

图 4-55

图 4-56

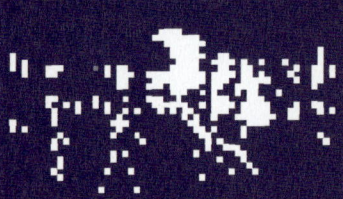

图 4-57

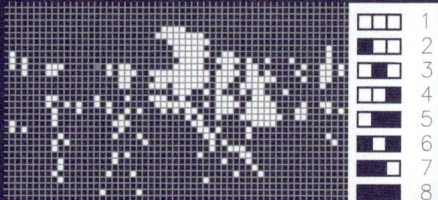

图 4-58

图 4-59

图 4-60

图 4-61

图 4-62

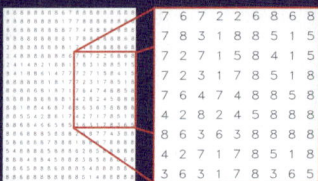

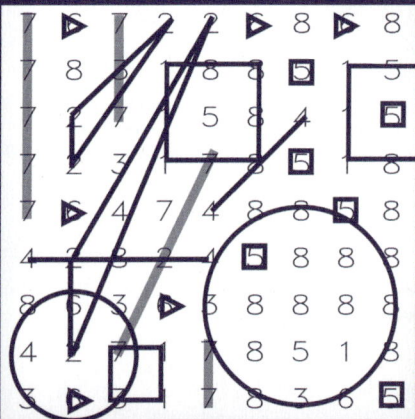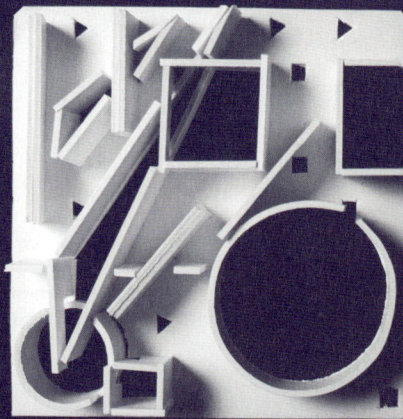

图 4-63

图 4-64

图 4-65

图 4-66

图 4-67

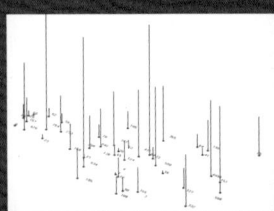

图 4-68

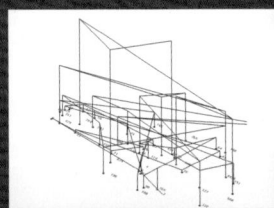

图 4-69

里的期待是什么，其实跟你生活的阅历及你对事物的判断有关，都是从不会到会。其实就是窗户纸，你把它捅破了以后，就会发现原来是这样，原来这个世界还可以这么大，我们前两周做的工作其实就是这样的。但是这里面怎么选，需要你慢慢地去做。像你的图，在某一个部分，跟你想做什么是有关系的。基地、周围的人，给你提的要求、环境，都是促使你去判断一件事的限制或标准。其实设计要是没有基地的条件是很难的，相反有很多人给你提了要求，反而会把自己的思路打开。

陈梓瑜：我稍微总结了可以想到的手法。我这次主要做的事是去理解，我们之前做的抽象的过程。这是第一部分，还是原来选的那张画（图4-55），相对应的乐谱，它其实都是一幅一幅的画。三个摞起来是一种变化的思路（图4-56）。这是同学们都在做的，利用 PS 把图像像素化（图4-57）。我想找出来一个比较接近于抽象或者是通用的结果，就是我数字显示这样的元素。

我觉得就是通过这些变化，把它变成数字这种共用的东西。因为把它变成像素化，对每一个块来说是一个特别简单的 0 或 1，然后在它从 0 到 1 两种可能性之间找到更多的可能。所以这幅画里取的是三个块作为一个横条，然后就列出了 8 种情况（图4-58），分别对应 8 个数字，特别直接（图4-59）。变成 8 个数以后，其实空的地方都是 8，我把它去掉了，这样的话，就留了前面 7 个数，就把它全都留出来，大概是这个样子（图4-60）。这样以后，就有很多种不同的转化方式，比如这种特别简单的方式（图4-61）。我觉得这更多地类似于比喻，它不是一个比较好的例子，因为太过于简单了，就是把 8 个数字变成 8 种围合的方式，每个数字定义自己的语言（图4-62）。比如说某一个厚墙，然后另外一些，比如说 1 是相连，5 是一个正方形，就是说不同的正方形的元素。然后像圆的元素就是用 3 组成的。然后 2 是连接就近的三角形之类的，大概这样。然后选取了一个方形的区域，做了一个实验性质的小模型（图4-63）。

这个方案可能是个基本的例子，我想通过它说明一个语言的一种译法。主要把我们抽象的过程想成两种形式，一种是 ascii 码（图4-64）。它是英语和拉丁语系的所有字母，会变成二进制存成数据，特别通用。我觉得这部分的转换过程有点类似 ascii 码的运作模式，其实就是我们把已有的东西，变成一个数字，然后再译成一个模式。另一种变化的方式，就是把所有的红色颜色提取来，反向叠加后，只留住这个颜色区域（图4-65、图4-66），然后把它的边界变得清（图4-67），之后测一下它的面积，再标出中心点，就变成了一个拥有数值的点阵（图4-68）。然后按照不同的面积大小，把中心点抬高到不同的高度，把它变成一个有高差的东西，再把所有的点按照从最小的数和最大的数依次连起来的方式，然后变成图上折线的形式（图 4-69）。另一部分还有一个是锁的方案。这次做的是风格派的三只孔明锁（图 4-70），相当于把三个大师作品中的比例拿出来，然后放到三个立面上，重新编排，就变成了图中的样子(图 4-71～图 4-74)。

还要跟大家分享的是我和另一个同学一起做的模型，取我们俩的头像图像，把一个人的头像倒过来，之后加一些高度，会在高度上找几个最高点和最低点，然后变一下，最后出来图上的结果（图 4-75～图 4-77），就是下面部分和上面部分几个点的大小。我想可能是时间不够，手段有点限制，所以我们没有找到那么多的原型。

王：你的这个，一首诗都可以变成这种数字，比方说你现在做的可以作为一个转换，一个从诗歌到建筑的转换。然后你把这个步骤列下来，第一步是什么，刷出个什么编码，第二步把这个编码如何处理，第三步如何，第四、第五、第六、第七步如何处理，我觉得应该有意思。然后最后得到结果，有可能是你看这里面哪个比较好，哪个自己玩的比较高兴，还比较容易把功能赋予进去的那个，就可以继续做了。其实从你做的这几个模型里，有的也可以做成住宅，有的做一层比较好，比如这个（指其中的一个模型）可以作为车库，空间比较大一点，可以这样，车库可以排进来，这个空间可以对上，也可以不对上，对上的话，这有一个挑高的空间，然后这里面什么地方让他上来。至于这个墙，可高可低的，这个可能是一个柜子，这个可能是个墙或者是什么，可以有很多很多的可能性。然后这个又是另外一个逻辑，关键别乱了，就是思路一思路二，一个一个列出来。

图 4-70

图 4-71

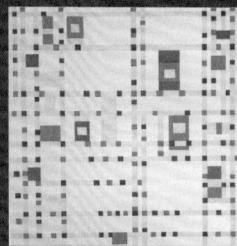

图 4-72

图 4-73

图 4-74

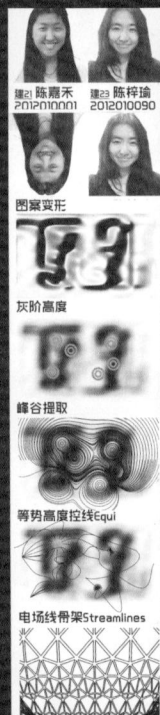

图 4-75

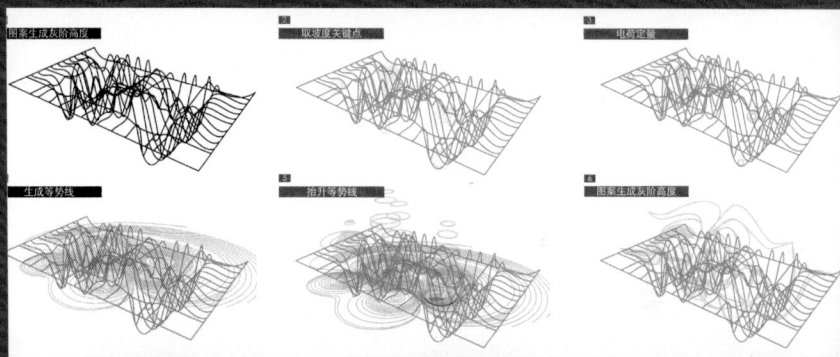

图 4-76

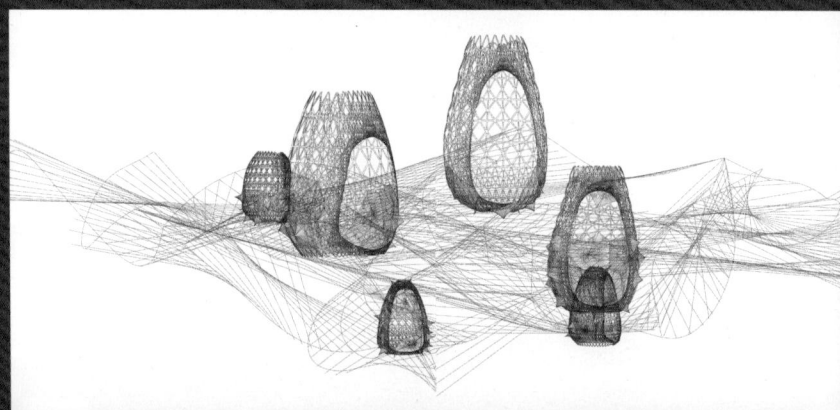

图 4-77

叶雪粲：这次做的还是建筑与音乐。这次提取采用了另外一种手段，加入了之前一直忽略的旋律的因素。旋律有持续、向上、向下三种形态，构成了旋律运动的三个基本的形态，然后再将形态进行组合，构成语调的12种基本形态，最后再将这12种形态组合成我们平时看到的复杂旋律曲线。我找了一个四重奏的谱子，它的一个特点就是四个声部合在一起。我选取了其中的第12个小节，因为它四个声部都有，会比较丰富。抽取四个声部的时值，这是各种音符时值对应的长度关系，然后得到了下面这个数表，图形化以后是这个样子（图4-78）。再将这个旋律向上、向下还有持续的动态元素加入图形当中，形成了一种变化的趋势。先构成了图中的内容（图4-79），先把它单元化。因为四重奏是属于同一小节四个声音部的声音，其叠加本来没什么先后之分，所以我在想叠加可以赋予它一种非主观性。

上节课说到了纸牌游戏，可以把这种手法加进去，获得一种新的关系。我用四张透明的纸，在洗牌过程中，它会发生上下颠倒和正反面的变化，会形成更多的形态，上面这种就是抽取的最基本的形体。下面这个图形是经过颠倒和反转得到的，会使它的组合有更多可能性（图4-80）。

我在洗牌之后得到了一个排列的结果（图4-81）。此外，之前我把纸牌单独垒起来的时候，它就是很直接地对齐，这样空间可能不是那么有趣，所以我就加入了骰子，使它的空间产生一些错动，同时又不会加入我的主观性。错动的规则是首先把两个声部在中线上面保持对齐，然后第一次掷筛子决定它上下方向的移动，如果扔到一二的话，就上移0.5个单位，左右方向也是通过掷色子来决定的。我投掷后的结果就是这样（图4-82）。这是第一层和第二层叠加的方式，然后加第三层、第四层，最后得到了一个形态（图4-83）。形态会有一些空间的错动，有从各种角度拍的一个比较丰富的空间效果。我又把它做成了一个大一点的模型（图4-84），当时再看的时候，觉得它里面有非常多的丰富空间，它的可能性也很多，比如说像小天井、平台，还有各种花园之类的。后面把模型翻来翻去，觉得它立起来其实也是挺有意思的，能够在纵向上得到比较丰富的视觉渗透效果（图4-85）。我又把它从另外一个方向上又立起来了（图4-86），好像也挺有意思的。可能是某一种高层，然后它渗出来很多阳台，而这些阳台有各种各样的尺度和交错的关系（图4-87），可以对它赋予不同的功能。这个想法还没有排进去，就是想把整个来谱全部都用之前的方法转译一遍，说明这种方法对于任何一种乐谱都是可以操作的。随意摆一些斜块也有可能产生一些新空间，可能再放一些照片，就有了新效果。

王昀：或者可以这样，并列也是一种方式，就是你把几个黏上，接在一块，接到一个平面上，让它对称，可能那种肌理又是另外一种状态。

图 4-78

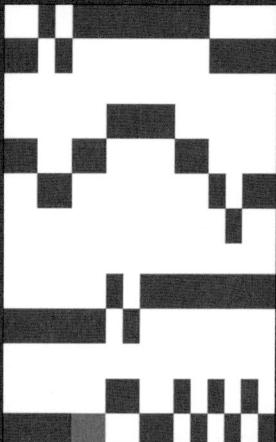

图 4-79

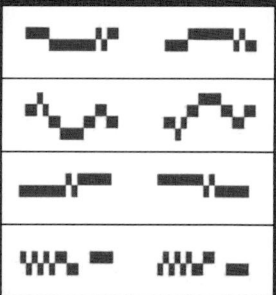

图 4-80

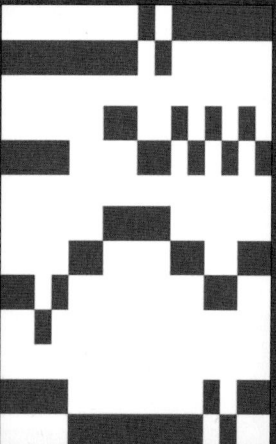

图 4-81

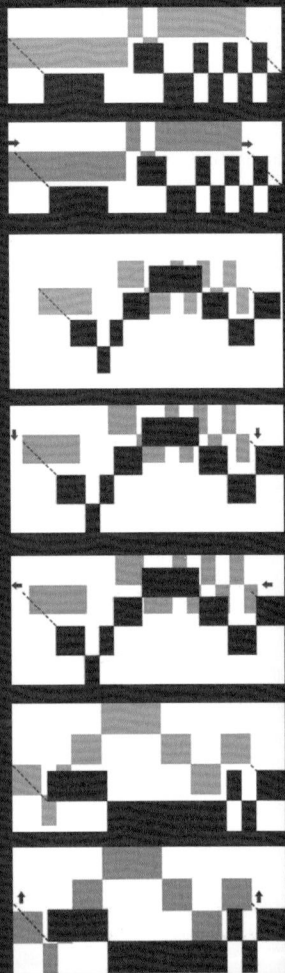

图 4-82

图 4-83

图 4-84

图 4-85

图 4-86

图 4-87

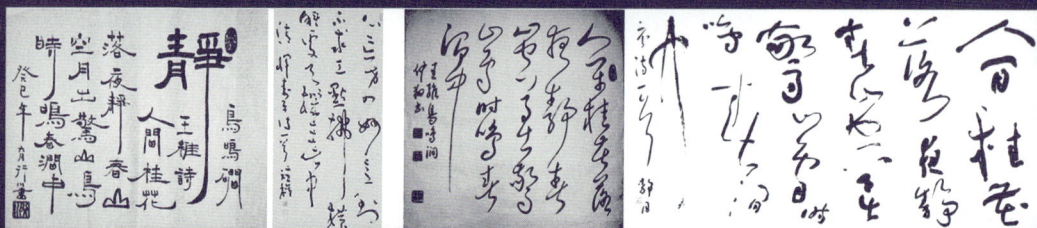

图 4-88

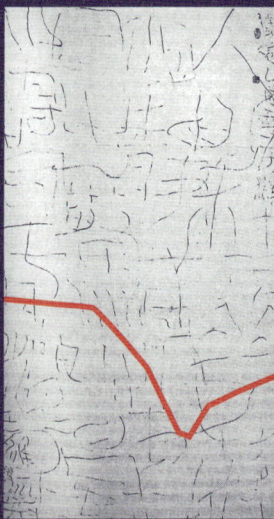

图 4-89

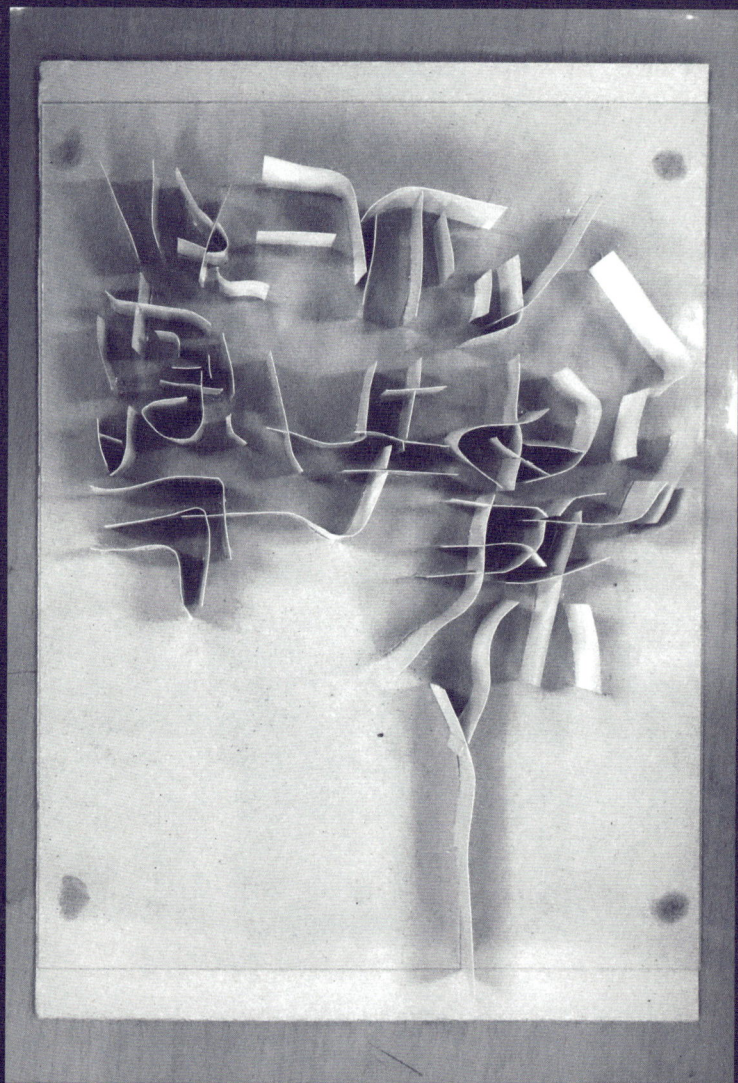

图 4-90

图 4-91

图 4-92

杨隽然: 我觉得我之前的方法跟别人不太一样, 我在形式上的主观处理比较多。而其他同学对形式进行了非常深入的研究, 然后从它里面自由选取。我这次就采用尽量严格地遵从别人作品的这种方法。我所有的主观就是在于挑作品, 然后我就挑了一幅这样的作品 (图 4-88)。作者叫沃兴华, 是现代书法家。写的是王维的一首诗, 在之前有很多人对这首诗有过各种各样书法的演绎。

我之所以会选沃兴华的书法版本 (图 4-89), 是因为我觉得他有一些自己独特的想法。首先沃兴华他自己也说, 前人的演绎有一些共性, 他们都是点划比较细、余白比较多的一个比较清新空灵的状态, 跟诗本身的意象特别相近。所以他自己在创作的时候, 会注意一些东西, 而他所注意到的东西跟建筑有很多相通的地方, 所以我选了他这幅作品。我觉得比较让我感兴趣的就是他说他要字内的余白、行距、还有字句之间的余白, 并且彼此都相贯通, 我觉得这不就是空间相贯通的一个感觉嘛。所以我就把它那个基本的原样摘下来了。其实它不是整幅作品, 我中间撕了一道, 然后形成整个的一个构图, 体现了他对书法的理解 (图 4-90)。

我选了一个清华大学校内的地段 (图 4-91、图 4-92)。我一直想在这么一个地方建个房子。地段在食堂边上, 可以看到左边是一条校河, 右边是南北主干道。周边都是一些建筑, 而且建筑都掩映在绿化里。这里两边气氛是不一样的, 一边是主干道, 行人都行色匆匆, 另一边则环境非常好, 地形是有高差的。

从红楼往外看, 高差大概在 4 到 5 米, 导致了一个非常有趣的隔离。这是在地段里面走的视角, 在低处看, 觉得非常安静, 到高处一看, 往北的路就可以直接通到食堂。它现在的一个状况就是, 很少人在上面玩, 跟清华另外一处情人坡的绿地非常不一样。

我觉得这个地方非常好, 因为它连接着主干道和校园内, 又提供了一个非常好的一个格局, 但是它没有被利用, 我觉得很可惜, 所以想对它进行一些改变。

我就去想我之前的那几个形式怎么往这个地段上靠。我觉得第一个形式靠得还挺好。当时老师评价里有一点, 就是我那个形态的选择没有一个很好的依据, 后来我就在想, 如果放在这块地上, 我就可以用这块地的地形做一个地景建筑, 就不会特别去抢这个地, 不是一个强制性的建筑形体, 而是沿着地形蔓延, 是跟原来小路比较接近的形态, 是比较低调的。

王昀: 很有建筑感, 我觉得挺有意思。总之建筑又和书法联系起来了。

143

徐逸：这张图是原来的聚落图，它抽象以后，竖向的线条只是代表一个点（图 4-94），不是聚落的重心。其他两个方向上的垂直线段是可以经过调整得到的，现在截取的是某个聚落的某个调整之后中间的状态。首先，因为老师上节课说两个点之间，如果哪两条线交叉在一起，其实是涉及两个人之间关系的，然后就把那种两个点之间能够交接在一起的先给提取出来，这就是重点的一些空间。两个人有一些部分且并不是完全地交在一起，相当于次一级的关系（图 4-95），它围合起来并不是体块，而是相当于院落一样的空间（图 4-96）。这样表示以后，这里会有很多散落的、隔断特别多的空间，我把它简单地去掉了以后，就变成了围合。然后它呈现出一种特征，如果两个人之间有一个关系的话，这个人跟第二个人有关系，第二个人跟第三个有关系，那么这几个人之间，如果能粘合在一起，说明这几个人之间能够构成一个小团体。小团体之间都是有联系的。根据这个思路，我就想延伸一下，变成这个图形（图 4-97）。这个相当于几个点之间，直接连线的话会很乱，我在这里根据聚合的逻辑一几个小团体在一起的话，他们就构成一个重心一把它连起来。原来对应的两个点的连线，我也把它保留成围墙，这就生成了第二种模型，就在图的下部（图 4-98）。

其实我考虑过用 voronoi，但是它有一个坏处，因为基本上每一个聚落的点都会在一个小团体里，所以如果用 voronoi 的话，直接就变成简单的几段围墙的分隔，好像就不是很有意义（图 4-99）。

我也想过三维上的拉伸，但我后来反思，在聚落上做这，可能比较难，因为聚落的数据是非常随机的，这种随机的层高其实对于形成空间感不是特别有意义。现在这个图形，看起来特别像蒙德里安的风格，但其实是一个伪蒙德里安风格，因为他缺少蒙德里安那种精细化的几何比例。所以我之前就考虑过，要不要把它放在一个近似的网格上，先摆一个网格，所有的点都是先逼近最近的那个格点，之后变成一个数字式、最后再进行处理。

王昀：绝对的理性跟人和人之间的情感，所形成的图形，是同样有意义的。这个好比文艺复兴时期一直在画一张理想人，达芬奇也在画，一个圆，一个人，张开四臂，然后画一个圆心，那个圆心在肚脐的位置，其实现实中应该没有肚脐位置长那么标准的人，他是一个理想中的人。但是定义那种状态就是要抽象很多东西，提出一个去追求的纯粹的理想状态和标准，而这标准也是源于大量现实中的人的基本统计，同样是靠大量的经验性积累，最后抽取到理性的层面。

有可能通过你这样的大量叠加之后，发现你做时的严谨性，关键是，如果你不去试的话，你不会知道会得到一个什么样的结果。还有，接下来关键

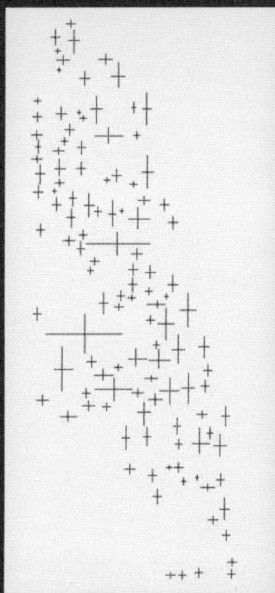

图 4-93

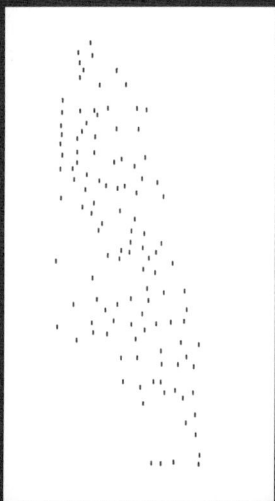

图 4-94

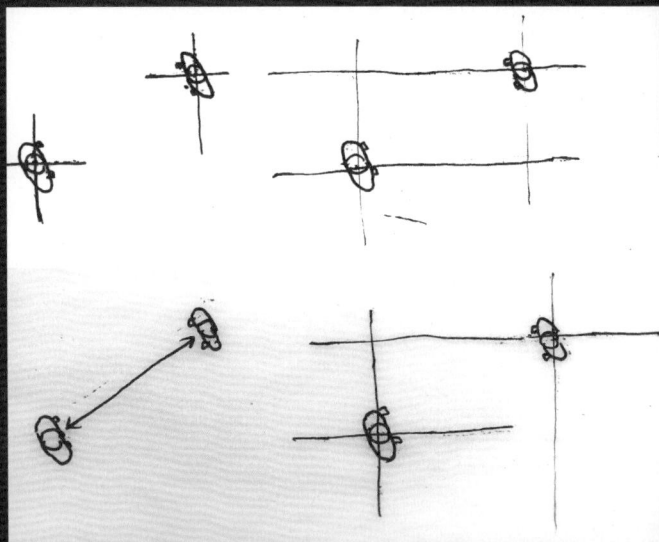

图 4-95

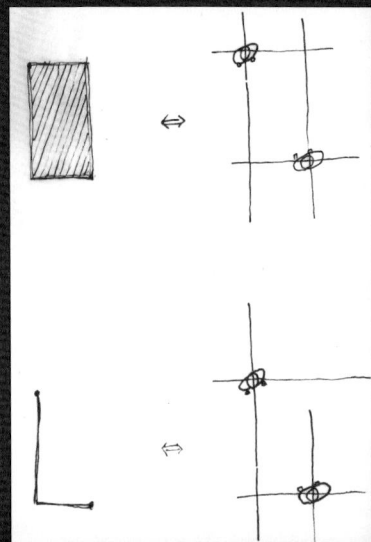

图 4-96

图 4-97

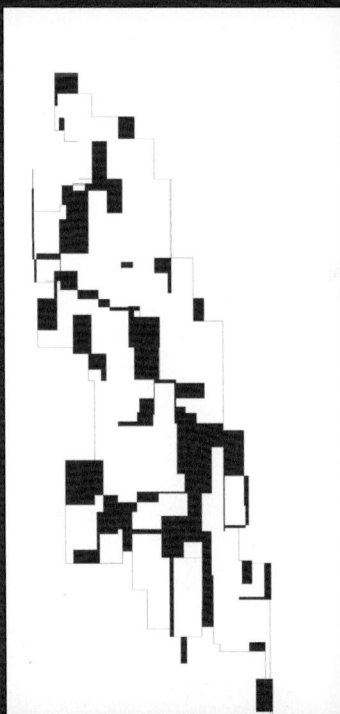

图 4-98

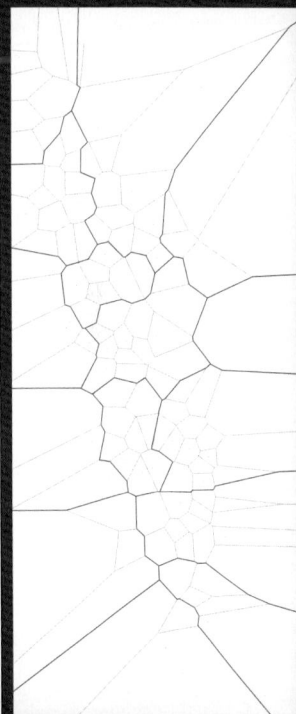

图 4-99

是找一个环境，找一个适合你选的空间的环境。然后把你的房子摆进去，给个尺度，把题目定下来，

李金赫：现在有两三个原型，就集中成一个吗？

王昀：就找一个就行了，先完成中期评图。你们现在讨论工作已经结束了，但是课后你们还可以继续，因为咱们中期评图之后还要讨论呢。

周桐：还有个问题，就是关于我们的规则问题，我们在选择的时候，是选打动自己的，美的，然后经过一个操作，但是操作的复杂性不能保证所做的结果是美的。所以就想这种矛盾怎么办？

王昀：最后是美的就可以，美是人类最后的一个宗教。

周桐：所以是没有必要强调那个操作过程了？

王昀：没有必要，你最后拿的方案，就是你做的，操作过程和规则是训练的一个环节，是你们学习的过程。而你跟甲方汇报的时候，没必要汇报你是如何学建筑设计的吧。汇报的时候，一定是这样的：我做了一个小的画家工作室＋美术馆，首先这个基地选在什么地方，基地周边有几个大的什么建筑，这个设计根据功能选择了一个什么院落式的组合方式，结合了中国园林的哪些手法，受怎样的哲学思想的影响，具有怎样的现实和历史意义。然后入口放在什么地方，内部进行了几个分区，这个墙是砖砌的还是石头的，你可以讲为什么用砖砌，为什么用石头，是采取我国建筑传承中的一些什么手法。还有金属的、钢板的墙，随你怎么说，反正都是馊主意。材料的选择，其实最后都是附着在空间之后的。然后什么地方用玻璃，但无论怎样，一个最基本的要求，那就是它一定是美的，不美的东西你拿出来干什么呢？但是你没必要说为什么你可以做得这么美。

丁惟迟：有可能弄出一套逻辑来，然后按着其中逻辑严格来走，但是做出来的东西，不一定就很好。

王昀："有可能不行"这种预设本身有时会阻碍你去进一步探索，不做是不知道结果的。不过是这样的，东西做出来，仅仅是一个手法的切入，是一个训练。怎么样能够服众，能打动人，这件事就没法判断了，因为不同的人对建筑的观念都是不一样的。我是觉得，别人怎么判断不重要，重要的是你是否通过这种方式做出来一个仅仅通过自己的操作做不出来的东西。同时它还能够解决功能性的问题。换句话说，几个功能块分一分，楼梯间排一排，这是我们在下一步可以去做的，但如何让空间变得更有趣，

更有效果。有时我还会觉得，单纯从空间讲，有可能不需要那么多复杂的东西，因为简单的形态同样可以是一个特别有意思的空间，只要在里面能读到诗意。对形体而言，有时是需要发现的，如果你说发现不了形就说明你还需要有一个积累的过程。比如说今天杜京良同学做像豆荚的模型就特别好。不一定要做一个很庞大的或很复杂的形，只要形本身能够带给人很多的遐想和联想。还有你的表现，尽管可能是一个简单的形，但怎么样能够表现出来，内容是要仔细和认真考虑的。

李明玺：还有一个关于平面的问题。有时候感觉有一个曲线，有一个折形，其实在平面上看起来很好看，但是在空间里又很暧昧，就像我们的第六教学楼，那个教室是一个八边形的，我硬是上了两年课才发现。平面是八边形，但是你得通过一个很暧昧的一个弧线去感觉。

王昀：你说的这个特别有典型性。首先，好的空间一定会对应一个好的形态，但是一个非常美的形不见得对应一个好的空间，就是这两个方面并没有一个逆向的状态，这点必须明确。其次，平面构成的美，不一定是建筑空间的美。我第一节课是讲，同样的一根线，画家看来就是一个图形，平面设计师看来就是几个方块，但从建筑师眼里随时可以变成空间。

只不过你会发现，比方说从我的角度来看，我一看这张图（指边上一个图案），里面有实体，这里面的空间、形特别棒。然后把它立升为墙，分分秒秒它可以变成房间。介入眼睛去看这个世界的时候，一定是有高差的，任何一个形都是有高差的，高是多高，矮是多矮，这件事是跟你的经验有关。就是说，你们做这些东西，为什么会有意思，其实不是因为有个很好的平面图，而是你们通过这一系列的过程，发现有的空间会比较好玩，空间的趣味性很重要。

包括你后来做的八大山人的模型其实挺有意思，但是你需要去发现那种空间的美，这件事是需要时间的，不能着急。我们现在做这个课题的一个最大的任务，就是尽可能地超越你现有的想象力，通过这样一个操作，突然发现，靠自己画是做不出这些的。有时可能你自己并没觉得它好，那是因为你做得太少了，你做多了以后，慢慢琢磨它，就会发现里面很多的重叠。同样的一个对象物，在不同人的眼里都不一样。有的人觉得这里有很多内在的东西，有的人就觉得这没什么意思。其实在于每个人所发现的东西是不一样的。就像你做的两组，我说你黏在一块儿也挺好玩的，里面有很多有意思的空间，都不是你能随手画出来的，但是通过做这件事，它就变成你的了。还有你今天做的这个"大盘子"，我觉得，如果好好整理一下也挺有意思的，里面有很多折线的规律，但应该是通过国画特点形成的，而不是直地拉一个方块，这是因为中国画很柔，是用毛笔完成的。

05

第五课

2015年3月19日星期四

王昀: 来客人了。今天有这么多同学作为甲方来给咱们组的同学们进行一下评审，我会适时地在边上给你们敲敲边鼓。先有请李明玺同学。

李明玺: 大家好，我叫李明玺。今天给大家介绍一下我的博物馆设计，首先地段是选在雍和宫的一块。先给大家看看它周边的一些状况，地段在图中间这条街上，比较空的那一块是孔庙，另一块是国子监，这个街上有很多很小型的博物馆或美术馆，像木雕博物馆。我选的一块就是这个三层高的小楼地，我想做这个地段，为什么? 就是因为这个三层高的小楼，堆在这里非常丑，非常显眼，周围都是一些很低矮很漂亮的小房子，在这里突然立起来这样一个房子就显得非常难看。为了这个城市着想，我想把这块地重新设计一下 (图 5-1)。具体就是图中空的那块再加上旁边的一块地方 (图 5-2)。小楼旁边是五道营胡同，是人流比较大的一条小街。然后最边上那个方框，是一个比较大腕级的建筑，是安藤忠雄设计的大都美术馆。我觉得安藤这个设计有一个很好的特点，他为了保持沿街的立面，入口的门就做得类似于"假古董"，走出去以后才是他自己的建筑，这也是对于周边的一个考虑。

选择地段时我有几方面的考虑，先是个人原因，我比较喜欢中国画，想做一个国画博物馆，为什么要做一个博物馆呢? 因为第一雍和宫地段是一个文化建筑的集成地，这条街上就有好几个博物馆。第二这块地方是以传统文化为主题的，比如木雕博物馆等。建筑场地要求建筑层数不宜过高，不像那个三层楼的建筑，立在那里非常显眼。第三是应当保持沿街立面的感觉，不要破坏它。然后还有就是地段的东面有一个小学，隔着一条小路，所以我觉得需要在博物馆和小学之间建立一种功能上的联系。

说到博物馆空间，我有一些自己的想法，我觉得一个好的建筑空间应该是一个故事式的。它有一个开头，然后有中间的发展，最后到一个很打动你、触动你的高潮性空间，还要有一个重要的收尾，就是有一个可以游览的空间。正像柯布西耶说的一句话，就是"触动了你的心智就是建筑"。我觉得建筑要能打动人的心，这是我这次设计的一个出发点。故事怎么找呢? 因为这是一个国画的博物馆，我就想找找看著名的画里面有没有故事。我找到一幅北宋非常有名的山水画《溪山行旅图》(图 5-3)，北宋的范宽画的，这个什么样故事性呢，我们往下看。最开始是人在高远处的深山峡谷里面走，然后走到一个充满迷雾的崇山峻岭里面，最后走出来是小桥流水，它有三个层次的故事性，所以我做的空间就以这三个层次为主题展开。先看第二个层次，就是从入口进入以后的一层平面，是一个崇山峻岭式的、峡谷溪流式的空间，然后是层次，它是一个往地下做的一层，就是一个两层的空间。

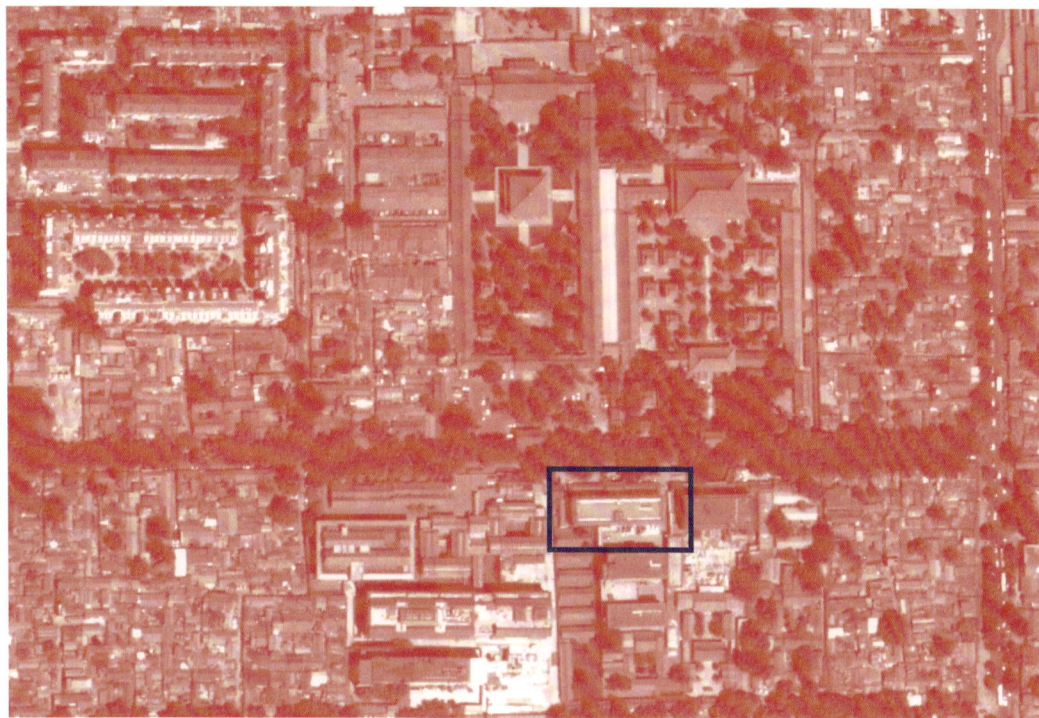

图 5-1

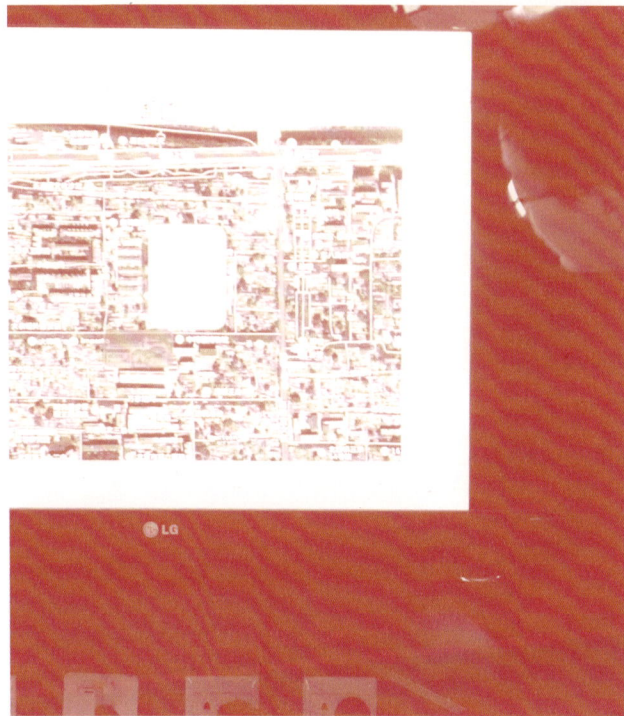

图 5-2

图 5-3

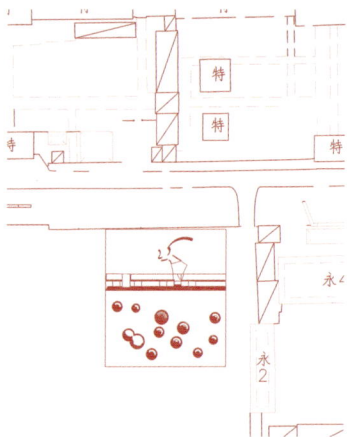

图 5-4

图 5-5

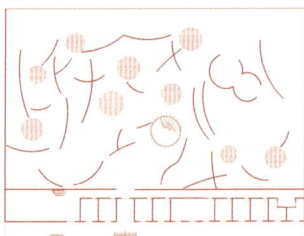

图 5-6

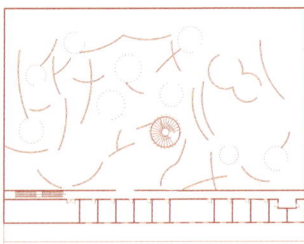

图 5-7

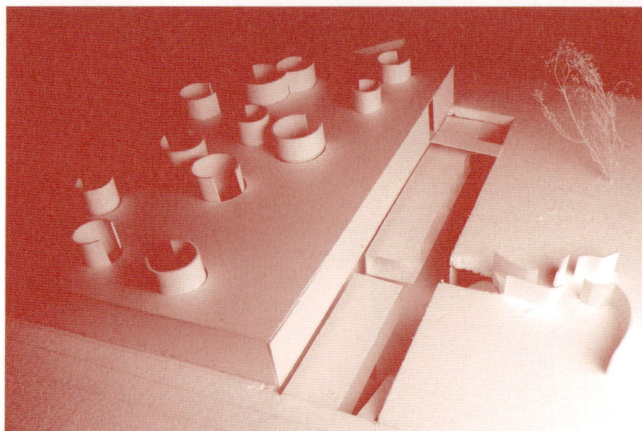

图 5-8

图 5-9

图 5-10

图 5-11

给大家看一下这个方案图（图 5-4、图 5-5）。入口有一些曲面的墙，回头在这里题阅"中国画博物馆"。往里走，就进入到一个高山峡谷的感觉了，中间是一个个水池（图 5-6、图 5-7）。第二个故事就是到第二个展区，这两个建筑并不是连在一块儿的。第二个展区我希望营造一种迷雾中崇山峻岭的感觉，也是我这个建筑中最想打动人的一个地方，它里边有一种线状和圆形的元素，元素选取主要是考虑中国画有很多长卷，古人看的时候非常不方便，他要放在桌子上一段一段摊开看，我就是设计一个很长的墙，或者弧形的墙，让画能很好地放在墙上展览（图 5-8、图 5-9）。在上面的空间，我设置了一个小的有光进入的空间，就是有筒伸出去，然后顶上的缝可以渗出光，里面又是一个亮的空间。在这里我做了一个小图，给大家看看效果，大概就是这个感觉（图 5-10、图 5-11），希望以这种形式，从最开始很明亮，但是有些曲折的 A 展区，走到光稍微扩散一点，有点神秘性，但是走起来很自由的 B 展区，它有一个强烈的对比，加上用这个光影效果来打动人心。然后再往上走就是出口，它有一个休憩的功能，沿着一条小栈桥，再往上走。其实这个方案有一个高潮，刚进入的时候需要走一个小下坡，下到一个地下 3 米的地方，然后一直在地下走。最后从这个小栈桥走回原来的高度，到达一个停车场．在平面图上来看的话，整处是一个停车场。从入口到出口有这样一条流线。同时还设有办公间和仓库，在 A 展区往上这里，还有一些辅助出入口。还有一点，因为旁边有一个小学，所以我在这里设置了一块小的国画教室。小学生们周末或放学就可以过个马路到博物馆来学习国画，让它有更多的功能。谢谢大家。

王昀：感觉办公这块儿处理得不是特别好，因为它跟整个形体的关系出入比较大，二者凑到一块儿是比较难受的一件事。既然这里是一个挺自由的空间，那办公室就不一定要一个人一个房间了，可以是一个区域，可以开放一点。另外是不是一定要框这么一个方方的东西，我也多少有点疑问。从方案上来说，作为一个展示的空间，里面有一些展墙一类的，有光影效果。但是南边的曲线和边界有点冲突，还不如做成比较规矩的，让这几面墙自由起来可能会是特别有意思的一件事。地点比较具有挑战性。

周桐：各位甲方同学大家好，我是周桐，我设计的是新珠穆朗玛峰大本营和游客中心。先说一下我选这个地段的情况，这个地方在西藏日喀则地区，珠峰脚下海拔 2500 米，离中尼边境大概只有十来公里。我选了一张从卫星图上看宏观到微观的变化图（图 5-12），地形概况大家可以看到，青藏高原有很多高大山脉形成的沟壑，然后有谷地，还有冰川融化形成的一些河流。我选择的地方就在原来的珠峰大本营的旁边，现在的珠峰大本营是在通往珠峰的一个山谷里面，它旁边有一条河流，地貌都是寸草不生的沙石地，因为海拔太高，辐射太强，珠峰北坡的降雨又很少，所以都是沙石。图上是现在的珠峰大本营，可以看到它是由一堆帐篷和汽车营地围成的一个简易营地，除了两个很简陋的厕所 (图 5-13)，没有永久建筑物的。在厕所的南侧，这堆乱石堆里面，有一个寺庙 (图 5-14)，它实际上应该是海拔最高的藏传佛教的寺庙，但现在只住了个位数的驻守者。由于它是莲花生大师的修炼地点，因此一直有老人在这看守。从珠峰看过去，大本营非常低矮，接待访客的能力非常有限，物资储存也非常不便。这里有很多洞穴，光照条件非常差，空间很局促。

所以我想在原大本营附近营建一个新的大本营，我选择的地方在原来大本营往南大概 3 公里，那边有一个湖。可以看到最高的山峰就是珠峰，黄色的是现在的大本营，蓝色的是我拟建大本营的位置 (图 5-15)。我的目标是在尊重藏传佛教的基础上，承袭寺庙的传统，为寺庙以及大本营北侧一个更大的寺庙的驻守者改善居住环境，同时增强珠峰大本营接待访客的能力，最终提高大本营，也就是珠峰脚下人文自然景观的品质。我把地段放大，它在一个谷地里，四周都是沙石地，有一个湖，湖可能会冰冻，在这里可以直接看到珠峰大本营，这个地方既有山又有水。珠峰在藏文化中是神山，在这个湖边也可以直接看到珠峰，所以说可能会有一些宗教的隐喻在里面。它的景观与视线也是非常明确的，直接导向珠峰。因为海拔很高，所以光线也非常好。

我的概念就是从藏传佛教挖掘藏文化的精神内核。藏语的书写非常有特点，笔画相对简单。但是它有一定的规律性，有一些弧线，有一些直线，便于归纳成我们易于接受的几何体。于是我以这一点出发，结合一些我们接受的传统教育，通过一些简单几何形体之间的结合与构图，去呈现一个富有宗教神秘感的空间 (图 5-16)。

出于尊重当地民俗建造传统的考虑，细节上可能会去追寻一些藏族建筑传统。这是总平面图 (图 5-17) 和一层平面图 (图 5-18)。入口在北侧，迎向访客来访的方向。虽然平面看起来很复杂，实际上分了四个区域，一个是中间的大厅，它是一个接待区域，是一个较为宽敞的空间，最长大概是 40 米，最宽是 15 米。在它的西侧是一个长条形的空间，是为外来客人准备的客房。上面是一个异形的露台，人可以在上面走，因为有一个高差的关系，所以在建筑上可以看到房子的全貌，有一些几何的构图。在东侧我安排的是个半圆形空间，是僧人居住的房间，也就是僧房。为什么安排在这里？是因为这边有极佳的景观朝向，以及相对静谧的环境，更利于僧人们的日常生活及修炼。

我希望这个游客中心由僧人来运营，所以我把僧房放在相对重要的位置。我在体量里面设置了一个图书馆，这是为了丰富这里人的日常生活，为访

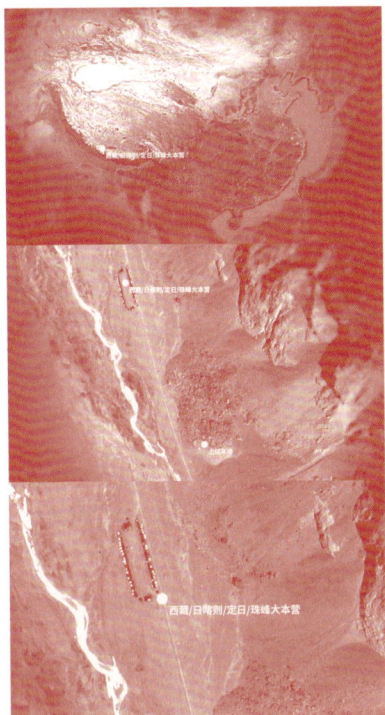

图 5-12

图 5-13

图 5-14

图 5-15

图 5-16

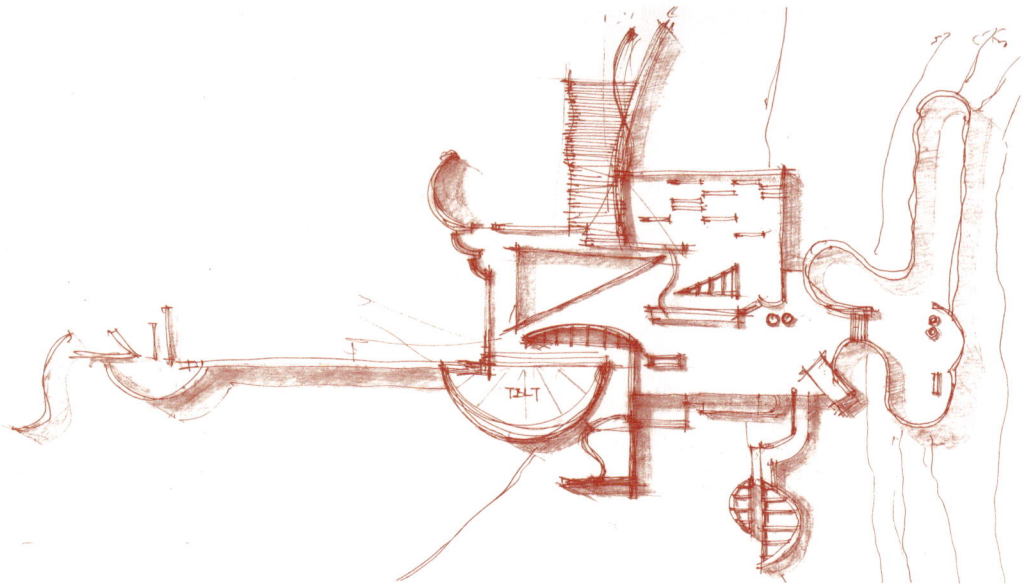

图 5-17

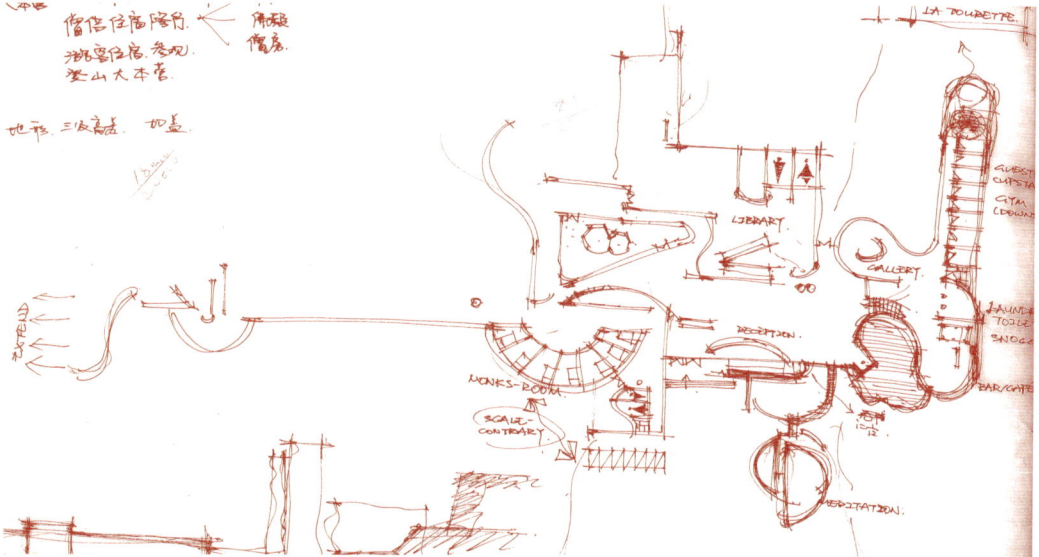

僧侣住宿降价 ← 隔缝
僧房.
泌龙寄住店 参观
登山大本营.

地形 三段高差 加盖.

图 5-18

图 5-19

156

客提供一些日常活动。三角形的空间是庭院，也是为了能够展现一个相对封闭的环境。在这个环境里直面高大的屏风与光，可以给访客们一些比较好的景观体验。上面有些洞，是一些三角形、弧形的，还有一些小圆柱，这些都是天窗，因为图上的这个房子进深比较大，宽是 15 米，长可能大概有 30 多米，所以中间需要提供一些天窗，以改善一些室内的光环境，同时也用很严整的几何体开窗，去追寻一些空间的光线效果。伸出来的一块空间是喇嘛们的休息室，我把它设计成一个比较高大的形状，一方面是追求一种踏实的稳定感，另一方面是想提供一个相对纯净、私密、封闭感极强的空间供修行者们使用（图 5-19）。我的方案大概就是这样的。

王昀：珠峰大本营你去过是吧？

周桐：去过。

王昀：照片是你拍的？

周桐：一些是我拍的。

王昀：还是那个问题，就是说比如平面上的房间是不是一定要这么均等地去分，我觉得这个空间本来挺自由的，现在因为你自己给出太多的限制，空间的趣味性就降低很多。其实可以根据它的解读，而不是直接在上面画很多额外的东西。否则的话就变成一个纯粹造型的东西，空间性不够。

周桐：归纳了一下，不分隔的话不太容易形成围合的空间。

王昀：明白。但是我还是感觉这个太容易让人联想到其他的造型了，比方这一看我以为是代代木体育馆的平面。这种指向性其实是做方案最大的忌讳。材料准备用什么呢？

周桐：材料还是想实体感稍微一点，石材。

王昀：就是当地的材料，是吧？

周桐：当然也可以再考虑，因为当地的民居其实也都是白泥抹面的，所以没有展现出特别强烈的肌理感觉。

王昀：空间上的营造可能更重要一点，素材可能只是一个表演的手段。另外尺度还是挺重要的，厕所可能太大了。因为我想那营地没那么多人去。其实西藏地区的卫生间很有仪式性。因为它不像城市里的卫生间，它没有下水道的功能，挖坑都很累。所以要在地面盖一个小房子，人走上去上厕所。人上几个台阶，上厕所以后，下面放着灰，用来干燥嘛，然后直接就把那灰掏走了，那排泄物就拉走了。所以你在这里放厕所是一个特别值得考虑的事情。可能在额外的地方做厕所，厕所本身的设计也会很有意思。

我还是觉得这个手法过于娴熟了。因为你画这造型会很快，但其实做建筑最大的忌讳就是手太快了，脑子还没想到，手已经把这个图画完了。这其实是一个大忌，你的草图过于帅气了，再拙一点。建筑师画的线是要有高差的，是要有体量、有材质的，一笔下去是要有考虑的，画的这条线，它大致多高，然后它的墙是什么样子的。

你会感觉每一笔下去的时候都是特别有力的，是有空间上的内容的，而不只是一个造型。

杜京良：大家好，我是杜京良。我选的地段是东极岛，东极岛是浙江舟山市管辖下的一系列群岛，其中的庙子湖岛我觉得是比较有代表性的一个小岛（图 5-20、图 5-21）。由于某部电影的上映，也增加了这个岛的游客数量。它本身就是一个小渔村性质的小岛，民风淳朴，还有民间艺术。现在随着游客增多，也面临着接待的压力。我想在这个小岛上建一个类似游客接待中心的设施，同时跟市民的社区活动、艺术家的创作也有结合，比较多功能的定位。

我注意到这里的民间艺术特别有趣，有一种民画，造型夸张，颜色浓艳，显得特别立体主义，内容是一些实际的东西（图 5-22）。这些民画作品作为一种当地的文化遗产，对我做这个设计也有很大的影响，因为还是考虑到它的地域性。这个就是它大概的地形图，这边有两个小山包，海拔 150多米，有一个朝南面的港湾，居民主要分布在山谷里，形成了一个山坡上的聚落。我选的地方在这里，这个地方跟居民有一定的联系，对外的山景也有比较好的视角。我的概念是浪花，因为向东海望去，这是一个主要的视觉元素。我觉得可以从它的视觉形象中抽象出一些形式。

它的功能一方面是游客中心，同时也作为当地渔民文化的展览，当地艺术家创作和展览，此外也为外来的艺术家提供居住的环境，当地居民也有社区活动的需要。这个图（图 5-23）是功能的分区，这一片南边的区域主要是艺术家创造的区域，它围合得比较内向。它的这边是一条车行道，我把那个车行道分一下，中间的就是比较开放的区域，有一个是作为室内的画廊，有一个做室外展示空间。北边的部分是可以远眺风景的一个观景平台。有一个室内庭院、一个小工作室，还有外来艺术家的租住区。还设置了管理区、纪念品商店之类的（图 2-24）。居民活动中心放在跟居民联

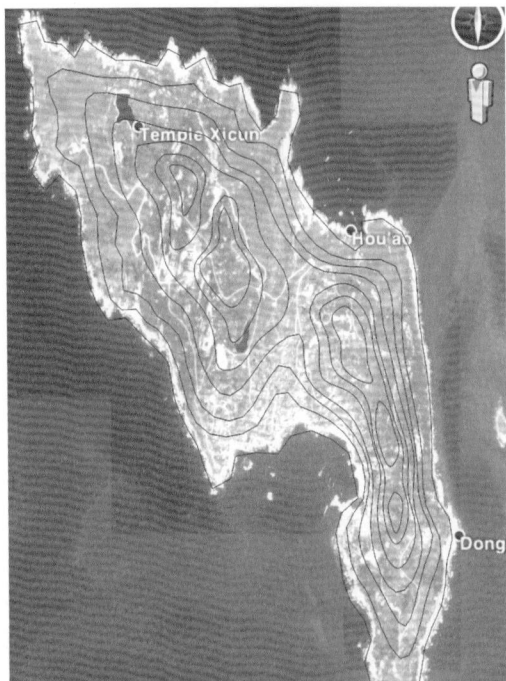

图 5-20

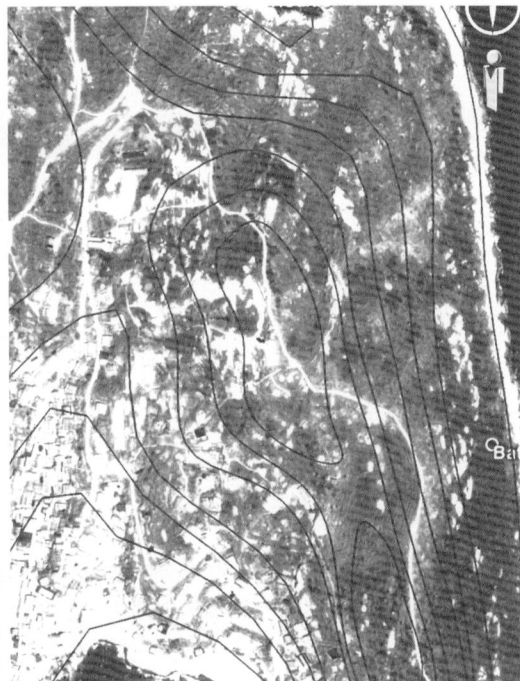

图 5-21

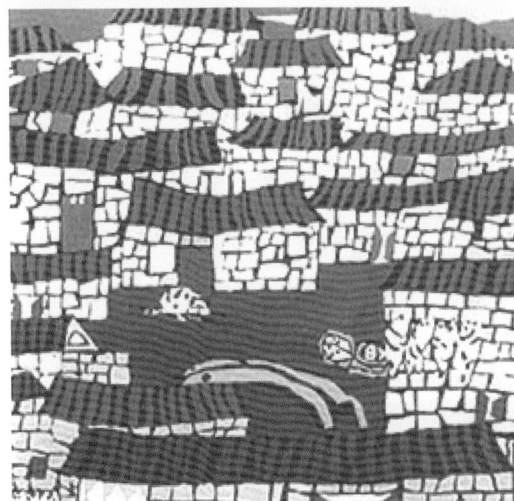

图 5-22

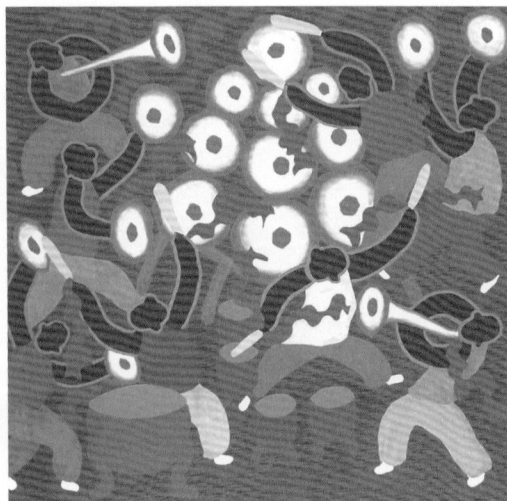

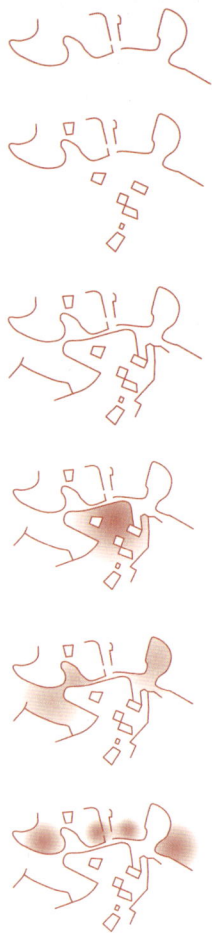

图 5-23

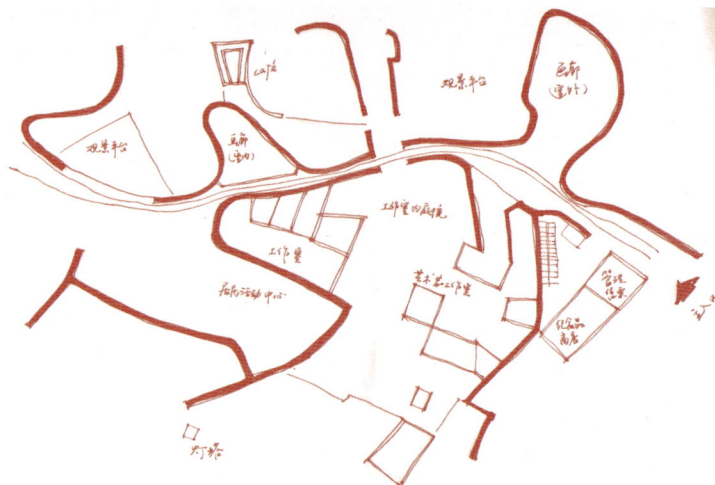

图 5-24

图 5-25

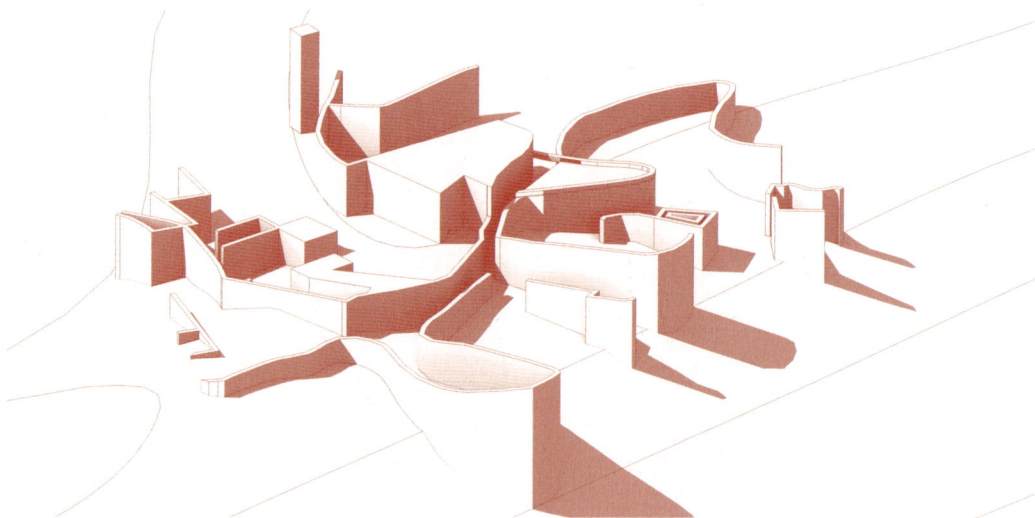

图 5-26

系比较紧密的地方，是考虑到当地区域的特色，用于展示这些渔民文化。一道墙围过去，可以作为一个展示的空间，小的艺术家工作室延续这种感觉，它上面分两个层次的空间，向下也有互相交流的空间（图 5-25），也在建筑中体现出来，就是两道相邻的弧墙可以在二层连在一起的那种。基本就是这样（图 5-26）。

王昀：你这个平面糅合得还不错。其实我觉得建筑不一定要满满的，将房间都封闭起来。我们要做的可能不只是一个建筑，更重要的是一个场所，建筑只是其中的一个部分。而现在就是看了你们三个同学之后，我觉得还是太刻意地去体现功能，因为没人限定的时候，更重要的是空间感，而没必要自己无形当中加进去很多的限制，为什么不能再自由一点儿，老师不给限制，同学们反而自己限制起来。

徐逸：我这个项目源于今年的一个国家级长江文化创意设计产业园，设在了武汉。为了给这个创意园区提供一个能够接待贵宾，以及作为一个对外展示窗口的地方，我设计了一个园区博物馆、一个园区会所。建筑的功能综合了展示、接待、餐饮、市民休闲等需求，基地就选在这个园区内，靠近武汉市，靠近沙湖南岸（图 5-27）。我希望建筑项目能够体现出园区的文化。基地在沙湖南面，面积大概 25000 平方米，它的东侧是一个市民广场，再往东一点是湖北省图书馆新馆。南侧有一条城市的道路，再往南大概 150 米左右，是城市的一条主干路。它的东侧再往东一点有一个码头，所以它周边比较适合建成一个市民休闲区（图 5-28）。

我这个方案的生成概念其实是从长江水系来的，长江水系蜿蜒曲折，有很多的支流（图 5-29）。在我的方案中建筑蜿蜒曲折的外墙与空间隔断，其实是隐喻了长江庞大的水系，是长江文化的一种抽象表现形式，符合园区主题。另一方面我也融合了一种像中国传统园林一样的空间体验方式，从而为参观者提供丰富有趣的空间体验。图上是一个大概功能分区的示意图（图 5-30），主入口大概在中间。为了适应东西长、南北短的条件，建筑体量主要还是沿东西方向布局。左边一侧是园区的会所，可以看到会所入口、会所停车场。其他从西到东是按照上游、中游、下游来划分的。上游海拔较高，比较私密，我对应的是一个会所私密空间。中段比较平缓，是长江主要的部分，我设计了一个园区的博物馆，进入经过一段曲折空间，到博物馆的入口，进入到各园区博物馆里。下游部分是一个对市民开放的户外茶座，正好也跟东边的市民广场对应。平面是这样的（图 5-31），主入口从这里进来，会所这里有一个 VIP 会议室，这边是起居卧室。停车不会受到一侧与人流的干扰，进来以后有很多户外的展区。博物馆主入口这里有一个体块，是一个多功能影院。然后往两边走，在这个空间中行走的时候，它其实对应的是长江水系，因为它有很多支流，不停地分岔，对应

图 5-27

图 5-28

图 5-29

的是一种空间感受。所以我设计了一些延展出来的细长的空间，对应支流的概念。后进来有一个餐厅对着公共庭院，还有一个室外茶座。这是一个大概的效果。

王昀：堤岸延展的一种错来错去的状态跟场景很合适。图上有几个部分如果连一下可能形体更完整一些。里面一部分的铺地跟室外一部分的铺地在材质上换一下的话，可以把这个形更完整地展示出来。空间的界定有好多种，有时候是用墙界定，有时候是地面铺装的变化，要使这个空间产生两个不同领域的感觉。室内的状态，在这个阶段还是比较好的，就是没有必要一下子做得那么实，包括这个地方摆三个客房，摆三个办公或厕所，其实都是在后面可以微调的，先把大的分区做了。能基本保持整体空间和整个形态并没有变，我觉得还是挺好的。周桐同学请看一下，这里面不一定要把房间分成什么样子的，还是要保持它原有空间的流动性和一种关系，怎么样把潜在需求赋予进来。还有李明玺同学也是一样，你刻意地想加东西进去的时候，很多事情就已经发生质的变化了，因为题目已经非常自由了，就不需要你有那么强大的一个功能上的限制。

叶雪粲：我这次选的地段比较接地气，就在我们学校里一个比较靠中心的位置（图 5-32）。这个位置有一个很明显的特点，就是它位于我们学校最大的一条主干道上，车流量在某些时刻会非常大。在它北面有很多学生宿舍，附近的食堂也特别多，应该是整个学校食堂最密集的一个地方。它的南面是教学区和图书馆，还有相当多的文体活动区跟它也比较近。学生的住宿、饮食，还有文体活动都是在这里得到了一个综合。我希望在这里做一个聚集学生的活动中心，给他们提供一个讨论、排练的地方。粉色的两条路是车流量比较大的，蓝色的是一条校河（图 5-33）。白天时间这里利用率特别低，到晚上会多一些人在那里练歌、打拳之类的。这个场地的南有一个情人坡，是学校学生非常重要的聚集场地。它平时的利用率相比我选的那个场地会高得多，无论在什么时候都会有比较多人在那里活动。作为学生聚集的地点，这两个场地应该有不太一样的场所体验。我看了附近地段的文脉以后，发现这里有很多老区的房子，很多形态都是院落型，围合成一种庭院来形成空间。所以我提出一个院落的概念，图上是之前做的一个概念原型的模型，希望通过这种方形的穿插形成丰富的空间效果，然后夹出一些街道、广场，还有一些天井，不同尺度的聚集地点给人不一样的空间体验，同时也有不一样的微气候。我还注意到在场地的西面有这么一条路，是通到左边学生宿舍中间的一个广场。同时它还有三个主要进入的方向。北边希望延续它原来三个人流的主要方向，在中间聚集成一个比较大的庭院空间（图 5-34～图 5-36）。在这个大的庭院空间周边散落了一些小的庭院，可提供不一样的交流场所，就是我做的空间的具体位置，它是可以引流到三个主要的街道上的。

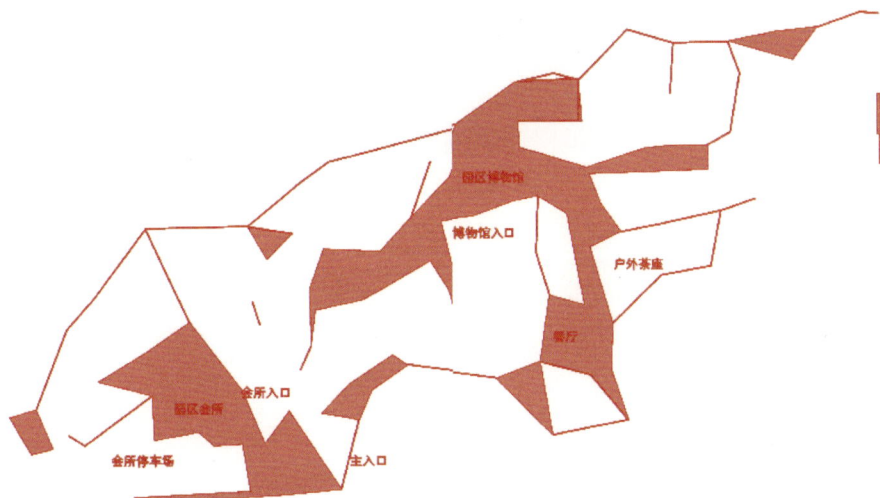

图 5-30

图 5-31

图 5-32

图 5-33

图 5-34

图 5-35

图 5-36

图 5-37

图 5-38

我模型功能主要是一些休闲性比较强的功能，比较灵活吧。中间主要的空间通过天窗，洒下光线。这个是场地内的一些街道（图 5-36）。空间交错的地方会有上下视线交流，也会成为一个空间体验感比较好的地方。有空间交错的庭院（图 5-37、图 5-38）。一个街道的场景，还有个是我非常喜欢的一个场景，可能就是没有渲出效果，还能看到图上有个小剧场，光线洒进来，正好投下一点微弱的光线，会有一种比较神圣的感觉。主要就是这些。

图 5-39

王昀：可以在空间里放个雕塑。感觉挺不错，但是当中这两个弧线值得再思考，虽然是曲线，但是在这个基地里显得硬。街道特别有意思，可以把一些墙稍微拉动一下，比方说稍微往上一点，跟旁边的墙有点对位的关系。然后围墙可能不一定需要，如果这个形是一个很自由状态，对应这个基地或许更合适。

谢志乐：大家好，我是谢志乐。我想问大家一个问题，就是在清华学习的时候你们觉得最缺少的是怎样的空间？我自己觉得一个自己能待着的地方很少，或者能很方便地和别人一起交流想法、一个能很舒服地待着的地方。因此我想做一个算是大学生的交流中心的场所，类似于书院的形式，你可以申请任意一个房间，并可以在里面待一段时间，每个房间之间的同学也可以相互交流。图上这条是清华的边界，我的地段选在这里，学生生活区靠近紫荆的宿舍，各种设施都有，比较方便。具体地段就是雕塑园的草地上（图 5-39），投影面直径 30 米。

有一个神话传说叫巴别塔。交流中心就是想让大家即便在语言不同的情况下也能够非常开心地交流。我想用一系列相同半径的圆，把它划分成面积不同的圆弧，然后用不同的角度切割，出现各种各样的形状（图 5-40）。把这些不同面积的小块堆叠起来，形成一个小高层的交流中心，这个就是幻灯片开头大家看到的图（图 5-41），这样看起来，感觉它随时都可能转动起来。这个建筑可能并不能动，但如果楼梯的位置和一些开窗开门的位置能够非常随机地分布在里面的话，那是不是也相当于我们在运动的情况下来体验它呢。可以看 sketchup 模型。还有透视图，可以看到里面有非常丰富的光影空间（图 5-42）。这个是侧视图（图 5-43）也能看到，如果单纯只有块的话，整个空间会显得比较缺损，随后我就在有块的地方加入了一些非常细的柱子，可能会形成一些比较好玩的平台。仰视时（图 5-44），不同的圆弧有面对面的感觉，有一种不停地往上走的感觉，其实室内跟室外是一个连通的整体。最底下直接跟城市地面相接的比较大的体块，我想把它做成一个类似公共客厅的设施，然后在往上走的过程中，不同形状的小片就是代表我所说的出租的房间，大家可以租一个晚上或租一个星期。在这些平台上可以有一些室外的绿植，也可以有一些室外公共活动的场所。最上面屋顶一层可以观景，能够看到学校周围的情况，它的外轮廓是一个完整的圆弧。

另外我是想做一个浴场，泡温泉的地方。我的想法是，水具有非常自由的形状，它有大有小，有聚有合，有分有散，如果我把水的形状提取出来，我的建筑里面就是一个没有棱角的空间。我想象的是，比如说我们走在这个浴场当中，它的墙都是实体的，非常曲折，但是有长的墙，有短的墙，都非常平缓的弧度，然后不知道从哪来的光线打在那些墙上，底下是水，墙的光和水的光有一个相互的映照。我们在里面就能够有种非常放松的感觉。可能做的比较仓促，就是想表达一个感觉。

建筑周边的形状是根据地段的形状大致往里缩放的，然后把它分成四块，根据密度由低到高，从东到西排列四个块，可以看到，是非常丰富多变的一个室内场景。从平面图上看，因为模拟的是水纹，有一个渐变的效果。我想的是，进入空间之后，主要是一个管理的地方。然后里面这三间都是不同的浴场，有一些室外室内的空间。在一些围合性比较强的空间里面有一种往里跌落的渐变的感觉。大概就是这样子。

丁惟迟：首先说一下地段吧，其实是随意找了一个山坡，然后在山坡上选定一个 100 米 ×100 米的地方，我的概念是做一个随时可以组装的建筑，它的模数都是固定的。通过一些我个人的想法，然后通过块状的长条形(图 5-45)，把它围合成一个空间、区域。山坡四处都是山，但是中间有一条三岔路。我就把我做的建筑放在这里，也不影响它之前的流线，该怎么走还是怎么走，想进来的话也可以进来玩 (图 5-46、图 5-47)。我想建一个类似于游客中心的地方，里边线性流线，确定了功能之后，我先通过几个论点，类似于这种围合的小隔断的集合。这是大片给单人住宿用的空间，一些片墙的集合形成了比较丰富的空间。有些是用作纯粹的浏览、观览，小空间是用作稍微私密一些的地方，可能会把空间隔开一些，或者用做一些更加针对个人的展览。差不多就是这些语言。

我先通过这些语言的组合形成几个基本的语言模式，再通过它进行组合。比如说我在地段上，我通过感觉做出一个模型，如果再落到其他地段上，可能又会不一样的。

王昀：有可能是政府请的一个设计师，为了省钱，设计一些同样的单元。这种事情以前也遇到过，比如说做个文化馆，甲方的设计条件就是需要你做出几个功能块，然后根据不同的环境来组合，你这些功能又全在，其实灵活性或可组合性就变成评价你这个方案一个挺重要的点，在这个意义上可能会比较有意思。

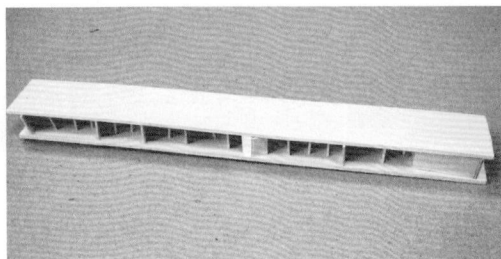

图 5-40　　　　　　　　图 5-41　　　　　　　　图 5-45

图 5-42

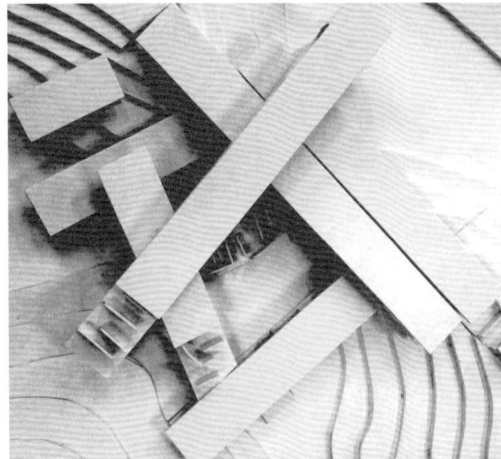

图 5-46

图 5-43

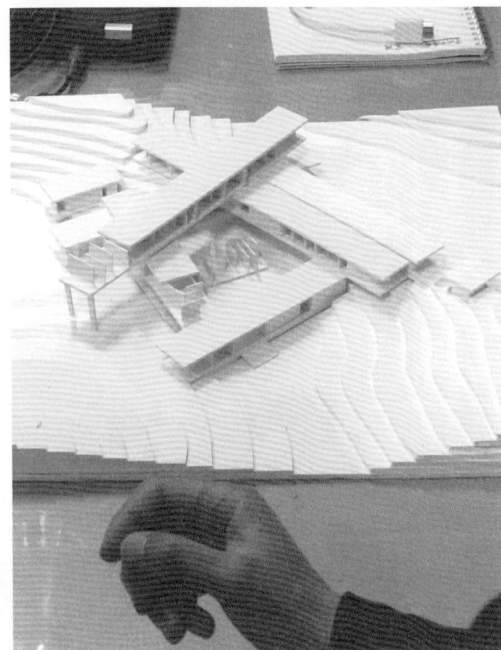

图 5-44　　　　　　　　图 5-47

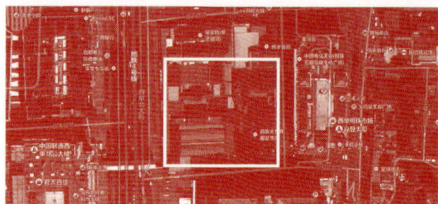

图 5-48

图 5-49

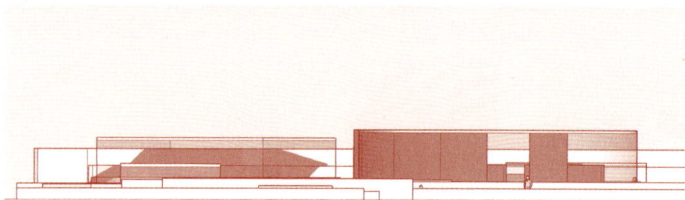

图 5-50

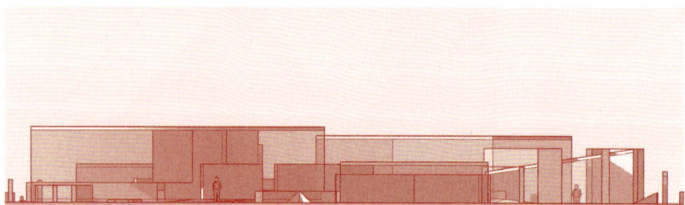

图 5-51

图 5-52

陈梓瑜：我选的地段根据我个人的经历，我从小到大都是在北京的西边长大的，大部分都是在丰台区、海淀区。所以我感觉要想看展览之类的时候都得跑到东边。所以我是希望可以在西边找一个交通便利的地块，做一个文化广场、艺术广场这样的设施。我第一个想到的是西单，它给我的印象就是中间是繁华的立面，但是背后是市井家常的小商铺。我就选了图上这块环境（图5-48），西边是大悦城，如果坐地铁从西口出来，会经过一些比较杂乱的地方。然后选取了一个一般我们进不去的一块地，中间的这个方形，大概是100米见方。

西单有一个比较繁华的立面，后面是居民区，为了可以比较直观地体现空间的特点，我把它做成了一个竖向线条结构的体块（图5-49）。其他两片墙之间夹出来的空间也会给人不一样的感觉。我希望其中的空间可以达到的一个效果，可以隐隐约约地看见一些人。但是在这个建筑或者说场地里面，又可以感觉到有私密性，这样不管驻留还是使用都比较方便。中间模型里面选的主要的立面，是属于公共区的西侧（图5-50）和东侧（图5-51）立面。这样有几个主要的体块是它们的功能部分，有比较大的体量，类似于展览和博物馆的空间。是演示、宣讲的空间（图5-52）。离博物馆比较近的是比较安静的图书馆，有一个楔形的区域，是一个小教堂。空间上从公共到私密，再到公共形成一个串联的流线。

王昀：你现方案中的这些墙还有另外一种可能性，是作为屋顶上的梁，底下全是大空间。这样的梁上有宽有窄有密度，可以有光射入，并且形成韵律感，而这种状态或许可以成为空间的另外一种想象。

李金赫：先说一下地段，我选择的地段是清华大学旁边，地理位置就是清华大学的西门，大概是图上的位置，圆明园和清华大学中间的地方。分析一下车流和交通，红色的是车流，蓝色的是人流，两边都是居民区。图上是一条很旧的胡同，还有几条街的现状。图上的是2004年到现在胡同在地图上的变化。我要在图上位置建一个活动中心。图上的点都是从地图上找出来的比较值得关注的地方，可以看到保留的一条胡同（图5-53）。把图上的点连接起来作为控制线，划分出分割方向。图5-54是找出来的控制线，可以看到保留的那一棵树是比较值得关注的地方（图5-55）。然后开始找出形态，空间特别大，所以我选的地段大概区域是在最南边这块地方（图5-56、图5-57）。可以看到控制线的方向，有树的地方，是内接找出来的一个圆形，从圆形中和树的那边开始，经过一系列操作，成了现在的样子（图5-58、图5-59）。

杜光瑜：我选的地段是在北京大学西门的畅春园休闲广场（图5-60），我原来在这边住过。这里有两个比较重要的特点，一是它是三山五园绿化道路的起点处，面积很大，是为步行或骑车设计的一个绿化带。二是这里是很大的一片区域，周边是一块很明显、很少有的空地，它周围是大学的教育机构或大学家属区，或者是科研机构，而西北角比较缺艺术活动区。

具体来看这个场地的周围，东边一条路与北大相接，两边是家属区，北边这路是畅春园路，路南边界面没有任何对外的活动区，北边是一些社区服务中心。总体上这条路比较清冷，没有什么活动。从这条路走过去，有一种从北大、清华这种比较优雅的学府到了一个比较破败地方的感觉，西边有一条河，比较破，常有一些三轮车小商贩。这里不是一般的公园，只是一块空地。我在这里挑了一块地，想做成社区艺术中心。周边高校的知识分子需要的不仅是散步遛弯，还有精神动力。图上中间是一个广场，入口放在一侧。场地是一个特别大的草坪，但是这个草地比较乱，也不让人进去，是一块闲置的地方。我想在里面设置一些活动，既能使草地得以利用，又能联系居民和学生群体，让高校师生打破围墙，出来放松。场地上有很多树（图 5-61），但是自然裹在人工环境中，我们不一定感受得到。如果在人工环境中透过一个框架看自然的话，它就可能是一个虚实结合的过渡空间。西边的广场有一个引导作用，有很多随意进入的入口。中间一块有一个展览的空间（图 5-62、图 5-63）。

侯兰清：我要做的是类似聚落的一个场所，选择的地段位于清华美术学院和艺术博物馆中间的那块地（图 5-64、图 5-65）。之前看到竞标方案，美术学院和艺术博物馆应该是一起设计的，但是可能采取了不同设计师的方案，中间没能好好规划，现在感觉比较乱。我希望加入一个能够连接博物馆和美院之间的场所，同时也能服务旁边的建筑馆。在分析的时候可以看到，这里主要采用的是 8.1 米 ×8.1 米的空间网格，是现代便于展览的空间格局。然后我把这个网格引出来，并通过它做自由变形（图 5-66、图 5-67）。因为这里现在是一个停车场，我做时也需要满足现在的停车需求，所以底层也有部分架空，可以停一些车辆。

底层如果架空，内部空间可以根据需要来安排，基本上每个部分都可以围合，可以形成一个过道，同时也是可以使用的空间。北边靠近博物馆有一个管理和后勤的区域。在南部靠近校园外部有一些开放空间，也有一些小型的会议室、报告厅。二层作为艺术家聚落，希望吸取一些聚落中的空间关系，可能用一些透明的，或是一些透空的元素，在屋顶上形成比较有意思的平台，做一些创造室和宿舍。因为建筑层高是 8 米，可能有些地方也会做两层，在剖面上也会有比较丰富的变化，还加入了些电梯。

高钧怡：我想做一个活动中心，这个概念一开始源于在台北看到的一个场景，我比较喜欢。这场景就是当地香火非常旺的一个庙，它并没有非常

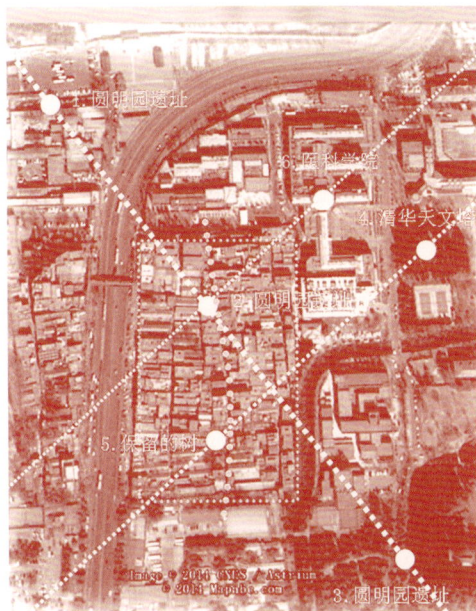

图 5-53

图 5-54

图 5-55

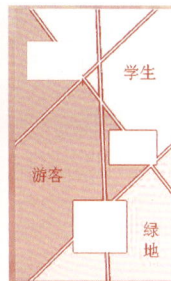

图 5-56

图 5-57

图 5-58

图 5-59

图 5-60

图 5-61

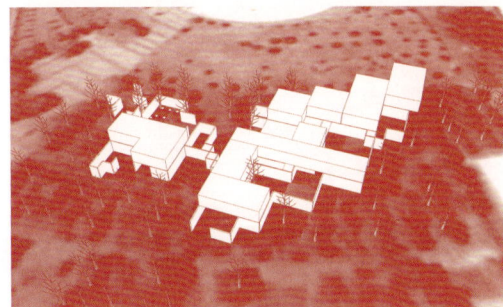

图 5-62

图 5-63

图 5-64

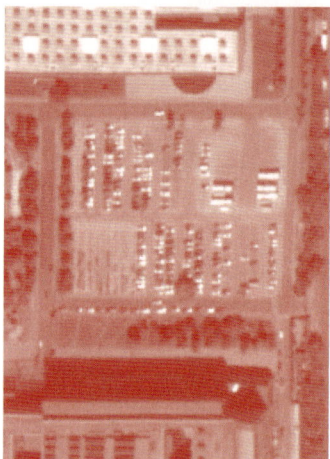
图 5-65

图 5-66

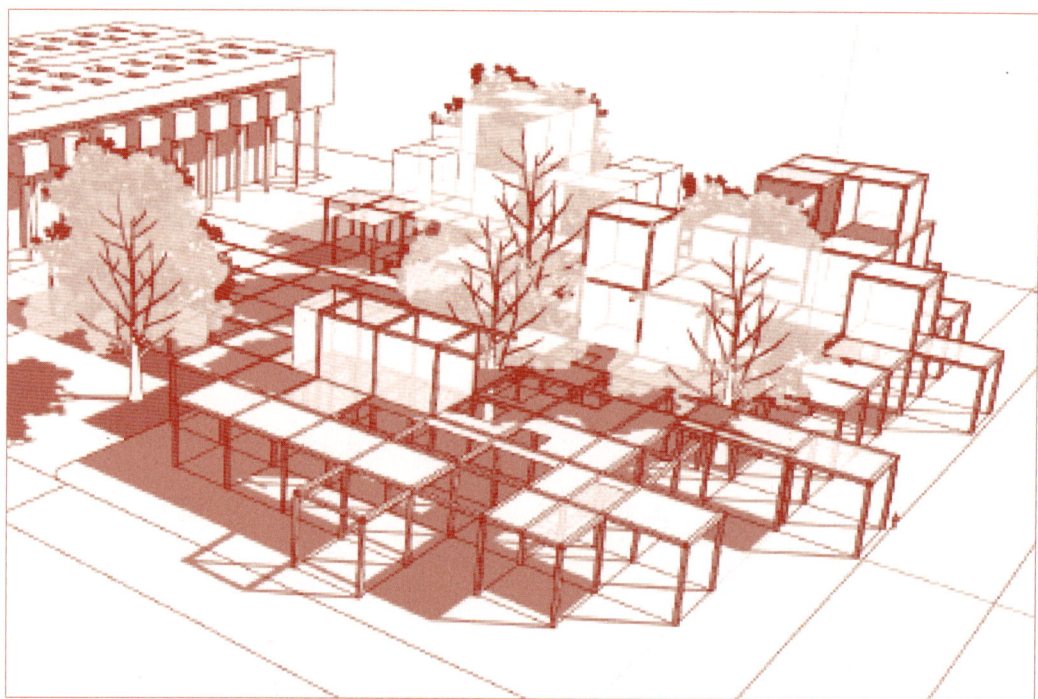
图 5-67

神圣的感觉，而是在门口有非常多的小吃摊。小吃摊是那种简易的房屋搭起来的，年代非常久了，和旁边的树丛都长到了一起。当地居民还有很多附近的居民都在这里吃东西。

这里也是台北最早的发源地，是一个比较老的街区，有非常浓厚的生活感，平常能看到老人带着孩子，旁边有树，孩子们在边上跑来跑去，整体比较和谐。小吃摊并不是一个围合的建筑，相当于只有一个顶棚，底下是空的，在中间制作食物，可以向两边卖，外面沿街的人面向小吃坐在那个广场上，两边是一个通透的空间。

我又想到西安也有非常浓厚的小吃氛围，但是西安小吃现在有一很大的问题就是都集中在城墙下的一个小范围内。现在饮食业的发展主要集中在大商场内部，沿街形式很少，整体并没有形成一个系统，没有形成一种城市文化。

实际上随着现在城市现代化的进程，一些传统的生活方式在不断消失，市民文化也受到了很大的冲击。另外还有很多市民文化也正在消失，比如说像一些特别老的、西安人很喜欢唱的秦腔，西安人会自己组织一些班子来唱，但是现在已经越来越没有这样的地方了。即使有，也都是在街边小广场临时组织的。还有一些浓厚的文化只是在当地类似于城中村中比较流行，而在城市生活很多年的人并没有这种习惯，但是城中村不断地被拆，那些居民有了新的安置房，由于场所受限，这种文化也越来越少，整个城市的氛围也就越来越淡。

比如像图上这处就是前几年刚建的一个街区，叫大唐不夜城。它在大雁塔的中轴线上，屋檐形式还是非常好的，但只是一种很恢弘的气势，并没有很多很生活化的东西。所以我就想营造一个场所，然后让整个地区的民生氛围更好，更有人情味一些。

目前也有一些历史复原建筑，非常新，但现在非常大的问题是市民需要一些文化生活，但是并没有一个对应的场所。所以我就想通过一种空间，让人流动起来，手段可能是提供一些市场，通过一些买卖交流带来一些空间商机。选址就在刚才看到的空间（图 5-68），地段是 100 米 ×100 米的一个范围。那片现在都是商业区，加上文化中心，像音乐厅、美术馆等，但是都是一种束之高阁的场所，缺少一些比较生活化的空间。

我的选址其实是唐代大明宫遗址，红点的这个位置。图上的右下角现在是一个荒废的停车场（图 5-69），左上角是植物园的一部分，植物园里面有一定的地形变化，有高差变化（图 5-70），现在也是一种接近荒废的状态。这种场所也可以激活植物园，让整片规划更好。设计时考虑附近有很多大屋顶，还有植物园的地形，所以希望它有种波浪起伏的感觉。西安整个是个方格网城市，感觉需要有一些流动感，需要一些灵活的空间来满足市民活动的需求。

这里有植物园，有广场，而连接植物园的地势，可进行一些整治，让它彻底高起来。这样就可以有一些围合，就有较大的空间，可以有唱戏的地方。有一条道通向植物园，可能有一些花坛设计，然后会有楼梯让人上去。因为植物园地形本来就有起伏，然后到这边也有一种起伏的感觉，大概就是图上的样子（图 5-71、图 5-72）。两边有高差，用柱子撑起来，台阶上到顶部（图 5-73）。这里我尝试做了一很灵活的桌椅。然后希望它是一个曲面，像国家大剧院那种感觉。它里面的空间可能大致是图上的样子（图 5-74）。实际上里面那些柱子的高度可会有一些区分，然后形成一些虚线，古典没有做区分时候的一种空间状况。空间里可能是来回迂回的，更像园林的空间。

王昀：这是特别机动的一个建筑，可以根据不同的需求，在柱子之间去圈定范围。然后建筑是不是应该有天窗，我不太知道，但可以考虑。可能有一些封闭的空间，跟天井和房间有一个围合，这样做还挺有中国的味道，有点像阴阳图。但是这些形的确立究竟有什么意义和价值？我认为是值得思考的，想法我认为还是挺不错的。

杨隽然：清华崇尚集体主义，对个人的一些隐私是比较忽视的，清华的整个规划，或者建筑风格也都能突显这一点，像学校两边非常直的南北主干道，一览无余，人在里边完全没有偶遇的机会，也没有一个偶遇的场地。我觉得我要建一个学生活动中心，来提供一个非常隐秘的可以跟别人偶遇的地方，有点营造博尔赫斯描述的那种迷宫式的感觉，小径交叉的时候所带来的人和人的偶遇感。

我选了一个位于清华大学校内的地段，在食堂边上，可以看到左边有条小河（图 5-75），右边是南北主干道（图 5-76）。图 5-77 是它的平面，面向主干道这一块儿是研究比较多的地方，空间比较大。再到河边比较静谧的地方，空间越分越碎。这是整体的一个疏密逻辑。我这里加了一个桥，可以过到对岸。功能的逻辑大概是：有个展览区，卫生间服务于这个空间；有一个小咖啡厅，也是面向学生的；另一侧就逐渐变成社团的活动空间。

从外形上看它很遵从清华秩序的外形，但内心其实是反叛的（图 5-78）。现在每个小格都 3 米 ×3 米的小空间，地段模型是 1∶200 的。还有一些分析和平面。相当于人可以从这三条主干道走，分别走到不同的小空间。

图 5-68

图 5-69

植物园

综合活动中心.

图 5-70

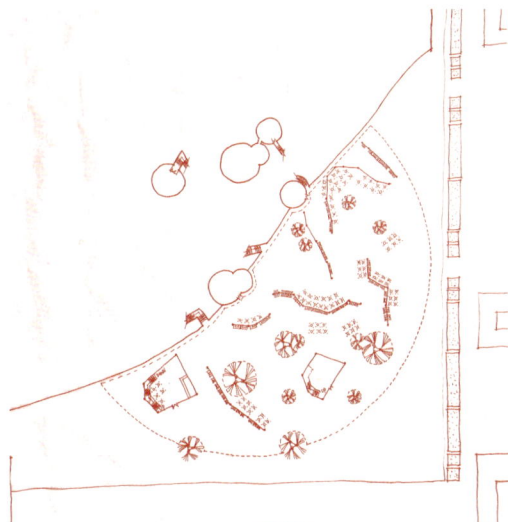
图 5-71

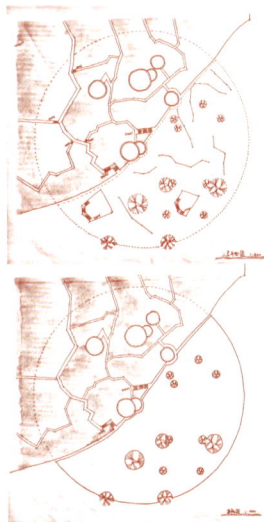
图 5-72

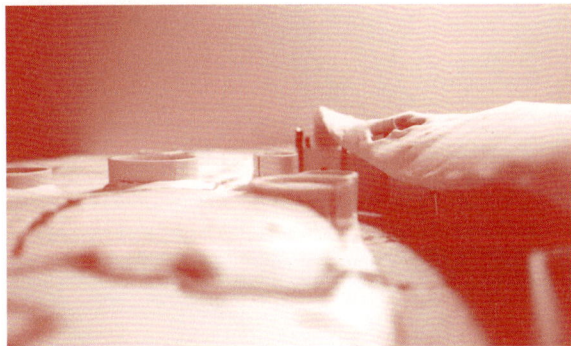
图 5-73

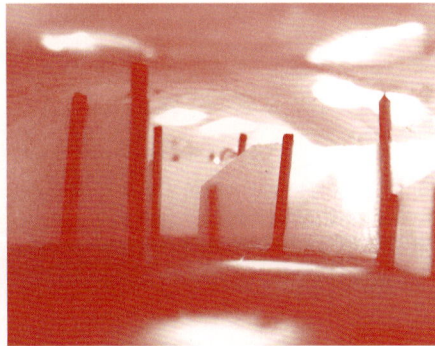
图 5-74

图 5-75

图 5-76

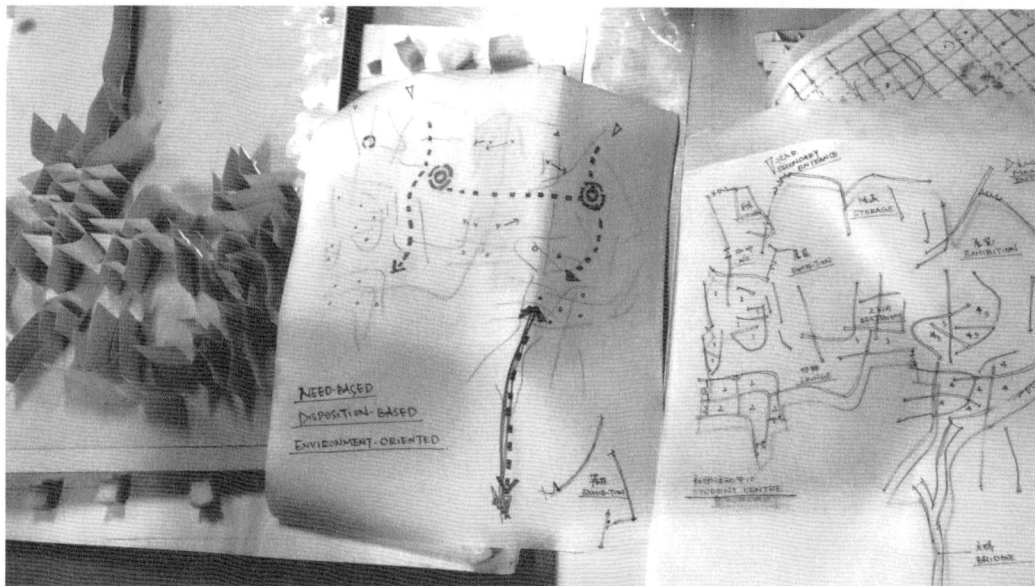

图 5-77

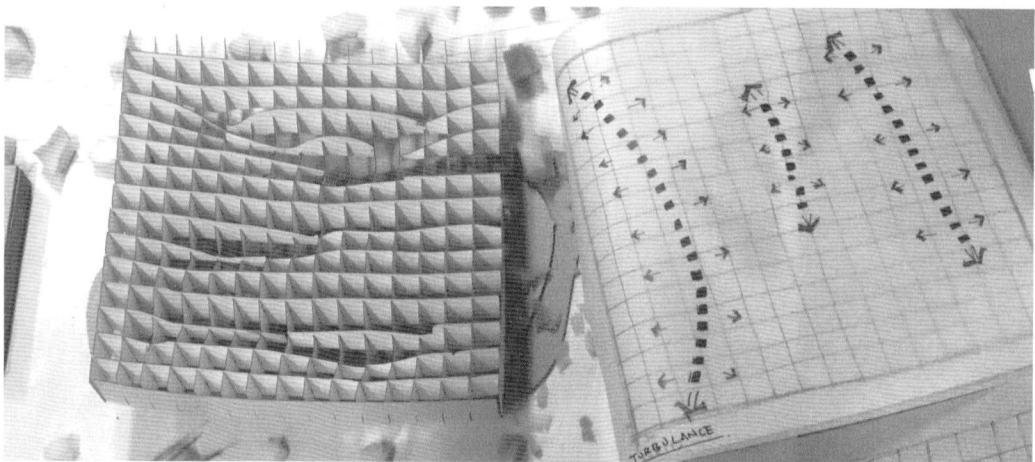

图 5-78

我想之后可以多拉几条线,这样每个小空间之间也有小的地面的采光口,人在空间里的感受是一个方体上面有光洒下来,每个房间的光影效果都不一样,正常视点看不到的地方会给人一种非常私密的感觉,但在地下,它其实是一个大的通体空间。

吴之恒:我做的是一个混合体,地点在澳大利亚霍巴特。它位于澳大利亚南面的一个岛上,是个海湾城市,有个入海口,这个混合体就在海湾边上。我拍的这座城市的照片,可以看到从山的两边向海里造房子,造得很密,全是住宅。这个是我的地段(图 5-79),就是一边是海,一边是山。整个地形有一个倾斜的过渡,图上的这块区域是做房子的地方。旁边有一个高中,还有很多住宅,可又看到一条主干道,旁边是山,是海,还有沙滩。这些就是这个地段的特点。

王昀:这是从书上拍的,不是你拍的吧?

吴之恒:我去过那边,但是照片找不到了,真的就是这么漂亮。这张照片是我在山上拍的(图 5-80),在 1000 米的高度拍的。海滩的质量其实不是太好,但是水很干净。旁边的高中,可以很明显地看出海滩到学校有一个坡度(图 5-81),在教学楼外面有个足球场,足球场旁边就是海。

图 5-79

图 5-80

图 5-81

我应对这个环境就是用 8 米 ×8 米的小体量,单元变化为组合,为什么用小体量?因为它周边的建筑都是小体量,如果做一个很奇怪的形状,会对整体海岸线的景色造成破坏。我想就是通过一些手段实现一个叙事,把它表达出来。

图上是一个大的鸟瞰(图 5-82),海边白色的是我做的房子,其他都是边上的房子,棕色的是学校。其实体量都挺小的。场景主要分三块,西边一块是艺术展廊,可以供学生使用,也可以供社区居民使用。中间这一块是高的一个小绿地,一个公共场所。这块其实应该有规划,我准备设计一些步道之类的,它是滨海观景的一个场所。东边几块是艺术家的住宅,里面有一些工作室(图 5-83)。

入口的地方,先是从一个小的柱廊进入,接着是入口(图 5-84)。西边进入之后就是它的走廊,进入后有两个路径,一个往左一个往右。内部空间通过一些墙体的表达形成虚实性,并可以看到它东西向的一个比较重要的轴线(图 5-85)。还有展廊内部形成的一个小庭院(图 5-86),然后是三个室内展廊。我现在用的材质是玻璃,可以每个单元里面的形式有些变化,就像以前课上讲的那些。进一步走进中轴线是一个收缩的场景(图 5-87),可以在这两面墙上涂鸦,或者展览。还能看到一个观海的阶梯(图

图 5-82

5-88），人可以坐在这边看海。这样看海的效果比较好，等于是有个镜框的效果，然后左右两边都有一堵墙，概念就是保持一种神秘性，左边是一个绿地，右边是海，中间有一条分隔，一眼看透的话有些没劲。

图上有几个艺术家的住宅，都是单体的分隔，然后中间有玻璃体连接（图5-89）。这是人从学校过来走在海滩上看到的效果（图 5-90）。其实跟后面的背景还是比较契合的，不会特别突兀。就是这样。我现在想的还比较简单，有一些细节都没做。现在的体块，有一些拉长了，还有一些把顶掀掉了，然后中间有些变化，还有一些高度上的变化还没有仔细地考虑。

王昀：如果是把那个小方块拉长，最好是成倍数或者有什么关系。

吴之恒：对，都有倍数的，我觉得在叙事性上还要加强，还有就是一些交接的地方。

王昀：块和块之间距离的确立还需要仔细计算。因为虽然周围环境比较随意，但是你做的房子如果随意的话，尽管看上去会有随意性，但是其实应该有一个逻辑性在里面。另外，我觉得如果把周边环境再紧密地结合起来可能会更好。

吴之恒：这些树其实还没仔细考虑。

王昀：把树加进去后，这个环境就会完全不一样。

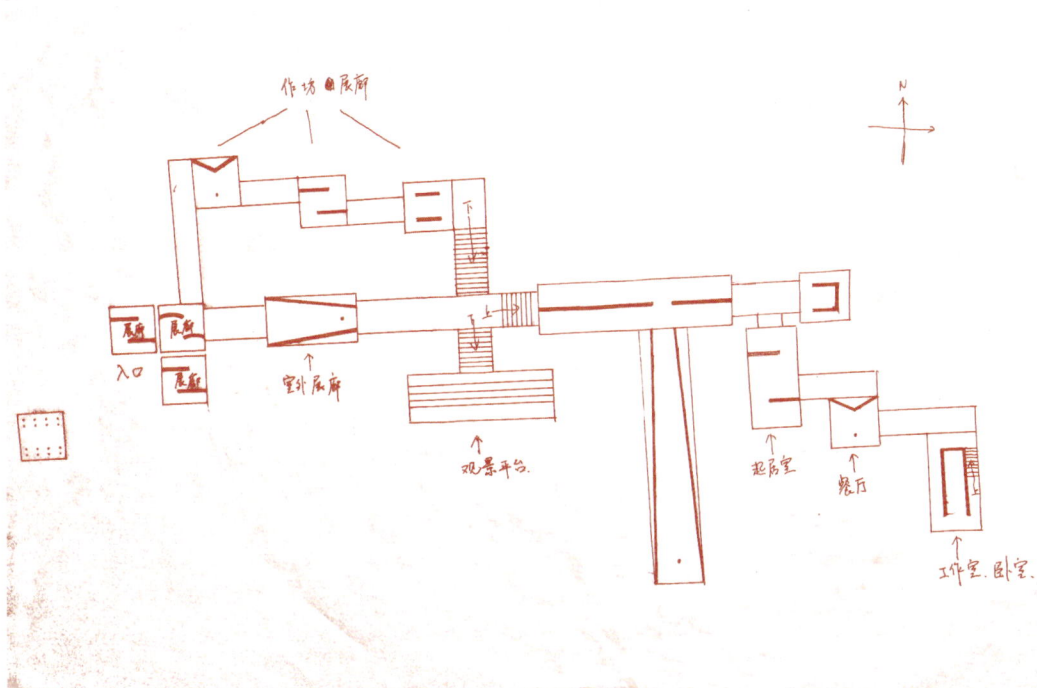

图 5-83

图 5-84

图 5-85

图 5-86

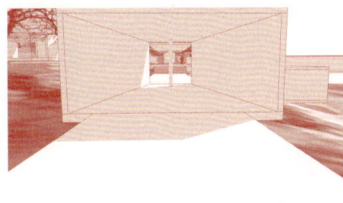

图 5-87

图 5-88

图 5-89

图 5-90

06

第六课

2015年3月23日星期一

王昀：我们还以可接着探讨两节课。在这个过程中还要接着看大家一些具体的设计。重点有两个，一个是流线组织，另一个是关于光的处理。

上节课有些同学已经做了一些光，我觉得这个举动的确现在开始应该有所意识。你们要关注窗户的开法，关注天窗的开法、侧窗的开法，然后将光的话题在下个阶段引进来。目前我们有关空间形态的训练阶段已基本上告一段落。下一阶段有两个内容，一是流线组织，在这个环节中楼梯是一个非常重要的道具，要留意楼梯在空间里的位置、造型，以及其在空间当中应具有怎样的性格特征和表情。二是光的塑造，关注光的来源，空间中人对光的感受。

杨隽然：这次我改了一个主题，我想做生物的主题。我找了几个各种尺度的图，从最小的到最大的（图 6-1）。我发现它比较有意思的一点是不论大小如何，在形态上还是有类似的。我把它们拼了起来（图 6-2），然后截成三段，其实就看不出到底哪边是神经元的元素，哪边是数的元素（图 6-3），这是让我觉得比较有意思的地方，这是第一点（图 6-4）。

第二点的话，其实我做的时候，就会觉得可能限制比较多吧，一直都是找到一个平面形象，然后把平面形象砌成墙。我去找了我的生物系同学，然后去了他的实验室，他当时在做一个我也不知道是什么的实验，在那烧盖玻片。我发现他的形态特别好看，然后我也烧了烧，这是他和我一起烧的过程（图 6-5），包括用整个外焰先把盖玻片加热一遍，使它开裂，包括一些操作手法，然后我们还试了用淬火插到冰块里会形成什么样的裂纹。我看到生成的形态时，第一个感觉它是物体，第二个感觉它内部是有空间的，因为我同学是拿着 3 片盖玻片一起烧的，片与片之间都会有气泡。

这是组合出来的样子（图 6-6），组合是一个很有意思的过程，我试过好几个组合方式。我最开始看盖玻片时觉得是很小的（图 6-7），是一个物体。但是我同学有一个微距镜头，用微距镜头去看它的话，觉得它很大，很不一样，能获得不同感受。

王昀：你跟你同学的交流很有意思，如果他给你讲讲生物实验室做的东西，应该会有更大的别的启发吧。我觉得神经元跟树的关系，是不是大自然的另外一个场景呢？

杜光瑜：其实我做的有点相似，我也去研究了一下生物方面。我想找 DNA 跟分形有没有什么关系，因为分形在各个学科都已经应用很多了，但在生物学科还没有太多应用。我在找 DNA 的同时还在想，我想做生物的树

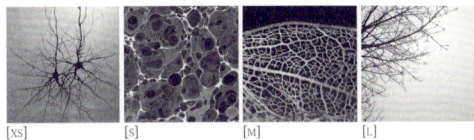

[XS]　　[S]　　[M]　　[L]

图 6-1

图 6-2

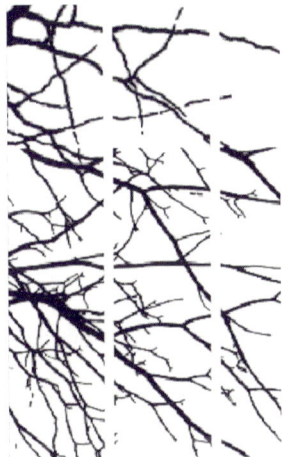

图 6-3

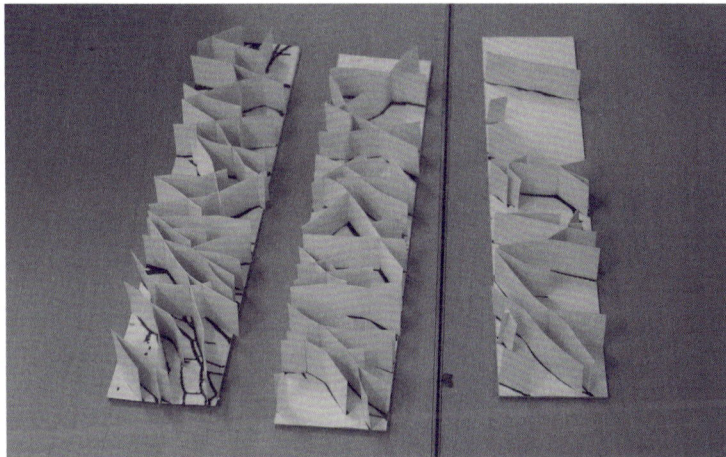

图 6-4

[实验过程]

图 6-5

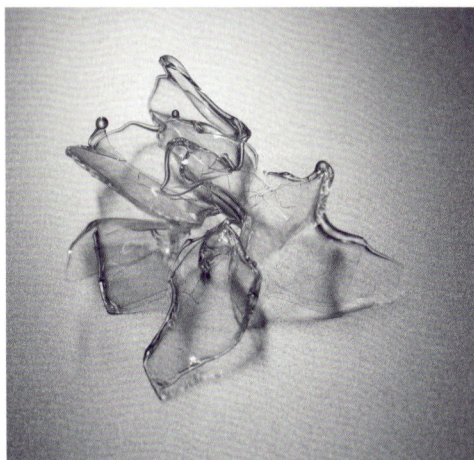

图 6-6

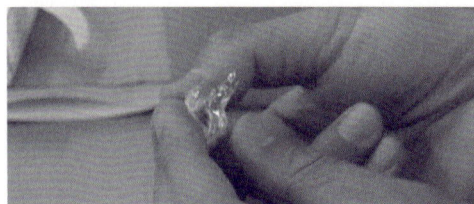

图 6-7

的形态，不是数学的那种。结果我找到一个图，然后就找到了浦肯野神经细胞（图 6-8），它是人体中唯一的一个能自主去传递神经冲动的细胞。它有一个特点，它的动作电位是分级传输的。我读到一篇讨论 DNA 与分形之间关系的文献，用的例子就是这个神经细胞。我们在初中时都学过沃森克里克的"中心法则"，即 DNA 可以自己复制，把它的信息转录到 RNA 上，然后 RNA 可以自我复制，也可以转译成蛋白质。但是它是不可逆的。经由这个中心法则，很多人就想，DNA 怎么指导生物去制造一个细胞呢？然后就发现有很多 DNA 都是垃圾 DNA，只有 1.3% 的基因会指导制造一个细胞。

其实它听起来就不是特别美，没有规则。后来有一些学说认为这个 DNA 的中心法则并不是不可逆的，其实它是一个可以循环的过程（图 6-9），就是 DNA 到 RNA 到蛋白质然后再去指导 DNA，这跟数学上的广义的递归思想是一样的。你并不是把所有的东西写出来，而是你写出来一个东西，这个东西再去控制下一级（图 6-10）。

王昀：有点像赋格吗？

杜光瑜：我觉得倒推到数的话，它们都有一点像。这些学说认为其余的 DNA 并不是垃圾，是一种控制的 DNA，它控制这个有信息的 DNA，然后再去一层一层继续生成。所以你会发现自然界的树为什么长得跟一开始的那个神经元那么相似，就是因为基因分级。对，我先做了一个神经元的（图 6-11），然后把那个音乐片断也做了一个（图 6-12、图 6-13）。

王昀：那个音乐片断你是怎么做的？

杜光瑜：就是按照之前节奏的法则做的，又是分了不同级，每一级的意思都是把原来初始形态的一根线条变成整个的形态。这是第三级，把它放大可以看一下，这块儿有些节点，这是换了一个，原型是这个，然后不停地分级，最后我从中取出一个。其实它很多都是自相似的。

之前音乐的那个模型不是有节奏吗，我想试一下空间上的关系，也就是高度上的，还是回到那个音高。我之前一开始做卡农的时候，是按照频率的比例来确定高度。但其实这是不对的，因为人们对 220 赫兹和 440 赫兹差别上的感受，其实 440 赫兹和 880 赫兹的是不一样的。它应该是个对数关系，实际上它应该是半音，就是频率之差并不重要。反正它们就有这么一个算法吧，其实也就相当于黑白键，每个都是隔了一格的意思，然后以中音的 C 为零，然后是它的各个数值，原来那个平面形态每一个都有高度，分上面和下面。可以看到它的正立面，它的左面，然后还有一个立体

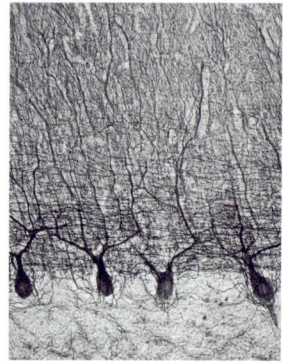

图 6-8

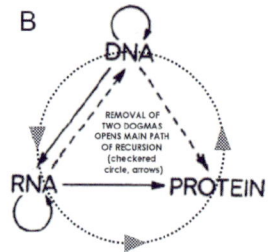

图 6-9

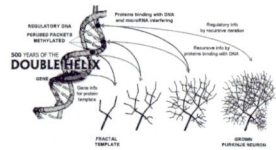

图 6-10

图 6-11

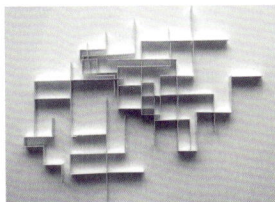

图 6-12

的。但是跟我原来模型的结合起还没有完全做好。这次的是神经元。

王昀：这个好像很有意思，像一种可以不断生长的房子，像细菌那样不断扩展。

杜光瑜：一开始想做树就是因为我选的地段有好多树。

王昀：这样它就可以长到环境里了，然后你不断复制，不同块可能就不断地接上了。

徐逸：这张图是艺术体操（图6-14），我先给大家看一个艺术体操的视频，

图 6-13

就几十秒。（大家看视频）我之所以想到艺术体操，首先艺术体操的场地是一个 13 米 ×13 米的正方形场地，每次选手表演的时候，大概是 3 到 4 分钟一支曲子，随着曲子起舞的过程中，运动员在方块里面进行的这种时间和空间上的移动，实际上是对场地空间的一种定义方式。当我们观众的眼睛看着运动员移动的时候，其实跟我们在一个空间中视线顺着墙体的游移是有一定对应关系的。所以我觉得它可能跟建筑空间有一定的关系，刚才放的那段视频是 2013 年的一个艺术体操决赛，我把其中 4 个分数比较高的人的表演路线复刻下来，做成了模型（图 6-15、图 6-16），这是第一个想法。

第二个想法是菌落。我选了个枯草芽孢杆菌菌落，因为这种杆菌更容易形成墙体，直线墙体那种线性空间。我又选了一个形态，是在显微镜里的一个镜头（图 6-17）。除了人为地在培养基里设定条件以外，它的生长过程基本上遵循一定自然界的生物规律，所以我觉得它还是有一定意义的，菌落这个我也做了一个模型（图 6-18）。

第三个想法是元胞自动机，这是一个生命游戏。先设定几个点以后，它会根据一个计算法的法则，即：每个方格网根据它周边 8 个方格中的黑白方格个数来决定自己下一秒的死活（黑白），然后这样不停地延伸下去（图 6-19）。我下载了一个软件，能够模拟这个过程。又比方说：元胞自动机是这样的，它会有几种算法，可以进行各种计算，然后让它迭代，这个代数就不停地增加，然后这样一直下去。这个是一些规则（图 6-20）。

网站就是刚才游戏玩家的交流网站，除了一些介绍各种成果之外，它有一个好处，每个月都会有全世界的玩家将实验过程中发现一些漂亮的图案或有意思的东西上传。我直接翻这些计算出来的比较好的形态，就可以形成好多单体，产生各种形式，然后我学那算法，做成了现在的样子。做这个的时候，我没有关注它的单体，直接关注的是它的整体形态。

我直接挪用它的形态，这个线就可以是一个墙体（图 6-21、图 6-22）。元胞自动机几千代的繁殖生衍其实跟聚落的形成也是一样的。

图 6-14

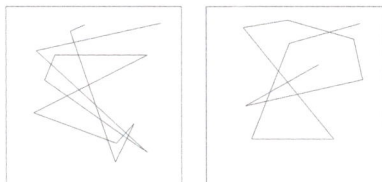

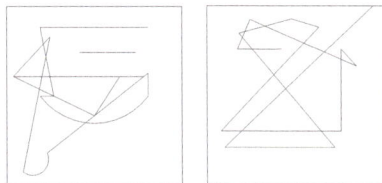

图 6-15

图 6-16

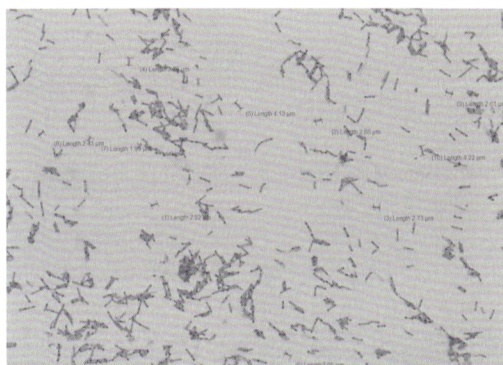

图 6-17

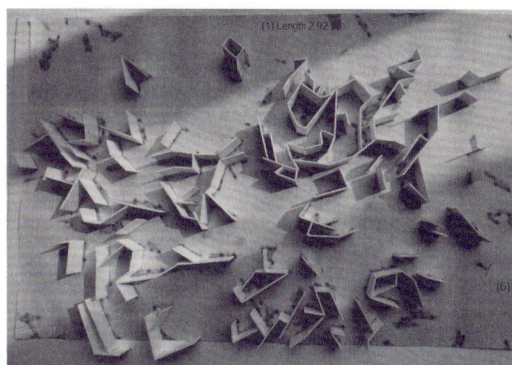

图 6-18

图 6-19

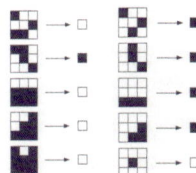

图 6-20

图 6-21

图 6-22

侯兰清：我选的第一个是水墨画的形式，按之前做的那样把马赛克处理一下，这样可以大体上保持它的颜色浓度及大概的位置关系。图上是水墨动画《小蝌蚪找妈妈》里的片段，感觉有些空间还是不错的（图 6-23 ～图 6-25）。然后我就从水墨画里又找到了八大山人的一幅画《荷石栖禽图》（图 6-26 ～图 6-28），经过处理之后搭出来的模型大概是图上的样子。然后就有类似腐蚀的这种空间效果，如果把它们摞起来的话，感觉这种空间也是比较有意思的。还有一个动画片叫《山水情》，讲的大致是一个会弹古琴的老先生病了，一个渔家少年救了他，老先生就教少年学古琴。这个先生最后看到大雁离开了幼雁，就意识到他们也应该分离，然后让少年自己成长。虽然一句话都没有，类似默片那种，但是每一幅画都制作得特别用心。这个水墨动画片的制作是通过叠加和合成形成动画效果的。我想结合《山水情》这个古琴谱的乐谱符号（图 6-29）以弹琴老人和渔家少年这两条线（图 6-30）还原这个故事。

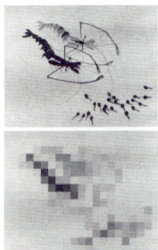
图 6-23

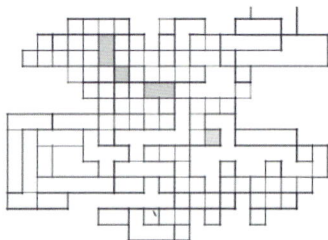
图 6-24

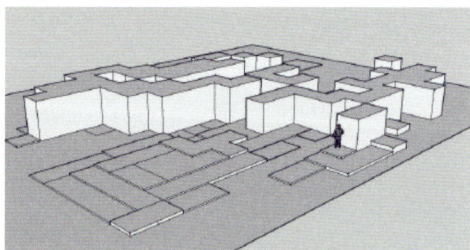
图 6-25

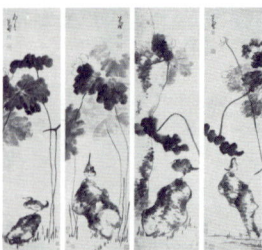
图 6-26

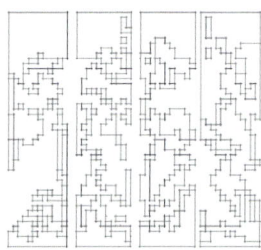
图 6-27

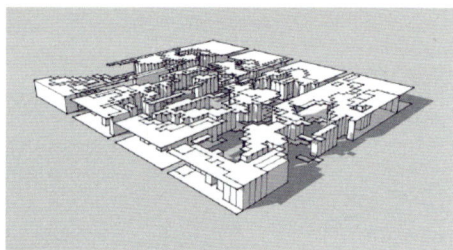
图 6-28

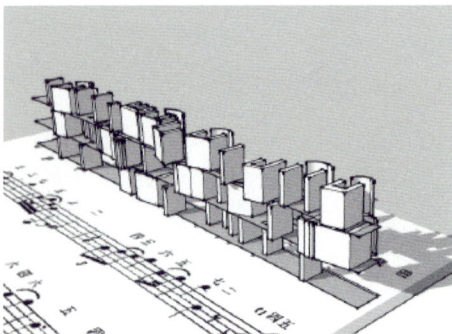
图 6-29

图 6-30

图 6-31

图 6-32

图 6-33

图 6-34

高钧怡：我试着找了一个青铜器的纹饰。图上是一个凤鸟纹（图 6-31）。从青铜器上直接拓印出来的纹样本身不仅是一个图案，更重要的是存在一个阴刻阳刻产生的空间效果。如果把它主要的黑色部分当成一个面的话，可以在这个面上做一些单独刻下来这些线的处理。而比较暗的地方可以想象成是另外一个面，面上会有一些东西凸起，如果叠加的话，整体形成一个效果，图案本身形成这样的空间（图 6-32）。我打算把这一黑一白做成两个不一样的模型，然后可以让它们上下相扣，在上下相扣的过程中，它的垂直部分可以来回地调整，这样的话可能会在原有空间的基础上形成一些别的空间（图 6-33、图 6-34），我之后再去尝试一下。

高钧怡：这次做树的人非常多了，我也挺想做树的，我纠结了几个星期。树本身是一三维的结构，如果把它各种方向整个展开，感觉就太过具象了。但是人眼在收集信息的时候，其实已经把它变成了一个二维的信息，如同一张图片。我在想，也许通过一个简单的拍照手段，就可以作为转化的第一步，把一个三维的树先变成二维的树，再做下一步的处理。 拍照时就有一个角度问题，我在学校里到处拍了拍，比如说在树下、树旁、矮树的枝杈分界点，或者在几棵树中间的一些位置。我试了几个，然后在里面就发现它可以给人一种相对的美，就像神经元一样展开的感觉，但实际上因为线条太多叠在一起会很乱。虽然可能一根枝干的展开有自己的逻辑，但是由于三维转化到二维的平面上，不同枝条的节点 W 像这种比较细的节点 W 就会堆积在一起，没有办法区分是不是在这个枝上长出来的。所以想把它先拍成平面之后，在处理的时候，把两种不同的焦点区分一下。我的图也是没有做完，做了第一枝（图 6-35、图 6-36），这样处理的话，像树的分界点，因为它本身就是树的一个结构，所以就强化了。两根枝的地方断开，这两个在空间上是不相交的，只是因为拍照时选取的角度才相交，尊重这样的视觉的效果，让它直接相交，但是不强调这个交点，就形成现在的空间。但是整体效果不是特别能看出来，我只好把它稍微再多做一点来看一下，就是这些。

图 6-35

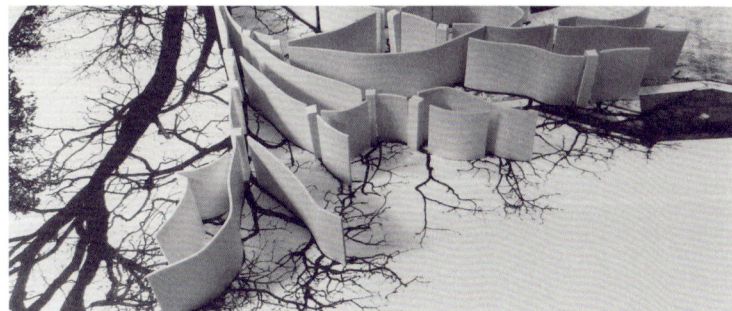

图 6-36

叶雪粲: 我这次做的是舞蹈主题,舞蹈的呈现方法有两种,一种是静态的,一种是动态的。它们反映到物质上,一个就是我们常见的舞蹈摄影,还有一个就是舞谱。动态的舞蹈更注重空间要素、时间要素和力量要素。有一位舞蹈家写了一本拉普记谱法,是特别宏大的一个系统,我还没完全看完,想等下一步再做这个。我这次先关注的是舞蹈的静态方面,它更重视肢体的穿插、延展和力量感。我选的摄影是这一张 (图 6-37),图中两个人的肢体穿插关系比较有意思,可能会形成比较好的空间效果。

图 6-37

我看了立体主义画派的一些处理方法,想把我选的图像更抽象化一些。我还选了杜斯伯格的手稿,他画出了他从非洲一些原始舞蹈中提取出的元素并形成这种比较有秩序的图案的过程 (图 6-38)。

我照着他的画描画了一下,感受了一下,发现其中非常重要的就是肢体控制线 (图 6-39),这种肢体控制线控制了整个肢体的走势和比例,是一个舞蹈动作优美的前提。首先我把几幅照片进行了复写,然后画出了它的一些肢体控制线,并照着杜斯伯格的方法进一步地化简。但是做到后面我觉得,对于舞蹈来说,它的肢体关系比肢体本身的形状更加重要,因为前者更具有舞蹈空间要素的感觉,所以我抛开肢体本身的形状,更注重几个肢体之间的联系,又来做了几种规则的尝试。

这四种是不同的规则 (图 6-40),但感觉效果也不是特别好。然后我又看了其他立体主义大师的一些作品 (图 6-41),他们采用了通过控制线介入整个构图的手法,使得整个画面更加饱满有秩序,也更加剥离那种真实的物象。而这一点和舞蹈中肢体的延伸(他们做动作的时候,比如说手指向一个方向,但他在空间上是无限延展的)也是可以进行对应的,所以我就试了几种控制线的效果。我最后确定了现在这种,它的转化规则是下面这样的。

首先我划分了几条形体控制线。它们分别是人的脊椎,还有重要的躯干转折和肩膀的方向,由此确定了最重要的形体控制线 (图 6-42)。下一步,因为整个舞蹈中下肢是支持整个人的一个重要部位,线条的走势是根据图形确定的,而在长度方面规定它必须和控制线接触,至少跟它最近的那条控制线接触,使它的构图饱满。接着是四肢的上半身和舞者的头,也是需要头尾接触控制线。最后就是躯干作为一种四肢延伸的结果出现,在构图中补充尽可能少的线条使之呈现躯干的形态 (图 6-43)。所以说我最后跟这个控制线相比只加了一根线,就能使他整个姿态呈现出来。最后再对线进行分级,给出不同高度。最后形成了这个模型 (图 6-44)。

图 6-38

图 6-39 图 6-40

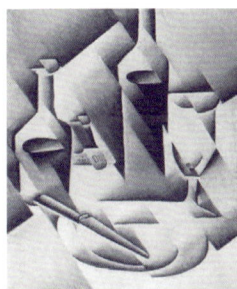

图 6-41

图 6-42

图 6-43

图 6-44

谢志乐: 我这几天一直在看很多类似家具的东西，发现其实那些工业产品里面本来就有一些非常漂亮的形象。我选了一个洗手池（图6-45），它反过来也挺像一个建筑。它反过来的样子，跟西泽立卫的丰岛美术馆挺像的（图6-46）。后来我一直在想，我们做东西一直是平面上的。这种平面上的东西怎么样才能使它在剖面上和平面上都实现美的效果？然后我就找了一张乐谱，随便一个乐谱的某个局部。我把它作为一个信息的出发点，在里面随便抽取了正方体展开图的形状部分（图6-47），然后把上面的音符都拉高，拉高的长度是正方形的边长（图6-48），然后再把它折起来，拼成一个正方体（图6-49）。折起来之后的样子，里面有很多交叉的部分，其实可以看到它本身在不同面上原有的韵律。也可以换不同的方向看，因为我并没有规定哪个方向是墙哪个是地面，它们一直都是在一个可以变化的情况下。这张图也是，可以看到三片墙体是原有音符的排列，然后另一侧又是另外一个面上音符的排列（图6-50、图6-51）。所以它在不同的高度和方向上，都有原来乐谱的那种节奏感。我换一个方向去看，也是这样。还有就是，我截取的这个展开图的大小，其边长跟音符长度的比例其实也会影响方体的尺度，我设置了三种不同的比例尺度，1: 3、1: 5 和 1:10（图6-52）。左面两个模型是用另外一个乐谱来做的，它的整个尺度可能都会变大，模型可能其中一个是个博物馆，而另一个可能是个办公大楼，然后最密集的这个可能就是非常大的一个集合住区。

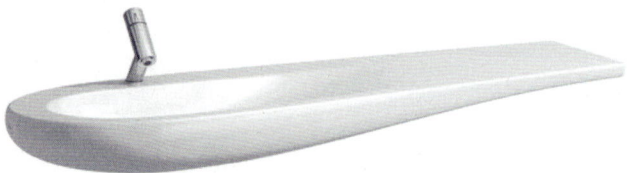

图 6-45

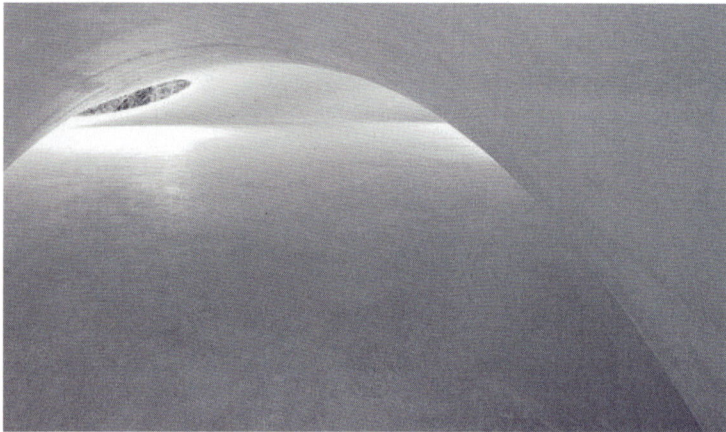

图 6-46

图 6-47

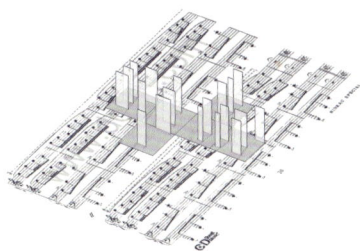

图 6-48

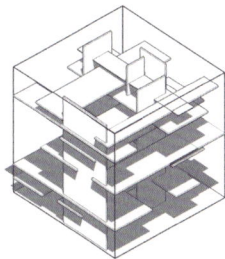

图 6-49

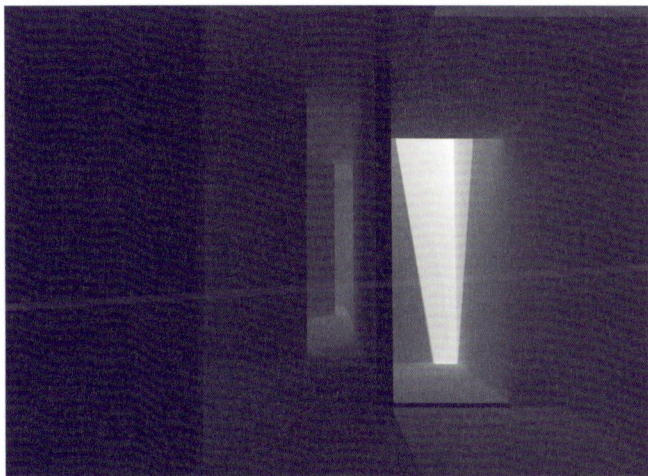

图 6-50

图 6-51

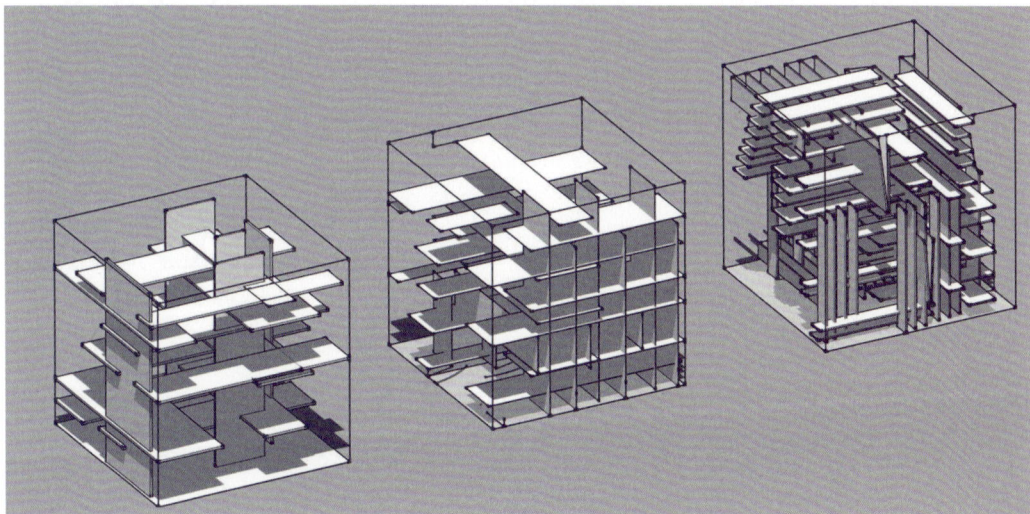

图 6-52

陈梓瑜：这次尝试的是文字，我挑的文字都是有节律的，我选了《庄子·逍遥游》经过转译之后的一部分，然后通过转移成 ascii 码，把它做了跟上次一样的几何化处理。处理后形成了比较复杂的样子，我从里面选了两个比较小的方块（图 6-53），然后对其中一个方块进行简化。下面的图是接着尝试往下做的，同样的一个图，但元素很复杂，我觉得作为建筑来说就像一个平面上的圆，它可能变成一个小展厅或者是一个小坡道，或者有一些楼梯，或者书架这样的东西。但是直线就会表达更直观一点，就把同样的一个图（图 6-54）进行了不一样的抽象，然后提取了不一样的关键点作为一个建筑的两层平面，大概就是图上的样子（图 6-55），得到类似于一个小住宅的空间，但是我没有封口，这样感觉方便看一些。这些线条是交接得比较充分的部分，就是类似于楼梯间或者是交错的空间的，大概是图上的样子（图 6-56、图 6-57）。作为一个住宅，它的入口大概在这个位置（指图上的一个位置），可以从那里去或上到屋顶上。它是一个非常简洁的房子，我觉得它可以通过这样类似的方法，用这样三个小住宅共享一个屋顶小庭院的这样的做法，来生成很大一片类似于住区的空间。

这是带高度的点阵（图 6-58），之前我们也提过 voronoi 这种用法，它是一般可以围出相互之间可以有均衡空间感的墙面的平面，正好有一个 sketch 的插件可以做类似于三维的处理（图 6-59）。它在两个点之间取的是中垂面，然后互相之间有交错，这样连起来，把两个点上下对应，就会形成平的一些空间（图 6-60）。

我在各种照片里面选择阴影的元素，通过一些墙的围合，希望重现这些阴影。我挑了一个比较简单的毕加索绘画，做了一个东西。但是我觉得我选错了，就是因为毕加索的画本身就具有自己的抽象感觉，已经就很直观了。所以它在阴影里面已经有非常多的平面图的方式，而这样一来，就算我是按照阴影做出来的，我拿一个手机的灯在旁边照着，大概也就是这种感觉吧（图 6-61），我希望它的阴影能够柔和一点，但可能还是跟原来的图形有些像吧。

图 6-53

图 6-54

图 6-55

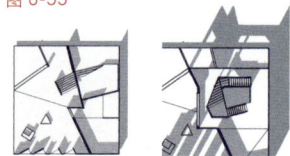

图 6-56

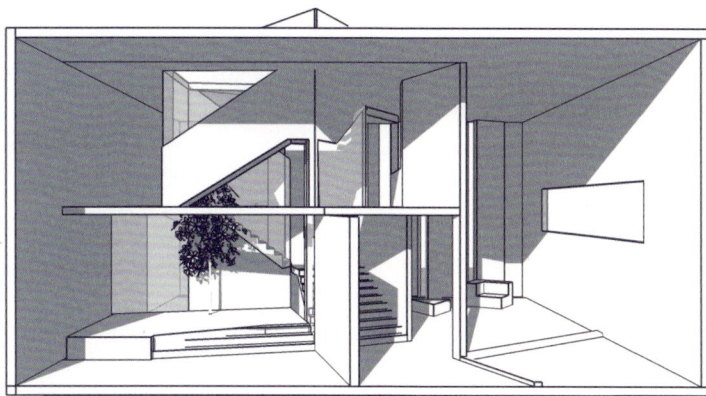

图 6-57

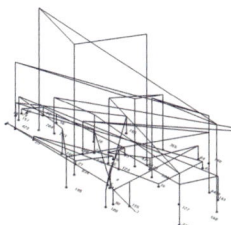

图 6-58

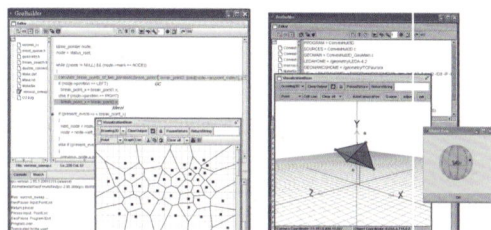

图 6-59

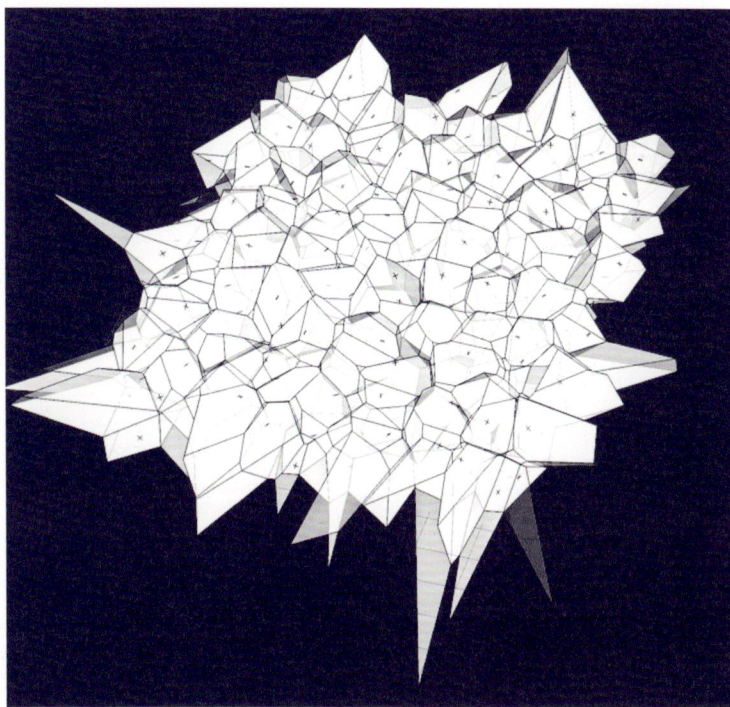

图 6-60

图 6-61

周桐：我在思维漫游的过程中偶然发现非洲人的身体装饰，其实这些装饰都是疤痕，就是故意去伤害身体，让它长出来这种疤痕。因为非洲人的肤色比较黑，弄不了纹身，所以他们就用这种方式进行装饰（图 6-62）。人身上可以有这些装饰，而动物身上本身就带有图案与纹理。老虎的毛皮有种山川地形的感觉，豹子的毛皮给人聚落的感觉，长颈鹿的毛皮有种 voronoi 图像的感觉（图 6-63）。这些是动物毛皮给我的感觉，就是图案加纹理，我就往纹理的方向想，然后找到黑胶唱片，它的纹路完全是由所记录的声音决定的，是工业与机械文化严密控制的结果，有声波物化存在的形式（图 6-64），但是它投射到空间上有些困难。然后我就继续研究纹理，发现了树的截面。今天发现很多人都做了树，当时也没有想到跟大家会撞上。

图 6-62

图 6-63

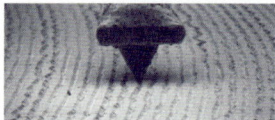
图 6-64

我选的是树的截面。树轮开裂的裂痕有近似正交的转折，也有很多浅细微妙的曲线。裂痕的走向是由多种因素综合决定的，而大体又符合树纤维的肌理与走向。仿佛由一个强烈的结构所控制，展现一种宏观逻辑控制下的细微绕动产生的偶然之美，这是我对它的理解。我找了很多树的截面，这些其实都是比较老的暴露在空气中开裂的树的截面。有一些树的截面则长成各种样子。还有比较年轻的，也没有暴露在空气中的截面。可以看到它的形态其实是很多样的（图 6-65），当然比较让我感兴趣的就是在这种纯干裂的状态下，它有一些粗的裂痕，本身就有点像是一种自然形成的狭窄空间，就是黑的部分（图 6-66、图 6-67）。同时它也可以是一种厚重的隔断，然后在裂痕之间形成一些浅色的部分，形成一些宽松的空间，然后是细的裂痕，又像是隔墙一样分隔空间的一种形式，截面能够让我联想到很多东西，然后就是一种移情的感觉也好，别的感觉也好，就想把它做出来。

我进行抽象的时候遵循几个原则，即保留它的向心性、一些微妙的曲线和粗的裂痕之间的空间，做出来的大概就是这样，有一些局部我自己觉得还蛮意外的（图 6-68）。

第二个是前一段时候看高迪的书，高迪设计的圣家族教堂的大门不知大家注意到没有，它其实是一个特别丰富的浮雕（图 6-69），元素特别多。我自己觉得深受打动，有点像地球之音唱片上那些原始的符号（图 6-70）。元素里总是有一些宗教的意味，我就想把它做出来，但做出来又感觉有点杂，元素太多（图 6-71～图 6-73）。我提取的元素可能有些不加选择，所以做出来的结构，我自己好像不是特别满意。其实我的逻辑特别简单，就是看到比较打动我的东西就把它记录下来。

图 6-65

图 6-66

图 6-68

图 6-67

图 6-69

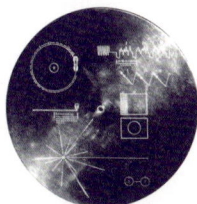

图 6-70

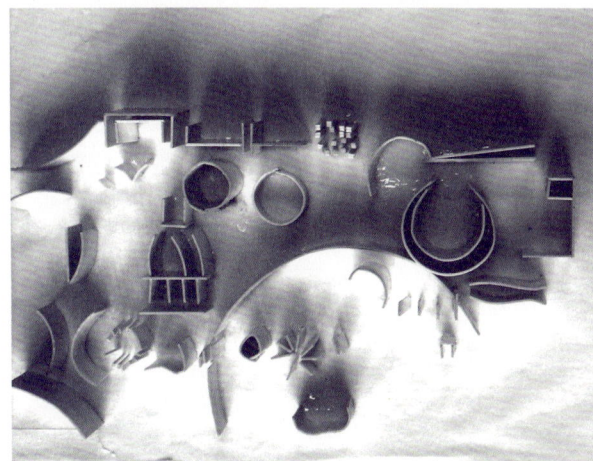

图 6-71

图 6-72

图 6-73

杜京良：第一个是天鹰座的平行投射星图，星图有很多点的元素，但是有一些单薄，我就找了一个微波背景的辐射，就是大爆炸残留下来的整个空间上的一个辐射，形成了现在的模型。

这是一个全天星图（图 6-74）。中间是赤道，上面是北半球，下面是南半球。这个图描述了各个方向测到的背景辐射的强度（图 6-75），是佐证宇宙起源是由爆炸产生的一个重要证据。然后我把全天星图进行匹配。因为两侧变形比较大，而且找的是变化幅度比较大的一个区，所以选了现在这块（图 6-76、图 6-77），对应到星座全天图它就是天鹰座的位置，然后我就在全天图上找天鹰座。图上比较大的星星是牛郎星、织女星，再到PS 里把它模拟，拟合到全天图上去，然后进行叠加，将点的元素和这个类似于水波的元素结合起来。由于它还是一个星座元素的出发点，所以那些星座的点之间还有一个联系。体现在这种小洞，比如星座之间都是打通的，相当于是一个虚线的延伸，所以就结合在一起。这个是根据辐射图做的一个模型（图 6-78）。

第二个就是篆刻的石头。我找了齐白石的一些篆刻作品。他之前做过一些手艺活，腕力比较大，一般大量地使用冲刀的手法，看着比较猛一点，而且他很少接受正规的科班教育，更多的是自己摸索。他的印章首先就不是很规矩，线条都比较果断，比较干脆。比如说他是使用冲刀，是有一个角度下去的，所以就会形成两个面，剖面上有个陡面，另一个是比较缓的面。然后想到一个空间重心的说法，就是说两面墙，当它同样高的时候，没有什么导向性，是匀质的，当它出现两面变化的时候，它是有一个指向性的。我就是想把它转一移到空间上，简单的一面墙比另一面高，就会造成一些不同的感觉（图 6-79 ～图 6-81）。这个印章上的几个字，可以看出是什么刀法。比如说这一块特别干脆，他的刀肯定是斜着下去的，我就用这种方式把硬的那一面变成有一个空间导向的墙体（图 6-82 ～图 6-84）。

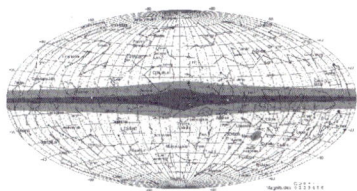

图 6-74

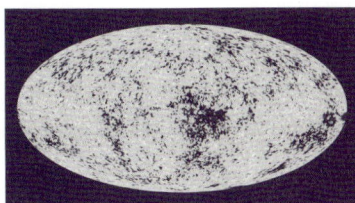

图 6-75

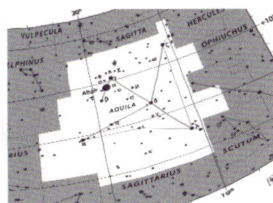

图 6-76

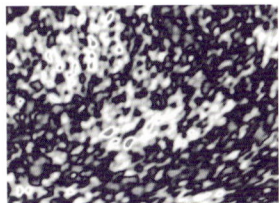

图 6-77

图 6-78

图 6-79

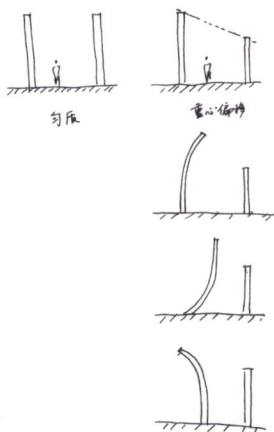

图 6-80

图 6-81

图 6-82

图 6-83

图 6-84

吴之恒：我做的是阴影。这是一个灯具，把它立在墙上，上面有光源，然后射出来，就有了影子（图6-85）。我现在做的事情就是把影子的明暗交界线标出来（图6-86、图6-87）。我觉得最有意思的地方是借助光来进行创作。比如说太阳光和人造光可能不一样，人造光可能是多方向的，但太阳光是一条线的，然后光可以变化，比如说高度变化、角度变化。我用是自然光下拍的一个照片，做了一个模型（图6-88～图6-90）。我做完以后，再拿一个灯一射，又是一重影子，然后又可以做个新的模型。此外，影子不可能一直延伸下去，都会慢慢消减，从明暗对比最强烈的地方到明暗逐渐消失。这样的话，墙或者是形体可以做一个渐变。其实这些也是我在思考之前电影的时候想到的，电影里面有很多光影。还有是别人做个房子，我把它搞个二次创作，再做出一个建筑。有一点像印象派毕加索将以前的古典主义作品，重新画一遍。

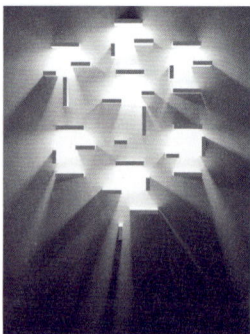
图 6-85

图 6-86

图 6-87

图 6-88

图 6-89

图 6-90

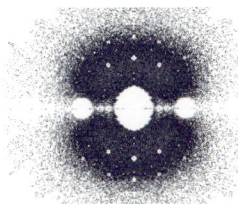

图 6-91

图 6-92

$$f_+(x) = \frac{1+i}{2}x$$

$$f_-(x) = 1 - \frac{1-i}{2}x$$

图 6-93

李明玺：我也探索了其他一些方面。第一个是找了个数学图形。加拿大数学家 Dan Christensen 想出一次、二次、三次、四次、五次多项式，在负四到正四之间所有的根的分布会是什么样的图。然后他就画了一个这个图（图 6-91），当时看了感觉特别震撼，像是宇宙什么的。我觉得这个挺有意思的，就找了 Dan Christensen 做的其他的图形。他画了 4 个月，又画出一个 247 项式所有根的情况，就像一个宇宙似的光轮（图 6-92）。在这里发现了一个非常有趣的形，这个形也特别著名，叫做"分形龙"，就是分形这个体系里面比较有名的一个情况，像是中国龙的爪子似的。它主要就是从一个简单的逻辑开始，一开始是一根线，然后变成一个直角，如此这样不断地把它分形变化出来（图 6-93）。我求助别的系的同学帮我做了一下。比如说这是第五次分形的效果（图 6-94 ～图 6-96），就这个很简单的分析，后面会越变越多，慢慢地有了一种聚落的感觉。后来我又换了一个想法，这回主要做的是大脑。看图片感觉有点不适应，但是这个空间做出来就感觉像个迷宫似的，感觉朗香教堂那种造型全都在里面了（图 6-97）。我还选了大腿上肌肉组织的一个缺陷，也用模型把它直接立了起来（图 6-98）。我想找找生活中类似的一些物件，后来我看到一个绳结，觉得挺好看的（图 6-99）。刚开始本来想思考一下它可能在空间会有什么样的关系，后来觉得太麻烦了，就想先把它立起来再说吧，虽然现在看起来还有一些简单。就这么多。

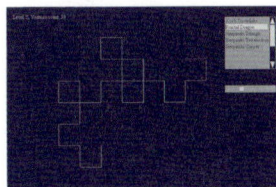

图 6-94

图 6-95

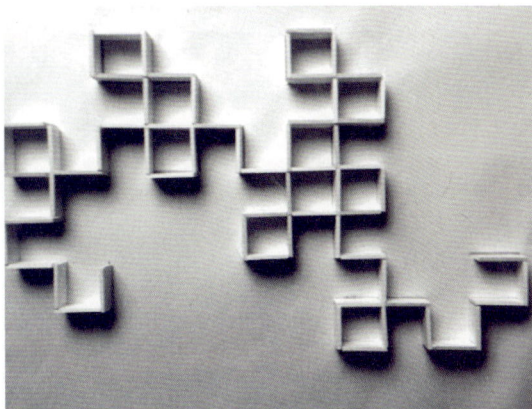

图 6-96

图 6-97

图 6-98

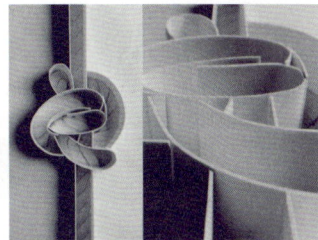

图 6-99

丁惟迟：这次我又有一个新想法，关于乐谱的。乐谱的形式看起来相对有些太正式了，我想把它狂躁化一些。我当时想的就是经自己的手让它变化，因为狂躁的时候画的图都是比较乱的，然后我就找了个心情不太好的时候，不经过脑子地把它给折腾出来了，就是像这样(图 6-100、图 6-101)。我还没想好怎么来利用它，就是先把模型搭出来。总之它的形式感觉现在有一些散乱，但是我觉得可能这是一个把乐谱狂躁化的思路。就是我看见乐谱之后就记住它大概的位置，然后在狂躁的状态下通过自己的手，让它变成了现在样子。这是想法之一。之二是我也是一不小心进了这个俗圈了，我也弄了一个树。

我弄了一个树皮。它应该是比较枯的树，上面长了一些树瘤 (图 6-102)。我感觉它稍微扭曲一点，病态一点，就变成了这样(图 6-103、图 6-104)。其中有一些树都受伤烂掉了，这块是一个疤。我想通过自己看见的东西来进行一些高墙、矮墙之间的变化，然后进一步加入一些矮墙。弄完之后觉得要的就是那种病态的感觉。

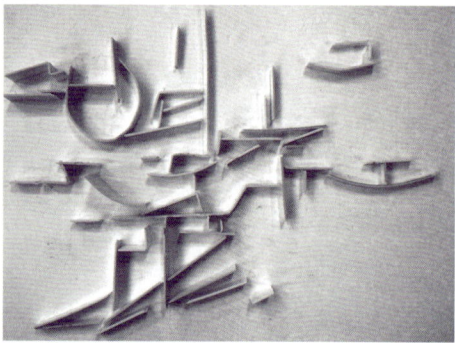

图 6-100

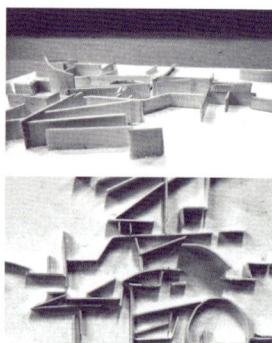

图 6-101

图 6-102

图 6-103

图 6-104

王昀：经过几个回合以后，大家的思路全都更加开放了，而且手段也越来越灵活。我觉得重要的是，我们在这里面能否发现一些可能性，而不只是特别拘谨地非要先做一个方案。结合上一次我们所讨论的内容，看到大家纠结于功能这件事以后，我突然觉得，我们把最后结果的功能性再降低一点，就只是某种东西的一个体验装置，这件事是不是可能会更好？

比如说吴之恒的光影，就起一个光学、灯光或者什么照明学会的名字，做一个小博物馆似的建筑，里面连办公室都不要了，这个小建筑边上有一个大楼全是办公。进博物馆仔细去体验，通过一种体验来告诉你一件事。其实我认为建筑重要的东西在哪呢？实际上就是最好是不用说话，不用文字去解释，而仅是凭人在里面走的那种视觉、那种感受去传达。这才是建筑的最终语言，这是我的理解。如果依据这样的理解，大家可能会更专注于对空间、对形态的本质性进行探索。

我突然发现，现在做的这些建筑模型不是太多了，而是太少了。这里面应该还会有更多的可能性，供我们想象。结合之前所做的那些模型，可能性还是非常多的，比如像杨隽然同学，你做的神经元和树枝，将它切断后，你在找它俩之间的相同性。其实这个话题不仅仅是神经元和树枝的相同性，最后大家是不是会发现，从不同的点出发，有时会走向相同的结果。

周桐做的这个方案比之前的要有意思得多了，其实可以发现这次的跟小丁之前找的武满彻的乐谱有一些很相似。我们现在可能是从不同途径去发散，从非建筑学的角度出发，有可能最终你发散完了之后，发现这些殊途从本质上都归到很相同的一些东西上，这也是我们的目的。学问这件事，不是说按着学科一个个单一地去做，而是所有的学科，在某种意义上可能会归为同一源流。这样的话，我们可以在空间维度上把很多东西都抓到我们这儿来使用，这是我们这次教学最大的一个目的所在。所以我感觉大家可以再去挖掘一下，总之，这些东西你做一遍，从中有可能出现一个你思考的原点。

杨隽然同学做的方案，我建议别太当成建筑去想了，再发散一下，从你刚才讲的树和它的相同性、中间的关系再找找。烧盖玻片还是挺有意思的，你跟你的同学再交流交流，看看有没有其他生物学的知识对建筑有帮助的可能性。

徐逸这次做的有意思，虽然你没有生物学的同学。我对你的这两个方案都比较喜欢，尽管稍微有一点勉强性在里面，但因为它是瞬间的。

我更感兴趣的是体操这个切入点，如果再稍微找一找，往下做一做，我觉得是非常接近艺术本质的一种做法。艺术不是画画，画画有时不过仅仅是美术，艺术其实还是需要有一个智慧的交流和碰撞，所以我觉得这种东西很有意思，生物学的关系是生命的一种轨迹，其实也是另外一种生命的轨迹，是否还可能是电脑的生命轨迹？可以在这个方面再拓展一下。

杜光瑜的这两个方案都很好，可能这种伸展的关于空间的可能性是在不断延展的，其实你这次做的不仅仅是一个空间，更重要的是一个城市的生长脉络，从街道、传统的一些聚落、脉络的关系，都能找到一种关联。

叶雪粲跟徐逸做的有所不同，是反向的一个模型，但很有启发。你通过这件事去探讨立体派基本的结构关系，是反向来推理，这个做法是对的。因为对一个艺术也好，对一个造型也好，不再是去看它的表面形态，而是把里面的空间构造、结构关系梳理出来，这是非常对的一个做法。通过这种做法，你可以发现 20 世纪初的绘画所追求的本质是什么，其实就是空间构造的关系，而这种空间构造的关系对我们建筑来讲是几乎是本质。由此我们可以把所有形式上的、表面的东西全剥离掉，抓住最本质的结构。采用这样的做法，其实你可以做出很多种，而且不见得非是绘画，也可以是图片，也有可能是自然当中任意一个景致。都有可能采用这种把握构造关系的做法，切割出点、线、面的关系，并对艺术和空间的理解有所帮助。

目前这个模型中把相应的门开上，就是一个能够进入的空间，可以做一个展示空间，比如可以叫某某舞蹈博物馆。展览一些舞蹈的图片，放点舞蹈的录像，然后你在这里面走，体验舞蹈的空间结构。又比如还可以从其中某个地方上到屋顶，可以尽可能地去寻找这种空间关系，在这个方面可以再继续地往下延展。

侯兰清同学的模型，空间的比例关系都还是不错的，但是多少也有点问题，就是说过早进入自己的世界。我还是建议，不去刻意追求自己的想法，而是从现实当中或者对象物当中发现一些关联。你后来做的几个方案还是很有意思的，比如说八大山人那个。你的抽象方式虽然借鉴了其他同学上节课的做法，那个方式是对的，沿着这种方式再去思考一些事情，可能会比之前纯粹形态上的考虑更有价值和意义。这样你可以在不同层面上加以深入，你会发现，在很自由的状态下，做设计这件事会很简单。

棋谱那个方案，每个坐标点有可能是一个柱子，然后空间还能灵活划分，光影、开窗、围合的关系顺畅。好的棋幅一定是最美的，所以人们常说下围棋高手不仅仅是在想着憋死对方，高手同时也是在下一幅美的图景，是种均衡的关系。所有的最高境界可能都会归于一个最美的点上。我认为这种棋幅上的关系，建筑师是没法做出来的，艺术家也做不出来，但是它可以通过转化变成艺术。

我认为这种转换关系是必要的。比如说像看到摸个精彩的图景也是，你随便画几条线肯定画不出这么美，但是你从它的形体上按照一个逻辑去划分的话，会发现某种比例关系，非常讲究。

谢志乐同学今天做的模型也挺有意思，你把乐谱立体化，先按照一个盒子的展开图做出来以后，随之带来空间上的而不仅仅是平面上的韵律感，更是带来了不同方向上的韵律感。这种偶然性的穿插又形成不同的光影效果，这其实是我们研究空间上挺重要的一个手段和方式，而且可以变成一个美术馆，分分秒秒就成立了。光也确实都很美，加上体块的分隔，只要你放些小人进去，我觉得应该会挺有意思。还有你做的这个楼，有可能你越往高做，楼梯在空间上的一种摆布会有种自动生成的状态。

这个饕餮博物馆我也觉得挺棒的，其实里面有很多空间的走向。通过它我一直在想，中国文化中这种曲线的描述方式，彼此间有没有共通性。因为我看到尾巴这一块，就感觉特像三星堆出土文物里鸟的尾巴、嘴，像那种状态。你这个形态的曲线关系，可以挖掘一下中国文化中的纹样。如果能有一系列抽取的话，应该是挺好玩的一件事情。还有树也是你做的对吧？其实这个树形，跟树皮一样，抖动的关系是一样的，纹理之间也还是有关联性的。这个逻辑是树不管怎么裂，怎么分叉，细胞分裂的时候，那种曲线的关系可以去用。我现在感觉大家已经开始活学活用了，美的东西也尽收眼底了，我认为这个教学也基本上是达到一定的目的了。

周桐同学找的纹身挺震撼的。那个身体起伏的曲线特别像窑洞，然后那一个一个像钉头的状态，有点像瓦当，其实也是挺中国化的一个状态。这种做法也可以成为一种手段，就是你眼睛看到了，觉得这件事儿有意思的时候，你把它截取下来。你刚才说纹身里面有点琐碎，那都没关系，其实我们的目的并不是要把它所有的东西都截出来，我们可以只看我们想看到的东西。这就是一种选择，所以我第一节课讲到我们不是一定要做个什么结果，而是我们要善于发现。比方说这里就几条曲线是存在的，剩下我全没有发现是可以的，并不是说每条线都要去发现。所以我觉得这件事是同样有意思的一个状态的分析，你再往下挖掘吧，还是有潜力的。特别是木纹的这块，在这上再换点其他的想法，木纹做 1 个也可以，做 10 个也可以。

今天导演（指吴志恒）的光影刚才我已经说过了。导演之前的模型也挺好，但有个问题，你用的是一个自己想象的东西，对象物的表达相对特别弱。想法是很好，但是要找到一个特别能够表达你场景的形态，做得很抽象，我觉得还需要时间。需要在这个方向上再去思考，或者整个思路再打开一

些。换句话来讲，你现在手上没有某种可以运用的空间组织的语言，就好比说你现在可能只识了 100 个字，却要写一篇小说，就会感觉累。其实我们现在的阶段就是需要不断地去认单词，扩大词汇量。

杜京良同学，你做的这个事其实有另外一个意义可以去尝试，在刀法上。你在思考是不是可以用弧形的墙起来建立一个，有引力的空间关系。我认为可以试一下，假设它有一个弯曲，你就让这片墙迎合这个弯曲。它俩就在空中交成一个图形，像月牙的一半。

其实建筑跟篆刻是一回事，实际上就是进行空间的摆布，房间就这么大，比方说就 100 平方米，我要布置 10 个房间，那你就得想，哪些房间主要，哪些次要，什么地方尺寸该做得最小，什么地方该大，实际上都是一种相对的关系。篆刻中常讲究的"疏可走马，密不容针"实际上就是这个意思。从这点讲，篆刻本身实际上又何尝不是一个建筑的平面，所以在这种层面上进行一些挖掘，手段上应该也是成立的。你这个模型就叫齐白石博物馆吧，比如建在西湖边上也行。

李明玺同学今天终于抛掉了你一直喜欢的国画，进行了一个"人肉搜索"。这个挺有意思的，从生物学上来看，跟杜京良做的大地的挺像的，因为也有这么一种说法，大地是自然的皮肤，看来是有点道理的。这种走向，我感觉是特别好玩的一件事。而且在形态上，你可以把它变成天窗，光影照下来也会很有意思。

从我个人的角度来看，我认为大家现在最放不下的一件事就是建筑空间是要使用的。比方说这里面要有功能，人得走进去，因为我们是学建筑学，这一切的确是这个专业的特征。但这件事，在我的理解也是一个特别简单的事情，有可能目前大家做起来是很吃力的一个状态，因为你把这事想复杂了，所以很吃力。你可以把它想得非常简单，比方说某个地方关上门就是个院子。世界上没有任何一个空间是有固定使用方式的。过去讲设计是形式追随功能，那现在一个大的摩天楼里面的功能有无数种，但是它的形式只是一个标准平面，就是中间是一个核心筒，四周是通畅的空间。至于在里面怎么去使用，有一个分割的过程，就是你应该去选择，看空间该怎么使用。

现在做的这件事，探讨的是通过你能看到的，通过手，很简单地，更不用那么绞尽脑汁地，去发现空间形态中的很多种形态的可能性。有些可能是复杂的，有些可以做得很简单。总之中期评图没必要那么功利，我觉得你们上次讲得就挺好的，稍加修饰就行。可能功能性想再降低一点，那可以跟评图老师说，我们这次不想做那种功能性很强的建筑，就是想做一个展廊，在这里通过体验获得某种感受，我个人认为建筑就是这样。

其实我瞬间又有一个想法，就是这次连房子都不做了，我们就是在挖掘和探讨空间的形态。我觉得做这件事可能比具体地去设计一个房子要有意思得多，因为我们大家所做的这些尝试是从方法论上来思考一些事情的。而具体房子，这个作业之外应该都是具体的。

过去我们在设计的时候是需要去翻书的。我们这次课的目的就是你们不要再去找那些现成的建筑案例，而是在一定程度上训练和寻找你自己的设计语言，这个是最重要的，因为你自己寻找的东西，符合你的性格和你对于空间的思考和理解。你们现在就是要找到那个适合你的语言。其实大家在选择时候，我也发现了你们选择东西的端倪。比如说周桐同学，他选的这些东西至今为止都还没什么直线的。像杜光瑜同学，你每次选的东西逻辑都是很清楚的。还有比如说徐逸同学，一直关注小的直线交接的关联性。可见，每个人稍微有所不同。

其实你们在做出选择的那一瞬间，性格判断就开始存在了。所以就你沿着这个思路往下去找你喜欢的东西。另外我还是强调，我们不是在做个事情，我们是在发现事情。你们现在的任务就是用你们的智慧去发现一个已经存在的事物。

07

第七课

2015年3月26日星期四

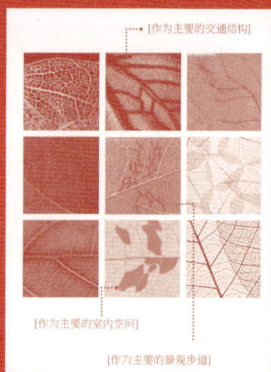

图 7-1

杨隽然：这次的模型是新做的一个，还是从生物角度出发的。上次您说让我去找共性，我发现，比如在植物上，它们会有类似的形态。叶脉是起到疏通物质的作用，所以我就把它们的形态做成一些交通的通道，支线的叶脉做成景观步道，围合的区域作为主要的使用空间（图 7-1）。做一个稍微往下深入一点的建筑形态，就还是在原来我选的地块上（图 7-2、图 7-3）。现在这条主脉没有围合，因为比较难表达，但是它作为主要的交通流线，连通河道和主干道。我主要是探讨一个空间大的虚实关系，交叉中间的地方都是空的，可以沿着草地走进来。即中间脉络是实的，中间围合的是一些主要的空间，还有一些室外广场，周边是一些绿地。光影现在看得不是很清楚，晚上在光下看，首先柱子都是一些比较明确的光影元素，打出光来还是挺好看的（图 7-4、图 7-5）。另外步道在地面上投下的影子，是另外一个构成光影的元素。我把它们截取过来，刚才说的是主脉，然后剩下的是次要的脉，我做了一些景观的步道，还有像这种二层的空间，这是大概的。

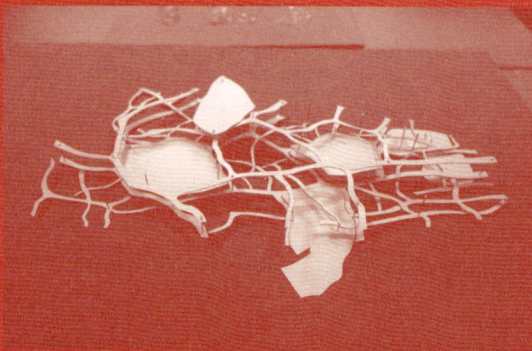

图 7-2

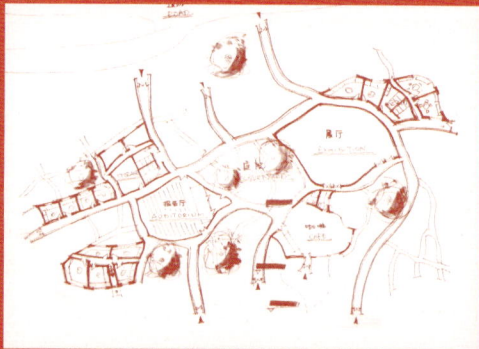

图 7-3

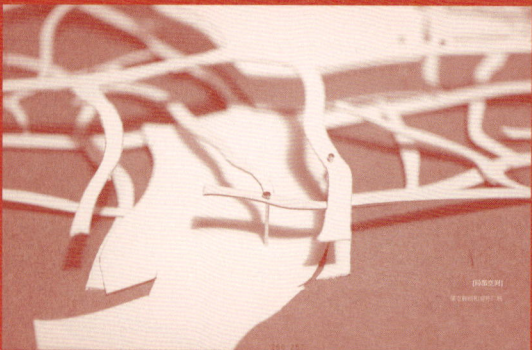

图 7-4

图 7-5

王昀：本来是想在同学讲完之后我再讲的，可我今天还是先讲吧。"手段"的寻找已经告一段落，下面咱们要把到目前为止的这些空间模型做成一个建筑（图7-6）。把它做成一个建筑有两个要素。首先，你需要从现有的平面图上读取很多信息，就是说你现在的平面图可能是这个，也可能是其他的，无论你选了哪一个，就如同你现在已经有了一个既定的建筑，你要把它改造成适合你预设使用方式的建筑。你可以把它做成博物馆，也可把它做成活动中心，用原来的形做一个新的东西。在这个过程中，还有一点就是怎么把你感觉性的东西、观念性的东西投射到建筑里面去，把"点子"赋予到空间中去，这实际上就涉及改造和室内设计等一系列问题。有些墙你要保留，有些可以在上面开洞，有的部分放楼梯，里面可以增加某些东西，把它连接起来，这些是我们下一步的主要工作。既然我们已经拥有了这么多已做好了的空间形态，那我们该怎样对待它们呢？

图7-6

在开始之前，我还是想从人类既有的生活场所，即所谓的聚落入手，看看能给我们带来哪些生活上的启发，同时结合我们平时生活中经验到的一些场景，或是我们想象的场景，看如何能将生活和观念投射到建筑中去，这是我想和大家说的一个主要内容。根据我个人的理解，打算从以下几个方面入手，希望对同学们在思考时有所帮助。

第一是关于风景的概念。风景是对象物给人的一种整体印象，这在建筑当中非常重要。好的建筑或聚落和不好的建筑或聚落，传达给人的整体气氛完全不同。先看摩洛哥的一个聚落（图7-7），这个聚落非常现代，把材料换一换，就是很现代的一个现代建筑，它有非常整体的概念。你看里面住宅布局，高高低低，看似是很不规则的，而且是不同年代分别建造的，但整体气氛特别融洽。再看中国云南的聚落（图7-8），它跟同学们今天做的很多房子也很像，只不过它是一个坡屋顶，有一个整体气氛。这件事儿可能是我们下面要考虑的第一件事。其实每个同学做的这些方案已经传达出一个气氛了，所以关于气氛和整体印象，我不太担心，接下来就是要看怎么把它经营好。

第二是迷宫。其实中国的建筑、村落当中很少有迷宫，迷宫在阿拉伯建筑当中是非常多的。中国人的村子喜欢干干净净，住宅往往是一明两暗，有几个院落一围就行。上次徐逸同学找的那个桃坪村（图7-9）是很少见的中国聚落，也是我看了那么多村中，非常难得的一个好实例。它的迷宫感觉十分强烈。迷宫是我们做空间的时候一个非常重要的手段，是增加空间丰富度的重要手法。迷宫还有一个特点就是幽暗的状态。中国有句话叫"不曲不幽，不幽不奇"。幽和暗是结合的，想幽必须暗，所以迷宫在营造空间气氛上很重要。除此之外，下面要谈到的楼梯也是迷宫中的重要元素，因为楼梯会提供一种上去或者是下去的指向性，让空间产生非常大的丰富度。

第三是关于空间的尺度，这里我提几个概念。一个是宽窄，一个是高低。宽窄程度是塑造空间的一个重要因素。希腊一个小岛上的聚落（图7-10、图7-11），它的街道非常窄，它的楼梯宽度实际上也不符合规范。可它造成了一种特别幽暗的、引人入胜的感觉。它的街道有点弯曲，这些都是塑造迷宫的要素。

第四关于广场。广场其实对应很多东西，对应着随意与发生故事的多种可能性。同时广场并不是空地，它的尺度很关键，而且一定要围合，归根结底还是一个气氛的把握。有大的广场，也有室内的小广场，像起居室、学校的门厅，其实都可以想象成另外的一种广场。意大利锡耶纳的广场（图7-12）的一个最大特点就是广场本身是一个大斜坡（图7-13），六七米高。

图 7-7

图 7-8

图 7-9

图 7-10

图 7-11

图 7-12

图 7-13

图 7-14

图 7-15

广场不见得非要在平地上围合，屋顶上也可以产生广场，所以我们在下面的设计中，屋顶上有很多可以作为的地方，屋顶要大量用起来（图7-14、图7-15）。

第五关于高塔。高塔跟城市有关，是制高点，而且其商业感也很强烈。现在城市里都争先盖世界第一高塔，象征财富。但塔用多了就俗了，这是在20世纪六七十年代特流行的一个手法。这是中世纪意大利的圣吉米亚诺高塔（图7-16、图7-17），当时有70多个高塔，现在只剩十几个。像这样的构图，其实当代城市中经常有，而且我们做设计经常也爱这么做。所以高塔在咱们的方案里中要慎重使用，别做俗了。

第六是关于几何学。几何学操作是建筑当中一个重要手段。方、圆是中国人最常用的，没有规矩不成方圆，方、圆也是中国传统的建筑中最喜欢用的要素（图7-18、图7-19）。希腊的聚落当中也有很多非常几何学的操作（图7-20）。几何学在建筑中非常重要，几何学的发展往往带来建筑的变化，比如说在罗马时期，出现了很多椭圆形建筑，因为那个时候椭圆的几何学产生了。现在我们也总会谈分形几何学，包括拓扑几何带来建筑形态的变化等。但反过来讲，现代几何学操作是不是一定都能够带来空间价值的提高？这个问题还要请大家思考。近现代几何学的操作可能是在造型上会很有状态，但由于早期欧几里得几何学产生于测量，是人类认识世界最基本的操作，与人的身体相对应，是属于人观念中的几何学，拥有先验性。

第七是楼梯。楼梯是我们进行空间操作的重要元素，如前所述，它可与迷宫搭配起来使用，它本身有很强的空间联系作用的同时，更是在空间中和视觉上造就韵律感的装置。它不仅具有功能性，还会给人带来很多遐想。楼梯还包括大的台阶的使用，大的台阶又可与剧场、广场很好地结合，诸如此类（图7-21～图7-23）。

第八点，光影。光影很重要，但是每个人对光影的感觉是不一样的，它是最难操作的一件事，是建筑师在实践当中非常需要磨合的一个过程，但它确实是让建筑产生生命感的重要要素（图7-24～图7-26）。

第九是重复。重复是统一的象征（图7-27、图7-28）。比方在一个聚落中，所有的房子都是一样的，基本单元也是一样的，它有统一性。重复也是人类拥有共同幻想的表征物。什么是共同幻想？就是你想的事，我想的事，大家想的事都差不多。它是一个封闭社会的产物。对个人来讲，不管你有没有借助幻想，你自己做的东西，肯定都出自你一个人之手，它有一个共同的规律性，这与重复类似。在建筑中，使用重复是产生韵律，让建筑产生节奏感的一个特别简单的手段。

图 7-16

图 7-17

图 7-18

图 7-19

图 7-20

图 7-21

图 7-22

图 7-23

图 7-24

图 7-25

图 7-26

图 7-27

图 7-28

还有就是地形。地形会给建筑本身带来丰富度。建筑师开始要选地形，不同的选择会产生不同的状态，可是现在城市当中一般没有地形变化，都是平地怎么办呢？那就做点儿微地形的变化。地形可以让建筑产生很强的体验上的多样性。这方面的设计实例有很多，你们看这是中国聚落的地形（图7-29），小坡道上去，坡地上摆一堆小房子。另外一个是西班牙的一个聚落（图7-30），地形的变化起翘，跟杨隽然做的那个有点像。你可以把它想象成一个薄壳，底下挖空了住人。这个地面起起伏伏的，能包容一组建筑。

估计大家看完后，你们脑海里已经可以瞬间做好几个建筑了，你们最大的问题是到目前为止做的这些空间里没放人，没摆家具，没赋予生活。我是觉得把大家目前为止做的这些空间转化成建筑方案这事儿没什么复杂的，只要大家把握好两点：第一是路径。你们现在做的空间有很多是彼此分开的空间，怎么把它们连起来，方法其实很简单，就得有道路。那假设（随手画图7-31）这是一家人，为了人进来，在下边入口处开个门，进来以后呢，可以想象中间是一个圆，是一个高起来的空间。也可以想象靠墙可以有楼梯上来。这块儿上楼的边上一定要有楼板吗？不一定吧。他家很大，从楼梯上楼，可以连接到二楼的居室，有一边是睡觉的房间。他家的大门厅附近种两棵树。而且二楼可以连上，两家可以是一样的。圆形左边这家是从这室外上楼梯。二层可以跟着现有这个轮廓，切一下变成一个吹拔空间。然后再加一个从二层进入的入口。想象我从这个室外的楼梯进来。去到另一家，我就在中间这加个楼梯，一转弯就可以进他家了。

又比方说入口有一个墙，两户之间做个过街廊，画上人。围墙上可以掏个窗洞。透过窗洞能看到墙里头的围墙，人站在下边，窗洞后边栽棵树。树芽再透出来（边说边画图7-32）。远处面还有一个空间，尽头上面还有一个小门，然后那小门这还有一个楼梯上去。街道边停个汽车，就可以了。

也许同学们还有一个困惑，说老师我这个空间做完了，里头的房间不一定就要直的。那厕所、厨房这些空间怎么办，叫我说可以挖到地下。比方说我这个房子，我这个厕所必须要放上这么个方形的，你把他放到地下室，侧面做个楼梯，下来是个前厅，前厅随着围墙的形走。如果你觉得这一家的人是在这儿，厕所在底下不好，通风采光没法解决，那就放边上，中间加个连廊。这里可以是个庭园，厕所上面是一个庭园，或者说厕所在地下确实是这么一个方形的，可以在地下还挖一个庭园，还可以种上树（图7-33、图7-34）。 用一个串联，你就把所有的东西都串起来了。地上连不上的地方可以在地下连（图7-35）。

图 7-29

图 7-30

图 7-31

图 7-32

图 7-33

图 7-34

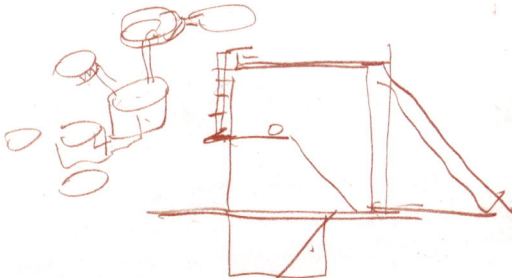

图 7-35

同时屋顶上又是一个空间，二楼可以出个平台上屋顶，如果还不够，还想从一楼再上去，可以出现一个楼梯围着外墙转通下去，这个就丰富了。所以你可以看到，虽然是这么一个盒子，楼梯像是盘了条龙。然后在屋子里面同样也是，一进来，也有一个楼梯。这是室内，然后这加一个门一个楼梯上屋顶了。上屋顶了觉得还不够，这里头再来一个平台。还想再往上头走就做一个旋转楼梯。还不过瘾，再做一个地下室吧！这一做地下室发现，这么黑，那就挖个院子吧。说靠地下庭院一侧是落地的，可以了。如果感觉挖一层还不够丰富就再挖一层，再做个楼梯爬上来，种棵树（图7-36）。地下有一个房间，他非要开个窗，就做一个斜坡，种上草坪。也可以做个室外广场，一个弧形的小广场，切到这上面来，就做个大台阶（图7-37）。除了往下挖之外，也可以加一个盖子，掏几个采光的小窟窿，底下可以有个小台阶（图7-38）。

做的时候，遇到难处理的空间的时候，可以下地。比如图7-39一个形，地下做这么一个方形也不丑陋，你在房上做，弄不好可能就很丑陋了。地上这个形还在，里面可以有个小平台，还继续种棵树（笑），有个楼梯，贴着边下到地下一层。

另外是关于大的房间，怎么用呢？有两种办法，第一，摆上家具。放上小圆桌子、椅子、书柜，书柜、桌子太长了就把它断开。曲线的、直的都可以。加个格栅，做一个玻璃的隔墙。如果一定要封闭，那就做一个单独的空间给封起来。如果一定要做个方的，那就找一个合适的位置就行了。这是一种空间的做法，是根据你的家具摆布，考虑人在里头的活动来完成的（图7-40）。

再有就是加上光，可以在屋顶上开条缝，是不是这种光就进来了（图7-41）。你们在方案上，自己设计开洞的形式，也是对光的研究，做到什么暗度，开多少个窟窿会合适。

总之，你们在做的时候，一定要思路打开。要有光，有楼梯，把你不好处理的往地下放。如果实在塞不下去，如果是方的，这事儿也没什么问题了，你把它抬起来，在空间里加一个盒子也行，或者在外头也加一半。盒子可以是一半在外头一半在里头，还可以把墙加厚（图7-42）。最后还有种树。

李明玺：假如说曲线的地方，我要塞一个电梯怎么办？

王昀：电梯很容易，你要塞什么样的电梯，方的还是圆的？

李明玺：方的。

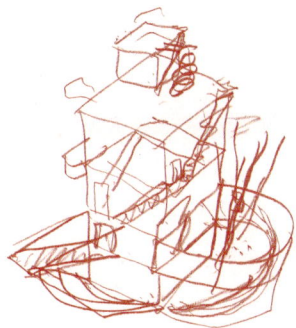

图 7-36

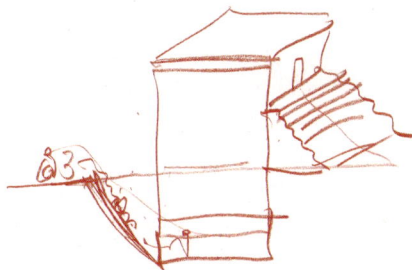

图 7-37

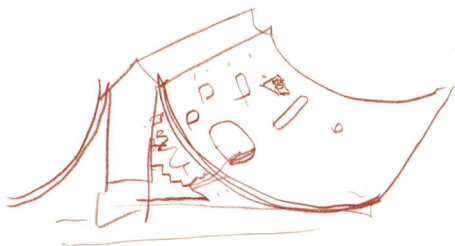

图 7-38

图 7-39

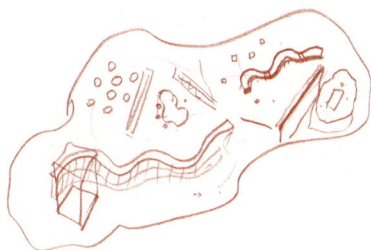

图 7-40

图 7-42

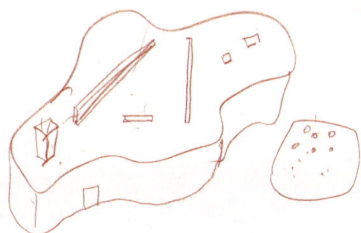

图 7-41

王昀: 方的可以装在圆桶里面。两种做法: 第一, 在这个墙外装一个, 每次进来的时候, 走一个过街廊, 玻璃通道进来。一层加出一块可以做个大厅。如果加一个方的也可以。也可以把墙加厚啊, 把电梯埋里头 (图 7-43) 。这里面也可以再套一个围墙, 两个围墙之间放一堆盒子 (图 7-44) , 然后我在这个围墙上还有楼梯能够走进到盒子里头 (图 7-45)

我估计, 你们做到现在为止的这些空间都可以用。关键是在你们需要自己选择用什么。其实文化本来就是简单的事, 把可以直着说的弄得非得绕一圈, 画一个意境表达玄乎一下, 就是不直说, 让人猜。把建筑弄得有文化也不过如此, 针对一个房子组织很多表达, 牵连很多关系, 可以表面上搞得很丰富, 把外行搞得感觉建筑师很文化, 很高大上, 这一切, 汇报方案时这么做没有问题, 但是你们心里得明白一点, 千万不要把这些当成建筑的本质去理解。建筑可以做得很简单。但也许这种事儿是在你经过了长时间的思考之后, 当光怪陆离都被一个个剥掉之后的时候, 你最后可能会发现建筑的本质, 最后就有可能一招制敌。最终确实能把你要表达的重点表达出来。可是如果没有这些过程, 其实很多事你也的确无法儿去深刻理解。尽管如此, 我还是想提醒一下: 我们现在做的第一件事儿是创作, 这个东西是什么呢? 不是无中生有, 而是咱们到今天为止的这些过程。

今天我要讲的课就到这里吧, 剩下就看你们的表演了。请同学们继续讲自己的方案, 就从谢志乐同学开始吧。

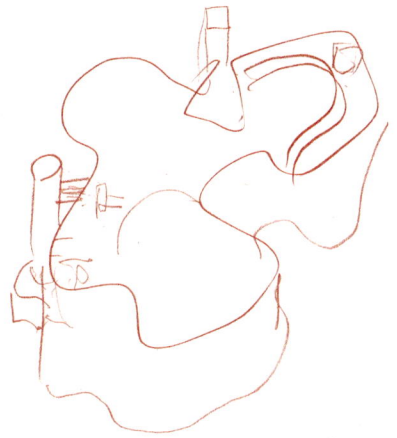

图 7-43

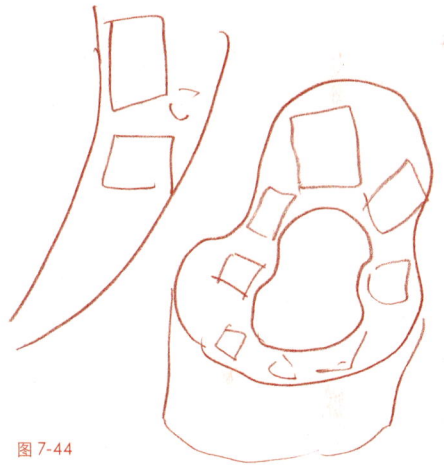

图 7-44

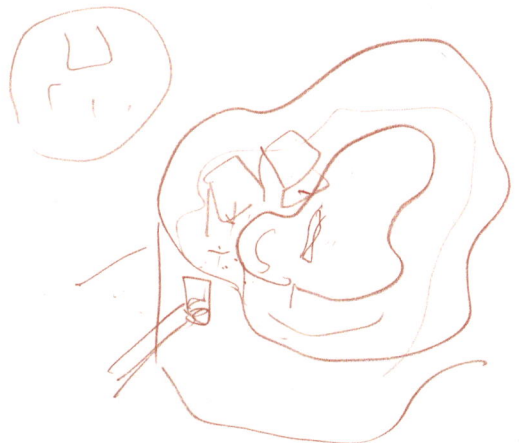

图 7-45

谢志乐：图上（指图 7-46）是黏在地上的纸上留下来的车辙。就是贴在教学楼的门口，那儿有两个方向的车流，自行车就从纸上压过去。我早上贴了一张，但因为贴的时间太长，7 点到 8 点，然后整个就特别糊。后面是中午下课的时候贴的，11 点 30 到 11 点 45，就成了这样（图 7-47），继续立体一下就是这样（指图 7-48）。

图上一个是"风车"（图 7-49），我昨天让大家都吹了一遍，它可以有各种方向，就是这样（图 7-50）。我本来想模拟风的感觉，但感觉那种形状太曲线了，然后我就想，用这种 5 厘米×2 厘米的矩形小纸片，两端弯曲一下，支在 5 厘米×5 厘米的网格上，每一次吹的时候，纸片之间会互相扰动，最后记录一个风的路径，形成了现在的模型（图 7-51～图 7-54）。

王昀：你应该拍一个录像。感觉得你已经渐入佳境，渐入到可以上美院了。上次我去美院看一个展览，是在地上放一张宣纸，拿胶条黏上，然后把画摆在墙上。参观者会无意识地踩在宣纸上，踩完后把地上那张宣纸摘下来放画框里再挂起来，然后在地上再放一张宣纸让人去踩。这是特别有意思的一件事，你这个是自由创作吗？还是自动创作？

谢志乐：我觉得车轮骑过的时候，它自己有线条的感觉。

王昀：你这幅画应该裱起来。要是最后就是这个方案的话，评图的时候拿出来还挺有意思的。

谢志乐：图上的是我吹的一个信息的抽象，它的线会有不同的处理，我就先把吹的状态记录下来了。

王昀：非常好，你已经做了很多建筑。随便拿一个就行。如果你不甘心，又有很多的时间，你可以把它放到北京的 10 个或更多的地方，叫北京市博物馆群。我觉得这每一个建筑都有好多的可能性。

图 7-46

图 7-47

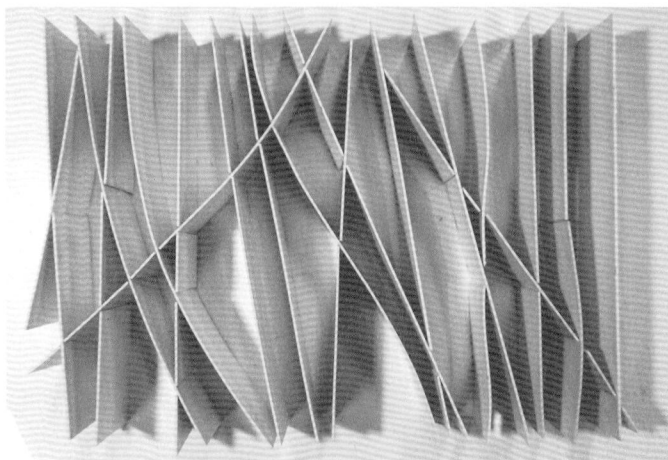

图 7-48

图 7-49

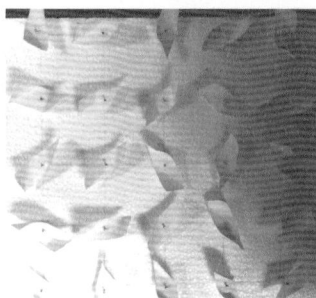

图 7-50

图 7-51

图 7-52

图 7-53

图 7-54

陈梓瑜：图上是昨天中午吃饭的时候，我对面同学用的筷子，两个头的。然后我觉得用筷子这动作比较好玩（图7-55），它两个轨迹比较有规律。我画出来的高度是它的实际的高度（图7-56），上面延长的高度是它的时长，（图7-57）大概是这样。

王昀：这个是什么？

陈梓瑜：我先做了一个模型，可以把它插成图上的样子，利用一个类似于迭代功能的网站。这个网站上当你的鼠标划过圆的时候，圆会分成4个。如果再划过一下，它就可以再分成4个更小的圆（图7-58、图7-59）。得到图形后，从里面取几个小部分，之后把圆都用方形表示（图7-60～图7-63)，因为感觉空间上的表示会更直接一些。再重新把它们插起来，就成了图上的样子，很多方向都可以看，立着是一个空间（图7-64）。

图 7-55

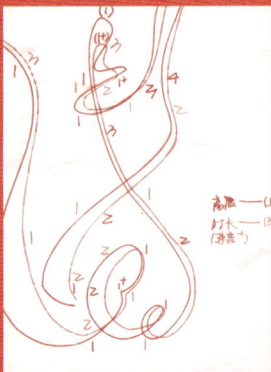

图 7-56

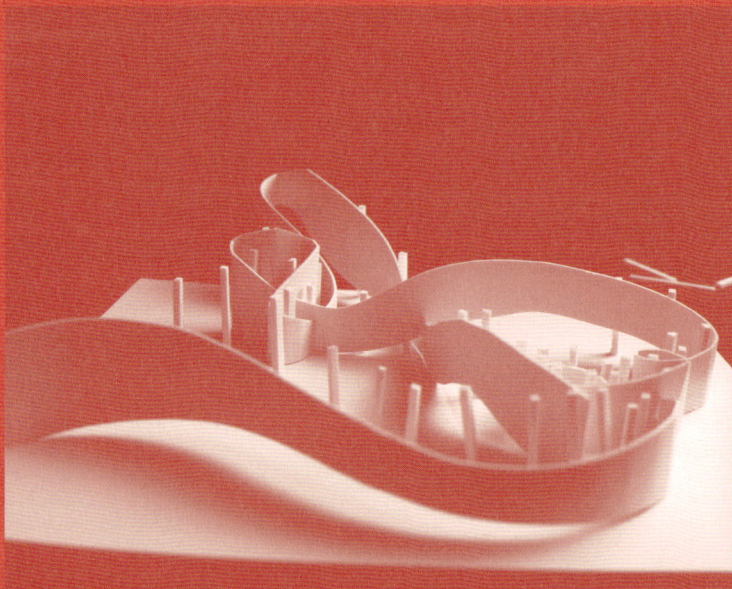

图 7-57

图 7-58

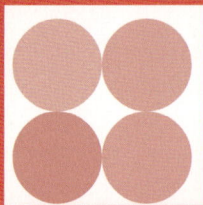

图 7-59

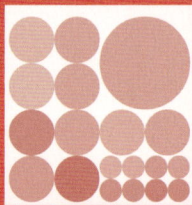

图 7-60

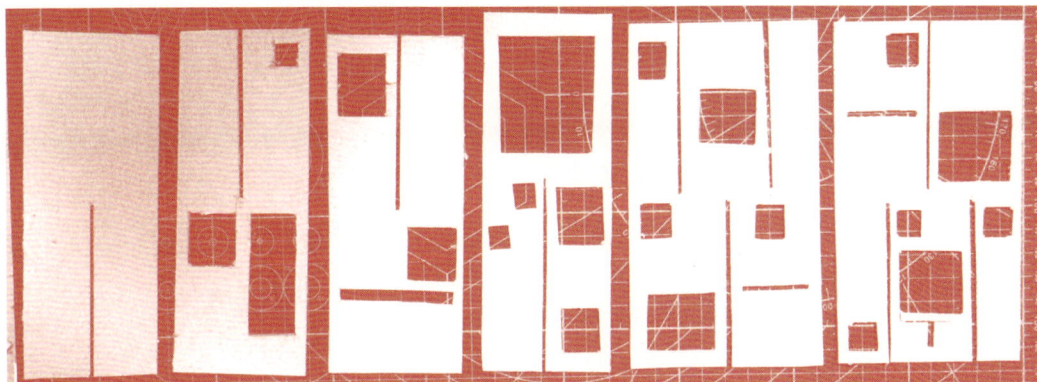

图 7-61

图 7-62   图 7-63

图 7-64

叶雪粲：我把墨水和水混合以后，倒到草图纸上，因为遇水纸会褶皱（图7-65），墨又会有深浅的聚集，最后就形成了图案（图7-66、图7-67）。这是一个化学反应方程式，是一个酸碱中和的反应，这些墙就是它在溶液里形成共价键和离子键的结果（图7-68）。化学反应有正反方向，这个是正方向的一个结果（图7-69、图7-70），因为它进行得比较彻底，所以是这种比较实体的感受，然后逆方向的一个共价键比较弱，是两个垒起来的，下面就会有比较好看的光影效果（图7-71～图7-73）。

王昀：很神秘的光影效果，特别好。

图 7-65

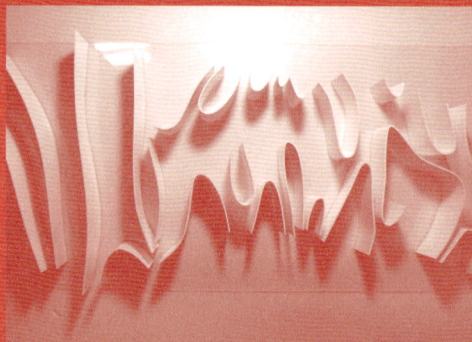

图 7-66

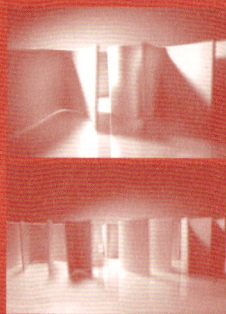

图 7-67

图 7-68

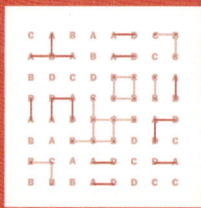

图 7-69

图 7-70

图 7-71

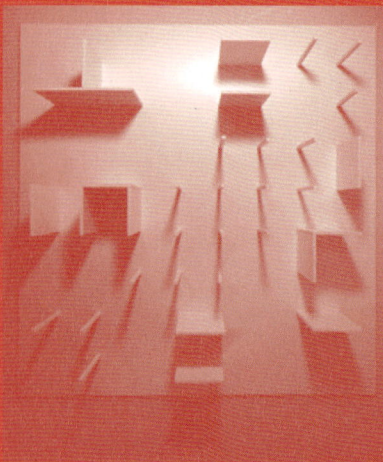

图 7-72

图 7-73

徐逸：图上的形是任意的，但是我想表达的其实是，这边的两个都是这一个的保角变换，看起来是三维，但其实是一个二维的变换。就是相当于，如果这是一个正方隔网的话，成立一个矩阵，所有的角跟角之间还是保持直角，就是直线变成曲线而已，这样就可以有两种不同的变化（图7-74～图7-75）。图7-76 依然是一个元胞自动机。我之前看过一个人的著作，他就是说现在元胞自动机可以非常厉害，可以把宇宙中的很多学科，都还原到元胞自动机（的算法），然后他提出一个设想，就是元胞自动机110 号，可以成为一个生成各种复杂形态的原型。我取的是110 号，从一个任意的序列出发，会生种各种各样的形态，我把它取平均值，一个块当中取一个颜色，把它全部统一，就会出现现在的样子。还可以看到是一个人口统计的模型，原来它是一元的，它可以有各种条理，图上的是多加了一个圆以后的函数图像和用这个图像生成的模型（图7-77、图7-78）。

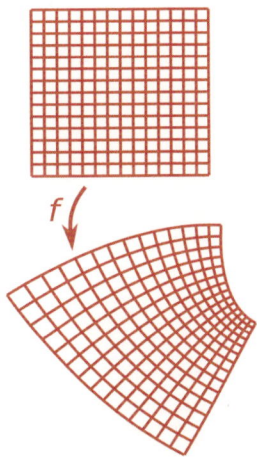

图 7-74

图 7-75

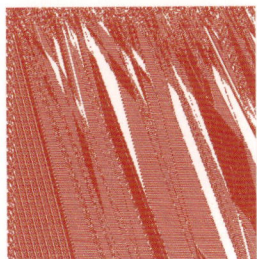

图 7-76

图 7-77

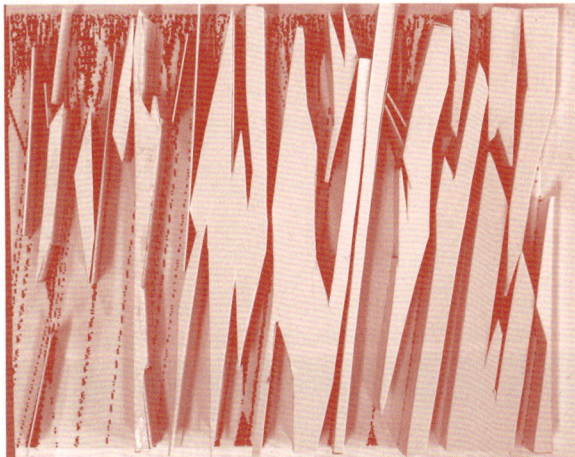

图 7-78

吴之恒: 这是一张玻璃破碎后的照片, 玻璃是有子弹穿过的效果 (图 7-79、图 7-80)。另一张图不是玻璃, 是墙面上的涂料, 像是一个艺术家的作品。可以想成艺术家先在涂料上划分了这些线, 然后在它上面做破坏, 形成了这种裂纹 (图 7-81、图 7-82)。

王昀: 我觉得每一个样子都可以做一个很好的设计, 你在上面开扇门, 或者是把梁斜一下, 所有的方案都活了。

图 7-79

图 7-80

图 7-81

图 7-82

李明玺：我找了点图片，就是酒精结晶以后，放到显微镜下面看的效果。比如说像这个图（图 7-83），其中主体是香槟，我觉得它看上去特别有一种透视的感觉，所以我就试着给它做一个透视，旁边开一个小孔，但这就是一个尝试，感觉不是特别好。后来我就做了另一个，就是不知道什么酒。

王昀：另一个好像更有意思是吧？

李明玺：对。把它硬看成透视，凭第一感觉找了一个透视，然后就成了这样（图 7-84 ～图 7-86）。

王昀：挺好的，那就开几个窟窿。其实窗户也不见得是开方窗，就顺着条纹纹路，一种横向的感觉，像是在立面上刷出来的效果，可能会更有意思。你们的手段太多了。

图 7-83

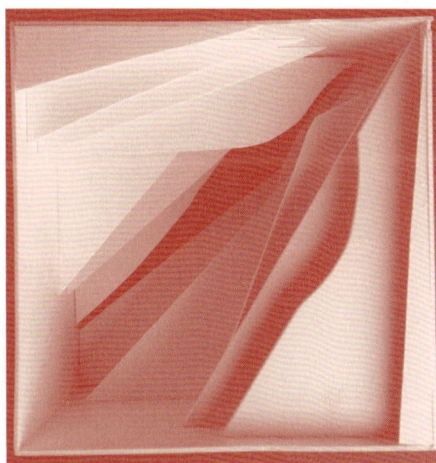

图 7-84

图 7-85

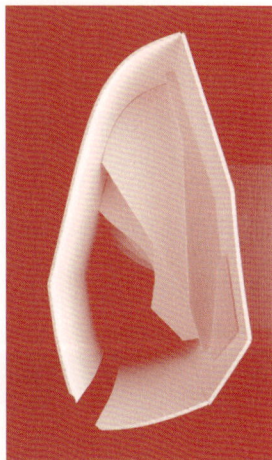

图 7-86

图 7-87

丁惟迟：这是以汉堡为原形做的（图 7-87）。它本身是分层的，我把盖先摘下来，把它里面的营养物质归纳了一下，有糖、脂肪、蛋白质、无机盐、水、纤维素。按照它的主要成分，每层不一样，比如说各层依次为糖、蛋白质、奶酪、蔬菜、肉、酱。然后每层以它本身的纹理来创造不同的空间。比如说奶酪里面的空间是相对比较独立的小单元，像菜就是比较连贯的一个东西。差不多就是这样（图 7-88）。

图 7-88

杜京良：我的思路是朝着物理方向走。比如说有些比较优美的曲线，假设它是某种带电离子在磁场中的运动轨迹，然后用曲线对应大小的磁场空间表现出来（图7-89），这个就是原理吧。相当于如果在某个合适的角度，把离子射进去，在空间里能形成一种轨道曲线的状态，就是这个意思。

王昀：这个很不错。

杜京良：然后我找了一个特古典的雕塑——维纳斯（图7-90），把她的曲线归纳出来，然后做同类比较。图上是她的侧脸，还有下身（图7-91），把她身叠起来，最后形成的空间特别有中国园林的感觉（图7-92～图7-94）。

王昀：这个特别棒。很舒服的一种状态。我觉得最有意思的是抛开了形本身，利用另外一种原理生成的某一种状态，这个特别好。

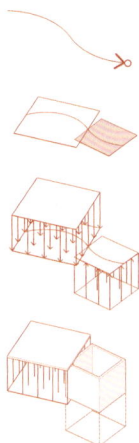

图 7-89

图 7-90

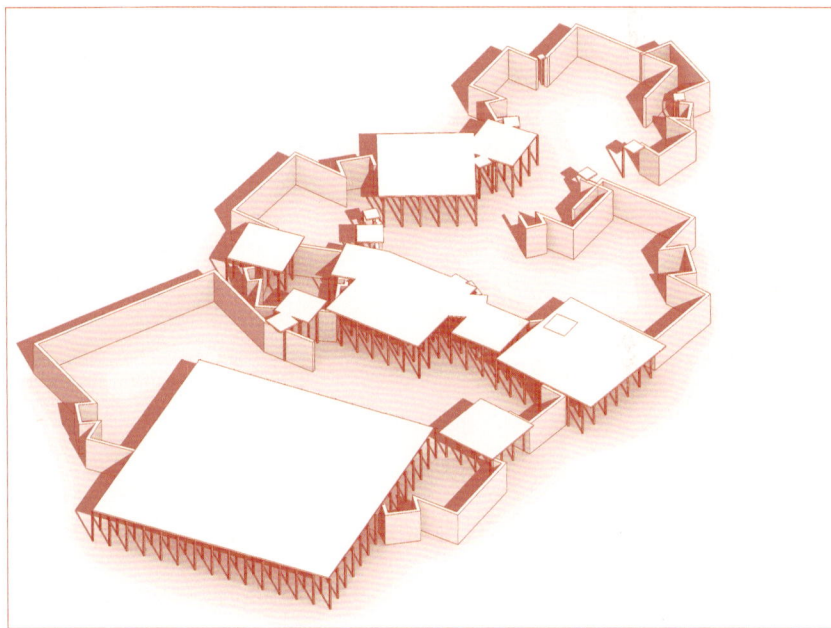

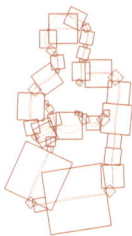

图 7-91　　　　图 7-92

图 7-93

图 7-94

图 7-95

图 7-96

周桐：我做了一次攀岩，攀岩有好多种，岩壁上身体移动的方式不太一样，有偏向水平移动，还有快速地垂直移动。我先选了垂直移动，因为攀岩时的速度特别快。归纳动作特点就是，攀岩者在岩壁上需要抵抗重力，动作幅度会特别大，特别夸张，也有一些技巧，比如把腿提高到腰以上，反正整个人就会伸长到一个夸张的状态。但是由于他是对抗重力最合理的一个状态，所以说那个动作姿态其实是相对比较优美的。我就想把他在岩壁上的支撑点连接起来，把它的重心标识出来（图 7-95、图 7-96），然后用这两个元素值就可以衡量人在岩壁上的一种状态。我找了一个速度赛的过程，然后把运动过程刻画出来（图 7-97）。它的赛道相对简单，是直上直下的。四边形和三角形都是控制点的连线，图上的线是我把人的重心移动连接起来，然后归纳成为一条曲线，再联系起来。然后我还加了一个顶盖，但是我并不想把它完全按盖上，只是先看看光的效果。这个可能是光的一些效果，就在这些曲线墙和直线墙相交，会出图上的效果。大概就是这样的（图 7-98）。

王昀：你刚才选的第一幅攀岩动作我多少有点疑惑，按照这个法则，为什么膝盖这个点没连上线呢？

周桐：腿是悬空的，有时候不是四肢全部用力，有时候他站在一个石头上直接就蹦到攀岩上去了。

王昀：从这个形里面怎么能发现它符合你的房子的逻辑，开拓思路完全没有任何问题，就是你在选择对象物的时候，怎么让它做得丰富。你这个空间做出来的话，将来可能会很小，稍微再想一下。

图 7-97

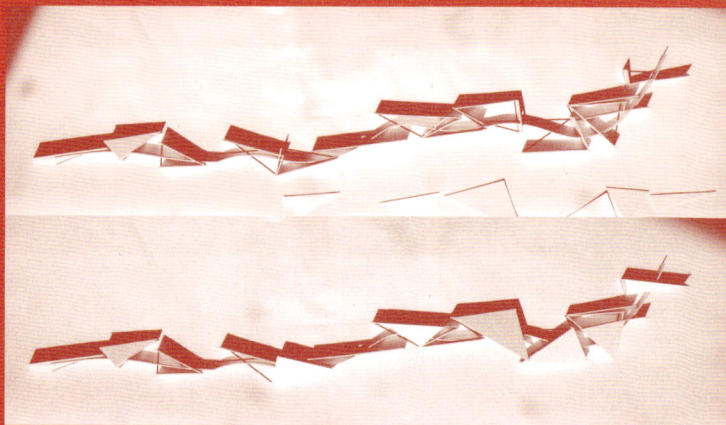

图 7-98

236

侯兰清: 我找的是个棋谱, 可以看到黑棋的轨迹 (图 7-99), 白棋的轨迹 (图 7-100), 把它们按照顺序大概连起来 (图 7-101), 感觉连出的形态还是比较丰富的 (图 7-102), 但我又不知道怎么把它们结合起来。

王昀: 不一定非得结合, 一结合就乱了。

侯兰清: 还有之前做的八大山人的画 (图 7-103), 把它处理以后, 就会有阈值 (图 7-104), 取不同的值, 会有不同的色块, 数值越大, 色块就越丰富, 这是生成的模型 (图 7-105)。

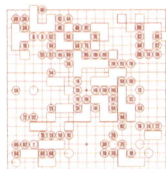

图 7-99

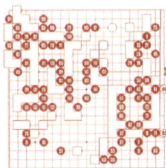

图 7-100

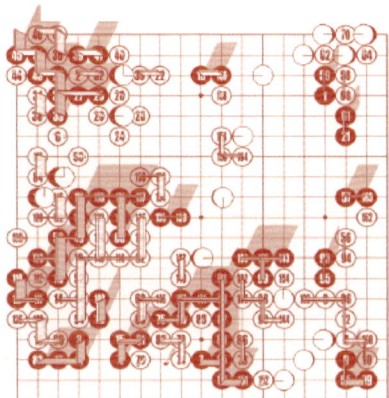

图 7-101

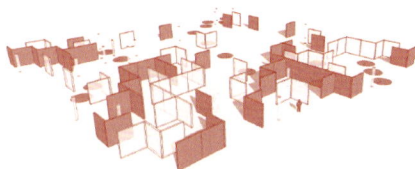

图 7-102

图 7-103

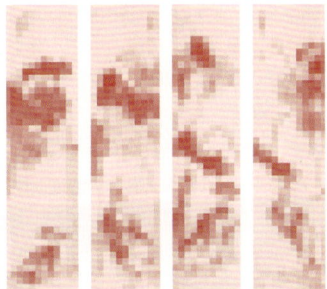

图 7-104

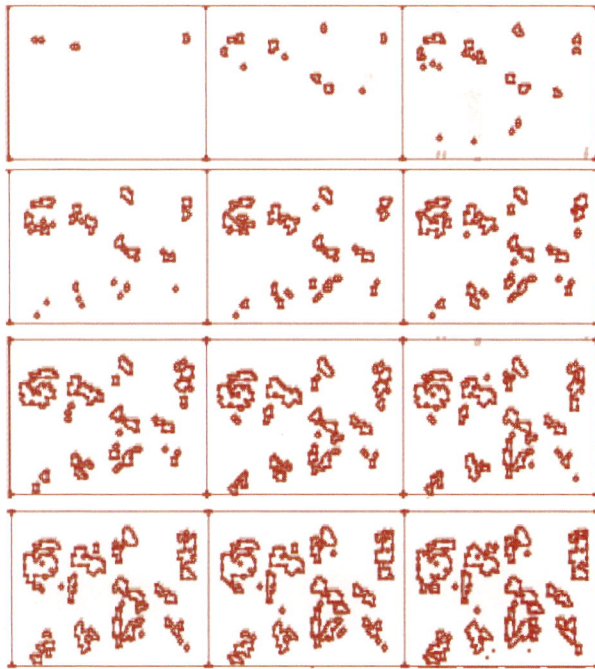

图 7-105

杜光瑜：这个是模拟不同的晶体，依照某种规则进行生长它生长到一定程度，会产生一个城市的感觉（图7-106～图7-109）。

还有是经过亚原子的粒子，这种形态是能量衰减导致的（图7-110～图7-112）。

下面的图是拿七巧板做的，七巧板可以拼成一个方形，且只有七块。可以通过制定一些规则来得到一些别的形态，比如七块顶点相连，就拼成这样（图7-113～图7-115）。

图 7-106

图 7-107

图 7-108

图 7-109

图 7-110

图 7-111

图 7-112

图 7-113

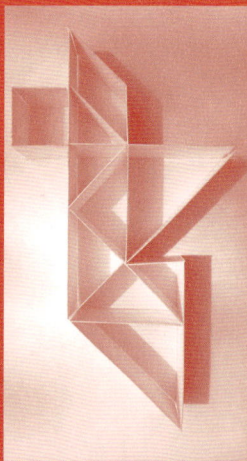
图 7-114

图 7-115

高钧怡：这次实际还是演绎上次做的树枝的变化，上次是通过拍照把树枝变成二维的，这次想换个扎染的方式，把树枝转换成二维的。先确定一个树枝的主干，树枝是一层一层分下去的，我就模拟这种方式，一层一层分出来。分出来后就用筷子染色，这样就可以控制只染一层。染完之后就铺开，得到了现在的效果。绑扎之后松开，布本身的皱褶就会形成一些起伏。它们有一些大小和虚实的关系（图 7-116～图 7-119）。

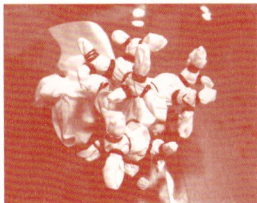

图 7-116

图 7-117

图 7-118

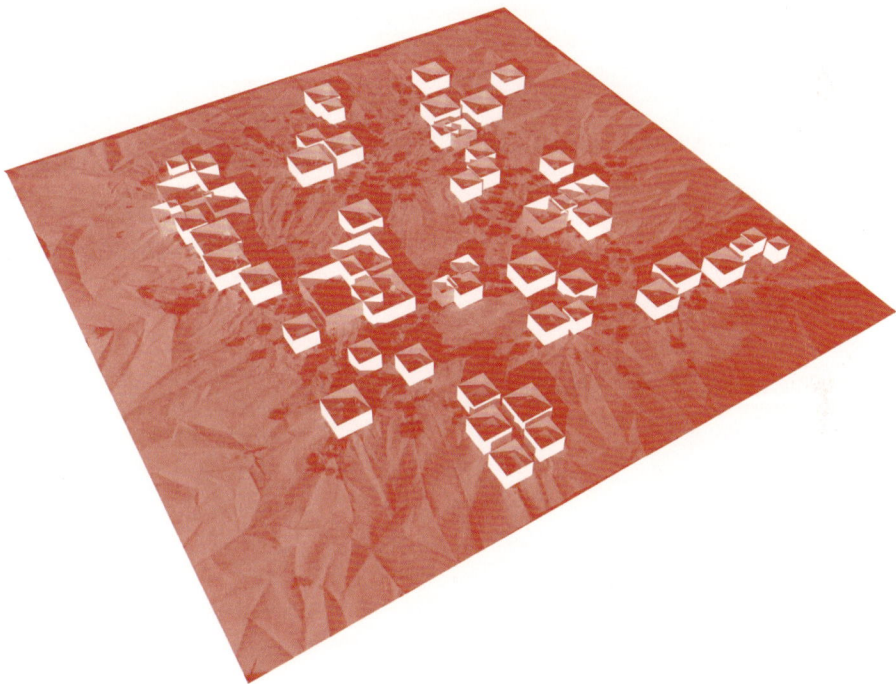

图 7-119

王昀：感觉咱们现在的阶段已经到了遐想的结束点了。今天我告诉你们这些方法，接下来你们要把它做得有神经、有血和肉，然后再用模型将它展示出来。这是你们在未来四周要完成的。今天回去的作业就是在你们现在模型的基础上把功能和观念赋予进去。

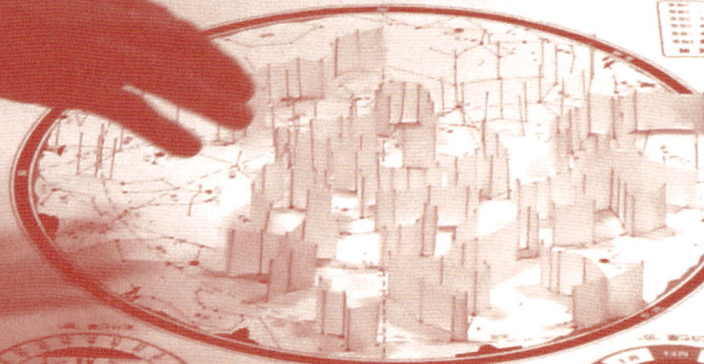

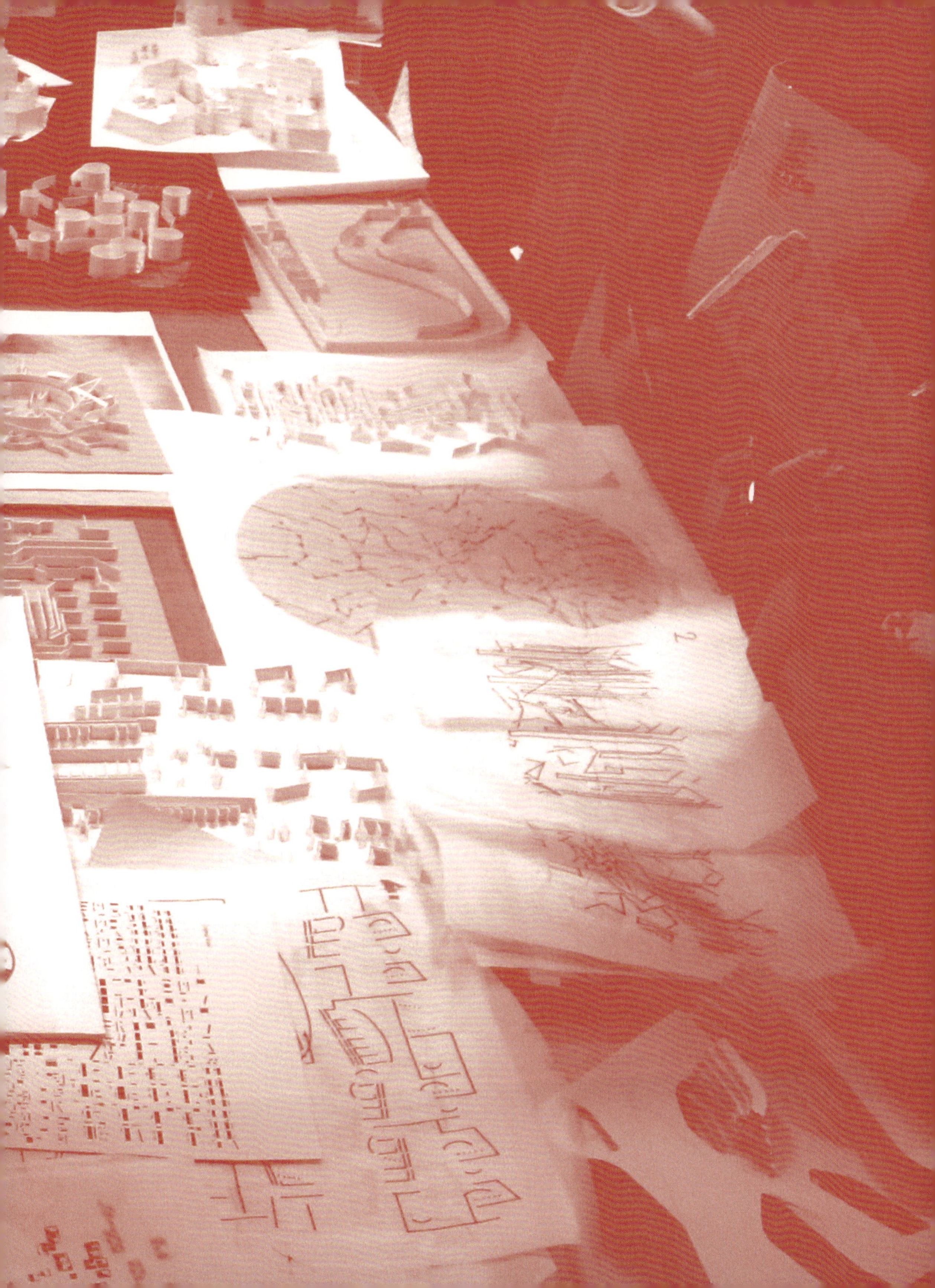

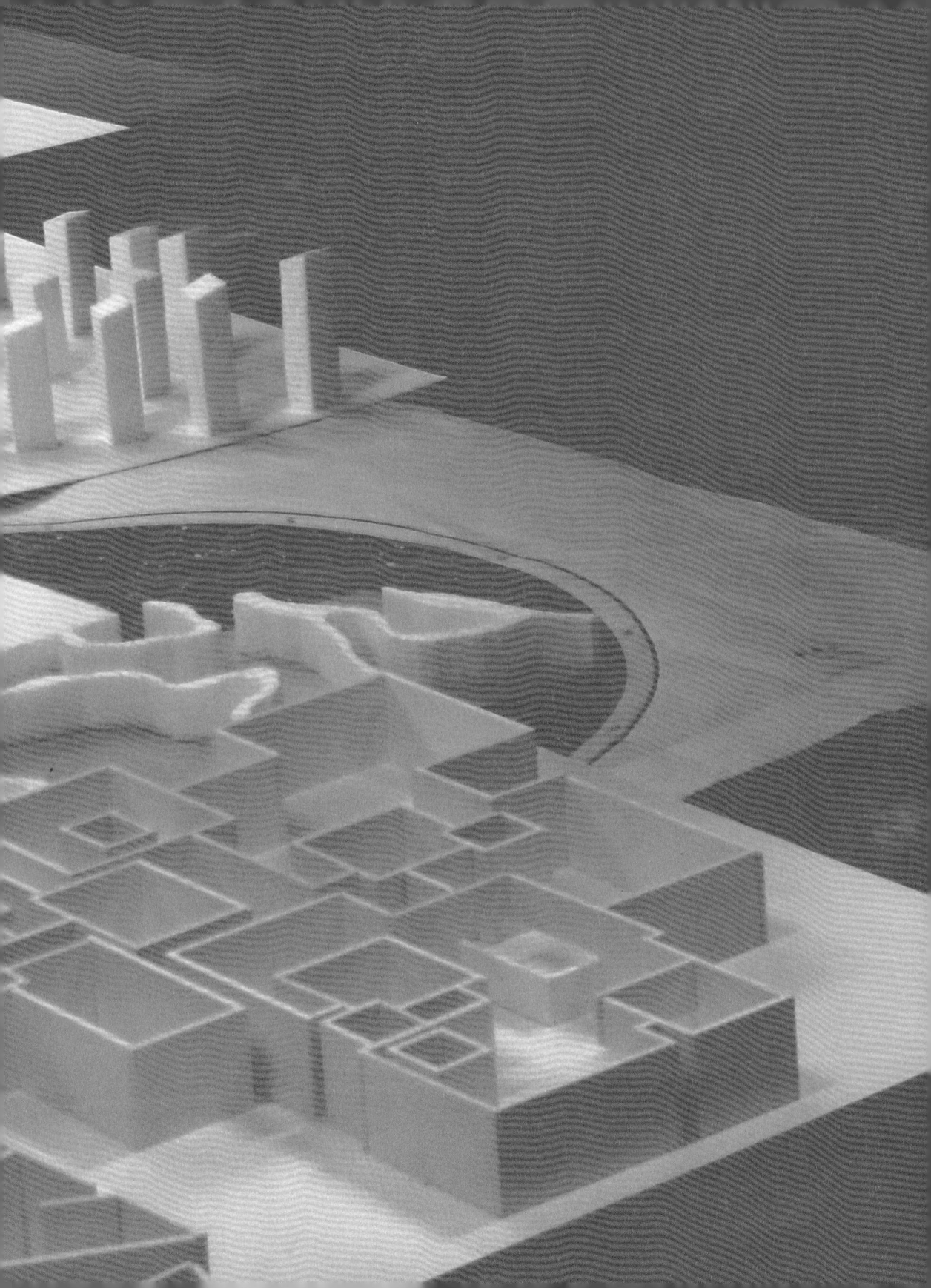

08

中期评图

2015年3月29日星期日

王昀：我们这个组经过四周的工作，今天迎来了五位评委，我先介绍一下评委老师。第一位是王丽方老师，王丽方老师是我的老师，然后是李兴钢、李总，期待李老师的尖锐批评。还有一位是刘亦师老师，是建筑史方面的专家，今天会从建筑史的角度来给我们大家做一个深刻的评论。李虎老师还没有到，因为时间的关系，我们就先开始。另外我想简单说一下我们这个组的题目。关于建筑的一些基本功能、形式等问题，从二年级到三年级已经经过了很长时间的训练。这次作为三年级的教学，这个单元的主要工作是训练学生们从更加多元的角度对空间的问题进行思考，而在功能上面并没有给大家很大的限制。

图 8-2

图 8-3

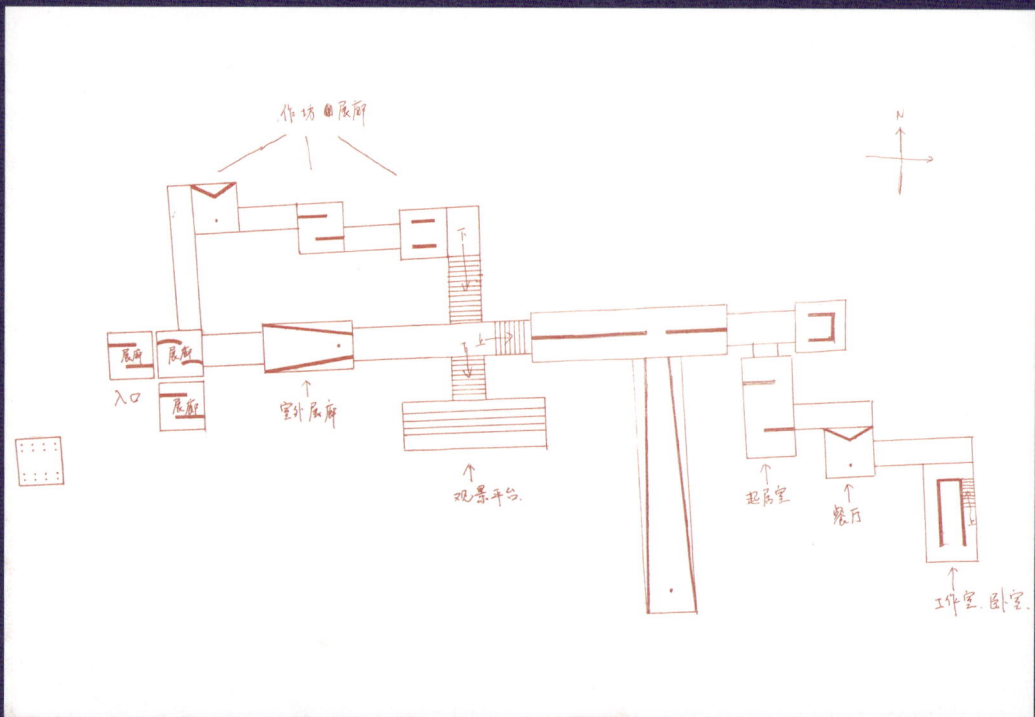

作坊、展廊

N

展廊
展廊
入口
展廊
室外展廊
观景平台
起居室
餐厅
工作室、卧室

图 8-4

图8-1

吴之恒：老师们好，我是王昀老师组的吴之恒（图8-1）。我做了一个叙事性的建筑。地段设在澳大利亚的一个海湾上，旁边有学校、住宅区、树林和海岸，背后是山坡，前面是海，是个有坡地的地段（图8-2）。

地段环境周边的住宅大部分是单体，环境非常好。可以看到地形有一定的坡度。我现在所做的是用模块的概念来表达我的建筑。我把模块看作是一个点，这个点是一个激发因子，通过一个策略定位，力图以小元素释放最大的潜力。

我要做的是一个展廊和一个活动中心，主要特点是通过人的活动来串联空间。点是一个行动的中心，一个人在一个时间上就是一个点，他运动起来便形成一条线，是一个运动的点形成的线。于是我就将模块的组合和运动投影记下来，记录一个行动的过程，形成了一个叙述性的建筑。

我做了一个10米×10米的小体量模块，通过对它进行变化和组合来应对环境，并通过它们之间放置一些内容来形成叙事性。我的平面图是一个10米×10米的正方体，从入口进入，穿过后通过墙的位置把形体改变。再通过中间高度的改变做成不同的样子，可以改变它的流线，改变点运动的轨迹，通过一些相似的变化形成空间的变化。

图上是一个鸟瞰图，我做的是上方的一块（图8-3），体量上希望和它后面的单体住宅的体量有一个呼应。

平面（图8-4）中原来的树木和树丛尽可能地保留。入口处是一个展廊，中间有一个很强的通道，并有一个阶梯状的观景平台，人可坐在上面。之后有一条风雨长廊，通过一道墙把它分隔开来，右面看海，左面是看山。在墙上开了一个口，伸出去很远有一个看向远处的观景长廊。

王丽方：你觉得海边的空间需要做什么样的？你现在在空间上开了一个口可以看海，其他封着。从总平面来讲，怎么去理解在海边？怎么去理解它是个展廊？从图上看好像人进入后就是一直走，边走边看，穿过你设置的墙来看，好像就是这个意思。对海的理解和对展廊活动的理解好像没有看到，还有为什么是10米×10米的方块？而不是别的？

吴之恒：跟周围单体建筑的尺度相近，我看了大多数的尺寸都在10米×10米左右。

王丽方：为什么要跟周围一样？

图 8-5

图8-6

吴之恒：因为这建筑是在海边，它背后的群体住宅数量很多，如果做一个很大的体量，我觉得在视觉上会对环境造成破坏。

王丽方：你的方案里有没有比周围房子更美化的地方？

吴之恒：可能还需要考虑一下。

李兴钢：你刚才说你设定了一个10米×10米的单元体，通过它的组合来形成你的建筑。但从你现在的平面来看，你并没有把你刚才说的依靠10米×10米的单元体形成整个建筑的这种思路清晰表现出来（图8-5）。

你的文案里出现了很多不是10×10模数的东西，我觉得这是你的想法和你的表达之间的一个差异问题。其实会涉及两个方面，一个是刚才王丽方老师说的，10×10的单元体是不是能涵盖所有你想要做的功能，包括走廊，包括室外的平台。因为它是你构思的一个基础。二是如果不是这样的，这种还不能满足的话，那可能就需要，引入第二种单元体。因为10×10可能适合大多数的功能，但是它不一定适合一些待定的功能，比如说走廊或其他的东西（图8-6是提问现场时的场景）。

第一个问题是你的构思和你的表达是拥有否一致性的问题，也就是我们所说的眼和手的问题，或者叫脑和手的问题。就是你想象出一个思路，你要有能力用一种实际的表达把它做出来，这是一个很重要的训练。如果达不到，可能会影响你以后所有的工作。

第二个问题是抛开设计之外，你作为一个建筑系三年级学生，你的一个基本表达，我不是说设计表达，而是画图，就是你工具的表达。我们现在只看到一个非常粗浅的平面，看不到剖面，看不到整体的构成，模型上也是只摆了几个概念性的体块。这不是中期评图所应该出现的状态。

我们将来作为专业人员，你的图纸和模型，你的基本表达在这个阶段一定要出来。即使是草图，即使是工作模型，也要有一个相对完整的状态，让老师、让大家了解你的设计（图8-7）。

王丽方：我觉得你如果确定10×10这个模块的话，接下来的事情就是模块之间的组合有什么样的逻辑？你现在几乎是没有逻辑，就是走哪摆哪，且不说你还需要第二个元素。比如厨房、厕所可能会变成第二元素，也可能是通道、长通道变成第二元素（图8-8）。你要用一个逻辑把这件事串起来并持续下去。组合以后还要重新评估，看用这个逻辑组合的群体，有没有达到一个整体性。

图 8-7

图 8-8

刘亦师：我也是第一次参加三年级的评估，我不知道他的题目是什么，是一个艺术家的住宅吗？

王昀：并没有一个很确定的状态，其实他前面做了两三个方案，这是其中的一个，是在探索如何把自己的一些观念用某种手段表现出来。

刘亦师：有点像我们一年级的一个训练，下学期第二个训练就是艺术家的住宅，把艺术家居住的部分和展示部分结合。我也觉得你这个方案逻辑还是有点模糊，建议你可以先画一个 10×10 模块的分析图，可以看一下迈耶那种以理性主义见长的建筑师的作品，看看他们的分析图是怎么画的。你可能没必要画得那么详细，但得先把分析图画出来，然后再进一步去做，因为你的居住部分和展示部分这两块有点不太搭。两部分怎么配合在一块，可以通过主层面来布局一下。

吴之恒：谢谢老师。

王丽方：他们的课是八周是吗？

王昀：是八周。

王丽方：所以你时间还是挺紧的。

吴之恒：我们的进展可能跟别的组不太一样，我们后四周会继续努力。

王丽方：好，下一位同学吧。

李兴钢：等于说所有学生的题目都可以不一样？

王昀：都可以不一样，以前题目都是一样的，现在就想是不是可以每做一个都不一样的设计。

杜光瑜：老师好，我这次的设计是一个社区的艺术中心（图 8-9）。我选的地段是北京大学西门畅春园的公园，它曾经是三山五园的遗址。我为什么选这里？因为它处于四环的北边，虽然高校集中，但是艺术展览馆和博物馆非常缺乏。而周围有很多家属区和大学，就是说人群对于文化的需求还是比较高的。这里有大片的空地却没有一个可以为大家提供一些艺术活动的地方，所以选择了这里。

这块场地有一个比较大的特点，它虽然跟学校只有一墙之隔，但是它的发展是非常滞后的，相当于是高校旁边的荒地。从图上可以看一下它的街道，和大学相接的这条路，可以看到它的规划还可以，但是一转过去，南边和北边就能看到出现了类似远郊的那种破败的小店。它的西边有各种摊贩的摊位，没有什么太多的秩序。我想通过大学来带动周围场地的发展。

畅春园现在的公园情况是它的入口有很多个，几乎在每个方向都有，整体给人的感觉是这块地非常大，但是有太多的地是人们不可到达的，它的绿地也是荒废的。具体来看一下，这其中还存在一些年代非常久远、现已年久失修的设施。

我所选的这块场地正好在北京大学的学生宿舍楼旁边。可以看到东边是北大的学生宿舍楼，它是围墙围起来的，北大的学生们会从东边通过天桥进入宿舍。西边的公园完全是给市民们，半夜也是开放的，没有门禁。

我选的这块场地就是在畅春园公园的最东边跟学生公寓相接处，其实就是一块空地，空地上有一些树，大概是这个样子。我想把公园和学校分隔的这面墙拆除。我这次想探讨的议题就是，高等教育虽然是好的，但因为一些措施我们总是在阻碍市民跟学生的交往，用围墙隔开，虽然一方面可以保证秩序、安全等，但是另一方面就会让社会不同群体有些脱离。这样的话，我们即使在做学术，脚下也是没有那片根基的，所以我希望通过打破这一面墙，让两边的人群流动起来，从而带动这块地段人群的交流，甚至我在想可以提供一种模式，利于大学周边发展。

现在有很多大学在郊区建立了分校，周围都是破败的农村。我的想法是在这块空地上创建一个空间，能让两边的人自由地在其中来往，然后为不同人群提供一些功能。

市民可以在其中休息和体验自然。只有一片空地的话，我们不一定能认识到自然，但通过建筑轮廓，我们却可以更好地去发现周围的自然。可以为艺术家提供一些创作、交流、展示的空间，也可以为高校的学生提供一些校外讨论的空间，或者是提供他们感受艺术的空间。这块地段正好是三

图 8-9

图 8-10

图 8-11

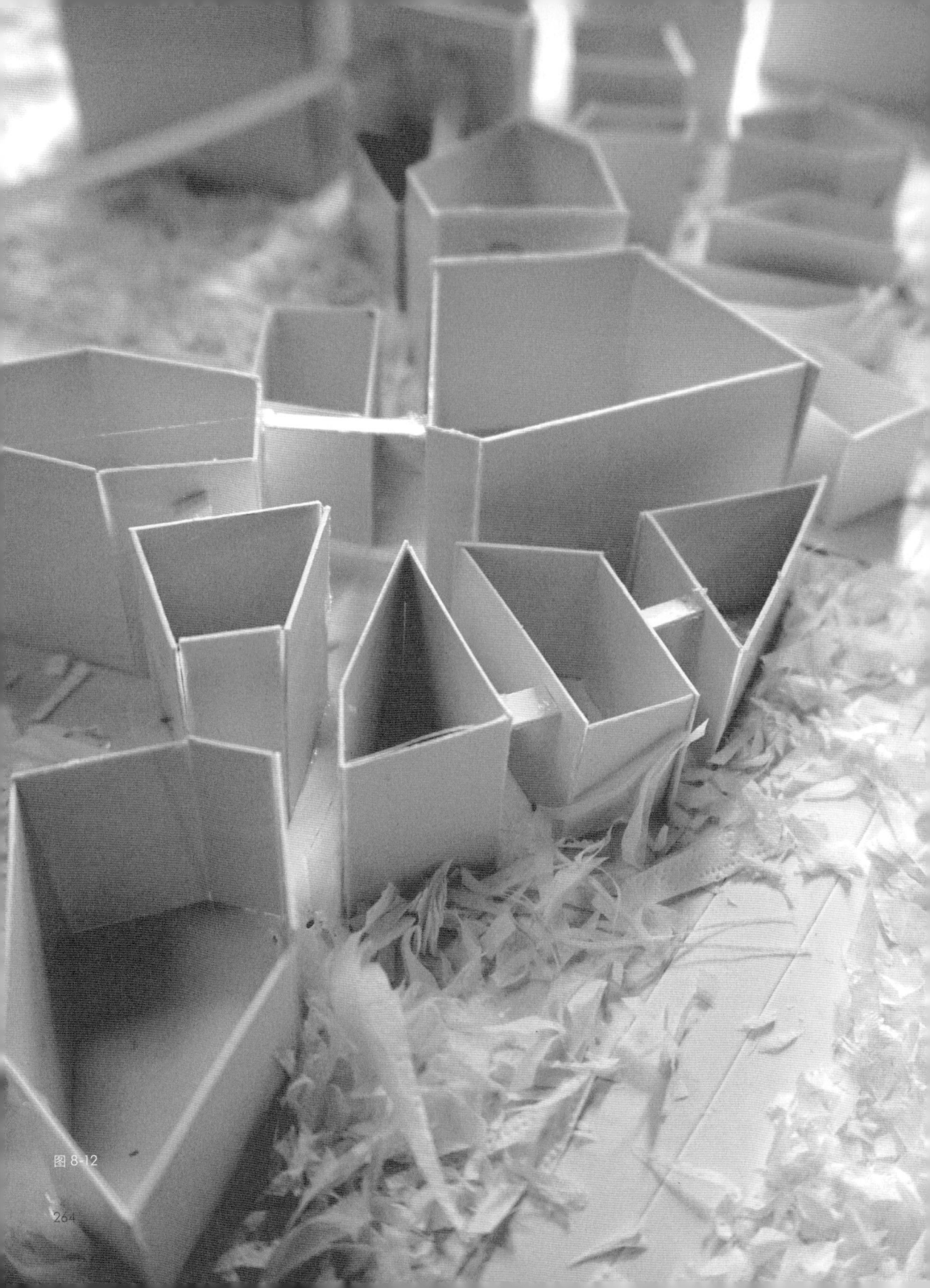

图 8-12

山五园，正好可以作为海淀区文化宣传的核心区域。它对于各个人群都非常有好处，而且最重要的是我希望处在生命各个阶段的人们都能生活在一起，而不是周围只有同龄人。

我画了一些概念性的图（图 8-10）。我们具体来看我刚才说的那些功能，图上这块是东边，接着学生宿舍，有一些小的模块能够提供室外讨论的空间。然后接的是公园，可能有一些咖啡、书吧或者广场周边的服务设施，中间穿插的是博物馆、艺术展廊等性质的设施。这个空间周围可能排列一些艺术家的工作室，然后中间可能有一些其他性质且没有定义的空间。

图中体块的生长逻辑就是按照主要的街道，仿佛像树一样发展的感觉，中间留下了一些空间，人们可以在这里有更多相遇的机会。

然后是模型（图 8-11、图 8-12），具体表现是：有些体块有顶，有些是半覆盖的，也有些是完全敞开的。从走廊走进去，可以发现另一片自然。中间准备通过连接的楼梯或廊道来在空间中穿插。

我做了一个模型的实例，图上看到的就是其中的一个模块的示意。比如说我做了一个半开敞的空间，可以从一个体块走到另一个体块，在分不清室内还是室外的地方感受自然。体块上面可能还有一些走廊，人可以穿过去，或者是有一种很小的空间，或者是在广场边上人可以坐在台阶上面，可以读书等。这就是我想呈现出来的。

李兴钢：我觉得这是非常好的一个作业。一是我觉得地段选得非常有道理，很好。这块我凑巧还比较熟悉，因为经常去王昀老师那，就在北大边上。然后旁边有一个俱乐部，就是清华俱乐部，我每次去打球都是从俱乐部的北边过去。这块确实以前非常有历史，是畅春园的旧址，同时现在又非常荒废。选择这么一个地点，实际上也体现了对城市问题的关注。然后又综合了学生、市民、城市设施、文化活动和休闲活动并结合在一起，我觉得这个地点和选题以及功能的设定都是非常好的。不仅关注了建筑的本身，同时通过这个建筑能够尝试解决一些人的生活问题和城市公共空间的问题。

二是我觉得这个设计做得也非常有意思。最终的模型我们看到并觉得非常喜欢。有室外、室内不同的空间，大小高低错落，放在畅春园公园里，像一个小村落，有很多的丰富性。可以想象它会有很多的体验，而且可以把不同人群都聚集在一起。它可以称为一个真正的城市公共空间。

三是，我觉得杜光瑜同学的表达也很好，就是我刚才说到的前面那个同学的第二点问题，就是作为一个中期评估的话，即使是一个过程的状态，但是你的思考和表达作为评估也是要完整的。所以这个同学从模型的演示可能更适合有一些场景性的演示。

还有一点是图纸，虽然是草图，但总平面分析以及她所想象的场地，包括以前的情景和将来的情景都表达得很清晰。所以我觉得是一个很好的作业。希望你在后面的时间里面能够把设计进一步深化，空间里会有什么样的活动，有什么样种类的空间，然后它的尺度是怎么样的，就是把那些可能在前面阶段相对比较随意的东西进一步落实。哪怕再小的空间你也考虑到了，那你的设计就会既有大的方面，也会有很细节的方面。

王丽方：我跟李总的感觉类似。选对了题，不知道你是偶然碰到的地方还是什么原因造成的？

杜光瑜：我家原来在旁边，我爸爸妈妈都是老师。那块地十几年一直没有什么变化，所以觉得需要做一些什么东西。

王丽方：我觉得这个地段选得有特点。为什么有特点呢？它周围的环境蓄积了一些力量，你想把这力量借这个事做出一套东西，这是有意思的事情。别的优点我完全同意李总说的，下一步我给你一些建议吧。

一是北大的学生公寓假设在图上这块开了一个门，旁边还有一条路，我觉得是不是可以直接从这学生公寓穿进去，穿到公园里，并拿它作为"界"，而不是先进公园门，然后再进学生公寓。现在这个方案边界是边界，学生公寓是学生公寓，实际上你要是把它们之间的界打通，然后面朝着学生公寓的这些小碎块，把你设计的空间放到这（指模型上的一个局部），然后这些碎块（指模型上几个体块）就会面对，这块地方就好起来了。而不是说，先有这一个"界"，然后"破界"穿过草地。感觉不紧密，就直接贴上去。因此就会产生一个 between 的地方，这是一个。

二是有没有可能把你设计的空间沿长向地放，或者是斜向地放，实际上就是利用一个方向上的贯穿改变它的性质。比如说转到另一侧后，变成公共空间，那样的话可以变成一个纵向的组织方式，也可以考虑。

三是现在各个块没有两个是一样的，这体现了一种非常自由的随机状态，有没有可能让它看起来很有机，但实际上面还是有一种组织方式。比如说让这些碎块自己的形态还有它们的组织关系带有一点逻辑性。

还有一点，我觉得真正使用的话，建筑的地面层会觉得非常缓，人走进去感觉不出来，但上面高高低低的变化现在看起来不错。我建议地下层可以抬起来，有一些体块不落地，这样地下层的视觉会更通畅，导向这方面也可以更清楚一点。现在的状况是人一进去立刻就转晕了，因为你每个转折都不是90°，转个几次就不知道天南地北在哪了，所以我觉得可以稍微整理一下。

刘亦师：这个方案确实做得很好，体现了一种社会关怀。此外，空间主要涉及两个方面：第一个是形体，再一个是人在空间里的活动。我觉得把人的活动考虑进来，这是很好的。如果是像王丽方老师刚才说的，可以把图上这块拿下来，或者是在视觉上或空间形体上有一个很强的引导性，让学生公寓和公园两个空间能够穿透，能够有更强的导向性的话，我觉得可能就会让这一切活起来（图 8-13 ~ 图 8-15）。

图 8-13

图 8-14

图 8-15

高钧怡：各位老师好，我是王昀老师组的高钧怡（图 8-16）。我这次做的是一个市民综合活动中心，地点选在西安，就是想通过这样一个设计解放一下像西安这种"方格网"的城市。

首先，设计的出发点是在台湾看到的一些场景。图上是台湾一个寺庙的入口，有小吃摊。很多人会聚集在这里，非常有氛围。小吃摊旁边有树，树上的鸟在人的脚下到处跑，我拍了一个全景图。小吃摊是特别简易的建筑，就搭在寺庙的前面。图上是一个小吃摊的剖面示意，它搭得很简单，应该算不上建筑，两边是通透的。左边可以把小吃卖给沿街走过的人，右边可以直接把小吃端到外面人坐的桌子上。这很简单的构筑物对整个区域中的市民活动起到了非常关键的作用。

这是我在台南看到的一条历史老街，是非常有生活氛围的一个地方，桌椅摆放在外面，有柱子有廊子。后来我看到了西安，就产生了一些想法。

首先西安是一个严格的"方格网"城市，唐朝时代的布局，现在基本上保留了所有的街巷，目前的城市是在唐朝的基础上发展的。同样都是小吃，西安的小吃就没有像台湾那样发展起来而成为城市文化的一种象征。再加上现在一些新型的商场建起来了，小吃就更是装进楼里，并没有以沿街的形式为整个城市带来一些别的氛围。此外，传统的一些市民活动比如说秦腔，随着一些城市高楼的建起，原本的活动场所被剥夺，这种市民文化也在逐渐消失。同时会建一些大型的仿古建筑，虽然它们形制非常好，但整体是一种很严肃、很规整的感觉，并不会像台湾给人一种非常民生的感觉。所以我就想在西安做一个建筑，让整个城市更加有民生味，氛围更加接地气，激活城市空间。我选的位置是在"大唐不夜城"，一个仿古街区里。这一片当时是拆了很多城中村后建起来的，附近有很多安置房，民生基础非常好。此外这里还有一个植物园，在大雁塔的轴线上，可以看到它是沿着大雁塔、大明宫的轴线下来的。图下方我标出的那个点的位置就是我选择的地段，是 100 米×100 米的一个范围。它的左上部分属于植物园，但植物园现在人特别少，越来越萧条，右下部分现在荒废掉了，是一个停车场，是在这样一个"大唐不夜城"里的关键位置，实际上非常浪费的。综合前面的这些信息，就是说西安的整个"方格网"是非常严肃的，它需要一些零散和混乱来打破，需要一些东西把它激活，从而对整个城市有一些改变，这是前期我做的一些空间探讨的图片。

图上半边属于植物园，半边是仿古商业街，方案就利用这个地形，想把人流从商业街引到植物园（图 8-17、图 8-18），整个构筑物，就是这样的一个顶，里面空间相对自由一些，里面是一些围合，沿着这样的围合可以摆小吃摊，形成的一些空地可以做市民活动的场所，人可以根据自己的活动

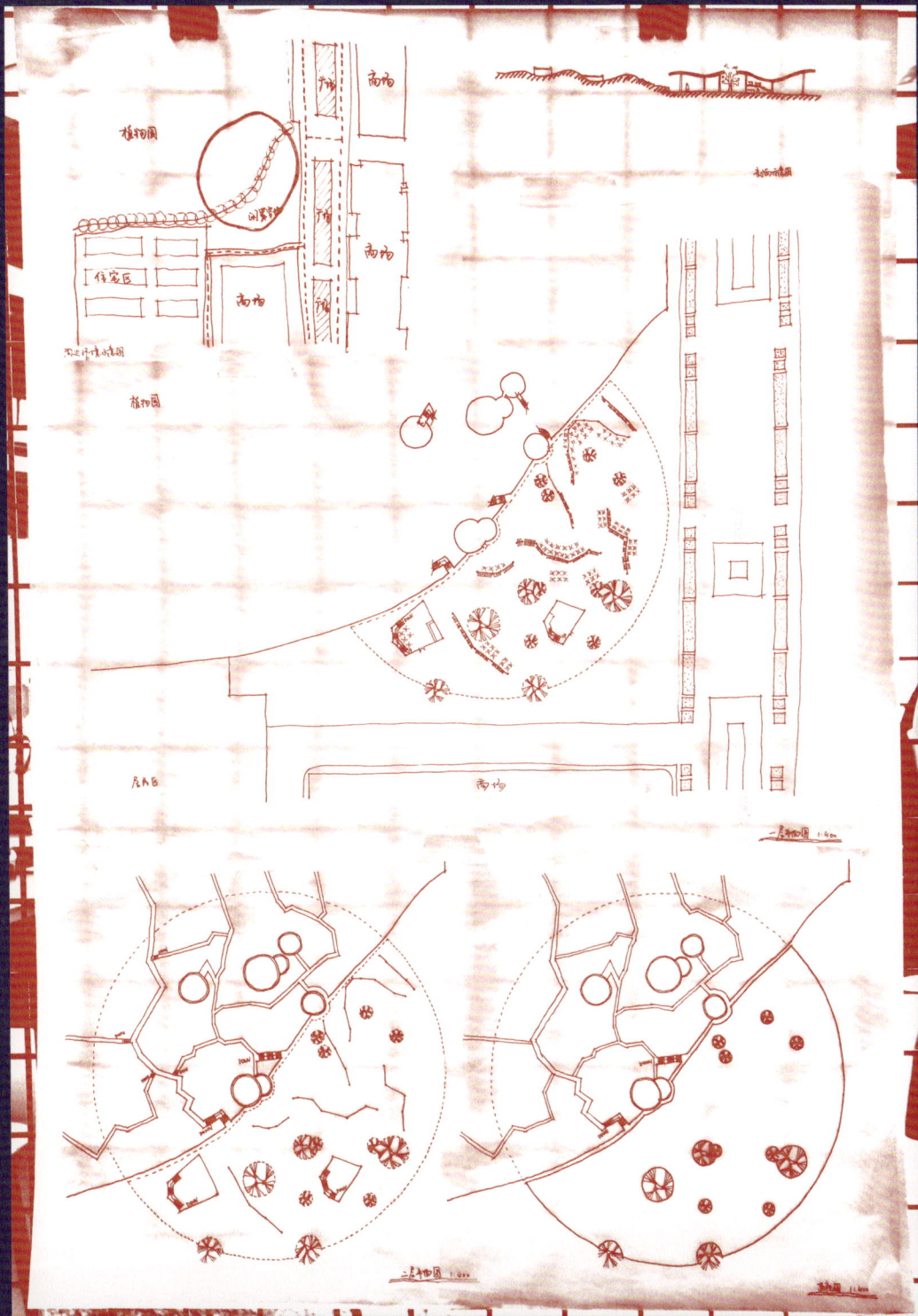

图 8-17

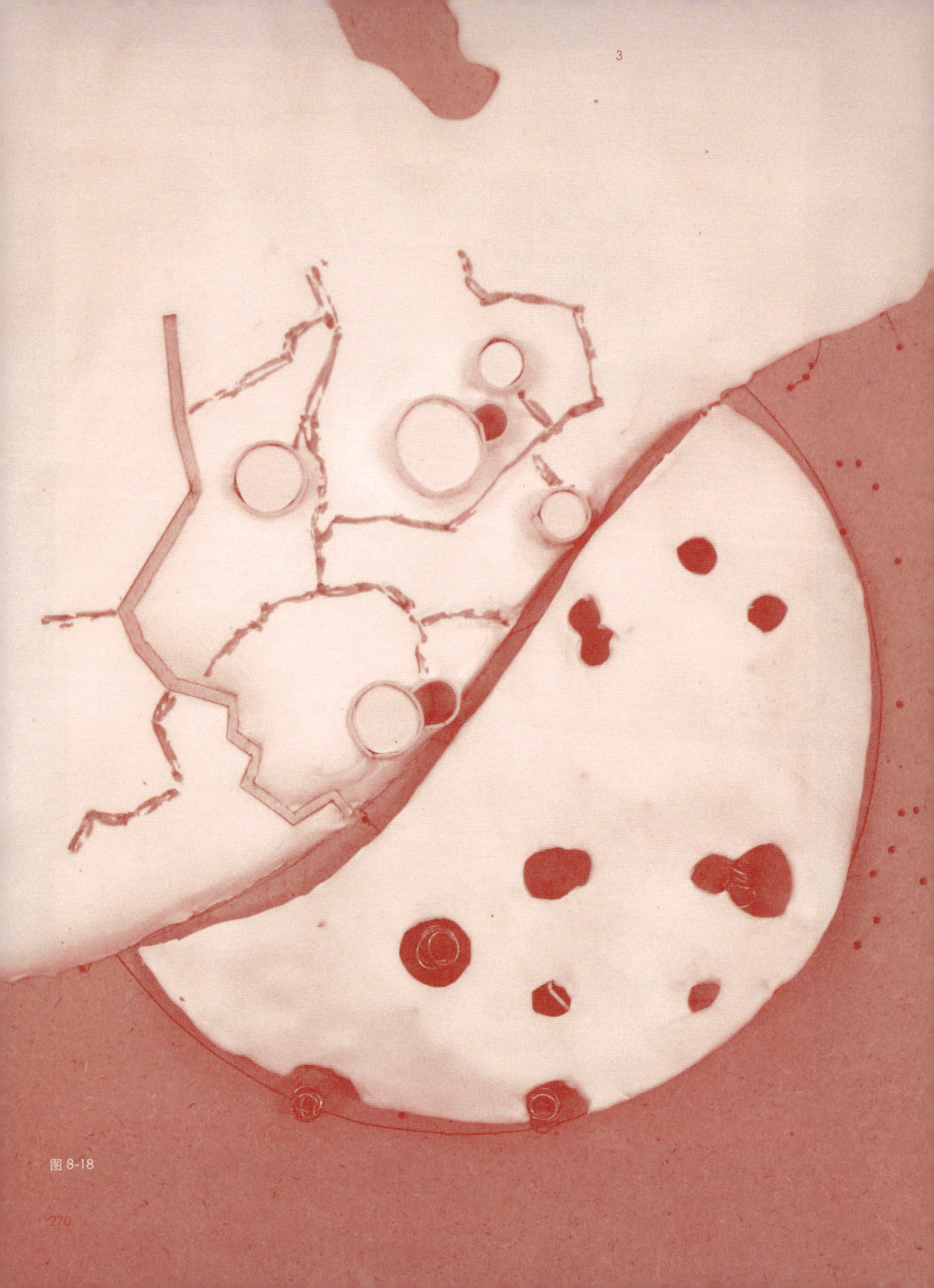

图 8-18

方式进行一些另外的连接。

人从仿古街进来以后，有一条道再把他们引入植物园，图上是一条主要的流线，可能将它的铺地做得更硬质一点，路更宽一点。此外还会有些像路网一样的东西把空间整个串联起来。

王丽方：首先，敢于大胆地在西安做这种打破中国传统的建筑，我很赞赏。过于统一的格调会使环境很单调，你给出的这个建筑，不是属于另外一种严肃的风格，而是有它自己的一种自由风格。我挺喜欢这个地域性的设计的，表达也非常不拘一格。

李兴钢：我觉得这是一个挺好的设计。首先从城市的角度思考，然后对生活有些观察，觉得你所生活的城市缺少了生活气息，因为现代的发展缺少生活的活力，这跟西安城市的历史有关系，跟它现在的发展状态也有关系，所以你觉得需要引入一些新的元素，引入现代城市里没有的元素，引入"网格"城市里所缺少的自由活泼的元素。

王丽方：我一直对咱们城市规划中划一块地交给建筑师耿耿于怀，我希望再自由一点。比方说主楼，主楼有配楼，还有四个过街，你可以想象整个主楼跨在道路网上，这就带来了它的魅力。

所以我建议把你图上这个圆跨到道路，至少是跨到慢行道上。这样，人穿过这条道路时就会感受到它，就等于穿过它下边的空间，很自然就进入建筑了。然后你可以使其结构、形式不影响交通（图 8-18）。

王昀：一点小建议，如果你这个方格网暗示西安的格局，其实可以让周围的格网跟你做的格网连起来，也就是从一个方格网的背景转化成你的很自由的格网。

高钧怡：谢谢老师。

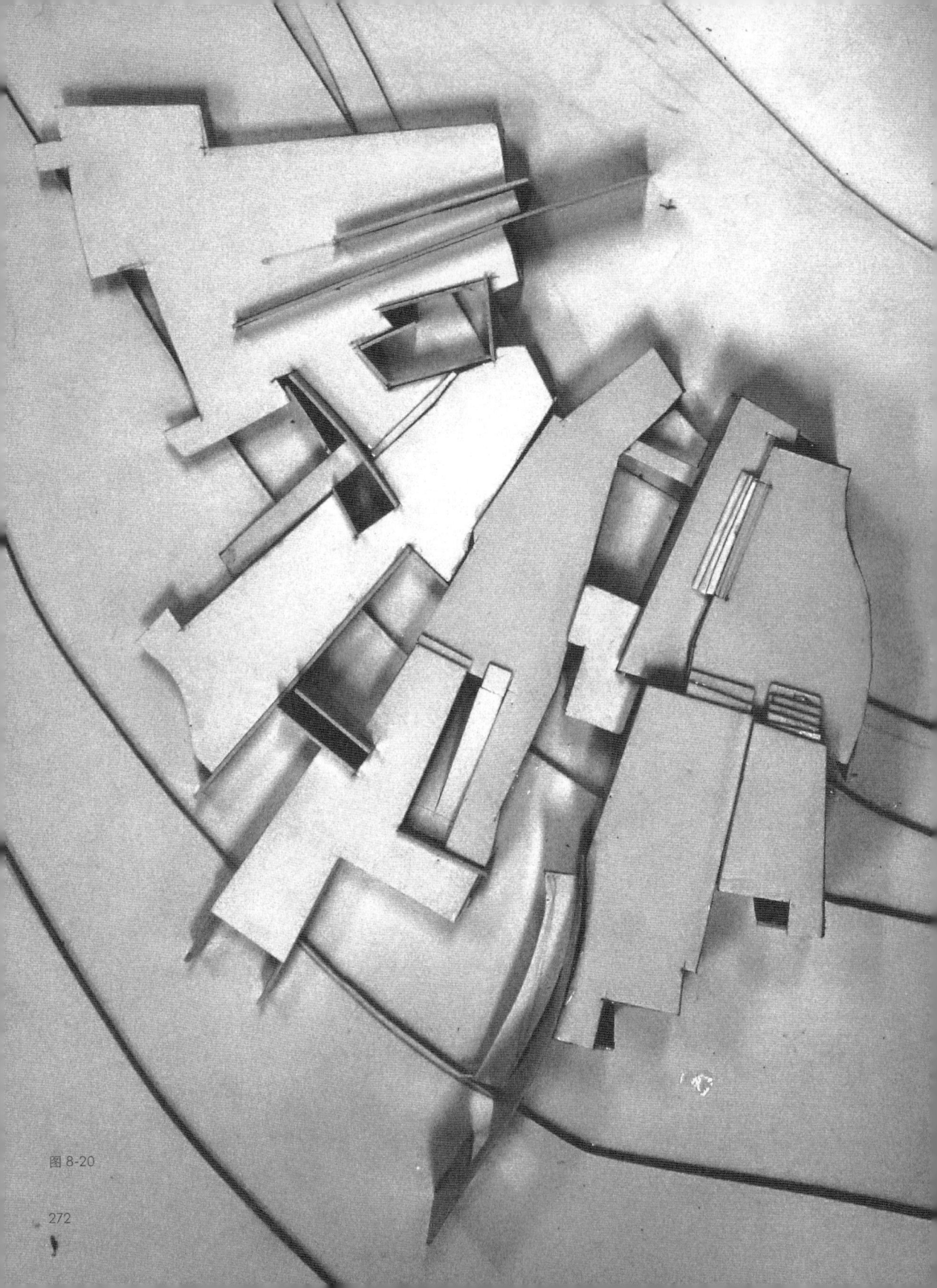

图 8-20

图 8-19

周桐: 大家好, 我是周桐。我这次选的地段是八达岭林场, 它在八达岭国家森林公园里面。森林公园本身位于在万里长城、八达岭和居庸关之间, 总面积有 4.4 万亩, 有丰富的植物和动物资源, 现在是一个非常成熟的景区, 有很好的景区资源。之所以选在这个地方是因为首先考虑到林场有日常维护的需求, 有林业工人伐木、守林育种、灌溉等日常任务 (图 8-19)。

此外林场还有社会教育的功能。孩子们去森林去野餐, 认识鸟类, 学习野外生存技能等, 这里有一个社会教育的职责。所以我就想在这个地段做一个活动中心, 它集林业研究、日常作业维护的功能与社会教育的功能为一体。

詹天佑设计的青龙桥车站旁边是森林公园入口, 白色的就是长城。我选的地段是在从路进来稍微靠里的一个小山谷里, 图上是在谷歌地图上的一个三维影像, 它坡度非常缓, 离入口有一定的距离。

我个人非常喜欢《指环王》这部电影, 又因为主题是做森林里的活动中心, 我就做了一些移情。《指环王》里面有一片很有名的森林叫做"法贡森林", 故事的主人公在这片森林里面迷路, 在这个神秘而幽暗的空间里面发生了一系列充满传奇色彩的故事。

然后就是我个人带有个人化色彩的一个对森林的理解。我认为它在空间上有如下特征: 迷路、重复、神秘性、制造好奇感, 还有就是它是发生各种意料之外事件的一个场所。所以我在空间中的操作就是通过狭窄的通道连通不同的空间, 制造一些神秘的气氛, 然后通过无穷无尽的楼梯去营造迷路这种空间性格。为了适应这个地段的地形, 可通过不同标高, 制造一些跌落的平台, 形成一个类似于聚落的空间意向, 并营造人的活动空间, 一些观景平台。

这是我的方案 (图 8-20)。屋顶平面图有非常复杂的标高变化, 所以我先做了一个屋顶的平面图, 这是我做模型的参考, 是个手绘的平面图。

实际上是从"人"形的路口沿着垂直等高线的方向上来, 然后后有一个比较艰辛的爬山过程, 图上还可以看到建筑的出口, 车行的路口。因为车子的道路必须沿着等高线逐渐往上, 所以我把车行的路口放在一侧。

大致的功能分区是, 比较疏松的这块是研究功能, 比如说做一些实验, 中间这块是一个接待的功能, 另外三个空间是库房和地窖, 因为林场需要储存很多木料、标本, 平面上看起来比较密集的就是林场的生活场所话和娱乐场所, 大概是这样。

在平面上可以看到，垂直于正面的桥形成一些空间，比如说旁边分出了一个管状的，又带有标高变化的空间，左低右高的一个通道，上面成了一个过街楼。然后还有其他一些地方，比如说一往下走的台地，然后上面有一个过街楼，通过楼梯在这些狭窄空间中的镶嵌或者说放置，营造一个迷路的特征，丰富空间中的体验（图 8-21、图 8-22）。

我的模型大概是这样，因为是手工模型，所以很遗憾没有看到室内很多由狭窄到宽敞变化的丰富空间，光影也很难表现，主要是表现外部空间。可以看到跌落的平台，还有很多细碎的体量，包括片墙和插入块。模型是从山下往上看，可以看到一些很高大的体量，以彰显它的存在。我通过标高和体量的放置去营造一些光影和气氛的变化。通过一个长的楼梯从一楼上到屋顶的平台上，实际上这里有几个楼梯。通过这种无尽楼梯的镶嵌让空间达到迷路的特征，然后去还原我心中对于森林的一种移情，我的方案大概就是这样（图 8-23～图 8-25）。

李兴钢：这个同学确实按照老师的题目设定，是对一种空间的设计，从这一点上我觉得你确实是将森林的空间特征所带来的体验转化到建筑空间里了，利用墙体、通道、楼梯的变化形成一种空间状态，我觉得这个训练的目标确实达到了，而且你最后也有一个很好的表现状态，不止是存在一种想象，一种抽象的想象，而是把它变成一种建筑的语言，变成建筑和空间的语言。

但是我觉得有两点需要提醒。一是在长城脚下国家森林公园里面做一个建筑，我们在真正做的时候不是随便可以这样去做的。当然作为学生作业也许可以有一个相对理想的设定。但既使我们可以有这样的项目，那是不是像你现在所呈现的这种状态，比如说建筑的体量跟森林的关系是什么样的？它是不是应该以一种更消隐的状态出现，同样可以造成你所希望表达的空间，可能在这样的一种限定之下，你的空间会更有意思，有一些更多的丰富性。这是进入具体的空间操作之前我觉得需要多思考的一些问题。

二是我觉得在一个森林公园里，以森林为主题的空间设计中，完全没有考虑森林，也没有考虑树的元素，这可能是挺遗憾的。如果你加入些树木，包括地段上一些现存的树木，它对你这个空间的营造一定会是一种限制，但它可能会给你造成更多的丰富性和可能性。

王丽方：你对森林的理解给出了四个词：重复、神秘、好奇、迷路。然后你的操作又是通道、楼梯、标高，我觉得这个还是比较理性的。但是到了方案的阶段呢，我觉得你又是另外一套，就是说实际上你是根据自己的经

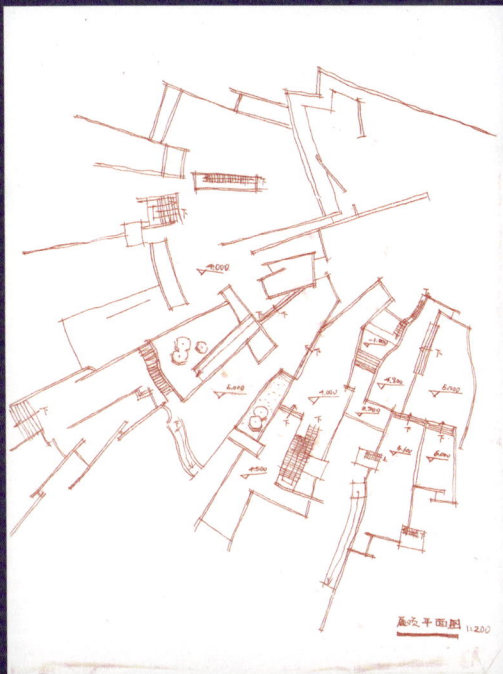

图 8-21

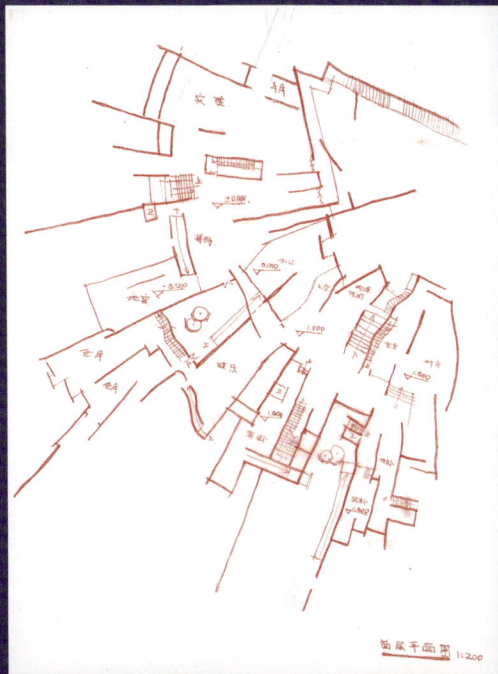

图 8-22

图 8-23

验把它做成一个建筑。这个建筑形态不是从这7个词长出来的，逻辑到这儿就断了，所以有点遗憾。

现在好像是围绕着一组等高线做的一个比较自然的设计，但是如果你用这7个词里的某几条来生长这个建筑，可能是一种很不一样的效果吧。你的方案应该说看起来还不错，但是没有那么奇特，比如说你用"标高"这个词，说有点坡度建筑就爬上去，是不足以造成神秘和所谓好奇的。要是真的要用"标高"，可能是从一个地方就切下去，然后到另一个地方"哗"一下子拉上来，要这样才能够给出一点标高的感觉，否则就是个坡度。包括天光怎么发生，你平面上画的两断楼梯也不可能给出神秘感？所以我觉得现在这个房子达不到你那种神秘、好奇的效果。

既然是森林，森林有个问题，你选的场地周围差不多是小乔木，小乔木高度不高，要在小树林子里搞出那种神秘的气氛，是非常困难的。但也不是一点办法也没有，对吧。

比如说冯纪忠老先生做的"方塔园"内的"何陋轩"，"何陋轩"不如这个地方大，有一些高度不到10米的树林，然后挖了一个栈道下去，下去了大概3到4米。这栈道在台地里弯曲，稍微有点起伏，于是人就感觉这上面林子好高。我觉得这也许能解决你矮的小树的问题，你可以把地面切得很深，然后上面的小树冠还是这样的，就能有10米高的树的效果。你既然要做高差，我建议你把高差这件事做透。

刘亦师：所有独立片墙的这些线，至少在你的平面图上看不出来它的模型。有可能是跟等高线有关系，或者是它自己构图本身之类的原因，总之缺一个分析图，缺你的线是怎么来的分析。再一个就是所谓的神秘感，可能有一种办法，就是把两个墙做剖面，然后把这个墙高立起来，人就会有一种神秘感。按照日本人的一个做法，就是留一个天平，引导性很强，然后人在里面走，把它作为一个母题再来不停转换，可能也是促进方式之一。

周桐：谢谢老师。

图 8-24

图 8-25

杜京良：各位老师好，我是王昀老师组的杜京良（图 8-26）。我一句话概括主题就是"一个基于地域性的公共空间组成的探索"。我所选地段在东极岛的庙子湖岛，它是东极岛三个小岛中间的小岛。它具有比较好的自然风光，也有传统的渔家特色。我收集了它的一些名胜景点，还有当地的一些图片。

我的设计功能包括两个部分：一个是渔船港口；另一个就是艺术活动中心（图 8-27）。线标出来的是岛上的道路，图下方的是港口，是一个"U"形的朝南的港湾，右边的是艺术活动中心。

图 8-26

王丽方：一个在山上一个在水边上，对吧？

杜京良：是的。渔船码头我的想法是，首先是让聚落空间基本保留，然后延续到水中。它是一个码头，虽然有一些部分也在陆地上，但也需要一个状态激活。所以我就加入一些弧长的元素，并对柱子进行了一些弱化，变成"十字形"的，但它的厚度其实跟墙是一样的。然后再把那些围合的墙加进去。顶延续了原来聚落中的样式，一些高差区，一些盆地区。可以看到比较深的水域，较浅的水域，还有水中的一个小岛，我还加入了一些办公室，办公室也是一些内庭院。可以看到常出海的渔船停留的地方，船只维修或者甚至是造船的地方。有区域跟居民的活动比较接近。有区域可以看到山顶上的房子。大概是这样的（图 8-28）。

山顶上是一个多功能艺术活动中心。我主要的想法是做一个迷宫，可以看到这一面坡，用一条比较流畅的线摆在这儿，模拟迷宫的意向。然后延续这种线，往里加，这些聚落跟山下的聚落是一致的，作为艺术家的工作室以及住宿的地方。可以看到我的流线，到上方有一处密封的感觉，因为这里坡比较陡峭，它就直接插在上面，然后旁边伸出一些小平台，往东边可以看到日出的第一缕光。基本就是这样（图 8-29）。

王丽方：你为什么要山上建一个，海上建一个，它俩的关系是什么？

杜京良：就是根据它的实际功能需求来。

王丽方：我刚才好像听说你是把山上的肌理逐渐延续到水里去。

杜京良：对。但是也进行了一种抽象，变成了房子。

王丽方：这个延续做得还不错，至少是一个逻辑，使它继续往前走，但我觉得这个延续被很多东西给扰乱了，好像延续这件事说得有点含糊，就靠

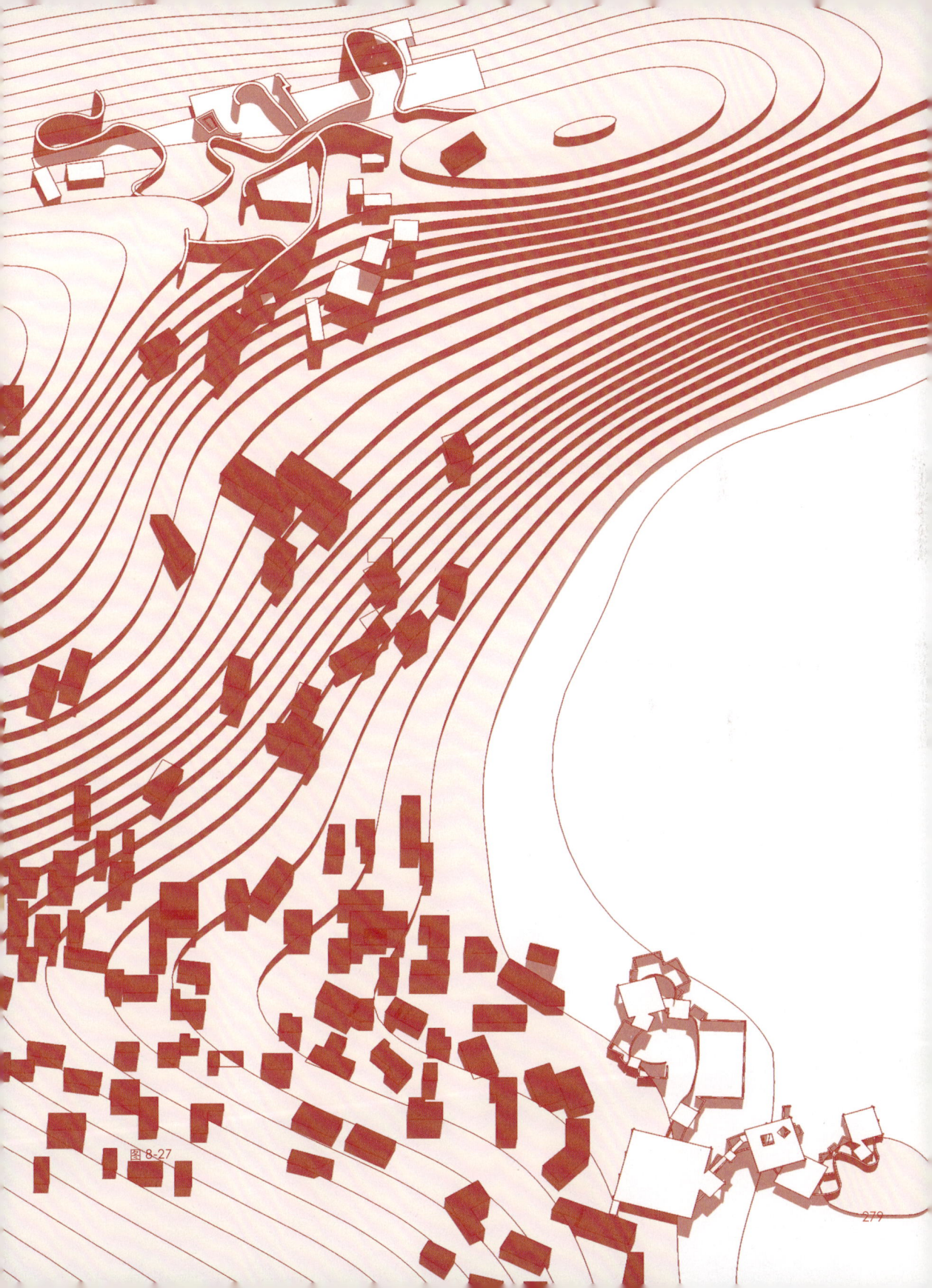

图 8-27

279

几个方片逐渐越来越低，可是当中这面墙并没有去表达延续这件事，我觉得是不是可以再整理一下，更简洁更现代一点。

刘亦师：现在山上山下缺少一个主导的元素将其串联在一起。山上是以一片无墙为主，山下则以正方体为主导。

李兴钢：杜京良同学比较擅长形态操作。这是很可贵的一面，但是我提几个建议，第一点，你做这些很自由的形态操作的时候一定要注意，因为你不是在做一个纸面的游戏，不是在做一组环境雕塑，你是在做有实际功能的实用性的建筑，所以形态要和功能的设定结合得更紧密。

比如说你的设计里出现很多室外的空间、室内的空间，大的小的，即使你虚拟地去设定，你也要决定这些空间到底是做什么用，人在空间里是怎么样地使用状态，我觉得这需要自我限定，你要有限制性。限制中很重要的一面就是功能，就是实际的使用功能。

第二点就是，从形态操作的角度来讲，现在的语言都是比较碎片化的，刚才刘老师也说到缺乏一些主导性因素。如果有一些自由的完整的东西，或者说跟你现在这个自由的操作有一些对比性的空间，或者形态元素，它就会更打动人，更有力量。

第三点，山上山下等于做了两个房，这两个房子的操作方法比较相似。为什么要做两个房子？你需要补充一些必要性在里面，它们彼此之间的联系是什么。如果把这条引导性的路线做出来，你就把这两个房子变成了一个房子，就变成了一组建筑。

（杜京良同学汇报结束后，齐欣老师和单军老师作为巡视评委加入了下面的评图工作。）

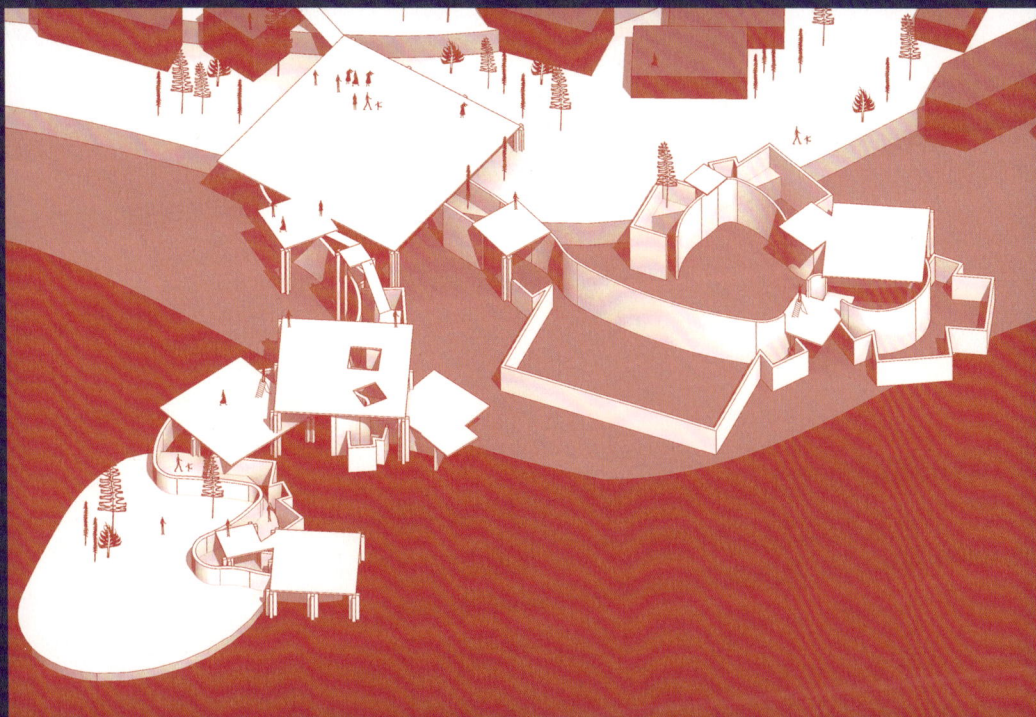
图 8-28

图 8-29

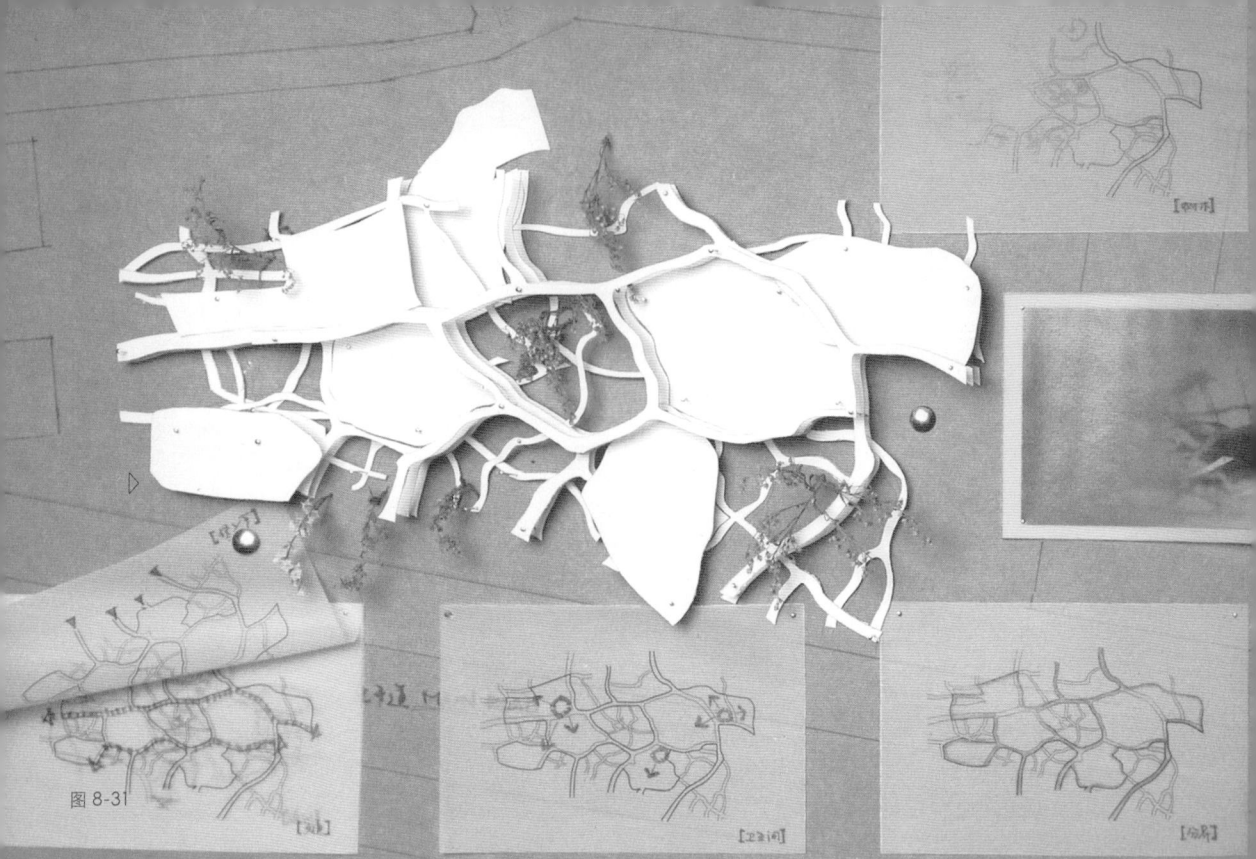

图 8-31

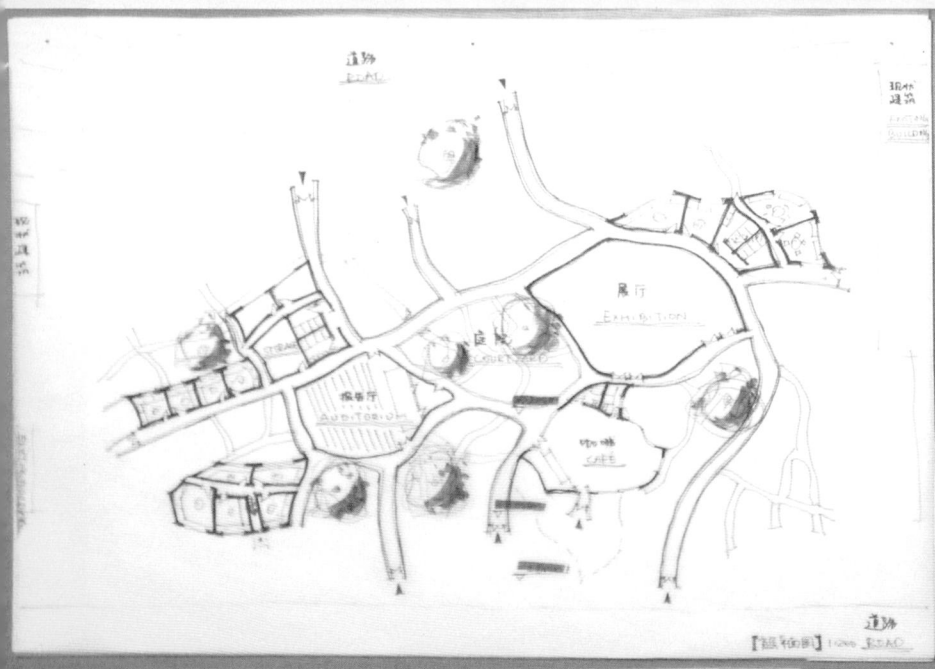

图 8-32

图 8-30

杨隽然：各位老师好，我叫杨隽然（图 8-30）。我的地段选在清华校园内，是清真食堂旁边的一块空地，挨着情人坡。它的西边是校河，东边是清华的南北主干道。

地段现状是，它和旁边的情人坡不太一样，它现在被人利用得比较少，是一个利用率比较低的公共空地，所以这是我想去改造这片地的首要出发点。图上可以看到地段的形象，包括它的树木和石头，它是一个非常有纪念性的场所，也是我设计的一个出发点。

当然更主要的一个出发点其实是关于清华这座学校，以及是从同学和我自己对这个学校的感受出发的。其实这是一个有一些反叛性的设计，清华比较强调集体意志，包括它的路网及建筑的形态也有这样的特征，但是在我和同学的生活中，我们希望有一个偶然性的存在，希望能够在学校里面有一个机遇碰到不同的人，所以我就设计了一个学生活动中心，希望能够强调它的偶然性，也是一个远离公式化的地方。

首先，可以看到主干道，旁边是校河。因为模型尺度比较小，所以我没有表达垂直围护的空间，如果有两层的话，它会有垂直围护的空间，比如说这条道路。它是建筑内部空间交通的一条道路，其逻辑是，我需要把学生从主干道往校河方向吸引，所以在校河方面做了四个接入口，在校河那边有三个接入口。然后竖直和水平方向将其连接起来。整个形态的生成其实是和场地原来的道路有关系的，并想用一个非常景观、非常地景式的形态来考虑这建筑。我希望它比较低矮，比较平展。因为它的确跟旁边的建筑不太一样，我希望它在立面上还是一个比较低调的空间。

我做出了它的交通组织和形态生成。把它立起来后，它主要的一个功能是学生活动中心，大块的空间分别是报告厅、展厅和咖啡厅，然后还有一些小块的空间，用作各个社团的活动中心。图上的是一层平面图，划分出了一些小的空间，可以看出它和较大空间的一个亲密关系，还可以看出它的内部空间与外部空间景观布道的联系。

方案中只有局部是二层，沿着地段的地势抬高，主要设置了一些小的办公空间。从图上可以看出较大的高差变化，主要的想法是希望在大的虚实上，有一个可以让人从室外直接通过的路径，剖面意向图上可以看到人可以从建筑的底下穿过，从一圈的廊道上可以往下观看。剖面图是一个大概的形态展示（图 8-31、图 8-32）。

这个是大的光影效果，希望能够通过这些细的立柱产生一种节奏感。我说完了，谢谢各位老师。

王丽方：这块地方有很多树，可能要把这些树当作一个系统来看。建筑，我觉得一个是配坡，一个是配树，现在建筑挺花哨的，没管那坡也没管那树，有点盖过原来的特征了。

在模型中这些廊道好像都没有支柱支撑，但事实上这种架空支柱需要相当强度，真实的状态不会这么轻盈。所以我觉得形态上应该再简洁一些，此外还要建立建筑、坡和树的关系。

单军：这个地段的环境特别棒，后来我理解了为什么王老师要做特别小的亭子，因为环境本身特别好，再做个东西可能会使环境还不如原来。也就是说，你得做一个判断，这个方案对环境有没有提升。实际上建筑应该使环境更好，所以我感觉你这个方案做得有点多。可以适当减少坡道的量，这是我的建议（图 8-33）。

图 8-33

齐欣：首先我觉得这个设计很有感觉，其次这个设计做得特别放松，这是不容易的一件事。

第二个特点是，从鸟瞰角度看这个模型，它有两个主要特点。一个是晕，你说希望学生能来到活动中心，然后在这里有一点迷失方向，之后又会有点偶遇什么的发生。如果往晕了做，现在的方案已经成功了百分之六七十，这个挺好。此外，就是手法，是不是一定要用这些路与径把地域给变晕，还是用建筑本身的起伏和动势。因为实际上一引入路径以后，它或多或少不那么晕了，等于给人的路径有一个限定，他必须这么走了。你给空间制造了一个晕的状态，但是人在里面时反而可能缺失了一些让他感到更晕的可能性。

第二个特点是啰唆。因为这个图本身是很简单的，但是你偏偏就是不往王昀老师那尽可能简单的方向走，你啰里啰唆的，有点像我心脏不好，我说话可能手就发抖的那种状态。我觉得这两个特点都挺好的，一般人不太敢碰这个东西，但是喝醉了，或者你现在到了特别放松的一个状态，你可以把它引向极致。但是你别忘了极致，就比如说像这张平面图，突然在那个晕的里面你非得要切成块，我觉得这一点特别可惜，就是你没顺着自己最原始的冲动把它做下去。所以建议，晕也好啰唆也好，你把它放大，然后把它做到极致（图 8-34、图 8-35）。

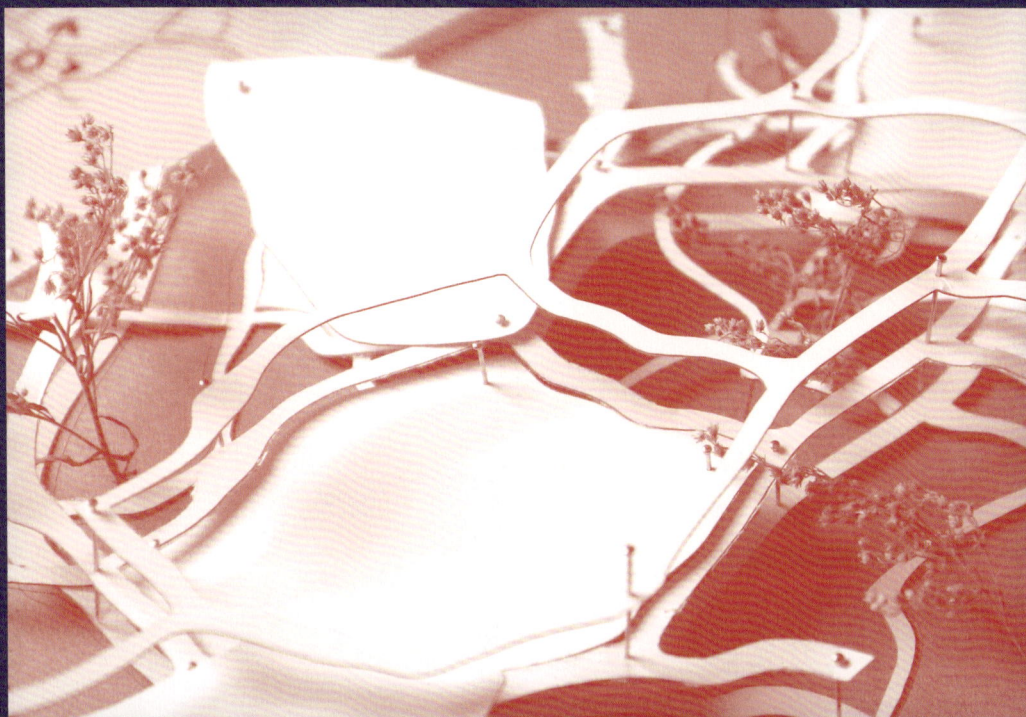

图 8-34

图 8-35

陈梓瑜：老师们好，我的地段选在西单，我自己在生活的过程中，感觉在北京的西半部分，像中关村一带商业、科技氛围比较浓，如果我要看一个艺术类的展览或者教育性质的东西一般都会去东边，我就希望在西单这样一个人流高度密集地设置一个艺术展览和活动的场所。西单还有一个比较明显的特点就是沿街立面特别大，后面是市井家常的一些比较小体量的东西，所以我把地段选在了西单北大街的东侧（图8-36）。

图 8-36

我从这些现象里提取出的第一个要素是一个渐变的关系，从大的立面到小的体量，它的空间的感觉尤其尺度是非常不同的。我希望可以做一个有很多片墙构成的空间，一边体现渐变的效果，一边让人有空间感的直观变化。希望在里面有文化性质、小型的建筑，把它们串成一串，在体量上直接结合。把这几个体量放在墙里面，把区域划分出来，完成它的功能。整个空间我希望它是延续的，尤其是墙。通过墙的要素把所有的空间可能性进行探讨，人可以在里面随便地走。我把地段上几个比较重要的点加以连线，在需要体量的地方直接用非常轻盈的玻璃板框起来，人可以在里面体会到非常多种多样的空间。有的部分我还把地坪进行了抬升和下压，使建筑整体最高处的墙到6米高，往下凹的地方是3米，大概是两层的高度。墙间距有一些变化，厚度也分10厘米、30厘米、50厘米三种。我希望通过这一过程所达到的效果是，通过墙去探索它不一样的尺度和比例能给人造成怎样不一样的感觉，从而在这个空间里面让人有想要进行某种活动的想法，或者是想止步或者是想交谈（图8-37、图8-38）。

王丽方：我没什么说的。太形式了。

刘亦师：我就说一条供你参考吧，就是你的墙是你很重要的一个元素，可以看一下实际上那是20世纪20年代在特拉尼做的，叫空间与墙，在墙里面掏空，把墙做厚了，它就形成一个空间，那就是适合的区域。你实际上是有很多的变化，你可以看看他的做法，可能会对你有一些启发。尤其是你要做一个展示的空间，墙面怎么来做这些展示，可以变化出不同的风格，那实际上是可以做空间和墙壁之间的这种。

李兴钢：我理解你可能是想造成一种冲突，想要代表一种，像五线谱那样的线，就是很规矩、很有秩序，然后里面有很多自由的大大小小的音符，造成一种空间的变化，或紧张或者放松，有比较疏松的地方，有比较紧凑的地方。我建议你可以看一看刚才刘老师说的那个案例，我也想到一个案例，就是汉诺威瑞士展馆，也是在一堆木头做的矩阵里面，现行的矩阵里面，有不同的活动空间，跟你这个很类似。但是有一个建议，你现在那些空间大部分都是实体的，实体的墙跟现行的片墙相撞，刚才那个项目设计里面它就有一些虚的空间。刚才你也提到了，就说要发展虚体的空间，

图 8-37

图 8-38

就说图上条形被切掉的部分，形成一个广场或者是一个小的聚会空间，类似这样的做法。你现在可能大部分都是实体的空间，然后线形的空间做得强制性很强，其实它可以有一些被打断或者是被切断的部分，这个线形的空间只是变成了一个隐藏的秩序，有的时候它是明显的，有的时候它是比较隐藏的，这样反而更有意思。

陈梓瑜：这个模型我主要处理的部分是以墙作为一个基底，以及它被部分挖掉后所产生的效果（图 8-39）。我现在还有一个问题，像刚才王丽方老师说的，我的模型到现在为止还比较形式化，但我的出发点是想以空间研究为角度，在空间里做出很多种不同的可能，探求人在里面会有什么样的感受。这个模型可能会变成一个非常大的实验品，所以想问一下老师，有什么建议。

单军：我随便说两句。我觉得刚才兴钢老师说的萃母托的例子，实际上是一个博览会。你这个方形的设计我还挺喜欢的，但是它确实是挺像博览会建筑，摆哪都行，用完就拆。所以现在对你来说，假定这个设计本身挺丰富的，你现在就是要把它放哪的问题。比如你把它放到世博会，让它是一个展馆就特别合适；而你要摆在城市里，你就得为你这个方形找一个特别好的理由。因为你们的选址都是自定的，现在这个地块我觉得可能你自我阐述得不太够，也不知道它周边什么样，而且有点临时性，"方"是特别纯粹的形体，不知道这个意思你明白没，它可以摆哪都行，摆在公园里，好多展馆的时候，它就是独立的，跟环境没关系，但是你要摆在城市里就可能得与周围环境适合。

齐欣：我觉得你的设计很有王昀老师的风格，你这个设计王老师是最合适的指导老师，但是，也像刚才的设计，我总结出了两点：一个是在玩几何，还一个是垃圾箱。就说框定一个空间，然后你把不同的东西给塞进去，让它随便一搁，就有点像一个建筑。王昀老师建筑的风格就是那种透明塑料口袋，里面装满很多东西。你现在就是给它现编一个框架，然后让它里面有一种自由组合，我觉得这两个概念都是很成立的。唯一可能稍微多了一点就是，你等于超越这两个概念，可能又做了第三、第四个概念，如果咱把这前个概念收住了、表达好了，就够了。就比如说你现在做的这些琴弦也好，或者其他什么也好，咱们可以把它给稍微放一下，因为我觉得做的没用的东西太多了。比如说你往一堆乱七八糟的几何空间里加内容的时候，只要超越了你这个垃圾箱，你就给它切掉，那你这个垃圾箱，就是你画的方块。

图 8-39

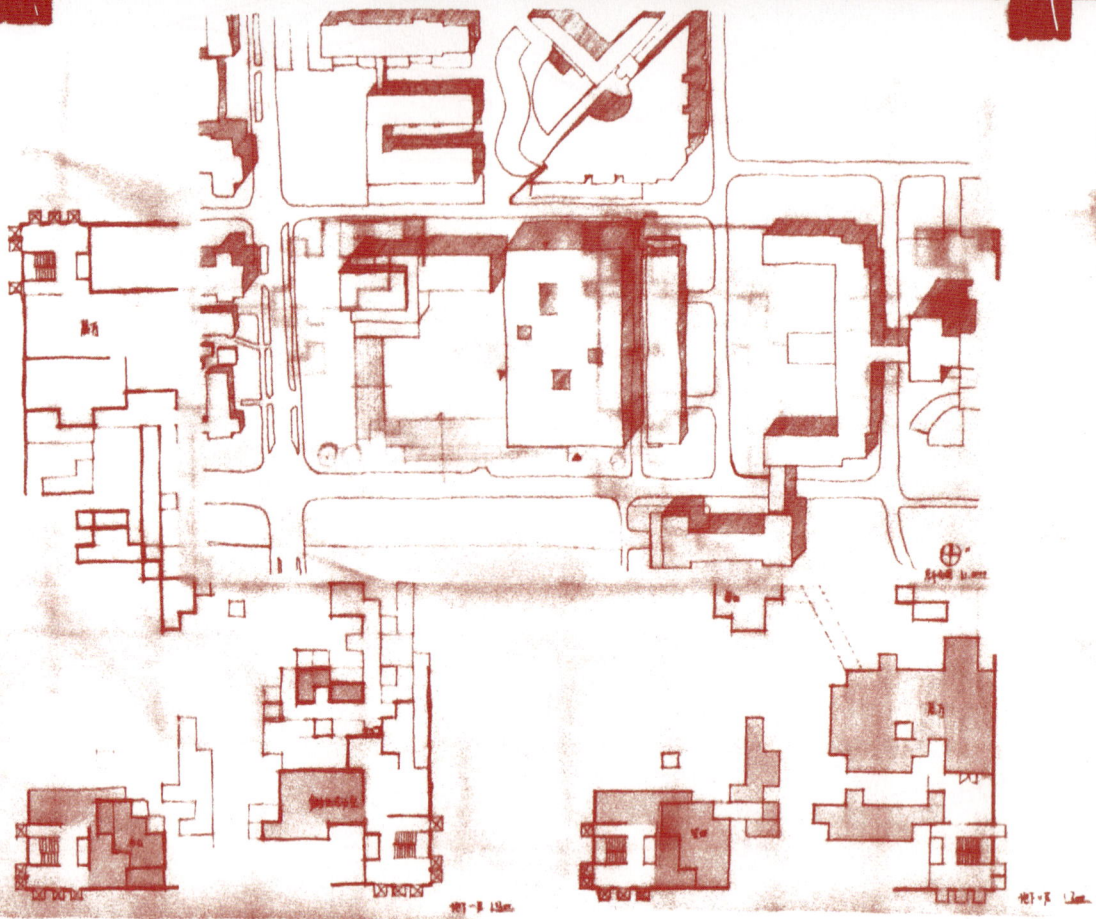

图 8-4
290

图 8-40

侯兰清：各位老师好，我做的是艺术中心的设计。首先回顾一下我在设计过程中对一些建筑设计语言的探寻，希望能找到一些空间中的对应关系吧（图 8-40）。

第一个是聚落，主要是住居间的空间关系，以及它与自然的融合。第二个是音乐，乐谱的直观表现。第三个是国画。墨分五色，不同的色彩浓度对应不同的体量。

我选的是清华大学主楼西侧，新清华学堂的地方。面积大概是两万多平方米，我用的地段只是靠东边的一小块。我做了校园中心的分析，发现它和最东边新建的艺术博物馆大概是对应的，希望可以做一个完整的对应和呼应，然后把这块地再改造一下。

首先可以看到这块地上虽然有地标性建筑，建筑比较宏伟，但是因为它地处于主干道，南边是一条主要的车行路，这就导致建筑前的广场上人并不是很多，所以不像普通广场那么较有人气。希望通过我的改造可以营造出一种与地域接近的、比较开放的公共广场，在秩序中产生丰富的空间感受。

我做的方案在轴线上与清华大学艺术博物馆对应，清华大学生艺术博物馆有 8.1 米 ×8.1 米的空间网格，是用来展览的空间，我的想法是希望引入这种网格秩序并把它细化、分解，把体量做得比较小，可能只有旁边博物馆三分之一的大小。我做了一些总平面图，还有一个大概体块的模型。因为广场的交通比较繁忙，大家不愿意在这个大舞台上来展现自己，我希望做一个比较内向的下沉空间，大家可以看一下模型，大概是现在的效果。

内部是比较丰富的体块关系，希望能够还原聚落的空间感受，在各个体块之间利用楼梯、坡道使之相互联系，营造出比较丰富的空间效果。

从北边可以看到里面的一些场所，因为希望把空间沉入地下，可能地下两层就是面对外面的广场，我会做一些展览的空间，然后在地面层希望直接与地面相接，做一个类似地景的建筑。两层有悬浮的感觉，把中间开敞，让它成为一个比较自由的空间。平面图我简单画了一下，大概是有四个交通网格，有电梯可以直接到达建筑最顶端。在各个角布置了一些类似展厅办公之类的场所，大概就是图上这样（图 8-41 ～图 8-43）。

李兴钢：你把公共性的空间引到建筑的内部，把建筑做成一个像覆盖的广场一样的空间，对环境有比较积极的意义。操作的语言上采用模块式的做法，形成一个有点瘦、露、透矩形体量下的很多副空间，有了现在的

图 8-42

图 8-43

效果，我觉得还是很有自己的特色。

我觉得可能你需要考虑两点：一个就是从功能上来讲，特别是顶上两层空间的联系。比如说功能都分散到四角，它们中间会有一些必要的联系问题。

还一个是还需要考虑结构，也就是实现技术的可能性。比如一个单元体对应的结构有可能是什么样的？作为三年级的学生，其实还是需要适当地往具体落实方面去考虑，否则人家会有点置疑你这个方案顶上吊那么多盒子，它们怎么固定？用的是什么样的结构方式、施工方式，甚至安装方式。解决这些问题中，通过思考可能会给你的设计带来一些特点，带来一些属于你这个方案的特点。

李明玺：各位老师好，我是王昀老师组的李明玺（图8-44）。这回做的是一个美术馆的方案设计。地段在北京市国子监附近。国子监在二环内东北角，东边是雍和宫，在这个区域内，还有孔庙，这一整块是一个文化建筑集中地，有很多博物馆或美术馆之类的建筑。雍和宫有一个卖宗教用品的地方，旁边是五道营胡同，也是一个有名的景点。我收集到了地段周边的一些照片，总体来说，这条街是一个小街道的感觉。为什么要选这个地段？因为我走到这里的时候看到一个四层高的小楼，特别显眼，挺高的，破坏了整个街道的环境氛围，我觉得应该把它拆了，重新建一个美术馆。旁边是大都美术馆，大都美术馆做得非常有趣的一点是它把沿街的地面退后，做了一个中国古典式的入口，做到消隐于街道。我也想学习一下这种方式，就做了现在的方案。

图 8-44

我做了总平面图。建筑总体退后，形成了一个大草坪，然后我做一个过渡，从雕塑性的小墙下到建筑里面。建筑整个是三层，地下两层，地上一层。因为它是消隐于街道的，所以相对比较自由，我想做一些空间上，让它有一种独特的感受吧。地下一层是迷宫式的，里面比较昏暗。可以看到一个旋转楼梯，走上去到第二层是一个半高的墙，有很多从光筒上洒下来的光，形成空间里的标记，人就跟着光的方向游走于空间中。第三层我是营造了一个具有神圣性的冥想空间，墙体的空隙会有光线洒下来，里面空间又非常亮，形成明暗之间的游走。正对出口的地方对着一棵树，人走出空间，完成了整个空间的流线（图8-45）。

李兴钢：我觉得这是典型的王昀老师带出来的学生，做的是王昀老师风格的建筑。一个很规整的体量，内部空间里面有引导，通过很自由的元素来制造空间的变化和光线的变化。气质上还是挺不错的，有一种体量上很完整的控制，室内空间的变化具有张力，还是挺不错的。

王丽方：我感觉在这样一个大空间里，有一些圆筒，有一些很自由的元素，好像比较有生态有机的效果。但它的价值是什么呢？我觉得好像还不太理解它的意义。可能需要一些想法来支配它的分布。现在的空间有点太单调了，有点太没依据了，这是第一点。第二点是你采取了跟所在的街道没关系的方式，然后外部开一个门，是吧？门跟这个街有关系就行了是吗？我觉得这种方式可能你还得仔细想想，因为做门好像就是为了把后面藏起来，让街上的人看不见就完了。那既然这样，你想拆掉的四楼的一块，其实也可以把它藏起来，为什么要改成现在这样呢？虽然藏起来从视觉上是看不见它，但有一个这种尺度的门是不是恰当？你选那里，是因为你觉得那环境挺打动你的，可是你有没有给它增设什么？我觉得应该给空间里带来一种既有联系，又新颖的体验。

294

特别是你方案里的大草坪，我是挺不满意的。为什么进来就是个大草坪？
而且好像什么处理也没有。人通过这里的时候，进入时的门是古建筑，进
来后又是一个大草坪，进去是个大房子，你是要给出什么样的空间价值？
我觉得还值得再思考一下。

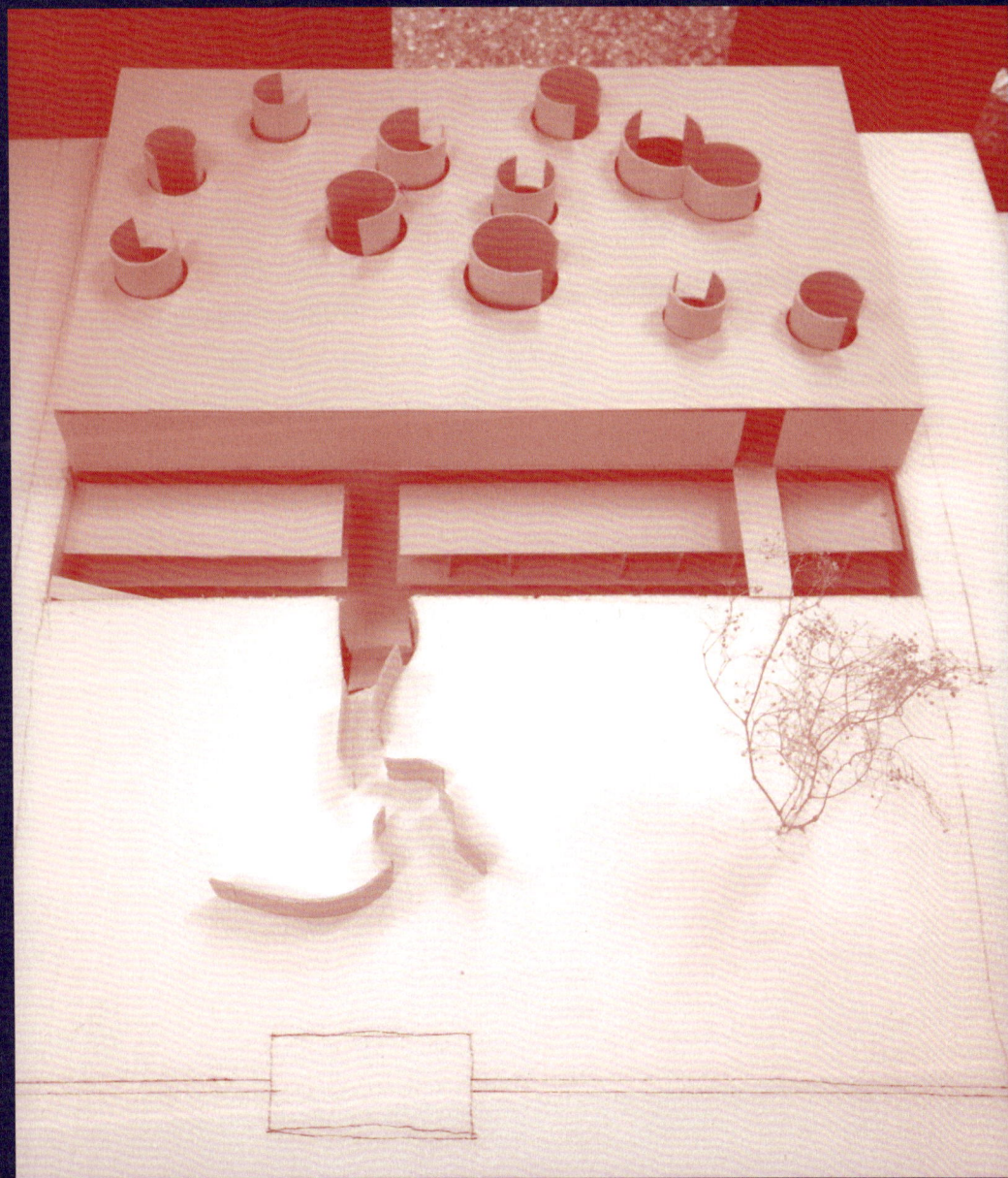

图 8-45

谢志乐：各位老师好，我是王昀老师组的谢志乐（图 8-46）。我先给大家看几张熟悉的照片。一张香港的九龙，有着很密集的居民建筑，另一张是我们平常能看到的四合院，两张照片让我想到的一个问题是怎么样在保证一定密度的前提下，让我们能直接接触到天，也能直接接触到地？我选在一个周围是四合院的地段上。我的设想是在周围三到四米的四合院体量下，做一个五到六米比较平缓的体量。它的平面面积是 40 米×25 米。从体态上分为两边，有一个可以说是类似连接街面和里面胡同区域的一个通道。而在平台上可以看到很多公用的室外平台。我排列的十户建筑，都是双向入口，我设置的通道其实也是为了让奇数户住宅的使用者能够从北面进入。

图 8-46

王丽方：你是在平面上交错处理？

谢志乐：不，在空间上也是。

王丽方：高度也是交错？

谢志乐：比如说现在的空间，墙体的控制线进入了另外一个维度，所以能够有一些丰富的变化，这种扭动会带来出乎意料的室外空间。接下来的一些想法是怎样在利用屋顶的情况下把现在的公共平台相互连接起来，然后让楼梯也能成为使建筑更丰富的元素。还有一点是跟周边环境更积极的呼应。其实我觉得把屋顶利用起来可能也是呼应周围环境的一个方法，每一个条状空间都不一样，但又有一定的规律；光线在弧线的墙面上形成分布，应该是非常好看的，或者说吸引人的，虽然这个空间非常小。这个就是我的方案（图 8-47～图 8-49）。

王丽方：我觉得这个方案挺有意思。形态上和空间上都带来了很多的自由感，几乎没有相同的户型，获得了很多意想不到的效果。

刘亦师：你要注意一点，不管是日本的长屋，还是中国南方的骑楼，实际中都会涉及采光、通风等问题，所以要么你就解决它，要么你就规避它。

李兴钢：我的建议是，你其实并不一定要把它做成住宅。如果是住宅的话，有些房间太深太窄，不是很容易使用。所以我觉得不如把它变成一个具有弹性功能、偏向公共性质的建筑。

当它有一些公共性的时候，你可能就需要在内部增加一些公共性的设施。这样，每户住宅有相对的独立性，但同时也有一些能够共享的公共空间。

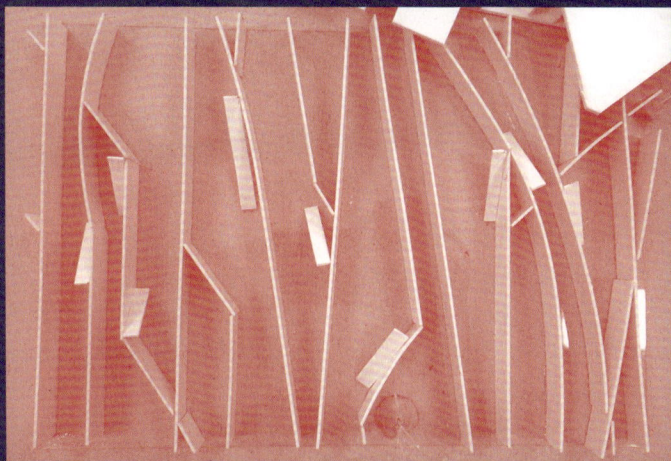
图 8-47

图 8-48

图 8-49

徐逸：老师好，我叫徐逸（图 8-50），我这个项目的地段是武汉市文化创意产业区。我为它做了一个园区的博物馆以及园区的会所，兼具市民休闲、餐饮等功能，选址于中国武汉市的沙湖南岸。

它的北面是沙湖，南侧是一些政府机构和湖北图书馆新馆，旁边有一条城市道路，东侧是市民公园，有一大片绿地，朝北的景观非常好。西侧是一个会所，中间主要部分是一个博物馆，东侧是完全是向市民开放的。选取现在这种折板方式，有些略带尖角的空间，我是这样考虑的：这里的风景非常好，在绿化带上行走的人群比真正来博物馆的人群要多得多，所以我就想，既然博物馆是开放的，是否可以结合市民的需求将其室内空间在意义上对等起来。

如果采用室内的正负性切割的形式，就会使室内和室外的空间同样非常有趣，形成对等的一种有趣的体验。除此之外，我设计了一个市民的步道，可以通到博物馆的顶部，然后可以在那里观湖景（图 8-51）。

王丽方：我觉得你这个设计实用功能的约束性非常弱，只剩空间和形态，好像有点过于自由了，没有形成一个清晰的特征。

李兴钢：总体上来讲这个形态很自由，空间也很自由，就是缺少一些限制性的元素。比如这些自由的形态是怎么来的？是场地的环境要素，还是你自己设定了某种网格系统，最后得到了这样的状态。总之就是要有限制的东西，一个自由形态也是基于一种秩序和逻辑形成的，这样说服力会更强。虽然是一个开放性的题目，但是你也需要引入一些限制元素来让自己有意识地去训练。

图 8-50

图 8-51

299

叶雪粲：各位老师好，我是王昀老师组的，我叫叶雪粲（图 8-52）。我选的地段是在王府井大街的北段，对面是商务印书馆，北侧有美术馆和人民艺术剧院。附近的高楼居多，部分是一层的平房。图上这些小房屋就是四合院。我希望在这里做一个市民文化中心，它有咖啡厅、书店、展厅等一系列休闲功能。因为在这一片缺少一个广场，除了南边有个教堂之外，主要都是一些高楼，所以我希望在这里营造一个给人们提供晒太阳休闲健身的场所。这个地段主要的人流来自东侧的王府井大街，以及南侧我希望营造的广场。

在剖面图上可以看到，这里两侧都是高楼，前面有一个三层高的群房，周边的高楼能够看到广场和活动中心的第五立面。我希望将广场和活动中心连接，用大台阶将人流引到活动中心的二三层露台，然后将广场拓展到中心的二三层，使市民在平台上可以看见广场上人的活动，而且本身的活动也可以被高楼上的人看见。

我这次的空间主题是交织。从图上所见这样一个圆形中出发，能够打破王府井大街中大量出现的正交体系，与斜向的墙体塑造空间的活力，可以看到模型的平面（图 8-53～图 8-55）。

将它转化成建筑语言的时候，我采用了分层渗透的手法。将圆形分成三个不同的面，有不同的墙体进行交织，然后形成了一些吹拔空间、庭院、广场和街道，强调了它们因为交织而出现的视线交流和空间渗透的一个效果。其中的街道和室内广场是为了解决由于这个非正交体系带来的人在其中会迷路的问题。从图中可以看到，主要的人流将通过这种街道引向中间的中心地带，然后再分散到周边的小空间。

中间的集散空间是三层高，而通向室外的路径是二层通高，跟周边的房间有所区别，同时也想通过围墙来提示人们，这是通往室外的一个主要街道。入口的效果可以看出由这种空间交织到达集散空间的效果。通向内部空间的小街道，是二层高的。面向南侧广场的大台阶，人们可以通过这里上到平台，还可以到三层平台，还可以看到一些露台的效果。

李兴钢：对现有环境的秩序或方正的秩序造成一些干扰和打破时，会引入很多的斜线。但是引入这些斜线系统的时候也要有道理，要跟场地、功能有一些逻辑上的关联，现在感觉你做的还是比较随意，这会造成有些空间不是很容易理解。前面一位同学虽然做的外部形态比较自由，而你这做的比较规整，内部做了些变化，但我所看到的问题好像是类似的，这些自由的元素都需要有一个内在的说服力。

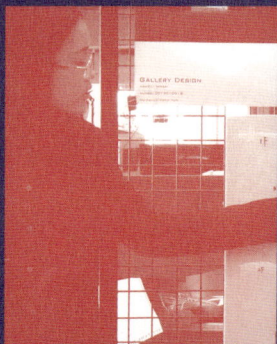

图 8-52

图 8-53

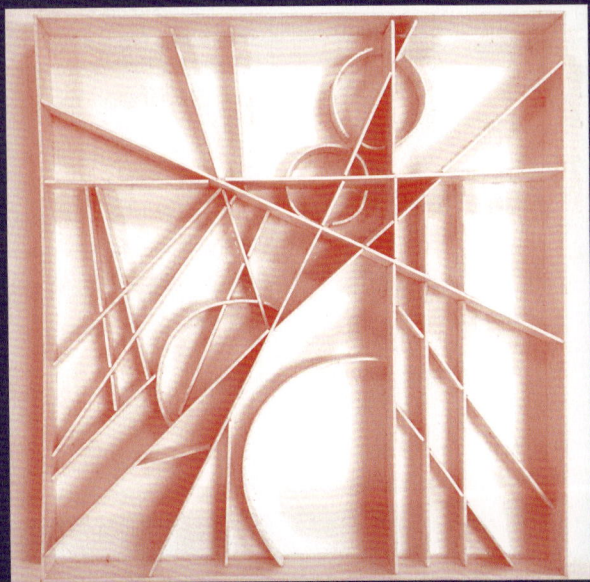

图 8-54

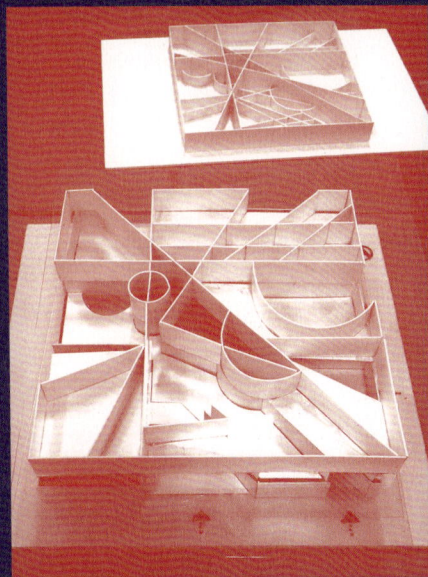

图 8-55

丁惟迟：各位老师大家好，我是来自王昀老师组的丁惟迟。我做的是一个关于老北京文化的活动中心（图 8-56）。我选的地段在鼓楼大街附近的一个空地。我的概念是从北京的文化中提取出一些元素，比如说四合院中的围合感，把它作为核心空间放在我所选的地段，体现北京胡同的街道感。我以"条形"的形式进行摆置，从其中提取的元素不光有建筑层面的（图 8-57），还有文化层面的东西。我从中国传统乐器二胡中提取出一些类似于弧形的元素，把它加入到设计当中。我的方案本身是一个规整的条形空间，中间是一种围合的感觉，我把它作为核心空间。人从很多个地方都可以进到空间，主入口有两个，其他入口也有好几个，想给人一种不期而遇的感觉，一种碰撞的感觉。一层以围合成室内的空间为主，二层则室外空间增多。图上的空间就是一个完全的室外空间。有一个空间专门朝向楼外的街景，可以看到大街上的面貌。在最下面的一个空间我做了个下沉空间，再下面是一个大空间，是为平时的大型活动准备的（图 8-58、图 8-59）。

图 8-56

王丽方：我觉得你这个方案有点碎，整体性差一点。另外你刚才在讲方案的时候，基本上都在说房间，说楼上的形态。我觉得能不能把现在的样子翻过来，让底层架空比较多。你现在用的是楼上的所谓天际线作为你的外形，外形太碎，本身底层又没有可走的路。我觉得这个地段是一个特殊的地段，我建议其实可以延续图上的路，穿到空间中间，作为你这个方案组织的一个骨干，那会是挺有价值的。

李兴钢：既然你选择现在这块场地，而且你还提到了要从老北京的城市空间里吸取启发，但是最后做出来的状态跟周围的环境及这个城市的肌理关系不是很大。北京是正交的一个城市网格，在你的方案里没有那种密度感和正交的感觉，包括尺度也没有很清晰地表现出来。并不是说你不可以引入一些异化的元素，一些变异的元素，因为旁边有条河嘛，它是你变化的一个契机。但是这种变化应该是衬在原有的城市的肌理上，你的方案才能够更有力量。其实从空间的营造上来讲，主要强调的是一种外部空间感和丰富性，但这个外部空间跟环境的关系还需要更充分的逻辑。我建议你做方案的时候，包括做模型，一定要考虑周围的环境，环境也会为你所要营造的空间提供很多的启发和可能性。

王昀：今天首先特别感谢三位老师参加我们中期评图的环节，也感谢中途加入评图工作的几位老师。老师们从不同侧面给各位同学提出了特别好的意见，希望同学们回去好好消化每一位老师的改进建议，然后我们在后四周设计最终整理完成之前，把这些问题逐一解决，最后在终期评图的时候还希望三位老师能够到场，继续给予最终的评判。我们再次以热烈的掌声感谢老师们的点评，谢谢各位老师。

302

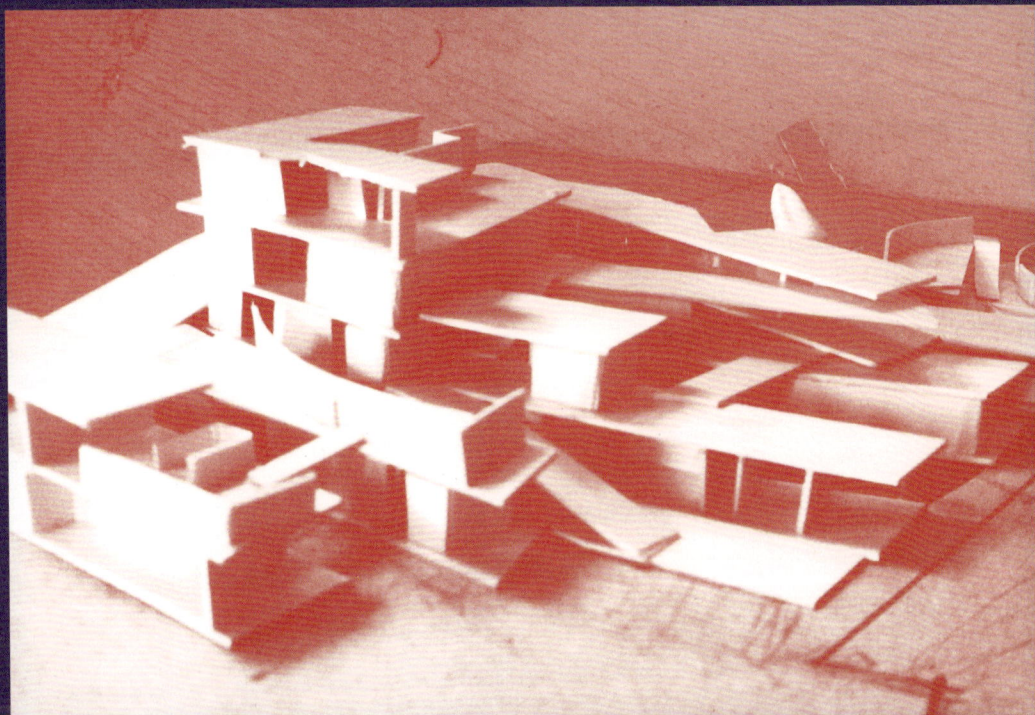

图 8-57

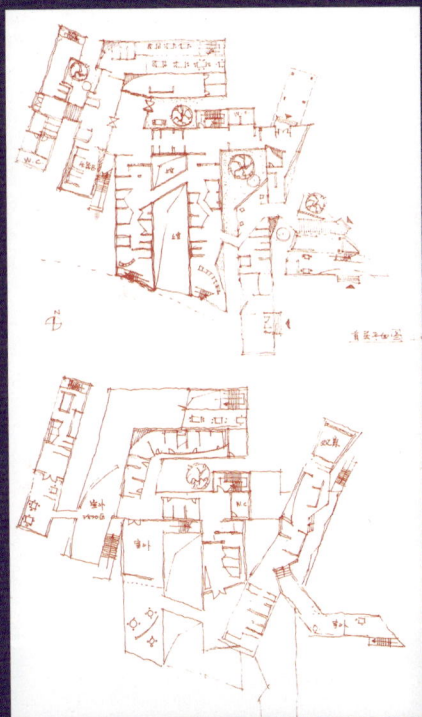

图 8-58

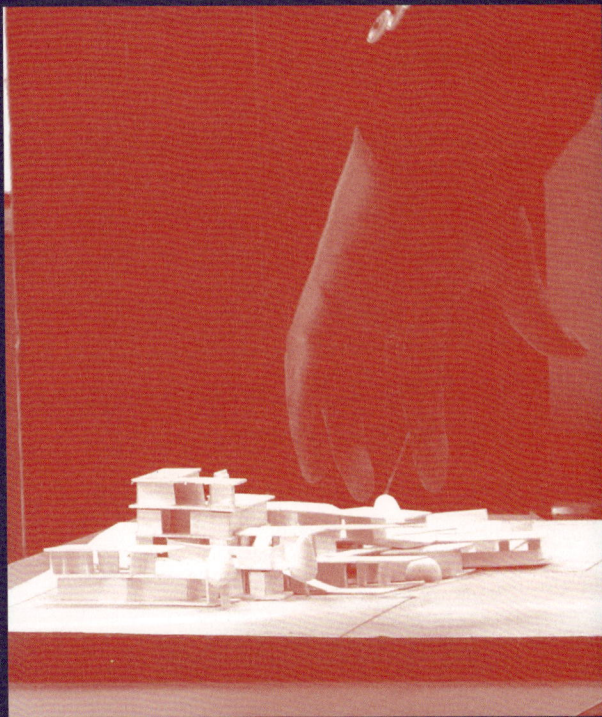

图 8-59

09

第九课

2015年3月30日星期一

王昀: 通过中期评图, 感觉你们前四周的练习在我看来已经达到了真正的目的, 因为几乎所有的评图老师对我们组的评价都是: 形式感没有任何问题, 同时每位老师都对这个形式感会产生 "这是怎么做的" 的疑问, 之所以有这样的疑问是因为他们不太相信你们能做出这样的形式感, 同时也说明了你们通过练习, 做出了超越你们简单地依靠自身设计所能操作的水平, 这就对了!

这次评图会上老师们的主要意见是指出了我们第一阶段的操作向第二阶段过渡的环节时间太少了。在我看来, 这属于同学们自己给自己找的问题, 基地都是自己选择的, 现在是你们手上有很多的牌, 但你们没有选择最合适的。李明玺同学做的那个房子就是这种趋向, 还有杜京良同学的, 用横向的构图让等高线穿越它, 本身就是一个矛盾特别大的事情, 你这个地形究竟选择在什么地方得再好好考虑。谢志乐同学相对比较好地规避了这个事。还有徐逸同学, 两条曲线一画, 方案放那个场地里就不太合适, 一个合适的环境得寻找, 是我们接下来要做的一个特别重要的工作。这是我要说的第一个问题。

第二个问题, 这些方案当中的功能, 房间的确立, 不是说你要给它所在的环境里面强加一个功能, 而是要看和读解目前你手上的这个空间适合干什么。谢志乐那个方案评图的老师最后都在帮你想办法, 因为他们喜欢上了你的房子, 建议你改成 SOHO, 改成艺术家的房子或其他的, 他们给你想了很多办法, 为了让你这个房子成立, 其实就是这么简单。你们要想办法为自己的房子成立找到一个理由, 在这个过程当中, 你需要重新审视你的房子, 要善于从你现在的练习中选择一个最好的, 我认为我们在坐的同学很多都没有把最好的选择出来。第一阶段在创作方面大家基本上解决了, 思路也都摸到了, 将来想做点儿自己想做的事的时候, 估计都没有任何问题了。第二个阶段就是一定要设法为你们自己手中的这些好空间找一个适合它们的好环境。第三个阶段是从你所拥有的这些空间中读解出合适的, 能够容易展开的生活, 也可以说: 就是所谓的功能。

我们这个课表面看上去可能感觉特别不建筑学, 但这一系列从空间入手的方式能够为你们在找感觉、解决造型问题的时候起到帮助。有一些同学的设计我觉得可以继续, 或者现在有哪位同学认为不想延续目前这个方案的请举手 (丁惟迟和吴志恒两位同学举了手)。小丁同学 (丁惟迟) 和导演 (吴志恒) 不想继续? 你们现在的方案不要了, 重新做一个? 好! 其实你们俩有一个共同的问题, 就是原型都有了, 但自己观念加入时改动的地方太多了, 所以我建议你们二位还是要在一个原型的基础上把你们的思考加进去, 而不是现在做一个全新的思考, 全新思考这件事可能是你们未来要做的 (图 9-1 为讲评时的现场)。

李明玺同学，我觉得你对于形体的把握没有任何问题，但是有一个问题，你特别急于想做一个特别完整的方案，你很着急，比如昨天那个方案就是几条线，很自由的状态，也很清楚，但是做了很多房间的切分。韵律感和节奏感已经把你做的盒子整个的调性给定了，之前还有很多有意思的、很闪亮的东西，但是你为了地形把那些东西都拿掉了，我建议你去换。

叶雪粲同学，你的方案里现在都是实墙（边说边画），斜线是穿插过去的（图9-2-①），你这不就隔成房间了，如果说不是这样的，就做成一个梁，这个洞是掏掉的，空间打通了，可以做一个大房间来使用（图9-2-②），只不过这个房间的上面，这样一个普通房间，有可能在这儿画一个梁，有可能这个梁故意设计一个小柱子（图9-2-③），空间的场景放在房间里面就会很舒服。还有，虽然房间都是琐碎的小房间，但是家具是穿插在几个房间之间的，甚至切割变成另外一个弧形（图9-2-④），不会出现这个小房间干什么用的问题。之前清华园的方案也挺有意思的，虽然是方的，但里面有很多小的街道可以做成挺有意思的东西，这需要做一个平衡点进行判断，包括街道有很多细小的楼梯，有的开窗户后形成彼此对景，有一些空间引入光。你是准备换还是坚持做这个方案。

叶雪粲：我更喜欢原来那个。

王昀：那你就换回到原来的方案，好好再琢磨琢磨，那个逻辑可能更智慧一点，因为你从音乐的乐谱上生成了一个有韵味感的东西。操作的时候其实会有很多细节，像楼梯和连廊，还有从哪个窗洞看到空间的层次，哪些是院子，你会有很多自己的设想。

王昀：谢志乐同学，你还坚持你这次做的小房子，还想把它做下去？

谢志乐：对。

王昀：没问题，我觉得那个方案确实很好，你就按照老师们提的思路再把空间和体块关系讲清楚，然后模型可能做得大一些，更有空间感，把空间推敲一下，但是所有的线尽量不要动了，因为你动一根会影响整个方案。在空间里的楼梯会做得比较有意思（图9-2-⑤），然后给它找一个恰当的环境装进去。胡同里面怎么走过去，可能一层还有一两个小胡同穿插过去（边说边画），然后从外面怎么上楼梯，最后窗户怎么装，比例的划分，窗户怎么开启，是竖向窗还是横向窗，你在后面选择的时候要做这些事（图9-3-①）。

图 9-2

① ② ③ ④ ⑥ ⑦ ⑧

谢志乐：老师让我换一个功能，不是住宅，而是做成公共场所，它的尺度会稍微大一点，我之前做的住宅除了小之外还有一个特点，即每个交错的体量都是独立的，我需要做一个使公共空间联通的东西。

王昀：你可以迅速做几个联系的体，住宅、商业、咖啡、SOHO 等空间，把多样性的功能做一个复合体是可以的，而不仅仅是一个单纯的状态。

王昀：徐逸的想法比较多，你现在感觉哪个方案还不错？

徐逸：我之前用元胞 110 号自动机生成那个方案，就是都是叉的那个。

王昀：你那个的确挺有意思的，但是那些房间会让老师疑惑是做什么的，你也可以想想其他的方式，因为你其他的方案也不是不可以，应该也挺有意思的。

高钧怡同学，你的"囊饼"得到了老师的好评，从我的角度来讲，模型的尺度可能不对，显得房子很小，两条曲线没有了，原来那么大一个大饼上丰富的东西没有显示出来，所以尺度一定要合适，要能够说明问题。你做的地形是可以的，稍微放大一点。有很多大头钉才能显示出你的方案的魅力，天窗尽量还是找回一点原型的东西。你的环境里有两个问题，一是你现在把边界处房子切掉了，剩下月牙形了，还有就是这个大饼状。自然进入到大饼底下，你的房子本身是这个大饼，是这么一个圆形的，这里面有很多的小住房，有很多的天窗，你的这些天窗下面有部分是沿着街道的，所以要把自然引入到大饼下面，结合上面的天窗，房子下面和自然之间还有一些空间可以做，可能更有意思（图 9-2- ⑥）。把难题加大一点，让这个方案变得更丰富一点，然后打破现在植物园跟城市之间的界限。也有可能你把这个建筑变成植物园一个挺好的入口。到周四为止你可以把环境扩大一点，仔细想想会比较有意思的。

侯兰清同学，你的方案老师提了很多问题，最大的问题是结构的问题，你的想法挺好，但是这种起伏的大空间，实际上给你带来特别大的难题是你需要解决结构的问题。大量的结构怎么办，房间怎么使用，然后在你选的清华地段里面是拆还是不拆，这些事引来一堆跟你的设计没有关系、跟空间也没有关系的问题，花大量的时间解决这个问题，我觉得有点得不偿失，或者是你那个格子扩大一点，让它成为房间（图 9-2- ⑦）。你的房子是用结构小杆垂吊下来的，不是不可以做，就是结构上费点儿劲。我看老师们对你大量的质疑是在基地的问题上，因为你在清华园里面。

侯兰清：老师说现在台阶小一点。

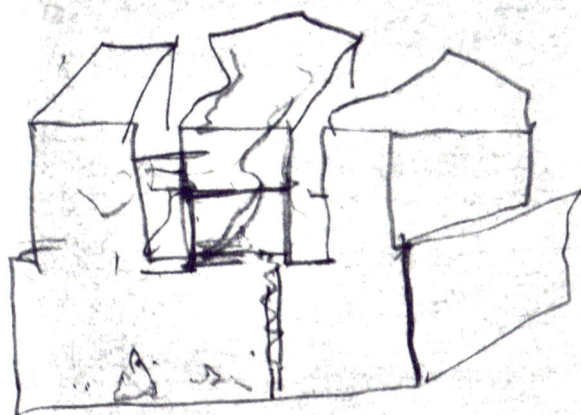

①

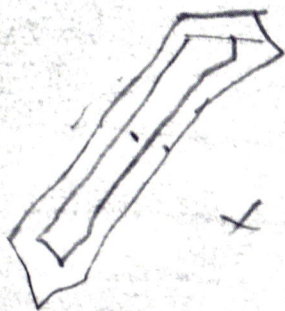

图 9-3

311

王昀: 可以, 小一点是没有问题, 但是小一点你的方案是否还有魅力, 比如说你缩小后, 韵律感和结构感都没有了, 另外你找的原型是什么? 其实你开始做的有一版, 分析做完了以后, 地上面有一堆小东西, 那里面有很多空间的那个还是挺有意思的, 或者说你用你选的画, 做完了之后也都没有问题, 但是格子怎么分, 高低怎么来算, 还是需要考虑一下。换一个环境的时候这些功能是怎么对应解决的, 别到最后让老师们把焦点集中到提结构和功能的问题, 反而削弱了你方案自身的魅力。本来是一个很好的方案, 最后说你的结构解决不了, 环境选择有问题, 因为这些把方案推翻了不值得, 还是要先为它找一个合适的环境。

王昀: 杜光瑜同学想换吗?

杜光瑜: 我挺想做现在这个原形, 但是这个解读不好 (图 9-4、图 9-5)。

王昀: 两种思路: 一个思路是, 先在一堆小东西上把这部分做起来, 这是一种组合方式。还有一种方式是沿着现在边界做出一个形, 形本身长出了很多高低不同的小气泡。比如说一层是架空的, 二层是平的, 三层露出来一堆的。

有一些东西你是可以悬挑出来的, 比如说一层是架空的, 有些一层是落地的, 每一个空间都要想一遍, 你现在最大的问题就是还没有仔细想。

杜光瑜: 对, 而且这是一个特别大的工程, 因为不能从原型里用很强的逻辑把所有的东西升级做出来。

王昀: 没有必要用那么强大的逻辑。因为第一件事是空间组织, 第二是赋予合适的生活。有一些房间, 比如说有的可能变成住宅, 有的就是庭院也可以, 这个茶室就是在庭院里面喝茶, 都是可以的。一个一个, 边解读边把它装进去就可以了。关键是你的原形的平衡感, 整体是否跟环境之间有一个有机的组合。因为现在放的位置还好, 大家还是很认可的, 特别是模型中撕碎的餐巾纸让人感觉还是挺巧妙的。

杜光瑜: 我觉得这个原型我很喜欢, 但是形成的东西并不喜欢。

王昀: 一个最大的问题就是高度没有控制好, 所以你感觉做出来的结果没有你想象的好。比如说房间想做到很小的时候, 围墙围起来以后房子变得很高, 它有一个高宽比, 如果想让这个围墙矮下去, 就得把房子面积做得很大, 这两个比例关系没有处理好。

杜光瑜: 这个比例的关系我应该从什么地方得到启发呢?

王昀: 不可能一次试做就解决这个问题。这个高度现在无法设定哪个会比较好,比如说调到这个高度的时候(在模型上比划),你看看整个模型比例关系是不是好,如果发现 3 米时比例特别难看,就把这个面积稍微加大一点。我认为这个比例关系是方案里面最大的问题。你那个方案最后要有向上冲的感觉,往上长。

周桐同学我认为没有问题,其实你处理形的能力还是很强大的,包括功能往里移植的能力也是很强大的,所以我对你没有任何担心,怎么样做都可以,我唯一对你担心的就是地形和理由找的稍微有些松懈,有些事儿没有必要和别人解释(图 9-6)。

周桐: 那个森林也没有必要说?

王昀: 都没有必要说,就说我要造成一种神秘的感觉,或者是什么感觉,就 OK 了,点到为止。他想他的神秘,你说你的神秘,你们两个想的神秘不是一回事,因为生活经历不一样,你说出一个词,别人的想象有可能是不一样的。所以,不用去讲那些,你就讲基地是怎么回事,我这里面要解决什么问题,我的功能怎么处理。最后大家纠结的全是这些事: 环境是怎么回事,房子在森林里面合理不合理。因为所有人在根本不了解方案的时候,他们期待的就是合理性。

周桐: 平面布置时,有一种是有意识的,比如说我有意识地在这个过道加一个楼梯,还有一种是看这个地方适合什么功能,比如那个地方适合甩一个楼梯,我就甩一个楼梯上去。研究平面时,应该是漫不经心,还是说我应该有强有力的控制,比如说这种长条形的地方我就布楼梯,那种地方就又怎么样。

王昀: 就是要漫不经心。读这个平面,自己的体验是最重要的,设计是你要走到房子里面仔细读,发现这个墙的魅力,上去会很好,拐弯会很棒,你要解读,把你的解读一个一个装进去,最后你在房子里面走两遍,生活逻辑就会伴随揉入空间,而使得方案本身变得合乎逻辑(图 9-7)。

王昀: 小丁同学,你那些原形给我印象最深的就是武满彻圆形的那个,那个瞬间是特别打动人的,就是音乐中心,当时一看,挺牛的,你还记得吗?你想弄那个还是想换呢?

丁惟迟: 我其实做那个也有一些新想法。

王昀: 没有关系, 按照你的想法走, 我还是说不要把自己的事儿加得太多, 因为你处理起来会有难度。

丁惟迟: 自己的东西太少。

王昀: 我想这可能是所有人的纠结。其实你的价值就是你去"发现", 不是自己"创作"。这件事听起来容易, 但是你要把自己的设计观念转过来, 确实是一个有难度的事情。当你发现那件事儿有意思, 能够把东西装进去的时候, 你的历史使命就完成了, 你是伯乐, 你不需要当千里马。我想你们开始上课的时候一定都会有这个纠结, 可能这次的课题就会使很多同学开始纠结。

是不是会有这个问题, 说我们做了半天这是干什么? 还要我做什么? 我为什么要做设计? 做设计好像只有我做才是做设计。其实我告诉你们, 都可以, 那样可以做设计, 这样也可以做设计, 这样的做法也是设计。这件事儿实际上没有贬低拼命做的做法, 因为所有人都要做, 可是你会发现你也在做, 只不过做法不同。不是说一定要以某种方法做才叫做设计, 做设计的方法有很多种, 你只不过在这个阶段采用了这样一种方式去理解和解决设计的问题。你自己主动出击去做的方式还可以接着去做, 没有任何问题。但是在这个阶段, 你换一个做设计的方式去看看, 或许会对你做那样一种设计的方式有更深刻的认识。你就假装不会做设计不就完了, 就是你现在没有学过建筑, 但是现在非要你盖房子, 你的手法技法都不懂怎么办, 你看这个挺棒的, 就直接选, 把它盖起来了, 就 OK 了, 然后就可以在里面生活了。如果还要把功能问题加进去的时候, 你就对它进行改造, 之后就达到目的了。没有必要纠结你个人的重要性或所谓的原创, 你不重要。你最重要的就是你把这件事发现了。

丁惟迟: 自己之前一直想找一个形式, 既然我当时选的每个乐句都是条形的, 我可能去找一个跟它类似的一个字, 过程当中感觉自己加入的东西太多了, 我可能是让平面看起来太像一个字, 其实整个比较变味了。

王昀: 从我的角度来讲不一定做一个完美的建筑, 如果做完了以后做成一个完美的音乐, 变成了一个曲子弹一首, 也挺酷的。建筑的空间被还原回音乐, 也是非常有意思的, 我一直认为这件事反过去是可以做成的。这个作业按照我的理解, 如果说这四周可以变成 16 个空间研究, 即便就是跟建筑功能没有关系, 其实也是可以的。如果从一个空间研究的长远角度来看, 其实做完了以后可以为未来储存很多的可能性。

用这么一个阶段把很多建筑语言都纳入自己身上应该说是有益的。我感

图 9-7

觉我们设计训练的过程中，一直有一个最大的问题：就是太着急一开始就出一个成果、做一个方案。其实你要知道很多成果的产生是需要大量研究的，你现在着急让它成为一个成果的时候，就把很多有意义的可能性都过滤掉了。我想设计的教与学的过程，需要让同学们有更多的时间把思想活跃起来，你们可能发现两天做的事已经足够了，本身用不了很长时间，可这件事本身又不想瞬间定下来，所以你们这段时间会很纠结。我认为下面四周时间足够了，用现在这种做法，可以做好几个方案。对于表现，我对你们画图不会做特别的要求。只是提醒你们，图千万别画得太腻了，能不能画得科学一点，我们尽量跟科学沾边，跟生物学的表现，跟机械表现等科学结合起来，我们的表现方式尽可能放开并扩大一点范围。

杜京良同学，方案放在山上还挺不错的，关键你的基地有问题，你这个等高线断得太厉害了，等高线可以再缓一点。此外所有老师对上面没有意见，关键对水下的部分有意见。不要跟小岛联起来，你这个放在岸边就 OK 了，就是海边的观景地带。比如说，这儿有一个细细的柱子，这个底下有一个天窗。然后你还可以看到远处有一个小岛，月亮、繁星点点的，这个地方摆上小桌子，人坐在这喝茶，还有人拿着望远镜站在这儿看，这个意境多有意思，这样很有意境的一个岛，来一个小船就更美了。而现在，突然把小岛给连上了，然后老师会纠结说，水上怎么办？怎么过这个桥？你就退回岸边布置就好了，然后考虑一下线路怎么设计，可以在不同的高度上设计几个小平台。

王昀：徐逸我看一下你的原形。

徐逸：这个是之前的，当时我考虑了很久，这个壳里面我很难加，我尝试把这个隔板做出一些效果，加楼梯。

王昀：这块儿昨天的效果很好。我建议你把它做成海景体验博物馆，或者是展览馆。你就讲，我们一般去看大海，仅仅是看一个高度上的海面，通过我的设计，人们可以在不同位置、不同标高、不同层次、不同角度和季节对海景有一个全新的认识，有的地方可以作孩子们的训练的地方，比如这个边上有一个作为夏令营的场所，让小孩、儿童对观海的行动进行重新设置，然后这些景窗，哪块可以看到大海。总之，海景，不同的物景，表现图上转换下杉本博司的照片，然后让人体验到大海的不同，这个故事多有魅力（图 9-8）。就按照这个方式走，去选择地形，周四来解决有关地形的问题，还有环境的问题，进一步做一些小模型，把地形做一下。

不要把图画得表面很漂亮，要用一种特别有内容的形式来表达，如果把想象力留给别人是最好的。图中具像的人最好是模糊的块，简洁一点，感觉像是一个人就可以。要表达空间，要让人感觉建筑空间的力量和希望。你们应试图找到适合你们的感觉，你的意境应怎么贯穿，你准备通过图纸给人一种什么感觉，要贯穿始终，你的表达图纸，包括你说的话，是一套的。我觉得这是很重要的。图面里有东西需要挖掘，每一张图当中每个小图的位置，字的大小，任何一个细节都要精心计算。

图 9-8

10

第十课

2015年4月2日星期四

图 10-1

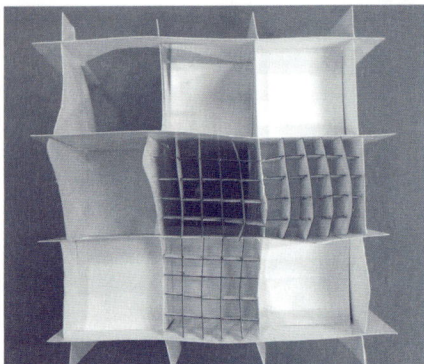

图 10-2

图 10-3

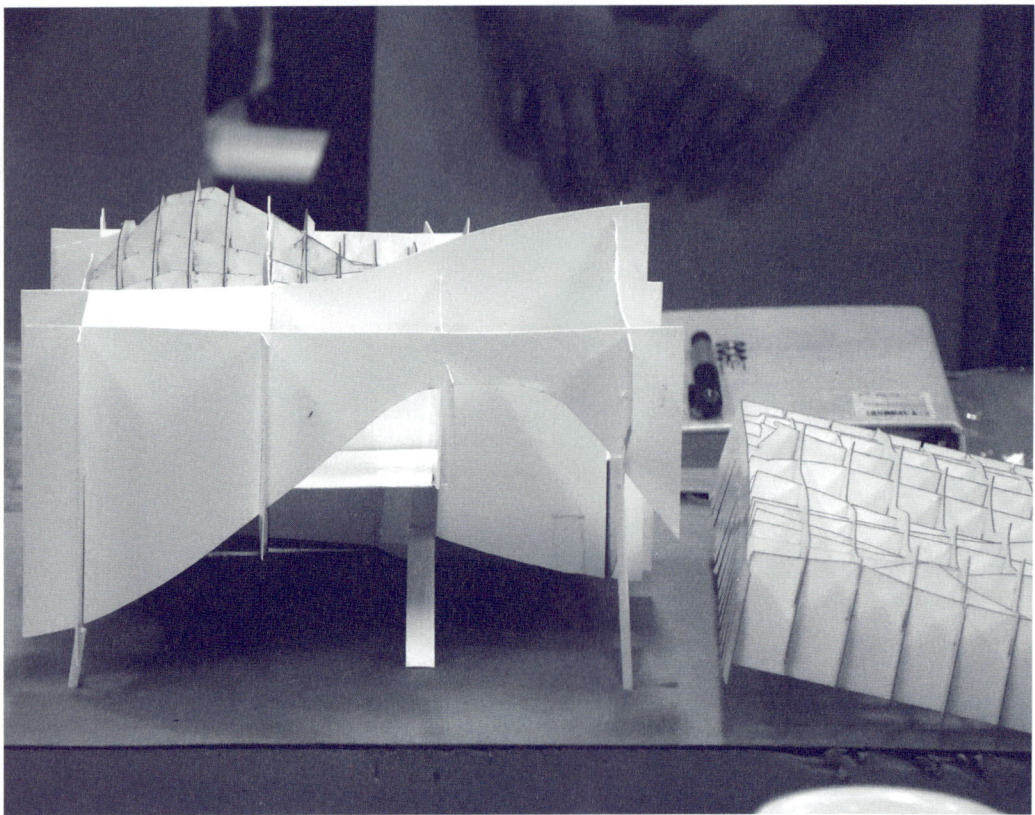

图 10-4

杨隽然：最后表现时，我想用大的线图表现空间里的一个生活状态（图10-1），但我现在有点担忧，感觉有点像编故事了。

王昀：没事儿。设计进行到这个阶段，故事就可以编了。不过一开始别编，到这个时候就可以随便编了。

杨隽然：为了忽悠甲方吗？

王昀：不是，应该是为了获得甲方的芳心。甲方不懂你的设计意图是什么，甲方一般不懂空间，他们只爱听，或者说只听得懂讲故事。

杨隽然：我还担心可能会被批判太过于理想化，对基地，对周边的环境，没有充分的考虑。

王昀：你要相信，你肯定是要遭受批判的。当你要做一个不一样的东西的时候，遭受批判是必须忍受的。这是建筑师要进行的一个训练，这也属于一种能力。

创作这件事，对建筑的理解，在每个人的观念中都是不一样的，你怎么会不遭受批评呢。相反，大家都不批判你的时候，你会觉得自己这个东西很无聊。因为你不可能做一个全国人民都喜欢的东西。关于这一点在观念上一定要改变。

杨隽然：我找的大概是这样的一张图，当然我觉得可能复杂性比较高，但我主要想表达生活的气息。主要是用线把生活场景表现出来。其实我对这个方案还有一个想法，我想把表皮稍微变一下（图10-2～图10-4），现在外面的框都是落地的、实的，我想把这种形象做在外面。

王昀：可以，没问题。你可以调节你的曲率吗？

杨隽然：对，把这个调节一下。我本来是有一个曲面的，我把它对曲面的分割稍微往里调一点。

王昀：因为不一定每个孔下面都有楼梯（图10-5），而且层高很高了以后，楼梯盘上去很累。但是你可以那样，进了门以后在横向上移动。实在不行，变成空中的一个小庭园也挺好。

徐逸: 我刚开始思考在力学中寻找思路, 就想到重力, 就想到能不能反其道而行之, 根据物体在无重力状态下的分布状况来生成一个建筑空间。物体受到浮力的时候, 能够部分模拟反重力状态。我自己做了一个鱼缸, 我希望它能够进深浅一点, 这样我获得的图像比较平面化。原来打算将一些铅笔屑、木条、纸片等扔进去, 然后让灯光打在后面草图纸上, 这样会回到黑白。但第一次实验失败了, 目前能找到的材料, 要么是特别轻, 直接浮在水上, 要么是直接就掉下去了。我就在想, 能不能用液体来做, 就试着把墨水滴进去。我做了个滴墨水的过程可以看一段小小的视频。墨水滴进去以后, 它有点像分形一样, 会一步步分叉开, 然后占据整个空间 (图 10-5)。

它还有一个特征, 就是之后会达到一种动态的平衡。虽然它还在变化, 但是大致的形态会稳定下来, 在长时间内可能变化速度会比较慢。我把最后大致稳定下来的结果拿出来, 就是这种图像 (图 10-6)。我目前采用的转化方法首先是把它灰度值直接变成只有黑和白 (图 10-7), 这样就比较容易获得明确的空间。然后把若干个像素统一起来, 综合成一个 (图 10-8), 这样就会黑白色块更少, 更明确一点, 直接就搭成了空间 (图 10-9 ～图 10-11)。

图10-3

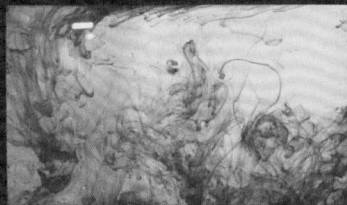
图10-4

图10-7

图10-8

图10-9

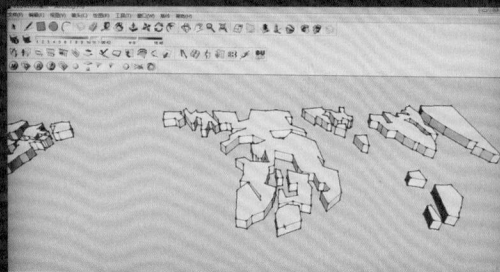
图10-10

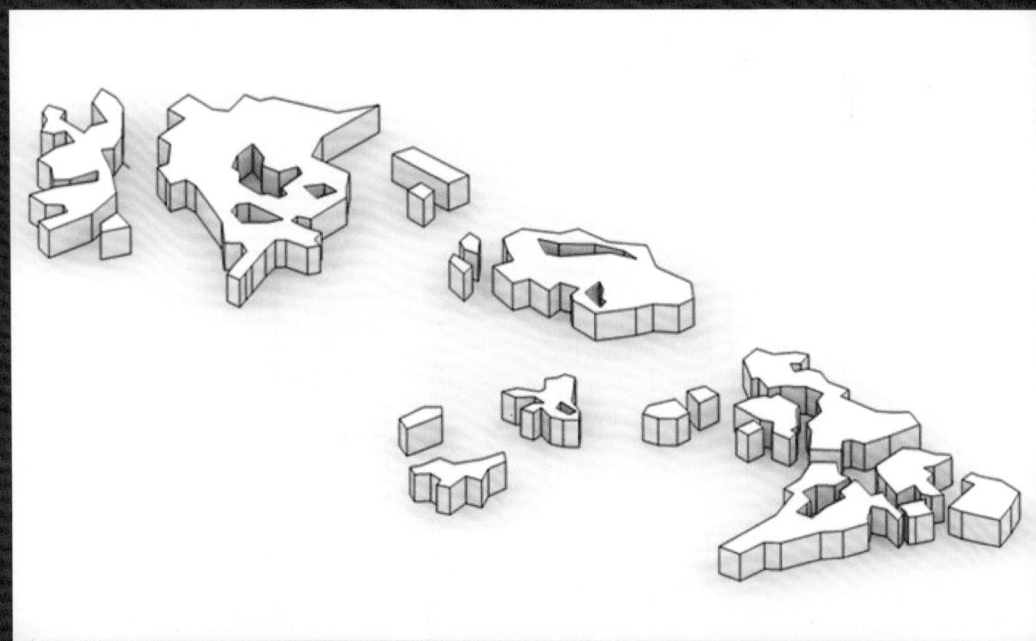
图10-11

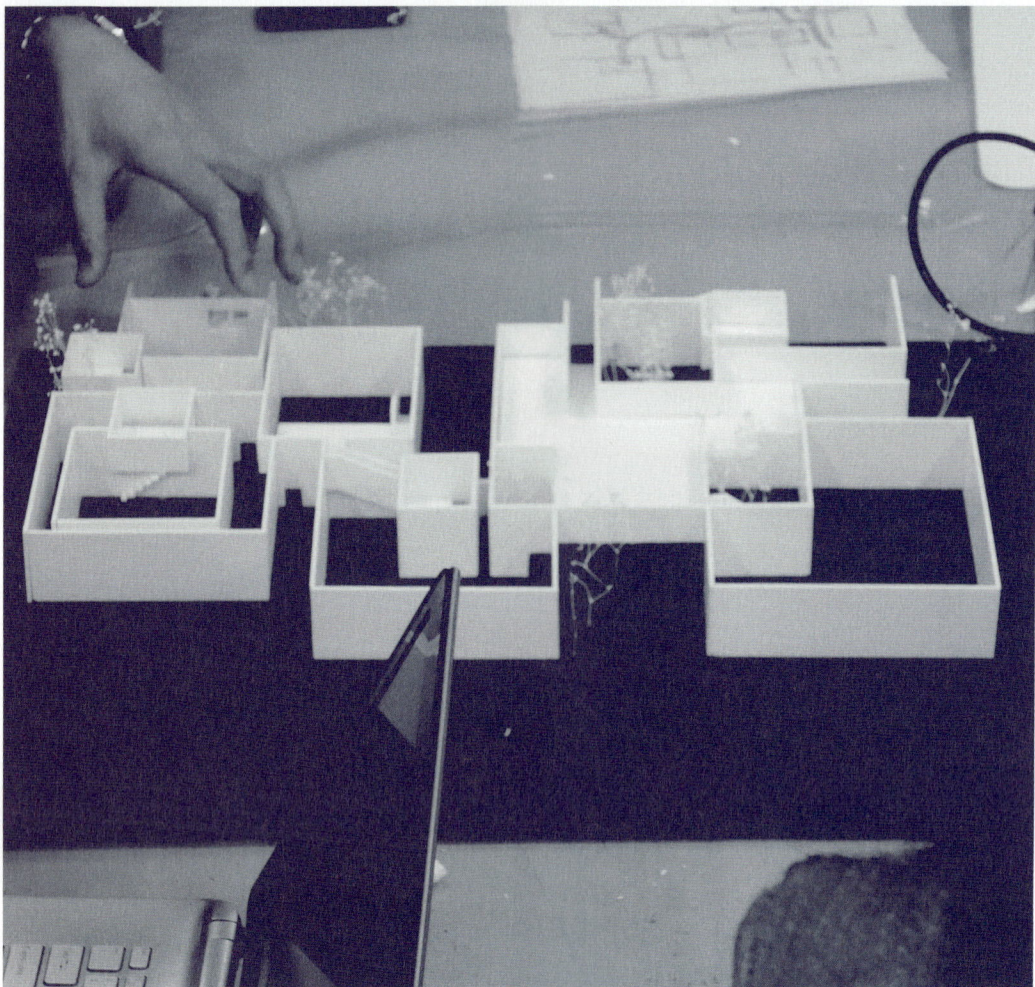

图 10-12

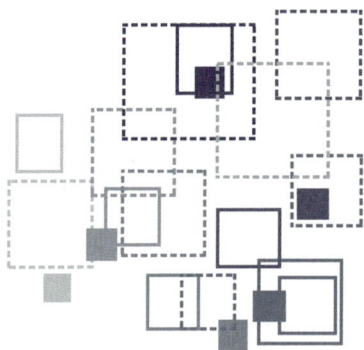

艺术家1
艺术家2
艺术家3
艺术家4
艺术家5
艺术家6
公众

住宅
工作室
展厅

图 10-13

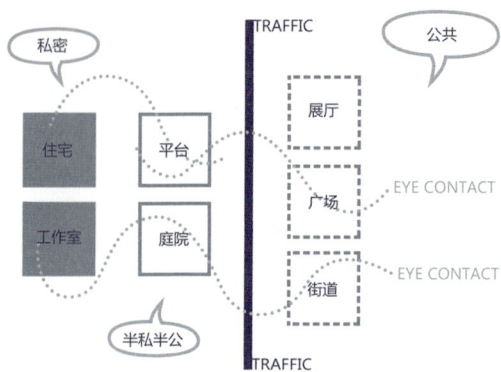

私密

TRAFFIC

公共

住宅　平台

展厅

工作室　庭院

广场　EYE CONTACT

半私半公

街道　EYE CONTACT

TRAFFIC

图 10-14

叶雪粲: 我重新选了一个地段, 在 789, 在两个大圆罐子的边上, 比较破败, 可能最后做的时候, 周围一大堆树, 把它跟大马路隔开。这个模型我只做了一半, 另外一半没做完 (图 10-12)。先从概念上说, 就是原先的原型, 因为两个方块的交错有上下的重合, 所以交叉和渗透是它的最大特点。因为它有两个面的交叉, 它在各个面打开都有不同视线交流方式和身体运动方式。所以我在想, 在这个艺术区, 可以让艺术家的创作群落变成一个生活、创作和游览者混合的社区, 在视线上混合, 但在流线上又不会互相干扰。不同场景的渗透, 也会让游览过程和创作过程更加有趣一些。而且之后如果再进一步改善流线, 还会让艺术家之间的交流更加密切。

一层平面分析图中, 不同颜色代表了不同艺术家, 总共六个人的领域 (图 10-13), 实体的块是他们居住的地方, 方框的是他们的工作室, 虚线是他们的展厅。他们之间的联系可能是通过一些桥或其他的通道。有些地方会故意放得远一点, 以增加艺术家之间相遇的可能性。这里是一个公共活动的区域, 之后可能会设置一些咖啡厅、书店, 让公众也可以进去, 并且通到各个画廊。

图上是梳理完的流线 (图 10-14), 还可以看到艺术家工作室的流线, 通过一些相对比较窄的入口进入, 跟游客经过的比较大的入口不太一样, 可以清晰看到游客的流线。

空间里设置了一些我蛮喜欢的空间。有院子, 有树的地方都是室外, 有工作室, 有住宅。空间中开了一个缝, 可以在院子里通过缝隙跟外面交流, 屋顶上盖一块玻璃, 可以看到室内的一些状态。还有就是, 通过挖的一个洞, 可以从住宅看到院落的一些活动场景, 用的都是差不多的手法 (图 10-15 ～图 10-17)。

王昀: 这个方案最有意思的地方在于, 刚才当你说到层级的时候, 其实你发现了它们之间尺度都比较相近。体量上的是居住, 体块上是工作室、活动场地。你的空间有一种向上感, 有种精神层面上的内涵, 我认为这个挺好的, 这是第一个。

第二点, 立面上都没有问题, 空间里有非常多、可以让你去思考和琢磨的很细腻的部分。刚才提到各空间之间的联系, 我建议你可以在地下再做一层, 或者底下做一些通道, 像廊道。比如穿过廊道到他家的时候, 正好有街道的某一部分, 可以有一些天窗, 光可以照到地下室, 通道还可以从地下通往庭园或展厅。

我感觉可以跟所有同学提一个要求, 在你做空间的时候, 应试着做出总结,类似于空间分级与功能关系。你要发现你所做空间的特质是什么,你做的空间是如何被使用。

叶雪粲:我是按照时值长度来划分的空间,音越长,分块越大。

王昀:对,这是描述现象。它的本质是什么?就是这种描述的方式,它是不是有一个术语,或者一个词语?

叶雪粲:我对空间进行分级,因为有两个方块交错,哪个在上,哪个在下,我当时想,因为小空间如果被切到这一块,对整体的损失更大,所以就先保证小空间上的完整性,然后再保证比它大一点的空间的完整性,在这种层级下进行交接关系的判断。因为小空间在空间等级上,也就是使用功能上更私密一些,它更处于一种看别人而不是被看的状态。它是一种在空间上部突出来,能看到下面公共活动的状态,如果是反过来,外面的游客看见空间内比较私密的生活,会不太合适,我当时是这么考虑的。

王昀:比如你现在做的就叫"空间的分级构造",类似于这种定义性质的词语。然后你这一套思考,这种空间的分级和音乐的分级、人生活中的分级,可能就能对应起来。其实在做的过程中还有可能发现一些规律性的东西。这些规律性如果能够抽取出来,用一个恰当的词语来表示,其实就变成概念,成为观念,成为关键词。所有的事情都是这样的。比如要把某种理念告诉别人的时候,需要用一个特别能让人容易记住的方式,把你想表达的总结出来。

当然也许你今天可能感觉有些难度。没关系,你试着去理解。可能咱们每个同学都会面临这样一个小要求。你的空间要定一个性,或者定一个主题,定一个方向,而不是说某某某艺术家工作室。"工作室"只是对这个项目的描述,但是建筑师在做的过程中还要对空间有贡献,要对建筑学的发展有贡献。我一直认为按照现在这种做法,建筑学走到死胡同了。可是我们要做的就是,让它重新焕发出另外一种活力。需要从其他地方来把建筑学学科的厚度加起来,但是在加厚度的时候,你要善于去总结,看到过程中的一些现象,缝隙理论、分级或分层等。

叶雪粲:我当时自己一直在想"偷窥"一词。但是感觉这词给人的印象不是特别好。

王昀:不是不好,"偷窥"是艺术一个概念吧,很多艺术,都在表述一个偷窥的状态。但应该可以有比这更观念性的表述吧。

图 10-15

图 10-16

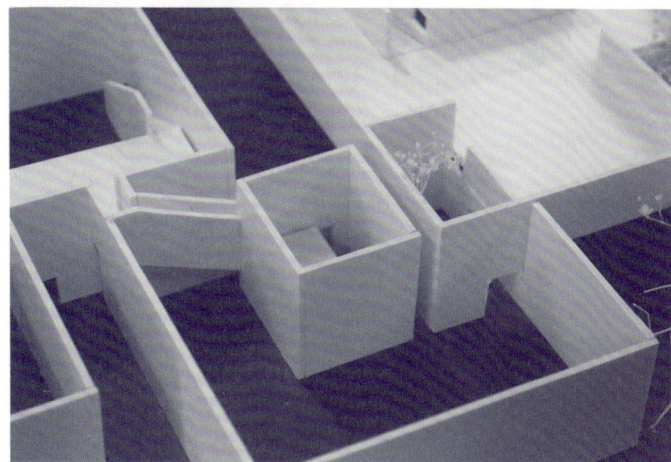

图 10-17

图 10-18

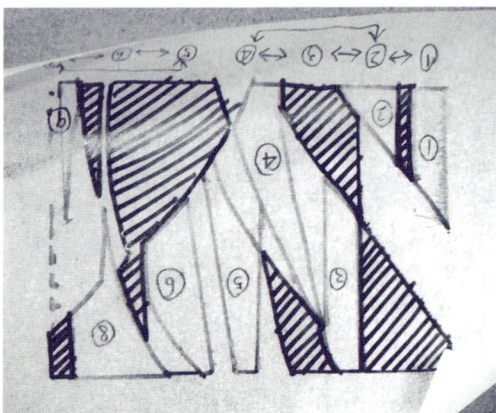

图 10-19

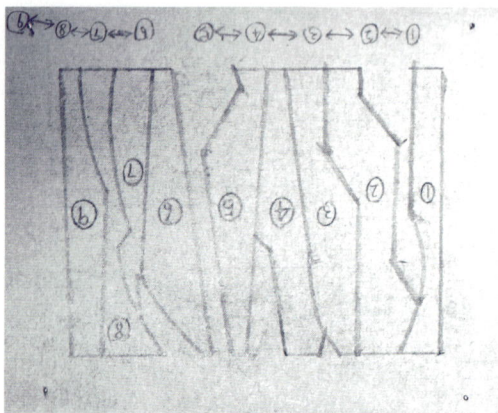

图 10-20

谢志乐: 上一次模型 (图 10-18) 是做的住宅。我的基本想法是把体块扭合在一起,我家的屋顶是你家的二层,你家的二层是我家的屋顶,中间又隔出室外的院子。我这次的模型是基于这个想法把整个模型理清楚。我把模型分成了九个单体,想把室内、室外和上下空间的关系弄清楚。基本上每个单元的方向性都特别强,尺度也差不多,因为都是类似走廊的空间,有些在室外,有些在室内,有些在二层庭院。我希望这三种空间能有一个联系,所以就做了区分。图上可以看到一层的排列 (图 10-19),二层的排列 (图 10-20),序号与空间是对应的,棕色部分是室外。我这次做了调整,中间被切割处,中间的一块墙取消了。只要是能够拼合在一起的地方,我都让它的墙消失。最后的效果是,有一片很长的墙,有一个比较明显的折线,或者弧线,但有两个通道的方向,这是一个大致的感觉 (图 10-21)。图 10-22 ~图 10-30 是每一个单元的模型。

王昀: 这个特别棒,一个个单体拿出来都是很精彩的状态,它实际上已经是一个非常好的建筑了。你把切开这件事变得很有意义,这里有挺好的空间。内部还有一个街道?

谢志乐: 对,是有一个室外的。

王昀: 是不是有必要这么清楚地把它切成一个街道,我有点怀疑。其实最好玩的事儿恰恰是这种暧昧性。

谢志乐: 我有一个疑惑,我之前做的是住宅,不用考虑几个单体之间的串联关系。现在我不太敢处理,不是不敢处理,我现在这个方案是把单体一个一个串起来的。

王昀: 我认为没必要串起来。相反一个单体就是一个房子。至于它是什么房子,我认为你自己给它命名就好了,比如说是个小的展示空间,我认为就特别好。不要把它串起来,不用去纠结这个事,你就把它做成一个年轻人的创意空间,有张床就可以解决人们居住的问题。一些年轻的艺术家,或者是 SOHO 搞创意的人,在这空间完成一项工作,有一个面积不大的工作场所就行了。就照你目前所做的这个图,有一系列的空间展示,一张张图是一个个小方块,是空间中的场景,每一个角度都不一样,将它做成一个系列的状态。然后,另两幅图可以是对这座房子的平面描述和空间场景描述,如果把它放在树林里也行,不一定非要放在南锣鼓巷。其空间对应的可能性和多样性,一下子可以变得很特别,空间周围种上树就是另外一个场景。让你的建筑空间跟整个这套体系表达得清楚和一致,是你现在要思考的工作,其他都不用纠结了。

图 10-21

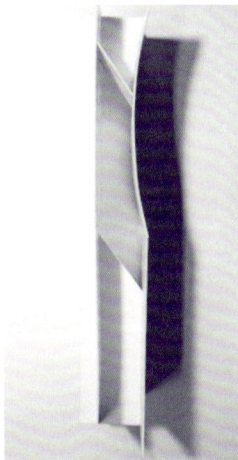

图 10-22

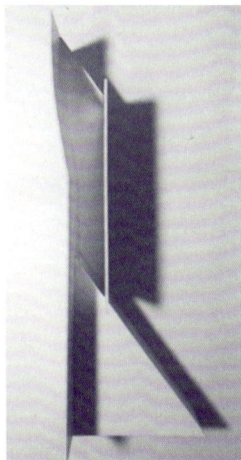

图 10-23

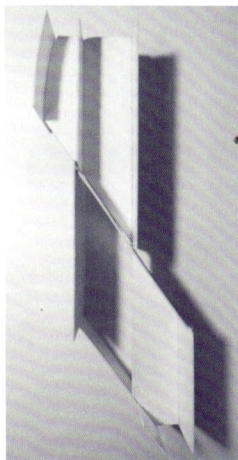

图 10-24

图 10-25

图 10-26

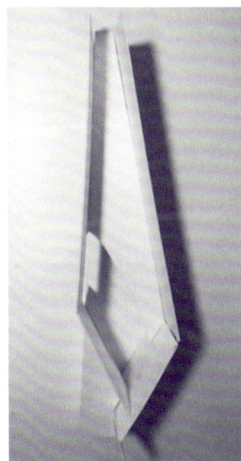

图 10-27

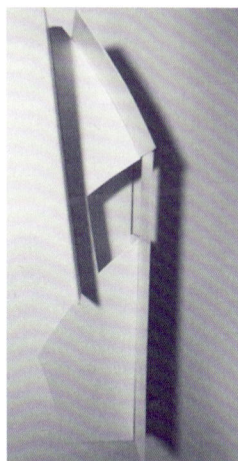

图 10-28

图 10-29

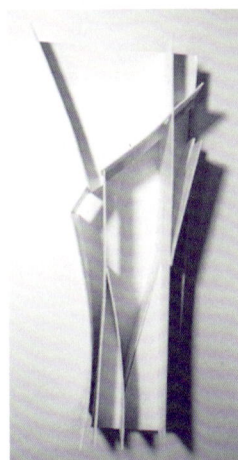

图 10-30

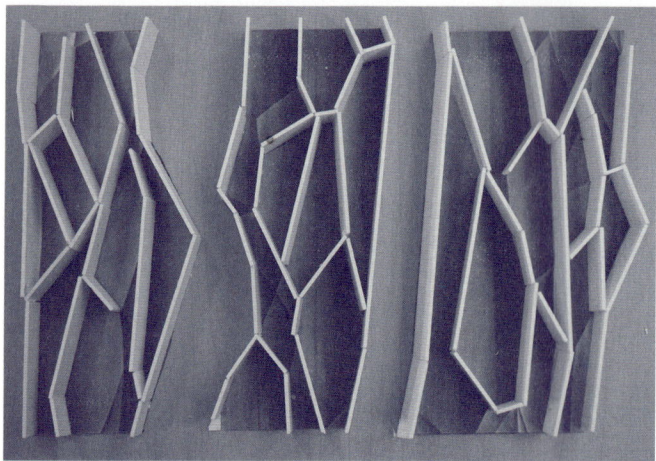

图 10-31

图 10-32

图 10-33

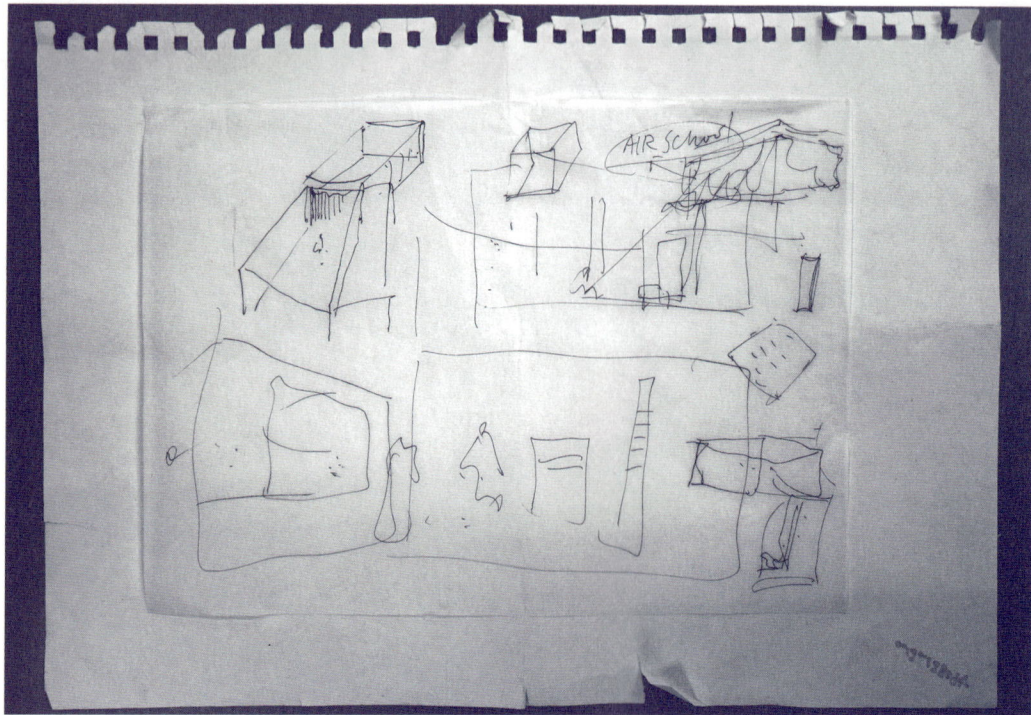

图 10-34

吴之恒: 我觉得光的那个形式好像有点太直线了。比如说光这样射过去，所有的影子都是平行的。我想把它摞起来，用这样的一个状态。但还没太想好做成什么。不知道是做成博物馆这种大型的建筑，还是做成一个比较小的房子 (图 10-31、图 10-32)。

王昀: 你的模型肌理很特别。它是一个切下来的概念，其实跟你的平面也是有关的，但是面又是这样一个立体状态，建议可以用些小的材料，有点像很薄的膜结构的东西黏在上面，有些地方有小凹陷，但是也有的地是鼓起来的状态 (图 10-33)。

吴之恒: 有点像一种膜，屋顶是一层薄且轻的膜，下面的骨架，有重力后会自然下陷。

王昀: 对，所以说你的模型可能特别好玩，像一种牛皮做的鼓，里面亮，很透明，像灯笼一样的。只不过你的模型，有可能墙不再是平的。

吴之恒: 我现在只是先实验看这种方法行不行，行的话我继续往下做。我觉得如果把它做成膜的话，可能做成一个小型的建筑。我觉得可以把它放在城市广场的展廊。这个膜，我可以试一下，用铁丝或什么做成骨架，让它自然下陷。

王昀: 感觉应该是挺好玩的一个东西。比如说墙不是墙的概念，变成框架的钢结构，骨外面用膜包起来，会很酷的。

吴之恒: 还有一种方式，我觉得可以把有些墙变成挂的帘子。

王昀: 可以变成特别有意境的另外一种状态，非常轻。比如选一处像你说的围帘的状态 (边说边画图 10-34)，到里面有可能是类似于账篷的状态，包括另一处，都可能是膜的形式，用膜结构绷起来。我觉得这种方式可能挺可爱，晚上屋里点上灯，人在屋子里，就是皮影效果了。走在街道上，看到屋子里隐隐若现，意境就出来了。用那种半透明的纸或者硫酸纸来做，一点灯，做成灯笼住宅，符合现代年轻人的生活。或者店铺也可以，里面卖衣服，卖小商品。你可以引伸，把它看成就像大街上用塑料布围合的效果，把材质给消隐掉，做一个膜结构的概念。我觉得你的空间里可以有电影的感觉，比如放投影，其实这做的世界有点当下世界的倾向，城市有一种飘柔化的状态，柔软，轻盈，你这个方案可以就建在三里屯。

陈梓瑜：现在做的一部分其实是把构图里不是竖直墙的部分所有的线提出来（图 10-35），想把它做好，处理中间一个空间功能的主要流线，把它处理完以后剩下的就是空间，可以在里面走来走去。

王昀：你这些功能理顺以后，就有点像个大堂。把这一面封上以后，就是大堂空间的一个状态。图上方的部分你做什么呢？这是个报告厅？

陈梓瑜：有报告厅、画廊和图书馆。现在有个体量的问题，因为那个广场特别大，占地边长大概是现在做的两到三倍的长度（图 10-36、图 10-37）。

王昀：是吗？你现在的这个是做小了吗？

陈梓瑜：当时想的是 100 米 ×100 米，现在做的是 50 米 ×50 米。

王昀：50 米 ×50 米太小了，要放大一点，至少 100 米 ×100 米，等你放大以后空间就好用了。因为建筑有一个尺度跟手法的问题，要是做一个大的剧院，或者是大博物馆，而你给它做小了以后，尺度就不对了，所以你现在尺度上需要尝试，人站在空间里，要尺度合适。

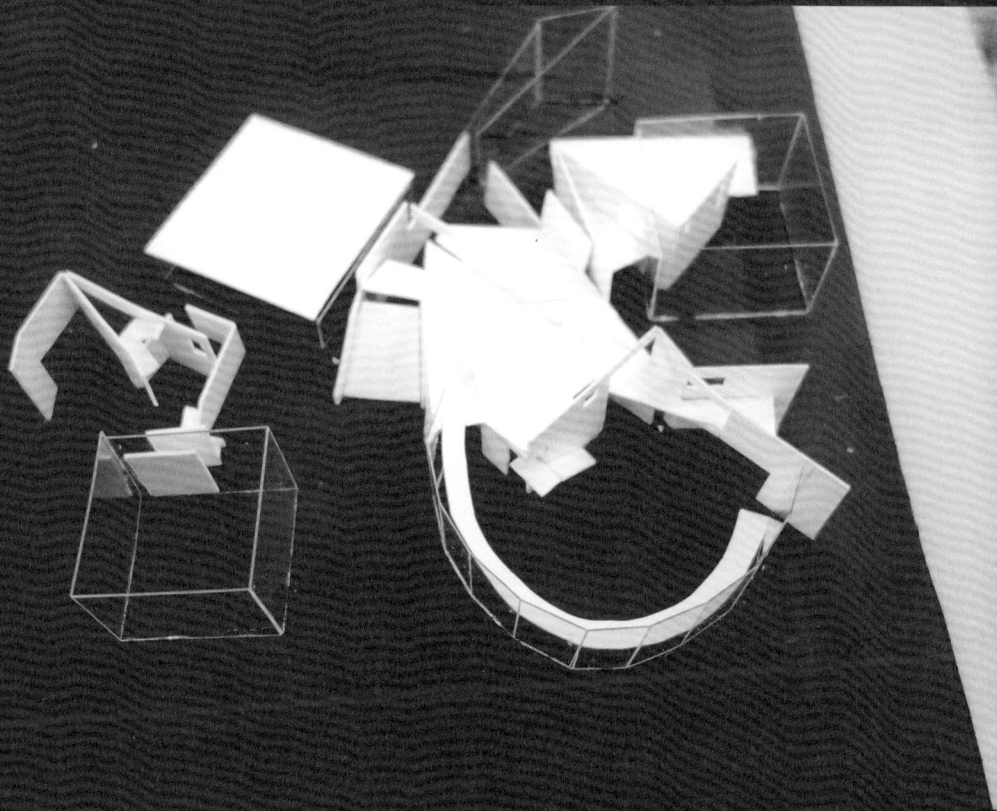

图 10-35

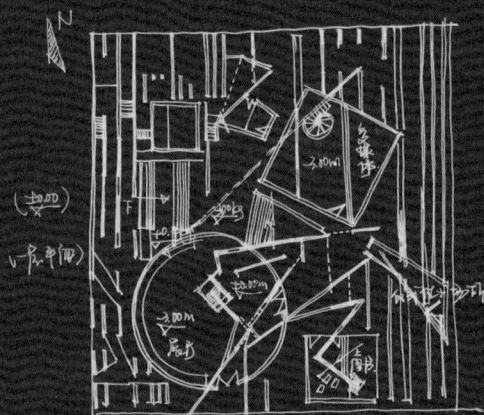

图 10-36

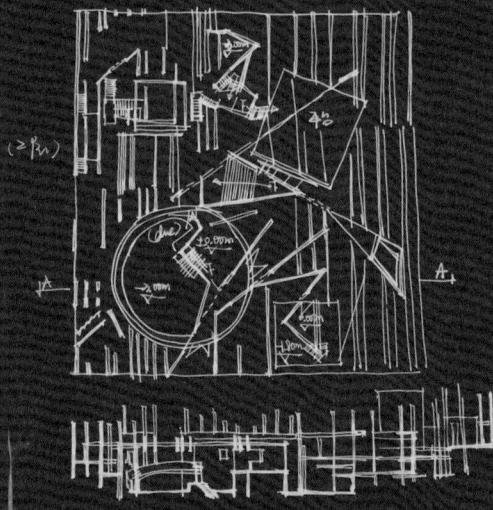

图 10-37

图 10-38

图 10-40

图 10-39

李明玺：最初看这个模型，我就觉得它作为一个街道特别合适。一般的街道都是比较整齐，有一个方向性的通道，比较单调，而且商铺必须从侧面立出一个标识牌，感觉非常零乱。我做的这个街道每个盒子的朝向都不一样，可以把它的立面展现给走向它的人，比较丰富，人走起来也不会很单调（图 10-38～图 10-40）。

我把这个街道放在北四环芍药居，我经常去那个地方，觉得那块地方特别需要这种街道（图 10-41、图 10-42）。图上可以看到的是对外经贸大学，芍药居一个居民区，还有另外一个学校。我感觉有一块地方可以动，把街道放到这里面。现在这块地段的问题，首先是周围商铺设置特别不合理，居民不去，学生也不会去，周围还有很多流动的商贩，特别乱。其次居民缺少聚集活动的区域，只能到学校去活动，那样又会干扰学生的生活，会有一些冲突。

具体这块地段，人们一般沿着图上这条蓝色的道路走，走起来会觉得特别无聊特别累，商铺也没人去。我想在这片区域做一条斜的街道，同时这里有一个挺好的商业小区域，我觉得可以保留下来。旁边就等于空出来一块地，做成一个广场，让居民在这里活动。

王昀：现在中国城市面临的一个最大问题就是房子和房子之间的间距太大了，城市缺少空间的丰富度。你这个设计放进去以后，可以增加丰富度。但可能面临一个问题，就是说会不会遮挡原来的住宅。你可能要计算一下，在不遮挡住宅的前提下，可以做一个城市加密的过程，你做的这些房子盖出来以后，都是归这些居民的，最后收益属于居民，那何乐而不为。

李明玺：这个模型现在高度比较高，感觉街道不是很合适，把它放矮一点不知道好不好。

我是这么想的，考虑到商铺面积大租金高，现在每个盒子面积不大，跟原来那些商铺尺度差不多，小的商铺可能就 3 米 ×6 米，最大的也不超过10 米 ×10 米。还有流动商贩，流动商贩不可能租得起商铺，就用墙围起来一个空间，商贩可以推着车到里面去卖，整个空间伴随着一切变成小酒吧、咖啡馆、各种小吃的一条街。

王昀：这个话题是成立的。就是说，你走到某一个地方，那里私搭乱建，有好多小商贩，街道很差，空间感也比较差，你在这里面进行一种改造。房子可能很清新，墙可能很薄，用钢板之类的材料来做，一堆盒子撒到空间里，把街道的秩序跟空间的状态做好。总之，想法没问题。如果你把尺度变小，一堆小盒子来组成，也可以。

你把你做的往现状里一放, 跟现状出现冲突了, 就拿掉, 最后形成互相咬合的一种状态, 比单纯一个要好得多, 而且能产生那种自由感。还有街道怎么布局, 在哪儿有一些座椅, 哪块儿有树。你在设计一个小城市的概念, 也就是将另外一个聚落扔到现有的聚落当中, 看怎样让两者融合进去。

你现在做的空间没问题, 盒子往里一放, 远处有大楼, 跟近处的盒子对比, 这种模式有可能成为我们未来的小区设计, 甚至为商业设计提供一个很好的模式。关键就是你做的空间怎么跟周边进行融合, 以及老房子和新房子之间的边界关系。找一个现实的地形, 设计个假题, 反过来再用假题把空间和环境的相互关系引出来。你是定街道这个题了吗?

李明玺: 对。还有一个问题, 就是小区内自己的道路被盒子给占了。

王昀: 没关系, 你去改造它们。因为你的介入, 会让这块场地产生一种新的被激发了的状态。

图 10-41

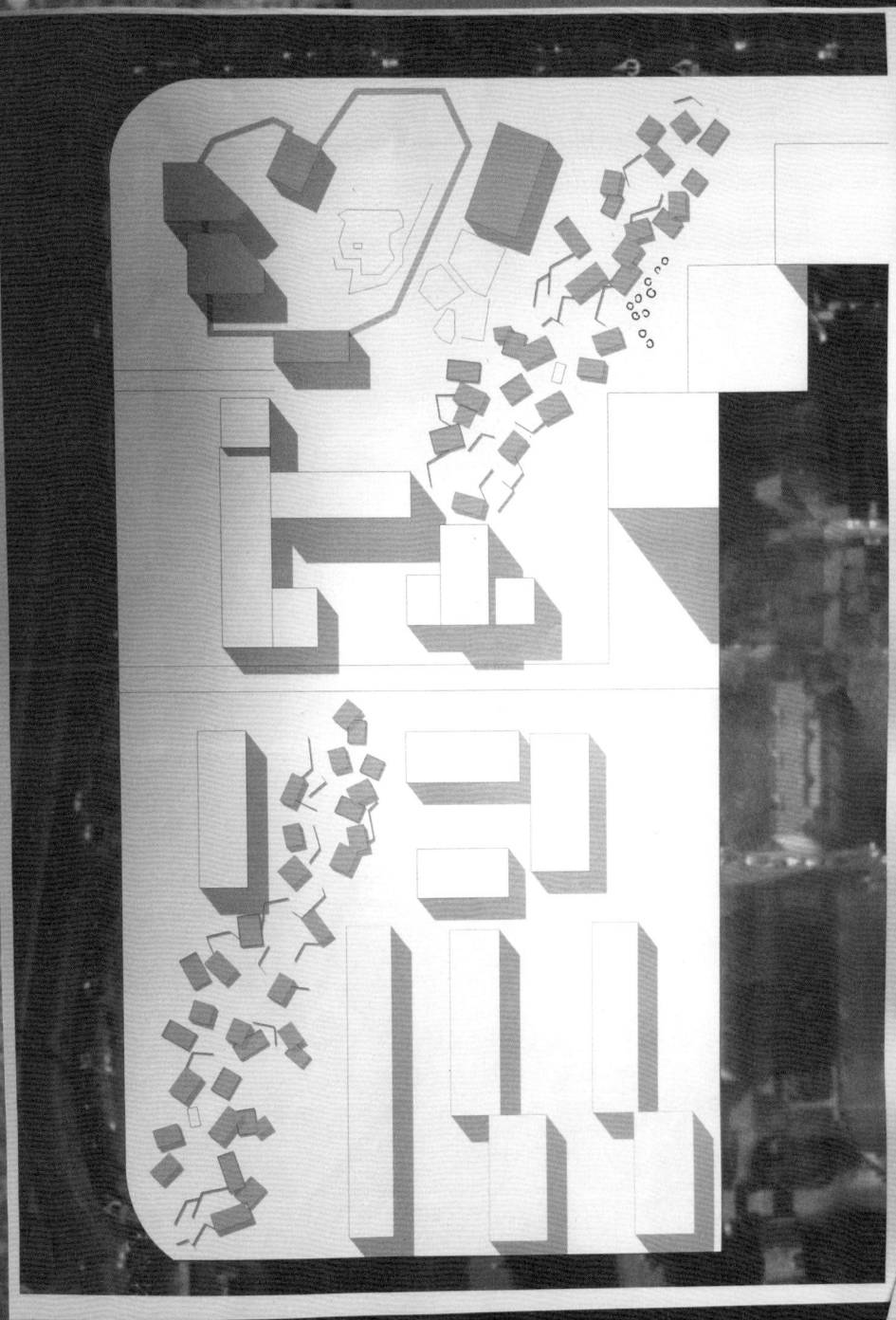

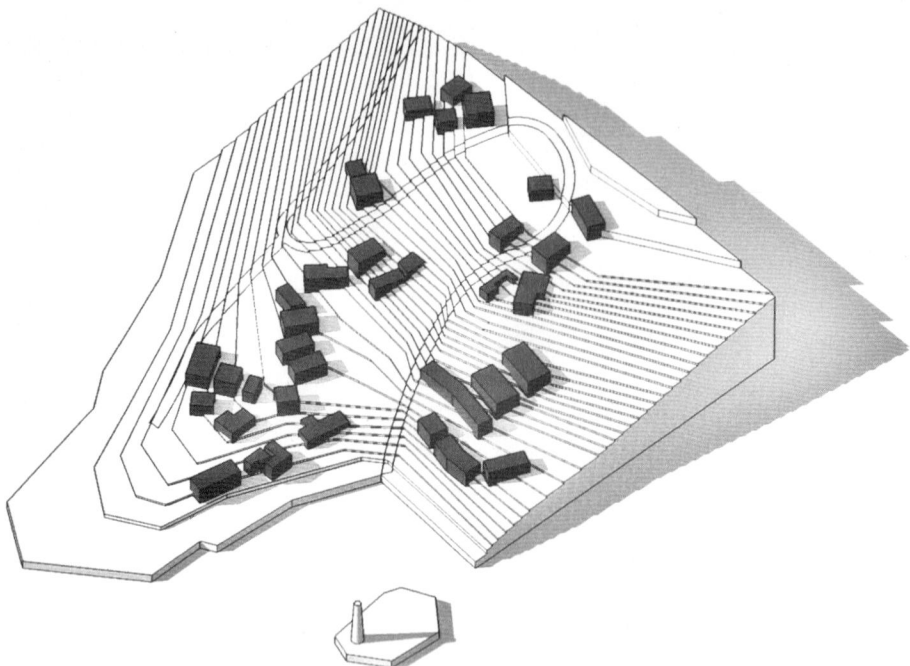

图 10-43

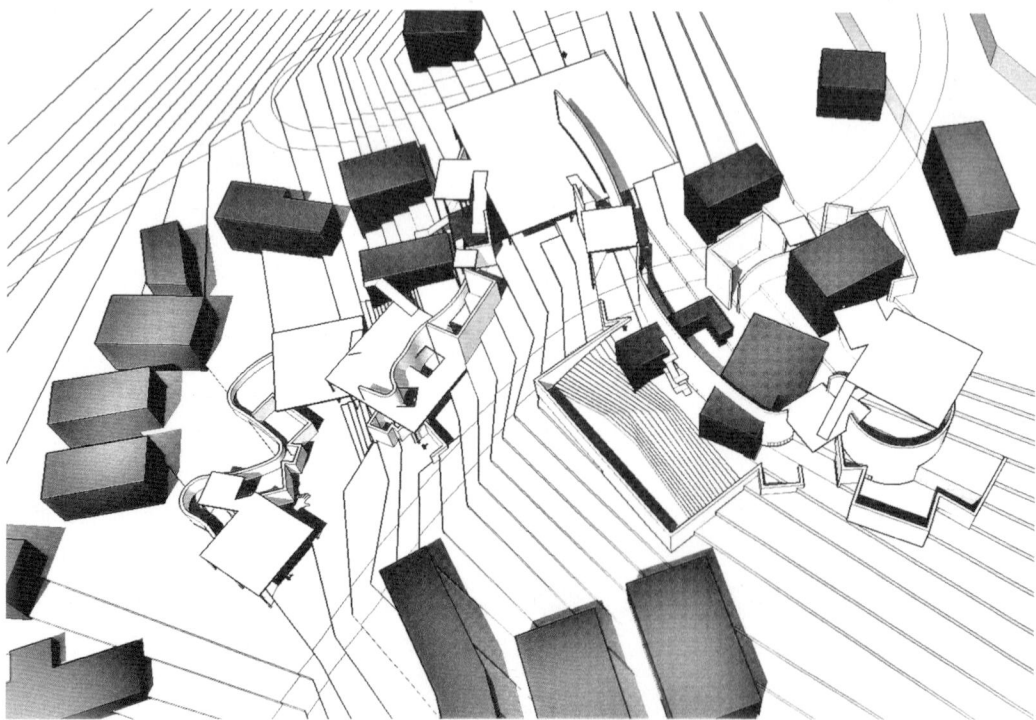

图 10-44

杜京良：换了一个地形。因为模型比较大，我又切了一块（图 10-43），图上是它现有的道路，我把磁场加进去了，尽量往上放，地形上有几条弧线。

王昀：你的建筑是直接跟地形撞上了。

杜京良：就是把地形串起来，然后加上柱子。图上的就是，但后面有点失控了（图 10-44）。

王昀：彻底失控了。你知道为什么失控了吗？因为地形跟这些房子交接上以后，突然出现另外一个问题，就是其他方块的角度为什么这么歪，会遭到人的质疑。如果你交接得特别好，交接是有道理的还好，但交接不好的时候，马上就出现另外一个参照体系了。你把中间几个小块去掉看看（杜京良开始动手删掉所指的盒子），对，把这四个房子去掉。鸟瞰一下看看这是不是合适了？设计最忌讳的是画蛇添足。建筑设计，到了一定阶段，需要进行判断。大家知道入门其实是很简单的，但是一旦入门以后做方案的时候，停不下于是大忌，在什么地方停于是一个很重要的判断。所以，你这个模型就属于画蛇添足。现在的形态非常完美了，不用加其他的，加了反而让原来比较完美的形态变得不完美了。把新加上的几个去掉，好吧。我看这个可以做成一个游览中心。大家到小岛上来，在屋顶平台或不同平台上，喝咖啡或喝茶，就是一个很轻松的游览中心的概念。山上那个呢？

杜京良：山上的是自己加的，因为功能是一些工作室，就干脆给它做了一个平台。平台下面可以走人，可以穿过。因为这里有点教堂的感觉，是比较公共性的，就加了几个工作室，也是原型上的一个构图。加了几个小格子式的构图。

王昀：平台有点不好。平台还不如就沿着等高线的趋势来做，变成曲线，不一定是直的，相反直的会跟等高线有巨大的冲突，顺着等高线做就行了。这个形呢？是你加的？

杜京良：有一部分是。

王昀：我还是觉得这里加上艺术家工作室有点奇怪，加一部分，剩下的部分没加就会奇怪。所有的部分都是整体上的一部分，不能说加这里不加那里，因为加和不加本身又出现一个选择。我倒感觉这就是一个观景台，不一定要有艺术家工作室。相反平台上可能展开的是比较放松的一种观览方式，平台下可能是功能性的一些设施。两个别对等地去做。一对等，就会产生为什么做两个的疑问，所以尽可能做得很紧密些。

周桐: 我没有把原型全部做出模型 (图 10-45), 因为还没做出感觉。可能就是有些呼应的小组合, 跟另外一边呼应或者怎么样关系, 我没有往下细想, 只是挑了平面一部分去做。去往下解读, 我也是心中有一些图景, 看到了一些照片, 受到了一些感动, 觉得空间中物的一些高低关系其实可以产生一种特别恰当而微妙的愉悦。我是通过梯段实现高度变化的, 梯段的角度是完全自由的。有那种特别缓的梯段, 像这个高 2 米的, 就做得特别缓。也有特别陡的, 像在卫生间上面跨过来的一个小走道, 差不多 45 度。还有更极端的, 直接是一个梯子, 上到二楼的夹层。在墙面上开了一些孔洞, 开洞的时候比较谨慎, 因为害怕自己的美学判断把原有的样子毁掉, 所以开得比较节制, 图上可以看到一个门, 然后接着这个梯子。这边只开了一个特别必要的窗, 另一侧的墙没有开洞, 因为这里已经有一个孔洞的缝隙。墙面开了一个大洞, 想在这两边都能看得到, 开的洞也是特别节制, 不敢做特别大的动作, 从这个方向看, 特别有街道感, 两个凸出来的小阳台有一个呼应, 通过一个孔洞, 跟阳台形成一些对比, 同时在这里的人可以通过孔洞看到院子 (图 10-46、图 10-47)。基本上, 这部分标高的变化是最低的。这块是 2 米的标高, 我觉得它抬起来, 就是比较高的变化, 把女卧一次性抬高。低的一块是男卧, 女生可以先经过男卧, 再连到女卧, 旁边 是两个卫生间。

王昀: 你现在最大的任务就是按照现在的解读方式把其他的空间一个一个解读出来, 你的问题就全解决了。至于是做成男生宿舍还是女生宿舍无所谓, 没必要想那么多。我觉得最有意思的是这种互相的空间叠加。开窗户是对的, 你要通过它看到场景, 因为像画框一样。然后在这个地方, 是不是还可能通过窗户看到这一面的叠加。做模型的同时再去琢磨一下, 使两项能够叠加起来。如果会削弱原有的空间, 那就不开洞。先把空间的逻辑想清楚了, 下一个层面再去琢磨开洞的事。

图 10-45

图 10-46

图 10-47

图 10-48

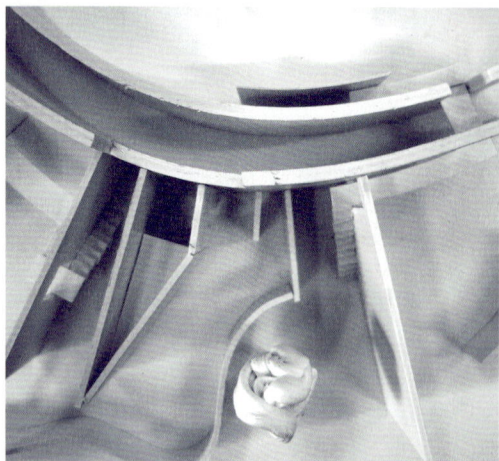

图 10-49

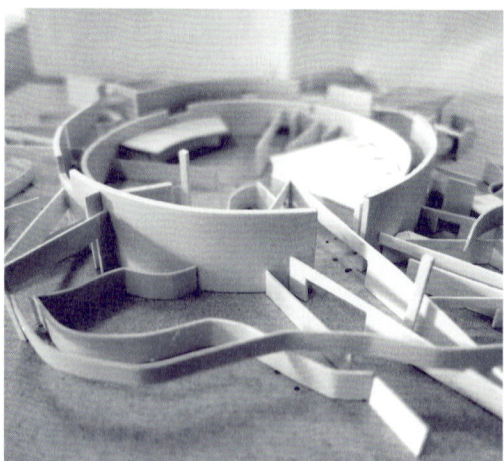

图 10-50

丁惟迟: 这次做的方案应该是一个博物馆, 或者是艺术中心。这回主要想了想它的空间该怎么弄。这里面其实可能会有实体的空间, 完全黑色的房间会稍微少点, 以一些灰色的为主, 就是灰空间为主。我做了三个主路口, 从入口进入, 能进入外圈, 外圈是一个圆形的走道, 然后能进入最核心的空间。最核心的空间就是一些大空间, 而靠外面的都是一些细碎的空间, 差不多是现在的样子 (图 10-48 ～图 10-50)。

王昀: 挺好的, 因为你这个设计挺有音乐的感觉, 特别像钢琴的音乐乐谱, 现在都是墙, 能不能把它加上顶, 没有顶就没有挑战了。哪些是带顶的, 哪些是院子? 你做的二层怎么解释? 比如说有没有可能有的地方是地下的庭院, 不要上二楼, 因为一上二楼, 房间的使用性会被质疑。

丁惟迟: 地下我现在也挺想做的, 这次的方案其实是一个以墙为主, 旁边会连着一个走道的感觉, 跟墙相交会有台阶能走下来。我想做一些比较小的空间, 比如说, 三个主入口太单调了, 我在原来的图案上找了一些思路, 其实内圈和外圈空间, 正着循环, 反着循环, 都是可以的。这是一个交响乐的套路。空间中就有一些内外交错, 可能从这侧的墙看不见核心空间, 但绕一下就能看到。上下两层通过一个比较细碎的、比较窄的楼梯连接, 然后贴着墙下到一层。

王昀: 可以, 或者做一个坡道, 缓一点, 都可以。贴着楼梯的墙没问题, 你做些读解, 跟周桐同学一样, 一点一点把它读进去, 空间也加进去, 有多少入口都没关系。甚至比如这有一组房子, 那有一组房子, 像村落一样, 每一段都是分别的单体。

丁惟迟: 里面都是不同的展区。

王昀: 不同的展区, 或者说不同的功能, 没必要非得有一个统一的入口。

丁惟迟: 还有一个疑问, 一个困惑, 中间的街道, 我现在感觉它的利用率不是很高。

王昀: 利用率会很高, 因为中间是一个博物馆, 或者是一个公共空间。比方人从入口走进来, 不知道哪一块比较好, 往街道里面走, 街道与很多房间穿插进去, 是一个公共街道。门不够多, 没关系, 可以再多开一些。可能还有楼梯上二楼, 比如进到个房间的时候, 有个小街道架在空中, 或者从这一处空间进再穿过去, 穿到它的屋顶就有过街的通道。一点一点地读进去, 特别好。

杜光瑜：上次说应该有一些空间架空，底部空间更明确一些。现在的尺度就是为了保证它的宽度，保证它整体的比例，其实现在的状态还是有点大了。但是为了整体空间，只能这么大了（图10-51、图10-52）。

王昀：中间倒是够宽。

杜光瑜：宽度不等。宽的有3米多，窄的有1.5米。

王昀：窄的我建议可以做到0.8米左右，0.8米或0.9米。

杜光瑜：那当然更好了。

王昀：因为这样整体尺度感会内缩，否则3米的大走道一点魅力都没有。你现在模型的空间感就不如上次空间的感觉好了。

杜光瑜：我还做了一些空的地方，比如图上看到的一块就是空的。人进去的时候，能看到建筑中间有个小庭院，从每一个角度都能看到，我把中间非常小的空间调整了下，让原来的道路穿过建筑。

王昀：那就没意义了。这样所有的空间就变得很封闭，变成整块，不如你之前的一幅，和之前的比差远了。

杜光瑜：不让它是一整块。

王昀：用不着是一个整块，可以让地下是完整的（开始动手在本子上画），甚至可以略微高出地面，像台基一样，上面很多东西，高出地面1米5，让人感觉底下是一整块，如同一个台地。但台地上会有街道，会有广场，有一条路可以走上去（图10-53）。

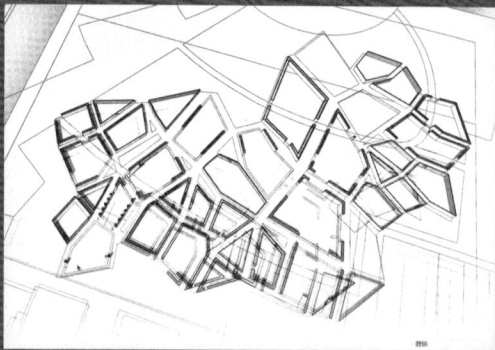

图 10-51

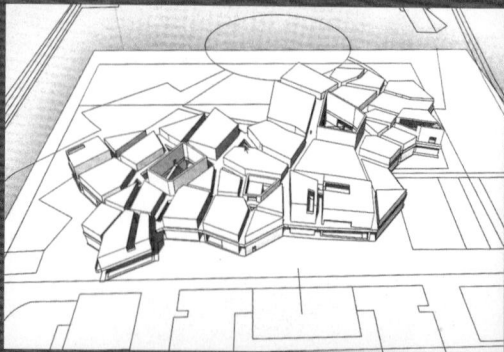

图 10-52

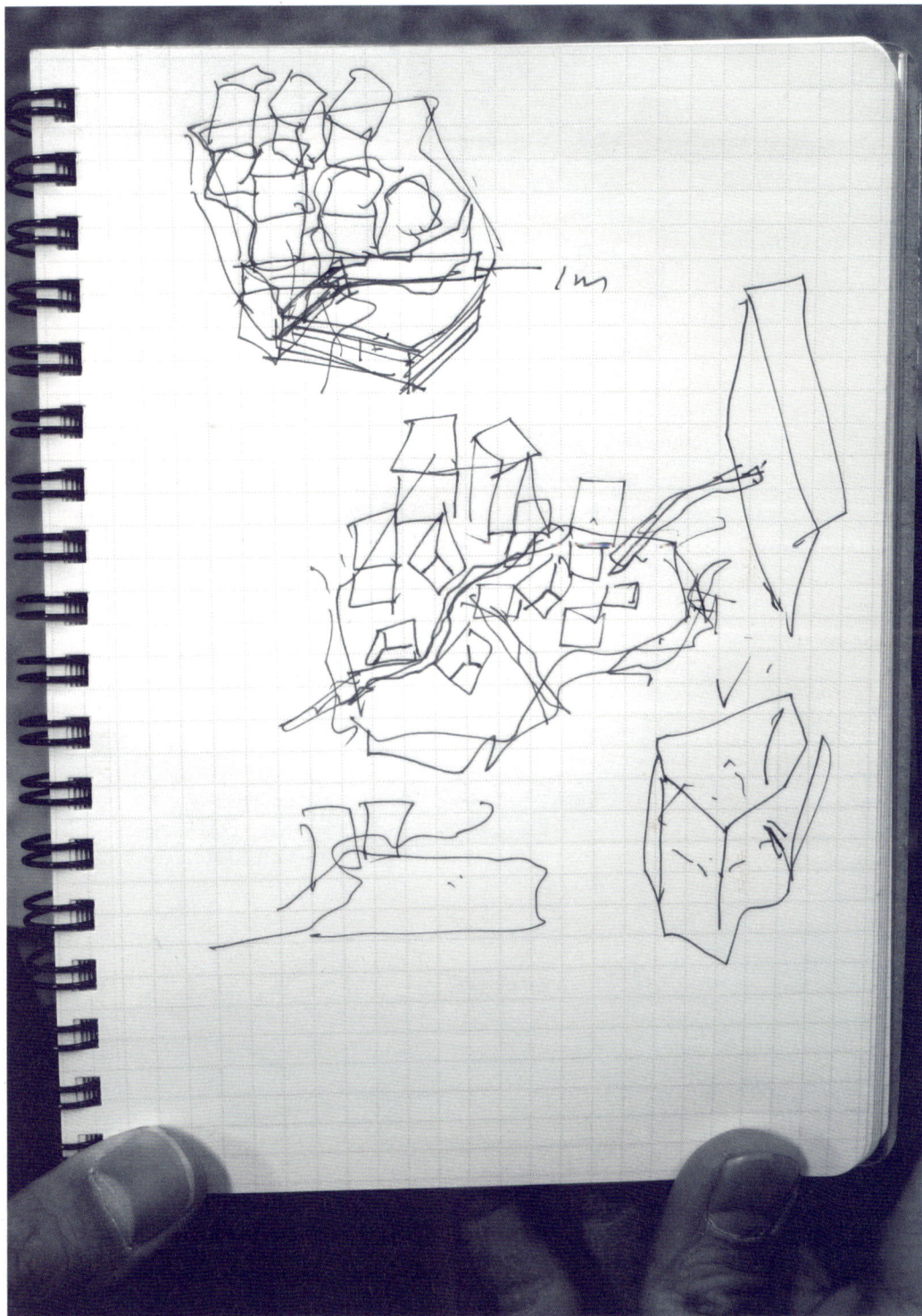

图 10-53

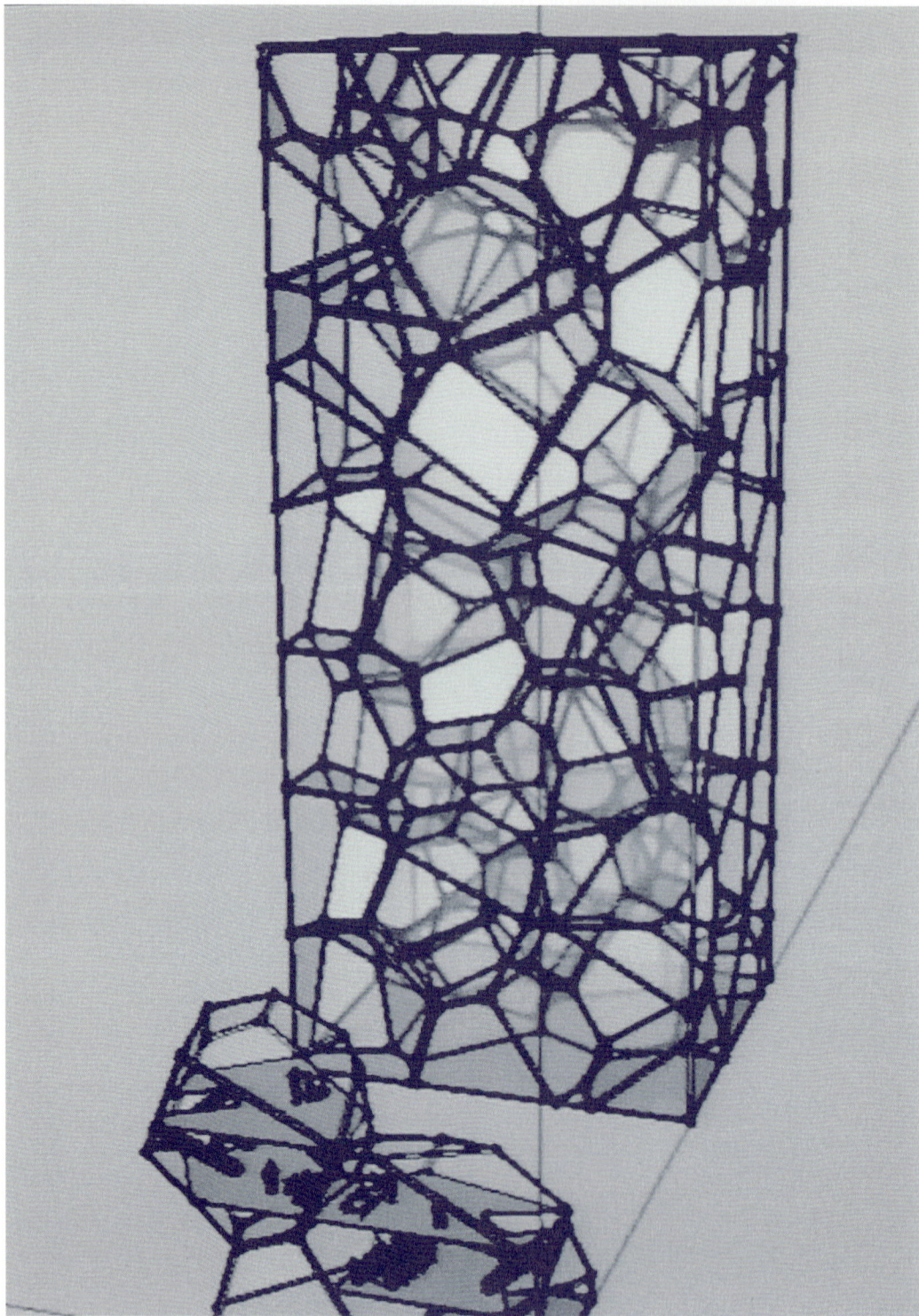

图 10-54

侯兰清：这是个在长方体里随机选点，通过 Grasshopper 插件生成的 voronoi 形体。形成了一个个的单元体，然后分层（图 10-54），功能是住宅结合一些办公（图 10-55）。大概是图上的这样，现在我先布置了一下。地段可能就选在国贸、CBD 区域。

王昀：别放在那么高大上的地方，就放清华边上一个雕塑园里就行。

你把这个长方形放倒其实也行，让长方形再长点，做个横向空间，再拷贝一个。做这么长一个形体，把里面重新切分，把工作室加进去，就特别好。然后在空中有一个庭园。

侯兰清：对，有些地方是空的。

王昀：很有意思，这真的特别棒！很精彩！找一个长条形的地块，可以在一个公园里，周边还得都是树，没有树是不是没意思？

图 10-55

高钧怡：这次是觉得有点卡壳了，先说一个不卡壳的，就是把尺度换了一下，上次觉得这个太少了，没组群的感觉。回去我又仔细想了想，觉得尺度可能太宽。这次让空间里有一些更多的线，形成最开始那种组群的感觉。不过中间没有围上，比上次中间的空间要丰富一些。这次有点纠结的是顶。之前做的是带一些曲面的凹凸的顶，当时是为了跟周围地段呼应。但是这个空间最本质的是点形成的围合空间。而顶的形式太大，又是凹凸的，担心会太抢眼，没法形成平面的感觉，反而会冲击形体本身曲面的感觉，所以我这次主要考虑了一些不同形式的顶。其实一直有一个问题比较困扰我，因为里面的点阵本身并没有构成空间，所以在连成的面的附近附加一个别的空间，或者单独用一个方形体块从下面截取，感觉实际都会对它有一些破坏。上次尝试在里面做筒状，然后可能有一些围合，总感觉如果做出来就像一个多余的膏药贴在它围合的空间上一样，没有了纯粹的感觉。

王昀：其实最大问题就是你的这些体块加得太随意了，跟你的原形没有什么关系。

高钧怡：其实我是想找图上那些比较大的星星，把它作为点放大（图10-56、图10-57）。

王昀：问题就在这儿，那些点儿没有问题，可你一放大就有问题了，为什么放这么大，不是原来的一点点大？都是原来大小的时候，没有任何问题，你一放大，就出现问题。从我的角度来看，星座本身的天窗是多边形而不是这种圆形的。然后你会发现上面这些形很激烈，太阳射下来那些星座全投射到地面上。这是第一点。

第二点，之前你有一个方案是在纸上烧出一堆小坑。那种方式恰好可以用在这一部分，就是地上投射出了一堆小窟窿眼的感觉。烧完以后就能看到图上的这种小窟窿，人可能就坐在这儿，台地的感觉。这样空间就丰富了，上面是负空间，下面是正空间。是你上次做的曲线空间，不是有很多卖大排挡的么？你就摆在这儿，摆在图上这些柱子之间，摆上桌子、椅子，把那些小吃一个个排进来，就可以了。比如有长条椅子上摆的小吃，有小方椅子上摆的小吃，有圆桌子的。不同区域不同场景，成了一个特别丰富的市井生活的再现，造成一个现代版的《清明上河图》的效果。

高钧怡：其实我自己特别矛盾，我从这个空间本身读取出来的是一种空间，但是我自己一直以来受建筑学的教育，空间一定要通过楼梯上二层，剖面上要有一些内容。

王昀：直接上到屋顶，可以吧？是可以的。不挺好的吗？你还可以把它变成博物馆,做上玻璃,上面的光射下去,就很好。或者这些窟窿都做成庭园,也很好。重新还原到最本质,就开这么大的窗户也不是不可以,重新把窗户打开,那可能是一个完美的形。

高钧怡:就是整个做成大顶。

王昀:对,做一个大圆盘,挺好的。

高钧怡:就感觉大圆盘把原来的地盖上了,一种完全不透气的感觉。

王昀:怎么不透气,有这么多天窗不就透气了嘛,然后天窗底下是空的,像园林里种上绿化。而且你还可以做个楼梯走到地下,做个过道,把这一块地下开发出来,变成博物馆。

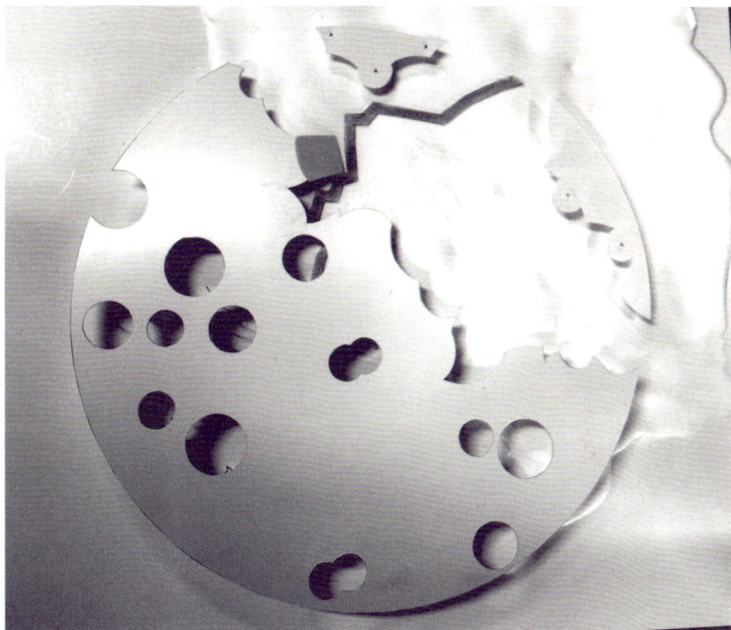

图 10-56

图 10-57

徐逸: 图上的是元胞自动机, 它比较特殊, 无论什么情况都能产生混乱 (图 10-58) 。

王昀: 你不能再做出别的混乱效果吗, 为什么非是一个形, 还有没有其他混乱形体呢?

徐逸: 我之前做的形体比较碎, 现在从中挑了个比较整一点的形成了现在的效果。它可以无限延长, 也可以叠加。就相当于这一段是初始状态, 任意给一个点, 元胞自动机就可以开始计算, 一直算下去, 这个初始条件可以给出无限多。

王昀: 你为什么不让它再算下去。

徐逸: 可以算, 可以不停地算下去。

王昀: 算完以后, 是一个渐变还是就是这样算下去。

徐逸: 它永远是一个混乱的状态。

王昀: 就是让他乱下去, 只是不能让它这么乱长。

徐逸: 可以任意的。

王昀: 可以乱到 3 倍, 现在这是 1.2 倍, 乱到两倍再加 1.5 米这样一个距离。

图 10-58

朝这个方向走（指图上一个局部）。这个有意思，这样有可能出现一个很狭长的空间。这个特好玩的，你就来这个吧。元胞自动机是个什么东西？

徐逸: 相当于它一排格子有黑白，每一个格子下面一行是根据上面一行算出来的，下面这一行的格子是根据上面在上右，左上正上方跟右上方三个格子的状态算出一个结果。这样就可以规定好多好多的规则。这是其中一种规则。

王昀: 那我能不能这样，比方你找一个四合院，将一个城市街道切一下，切完以后，让它自动算下去，算完以后，你跟那个城市就发生关系了。肌理让它自动算，算完以后把它做出来就结束了。那个太棒了，你就做这个吧。我希望这个空间是特长的状态。

徐逸: 好像就没法用了。

王昀: 怎么没法用了。这个就变成一个画廊，很长的画廊，从这个口走出去，墙面上贴好多洞，观察人生，或者不叫画廊，叫体验城市生活，一边走一边想，一边看窗外的景色，散步。这个有意思。算一长条，就这么宽，到这么长。做做这个方向的建筑，就有意思了。然后人随着街道走进去看到这个空间，你觉得它是什么就是什么，无所谓。

徐逸: 这个就是随机的一个点列，就一排，就开始算。

王昀: 点是怎么选的？

徐逸: 地点是随机的，瞎编的。

王昀: 你就拿城市的一个片段不就不是瞎编了。

谢志乐: 每一个历史时间轴不一样，这个历史是在时间轴重叠的，但是其实你看的时候，事件都是相对独立的。

徐逸: 对，就是横轴。

王昀: 这么高大上？

谢志乐: 有一种讲历史的图，开头都是一个一个起始点，比如某一种文化的影响力，随着时间的推移，文化的区域会变大，有些会变窄。好多都喜欢画这种图表表示。

11

第十一课

2015年4月6日星期一

王昀: 先看徐逸同学的方案吧。他做的肌理特别有规律，所以开洞变得有问题。我觉得在屋顶上可以加上小天窗。特别有江南的味道，有点长弄堂的感觉。长弄堂在西塘，在江南水乡有很多，就是两户人家墙和墙之间的公共走道。从一头进去，分叉，从另一头出去。可以在二楼接起来，作为过街楼。接上以后，从二楼一处走进来，再跟另一处接上，再有个楼梯下到一楼，我觉得特别有意思，挺好的 (图 11-1)。

徐逸: 我之前选的地段在大栅栏最南面 (图 11-2)。

王昀: 你的方案再这是横向放的？

徐逸: 对，南边对着大公路，左右都是房子。房子拆了以后，北边这里我想稍微开放一点，对着马路，直接在室外走道上放上装置。我做了一个个茶室，露天茶室。慢慢走进来以后，是一个艺术家的公共展馆，中间有好多画廊。图上这两个就是艺术家工坊住宅，也是住宅。

王昀: 我现在担心的一点是，你这个横向空间放上去，会和现有的城市肌理产生问题。

徐逸: 当时的选择是因为这里还接着大栅栏的杨梅斜街。

王昀: 我知道。但大栅栏的房子是不是都是按照这种肌理排下来的？你这横向的建筑，有可能会受到环境的诟病，我担心的是这一点。而且选址不一定非得在北京，你现在的这种横向建筑其实更像南方一些房子的状态。其他的我没有意见。你下面的工作可能就是需要把每一个平面赋予尺度。

徐逸: 现在是 1:150。

王昀: 那转换过来的宽度就是 3、4 米。这就比较大了，1 米多宽就可以了 (图 11-3、图 11-4)。

再看你的图上，比如有些地方做的是空的，没问题，但旁边就别做空的了，太多空的会有问题，感觉像没有处理好，可以都给它封上。这个薄的体块，可以把它弄矮一点，做一个池子也可以，或者抬高看跟空间怎么结合。

图 11-1

图 11-2

图 11-3

图 11-4

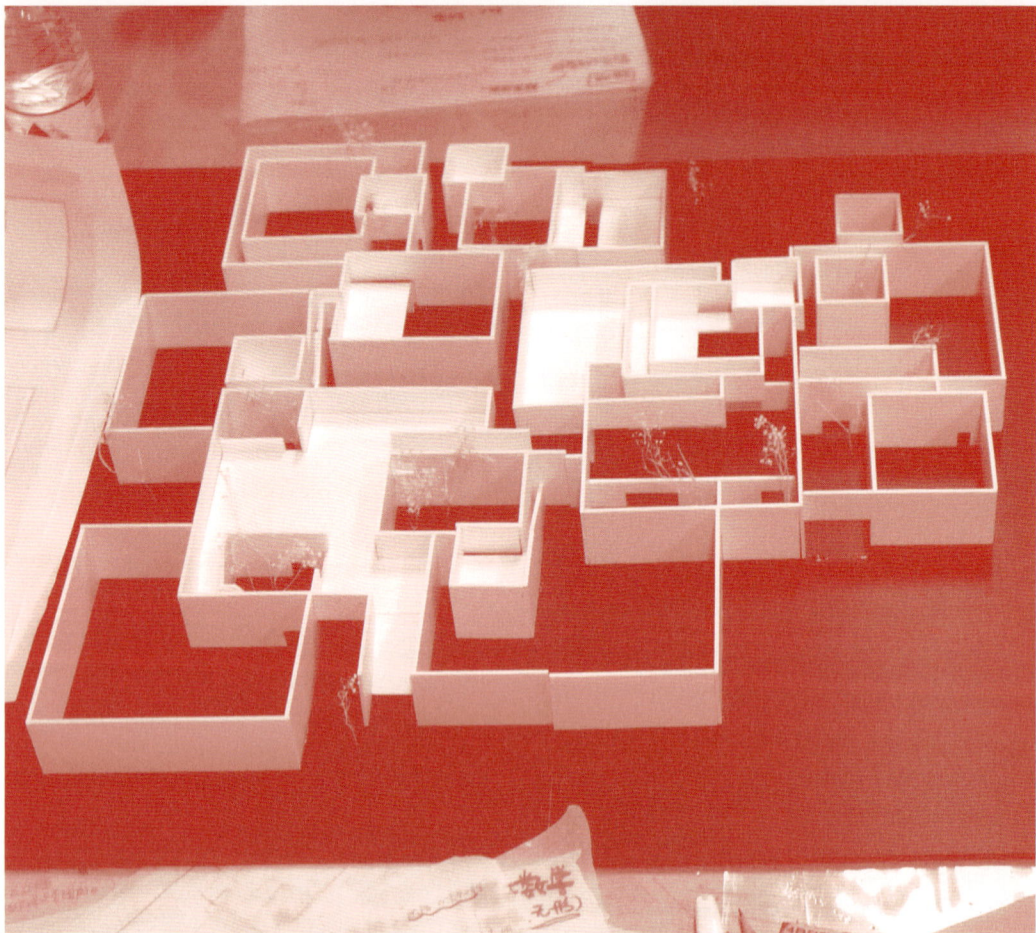

图 11-5

叶雪粲: 这是上次我带来的一本乐谱的书(拿出书),就是用这个做的参考。

王昀: 那个记谱法叫什么记谱法?

叶雪粲: 拉班记谱。

我现在在想这个原型的意义是什么,它不应该局限于具体的空间的形状,而是一种空间关系,是一种空间的观念。我没有采用拉班记谱法,而是参考了数学里的集合论。它是一种完全抽象的,抛开形体本身的理论,是一种集合,是以某一个元素属于某一个集合,作为最基础的观念建立。集合中的元素,比如一个空间中所有连续的点,相当于我们人站的位置和视线穿过的一种方式,以此来作为一种代表。

360

在集合里，A 和 B 两个集合有一种关系，就是交集。这种交集空间应该是这个原型最大的意义，因为它其中的点既属于 A 空间，也属于 B 空间，这种方式可以赋予整个空间一系列的空间效果。我在操作的过程中稍微总结了它的性质，但是我还没有给它下具体的定义。我希望之后在表达这些体系的时候，列举出来以后，后面附上这些空间的局部，作为例子来解释这种具体的呈现方式。用整个概念控制这个非常大的体量中间的一些具体操作，让它比较成体系，不会很碎。

另外一个问题就是，我在开窗和做楼梯的过程中，觉得非常纠结。因为没有一个总体控制它的系统。随便动一处，都会影响周围所有的空间，所以我希望先确立它整个领域的问题。这是一个混合性的社区，其中的私人、半私人还有公共这三种关系是非常重要的。我在 sketchup 里把每一个空间都赋予了相应的人数来作为它的表现。只有一个人的空间是代表艺术家的住宅和工作室，三个人的空间是艺术家之间的，一个交流空间，是完全公共的。然后我在建立秩序的时候，是把空间分开以后，两边完全打通，而两边不能有交通上的联系，但是可以有视线上的联系。

主要的两个形式就是平台和院落，我就在这两处做了一些调整。楼梯其实已经连好了，开窗还没有做好（图 11-5），就是用体系来控制它。图上这里一层，这里二层，黄色的就是所有的三个人的空间，可以看到半私半公空间和公共空间的分布关系。我希望艺术家之间都能有一个交流的小平台，能形成一个完整的体系。

王昀：至于开窗，既然找不着好的想法，就不要这么局部局部地去操作。大块地开，露出来的这一块是玻璃，简单一点。因为这么碎的方式操作不了，两个窗子怎么错，怎么调，是不容易把握的事。一开洞，跟整个横线条的舒展这件事就冲突了，如果要开，就从这里（指模型上的一个局部）开到这里。这面墙整体打开，或者把一块，或者一段都打开。完全按透明墙体方式，直接开。

集合的概念很好。这里能解释很多事情。因为空间和空间之间的一些点重合以后，空间的密度加强了。密度加强的时候，恰恰让它释放出来了，变成一个空的，这也是一个想法。

还有一个更重要的，比方说围绕给跨界的艺术家们来使用。A 和 B 集合的理解很恰当，两个一交接，出现一个重合的领域。对你来讲这个事儿就直接变成了一个故事，整体上已经梳理得很干净了。功能上也没什么问题，挺好。表现方式稍微再想想。这个图挺好的，干干净净的做法，不错。

谢志乐: 我这次大概就是试着把中期评图时要讲的故事说清楚。因为我觉得现在说出来大家能够帮我提一些建议，如果有漏洞的话，现在能够弥补。图上是马赛公寓的一个剖面 (图 11-6)。我当时想的是，在保持这种横向排列密度的情况下，能够让人更加接近天和地。我就只截取了一部分。把图上的夹层移到了另一边，这是第一个步骤。

第二步，我把所得到的有点儿像刷子形状的体块，根据层高分成了三个类型的空间：第一个类型是只有一层，一层空间和代表它的平台；第二个类型是通高的空间；第三个类型是夹层的空间，图上的是对应它的平面。把空间这样交错排列之后，我得到了几条控制线，确定了这三种空间的位置和空间的宽度。然后把非常规矩的控制线进行错动和扭曲、截断，甚至是叠加在一起。让原本是在一个直线上的空间，能够有不同方向上的变化。我画出了它的一个剖面。跟原来的剖面图相比，它有了更多室内外空间的对比和更多交流的可能性。回到那个原型上，我对开门和开窗的处理就是根据几个不同的面来确定的。以图上的这个窄的空间高度的部分作为入口，可以看到通道的透视。因为我觉得开窗和开门不能抢我的主题，所以它是一个非常简单的大面的玻璃。入口部分直接是一个通高 3 米的门。因为如果在旁边再多加一个门的话，可能视觉上的干扰因素会太多 (图 11-7、图 11-8)。

王昀: 感觉你用这个 sketchup 建的模比较粗糙。是不是很快就弄完了?

谢志乐: 还好吧, 主要是因为之前搭的那些模, 都黏在一起, 得把它分开。

王昀: 你知道它有什么问题吗? 边宽和墙厚是有一个比例关系的。 有的时候, 比如说前面, 确实需要 200 毫米厚的楼板。但是为了保证整体, 可能是檐口稍微薄一点, 到里头再厚一点的状态。

谢志乐: 表现方式大概还是上次的, 标本的那种。

王昀: 挺好, 你这个是一个复合设施。我觉得这个方案有意思的地方是, 其实你可以先搭一个大致类似于马赛公寓的模型, 拿手给它拧开, 说我这个设计就是要拧它, 挤它的水分, 马赛公寓还有水分, 我挤一下拧一下, 就有一个挤和拧的动作。这个动作可以做个一两分钟的小视频, 把你的主题表达一下, 以视觉来解决问题。你这次基本上是对马赛公寓的再评价了, 我们未来年轻人要把它拧一下。

谢志乐: 还忘记说了, 因为我模型在拧之前是作为单元存在的。我拧之后一样可以满足之前单元的组合关系。

图 11-6

图 11-7

图 11-8

陈梓瑜：现在还是重新搭了一下（图 11-9）。我本来是想把模型体现一下，因为可能做不完，所以用 sketchup 做了一个模型（图 11-10）。大概的改动就是把它变得相当于更简单，里面是以地段也就是开始的流线为需要，之后做了一些处理。整个模型看起来就是一个墙的元素。一个就是人的感受和需要，有很多宽度不一样的空间，像把书立起来并组合在一起。还有一个思路，就是这些功能在地段上都会需要，我希望有一个人们能在空间里拐弯，但是又很清楚的形式，像一把梳子梳过一样。

图 11-9

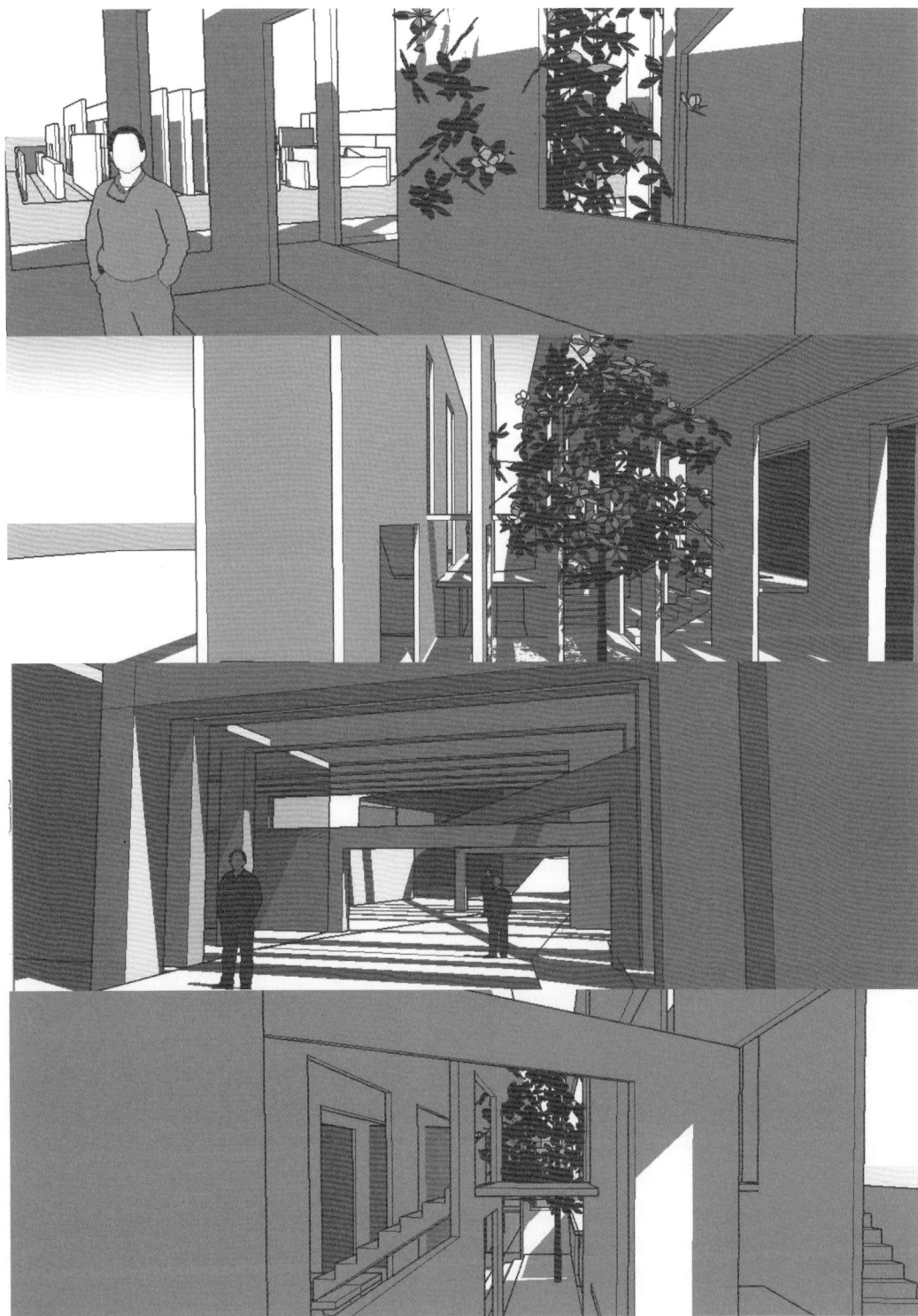

图 11-10

吴之恒: 我找的这些铁丝好像不太好做, 看起来没有下垂感 (图 11-11、图 11-12)。

王昀: 主要是你的铁丝弯得不好, 没有对接得特别好。当然你这是一个粗略的模型, 没关系, 我觉得整体还挺好的。

吴之恒: 我觉得在每个柱子和它们交接的地方做个单元模块, 做完可以把它拼出来, 像积木一样。

我现在在做节点。我觉得如果不做标准件把它拼起来的话, 后面可能没法做, 比如要是老师问结构是怎么做的那怎么办?

王昀: 我感觉这事不重要, 你在探讨这种半透明的材质跟空间的表现性, 而你说的节点, 我觉得可画可不画, 无所谓的。

吴之恒: 比如说做图上这种杆件, 可以标准化, 用激光雕刻或者 3D 打印把它做出来。

王昀: 我不建议做这种杆件。能不能用小铁丝的杆件经过拼接变成一个有力度的杆件, 可能会比现在这个粗杆件支撑更有意思。

每一个杆件可能很细, 但是同样可以不断地组合、分叉, 最后把房子支撑起来。通过这种思考的组合, 让你做的房子能站得住。试着采用一个新思路, 而不是用一个大家都能想到的、现成的大粗钢柱。用结构中的一种以小构件组合成大构件的编织状态来把它的结构问题解决。

这变成一个结构问题了, 而不是你现在要解决空间设计的问题了。实际你是做了一个大帐篷, 帐篷里面是怎么分割的, 这是我们这课程上要做的。至于节点, 咱不是学结构的, 这个课也不是解决构造问题, 不纠结这事, 这都属于细节问题。铁丝简简单单焊完以后, 能把结构的事解决了, 是最好的。你看看富勒的那些铁丝, 采用了最简单的杆件, 做的设计都很巧。我建议你, 如果真是想在结构方面有所思考的话, 不是去看既成建筑师做的设计, 而是去看富勒做的那些东西, 都是最基本且单纯的原理判断。

吴之恒: 比如一个人站在地面上往上看的时候, 肯定是沿着柱子往上看, 柱子和膜交接的地方, 肯定有一些很漂亮的结构。

王昀: 是的, 很 "漂亮" 的结构。在我来看, 就是一个一个细细杆件的组合。

图 11-11

图 11-12

图 11-13

图 11-14

王昀: 李明玺同学, 你这次的模型换地儿了吗?

李明玺: 没有。在原来的基础上往上挪了挪。比如图上的一个端口是学校, 另外一个端口是地铁站, 从一处走过去, 是一条街。思考每个盒子自己的东西, 把盒子大概分成了十类 (图 11-13、图 11-14)。

商铺的户型包括服务空间和制作空间, 有十种。功能比较简单, 因为每个商户的面积都特别小。

我想了想商户朝向人们立面怎么去做, 想到一个好办法。因为我越看立面越像一页书页, 就想到书的排版, 后来就从库哈斯本书里找了几个比较好看的排版形式直接做成立面。图片的地方就是窗户, 有字的地方应该是商铺的名字。

王昀: 你这有一个问题, 就是库哈斯那本书有一个标准的比例。它所有的排版图片在定出的比例上面是合适的。将它切放了以后, 比例全变了, 你选的图片的比例关系的位置就不存在了。

李明玺: 我把排版这种方式做出来, 和我的模型合了一下, 可能就有一条缝那样的差距。

王昀: 实际上你的问题就出在这儿。就是说, 在建筑和排版中, 一毫米的差别在我看来都是有问题的。你知道图纸一毫米在现实当中的建筑是多大吗? 按 1:100 来算那一毫米在现实当中是一个不小的误差, 一点点的变化放大到立面上都会有很大的差别。

立面上这么做, 可能会离初衷比较远, 相反, 我觉得可以把一个立面全打开。现在面临的一个最大问题就是, 每一个单体都是非常单纯的, 需要靠群体来产生整体效果。每一个单体可能要赋予不同的内容, 在组成群体关系的时候, 其实有很多的冲突点, 比如房子和房子之间的距离。每一个盒子是一个功能, 如果把这点想明白了, 我认为也是不错的一个状态。打破了原有在一个建筑里面进行划分房间来解决问题的状态, 这在聚落研究当中叫分栋式住宅。一般的住宅是完整的, 里在面划分房间, 分栋就是厨房、厕所、卧室等都独立出来。一个房间只有一个功能。

李明玺: 可能几个盒子是一个商铺。

王昀: 对, 是一个商铺, 这样的组合, 才会产生意义。

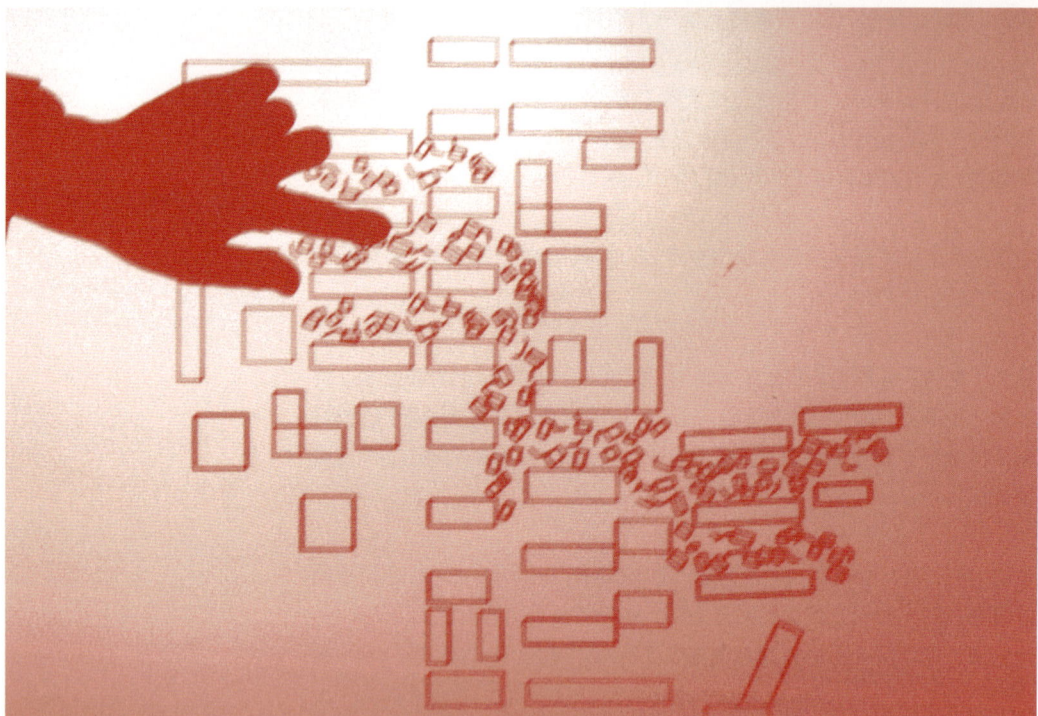

图 11-15

图 11-16

图 11-17

另外，更大的意义在于用建筑这种小的体块来改变现有社区的一些问题，比方说尺度感的问题。说到尺度感问题，可能就有要几个尺度感的阶梯，比方图上这个房子是二层高的，甚至是三层高的，以迎合一个非常突兀的原有的经营模式。你做的这个可能跟齐欣老师他们组的一些做法更接近一点，就是比如在清华 14 号公寓周边应怎么样去给它加建。

甚至我建议你可以有些地方往底下挖一挖，有高有低有空间的变化。

李明玺：感觉跟居民楼比较近的地方，还是挺冲突的。现在加进去的这些体块，把居民楼之间原有的道路给侵占了，变成现在这样的街道，不知会不会被老师质疑这个问题。

王昀：这里面可能会涉及很多住宅上的法规，包括遮挡的问题，建筑高度算过了吗？可以用紫光日照软件算一下（图 11-15）。

上次你选的那块地，我觉得做起来容易一点，因为是一个街角，现在这块地完全扔到住宅区里了，实际上造成了更大的冲突，在尺度方面，会有点难度。你把这个街道空间的感觉找回来以后，每一个房子想做什么就需要明确。所以我才说你是不是能做两层的，有上下层的关系。比如二楼，有一个直梯爬上去，上面还有一个空间，有意识地给自己的空间稍微找找麻烦。这样的话，在这个街道里看过去，有一个尺度的状态。现在这个房子的进深是多少？

李明玺：12 米到 13 米。

王昀：这样的话把它部分地改成住宅也行。为这一带居民设计一些小住宅，供出租，用来解决一些居住问题。这样就找到一个切入点，或许也比较好。

杜京良: 还是之前那个磁场的方案, 我重新梳理了一下。每一段弧线对应一个磁场, 对应一个单元。回到原来的概念, 上下两块板产生中间的磁场, 这边发射粒子, 那边接受粒子, 每个圆弧变成一个小单元。这样逻辑更清晰一点, 比如正的弧在上面, 负的在下面, 正的和正的碰在一起, 它就融合, 负的和负的碰在一起, 就变成天井。然后弧墙还是保留它原先的趋势。比如说图上这一块, 有一个弧墙楼梯上来, 也是粒子的轨迹。

王昀: 弧的宽度是你自己设计的吗?

杜京良: 宽度是我自己设定的。它本身的方块就是一个体系。弧线也是自己的一个体系, 把弧线放到方格的体系中, 有几种情况, 一个是形成图上这种小盒子, 有一种观景台的感觉。比如说弧线在这儿可能会变成天窗, 然后再下一级可能是一个梁, 有一些应用, 再下一级是一堵墙, 把内外空间分割开; 也有变成矮墙, 变成矮墙可能就做一个凳子; 或者变成一个交通的元素。从平台上到上另一个平台, 就是沿着弧线上去。它有正有负, 但是最终体现出来还是一个平台的感觉。如果光看总平面图的话, 它是一系列叠落的平台。所以就有了现在这种串联的元素。其空间特质就是园林的感觉, 有连廊, 有一些取景框, 外面有个小岛, 也有对景之类的。图上的弧形有引导的感觉。它高起来的时候也是一个遮挡, 会形成一些空间也会对着的一个空间, 然后有对景的感觉。有的时候它并不是特别有规律, 会形成不一样的空间 (图 11-16、图 11-17)。图 11-18、图 11-19 是山上的方案, 也进行了模型的细化。

王昀: 有两个小建议, 现在这种搭接会破坏形体之间的关系 (开始动手画图 11-20)。你把形体保留, 同时把它变成它俩之间的一个天窗, 不要连廊。盒子的高度可能要微调一下, 不一定要这么高。你要把它定成一个方形, 那剩下体块的都和它适应也可以, 或者稍微矮点也行, 比例也微调一下。

杜京良: 现在的高度是 4 米左右。

王昀: 不要这种统一划定, 有的是 4 米, 有的是 3 米, 也是可以的。要根据形体的状态做微调, 这样才有意思的。

杜京良: 我做完模型以后发现这个地形有一种盖棉被的感觉, 感觉下面还有一个设计。

王昀: 所以我觉得底下挺有意思的。

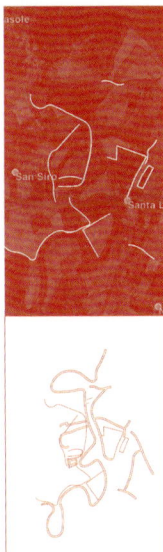

图 11-18

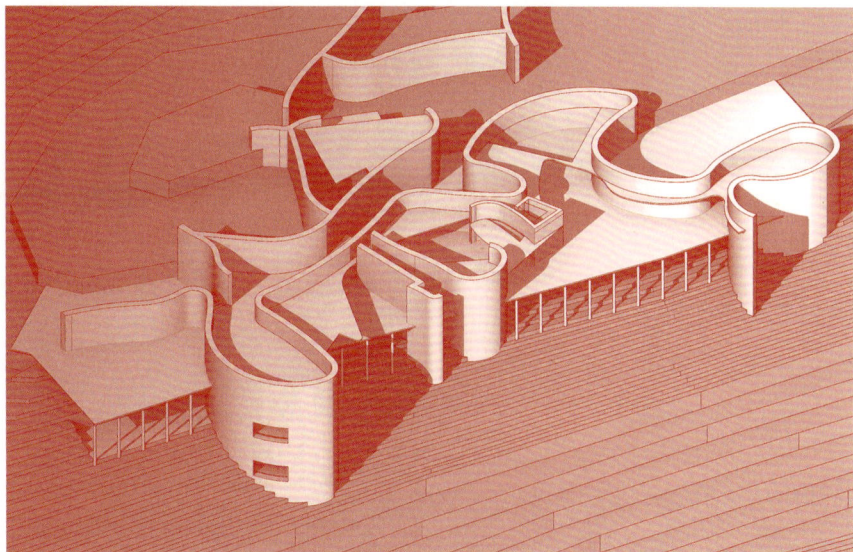

图 11-19

图 11-20

图 11-21

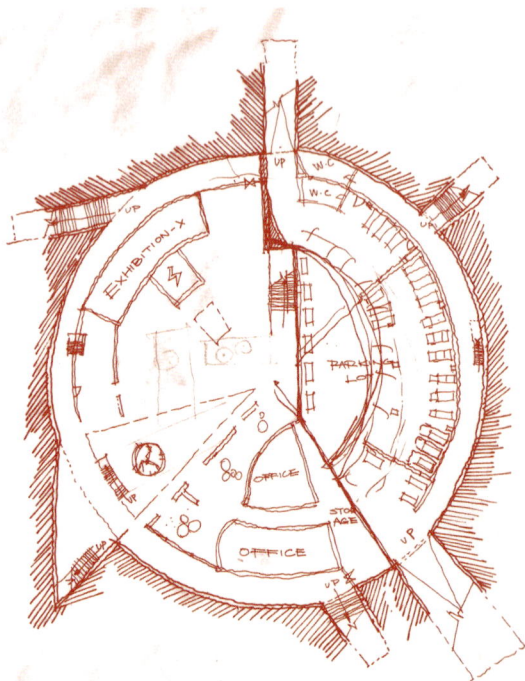

图 11-22

丁惟迟：还是上次的模型，这回又细想了一些，理了一下思路。首先是又去研究了武满彻音乐理论，感觉自己在这个平面上可能不是特别有感觉。其实听他的曲子会发现并没有一个明显的主题。比如说一个交响曲就是非常零碎、非常均等的感觉，而且关于他的理论，我感觉内外之间应该有更多的联系。所以这回这种联系都找出来了，然后首先是它的分区，就是在外面的这些空间，带曲线的空间，我更多地是想让它变成展览室，变成一些小型展区，它的核心空间放在中间的圆形连廊（图11-21、图11-22）。

然后在模型中稍微做一些东西，现在它的外围墙是9米高，内围墙6米高，是2层，中间有不同方法能让它相连，比如说我不想打破底层纯粹走廊的感觉，可能就会把通道要么下沉，要么升高。

这回有一个比较大的改动，我在模型中加入了一个地下层，因为感觉它只是在平面上做了，但是它更多应该是一个更加立体的空间。

王昀：看到了，当中有一个院子是吧？

丁惟迟：是有一个下挖的院子，我准备做一个停车场。在这里有一个能上去的空间它本身的空间性质不变还是这半米的走廊然后连着中间的空间。等于说它是一个停车场，从这儿能上去，它是其中的一个地下空间，旁边有一个更加丰富的展区。

王昀：你这个建筑是什么功能？

丁惟迟：估计就是文化中心之类的。

王昀：就叫音乐展览馆吧，可以展览音乐家的乐谱，或叫现代音乐博物馆，也挺靠谱的，就在中央音乐学院附近找块地。

丁惟迟：可以做个通道，穿进校区。

王昀：可以啊。中央音乐学院附近还有块空地供你做。或者在北京石景山那游乐园，现在那块地上的房子也要拆。旁边是雕塑公园，有雕塑就得有音乐吧。就是石景山区改造项目，要将游乐园变成新的音乐教育基地，不是挺好的嘛，而且还保留了游乐的一种功能。

周桐: 这次主要是做了两组模型 (图 11-23), 有三个连在一起的院子, 但是它们之间相对独立, 通过一个过道连接, 用一个大概 1.5 米高的墙隔开, 视线其实是贯通的。这次的空间顺着前面做的纹路做了一些大的台阶, 让人们可以有一个可以坐下读读书或类似禅修的空间。但做完后觉得很实, 变成一个了体量, 于是就在下面做了个过道, 然后空间就变成有小窄洞、有过道, 实现可以从上面看到下面。上次这一组有很多小阳台, 在整个空间的不同高度赋予一些元素, 这次两组则比较偏向于去塑造空间的形体, 比如在空间里有一个坡地、阳台, 我想塑造出空间的形状, 而不仅仅是在空间中加入元素。像图上的这些地方, 也是要塑造空间的形体, 想在尺度上给人一种比较闭塞的感觉。这两组楼梯挤出了一个比较细长的空间, 另外还有一些小平台 (图 11-24 ～图 11-26)。

我想了一下如何可以表现的事情, 于是看了艺术家徐冰的《天书》(图 11-27), 有一点点启发。那些字都看不懂, 但是它是有来头的, 其实就是拉丁字母, 然后用汉字书法的肩架结构把它写出来。用一些基本的符号把一个庞大的系统重组一个系统, 我觉得还挺有意思的。给我的一些启发就是, 它有可能变成空间字母表的感觉, 我这次画的这些空间就相当于是一些基本图式的感觉, 画完后, 做出一个基本形体, 然后再变体, 每一个基本形可能会延伸出两到三个变体。然后我就把它变成一套。

王昀: 关键是, 你要把你说的这种逻辑, 拼音字母的表罗列出来。

周桐: 对, 罗列出来我觉得特别难, 因为没有办法去排出 ABCD, 我现在只是把它罗列出来。之后在这个基础上想了一下, 最终那个表还是比较接近语言学, 但是语言学本身缺乏图式, 缺乏形式, 它其实更多是一个逻辑的表达。就像现在图我觉得它很理性, 但缺乏视觉上的启示, 然后我又去找了一张原图, 我之前做文字时做的亚美尼亚字母表演化图 (图 11-28), 最象形的文字逐渐演化成现代的字母。我就想, 我是不是可以在说这个概念的时候, 做一个类似这样的表? 把它分成三类: 第一类是一些基本的形; 第二类是衍生出一些基本的空间; 第三类可能会有一些变体, 变体可能会比较碎, 这样做出来的图表在视觉上会有一种感觉, 比如说做很多楼梯, 然后楼梯、墙什么的 (图 11-29 ～图 11-37)。空间性格可能是类似于山林的感觉, 有一些高度变化, 很剧烈的起伏。在山林里面会有那种不可预测的光。我开窗特别节制, 有一个 1.2 米高的窗, 眼睛直接是看不到的, 但是它会有光射出来, 还有一些高窗是想营造不可预测的光的效果, 各个方向的光都有。还有一点, 我想做一个类似于禅修院之类的建筑。

王昀: 你说禅修院也好, 或者叫康复中心。现在很多人在城里受到生活和精神上的压力, 在这里可以回到一种自然的状态。为了达到这种意向, 我

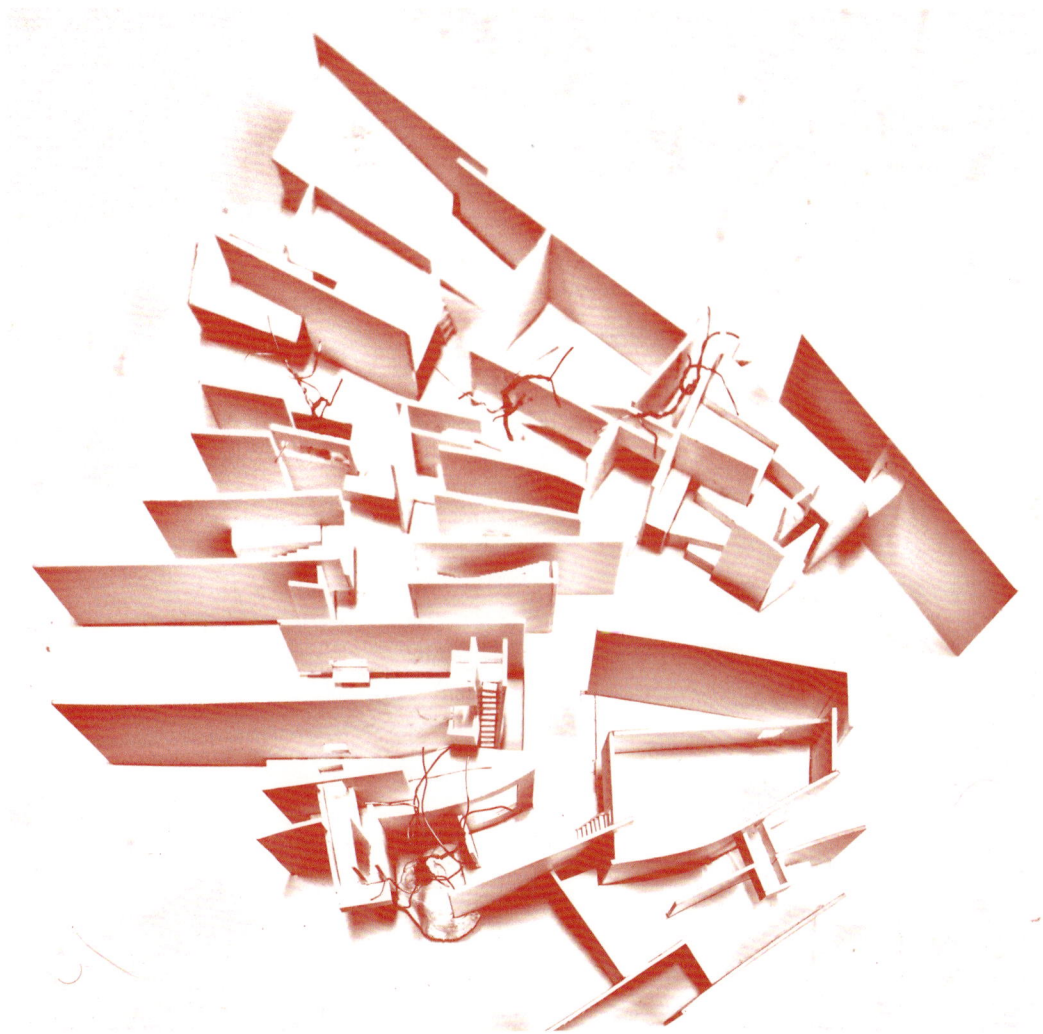

图 11-23

图 11-24

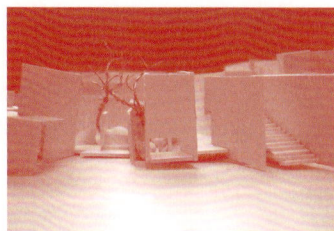

图 11-25

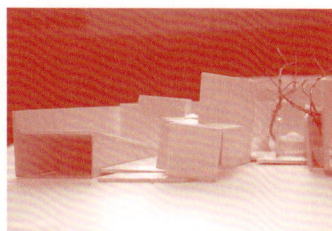

图 11-26

从自然当中提取一些元素，进行一个基本空间序列的造法。

周桐：造成的结果不是那种特随意就写出来的，要是说从山林里或者某人空间里面提取出来的。我觉得有点牵强。不知道怎么把这事情说圆了。

王昀：就说某一天我拿块木头，朝地下一摔一看，就是这结果，这不也挺文化的，有点占卜的意思。是不是？

周桐：烧甲骨。

王昀：烧甲骨，烧一烧，突然发现，这是种空间。

周桐：有意味的东西。

王昀：对。康复中心，或者叫禅修院也好。

谢志乐：其实有短期出家的那种。

周桐：对，就是那种禅修班，特别流行。

王昀：禅修班训练营。

周桐：那些都是不出家人，是都市青年，周末远离城市，休息一下。

王昀：实际上就是度假中心，别说禅修院。禅宗你了解吗，这些空间跟禅宗有什么关系？

周桐：因为里面还有些小空间，光照射上去之后可以做文章。

王昀：你可以这样，文字那张表可以做上。因为你说的这种建筑空间其实跟文字有一种关联性。就是说，你在试图把建筑空间的一些要素进行小的抽象，像图上的文字，进行一个新的排列。你说想做一个康复中心，在做之前根据文字的启示，试着做了几种空间的构成方法。然后把这几种空间构成方法，通过一个解读法转换到空间上，你受的启发是象形文字。不过，过于纠结这些其实也挺没意义的。

图 11-27

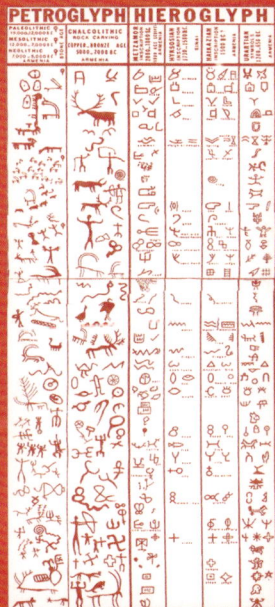
图 11-28

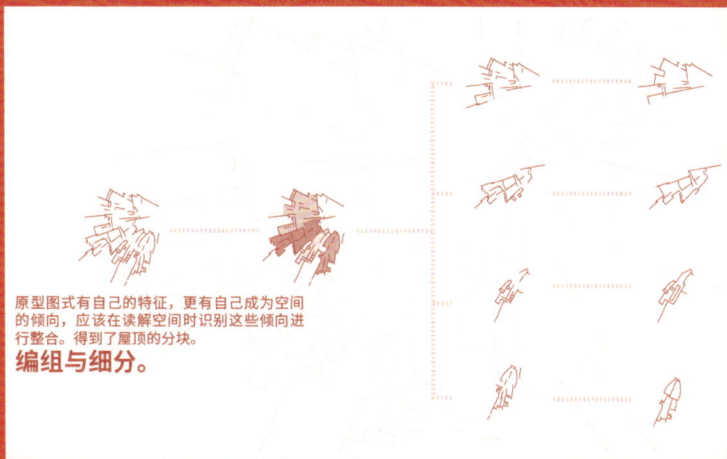

原型图式有自己的特征，更有自己成为空间
的倾向，应该在读解空间时识别这些倾向进
行整合。得到了屋顶的分块。

编组与细分。

图 11-29

图 11-30

图 11-31

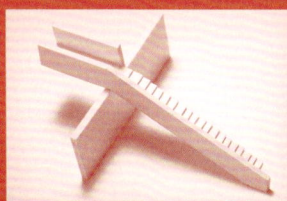
图 11-32

图 11-33

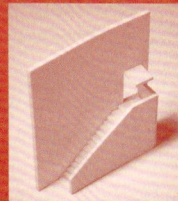
图 11-34

图 11-35

图 11-36

图 11-37

杜光瑜: 我做了一个表现局部关系的模型 (图 11-38 ～图 11-41) 。有的地方是绿地, 这种开敞的, 有的是包在院子里的, 有旁边是坡道和楼梯围合成一个小空间的, 人们可以坐在里面做些活动。然后有些是道路, 有的是夹在中间的楼梯。楼梯只有一个不一样, 其他的都是根据道路做的。

屋顶目前的处理方法是根据它的对角线直接切。因为想让屋顶同时有庭院。后面的想法是让一栋楼错动一下, 这样就会有一些角窗。

就是想多留一些图上这样的空间, 然后开上门, 偶尔会有一个小的条形的开口。

王昀: 条形开口的位置不对, 容易撞到头, 拉成一条缝就行。

杜光瑜: 我做了一个斜坡, 盒子嵌在里边, 下面是地平, 人从水平层进入, 这样上下两边容易联系起来。盒子部分嵌入在斜坡中, 我想让它有一种比较半透明的感觉。后来考虑到又是一个大的体量, 就让它稍微弱化一点。但是就是因为周围是土, 作为嵌在土里的盒子, 周围的界面还应该是实的, 而我本来想让它的体量感不那么强。也就是说, 建筑本身采用的是实墙, 但还是稍微有一些通透。我现在在研究角窗, 基本上是完全大开的, 然后还有门, 还有其他的元素。

王昀: 你如果需要就开窗, 不需要就根本不用开, 因为空间已经很敞亮了, 有天窗嘛, 然后门可以往边上靠一靠, 这种移动也一样是有比例的, 比例也要平衡。

尽量做到美, 这件事是最难的, 你现在这个做得很美, 是因为你借助了另外一个很美的东西, 然后你在墙上开窗子的时候, 这就变成你自己的一个行为, 所有的东西就变成有美的品质的了。

杜光瑜: 所以我觉得这我模型里的语言比较接近这块地的语言, 但门这块稍微偏离了些。

王昀: 门偏离没问题, 关键是门开的位置, 一般情况下, 一种是中间开, 另外一种是旁边开, 尽量往边上找。其实跟你做的角窗是一样的, 紧贴着边上设计就行。

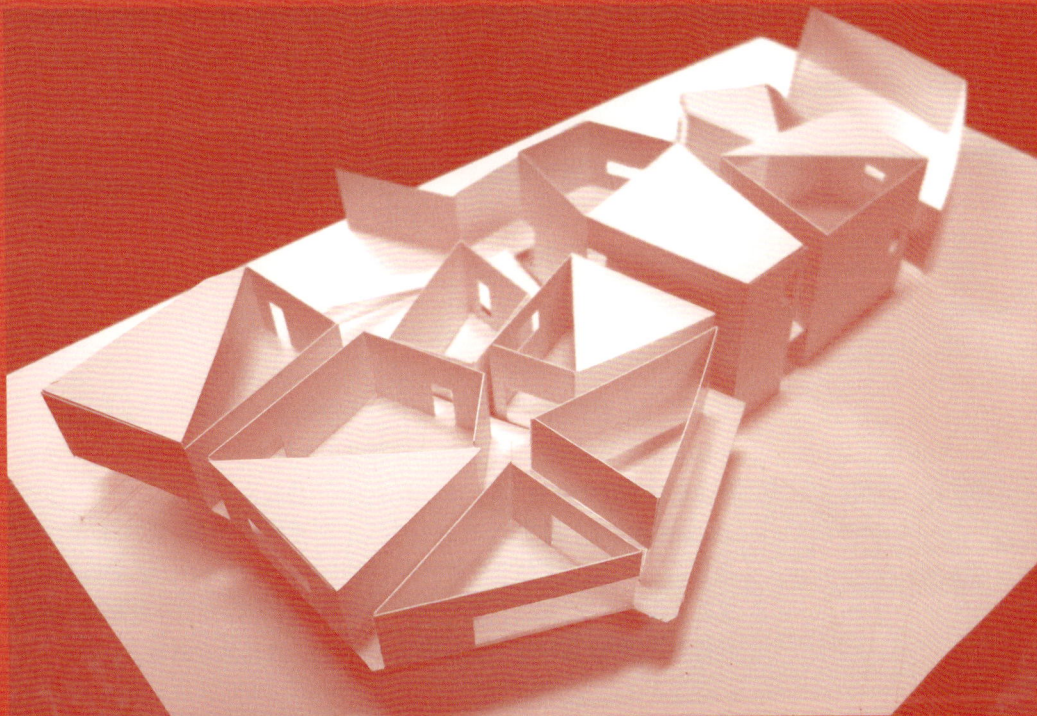
图 11-38

图 11-39

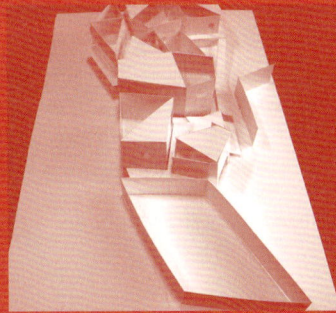
图 11-40

图 11-41

侯兰清：还是像上次说的，长度上以三个单元为一组，一共有五组。然后南北各有一组，以中间一组为核心，有入口，中间是庭院，也有一些采光的部分围绕中间，从两边上去，就像那种倾斜的结构，生长出来一些住宅、工作室。最上面准备放些公共的咖啡厅、餐厅之类的，还想再加上报告厅、各种功能中心（图11-42）。

王昀：梳理到什么程度了？

侯兰清：现在加了一些组件，有一些家具之类的。

王昀：可以，我就提一个小建议，你这个空间上还是挺有魅力的，空间不一定要这么满铺吧？不一定是这种满铺的大楼板，有可能再切一下，人在顶上能看到整个空间，顶上比较复杂。这个楼板也可以切一下，人在楼梯上，能看到空间上的变化，然后入口部分，你要做一个楼板的话，会很无聊，把它切一半，把里面的空间露出来（图11-43、图11-44），然后里面有楼梯能够走到屋顶，屋顶只要一个休息平台就可以了。这几个空间做出来，就挺好，你的这棵树没必要放在这个平面上，直接放在斜面上就行。

侯兰清：最后就是地段，之前说放在雕塑园里面，感觉现在的长度刚好合适（图11-45）。

王昀：正合适？那太好了，往边上再挪一挪，靠近马路边儿一点，不就更合适了吗？两排树直接从这儿穿过去，做几条路，从底下钻过去，有些不一定要房子，就是一个洞就穿过去了。挺好的。

侯兰清：有些楼板还没有搭完，想把它做完后再开始做一些局部模型。

王昀：对，把它组合起来，挺好的。关于楼梯，大于200平方米时，可能就得有两个出口。一个房间，有两个出口，有两个楼梯，能钻到别人家也行，或者从阳台出来也可以。可以尽量做一个好像人不是在平面空间生活，而是在这么一个穹窿里去生活的状态，所以很多楼板要切掉，不要那种整层整层的，做成半层半层的。

高钧怡：这个是上次的方案，但又多挖了一些洞。因为有连线所以看得不是很清楚（图11-46），删掉那张底图以后，应该是图上的效果，能看到一个底部空间。

王昀：还可以再挖两下，还有个平衡的问题。你这个其实挺有意思，又有

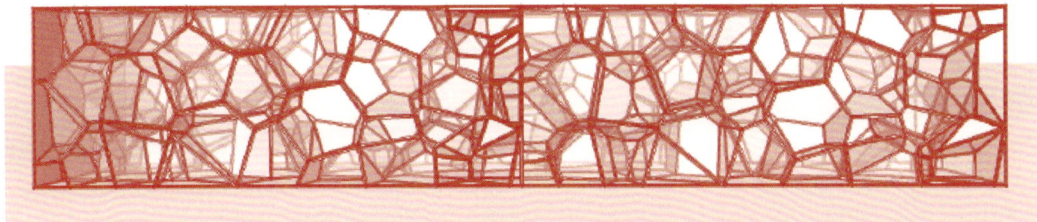

图 11-42

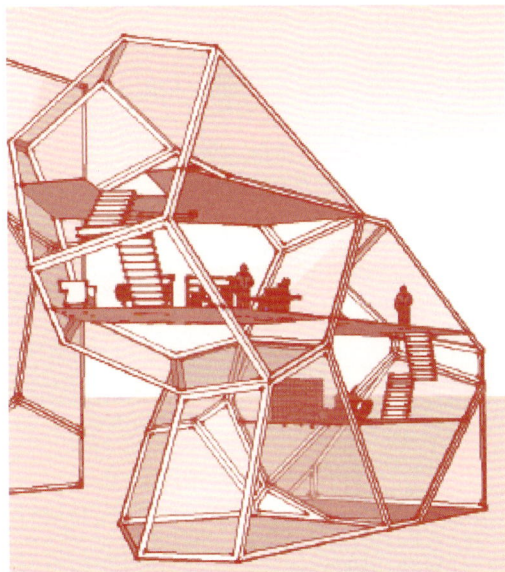

图 11-43

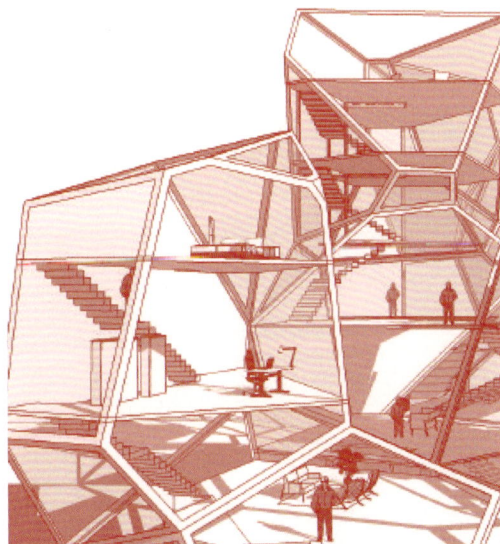

图 11-44

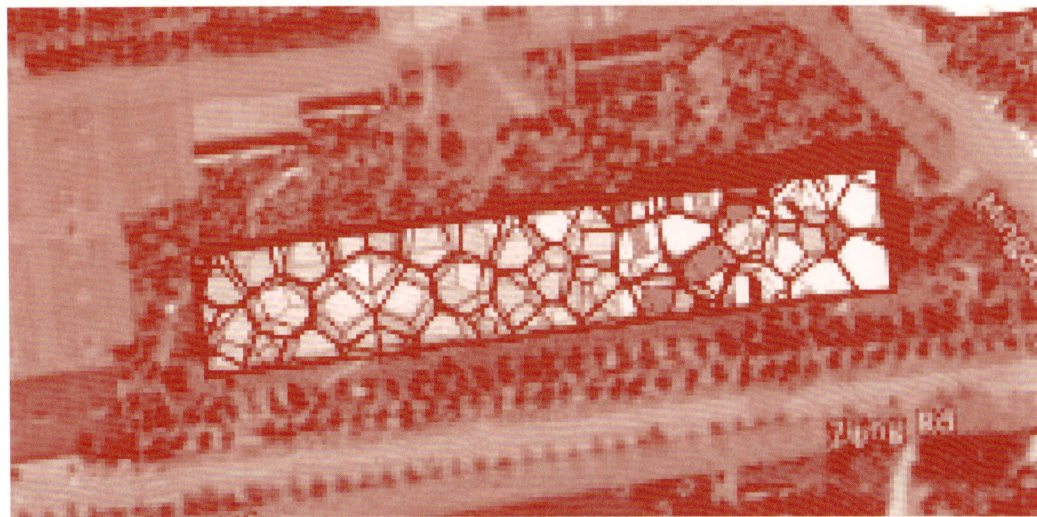

图 11-45

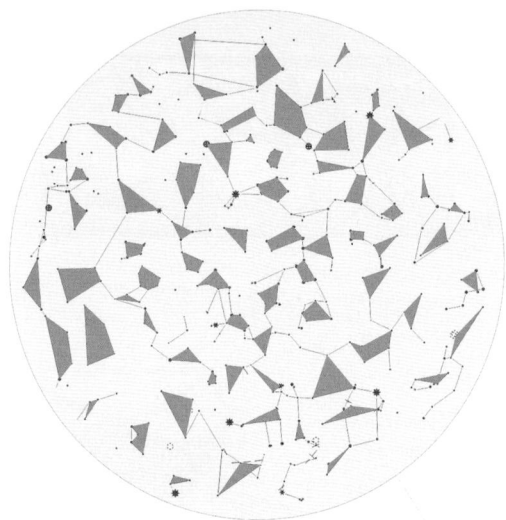

图 11-46

图 11-47

图 11-48

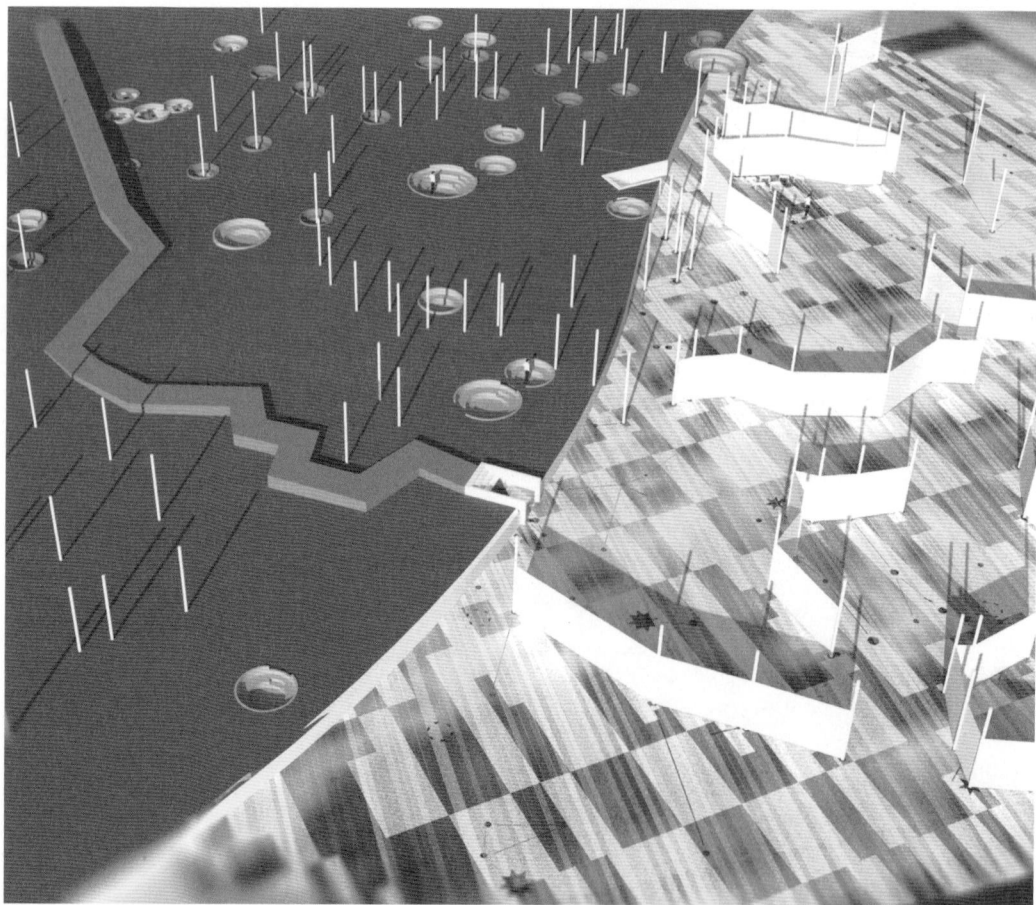

图 11-49

点像剪纸。

高钧怡: 这是模型。旁边的植物园整体上有一些地形变化, 建筑外面是 3 米以内的高差, 在顶内部是 2 米以内高差。图上的颜色是为了区分功能, 黄色的是稍微大一点的空间, 人可以沿着台阶走下来, 蓝色是一些比较小的部分, 比如说是一个水池, 水池封了一部分, 然后养一些睡莲, 或者只是一个坑, 种一些植物, 延续植物园观赏的功能。

图上有一些较大的连续的坑, 做成了大概 1 米多高的台子 (图 11-47), 有些柱子顶到屋顶上, 底下的围栏只有 3 米高 (图 11-48), 站在坡地上可以通过缝隙看到外边的街道。跌落下来有一个高差, 高差的位置加一些楼梯, 现在设置了两个位置的楼梯, 一个是沿着草地部分的主干道, 另外是在一个次入口处。入口的位置其实很难确定, 多了会毁掉整体形状。还布置了一些功能, 有唱戏的空间, 后面有伴奏的空间, 图上可以看到在里面的活动空间 (图 11-49)。

里面的遮挡, 实际上都是半透明的状态, 人在里面唱戏时, 隔着墙, 隔壁的人也只能隐隐约约看见, 就是坐在里边吃小吃的人。可以隔那种隐约的墙看到外边的人影, 类似于半透明的果冻。找概念的时候我就在想, 传统的空间划分, 可能会采用非常灵活的屏风, 然后屏风周围摆上家具, 也就是把其他活动遮上。另外我也想了表现方法, 因为这个空间整个都比较平, 而从剖面看则非常丰富, 我在想可不可以用一种卷轴画的形式来表现, 不同的空间布置不同的活动, 通过人的演奏, 把整个过程展现出来。

王昀: 感觉这些洞, 还不够密, 这张馕饼现在介乎于不开洞和开洞之间, 它太平均了, 留白的部分和开洞的部分差不多了。我建议再开点洞, 做点半开的状态, 洞小点也没问题, 还是在原来的底图上找它们之间的关系去切。现在做得太均了。开洞的方式一种是平均开; 另外一种就是有一半开得比较密, 比如说露出土的地方, 让它再通透一点, 而且疏密度可能也是一个问题。此外, 你做的绿化部分跟室内可以平缓相接, 没必要有一个台子, 而且斜面可以再做得陡一点, 等到距离屋顶只剩 1 米时, 那里会有一种很神秘的光线。再有条小通道, 像山路似的, 一个 "之" 字形上去。

12

第十二课

2015年4月9日星期四

杨隽然：我这次的方案又变回了之前的方案，然后自己做了两个手工模型，但是我觉得表达的可能没有电脑模型清楚。我做了两个局部，因为觉得上次方案如果落实在平面上，它的趣味性可能没有那么强，所以希望在高差方面做出一些变化。

现在的方案根据所在位置的不同，分为两种变化形式，元素可以相互接起来，图上会看得比较清楚，一种是单纯的以走廊步道为主，围合成庭院，具有高差变化。其实主要是分为两层，图上这一块就是两层的空间，底下一块是单层的空间，它上面是可以走通的，下面也可以的，有一个门可以通到二层的空间，是这样的逻辑。图上是它的步道的逻辑（图12-1）。

另外一种形式是图上所能看到的，还是景观步道，但下面有一个可以展开的空间，像这部分（指模型中景观步道的下方）是玻璃的，一个幕墙下来，它的整体会比另一侧宽很多，形成一个活动空间，可以通过同样的手法，最后可以形成人从底下穿过去的一个空间（图12-2、图12-3）。

王昀：可以的，那你的线条宽度是多少？告诉我一个尺度。

图 12-2

杨隽然：细的宽度应该是在1米到2米，基地是非常大的，它其实是占了次干道围成的一个部分。

王昀：高度估计是多少？

杨隽然：7米。最高的地方是两层，低的地方是1米，中间基本上在5.5米以上，我把它做成了两层。

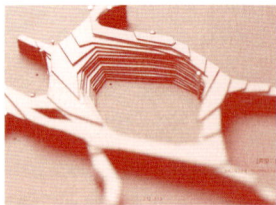

图 12-3

王昀：像这种一层层的小细线，如果是两层的空间在这个尺度上就没有办法表现了。你数一下，高度7米的话，基本上一层的高度不到1米，就只有半米高。如果最后的模型不这样表现，它还有没有这样的效果？你现在是一层一层退台的概念？

杨隽然：是的，我其实最后设计的建筑还是一层一层退台的效果，这样人才可以在上面走，每一层退台我表示的是一个踏步，而不是一层，它整个是非常平展的。

王昀：好的，我说的几个问题你考虑一下，总之，你现在尺度设定很重要。一旦尺度设定了，所有的东西要装进去。反过来讲，先往里面装东西，再反过来设定它的尺度是比较合适的。

杨隽然: 我觉得我现在比较欠考虑的是图上这些过于纯粹的路径, 但关于大的空间, 其实我在这次设定的时候, 还是去想了一下, 大的空间大概可以容纳一定的活动。

王昀: 公共建筑的话, 走道至少要 1.5 米, 你以这个来设定, 再去重新还原其他的尺度, 那样会好一点。而且 1.5 米就变成走道了, 如果基地足够大, 你把宽度加到一定的宽度, 那它变成一个走道的同时又有其他功能性可能会更好一些。

杨隽然: 我觉得如果宽度到 6 米宽的时候, 我可以排一下。

王昀: 我唯一对你这个设计的尺度问题比较纠结, 其他没有问题。因为你在清华园里做的是一个学校里的设施, 学生可以在上面走来走去, 可以在这里聊天, 它可以成为一个通道。这实际上变成了一个装置, 在一个公共场所做一个实体。

杨隽然: 那可以考虑把它放在原来的地段, 我其实是为了高差才把它放在一个更平展的地方, 如果放在原来的地方也可以, 就是它在高差上变化后会更猛一些。

王昀: 对的, 有可能是两三层, 两层也可以的。因为你原来的模型给我的感觉是一个同学在里面走来走去、在里面玩的空间, 或者建筑系的同学可以在这里理解空间和路径的关系。但是你把它建在城市里面, 就会受到很多的质疑, 因为它的尺度太大了, 占了过多的地段别人就会怀疑它的价值。

杨隽然: 那我再把它放回学校里面?

王昀: 从我的角度, 放回学校可能会好一点, 而且更容易处理一点, 因为可以还原成你原来最早的模型, 就是一个薄薄的廊在空中, 人们可以在上面走来走去。还原到那种状态可能更合适, 能解释得通。放在城市当中, 谁来用? 干什么用? 问题就来了。而且那么大一块地, 迁走那么多人, 最后你做的还没有什么功能性, 那还不如把它放在学校里或者是公园绿地里, 让同学有一个空间的感受。人多了, 把空间立体起来, 中午吃了饭在里面休闲总比挤在绿地中好, 我觉得这样说起来还比较合理。

杨隽然: 听起来比较有现实针对性。

吴之恒：现在主要的想法是这些斜线的区域都是实的。斜叉的区域上面没有顶篷，是露天的空间 (图 12-4、图 12-5)。

王昀：建议你不一定做成露天的，比如说膜是不透明的，把它变成透明的，当然你说做成露天能看到更多的景观，看起来也好看，也是可以的。

吴之恒：其实视觉效果差不多的，里面的商店有比较大的和比较小的，然后形成一个中间通道。里面有双线和单线。双线代表玻璃材质，单线代表膜材质，是半透明的。我觉得这样可能比较好，比如说商店，用玻璃材料外面可以看到里面，如果周围全部都用膜材料，大家就不知道里面是什么空间。中间这一块只放一个柜台，然后放很少的几张桌子，大部分的桌子围着庭院放一圈，然后这里比较大的上空，我想做一个类似舞台的东西，还没有太想好怎么做。我现在虚线表现的是室内，比如说里面有店铺，这四周都是封起来的，和里面没有阻隔，我觉得现在进入空间里面还是要通过门进去，是不是太啰唆？

王昀：还有一种做法，就是不要门，里面就是一个有顶篷的街道。门可以由每个店单独设置，可以有很多办法，比如直接拉下来一个卷帘。

吴之恒：如果考虑到冬天会比较冷，那怎么办？或者像三里屯，比如说夏季临时搭建的。

王昀：冬天也没有问题。

吴之恒：要不就做成可拆卸的，冬天装上，夏天拆了。

王昀：这个事情不用那么纠结，冬天商场也经常会在街上支个棚子做一个临时的建筑，像书报亭，一年四季都开窗户也没有问题。

吴之恒：现在的尺度，一个房子是 80 米，一个是 50 米，是黄金分割比，80 米好像有点大，三里屯好像放不进去，广场的尺度好像是 40 米见方。

王昀：可以放在三里屯附近，找一个其他的地方。放到王府井大街也挺好 (图 12-6)，晚上亮了像灯一样。你可以把晚上的王府井拍照看看，两边亮，中间是黑的，你这个方案放在中间还是挺可爱的，还能够提升王府井大街的商业活力，让王府井大街焕发青春。我感觉你这个建筑挺亮的，放在一个有冲突的地方好，也可以放西单。

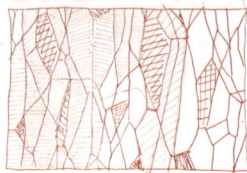

图 12-4

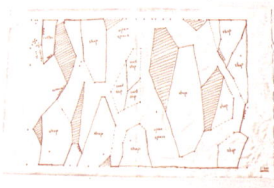

图 12-5

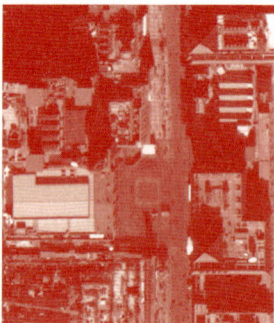

图 12-6

图 12-7

图 12-8

李明玺: 做模型能不能先做一个整体的?

王昀: 可以,然后再做一组,比如说有那么三四个做成一组,最后再做一个局部的。里面的家具、小柜台、海报都黏上,我觉得有一些细腻的东西其实挺好的。

李明玺: 我在模型里加了一些绿地,补完整了。

王昀: 挺好的。你做的立面我提两个小的建议,一个是现在窗户的分隔是四段,我觉得这种分隔不是说不可以,就是觉得比例关系不是特别好,可能需要调整。比如说将黄金分割比用在这里,可能是一个比较好的状态。还有一个建议是不一定都是玻璃,比如说门现在是这样的,到时候直接翻起来也挺酷 (图 12-7)。可以做一个电动装置,电动一摇所有的板都翻起来。墙面晚上关上可能就成实墙了,店铺不大,墙上可以有一些图案,然后一打开就直接变成大挑檐,底下的货物可以直接推到门口。比如说门上是有轨道的,整个这一扇门都是成品的,按下按钮,门直接翻起来,然后推进去,伸出不同的长度,挑檐就有了。你一层的台子太高了,用做商业就别做台阶了。你应该反过来,上面是 100 毫米左右的小台子,或者整个框都是 100 毫米的就可以了,板直接抬起来,抬成不同的角度,这样空间就丰富了,在这样的小区里走来走去就好玩了 (图 12-8)。

李明玺: 做模型的时候有些块的门是合上的,有些块是抬起来的?

王昀: 门全抬起来就可以,把空间都打开。电动装置应该是没有问题的,就像车库或者有些货车。从机器的角度考虑,就会变得好玩了。因为你现在这个设计的特点是,整体很有意思,单体有困惑,显得比较单调,所以对于单体而言,一个是把其他技术引入,另外一个就是把墙的侧面打开,就是说盒子不是一个实体,是由几个板做的,比如说白天的时候开一个小缝,可以通风。盒子或者开小缝,或者半打开,或者是全打开的状态,里面的其他的可能性就都出来了。完全把盒子做成几个翻来翻去的智慧盒,做出特别可爱的一个体系,就可以了。

391

杜京良：这次我把之前模型的场地换到山上了（图12-9、图12-10）。从入口进去，图上的线都是按照场地的肌理来做成的。比如说有一个往下的栈道，划出了一个挺大的空间。我觉得可以做报告厅，在天窗下面，我不是按照标高画的，只是显示上下的关系。

王昀：这个模型可以在 sketchup 上推出标高。整体从屋顶上看可能是完整的，但是局部的时候这个地方只有它，到二层是这一段，而这一块就是一个看线，剩下的你可以用那个点虚线画，一层一层把标高理清楚，否则这个图你自己也看不清楚。现在这个状态可以的，没有问题。

王昀：家具不要用有方向性的家具来摆，圆的东西就没有方向性，或者用小方桌也可以的，在图上就变成点了。两个方桌一拼就预示有方向性，这就变得有问题了。有明确方向的就用有明确方向的家具去摆，没有方向就不要用。最下边的弧延伸下去或者是弧不要做这么高。因为做这么高就跟形体之间产生了冲突。产生冲突有没有问题？有，但是它不会去夺整体，整体的逻辑是很清楚的，你刚才一上来是局部服务于总体，主次分明还是很重要的。

杜京良：关于最后的表达，我给每一个盒子都命了名。假设它的磁场强度一样，那产生出不同的半径就是因为粒子的性质不一样。因为有的粒子是由多个次一级的粒子组合而成的。它其实是介子，就叫介亭，那个因为是波色子，就叫色亭。关键是想用园林步移景异的特点，做一系列的小透视，根据流线，把整个场景串起来（图12-11）。

王昀：想法挺好，因为你的模型是观景，观景就要是五光十色，就要有景观的题对，你只要给自己一个好的解释就可以了。而且你刚才说的园林就是要有"题对"的，把它再现出来，其他东西就让它圆润化，就是你可以让设计变得很圆润，再加上一些移情，实际上所有的设计都应该是这样做的。

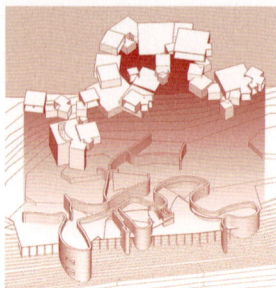

图 12-9

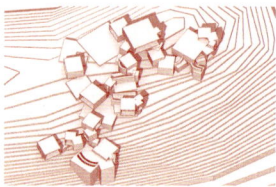

图 12-10

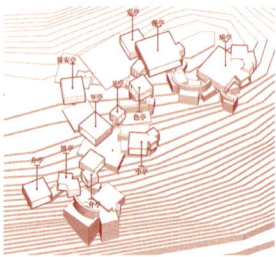

图 12-11

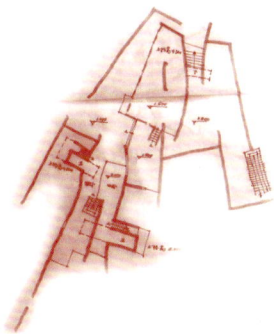

图 12-12

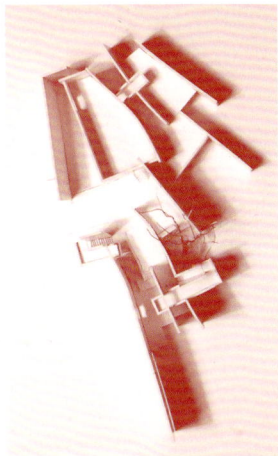

图 12-13

周桐：我又做了一部分（图 12-12～图 12-15）。入口这块有一条路进来，一个小门一个大门，稍微大一点的空间是接待空间，我在一个白墙前面放了一个小方桌，稍微侧一点，然后标识它的功能。原来的楼梯调到这里了，因为我觉得它之前的位置不太利于接待，我在这里摆了家具，这里的尽头放一个落地窗，窗下面放一个小台子，这里其实是有一个观景对着它的，可以看到外面。还有一块我没有想好怎么排，我觉得它首先是一个大的空间，肌理上也没有给我什么太大的启示，所以就像天女散花一样，弄一个小坐垫，400 毫米×400 毫米的。从室内看有树，有一个院子，大家对着这个院子，在抬高的地方开了一个大窗，对着一个棋盘，下面是小圆垫，对着窗户看着月亮下棋，然后在旁边窄的空间里放两个高脚凳，凳子椅背高是 1.2 米，这个墙也有 4 米多高，我先在一侧排了一组家具，因为这里的空间元素比较多，所以做时比较谨慎。

周桐：做完后我觉得处理得相对比较好，用了一种比较极致的方法，又用一些矮家具和高墙做对比，只是我还是怀疑这块是不是有点空？

土钧：也不一定，这个地方这么做我没有意见，放一个修禅的空间我觉得挺好，往下做就可以了，不要怀疑。你可能全做完了之后，再开始怀疑，到时再改。不要在一个点上深入纠结，那样你很多事情都做不了的。你继续做往里面加家具就可以了。

图 12-14

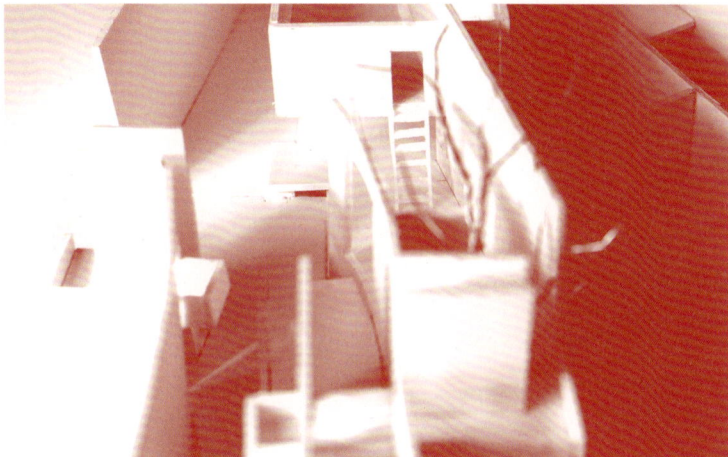

图 12-15

杜光瑜: 这次还是用对角线做, 然后改了之前开口的方式, 手法变得更简单, 除了门之外都是大的洞 (图 12-16) 。

王昀: 你把图片转回到刚才的场景。现在的场景不要那么豁, 不要用大 U 形 (图 12-17) , 上面一定要有一个梁, 就是按照墙的高度来定, 不然的话你个形体就破碎了, 这是一个大的原则。

杜光瑜: 还有就是四边形, 实际上跨度不是很适合斜对角, 但是其他部分也开不出来窗户了, 不知道采光怎么样?

王昀: 足够了。你这些房间不大, 做角窗就可以了。不行的话再开一个门, 做成玻璃门就可以了。

杜光瑜: 全部都是玻璃门就够了?

王昀: 够了, 关键是做什么, 做一个画廊?

杜光瑜: 因为有的地方想有一些灯光, 不完全靠自然采光。

王昀: 最好都是自然采光。屋子里白天点灯有点太奢侈了。

杜光瑜: 那就自然光。我现在不知道除了开个小窗以外, 能不能有什么其他的、不是全放开的开窗方式, 目前只有这种对角线的天窗。

王昀: 在对角线开窗户就可以了。开窗别太多, 不然就乱了, 比如说根据你定的对角线原则, 开不了就不开了。然后在其他地方开就可以了。

图 12-16

图 12-17

13

第十三课

2015年4月13日星期一

图 13-1

高钧怡：这是做出来的模型的屋顶（图 13-1），中间有三种材料的划分，想做成一种材料，但是没有想清楚是把它贴在外面，还是封在里面。贴在外面会明显一点，封在里面颜色会比较暗。另外一种就是喷白色漆，分三种材质在剩余的地方。其实我也在想，怕材料加多了会花哨。

王昀：会花掉的，因为那个一做上去，尺度会有问题，你想想看，现在尽管模型上是这么细，一放大到 100 倍，那是多粗的一个绳索，所有的都乘100，尺度就全变了。如果你使用的那个东西是现实的尺度，别人一看你这个模型，马上会认为这是个很小的房子，他的想象力就被限制住了，所以不要用这种非常具象的材料。我觉得现在这样的状态挺好的，你可以让里面的东西半透明，让人能够看到里面。

高钧怡：现在就是那种半透明的，东西放在下面。

王昀：对，底下可以支起来，下面可以有小人儿，一种特别透亮的状态，而不是实体，不要喷颜色了，你把它做得干干净净的，我觉得挺不错的。

高钧怡：因为板不够大，所以就只能分开做，得四个拼在一起，做成两层，接缝是差 45 度，就得把这个黏在一起，但是用三个甲烷棉去黏时，黏过和没有黏过的地方有一些差别。

王昀：有一种像玻璃胶似的透明胶条，做模型时黏有机玻璃的，一种纯透明的胶质，你找一找。

高钧怡：其实模型材料还有点别的问题，柱子想用 2 毫米的铁丝，如果比例 1:100 的话，差不多要 20 厘米高，然后底板，是密度板，不知道跟顶的整体氛围搭不搭。

王昀：密度板不就是和氛围相近的颜色吗？应该没问题，那起坡的地面就别做绿的了，做点秋天的颜色。

高钧怡：或者是用灰色，网上有那种地形泥。上次是用灰色的石膏，之前还用过纯白色，因为屋顶是白色的玻璃，就想把自己做的部分用白色，但是本身属于地形地段的部分用一些其他颜色，像密度板是浅色的，所以让地形也有一点点颜色。

王昀：屋顶建议不要有颜色了，就做半透明的，我估计和密度板的调子应该还挺搭的。里头放一点彩色的小人，从上头一看能隐约地看到有点儿色彩，家具之类的也可以有点颜色，应该会比较有效果。

图 13-2

李明玺：我把最后模型的底板做了一下。只是把块的位置刻上去，然后用上次跟您说的那种材料做了几种盒子（图13-2）。

王昀：现在感觉有点糙，你将来是要做成这种感觉吗？恐怕还是要换材料吧，因为体块一切，包括你现在用的瓦楞板，或者模型上有些手印，都会显得很粗糙。而且要放大100倍，你想想，现在模型上用的这个瓦楞板有多宽？尺度一下子就全都不对了。你这样一做，让人感觉你做的这是一个小房子，因为瓦楞板很容易让人联想到宽的波形板，所以它的尺度就把人所有的想象力都给限制了。还有屋顶不要这样做，它不是直接这么掀上去的。因为这么一做，它的形体就不存在了。

李明玺：这个我也试过，但感觉像小帽子。

王昀：你现在这样做，相反像帽子。门应该是一个中轴，可以用机械向上翻起打开，也可以拉平，不需要用这种杆件支撑，这种方式太原始了。机器是一个成熟产品，不需要我们设计。我觉得你这个看上去是一个很完整的盒子，这个概念就完全不对了，而且层次也没有了，所以还原到原先状态去做，不要用这个，好吧。

李明玺：门最后是玻璃做的。

王昀：要贴平，不能退进去，因为一退的话，概念又变成一个砌体结构了，不是一个工业化产品的概念了。所以你个模型一定要做得很精致，我建议是贴平，而且你做这么大的模型，用不着贴这玻璃。你这有一些是要划分窗户的是吧？但实际上窗户也看不见。把这个盖留着会比较好，至少有一部分是这样的，让人能看到里面的家具。

图 13-3

杜京良: 这是一个小亭子 (图 13-3), 把它拎起来, 平面图就是这样的, 位置在这儿。

王昀: 有点粗糙。不用做台阶了, 就一个斜板就行了, 黏个斜板, 然后拿小刀在上面划上刻度。

杜京良: 等高线打算用激光雕刻。

王昀: 比例、大小我都没有意见, 现在这种大小也可以, 说明问题就可以了, 但做的时候要稍微再细腻一点。其实我觉得可以试试 1:150, 1:100 尺度太大了, 1:150 会稍微好刻点。墙厚别小于 150 毫米。

杜京良: 现在的墙是 300 毫米。

王昀: 300 毫米有点厚了, 混凝土打 300 毫米的盒子效果可能不会很好。我觉得 250 毫米比较合适, 然后高度能不能稍微矮一点。现在的层高是多少?

杜京良: 4.7 米。

王昀: 显得有点高了, 稍微降一点会好很多, 降 200 毫米左右。你降到 4.5米看看。这个比例很秀气, 我觉得这样会比较合适, 就是比较扁平一点, 有一种舒展的感觉。整个层高按照比例做一下微调, 3.6 米到 4.5 米之间吧, 4.5 米有的可以做小二层, 整个调一下比例会比较舒服一点。树不错, 就是太高了, 压低一点, 提醒你一下啊, 楼梯踏步面到扶手的高度是 1.1 米。现在看你的模型肯定不够。

杜京良: 我做的是 0.9 米。

王昀: 有点矮了, 人容易翻下来, 稍微高一点吧。这么看你现在做的侧板显得窄, 侧板高起来后, 稍微交接一下, 应该就好了。你这两个方块不一定是一样高吧。左边方块高一点, 右边那个矮一点, 可能效果会好一些, 要不这两个太一样了。可能有的时候, 上下有点变化更好。

丁惟迟: 模型准备做 1:100 的 (图 13-4), 外面的那些墙伸出来, 里面的墙准备用 200 毫米的, 中间的核心部分的墙想用 600 毫米厚的。

王昀: 行, 宽一点。

丁惟迟: 对, 就是让它穿梭起来也有感觉, 材质可能就是用纯白的材料。

王昀: 纯白的模型可能不是很具体, 但是让人有想象空间。

丁惟迟: 现在只是搭了个大概, 中间环行通道可能要再修改。它的内侧是 6 米, 外侧是 9 米, 等于说我在 3 米处也加了一个平台, 也有一些光影效果。在视角上, 具体透视还在想, 我觉从两个地方看比较有意思, 一个是在高空看它, 另外一个是在内部看。

王昀: 可能有一个整体的、带角度的、轴侧的状态, 会比较精彩吧。最终的图纸并不是要多, 只要把空间能表达出来, 能把空间的密度、空间的丰富度展示出来就行了。

图 13-4

周桐：我的想法还是规避城市环境，场地我找了一个山谷。延庆有一个百合峡谷，图上能看到它的整体走势，两座山中间夹一个平地，中间有条河。基地就选在这个地方，坡比较平缓。旁边是一个特别高的山，一侧特别缓，图上能看到那条河，有农田，有公路。还有一条小路可以上山。我就把房子建在这里，后面靠着一片树林。大概环境就是这样，基地的面积有1000 多平方米（图 13-5）。

王昀：这个模型尺度好像有点问题，我觉得可能尺度太小了（图 13-6）。整体要放大 1.5 倍，入口要 3 米。这盒子多宽？

周桐：应该是 2 米。

王昀：实际上这就不是房间了，变成一个 2 米左右的走廊了。我建议，如果尺度扩到 1.5 倍的话，楼梯可以再窄一点，这些房间恐怕会比较好用，排东西和家具的时候，比较好排，否则现在没有一个是够 3 米的地方，和你这个建筑的尺度感不太符合。我觉得整体变成 1.5 米左右的规模比较合适。你把半面扩大，高度不变。把人往里一放，你就知道中间的广场显得很小，但应该是个比较空旷的状态。你那个墙多厚呢？

周桐：200 毫米。

王昀：其实可以做厚一点，类似于毛石墙面，做到 300 毫米应该没问题，下次做的时候，要注意手法跟真实尺度之间的关联性。比如很大的房子，你用一个很小的手法，感觉就小气了。实际上就是手法跟面积之间有种对应关系，其实是挺难拿捏的。这是建筑师需要不断去挑战和磨合的一个关键点。你试一下，面积放大的话，可能地形关系还比较合适，尺度感就出来了。

周桐：然后就是屋顶，因为之前一直都做的是没有顶的，其实最后想的也是做没有顶的模，但毕竟是表现嘛，还是要把屋顶的关系先解决。

王昀：没问题，我觉得现在这个感觉挺好的，就这样，接着进行吧。

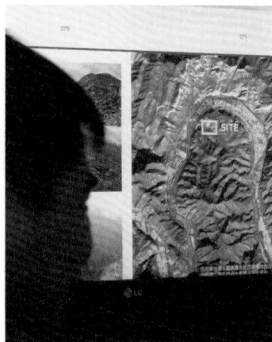

图 13-5

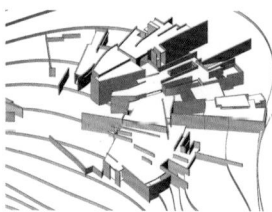

图 13-6

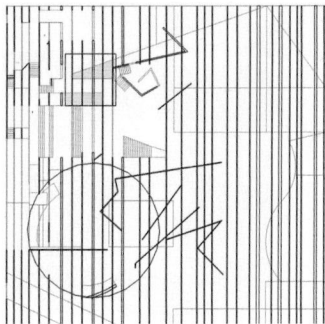

图 13-7

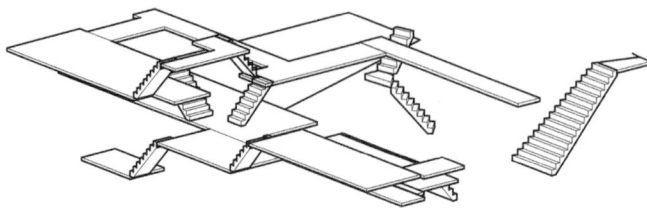

图 13-8

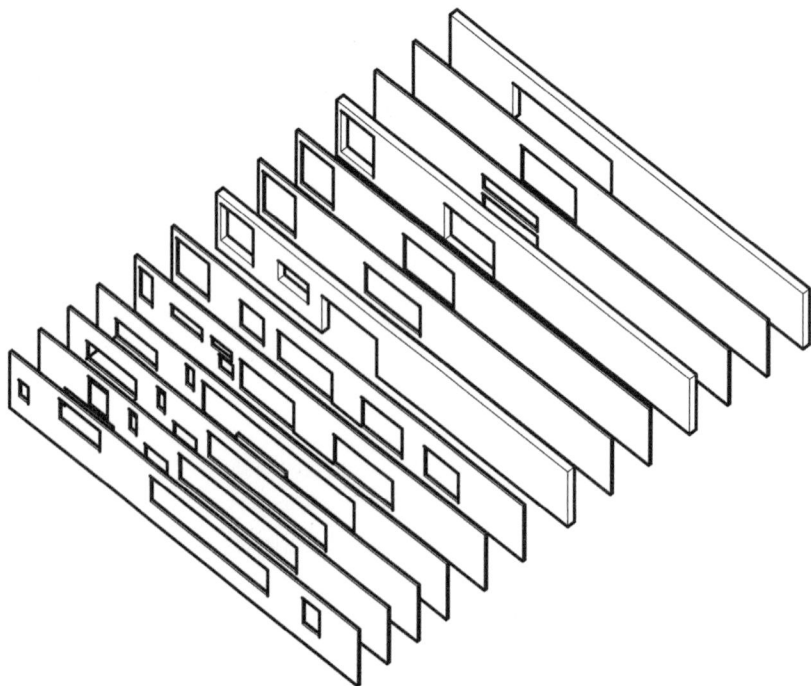

图 13-9

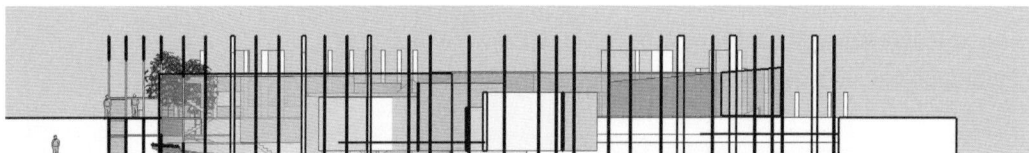

图 13-10

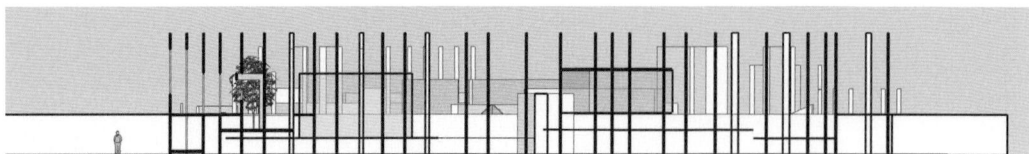

图 13-11

陈梓瑜: 这次的模型跟丁惟迟同学的有点儿像。刚开始我把这个模型雕刻了，然后把这些板都分出来了，大概是图上这样的。现在觉得可以在底下挖槽(图 13-7~图 13-11)，所以每个板再多做了 1.5 米，如果是按 1:100，就是现在这么厚，把它们上下一卡，感觉质感会稍微好一点。

王昀: 稍微有地下的感觉了，是吧? 你给它做一个盒子，给它包在里面，不一定要让它看见。你要想看见的话，你可以底下还是做一个盒子，就这条街道特别棒，想让人家看到，在扳上掏一个小口，让人们看到街道里面就行了。

陈梓瑜: 我的模型没做完。关于方案，就是如果按上次说 100 米就必须做车道了，尺度太大。

王昀: 80 米行吗?

陈梓瑜: 现在改成 80 米，整个尺度，也跟着改过来了。

王昀: 挺好的。

陈梓瑜: 改得不多，个别地方也有加高，可能比例上有点稍微微调。

王昀: 没问题。

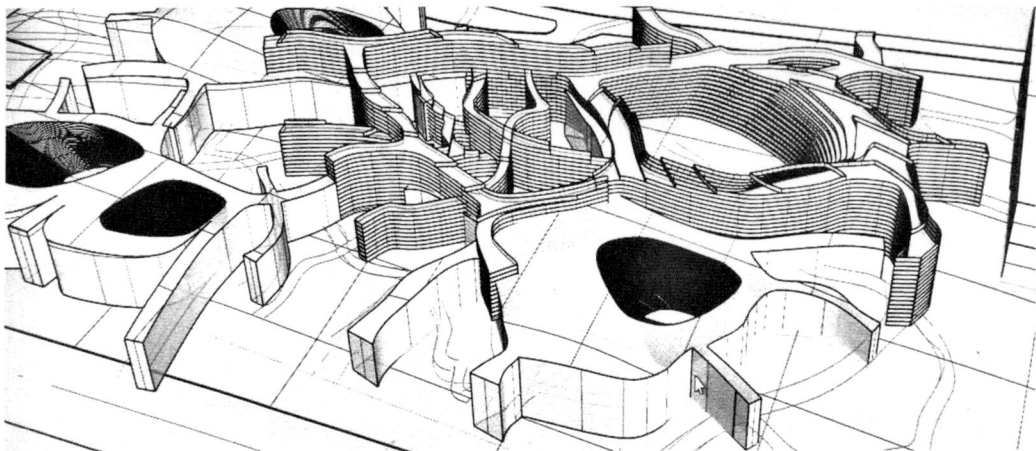

图 13-12

图 13-13

图 13-14

杨隽然：上次是做了两种类型，这次又把这两种类型放到我自己的房子里面。做这个形式的时候，主要的一个想法是强化您上次说的立体架构形式（图 13-12、图 13-13），所以在地面上做了很多地形，现在的模型没有表达出来，但最后应该是比较通透的效果。就相当于两片板中间都是玻璃的形式（图 13-14）。基本上它的布局是公共设施摆在周边，长条形的都是单纯的走廊。现在有一个问题，就是它主要的几个走廊其实能满足居民使用，但是稍微有点窄，大概在 1 米左右。

王昀：我觉得可以整体放大。道路外扩，走廊也就扩大了。里面的空间也稍微扩大一点，甚至和周围的房子可以连起来，这个东西才显得有机。

放大以后，整体气势比较好，要不现在的效果有些小气。走廊不一定是封闭的，可以是露天的，变成空中一个真的廊，就比较帅气了。如果按现在，感觉做得太实了，我觉得有问题。

杨隽然：好，那我可能就是选几条走廊来做。

王昀：中间全是空廊，剩下的连廊可以是实的。

杨隽然：功能方面，它在形体上比较自由，而且比较通透，基本上都是散的椅子。只有一个是二层，它的形态就相当于有一个部门，如果从图上的楼梯上来，到另一处就已经很矮了。模型也是分两种不同的手段，正常的话，就是两个板，然后中间是玻璃，但这种地方，可能用玻璃的确会比较难，然后就想用之前模型的方式，用插接的方式做。

王昀：整体的语言一定要统一。

图 13-15

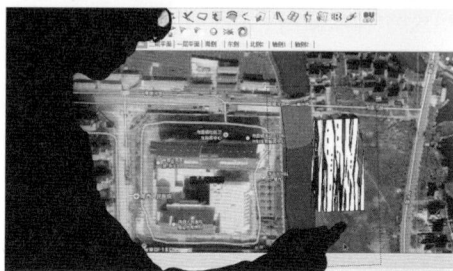

图 13-16

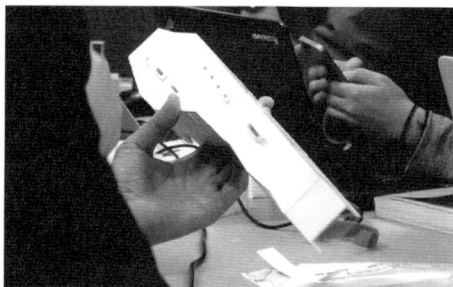

图 13-17

图 13-18

图 13-19

徐逸: 我选了图上这个地段, 靠左边是一些小码头, 其实就是一些甲板, 我把那些图上的元素全部用上去了 (图 13-15)。

王昀: 南边应该加一个小广场 (图 13-16)。顺着它下来, 一个广场, 几个块块才能对得上, 要不然这儿就没得接了。基地上不是有一条曲线嘛, 撇一下, 广场就会比较帅气。弧线过来部分, 开一个口, 不挺好的嘛。

徐逸: 然后做了天窗 (图 13-17)。

王昀: 太厚了, 天窗做薄一点吧。

徐逸: 我之前就在想开窗, 试了各种横窗或高窗, 后来还是回去读原图, 然后在图上挑了很多小点, 我做了一些筛选, 开窗的逻辑就是二层都是竖条窗, 一层相对简单一点。因为一层本来就光照不太多, 有些部分, 就是图上形体本身的短边部分, 我就直接做成了一整面墙的玻璃。

王昀: 挺好的, 我唯一想说的就是, 模型的楼梯不要这么做, 有点儿太真实了 (图 13-18)。楼梯就用小薄板, 弄一个小坡起来就行。然后一些部分用不着起墙, 最后做一个钢板的小天窗就可以了。天窗的图也不那么画, 可以画得很薄, 就是 10 毫米, 20 毫米这样的窗。

徐逸: 关于表现, 图上的是一个连环画, 是贺友直先生画的连环画 (图 13-19)。我刚开始去找跟正常的建筑不太一样的关系, 我做的两个都是景观, 都是同一个装置, 是不同场地的各种图, 我做出分析, 中间串了自己的封面。这可能跟正常视角不太一样, 这个就是刚才的视角, 看过去效果比较朦胧, 有一些东西叠上去。我造了一个关于纹理的研究, 但是我并不想做很多的图解, 因为我觉得过度的阐释也没有太大意义, 只是想把空间表现出来, 然后想在街巷, 弄堂和我做的空间之间建立一个联系, 我还在想怎样才是最适合的表现方式。

王昀: 在 sketchup 里, 或者在模型里拍摄, 把空间直接表达出来就行了。别把这事搞得太复杂, 直接一点, 把空间的本质, 最感人的东西表达出来就行了。开始可以编一个故事, 但是最后的效果还是要直接一点。

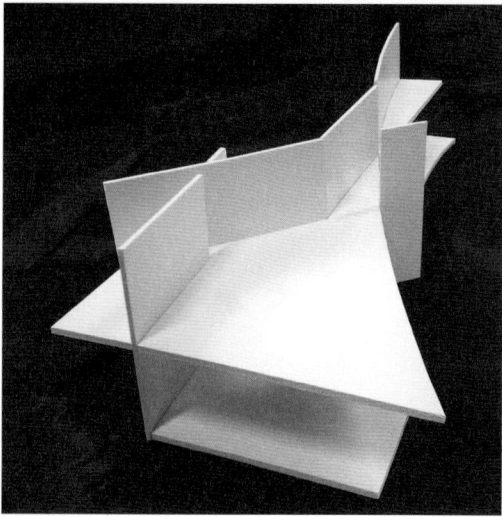

图 13-20

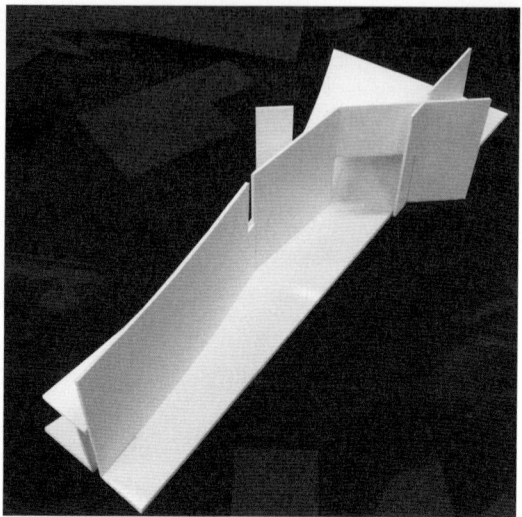

图 13-21

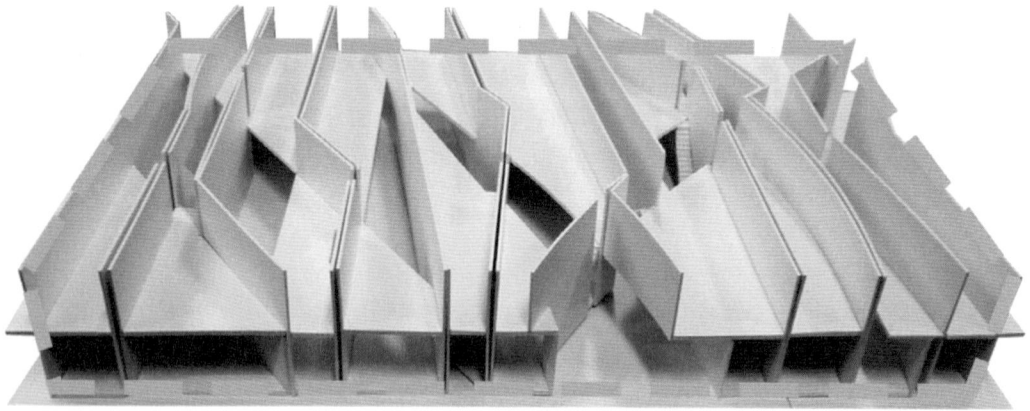

图 13-22

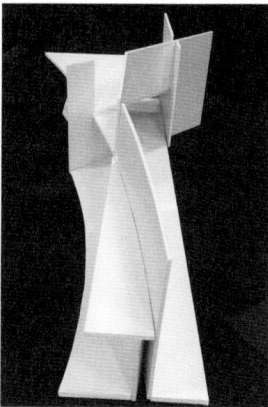

图 13-23

图 13-24

谢志乐: 模型是 1:50。门没黏, 是暂时放上去的, 屋顶也是可以拆的, 玻璃也都没黏 (图 13-20 ～图 13-24)。

王昀: 就两边都有空, 还是退进去。就像我现在这样(用手拿起模型)斜一点, 才感觉味道是对的, 你现在这样一弄的话, 多没味道, 都是平的。总之吧, 如果面对实墙的话, 你读的这个形态的语言就发生变化了, 如你这么斜一下的话, 味道就出来了, 而这几片儿只不过是这个空间里面的一个斜墙, 或者是说这上面的一块玻璃, 都可以。唯一不行的, 就是你把它做齐了。但是退进去的话, 不要退同样宽度, 退同样宽度也会奇怪。所以有些地方, 可能需要斜一点, 或者这个是能打开的。

谢志乐: 因为我之前做的那个 900 毫米宽的门, 其实可以作为工作室的门敞开的, 现在的门特别小, 不太方便。

王昀: 没关系, 可以是卷帘门, 而且有些门也可以斜一点, 或者整个做成玻璃的也行。

谢志乐: 我上次说想模仿标本, 在图上贴, 但是我现在换了一种想法, 大模型做可以分开的效果, 图纸上还是平面。因为我要做 9 个, 9 个拼在一起之后, 每个都有单独的墙, 所以放在一起会有一点厚, 除了有单独的顶之外, 我还想做一个整体的顶。还有底板, 我不知道能不能用黑的。

王昀: 我觉得不太搭调, 还是放一个白的模型板会比较好, 因为你现在的模型太粗糙了, 关键是质感不对, 假如说你做的是乡土建筑, 那适合这种做法, 而你现在做的假装很文艺, 模型和底板放到一块, 觉得有点拧巴。

谢志乐: 好。我是不是还得放一些家具?

王昀: 我觉得无所谓吧, 因为你这个模型比较抽象, 放不放不无所谓, 如果要放, 放一两个小人就行, 家具不用放。现在的效果不显空, 因为你模型的魅力是空间的关系。空间没有办法具体, 比如说这个走廊里面可以放桌子, 也可能是工作, 也可以是吃饭, 也可以放椅子, 什么都可以。空间本身非常具有不确定性, 这也正是你这个方案的有意思的地方。你不知道它要干什么, 但是它干什么都行。

图 13-25

图 13-26

图 13-27

图 13-28

图 13-29

李金赫: 功能主要是展览空间。里面包括展览区、多功能区、餐厅,从路口这儿看,能看到楼梯。

三层主要是宾馆之类的休闲空间,主要摆放了一个餐厅,然后中间有一个过道空间。四层主要是办公区。材料主要体现在一层空间,作为展览空间装有大块玻璃。

王昀: 做的东西有点多了,你现在需要减点东西,语言用得太多了,手法用得太多了,我还是喜欢你上一节课做的模型和简洁的几个筒,这次做的这些都去掉。还有现在功能有问题,作为一个展览空间,不要客房,办公有一些就行了。可以做个活动室,人在这儿看书、喝咖啡,简洁一点。

李金赫: 那这样的话,没有什么要做的了。有一个问题,功能方面全部都是展览会不会感觉太多了。

王昀: 你这个模型一共有多少平方呢?

李金赫: 大概七八千左右。

王昀: 那是很大的一块了,现在是几层?

李金赫: 大概三层,主要是两层空间面积太大了,第三层做了小一块。

王昀: 你原来是两层,我建议你还回到两层,没必要做三层。就两层干干净净的。我建议你二层是展览的空间,都是这种筒。一层可以隔出一个小报告厅,有一个小商店,或者咖啡厅。二层是展览空间,所以用不着开那么多窗户,实体一点。一层可以做成玻璃的,通透一点。

李金赫: 做实体的话,采光都挡住了,一层的采光被二层挡住了 (图 13-25 ~图 13-29) 。

王昀 没关系,做完你就知道了,它不会被挡,底下都是大玻璃的,怎么会挡住,相反还需要遮挡一点。现在的阴影实际上跟现实的是不一样的,现实的太阳不可能就一个阴影照在这儿,它在不断地动,而且底部都是玻璃的话,相反是需要用阴影来遮挡的,要不然阳光太明媚了,也不是一件好事。现在的模型做得太复杂了,重新回到干净、简洁的状态,把原来那个方案的魅力保留。

侯兰清: 这周末一直在把 CAD 里的效果搭成模型, 然后 100 多个, 我把店里的有机玻璃都买完了, 可能到时候还得在网上买一些。这是做出来的一个模型 (图 13-30)。

王昀: 你全都自己这么一个一个做。做得完? 做不完?

侯兰清: 努力做, 还是能做完。

谢志乐: 你这个是激光雕的啊?

王昀: 你现在这个是哪组啊, 这两个是怎么合在一块的。

侯兰清: 现在还没有黏完, 大概是这样, 现在只做了这一点, 里头还特别长, 现在大概做了 1 米多, 比例是 1:150 的。

图 13-30

416

杜光瑜: 我的模型用的是卡纸, 没有做墙厚, 觉得还是卡纸比较干净简洁。

王昀: 这个没有问题 (图 13-31)。不一定非得具象地去做, 因为模型不是为了看盖好的结果, 它表达的是一个概念。模型是为你的设计而服务的, 比如像你这个是不是 300 毫米, 是通过模型可以算的, 然后保温能不能做出来。一堆问题就来了。现在我们实际上是把一个空间的概念明确地表示出来, 这是最重要的。我们学习的东西, 并不是所做的方案就一定要建成。学习是循序渐进的, 每个阶段要解决的问题不同。这个阶段是要解决空间的问题, 下一个阶段是要解决建成的问题, 通过这样每一个阶段的积累, 你会对建筑有一个完整的认识。当然了, 上一个阶段所学习过的东西, 这次一定要用上它。比方说我们这个阶段联系的重点就是空间, 你会发现大家实际上还都把功能装进去了, 因为之前的练习都起作用了。另外我们过去盖房子总希望每一个房间都有确定的使用功能, 而现在这种多样性的使用, 以及人和人之间交流空间的使用, 带来了空间真正的复合性。有时建筑是希望每一个房间只做一件事, 有时, 特别是现在, 是在一个房间里做很多事情, 人的生活行为完全发生了变化, 你会发现房子靠着墙体分割功能的时代已经快结束了。因为以前都是靠墙体来承重, 现在承重的事已经解决了。随着人工费的不断增加, 其实我们过去追求的砌墙这类事已经慢慢做不起了。真正工业化的东西其实带来的就是人的解放。如果这一面玻璃都是在工厂里定制的, 房子整体组装, 那能解放多少人的时间啊。我觉得材料的使用, 包括所有方面, 都可以把想象力打开, 你会发现过去很多古典的建筑法则, 其实都是需要改变的。从这个意义上来讲, 大家把思路打开, 这是我们训练的一个最重要的目的。

图 13-31

14/15

制图日

2015年4月16日星期四
2015年4月20日星期一

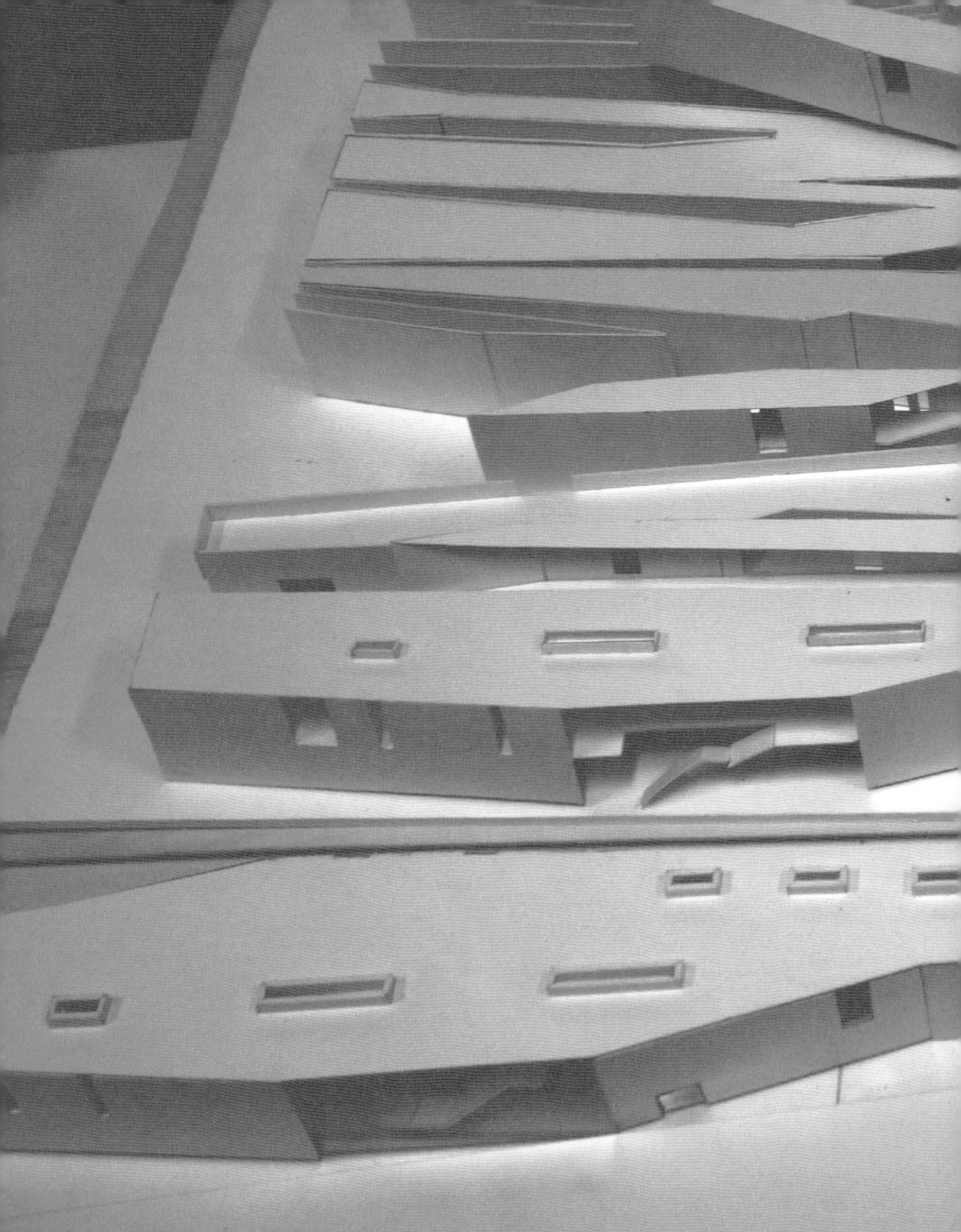

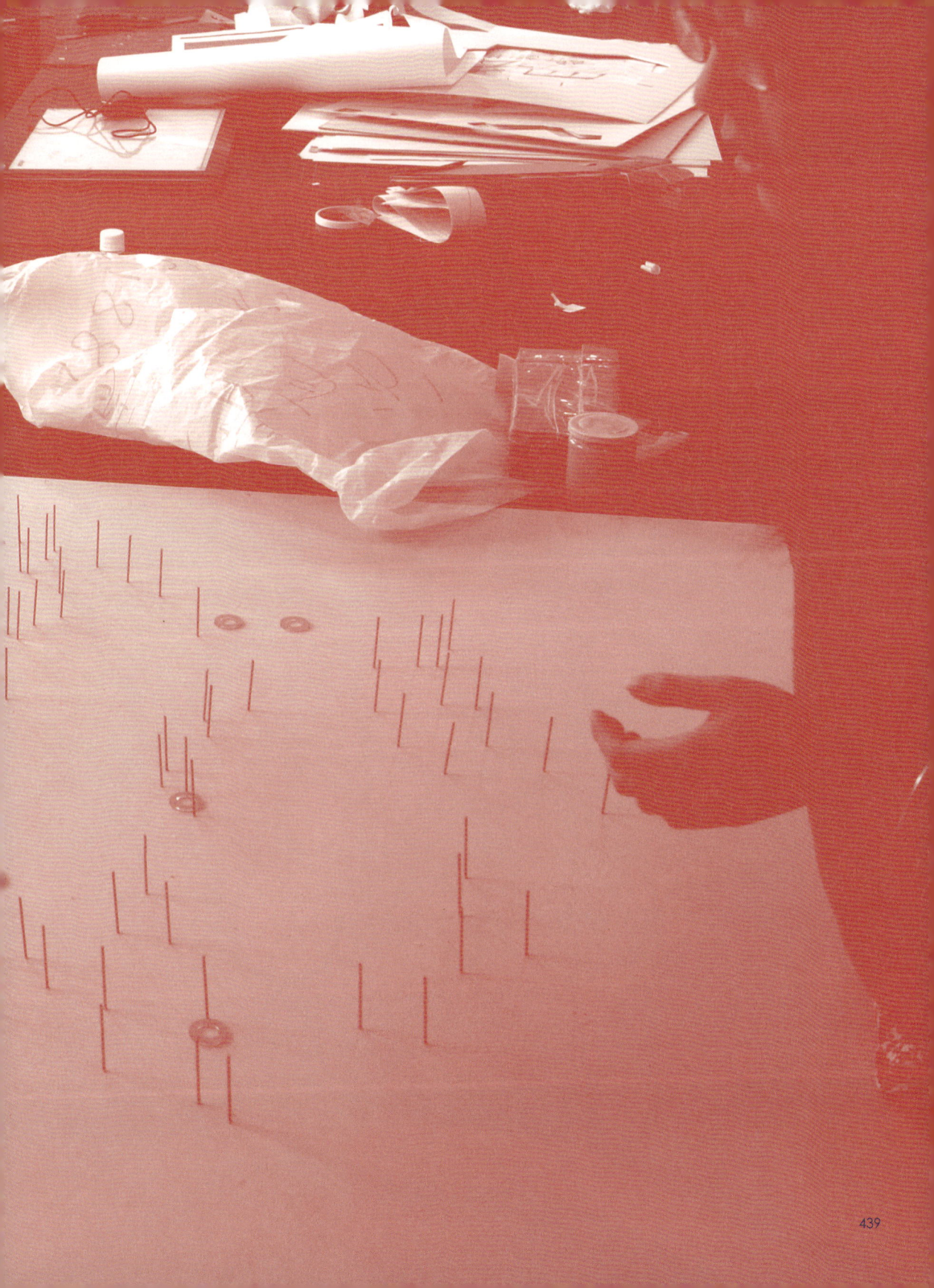

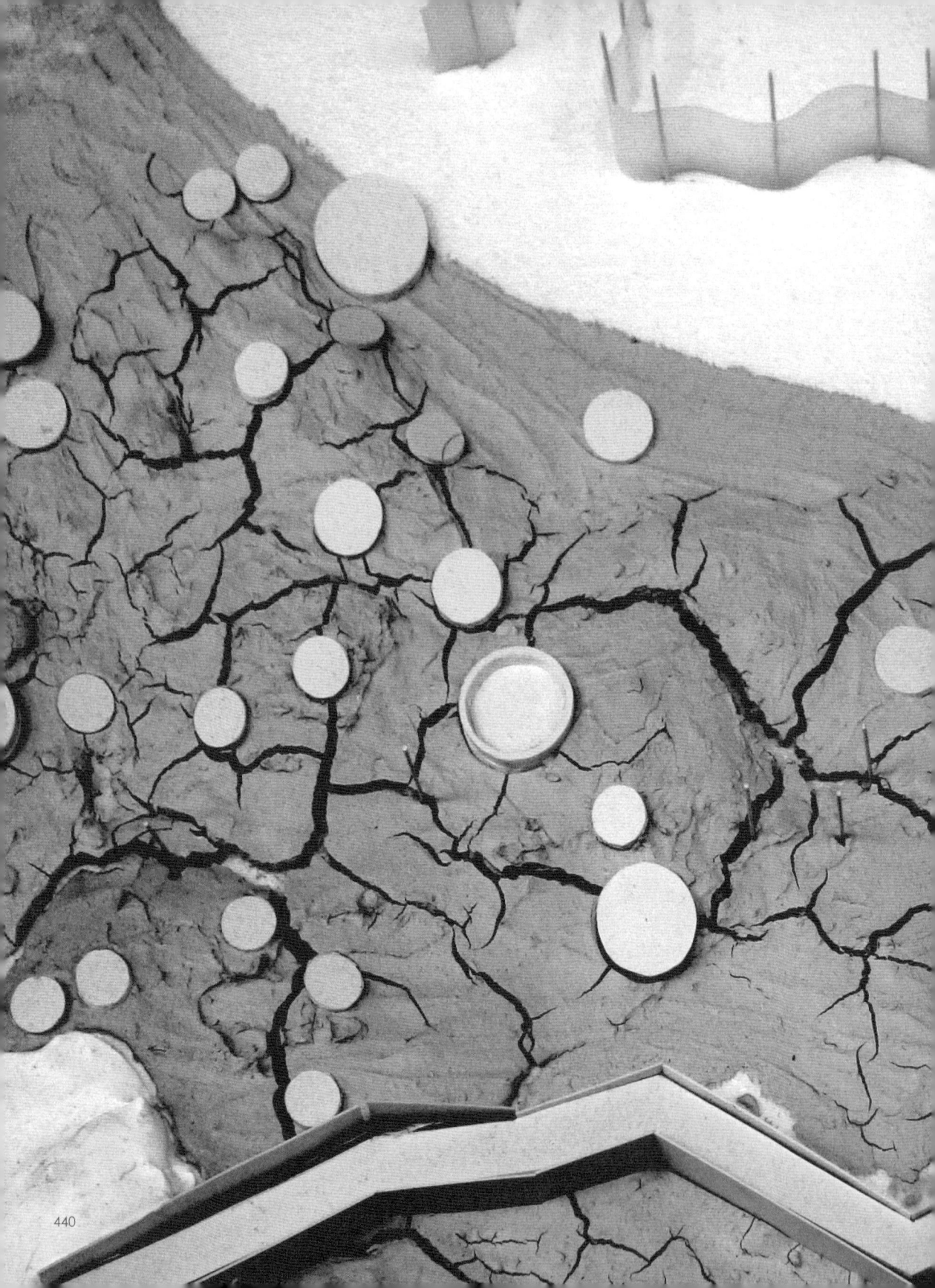

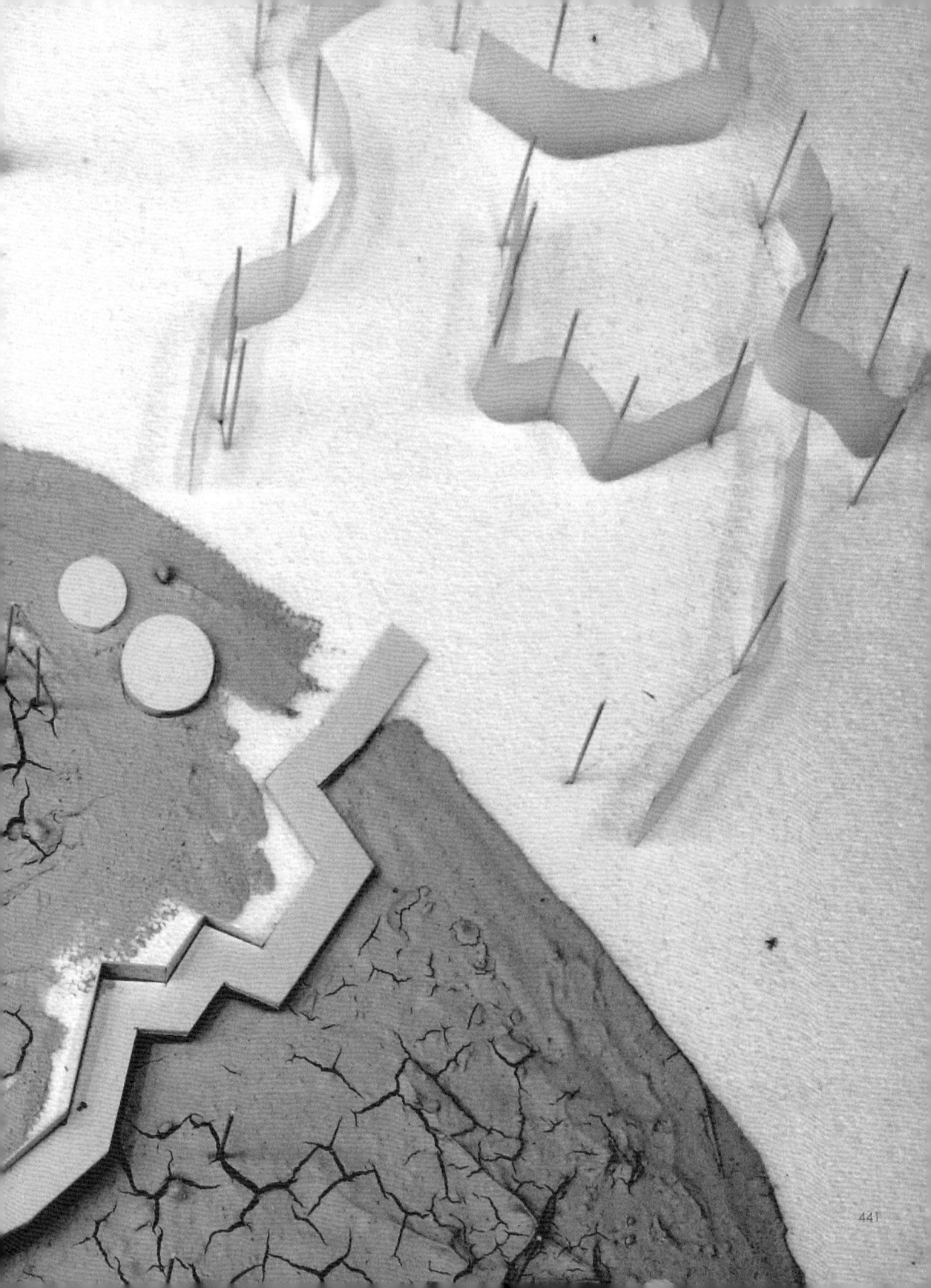

16

终期评图

2015年4月25日星期日

终期评图安排在清华大学建筑学院的新馆。评图活动开始前，建筑学院的庄惟敏院长、单军副院长、徐卫国老师、北京市建筑设计研究院朱小地院长、齐欣老师、朱锫老师、王辉老师、梁井宇老师、崔彤老师、徐全胜老师、马岩松老师等先后到组里，对同学们的作品进行了观摩，并与同学们进行了交流。

评图工作正式开始，先由庄惟敏院长对整个教学工作给予说明，随后八个组分头开始评图，参加我们这个小组评图的老师有张力老师、李兴刚老师、王丽方老师。中途，徐卫国老师以巡视方式加入到评图的工作中。下面所展开的是这次评图的相关纪录。

图 16-1 终期评图现场，庄惟敏院长介绍课程情况并宣布评图正式开始

图 16-2 老师和同学们在评图现场翻阅 14 位同学各自整理成书的课程设计

图 16-3 评图开始前的现场场景

图 16-4 评图现场场景

图 16-5 评图现场场景

图 16-6 评图现场摆放的模型

图 16-7 同学汇报方案的场景

图16-8 同学汇报方案的场景

图 16-9 评图现场场景

图 16-10 评图现场场景

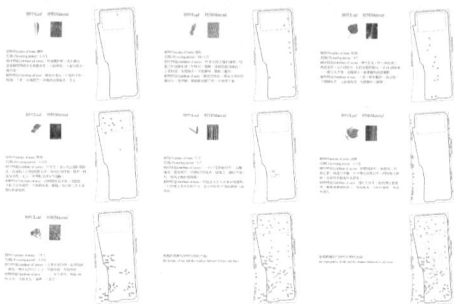

REVERSAL 对映整影的反坐

本小平与具有时间时间作为水为主题的设计中心。通时地…在基本整影作为空间作用时间·透通内边内后间边时间这样电影内层一个可见于字时电体小时中产景逐新点层间。然后·本类此只间整整作为字的主要电影图时间等整·画·这样整整整作为·一个图次整整作为·表作表整整·这样·三个整整整作表时间一个图次整整体整整·整作不用一个图层作为·这样·画整整整整整整整整·时间作为一种次整整整·整这些画整·整作不用一个图层整整整整·整整整·时间作为一种次

PERSPECTIVE1 半圆庭院

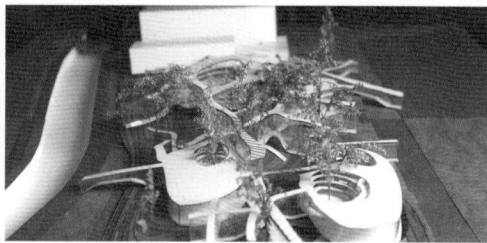

THREE DIMENTIONAL PATIO

PERSPECTIVE2 立体庭院

立体庭院

做成立体庭院的想法·第一·是从子字母站的天头开始·接行了人工干预这种整整整整·找到整整整整整整·打个天井·通过整整整整十月上·将·与整整整整整于这一。

立体庭院的这个想法·第一·是整子字母站这个整为本层的大井整整整整整整整整层·子整整整一次整整·下个整整整体整整整整整整·或整整整·十字整·有小整整整整整整。整·

SENSIBILITY

THE TRANSPARENT NATURE OF THE BUILDER, AND THE FORWARD OR SUBVERSIONAL FEARLE OF THE ARCHITECTURE TO AS SENSITIVE TO THE. AND SEASON. AND AND WE ARE BACK IN THE ORIGINAL POINT, BECOMES AGAINST ANIMAL AREACHITECTURE IS NO LONGER A MEANS OF ADAPTING TOPICAL, IT BECAME A INSTALLATION TO ORGANIZE TIME AND LIFE.

时节变化的敏感性

在于建成图地的敏感性与我们整理地机构·建筑是一种整整整整地理地理机地整理地·找·找以地时间·我以上时时中中整整整整整整整·找整整时中·整整整整·整整整整·建成整不整整整整·找整整整整整·找以整时整整整整整整整。

图 16-11 杨隽然同学设计成果

图 16-12 杨隽然同学设计成果模型

王昀: 评图现在开始, 我们这个组一共是八周的设计课程。我们的题目叫"点子·手段·空间研究", 是一个非常抽象或者说非常宽泛的题目, 重点是培养同学们空间处理的能力, 以及寻找新的处理空间的手段。

杨隽然: 各位老师好, 我是王昀老师组的杨隽然, 我的设计方案是在清华的校园内的一个学生活动中心, 希望通过建筑和活动来重新激活这块地。我们组每个人都找了自己一个设计思路的原型, 通过很多周的原型探索之后, 选择一个原型对建筑空间进行处理。我选择的地是清华校园内的情人坡, 我就在想, 现在清华的校园用地很紧张, 绿地在不断减少, 那我为什么不把这个绿地立体化, 所以我就把它分成了许多层次, 每一个层次都有非常自然的起伏, 都能让人在建筑立面上从不同的层高去体验建筑环境。我做了很多不同层次的绿化, 想让很多人来享受这种绿地。我想造成一种偶遇, 人从路上走着走着就从一层上到了屋顶, 然后走着走着就到了旁边的一个二层空间。它不是一个严谨简单、具有清晰流线的房子, 而是可以让人在空间里面有一种偶然和奇遇的地方。所以整个建筑也是以步道为主, 而不是以空间为主, 所有的空间和功能的安排非常自由, 主要是以一些茶座和学习的桌子为主, 在这些处理之后, 在整个建筑和场地中就可以形成校河和主干道连通的效果, 就相当于两边都有很多接口, 这就是整个建筑的想法。

张利: 王昀老师提了一个"点子和手段"的课题, 能不能简单地说一下你的点子是什么? 我们已经看到你的手段了。

杨隽然: 点子, 我觉得王昀老师的意思是让我们去找一个空间原型。

张利: 你这个方案的点子是什么?

杨隽然: 是树叶的叶脉, 树叶的叶脉是一个疏通营养的通道, 放到了建筑里了。

李兴钢: 中期评图的时候老师怎么点评的, 你有什么改动?

杨隽然: 中期评图的时候我没有考虑地形的因素, 也没有考虑地形的起伏。其实现在这个模型是表达我中期之后的概念, 去用这个不同的地形覆盖不同的层高, 造成空间上的变化。像二层上有很多踏步可以让人们在上面来回走, 可以将空间相互连通, 这次主要是仔细研究了细部空间的处理。

李兴钢: 虽然模型里做了等高线和地形, 但你的这个空间还是很平面的, 好像把一个平面拉到一个高度。如果说要操作地形, 让它跟地形结合, 那

图 16-13 杨隽然同学的评图现场

一定要分析地形的高差，然后将地形与建筑内部空间的变化巧妙地融合在一起。现在感觉你做的不是很明显，台阶还是连接房子的一层和二层，而不是根据地形的高差造成的结果。比如说这块地形高起来，内部空间也随着变化，所以现在在建筑和地形的结合还是不够，还是简单的一个平面处理，还是有点儿停留在原来平面的形式上，当然有一些形体层面上的变化，但是空间和高差的变化及空间形态的结合还是有一些问题。另外我看了你做的记录思考过程的小册子以后，有个疑惑，前面说是书法和空间的转化，有好几个字，有"和""川""乡"，后面又出现了叶脉，这里面到底哪个是你主要的点子呢？

杨隽然：在前期，我对我自己的要求是做一些不同的尝试，从不同的空间原型中学到不同的东西，在前三周半的时候，基本上我是向不同的方向去分散，从第三周半往后才集中在目前这一个方案里。

李兴钢：那你现在的方案是集中在叶脉的原型中，跟原来的书法是没有关系的？

王昀：我插一句，这本小册子本来和结果没有关系，但是在教学当中，同学们有一个思考过程，从不同的角度去思考"点子和手段"之间的关系，最终拿出一个原型来对它进行深化，做成一个非常建筑化的方案。按道理说，从我的角度看，可能不见得都是做得特别具体，应该是把所有的过程展示出来。但我们做的毕竟是三年级教学的一个课程，需要有一个结果，所以最终让大家从不同尝试里面抽出一个自己比较满意的原型，把它做成一种建筑化的呈现。

张利：我觉得这个题目最了不起的地方在于咱们清华建筑学院多少年的三年级教学，包括开放教学以后，也没出现过不追求最后结果，只是追求过程的。王昀老师这次课用抽象的变现完成对理论有一定支撑作用的建筑方法论的尝试，这点非常棒。这就像在音乐理论里，不是最后形成一个完成的作品，而是用这种理论来实现一种构建作品的方法，如勋伯格（Arnold Schoenberg）的十二音体系。这对我们同学相当有挑战，第一是不习惯不完成一个方案，不习惯在理论上去探讨真正在建筑生成过程中的方法。第二是你们在一个基本的选择上肯定会犹豫，一旦做到这个你只有两种选择：一种是自主的，换句话说你所做的建筑都像你说的，和其他任何非建筑的东西没关系，甚至和功能没关系，和场地没关系；另一种是非自主的，就是你的建筑要表达一个意义，你所发明的这个工具箱是如何成长为建筑的。我觉得你在这里头有两个特别犹豫的地方，使最后的结论不是特别清晰，虽然说这个过程看得出来还是非常有胆量，从书法到叶脉，还包括一些其他的尝试。第一个犹豫是在自主和非自主上，你实

图 16-14 杨隽然同学设计成果模型

际上选择的是非自主,你开始试图选择书法的时候是自主的,那么后来选择叶脉到最后取得一个自然的寓意,这就变成了一个非自主。这个时候你在里面进行了一次跳槽式的转换,从你原来简单研究建筑在空间里面游动的自由方式(包括人,包括空间)到逐渐去试图借助一个形体去表达自然。第二个犹豫出现在你现在这张图上,你仅仅把叶脉的逻辑变成了一个几何的形式,然后在这个几何形体里放入了你所有熟悉的功能空间,有你熟悉的过道、房间,既然你采用了最后一个完全安全化的方式,换句话说,如果这个房子完全抛掉它现在有的一些曲线的形式外,它就是完全传统的一个房子。

杨隽然: 张老师,我觉得您说得非常对,想看的那张图其实是我中期做的一个平面图,也是刚才李兴钢老师问我现在的跟中期的有什么区别。中期评图的时候老师的评价是我布置的功能空间还是过于传统,所以我现在的平面就是非常自由的、没有具体功能空间的。

张利: 如果把你现在的方案,比如和 SANAA 在瑞士洛桑设计的学生中心相比,后者对重力有一种视觉挑战,也就是说地面有时候和建筑结合,有时候房子本身的地面变成了空间的顶,尽管它是一个简单的形。而你这个方案是详细的地形,在这里面我看到的是四个房子和连起来的廊子。所以我认为基于一个平面,然后把它拉伸起来并不能足够有说服力证明你真的把这个建筑做成你说的那样。

王昀: 谢谢各位老师,如果没有进一步的问题,那就请下一位同学。

图 16-15 杨隽然同学设计成果模型

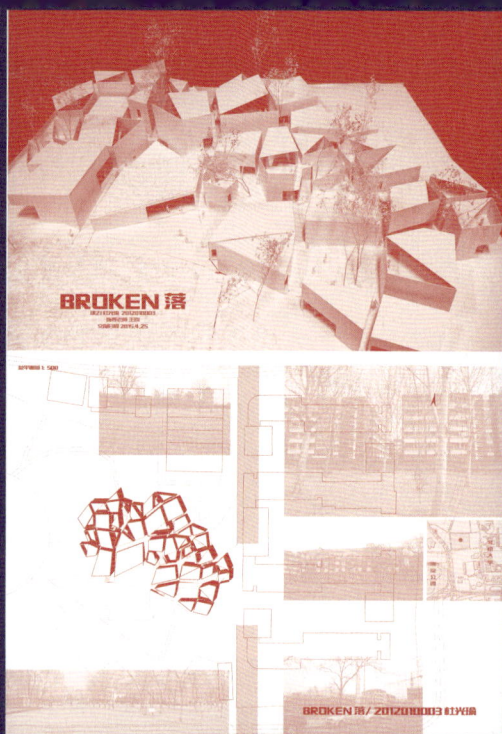

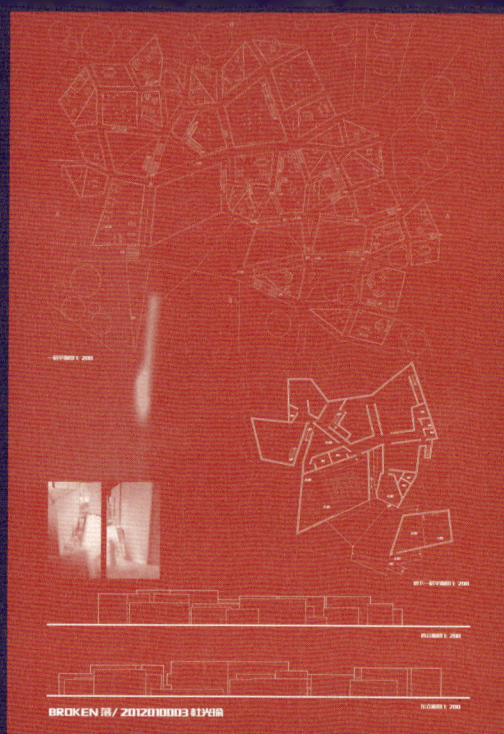

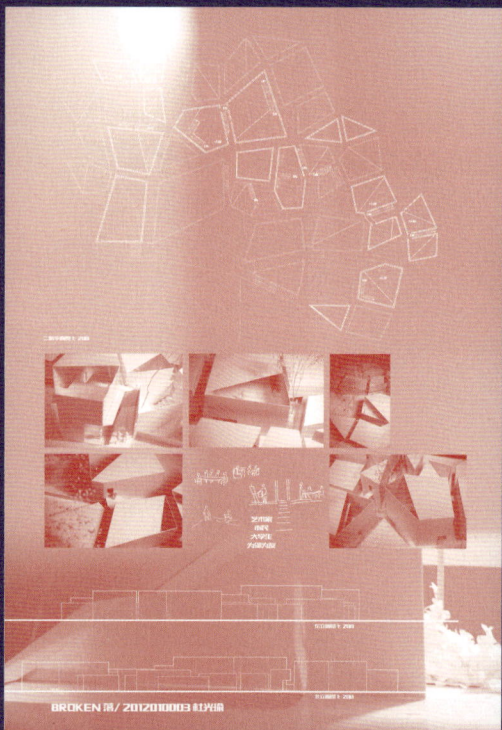

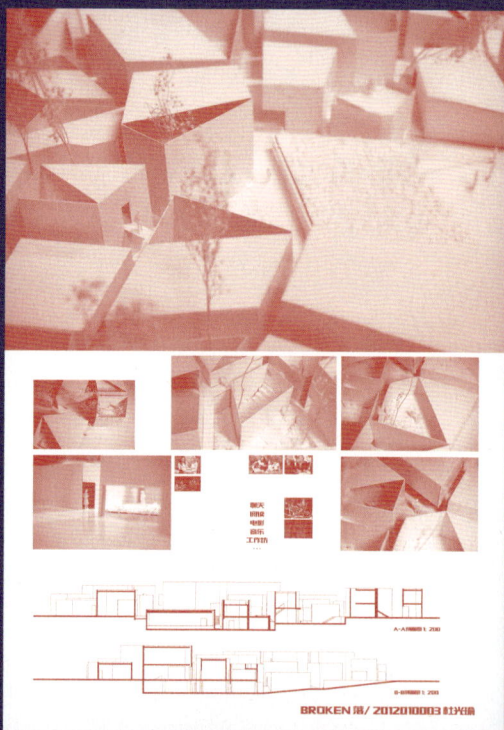

图 16-16 杜光渝同学设计成果

图 16-17 杜光渝同学设计成果模型

杜光渝: 老师们好, 我是王昀老师组的杜光渝, 我这次做的是一个校区的社团活动中心, 我选的地段是北京大学的西门。从总平可以看出, 它是北京大学西门的一个研究生或本科生的宿舍公寓, 西边是畅春园。它的特殊在于, 它与大学只有一墙之隔, 但是其发展非常落后, 周围的居民楼和基础设施都非常陈旧, 我联想到很多大学的周边也都是这种非常衰败的景象, 虽然很多大学本身发展得很好, 但是却没有带动周边的发展, 我的想法是让大学的学生和周围的居民可以打破界面的束缚。

具体来说, 我为艺术家们提供了一些创作和交流的空间, 为住民提供了一些休息空间, 为学生提供了一些研讨的空间, 也为政府提供了宣传和展览的空间。我希望达到的状态是他们可以在这里面聊天, 或者是研读、看电影, 有乐队表演音乐, 可以在此感受到大学生、艺术家等不同身份者的活力, 可以感受到生命各个阶段的存在。在建筑手法上通过采用类似形态组合的手法, 拼合出一个特别杂乱和破碎的形态, 在地形上用一些自然的坡道合成广场, 希望在很多大学周边有这种建筑艺术人群或精英人群相互交流的场所。

王丽方: 大学生和艺术家在这里聚在一起, 你想要摆脱校园里建筑的秩序井然, 把各种功能混合成一体, 可以用一个弱化主次, 也没有方向性的方案。

想要彻底治理一下, 然后用一个比较不常见的形态, 形态上稍微有一点不规律, 变化比较多。我觉得这是一个反制式的形态, 当中的一些空间挺有意思的, 做得还是挺不错的, 但是这里面一些地方是不是还是应该按照一个制式, 就是说在什么都不摆的状态下, 是不是一个好的状态。我觉得形态间稍微混一混, 乱一些没关系。

李兴钢: 这个方案的基础还是挺好的, 上次中期评图的时候也是既保留了学校与城市的关系, 又让它们彼此之间产生了交集, 通过这片房子的在这个区域的介入, 可以让市民、学生、艺术家有一个行为的互动。这次, 根据中期王丽方老师的建议, 对学校现有的场地条件, 做了一些深化, 我感觉是总体来讲还是非常好的一个作业, 但是最好能够把房子和原有的条件结合得再密切一点, 比如和围墙甚至是和原有的房子关系再密切一点, 而且可以制造出一些不一样的空间。原来王丽方老师提的建议是虽然做的是一个很复杂的空间、很复杂的形态和很复杂的流线, 但是这些复杂的形体形成的是另外一个整体, 其内部之间的形体很相似, 当靠近周边的那些很常规的建筑形体时, 会形成这种很多不规则的空间和形状。另外一点就是在现在这个建筑里, 房子的大小、形态高低等都是不同的, 但是空间的收放变化不是很多, 有两个地方有"放"的效果, 整体还是比较

图 16-18 杜光渝同学设计成果模型

紧凑。整体比较紧的形态如果再放多一些，层次再多一些会更好，现在形体上虽然都是不规则的，但是空间还是相对比较平均的。我所说的也是提出一个更高的期待，因为原来方案的基础已经很好了，如果可以注意到节奏的调节，利用场地和周边不同的条件，可以建立起空间的变化和节奏，这样整体就会更有张力，戏剧性更强。

王丽方：这个方案和原有的建筑相接的时候，就会出现一种复杂性，会出现那种意想不到的空间，是可遇不可求的。

现在方案中的外围一圈比较密，旁边是开敞的，而场地也是一边给人感觉比较开敞，另一边比较紧密，是顺着场地的情况来布置的，所以实际上它缺少一种反差。假如说把图上这个房子转 180 度，把看到的缺口贴到墙面上去，在墙的旁边会有最开敞的空间，然后越往里走越密集，最后又到了开敞的地方。这是一个建议，可以再琢磨一下。

张利：打网格做设计，这是自古就有的一个设计方法，在 19 世纪末到 20 世纪初的时候开始使用。大概有两种态度，一种是用最普通的网格做最多的变动，这种方式发展到 20 世纪中期就是荷兰的结构主义，它会把一个网格的某一部分突然加密，变小，这个方式也用在了巴塞罗那的改造当中。还有一种是利用一个已知的几何图案，比如你这个，做一个不重复的多边形，这个方式特别容易误导的一点是，用了这个图案之后你的设计在视觉上就跟别人不一样了，这个很危险，就是刚才几位老师说的，你建立了一种新的变化，但是你如何控制它。

图 16-19 杜光渝同学汇报场景

图 16-20 张利老师评图场景

王昀：下一位汇报的是李金赫同学，我简单介绍一下，李金赫同学是朝鲜留学生，在上课期间腿被撞坏了，耽误了一些时间，不过还是坚持完成了最后的设计。

李金赫：各位老师好，我做的设计是一个画廊，我选择的场地在清华大学的旁边，挨着圆明园。这块地方游客特别多，特别复杂，画廊可以为大学的学生、游客和当地的居民提供一个服务空间。我的这个方案是这样生成的：首先找到了周边几个重要景点，把它们连接起来以后，在地图上形成了关系的连线；然后找了周围的三个院落，都是历史上保留下来的，把两个图像合并在一起之后形成了平面的构图，一层主要是服务空间，二层是一个画廊；把它的高度进行变化后就形成了我现在的方案，形成了人活动的空间。

王丽方：二层的平面是怎么来的？

李金赫：在一层平面和总图形成的图案关系基础上，通过一些景点的联系形成了二层的形态。

王丽方：这个建筑的形态，尤其是二层的形态，第一考虑周边景点，第二考虑的是展览的空间，我觉得目前这个形态作为展览空间可能宽度有些太小，适应能力稍微会差一些。作为展览空间它需要延伸开，或者是在中间的焦点上形成向不同方向看的效果。如果是现在这样也可以，比如你这中线形成的三个三角形中有一个可以做成比较大的空间的话，可能作为展览空间会更好一些。

张利：你这个方案其实有一个潜力，两层分开了说，一层是一个开放的自由的空间，二层是对周边景观的联系。但是你这里面有两种矛盾，这矛盾最后形成了互相的抵消关系，一个是圆形，意味着取消所有的方向，你想想如果在这个居民区上做一个大圆环，圆环的力还是挺强大的；另一个是对着周边其他几个重要的景点，一层的形态是半个圆环的围合状态，二层是有强烈指示方向的几个线条。但是很不幸的是你把这个圆和这几个"线"合并到一块了，它们两个就相互抵消了，所以我觉得这是两个元素取舍的问题。

王昀：要不把这个圆去掉，或者把几个枝杈去掉？

李兴钢：我觉得这个同学的思路还是挺清晰的，一种上下的从形体到空间上的叠加，功能上也是垂直方向的一种叠加。一层是一种功能，以平面为主要的组织语言；二层是另外一个展览的功能，线性地连接在一起，这两个叠加通过垂直的交通联系起来。二层的空间形态是不一样的，当它们叠加、碰撞之后，产生了另外一种各自空间所没有的形态，而且上下两个形态与周边的界面形成了不同的关系，也还是比较有趣的。只是觉得一层是个联系空间，二层也有一个联系，就语言组织而言，还是要强调它们之间的关系，两种近似的联系叠加在一起之后，差异性减弱了，所以我觉得是不是可以试验一下，让上下两层在空间上有一些关系。刚才王丽方老师也说了，建筑要有魅力，需要有对比，具体到这个房子里面感觉缺少一些大的空间，所以也造成了一些相对匀质化的感觉。

王丽方：一、二层有不同的功能是你的思路，二层是要对着远处的景观，一层没有听你解释太多，但实际上一层作为出发点，联系周边的三个院子，那么这样的关系就更清晰了。现在一层在模型上看不太清楚，实际上一层应该用场地的关系联系起来。此外，一层和二层要有一点差异，要错叠起来，而现在有一些一致，我觉得一层和二层有些地方可以做一些两层之间连通的大空间，这样变化更丰富。

李金赫：谢谢老师。

图 16-21 李金赫同学汇报场景

北京延庆白河峡谷度假中心设计
BAIHE VALLEY HOLIDAY RESORT DESIGN

首层平面图 1:150

N

图 16-22 周桐同学设计成果

图 16-23 周桐同学设计成果

周桐：各位老师好，我是周桐。我做的是一个度假中心，场地选在北京延庆的白河峡谷风景区，我选择的场地在白河峡谷的北坡。度假中心设置有餐厅、游戏室、客房等，整个建筑顺应地形的形态，房间根据不同的轴线做放射状的摆放，房间之间通过向外延展的墙体进行分割，让人在整个建筑空间中穿行时有一种神秘感和偶然性，从而获得不同的空间感受。

李兴钢：现在这个模型是把盖（屋顶）去掉了还是本身就没有？

周桐：有盖（屋顶），看到的这个模型是暂时把它去掉了。这里有 2 个院落，一个里面只种了一棵树，院子里有两个楼梯，可以通向不同的房间，人在从楼梯走下来的时候，在这样一个有高差的封闭的空间里，或许可以让两个陌生人之间产生一些联系。另一个院子在它的旁边，我把它叫"水院"，里面设置有水池，有两个由于地形的起伏自然产生的台地，人在上面会有对视，并实现高度上的错位。然后旁边是一个坡道，餐厅处也有一个院子，其他都是有顶的。

张利：你这有两个地方和一般常理是反的。一个是场地选择了北坡，通常都会选择在山的南坡，另一个是一般这种辐射状的圆形会把展开的更大面朝向山的下方，因为向下可以有更好的视野，但是你反而收回来，朝向山的上方，视野更小了，这个你是怎么考虑的？

周桐：我还是先回答老师所提的第二个问题吧，首先它是一个度假中心，这个峡谷是一个"U"形的弯道，在北面有公路，南面有一片树林，地形是南高北低。山的高处相对于山的低处，我认为高处更具有私密性，有争取更多景观的可能性，因为高处既可以向上看也可以向下看。所以在这个度假中心里，我就把公共的部分如餐厅、阅读室、娱乐室放在了北侧的位置，并分配了一些较大的空间，然后在南侧安排了更私密的房间，因为是度假中心，会有一些客房的要求，所以在这些看似开放并没有那么封闭的小空间里面，通过家具的布置，设置成了不同的小房间。因此，把朝南的部分分配给它们是一个私密性和功能上的考虑。另外场地为什么选择北坡，其实是有一定的偶然性，我在研究这个地形的过程中，搜寻了很多奇特的自然景观，然后找到了白河峡谷，其最大特征就是它的弯。在弯的南坡，也就是在我地段的北边，是一个特别陡的坡，坡度超过了 45 度，我觉得在那做设计，与其设计一个度假中心，不如设计一个藏传佛教的寺院。所以我把地段选在了北坡。

王丽方：我觉得你这个方案跟中期改变不大，有两个问题，一个是小的细碎空间，另一个是地形的弯和坡给你带来一个整体布局问题。我觉得你把这个大的弯作为主题，做完了以后这个弯要比原来更吸引人才行，但是

图 16-24 周桐同学汇报现场

现在你把它做平了。我本来建议你从最低的地方开进去一条路，地势的落差便可以非常惊人地显示出来，现在这个坡稍微有点不足的地方是有点平坦了，不如旁边的那一块势头漂亮。当然你一方面把侧边挡住了，另外一方面你在这个平缓的坡上放建筑后，它变得更平缓了。我现在正在研究中国古代山岳中的建筑，在山岳中如果一个建筑放得好，它是把山的势态抓住以后再强调一下，然后就可以让这个势态有冲到身上的感觉，而你把它做平了之后，我觉得不好。应该在外围一刀沿着建筑切下来，低的地方就让它低，更高的地方让它更高，再加上你图上的这些放射线，一条切得很深的甬道，还有一些广场，就可以把这个高下的势头凸显出来了。你现在是把高下势头的对比都抹掉了，然后这个平坦的建筑，还是要更夸张、鲜明地表现出来。你这个墙都是单片的墙，缺少一些能够起主导作用的厚墙，毛石墙或者岩石墙，你这个方案要把自然的势态利用好。

李兴钢：现在平面上主入口在哪个位置，人怎么进去？

周桐：现在的模型出于表现上的原因并没有把入口做出来。

李兴钢：那实际上要做多长的台阶才能上到入口。

周桐：应该是 3 米。

李兴钢：要爬 3 米多高。为什么要爬 3 米多高？

周桐：其实还是结合山势的情况，把基地放上去，但又没做彻底。我需要一块平地，从山坡上冲出来，形成一个更公共的广场，但是又希望和南面的标高落差不要太大。

王丽方：那还是做成一层二层的一个概念了，山地其实可以更加灵活。

周桐：其实是有一点山地去取齐的趋势，我在做设计的过程中尽量避免有那种太大的台阶状的落差，希望是一些缓慢的坡道。

李兴钢：你有没有想到你这个房子可以不用放到白河峡谷的坡地上，可以放到一个城市的空间里，有一块足够大的平地，也可以获得你说的这些体验，上一个很高的平台、屋顶平台和庭院，这些也可以达到同样的效果。

周桐：要是以对题目的兴趣点出发，我可以选择去回应城市。不过对我来说，没有去选择处理复杂的城市问题，而是选择了这个更感兴趣的话题。

图 16-25 周桐同学设计成果模型一

图 16-26 周桐同学设计成果模型二

王丽方: 李老师的意思是你的设计和环境没有关系, 放到城市里也可以, 这个房子和地形关系不太大。

李兴钢: 因为你本来是缓坡, 但也是有高差的, 而你现在做的房子并没有利用缓坡的高差。你取了一块平地, 再自己造里面的高差, 现在来看, 基本上和外面的地形没有什么关系, 本来凹的地方是主入口, 应该平着进去, 你还又做了一个 3 米高的台阶, 走上去进入口, 那不就变成自己造的一个景了么。

王丽方: 其实有一个机会你没有利用, 山坡上很陡的地方可以一刀切进去, 一边是山崖, 一边切到你的院子里。

李兴钢: 我觉得王昀老师的意图是让同学们抛开一些复杂的外围条件, 集中精力去做空间语言的创造, 去表达一个你们感兴趣的空间, 一个空间营造方面的设计。我看到我们前面几个同学都是类似设计思路, 比如我们刚才说的杜光渝同学的方案, 之所以那个方案要更加生动一些, 是因为即使要集中精力去训练空间的主题, 也要抓住一种跟建筑条件相关联的关系, 你去和它碰撞, 去创造你感兴趣的空间, 才能让人觉得更容易接受或者产生共鸣。第二个同学关注的是一个接近废弃的公园和一个学校的关系, 周围的环境尽管都很无趣、也很规整, 可他则提供了一个相对应的不讲究规则、非常复杂、有很多的非矩形的空间, 那空间就获得了一种张力、一种对比。刚才我们提的意见是希望她进一步增加这些对比。而你这个房子不是这样的, 当你完全抛开了它周围的条件, 自己造建筑的时候, 我们所获得的感染力就非常有限, 因为你自己喜欢的东西非常有限, 比如说这个大楼梯, 要上这么高, 上去之后只是一个屋顶平台, 这就是非常个人化的喜好, 这种情况会很危险。作为建筑师, 除非你为了非常了解你并且很认可你的人造房子之外, 大部分时候都是需要让使用者跟你之间产生共鸣, 但是如果你完全习惯了抛开所有条件, 只追求心理趣味, 可能就非常没有难度, 没有挑战性。当我们有意识地去把那些外界条件纳入思考后, 然后再去营造空间的时候, 既增加了挑战性, 同时会真的让所做的建筑可以和别人产生共鸣, 这里并不是说建筑师用艺术家的这种创作模式不好, 建筑虽然有艺术的成分, 但是建筑更有社会性。

图 16-27 三位老师在评图现场观看设计成果模型

图 16-28 周桐同学汇报场景

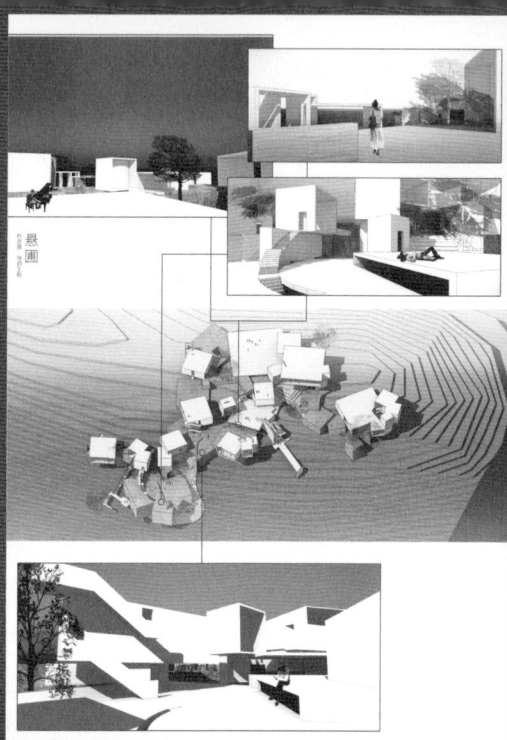

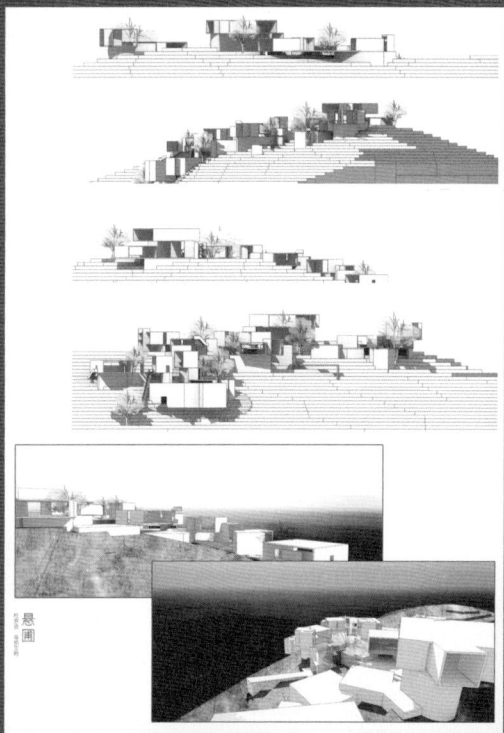

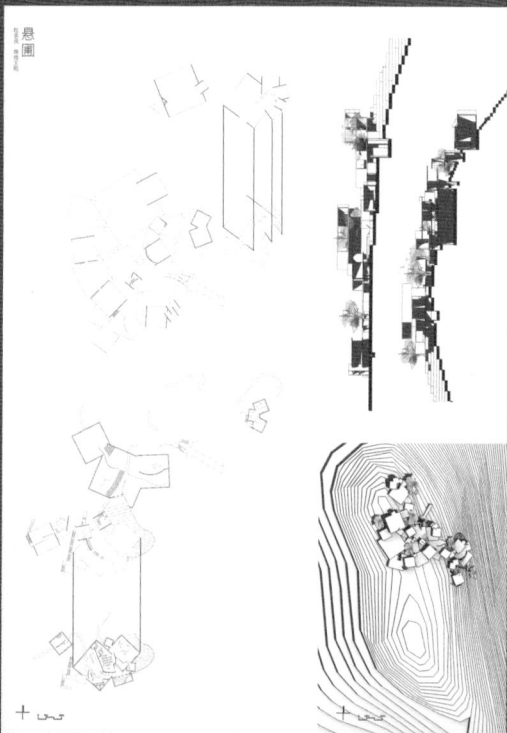

图 16-29 杜京良同学设计成果

图 16-30 杜京良同学设计成果模型

杜京良：各位老师好，我是杜京良。这次设计我选择的地段在浙江舟山市最东边的一个小岛——东极岛。考虑到游客的观光需求，我做了一个游客观光中心，然后融入了一些当地艺术家的住宅，同时也为当地的居民提供一个公共活动的区域。设计中，我想到了一个中国园林的原型，想把中国园林的意向在这种比较陡峭的地形中尝试。

首先我在这个陡峭的地形中摆了一些小房子，有一些实的体量，比如报告厅、一些展厅。然后在此基础上，结合中国园林的元素，进行抽象的处理，做成方格网的处理，让每个格子都成为一个取景框。然后又找了一些文字作为依据，比如说"界"，古文中"界"有"之间"的意思，并把这个房子命名为"界亭"。它的特点就是房子中间有一道弧墙，在观景和私密之间形成了一种联系，比如这两个房子是两个界之间的关系，所以两个之间有一个旋转楼梯进行联系。另外几个空间也是通过文字来进行解读和处理。这些空间进行架空处理，是主要的观景场所，地势是北高南低，主入口在北面，有一条道路过来，小岛的南坡主要是居民的区域，所以我选择的是人较少的北坡，一方面是考虑到景观的需要，另一方面是考虑到艺术家的创作和居民之间不互相打扰，所以主入口在北面，两条支路通过一些小的支路把整个建筑连接在一起。

李兴钢：这些都是室内空间吧？

杜京良：这些是室外，这些有字的意向的都是室外。

李兴钢：室内空间是怎么联系的？

杜京良：室内不是那种连在一起的，比如这个艺术家的工作室就不是和旁边建筑连在一起的，最南边的房子可以通过北面的主入口进入中间一个比较公共的大空间，再通过大台阶走到下面的空间。

李兴钢：最南面的空间是什么功能？

杜京良：是一个报告厅或活动厅。

李兴钢：那来这里的人就要绕过很多室外的屋顶平台才能走到这里？

杜京良：这个也是故意为之的，在中国园林的意向中，并没有特别清晰的流线走向，现在有好几条路互相交错，都可以走到这里，刻意做出一些转折

图 16-31 杜京良同学汇报场景

和交错。

张利: 我觉得这个做得好，从抽象角度来说，不论功能是什么，如果把这个方案和前面第二个方案进行对比的话，如果那个是"一句话"，就是他用这个网格做出来一个方案，你这个其实也是"一句话"。不过你的这个"一句话"是在不停地迭代，就产生了层次，我指的是像中间这块空间，这是一个小的空间，连着一个中间大小的空间，旁边是一个大空间，它们又是一个相似的关系。这一下就把真正分形几何的概念表达清楚了，尤其是在建筑中能够使用的部分，所以搭建出这样的空间，最后的结论是，不管它最后的功能是什么，估计你也还没琢磨透，但它是有层次的，它符合人对一个相对空间的体验丰富程度的期待。第二点是环境，因为你说所选地段在舟山的岛上，我去过岛上的雕塑家工作室，那个岛上确实有些礁石，和你选的有些类似，那个建筑也是在北侧，因为他需要北侧的光线来做雕塑，建筑在一定程度上与周边环境相适应，所以我觉得这个方案足够抽象，足够简单，但是在这个抽象和简单的基础上能够生成一个足够复杂的系统，应该是值得注意的。

王丽方: 我也同意，这个方案层次比较丰富。和第二个方案相比，这个方案还有一点，我觉得山势利用得比较好，有一些房子拿到山顶上，有一些有悬挑，体现出高下的势态，这样就使建筑很灵活。还有一点，关于悬挑，你在结构上的手段比较多。另外，我觉得这个轮廓线上体现了一些穿透，建筑帮助山来进行穿透，增加了山轮廓线的丰富性，可能你没有那么清晰地要给山做一些穿透，但是你不断地在房子里做这些加高的处理，实际上达到了穿透的效果。高的地方还是比较好的，有一次去看一位现代建筑师的房子，后来我们讨论，他往下挖得很漂亮，斜坡的高度用得很好，但是他在高的地方缺乏形态的变化，你这个方案上面做的可以，一个是通透，另一个是大小、复杂程度实际上形成了一定高度上的变化，这个是不容易的，现代建筑还没有过这种建筑形态，你的方案比较适于放到你目前所选的景观当中。

王昀: 谢谢各位老师，请下一位同学。

图 16-32 张利老师评图场景

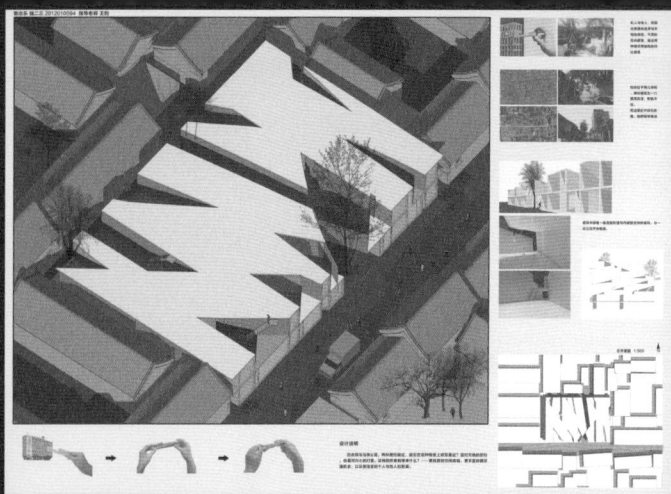

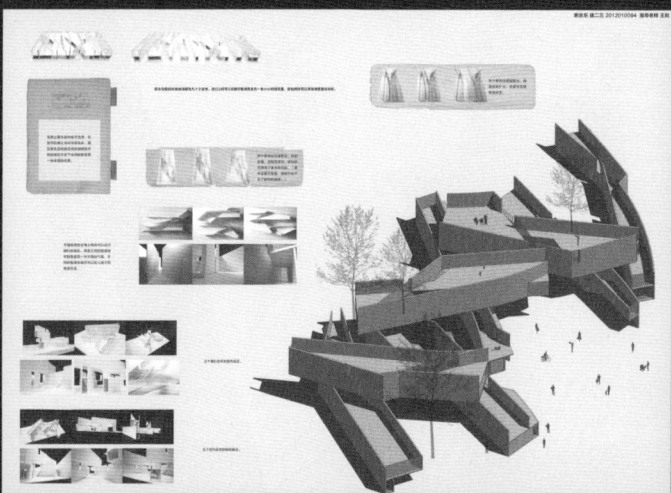

图 16-33 谢志乐同学设计成果

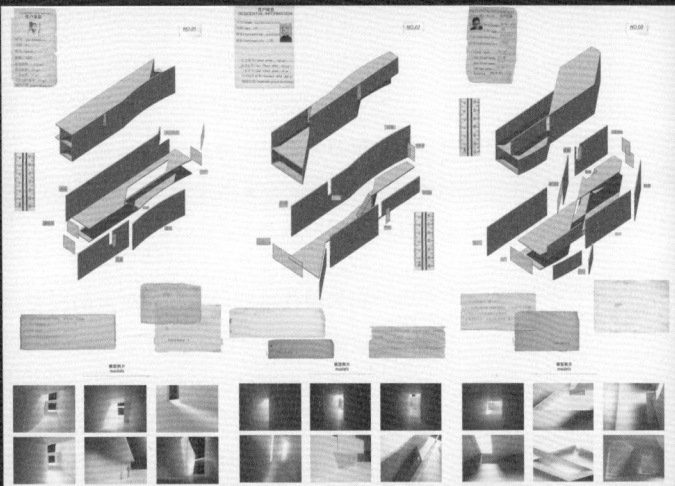

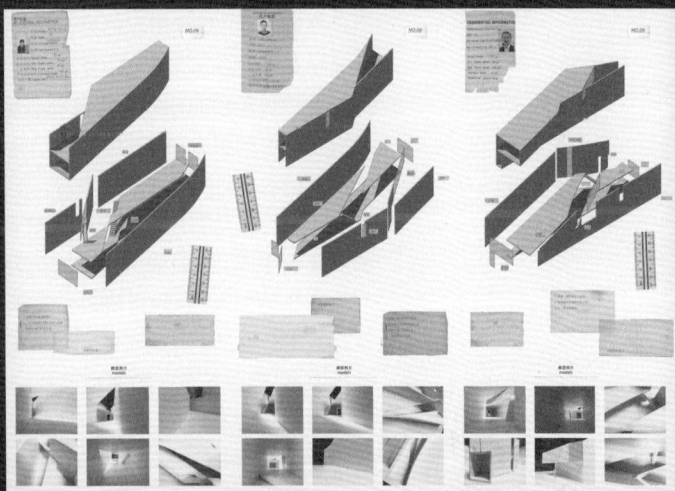

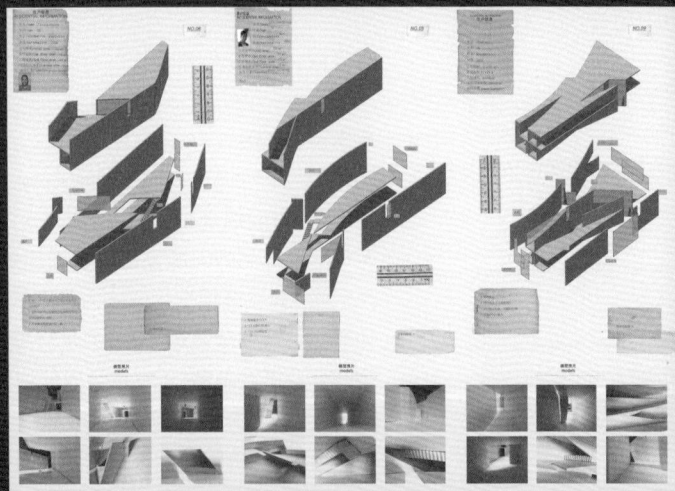

图 16-34 谢志乐同学设计成果

499

谢志乐: 各位老师、各位同学大家好, 我是建 2-3 班的谢志乐。可能大家在中期评图的时候已经看过我的方案, 不管看没看过, 很多人都会疑惑方案怎么会从当时的样子变成现在这样。我放了两张图, 一个是比较密集的住宅, 一个是平时可以见到的四合院, 在现在的居住模式下, 人们离天和地的距离越来越远了。而四合院打开门可以头顶天, 脚踩大地, 那这两种模式有没有可能进行调和呢。我想了两种居住模式。马赛公寓密集排列的居住模式给了我非常大的启发, 将它作为一个单元来处理会有什么效果? 我用海绵做了模型, 将它并排放置, 再进行比较简单的扭转, 让一个住宅的室内部分叠加到另一个住宅的室外, 或者另外一个住宅的室外叠加到我的住宅的楼上, 通过叠错关系和一系列控制线的扭转就形成了一个由九个小住宅集合而成的小建筑。从地段上来讲, 它在雨儿胡同, 是一个普通的传统四合院聚落, 上课时王昀老师说过这个方案比较大的特点是不确定, 但我觉得它的另一个特点就是不舒服。我说的不舒服可能只是一种不是非常常规的、普通的居住状态, 也不是自然的、方方正正的, 可能这种长条形的扭转空间能够带给我们更丰富的空间体验, 还有更多与别人交流的机会, 同时也使我们自己作为个体跟别人交流时有一个比较适宜的距离。再回到来源本身, 马赛公寓是从单元出发的, 我在扭转之后空间是否还具有原来单元的属性, 是否还可以进行拼合和随机组合, 都需要再考虑。然后我又把空间拆分成了九个不同的小建筑, 九个建筑虽然都不是特别大, 但我觉得其特点在于它们既有类似的规律, 每一个建筑又是不一样的。图纸对每一个小建筑进行了描述, 从大体上来看, 它们都差不多, 但是看里面的模型照片, 则可以看到不同空间的光影, 有不同的感受。把它们分开之后, 能不能使其也像以前的马赛公寓, 能够被随机组合, 图上展示了空间分开之后再组合的一些可能性, 模型随意搭接之后出现的状态, 就是想表达单体空间重新组合出来的另外面貌。

李兴钢: 图的比例是多大?

谢志乐: 1:50。

谢志乐: 空间组合在一起, 之间有一个通道, 可以连接内外的院子。上次两位老师提到的问题是让建筑底部可以有更多的通道, 能够有更多的采光空间。我在继续选定它作为住宅的前提下, 想保留线条本身的独立性, 如果底部再增加通道, 可能会破坏整体的独立性。关于采光, 在建筑侧面会开一些窗或角窗, 可以保证内部的采光。

王丽方: 我觉得这个方案的形态和思考, 一直到最后的图面, 形式上还是挺好看的, 而且空间感觉也很丰富, 用一个简单的逻辑达到了整个形态和空间都很丰富的效果。但是如果拿它来做住宅, 能不能真正地做住宅

图16-35 谢志乐同学汇报场景

还有些拿不准，我认为你应该排出一个典型的平面。如果没有那套检验标准，这个可能会有一些问题。

谢志乐：关于平面我其实没有放家具，一个想法是这个跟马赛公寓一样，是有三个高度和层次上的空间，一是一层空间，一是通高的空间，一是二层空间。三个空间我想将一层空间作为工作、会客等比较公共的空间，通高的空间作为娱乐空间，最上面是居住空间。

王丽方：比如说你的方案上并没有体现三套或者四套能看出居住、生活、工作等秩序的空间，还是停留在概念上。因为住宅尺度特别小，要求较多，对墙移动15厘米都要仔细推敲。中期评图时，我觉得你做的形态很好，想法也很清晰，再往下深入时，如果可以组织出一些不一样的生活会更好，但是现在没有往这个方向发展。

张利：我觉得我想说一句话，放过马赛公寓吧，不要把你这个方案硬说是马赛公寓，有点太牵强了，马赛公寓一产生延伸的问题就是极端化。其实直到今天，住宅也是需要满足人的基本尊严的，人的生活是需要趣味的。这就是为什么现代主义时期，包括柯布西耶的住宅，最开始注重的都是一个住宅的平面，刚才王丽方老师说得很客气，因为这里面最基本的比如光线、空气流动等的问题都需要考虑。但是你为了充实你的形态找了一个非常不利的理由，甚至是对勒·柯布西耶不够尊重的方式，我觉得这实在是差得太远了。

李兴钢：我想说的和张老师的一样。说到马赛公寓，它的三层是标准层，第二层中间是一个街道，三层空间可以分成两个分别具有通高庭院的住宅，它的空间是咬合的，是在一种高密度、高层的情况下，让人可以享受到平地上的花园住宅一样的景象。如果想要从马赛公寓出发来说，我们需要在你这里看到一些空间的叠合，现在则完全没有，虽然你做了很多复杂的斜线，但斜线基本上是平面的、二维的，没有空间上的叠合及叠合带来的变化。另外，平层的、低的建筑应该可以有庭院的设计，可以朝向天空做出柯布西耶想要在高层建筑中给人提供的花园，这在你的方案里只有局部出现了一些，而且是在外围，难度降低了。当你在外部做庭院的时候，实际上隐含着这个房子的进深非常大，进深非常大时会非常不舒服，所以我觉得这个方案在中期方案上没有本质的进展，基本上是把模型放大了一些。如果说想要做得更好，要明确你到底是要做住宅还是要做艺术家的工作室，因为工作室的居住功能是次要的，其比较个性的空间是比较重要的，这个时候空间的丰富性可以更加明显，如果你要做一个高密度的居住建筑，则要考虑住宅需要的基本要求，光线、进深，包括开间的尺寸。刚才说你的模型是1:50，那就是开间只有2米宽，而且又那么狭长。如果

图 16-36 三位老师现场点评场景

图 16-37 评图现场摆放谢志乐同学设计成果模型

是作为住宅, 你可以充分利用庭院, 因为它是比较矮的房子, 可以利用庭院给居室带来光线还是首先要在明确功能的情况下把这些细节想清楚, 然后使方案不断深化。现在就是感觉中期评图时这是个很好的方案, 到期末评图时没有什么变化。

王丽方: 我觉得有一个问题, 中期看到这个方案, 印象里还是很有意思的, 我们也听到了你的思路的缘起, 那时我们觉得还挺好的。但是在深入的阶段, 没有方向了, 你选了这个地段和功能以后, 地段和功能并没有进一步为你提供创作的源泉, 刚才像李老师讲的。你如果把它做成工作室, 这是一个两层的建筑, 上面的开口是刻意让光进来, 沿着这个特征就可以找到你的深入思考。我觉得前面一个方案也是, 在中期以后迷失方向了, 我觉得要进一步挖掘, 进一步孕育你的思路, 再把它往前推。包括我以前教的二年级同学, 以前接触的同学, 进一步深入的环节好像都不是特别强。实际上我们国家的建筑创作, 大量作品在这个环节上好像都挺虚的, 方案设计直接就到施工图, 然后建筑就盖出来了, 以至于我们拿到建筑成品的时候, 再来观察时觉得很别扭。这个问题还是需要同学们重视, 因为你们将来面临的是一个不缺少建筑师但需要比高下的年代了, 所以要把这些问题深入下去, 然后再给出新的思路, 或者是在原来的逻辑上往前推, 这是需要培养的。

谢志乐: 谢谢老师。

图 16-38 老师现场点评场景

01.
3D Voronoi

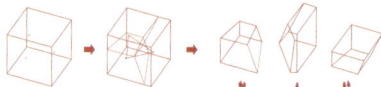

02.
近交错系

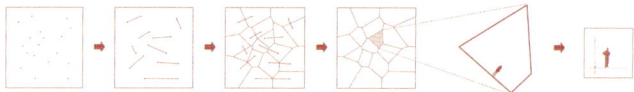

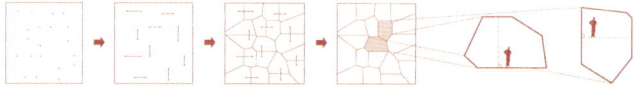

03.
整体造型

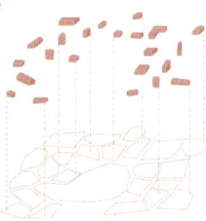

04.
局部透视

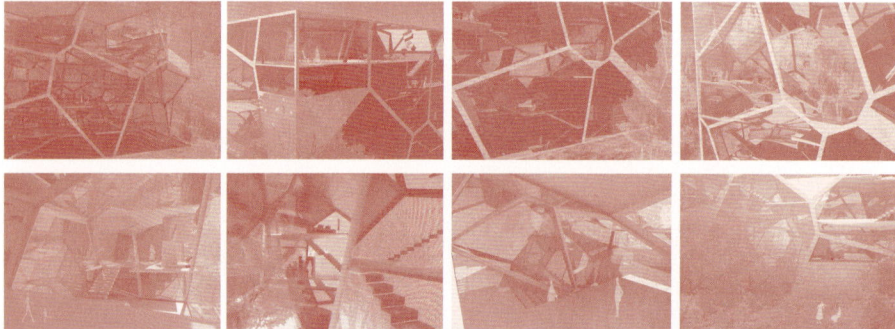

图 16-39 侯兰清同学设计成果

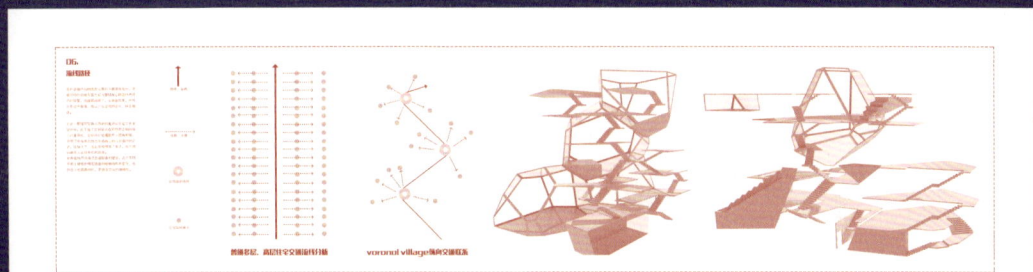

图 16-40 侯兰清同学设计成果

侯兰清：各位老师好，我是侯兰青。我的设计是一个住宅和办公的综合体。设计的点子是从聚落研究开始的，因为聚落是不同住宅之间组成的空间关系，和自然的结合也很有美感，一些常见的住宅公寓虽然可以满足现代的生活方式，高效又舒适，但是千篇一律，缺乏一些空间的趣味性。我之前在对聚落进行研究时，根据聚落中各个住居的大小、位置、朝向关系整合出离散点的图，通过泰森多边形可以确定各个控制点所控制的空间的领域。这种图示具有丰富性和多样性，利用这种多边形方法进行空间划分，就会形成丰富的单元空间，各个单元组合时也会形成比较丰富的空间体验。各个单元利用一些楼板来限定空间，整个空间比较灵活通透，没有太多的隔断，没有太多的实体墙，利用一些家具和隔断来划分。最后，关于整体的交通组织，在横向上以三个单位的体块作为一个单元再叠加起来，以中心的一个体块作为交通的联系。在高层位置做一些餐厅、小型的活动室，做成公共交流的场所，在一些很难使用的部分做绿化处理。

李兴钢：住宅和艺术家工作室是怎么分配的？

侯兰清：是随机分配的，大概是一个体块里一层是居住，一层是工作室。

张利：我觉得采用这种泰森多边形做成三维的形态，有一个问题。你在地表做，要考虑重力，考虑人的活动，你要做水平的面，就会产生因由水平的面切掉之后所形成的残余空间，你或者把这个空间做得特别小，或者把它做得特别大，这样残余的空间就可以作为一个相当灵活的或者景观性的公共空间。所以我觉得你把这个建筑做成一个微型城市，所有六边形的边是交通，是管道，同时也是结构，就整合在一起。

这里有一个尺度上的问题，如果你把它做到一公里或者十公里长，然后想办法做到外星上去，就是一个很有意思的设计，在尺度上，其实这个原型是很有意义的。

李兴钢：我觉得从这个设计里可以看到富勒，他大部分是规则的形体，包括伊东丰雄，他最近做的伊东丰雄建筑博物馆也是用这种空间几何体形成空间，这其实是非常有意思的做法。但这样做需要非常清晰的头脑，我觉得你还比较清楚，可以把这个复杂的形体整合在一起，把模型做出来。此外还需要一些技巧和智慧，所谓的技巧和智慧就是说除了把几个气泡组合成几个形体，还要把这些气泡的边界通过某种操作，一方面形成结构体系，把它转化成一个空间性的结构体系，另一方面是让形体的界面把建筑的实用性最大限度地结合在一起。如果你的空间里有酒店，有室内的使用空间，有大的空间，有小的空间，空间高度还有变化，那么这些空间对物理界面的要求是不一样的。

图 16-41 侯兰清同学汇报场景

王丽方：你上次的思路和这次的思路是一个方向上的思考延续，是将一些小的单元放大形成整体。但上次思路记得好像是俄罗斯方块，而这次做了很好的飞跃，变成了一个复杂的单元体。这个单元体有很多变化，所以我觉得这次从思路上跨到了一个真正高级的境界。后来听王昀老师说因为我们中期时把你的那个方案毙掉了，所以你一咬牙努力做出了现在这个方案。我觉得同学们的可塑性还是很强的，主要还是老师把得握住，而且她有实现的决心，很坚韧。多数情况下做设计时经常会懒一点、有时会想到太累就放弃了。

侯兰清：我中期评图之前大概是用这种方式，后来觉得做不出来。

王丽方：你这是逼上了绝路，只能做它了。

张利：你一共切了多少片？

侯兰清：大概一共有 134 个单元，每个单元可能有 6~8 片。

王丽方：你全部都编号了吗？

侯兰清：是的，按照顺序。

王丽方：都在电脑里生成出来的，是吧？生成以后再切出来。

李兴钢：一个单元大致是几面体？大概分几种单元，或者是有几种相似的模式？

侯兰清：基本上没有相似的单元。

李兴钢：一般会有 16 面体或 8 面体，会有一些结合的规律，如果全都不一样外部又没有统一。

王丽方：外面的体型是最后切出来的，是自动生成的。

张利：我建议你以后坚持这种方法。这个就使整个水立方在方案上最大的弊端暴露无遗，水立方就是一层皮，但是你这个单元真有可能在未来做成一种形态。

王丽方：我觉得实际上单元体在生长，你给它切了六刀，把它的外部都

图 16-42 张利老师、李兴钢老师现场点评侯兰清设计模型

切平了，既然外面已经切开了，那里面为什么不能切呢？实际上里面可以插进去，你不要通长都插进去，这里面的逻辑是这种复杂的形遇到规则形的时候有一个交接，这种交接会产生一些意义。你现在用一套交接把形切方了，如果把内部再切进去，会更丰富，而且这种交接用平面切是一种方式，然后再反套这现在的平面，把平面再做成不同高度，两种视觉的交替会更好。现在住宅还不能这样做，但是国外有很多建筑师在离开建筑比较远的环境下也在做这种尝试。这种逻辑关系、生成的研究做到位了之后，也许某一天有机会你可以使其得以应用。

李兴钢：建议你可以看一下伊东丰雄设计的多面体的博物馆，另外一个是赫尔佐格在金华做的一个构筑物，那个形态和你这个很类似，是一个变形的空间六面体，挤在一起之后再把它切成一个完整的形态。

图 16-43 张利老师现场点评场景

要素
拆分

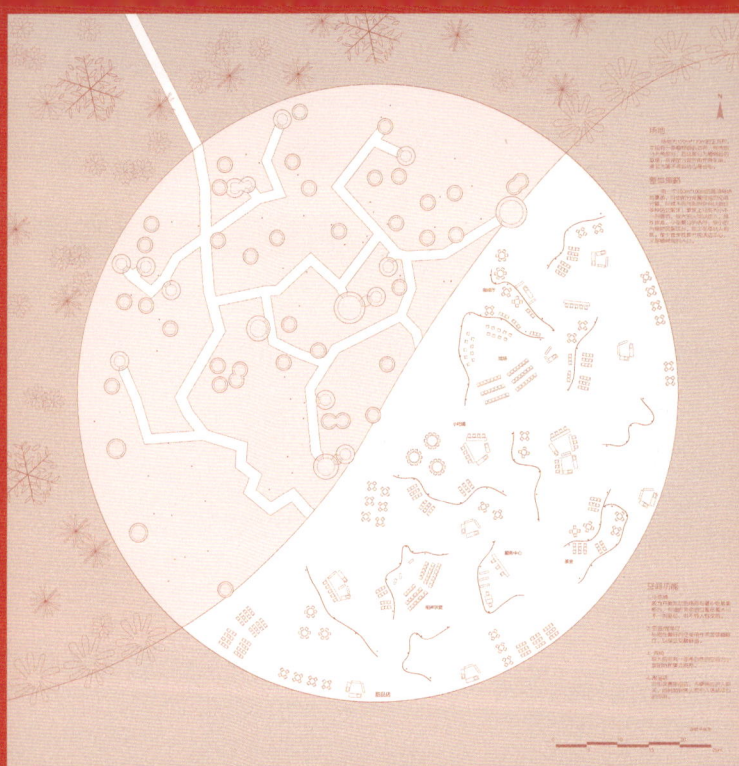

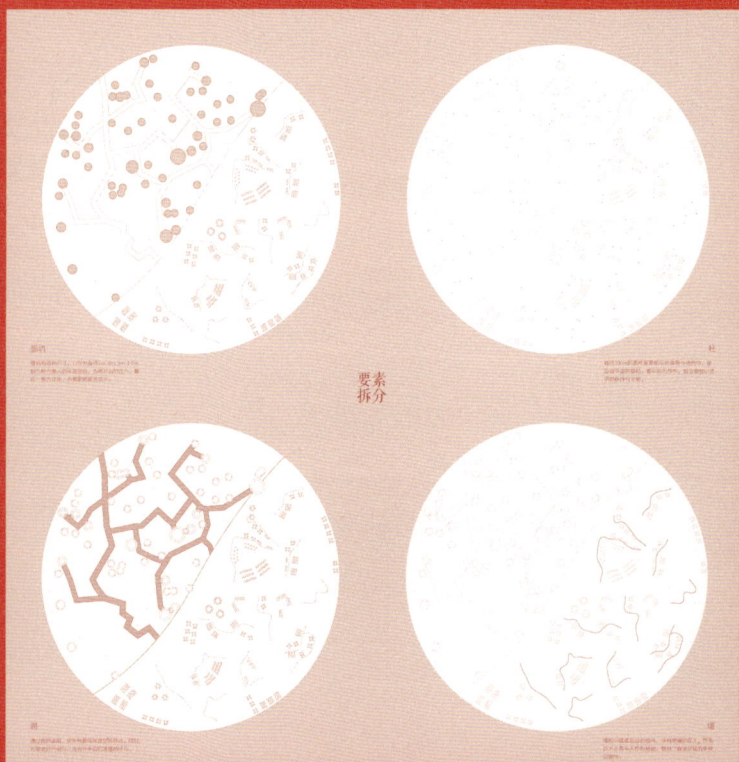

图 16-44 高钧怡同学设计成果

图 16-45 高钧怡同学设计成果

高钧怡：各位老师好，我是王昀老师组的高钧怡，我这次的设计是做一个市民公共活动中心，选址在西安。西安这座城市是拥有非常严谨方格网形态的城市，整体气氛太过严肃，缺少活跃的氛围，再加上近些年的城市建设，市民活动的空间逐渐减少，所以我希望有一个建筑能够给城市带来一些新鲜的气氛。我选择了大雁塔轴线旁边一个 120 米 ×120 米的场地，建筑场地是一个直径为 100 米的圆形。建筑主要功能是市民活动中心，包括市民听戏，一些民间戏班子的演出，一些小吃摊、咖啡厅，一些非常日常的休闲活动，但这些活动并没有特别明确的空间，而是一个特别自由的状态。这个地段旁边是一个植物园，植物园原来是一个非常重要的园区，但是近些年有些衰落，因为它的主入口远离街道。我的想法是在这里作一个商业街，希望能给植物园带来活力，也可以借助植物园，让建筑有一些生态和灵活的气氛。所以在靠植物园的一侧，建筑中放置花坛，一些大的空间中可以做成小的集会场所，另一侧做一些自由的划分，布置一些家具，做一些更丰富的功能，整个平面采用各种结构互相交织，整体分为四个区域。第一是模型中陷到地下的一些圆泡，圆泡里比较大的部分人是可以进入的，三五成群的人可以在里面休息。小的部分是一些花坛，可以为植物园做一些展示。第二是柱子，柱子也是灵活分布，不是一个严格方格网的布局，作为整个结构的支撑。第三是去往植物园的路径，这个路径把人活动的点串联在一起，接下来就是活动中心，它的分隔和路的分隔相互呼应。第四是屋顶，为了采光和更好的光影效果设计时做了开窗，植物园草坪需要更多的阳光，人的活动需要更好的遮蔽，所以开窗的大小有一个相对渐变的过程。更多的光影效果在这些小透视中有体现。整体建筑就是一个植物园，在一个大的顶下面。

李兴钢：你为什么从中期评图像"馕"一样一个比较柔软一块一块的建筑变成了悬浮的状态，之前是从地形上长出来的，而且不是一个正圆形，是一个多半圆，咬合在一起的，现在整个建筑屋顶是非常完整的一个状态。

王昀：馕变成了披萨。

高钧怡：自己在后面做的方案时注意到了这一块的空间，觉得之前的形式感太强烈，人进去之后会被曲线的造型吸引，反而会忽略里面的空间。平面图上单独和灵活隔断部分，人可能进入室内，平面里开敞的部分是戏台，封闭一点的是咖啡区、茶社，沿街可以做成一些甜品店。想做一种更灵活的空间，觉得植物园一侧和活动区有一点矛盾，然后就想让顶更简单，把两部分可以合成一体。

王丽方：现在有些为了细节抛弃了整体。

516

图 16-46 高钧怡同学汇报场景

李兴钢: 这些三角形里面有逻辑吗?

高钧怡: 我先确定了一些点, 之后把这些点之间进行了连线。

李兴钢: 电脑自动计算的吗?

高钧怡: 不是, 是人工连的, 因为要做一个渐变的效果, 所以最开始在空间外面找了一些点, 它们是匀质的, 在空间里面的点会一侧尽量大一些, 一侧尽量小一些。

张利: 我没有见过你中期所做的那个"馕", 我看你现在的方案觉得像一种原型, 因为王昀老师设计的题目最重要的是在抽象理论上对未来的建筑和城市有所思考, 可以提供一些原型和工具, 所以我觉得有一个可能性。因为圆, 尤其是这么完整的一个圆, 在城市或人工环境里存在, 是非常有意义的, 很不幸的是, 如果它仅仅是一个棚, 就会在城市里丧失意义。很典型的案例就是咱们国家好几个火车站都做成了圆形, 圆棚本身并没有意义, 有意义的是看你放置的位置, 比如说放在火山口, 或者一个盆地周围, 它会有超过城市尺度的效果。与其把它放在西安, 不如把它放在北京, 它是 5 公里长的一圈, 是一个测试高铁的测试场。另外, 从设计上来讲, 一旦你有了这么一个打动人心的圆盘, 它就成为了这个设计的核心。一个棚未必就是一个单层的遮蔽物, 你可以把这个棚本身做成一个建筑, 棚里面是有内容的, 棚子下面还可以是现状或新的功能, 阳光可以照进去。棚也可以再做厚一点。

王丽方: 我觉得你中期的那个方案, 深化放大的时候有点迷失方向了。中期方案发展要点到为止, 我们很喜欢之前那个方案, 但是现在的变了。你这个方案和刚才几个同学的问题一样, 就是再深入做, 思路怎么继续发展, 比如说要做到结构, 做到构造, 做到材料, 你都要考虑, 平面放大后要面对放大的空间。你现在的方案没有表现出来, 有点可惜。你要考虑尺寸放大以后, 之前的小比例模型的结构形式、材料选择是不是还能够成立。当一个建筑真正做成的时候, 还需要更多的东西做进去。

图 16-47 高钧怡同学设计成果模型

剖面图A-A 1:250

剖面图B-B 1:250

剖面图C-C 1:250

经济技术指标：
建筑面积：6,931.2 ㎡
用地面积：19,972 ㎡
占地面积：7779.5 ㎡
容积率：0.35

总平面图1:1000

地下层平面图 1:500

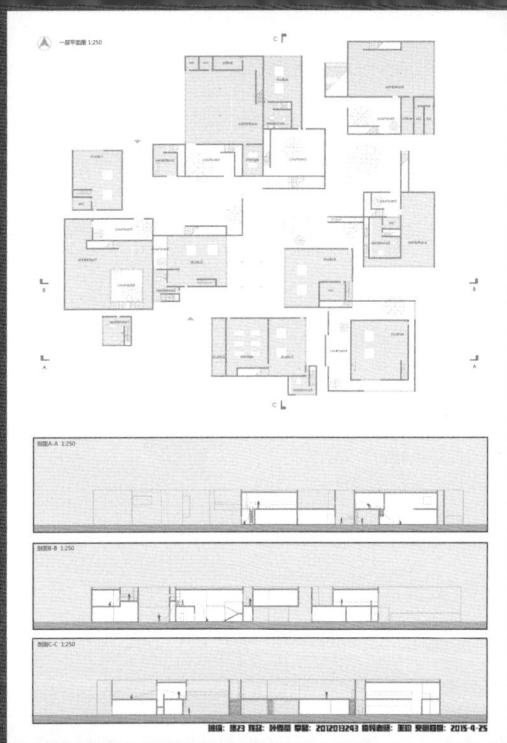

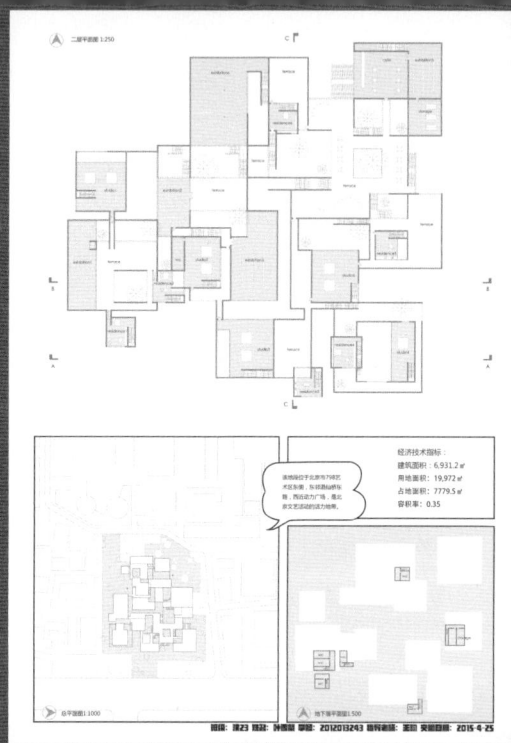

图16-49 丹寨雨滴同学设计成果及模型

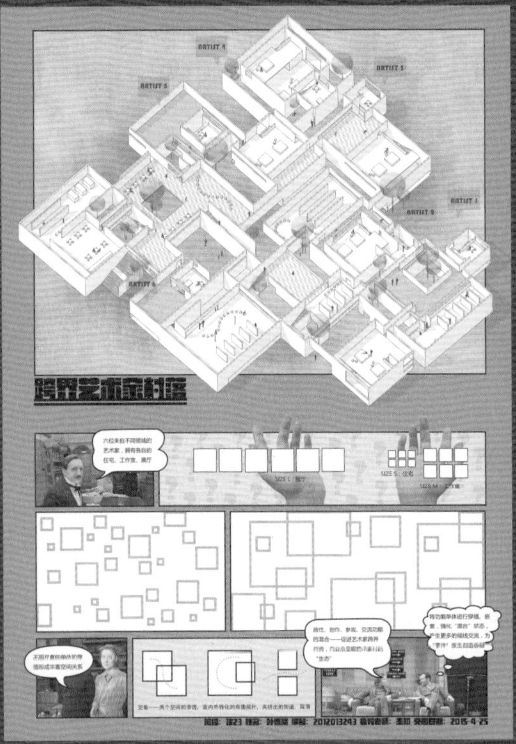

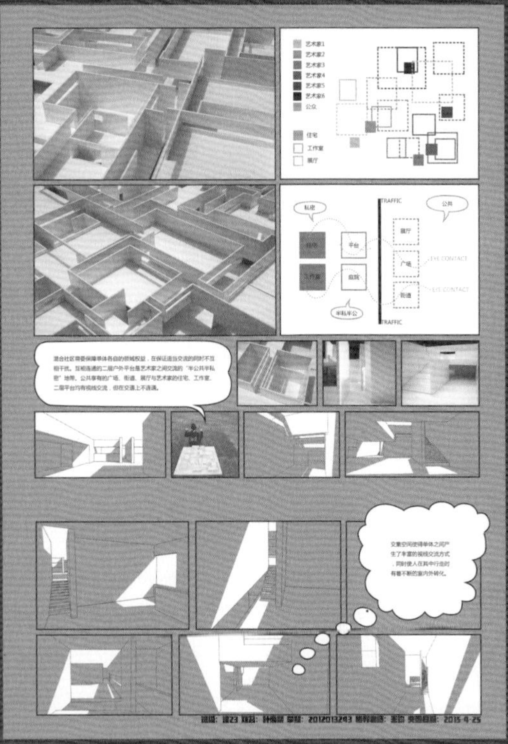

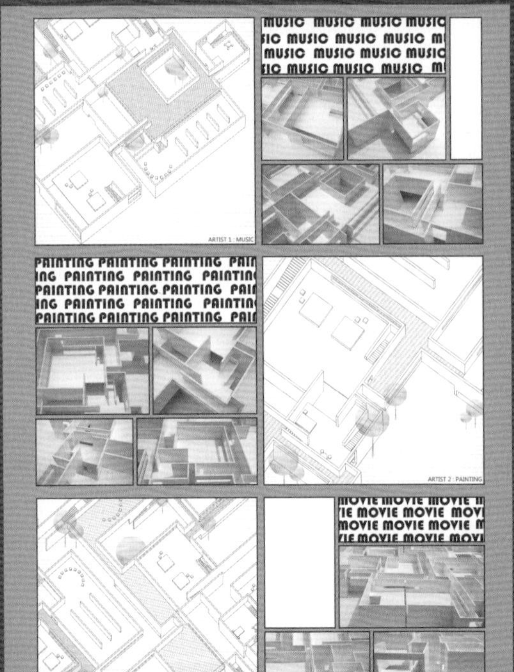

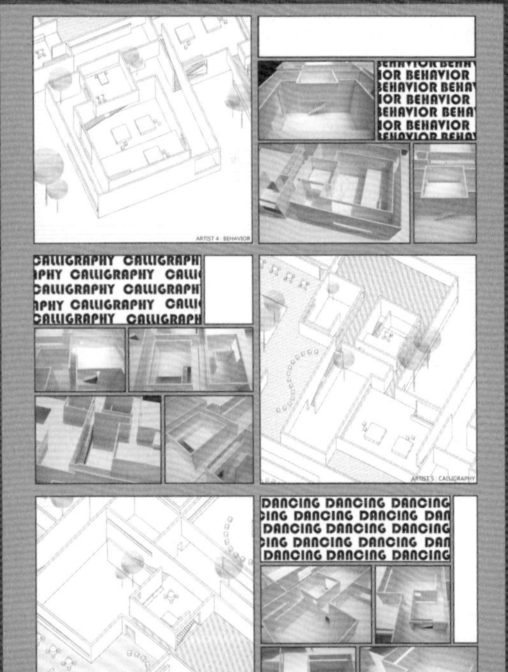

图16-49 跨界艺术家村落设计成果

叶雪璨: 各位老师好, 我是王昀老师组的叶雪璨, 我这次做的是北京 798 艺术区的一个跨界艺术家村落。我设想的是由六个来自不同领域的艺术家的住宅、工作室和展厅组成的一个村落, 它有三种不同的尺度, 希望它们可以把居住、创作、参观和交流的功能进行混合, 可以促进艺术家之间的跨界交流, 也可以向公众展示艺术家村落的一种生态环境。在具体操作上, 我是将不同尺度的方块进行穿插嵌套, 强调它们的混合状态, 在它们穿插的过程中产生很丰富的空间关系, 在两个空间形成交集的时候, 相交的地方密度变大, 在将密度释放的时候会向两个相邻的空间释放, 比如说会形成一些院落空间。还有工作室和住宅相交的时候, 住宅可以通过这种吹拔空间望向工作室, 形成这样的一种 "偷窥" 的状态, 是一种非常有意思的创作环境。这个分析图表现了住宅功能和艺术家创作功能混合的场景。另外一点是在混合住居中我们要保证各自的环境, 保证进行交流的同时也不会造成互相干扰。所以从这张图上看, 我的策略是在私密的等级上有住宅和工作室, 半私密半公共区域是交流平台和庭院, 公共的区域是展厅、广场和街道, 私密和半私密半公共两个区域通过交通和平台连接, 公共区域的交通流线和艺术家的私人领域是分开的, 二者只能进行视线的交流, 但是在交通上是不能连通的, 这些小透视表达了交流空间。这些是艺术家和工作室中一些交流的场所, 剖面图解释了通过空间的咬合可以产生一些实现交流的方式。

张利: 现在二层是有顶的, 是吧?

叶雪璨: 有顶, 庭院里是没有顶的。

张利: 树所在的多边形是庭院?

叶雪璨: 对。

张利: 工作室是一层还是二层?

叶雪璨: 小体块是住宅, 稍微大一点的体块, 通过一种穿插, 像这种交集的空间进行连接, 艺术家可以从居住的地方看到下面工作的场景。通过院落和一些开的洞口, 人可以有视线的交流。

王丽方: 小的方块是住宅, 大一点的是工作室?

叶雪璨: 是的, 再大一点的是完全开放的空间或庭院。

张利: 这种设计带有一点重新诠释墙、房子、院子及自然的感觉, 有一个

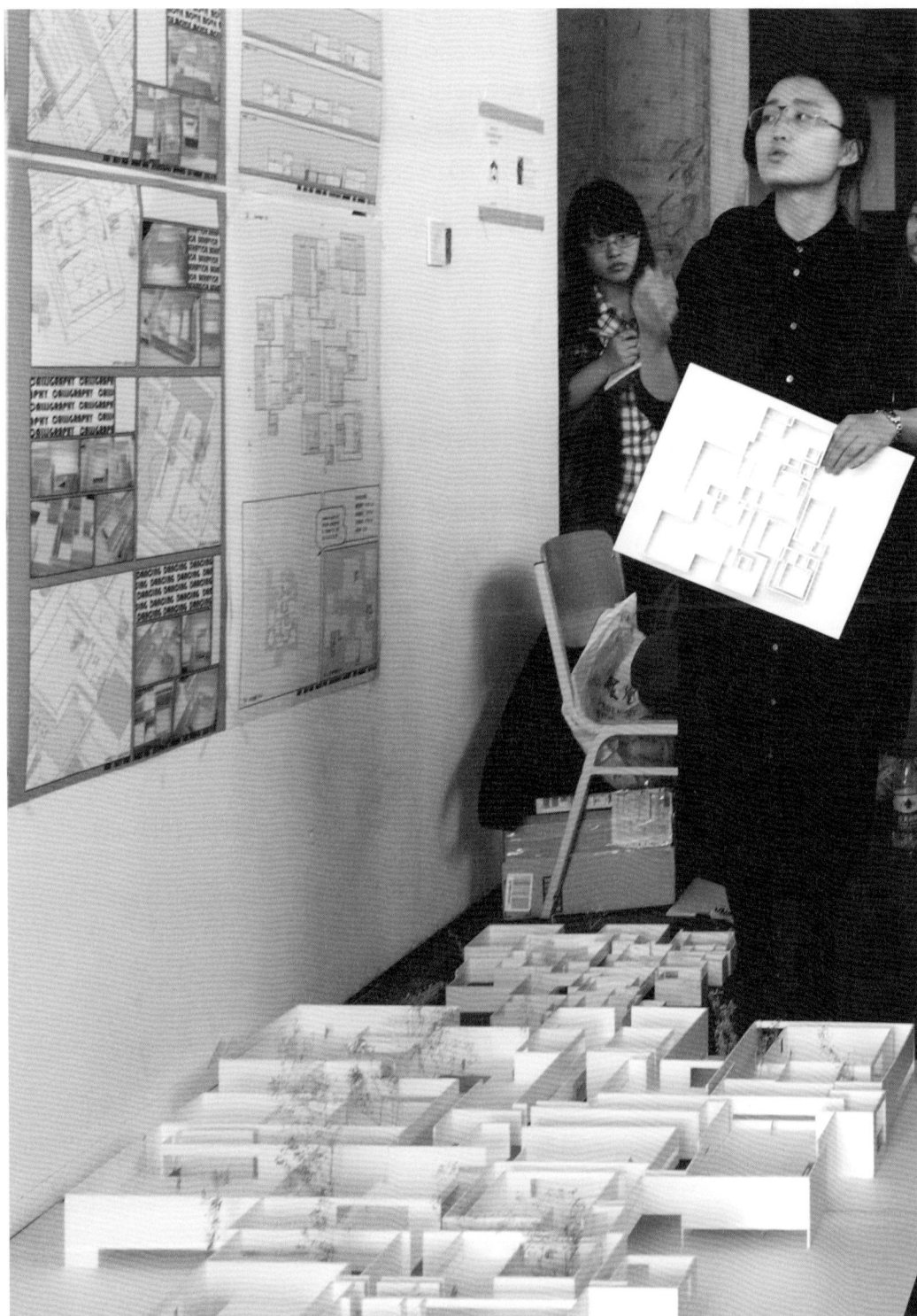

图 16-50 叶雪璨同学设计汇报场景

特别关键的点，这一点其实王昀老师很擅长，就是光。这种聚落空间的光辉创造出闹中取静的氛围。整个设计，好的地方先不说，先说问题，就是所有的房子都离得太近了，没光了。可能你觉得"一线天"特别优美，但是如果从头到尾都是一线天，可能就没有那么优美了。

王丽方：上次的方案是从一个构图的形态，从一个图案得来的，然后试图把空间装进去，功能安排得不是特别妥帖。这次则将两个功能作为一组，来控制整个形态，更强调功能，然后还是比较注重构图，但是没有对一种构图全部控制住，还是一个小的拼接的构图，思路上往建筑上偏了一些。这次构图的漂亮和上次的还不一样，这次全部使用碎拼和局部的处理来构成，整体的肌理出来了，但是并没有在上一层的线条或网格上来控制。总的来说，我觉得你刚才的介绍大家可能有点没听太清楚，但是刚才张利老师问你，你说小方块是住宅，大方块是工作室，我觉得这个关系还是挺好的，而且做得还有一些变化，也是不错的，挺有味道的。同时我也觉得这个空间可以密度再密一些，上一层的空间还可以再加一层，上次大的弧线、大的线条，要是可以和这次整合一下，也许会更好。另外，屋顶是不是会对下面的空间有遮挡？如果做完了屋顶再看，可能会不一样。

李兴钢：我觉得还不错，在一个正交的系统里面，空间的大小、内外、丰富性都不错。

王丽方：每一个组合都没有重复的，每一个都是一套关系。

李兴钢：可能对于使用空间的光线问题，在使用要求方面要注意一下。

叶雪璨：这个其实我有所考虑，在一些采光不够的时候，会把它二层周围包着的地方变成一个室外平台，或者交错的地方可以变成一个院落，这个总平面图上标出了其大致的位置。

王丽方：要是再来一个屋顶可能整个关系会更清楚。屋顶实际上是再叠了一层。

李兴钢：这是一个居住的空间，旁边是工作室，外圈是一个庭院，但是好像不是所有的都是这样处理的。

叶雪璨：因为这里主要是强调空间的偶然性，每一个交集的处理手法都不一样。

王丽方：细节应该还挺不错的。

图 16-51 四位老师现场认真聆听同学汇报

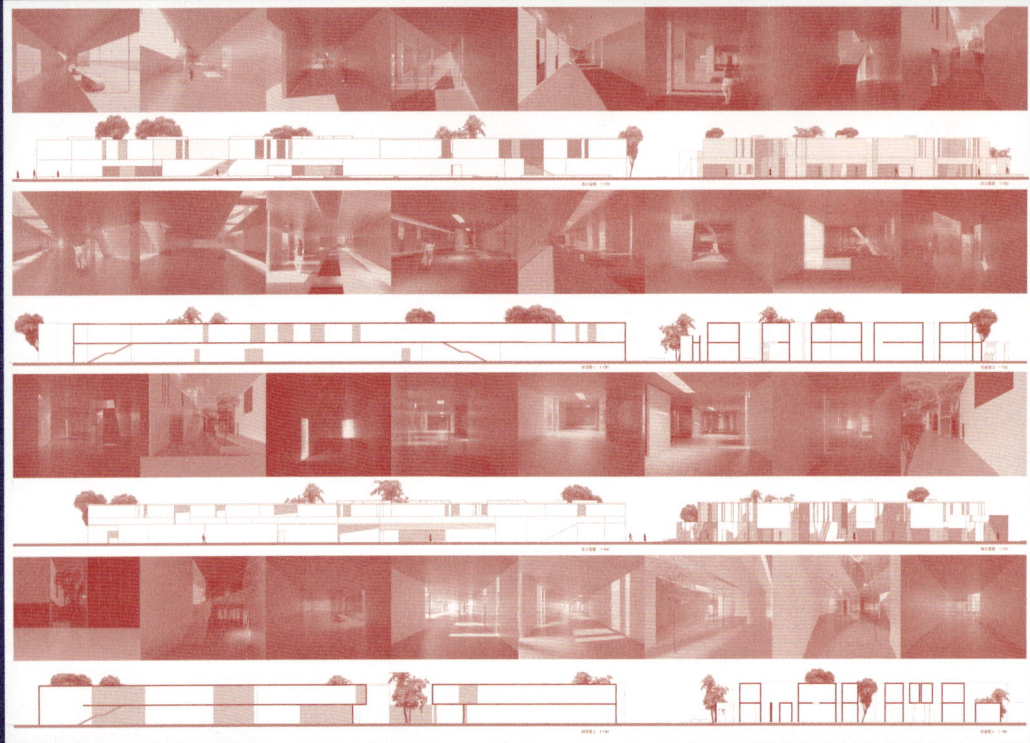

图 16-52 徐逸同学设计成果模型

526

图 16-53 徐逸同学设计成果模型

527

徐逸：老师们好，我是来自王昀老师组的徐逸，我这次的方案和中期做的不太一样。这次我做的是一个长弄堂的博物馆群设计，位于江苏省甪直古镇的湖边上，包括一个弄堂的历史博物馆、一个当地的手工艺展览馆、一个县级的展览馆和一个手工小吃的餐厅。它的场地西侧有一条运河，北侧和东侧是主要的道路，建筑是南北朝向，建筑在空间上生成的逻辑来自于当地弄堂空间的城市肌理。在这个弄堂的肌理中，有一些又长又狭窄的弄堂，除了居民自家的院落以外，也是一个非常重要的公共生活的部分。尽管这个弄堂非常狭窄，但空间中有非常丰富的生活内容，我把它提取出来，带到我的建筑中。另外一方面，弄堂在空间形态上是在一条街上有很多的邻里关系，同样对应到我建筑中的空间感受，具体到建筑当中，从西至东，临街的码头，街边设置的是一个长向沿街的餐厅，这是长向的，类似一个街巷式的空间，二层有一个露天的场所，东侧是一个展览馆，展览馆里有一些小的通高的空间，就像弄堂中会有这种跨过去的过街楼的意向，再过来是一个手工艺的展览馆，交通路线从不同的功能中间穿过，两侧是展示的手工艺，最后是弄堂的历史博物馆，空间形态更加狭长，希望塑造出弄堂的空间体验。

李兴钢：这个模型是多大的？

徐逸：1:150。

李兴钢：这个缝隙有多大？

徐逸：缝实际只有 80 厘米。

李兴钢：那很窄，谁也进不去了。

徐逸：这个体块是一个室内的体块。

张利：你和谢志乐的方案都是这种长条形的形体，他选了一个最不应该做的功能是住宅，你选的是博物馆，但是他的空间比你的要好。他那个剖面有坡的变化，在一个线性的体块里可以出现人在室内室外交替的情况。

王丽方：刚才李老师问了尺度的问题，如果建筑的形态又细又长，就没有力量感。而且你要知道建筑最细可以做到多少，比如说这两片外墙之间有80 厘米，你想想施工的时候是不是可以做出来。还有这个尖的空间，对于建筑来说可以尖到什么程度，这个尖的地方可能 300 毫米到 500 毫米是有可能实现的，但你目前这么尖的话是很难实现的，所以我觉得现在得有一个概念，建筑要做细长条，最细可以做到多少，最细的地方稍微有点不

图16-54 徐逸同学汇报场景

合理没有关系，但是你现在的方案切得有些太碎了，就剩下通道了。

张利: 如果空间可以连到一块，有一个功能最合适，就像"回转寿司"，整个都连起来，做一个全北京最长的"回转寿司店"。

王丽方: 所以我觉得你用的这块地的朝向有点问题，在河边的话，把这个房子转个角度，顺着这个角度切过来，好处是从道路走着走着就进入房子，然后又可以从房子直接走到河边，房子和河就形成了很有趣的关系。现在的方案是用一条线切开，这种方式我理解，你要利用这个长条场地的长度，但是这样就显得比较单调。而且这个场地反正也是你自己选的，可以变动大一些，比如是不是可以把桥拆了，建筑横在河上，或者建筑形体为两三条，这时候长条的感觉就会很突出了。

（此时，作为本次设计教学组织者的徐卫国老师来组里巡视，并加入到评图老师的行列）

图 16-55 徐逸同学设计成果模型

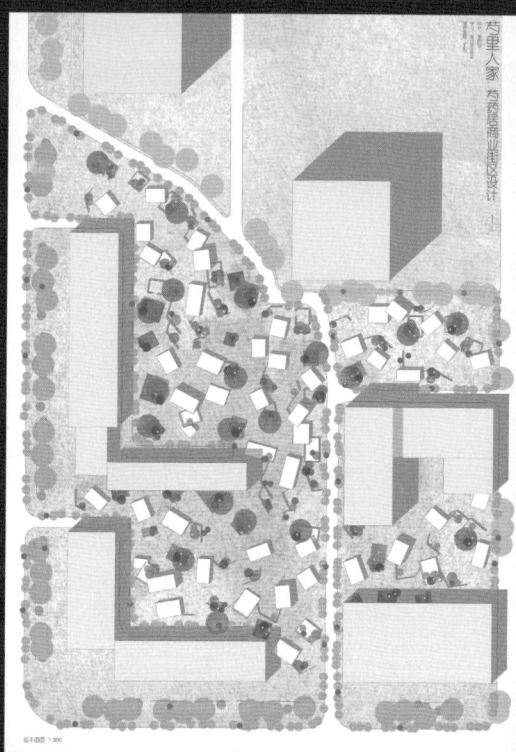

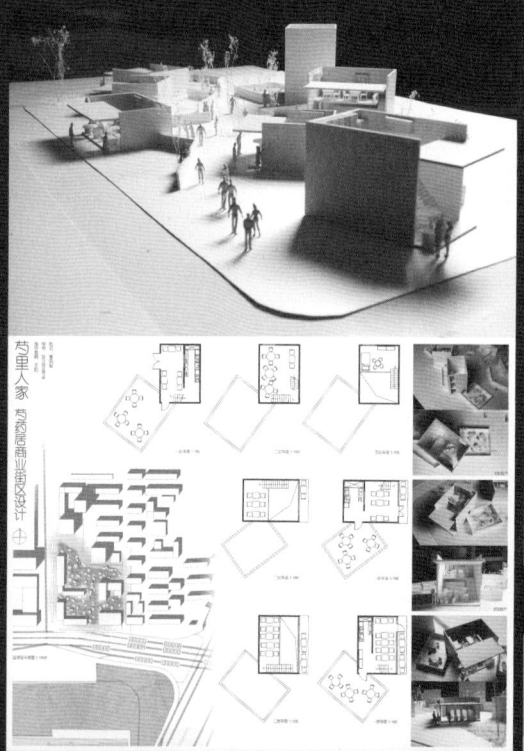

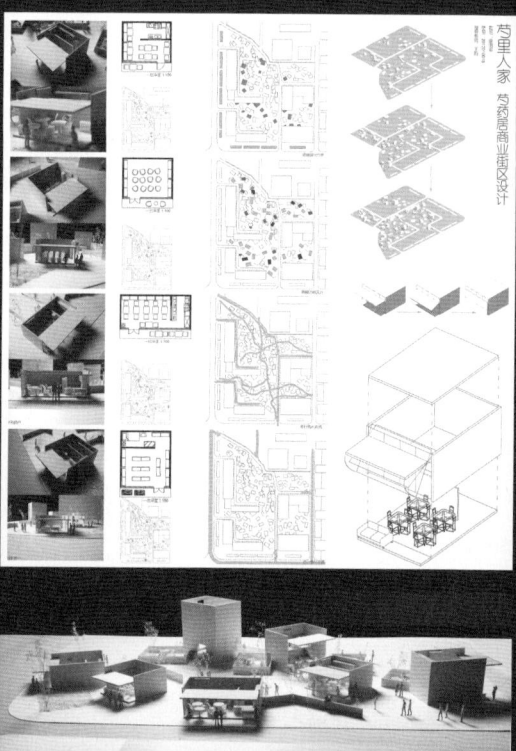

图 16-56 李明窖同学设计成果

图 16-57 李明玺同学设计成果模型

李明玺: 各位老师好, 我是王昀老师组的李明玺。先说地段, 我选的地段在北京北四环芍药居附近, 芍药居最南端有一个商业区, 是一块商住结合的区域, 层高在 6~8 层, 1~2 层基本都是商业空间, 有超市、饭馆。地段西侧是对外经贸大学的一个入口, 旁边是十三号线地铁站, 整个区域是一个连接区域。这个地段有几个问题, 一个是建筑的间距比较大, 中间有很多空地没有用起来; 第二个问题是中间空地私搭乱建了很多棚子, 里面都是卖驴肉火烧一类的小吃店, 环境非常差, 很少有人去; 第三个问题是这个地段地价非常高, 一般的小商铺很难承受。针对现在这样的情况我做了一个商业步行街的街区设计, 具体做法是: 先在地段内用一些小方盒子进行加密, 形成一系列小商店, 制造出非常丰富的街道空间, 可以让人们在这里驻留, 以激活这里的商业空间。同时, 这些小盒子的面积设计得比较适度, 大概和周围的一些小商铺相当, 20~40 平方米, 可能一个小店只有 3~4 张桌椅, 但是非常有生活气息, 非常温馨。这种小店不会让人长时间驻留, 人们会更多地在街道里面游走。细节部分是每一个小盒子有一个像车库一样的门板, 晚上关门后变成一个小方盒子, 白天打开以后形成一个灰空间, 可以把商品、座椅摆到外面, 形成商业氛围。

张利: 一个盒子有多大?

李明玺: 有 8 米 ×8 米, 还有一些小的盒子是 3 米 ×3 米, 另外考虑到一些大的商家入驻, 还做了一些 2 层或 3 层的盒子。因为盒子比较小, 把其中几个小的盒子设计成了公共卫生间, 以满足这个街区的使用需求。

张利: 周围都是住宅建筑吗?

李明玺: 周围都是商住结合的。

李兴钢: 那你是把绿地给占了?

李明玺: 没有绿地, 都是私搭乱建的房子。

李兴钢: 那你是把私搭乱建的房子拆了再私搭乱建一堆?

李明玺: 是。

张利: 这个"占领", 具体在你的方案是"占领"芍药居, 是在建筑中置入社会活动的一种特别常见的方式。这种方式前提有三个: 一是你的占领改造后要比原来彻底无序的要好, 当然你有推动, 把原来无序的私搭乱建变成有序的房子; 第二个, 这些东西一定是弱干预, 不能是强干预, 你

图 16-58 李明玺同学汇报场景

这里倒也足够弱；第三个是最重要的，一种社会运动一定要有蔓延的可能性，所以它必须可以移动，我觉得这每一个盒子如果不是一个建筑物而是一个临时的可移动可拆卸的构筑物的话，你基本就把高层建筑底下这些难以服务城市的公共环境变成了城市可以使用的空间，类似在欧洲城市里做的那种周末的市场，最典型的像布达佩斯的瓦茨街（Váci utca），旁边有些做手工艺的小推车。这种用建筑去试图抵达社会问题是好的，就现在做的这个来说，如果增加一些可移动性会更自圆其说一些。

徐卫国：我觉得这个做得很好。我以前在芍药居住过，改完之后我觉得比以前好多了，我能感觉到一种聚落的感觉。这个小区建得特别早，环境、绿化特别不好，活力也很差了，首先这个设计在形态上用聚落的方法奠定了使空间具有活力的基础，因为聚落是有机的，是和活动结合在一起的，人的活动是很随机的，这些都是一个前提，可以使这个空间活化。

李兴钢：我觉得这个方案和背面的方案（杜光瑜同学的方案）是很近似的思路，但是你做得更好一点，因为现存建筑的状态和你新植入的空间形成一种空间和形态上的对仗和对比，形成一些有特点的空间，两者都不可或缺。你试想把你这个东西放在一个公园里的话肯定也不会有现在这个感觉，而且这个里面还有一个解决社会问题，改变原有消极环境的愿望，那么这样一来这个设计的含义就丰富。建议你在组合的时候，空间的收放可以再提升一些，因为它会有一些对应的人的活动，有一些相对比较紧凑，有一些相对比较私密，有一些可能是社区里面的公共活动的空间，特别是你这个还在一个居住区里面，这些房子里的人也可以参与到这个空间里面去，现在感觉就有点匀质化，另外整个这一片空间哪个地方是更中心性的，你需要什么样的室内或室外空间来满足这块的要求。

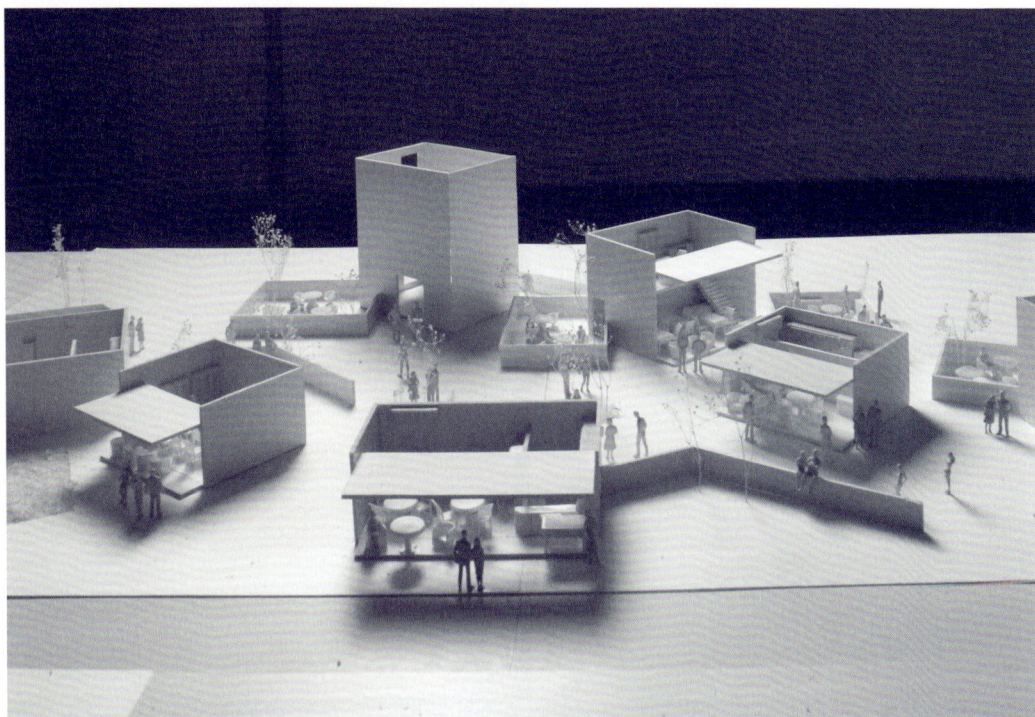

图 16-59 李明玺同学设计成果模型

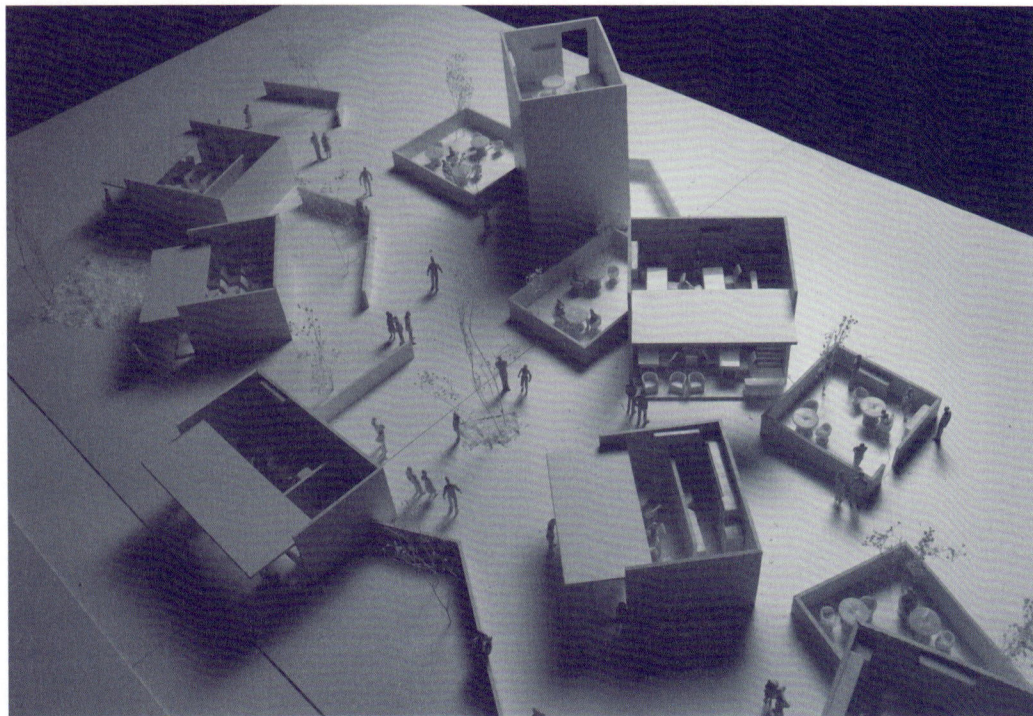

图 16-60 李明玺同学设计成果模型

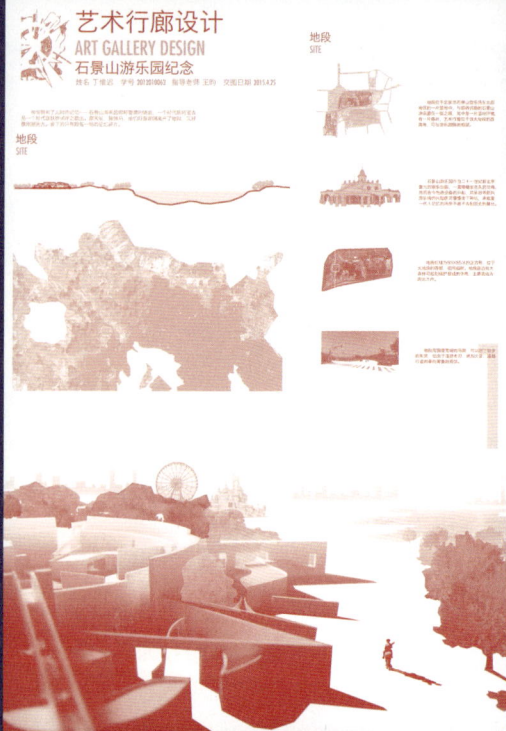

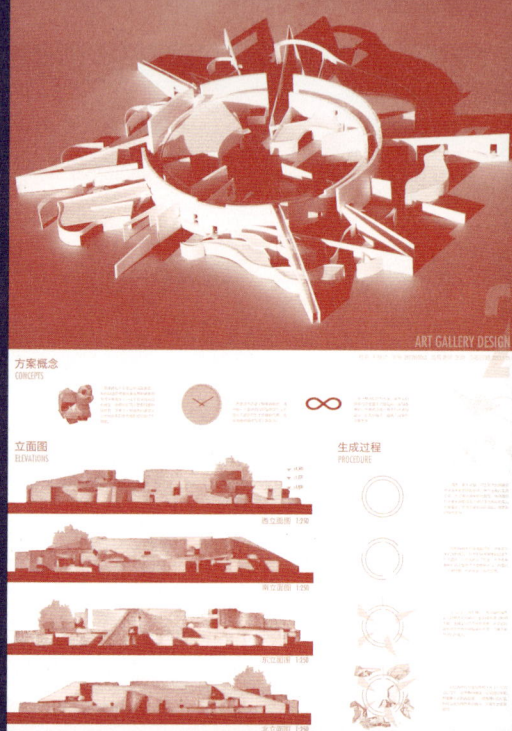

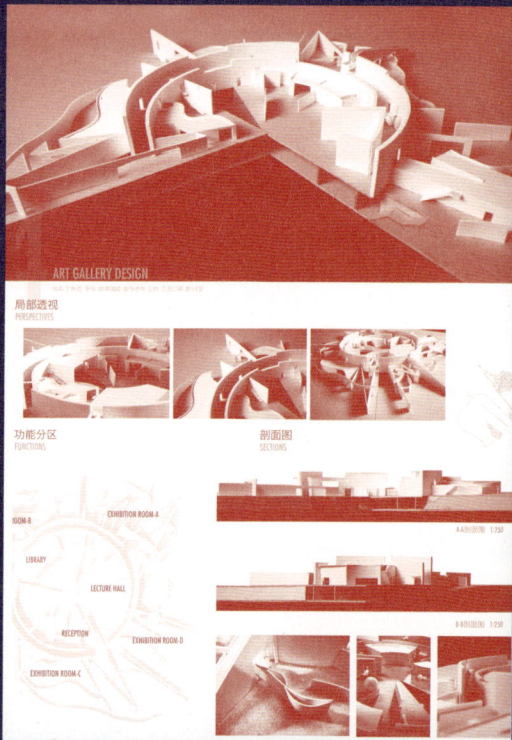

图 16-61 丁惟迟同学设计成果

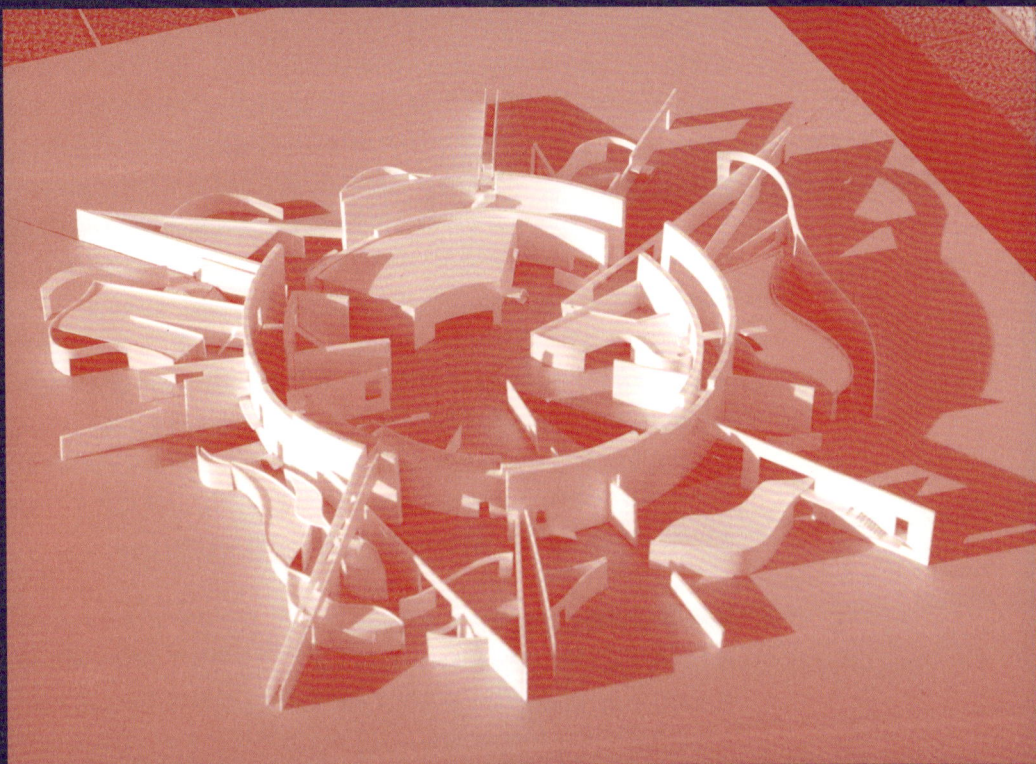

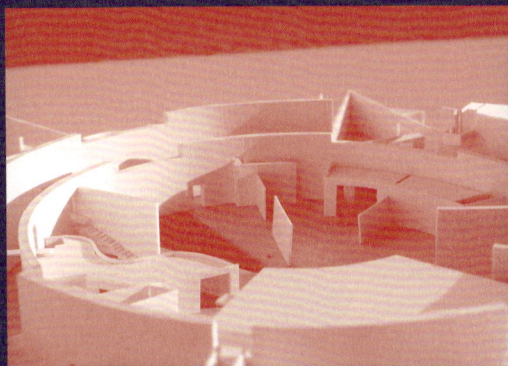

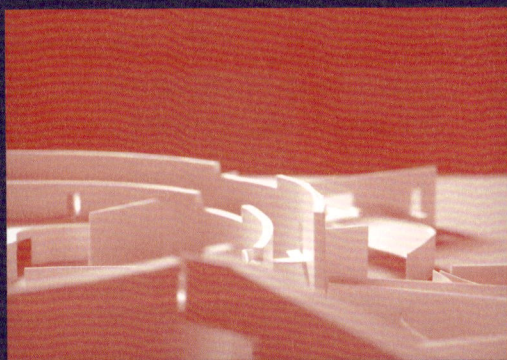

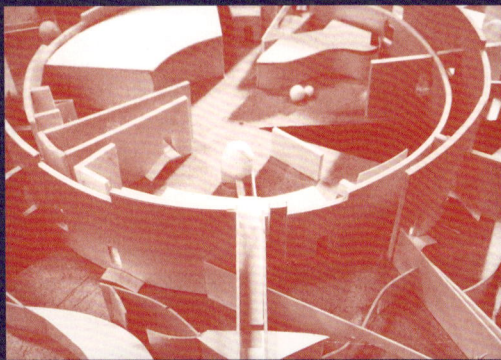

图 16-62 丁惟迟同学设计成果模型

丁惟迟：各位老师大家好，我是王昀老师组的丁惟迟，我这次的方案是石景山游乐园旁边的一个艺术行廊。最近报道说石景山游乐园要拆除，那我们这一代人的童年记忆就消失了，我想在游乐园附近建一个对它表示崇敬的建筑。首先是一个时间逝去的概念，用一个圆表示，把它设定为一个时间的记忆，在其中会发生很多事情。我先把场地东北角的外墙打开，然后在其中加入一些其他建筑，在记忆的圆环里，向里向外都是有事件发生的。我再分配功能，环的内部是一些更加公共的功能，比如说读书室、茶室，还有接待功能，外面是一些展览空间，以走廊连接。它的外墙和内墙之间有一个间隙，把核心空间围合。人在其中走，会不断地感受到空间的变化，比如可以不经意地看到一些台阶，可以走进去再走出来，这样不仅体现出空间和平面上的变化，还有高度上的变化，此外我还向地下挖深并形成一个架空，中间的部分是一个停车场，车可以从南边进入，从北面出去。在停车场外是一个餐厅，餐厅上有一个通高的空间。

张利：我觉得他这个建筑代表的是一类建筑师，其实这个小模型更典型，因为不用考虑形体，有些建筑师一旦对形式对空间有感觉，就什么都不管，甚至可以不画，这种建筑多半是被文明史记载的。我觉得可以说这个研究跟其他研究都不一样，或者说得更明确一点是这个是研究空间的可能性，如果其他的研究是研究空间的捷径，这个则是 high versity（高度的多样性），是非常有意义的。

李兴钢：我倒是觉得这个方案可以和周桐同学的游客中心的方案进行对比。这个完全是自己创造一个形体，这里面有很多有意思的空间和体验，形式上也很有构成感觉和趣味，它有一个向心的空间，然后周围有各种各样角色和性格特征的空间聚合在一起，宝贵的是还考虑了，有地下车库。像张老师说的，这是一个空间的研究。周桐创造了一个形式放到一个山坡和森林上，但建筑又没有管与地形、场地的关系，而丁惟迟的方式要好很多。

王丽方：建筑学的评价体系，还并没有达到那么高的水准，这里面还是有些尖角，有些曲线的存在。我们看很多大师的作品，最初看很打动人，然后里头会有很多的问题，但是我觉得这个挺不错，空间很好看。

图 16-63 丁惟迟同学汇报场景

图 16-64 张利老师点评场景

The Light Shops

吴之恒　导师：王昀

1

本设计为一次空间形式探索，试图在王府井大街厚重的建筑物之间营造一个轻质而半透明的商业空间。The Light Shop 有两种含义：一是材质和建造上的 Light（轻质）。一个42mX68m的膜结构临时建筑，由简单的杆件与覆膜构成，内部空间由钢柱限定，通过可拆卸的膜结构墙和玻璃板可以自由地更改空间的形态。二是意指光线的 light。屋顶和空间分隔由半透明膜材料构成，在日间可遮挡部分阳光并适当采光。在夜间外部商场的霓虹灯和空间内部的展灯通过膜交相辉映，形成奇妙的光影体验。

设计灵感来自对纸的折叠的光影变化的研究。

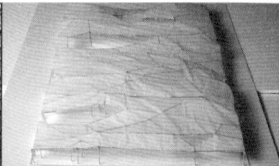

The Light Shops

吴之恒　导师：王昀

2

南立面图 1:150
东立面图 1:150

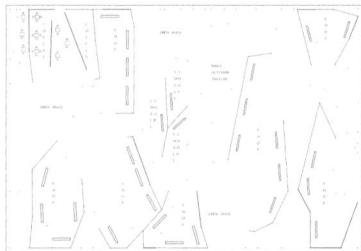

The Light Shops

吴之恒　导师：王昀

3

北立面图 1:150
南立面图 1:150
平面图 1:150

The Light Shops

吴之恒　导师：王昀

4

总平面图 1:1000

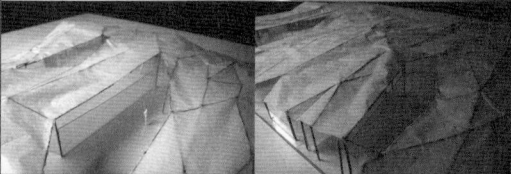

图 16-65 吴之恒同学设计成果

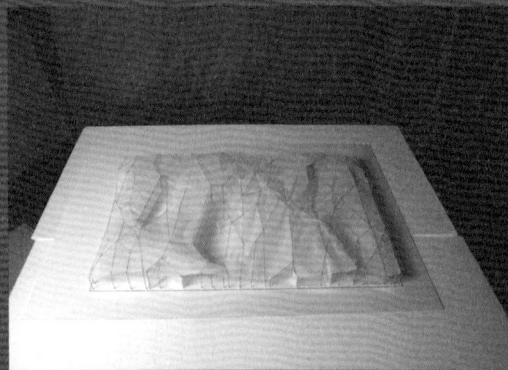

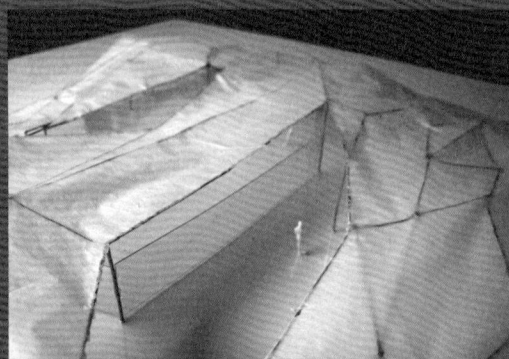

图 16-66 吴之恒同学设计成果模型

吴之恒: 各位老师好, 我是吴之恒, 我做的是一个商业建筑, 选的地段在王府井大街, 是一个膜结构, 可拆卸的建筑, 强调的一个是轻质的概念, 还有一个是光的概念, 通过膜结构的轻质和膜结构的半透明性来体现, 空间的划分用膜材料和玻璃板材来实现, 到晚上的话, 外界的光和内部发出的光辉会在这个膜结构上交相辉映。

王丽方: 你的模型应该找一个比较有弹性的材料, 如果没有弹性的话它还是一个面。

吴之恒: 用过布料, 但是布料也很难做出这个弧线的面。

李兴钢: 用这种膜结构, 你要知道它的特性, 以及如何形成现在这个特定的形态和造型。我觉得这个设计缺少一点针对性的研究, 应该有一些针对它的结构和节点, 因为折关系到你这个东西成立不成立, 而现在这个比较像随便的一个可塑性的材料, 直接覆盖在了这个梁柱的结构上, 那完全不是膜结构, 膜结构是有张力的, 在这样的张力下它对结构有什么样的影响, 对结构所产生的影响又会对空间有什么样的影响, 建筑的形态又是怎么样的一种状态, 应该有一些反复的研究, 否则的话这个设计就太简单了, 就是一堆柱子, 加一个屋顶。我印象里这是个重新设计的方案, 这个设计的深度是有些问题的, 但是我觉得放在一个闹市里面, 有一种临时性的空间, 临时性的功能, 这样的一个构思也还是挺好的, 这种临时性对应这种材料与结构也是符合逻辑的, 如果能考虑我刚才说的那些, 那就更好了。

王丽方: 王府井街道的特征是街道两边都是特大个的方块建筑, 街道的界面整个都是刚性的, 这也是北京建筑的一个特点, 你要搞一个虚的和一些迷迷糊糊的光和它来进行碰撞, 这个想法还是有意义的。关于最后的实现, 不要说建筑结构的可实现性, 就是连模型都没有达到, 说明我们建筑学, 相当的创作的基础在于技术的实现。

吴之恒: 谢谢老师。

图 16-67 吴之恒同学汇报现场

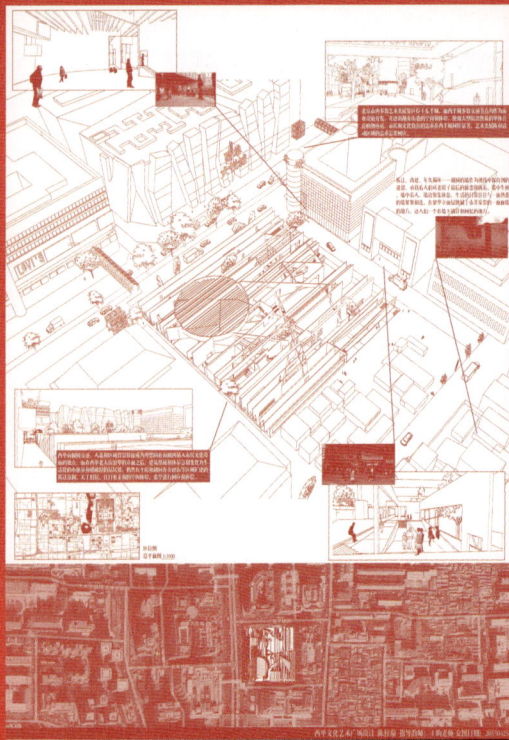

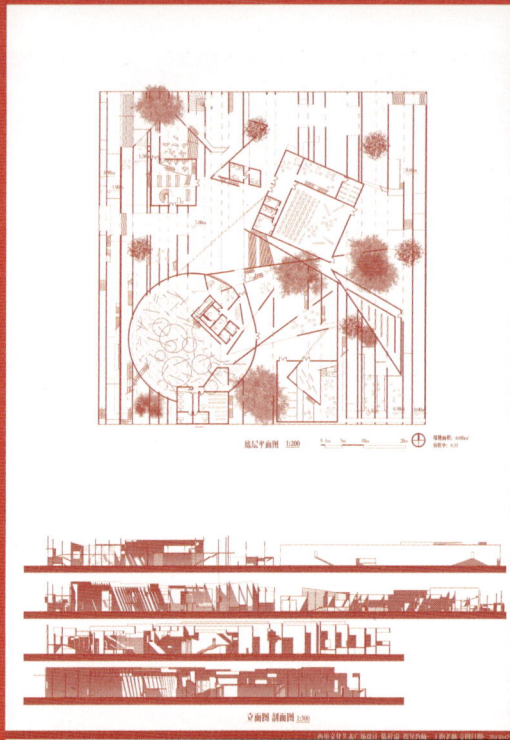

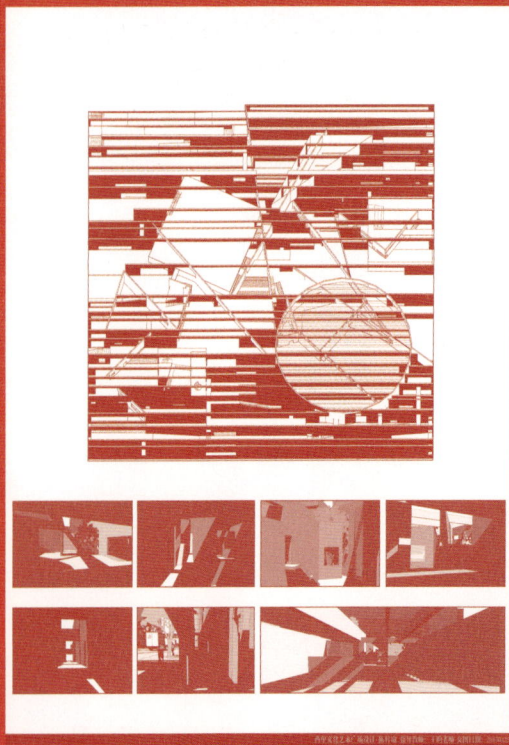

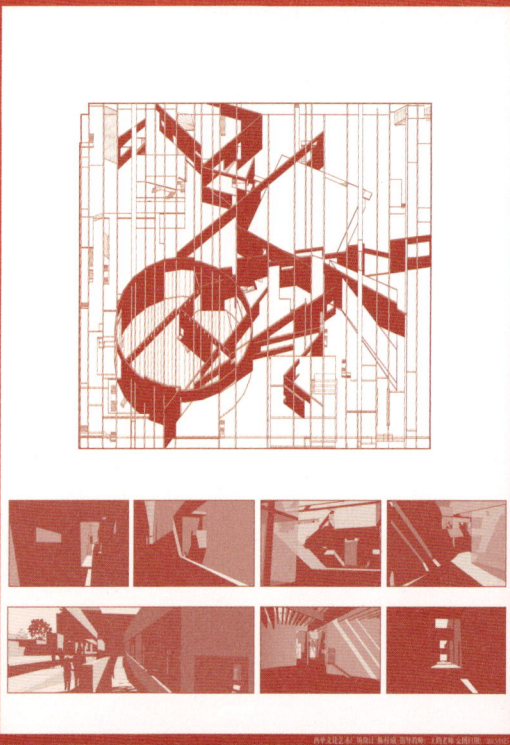

图 16-68 陈子瑜同学设计成果

图 16-69 陈子瑜同学设计成果模型

陈子瑜：各位老师好，我是王昀老师组的陈子瑜，我从幼儿园开始在北京生活，感觉想去看一个展览或参加一些和艺术有关的活动的话，只能去北京东半边，比如798。而北京的西半边大家出游的会去各种购物中心等消费性场所，类似于消磨时间的目的地，但是这些消费性场所都是一些非常大型的综合体，实际上在这种人流很密集的地方应该做一些更有意义的事情。所以我想把艺术博物馆放在西半边的交通聚集点，以发挥最大的作用。

西单之前有一个文化广场，但是很少有人群聚集，我把艺术空间放置在这里，建一个以小的博物馆和多功能厅等共同组合成的一个小型综合体。我选址在西单北大街的右侧，对面是大悦城，在一堆非常大体量的建筑和小的居民区之间，一个极具变化和过度的地方。在这个地方还有一个特点是因为之前建造周边这些大体量的建筑时曾拆掉很多老的房子，目前很多胡同里还会看到一些拆掉一半的房子，有的房子的墙上会有窗户，窗户后面还有树，似乎是人们对原有那些小体量的居住环境的最后记忆和留恋。我就提取了这些元素，希望用墙给人以比较亲切的空间体验。方案按照各个功能放置在相应的位置。西南边人会比较密集，所以安排了一个集会的空间，东南角是图书大厦，会有一些阅读的空间，不同功能的空间用墙进行分割和交错，在交错中也产生了交流的可能性。

这个建筑还有一个特点就是主要空间安排在几个特定的玻璃围合的集合体里，是完全透明的，从外面也可以看到，也可以走通，希望给人营造的是一个街心公园和一个可以随意穿梭的一个地方。虽然是室内，但是人可以去任何的地方行走，完成自己要做的事情。横向的墙，通过之间的开动和舒密不同的变化，让人在穿行中体验到不同的变化感受，斜墙围合空间，包括围合出一些类似于广场的空间。

李兴钢：这个还是不太能够理解这些墙的意义。有一些完全可以断掉，现在显得有些多余。

王丽方：这个走廊墙一共有多少条。

陈子瑜：24条。

王丽方：这块地有多大？80米×80米？

王昀：在刘力建筑师做的西单商场的正南面，紧挨着西单商场。南边原来是商业街。

图 16-70 陈子瑜同学汇报汇报场景

张利: 我小时候是在那儿长大的。这个方案我觉得有潜能。现在这些墙是落地的, 你如果把它们抬高起来, 让人可以在 1.5 米的这个高度上就有不一样的感受了, 才能看到你所蕴藏的这些好的东西。或者是加一个坡, 把这些房子按下去。西单文化广场原来有一个最好的东西现在没有了, 就是原来科工长廊, 跟这个挺像的。

王丽方: 但是从某种意义上讲, 建筑要做出来这个劲的话, 那还就得这么多道墙。

王昀: 好, 以上就是全部同学的汇报了, 一声号令就要结束了。我们这个组的同学用了 8 周时间终于完成了这些方案。这次的题目是很不明晰的一个题目, 经过老师们中期及最终的评图, 相信每个同学会清楚很多。我其实很长时间没有接触教学了, 都是在带研究生, 接触本科教学也是 20 多年来的第一次, 所以我也是在学习。我们这个组的同学们在过程中给了我很大的激励和感动, 同学们每次都非常迅速地把我的要求反馈给我, 在这里我要特别感谢同学们。今天还要深深地感谢三位参加终期评图的老师, 张利老师、王丽芳老师和李兴钢老师, 也要感谢参加中期评图时的几位老师, 老师们给我们提了非常多诚恳的建议和意见, 希望我们组的同学们回去能认真地消化, 如果我们组的同学们还有时间, 可以把这些方案做得更完善一些。最后请让我们再次以热烈的掌声感谢今天评图过程中给予多方指导的三位老师, 我也要再次感谢各位同学。

王丽方: 也感谢王昀老师。很放松也很有点子, 很多样。

王昀: 再次感谢大家, 谢谢 (拱手)。

图 16-71 评图场景

图 16-72 同学汇报方案的场景

图 16-73 同学们相互观摩交流的场景

附录

作为《我的教学》这本书的重要组成部分，我们将参与本次课程同学作业的另一个环节——编辑和整理思考过程作为附录内容节选收录，每位同学在他们各自所编写的"书籍"中，对于八周教学过程中的探索进行了整理和记录。

原课程要求每位同学完成的"书籍"内容是不少于 460 页，开本为 270 毫米 X135 毫米，是设计课作业的一部分。

参与这部分工作的同学是：陈梓瑜、丁惟迟、杜光瑜、杜京良、高钧怡、李明玺、侯兰清、吴之恒、叶雪粲、徐逸、杨隽然、周桐、谢志乐。

以下是从同学们的"书籍"中所节选出的部分内容，需要说明的是：由于篇幅所限，且内容是从大量篇幅中节选出的，尽管在编辑过程中努力地注意保持原书的连贯性，但如果阅读过程中仍产生某种不连贯感受，还望能谅解。

UNLIMITED
陈梓瑜
590 页

LEGATO
丁惟迟
490 页

DUGY 空间研究
杜光瑜
478 页

从点子到手段
侯兰清
420 页

关于空间的奥义
吴之恒
540 页

我的局限
叶雪粲
480 页

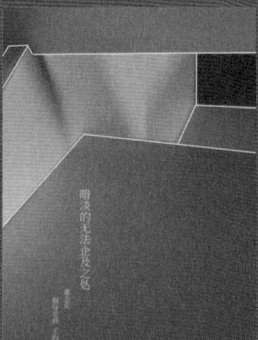

暗淡的无法企及之处
谢志乐
500 页

杜京良空间研究
杜京良
490 页

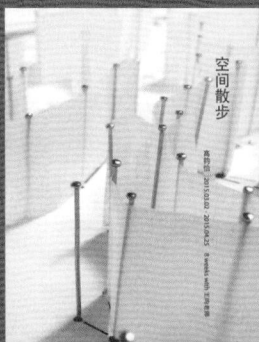

空间散步
高钧怡
460 页

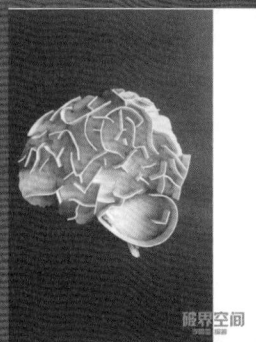

破界空间
李明玺
480 页

空间研究
徐逸
480 页

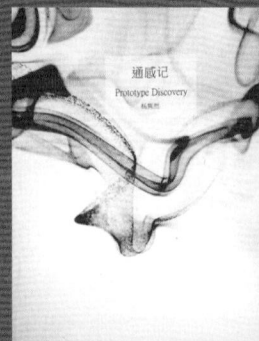

通感记
杨隽然
340 页

观念的空间
周桐
480 页

12-8-1-
UNLIMITED
20150302-20150425-
CHEN ZIYU

点子·手段 空间研究 王昀老师设计课学习记录

万分感谢在老师指导下学习的八周和被激励着互相
启发的大家。至于书中所提的所学所想——

欢迎点拨 欢迎指教。

陈梓瑜 建筑系 建二三班

在最开始看到乐谱形成的空间时，试图寻找一个让人满意的空间所需的元素。直接分析平面，便得到了乐谱抽象而来的平面中最常用的构成元素，而在书法的处理的部分，则看到了管道一样的文字变化透视中最打动人的几个部分：管道端口、交叉关系、围合关系、管道壁上光感，简化后，由比如"义""非"二字可以大致概括产生的空间效果，即视为"

义 非

而从选取的原型本身来说，音乐中蕴含了和空间甚至万物相通的"数"，音的间隔在将音符图形简化后也对应了空间的间隔，在组合和流动之间感动了人的音乐作品、在结构中也包含了与人共通的、打动人心的疏密关系，作为空间亦能够打动人。

同样的道理，书法讲求"气"与"势"、关注构图并且包含久远的形象演化而来的抽象；聚落作为扎根自然生长的"昨日的城市"拥有内在的平衡和人对空间原始的概念；园林在被创造时即是造园者对建筑空间的认知表达，作为建筑本身都具有观赏性……

虽然这样的说法本身不至于有错误，但以上一段以"表现"的逆向思维探究意义在于"发现"的成果的思路本身，因为缺少逻辑而难说有什么价值。

忽然想到因为去年的一部电影推广而在网络上风行的一句有些悲观色彩的话"听过很多道理，依然过不好人生"。就拿音乐简化这一部分来说，"就算拿出了音乐构成空间的元素和原因，也不见得直接或操作得到美好的空间。"正如我们知道墙和柱便是所构成人空间的构成元素，却仍然会不知疲倦地学习、研究如何使得它们成为动人的空间。音乐和书法型需要对它们的熟悉和选择，由聚落抽象和课从需要对聚落本身的了解和支撑的数量，从园林平面推出新的空间更需要转化者的功力……而如何从中找出何为"美好"，也仍然是一门学问。

但这样的思路同时也给予了自己寻求内在联系的提示，从而知道向哪里找，有意识地"发现"，也是提前的"选择"。

在两侧的角度上看到艺术家对同一幅人物摄影作品的两种转译，更确切地说是创作：一种是运用绘画的手段将所见抽象地再现，却能让人看到另一种美；而第二种虽然依然用同样一张照片作为图底，却根据艺术家主观的思路加入了非常强的创作成分，也表达着照片本身之外的内容。也许这一部分的练习或者说实验，就是让我们尝试与平时主动的"表现"（后者）性质相对的空间创造，更加忠于源头、由逻辑而非创作产生的得到空间的方式。当然在之中还有对转化语言的选择。

眼与手
发现与表现
移情与抒情
选择与创造
不做与做

正如老师在课堂上所讲，毕加索通过绘画表达自己头脑中的概念和形象，而杜尚则是从现实中选出表达自己理念的既成形态。"表现"是依靠手脑配合的主观输出，而"发现"侧重对事物的判断，依靠的是眼睛和头脑。

点子 练习

第一部分的练习内容是原型的发现和探究。以老师的《建筑与音乐》等四本书为例，发现和有逻辑地抽象，得到空间结果并观察。

在这一部分中思路上的转变和进步有许多，尽量遵循学习当时的感想和顺序，希望保留住过程中想法中的些微片段，以便日后回溯。

关于"发现"的反问

之所以没有将原型的尝试放在最前面，是因为在学习的最初甚至学习之前，对于这样空间生成方式的意义有些许疑问。

老师的《建筑与音乐》一书，自己挺久之前就买来大致速读过，却并没有多想。同时买到的还有一本五十岚太郎和菅野裕子的同名小书，记得似乎没有看完，全部是理性的文字。当时只觉得这本有很多图的书好读，却并没有理解它在说的事情，另一本却艰难地读完。

在课程的开头，退得更远了一步来认识"发现"的方式，也幸好有了这次机会，才真正地能够理解它。交流过程中发现这也是许多同学共同的疑问，因此作为一个"弯路"记录下来。

容易看出由"发现"的"创作循环"是开放的，其中也就包含了无限的可能性，反观"表现"的思路实为通过效法自身门类内的结果，形成的是活力更弱的封闭循环。也许后来上课所提走问的"尽头"也与之有关。

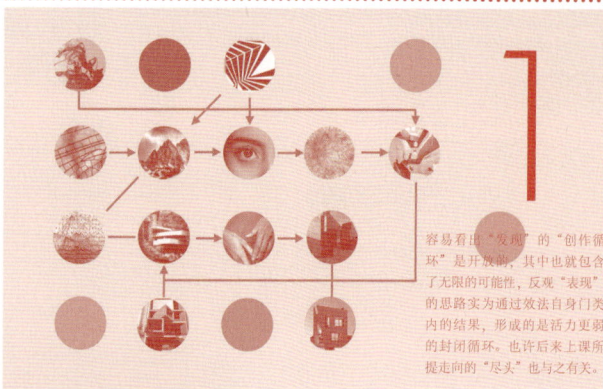

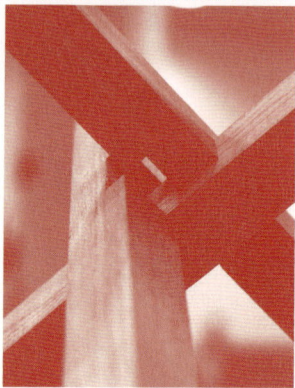

榫卯，榫头卯眼的简称，传统木工里构件交接固定的方式。
穿插的木件节点上复杂的关系让人联想到咬合的空间。
作为第一次课的尝试，在提取后处理过程中不够严谨，也正好激发了后一部分的讨论。

榫，刺木入窍也。俗谓之榫头，亦作笋头。凸出部分叫榫或榫头，凹进部分叫卯或榫眼、榫槽。
榫卯形式多样，种类繁多，按构合作用来归类，大致可分为三大类型：

一类主要是作面与面的接合，也可以是两条边的拼合，还可以是面与边的交接构合。如"槽口榫""企口榫""燕尾榫""穿带榫""扎榫"等。

另一类是作为"点"的结构方法。主要用于作横竖

材丁字结合、成角结合、交叉结合，以及直材和弧形材的伸延接合。如"格肩榫""双榫""通榫"等。

还有一类是将三个构件组合一起并相互联结的构造方法，这种方法除运用以上的一些榫卯联合结构外，是一些更为复杂和特殊的做法。如常见的有"抱肩榫""棕角榫"等。

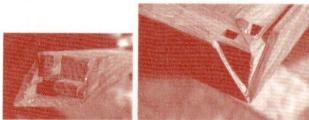

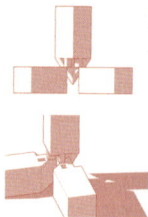

选取棕角榫，将节点扩大至建筑尺度后，缝隙成为人可以发生流动的空间，空间的穿插关系对应榫实体的穿插关系。

这里将一个节点作为单元表现，确定了正方向因此形成具象的楼梯。

榫卯中作为"可能性"也是"途径"存在的拼接缝隙转变为人所处的空间，自然地导致其他部件之间的部分正负形发生颠倒，而之间的关系得以保留。

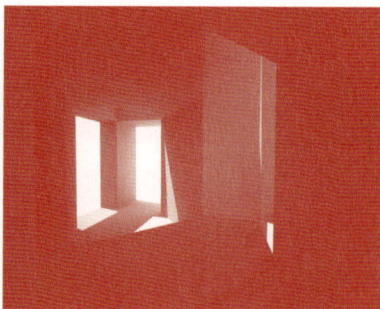

前榫卯作为本身不包含方向信息的节点，可以任意翻转和连接，由节点向周围"生长"出连续空间，并可以在空间端头将连接实现。

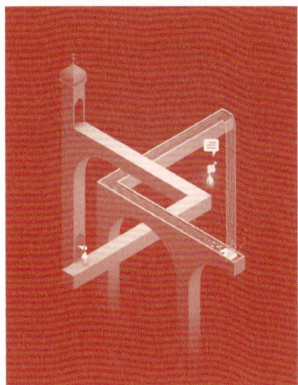

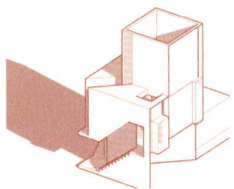

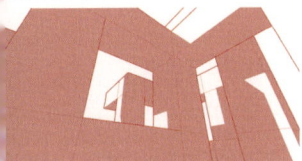

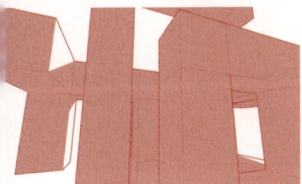

榫卯或者说节点本身包含了交接联系和向外延伸的逻辑，在自己看来是最初选择原型的出发点之一。但是在这一次的处理中，保留空间关系之后对形态的处理过程中，比例和尺度使用得过于主观和随意。

练习中的另一种结构"三只孔明榫"的处理，在之后的一章中进行了反思和改进，同时由此引发了关于叙事和内在逻辑在原型探究过程中角色的探讨。

地图，典型的自然与人共同作用结合的产物。练习利用既成的他人处理所得的抽象图像形成空间，同时讨论所得结果的可能性。

2

世界地图 图像

1909 年以后，毕加索和勃拉克的合作更加密切，他们对绘画结构作了进一步的研究。体积逐渐地销解，完整的结构被更多的几何碎片所取代，无论是实体或空间都被拆解成造型"零件"进行重构。立体主义进入了智力分析的阶段，既"分析立体主义"阶段。

有小提琴和水罐的静物 勃拉克 1910

这一次尝试选取的原型同样对图案原有结构进行了消解，得到在建筑中更为熟悉的形态以进一步处理。这样的做法回避了图案原有的曲线，作为二次处理的结果对原型有所损失，但同时也成为了多个方向理解结果的提示。

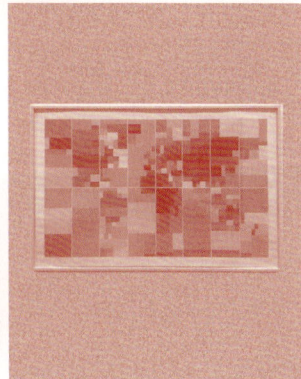

PLAN

构成 10 景与面（局部）勃拉克 1915
PLAN ELEVATION SECTION

565

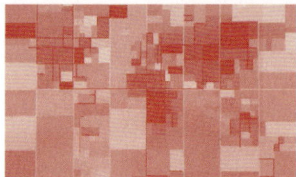

不孤立的黑灰色系中心的黑色长方形视为体块，周围黑灰色图案的大小对应体块高度。灰度处理后不符合渐变规律的划分作为墙体，规则的划分交点处立柱。

从所得的结果中可以看到多样的空间，作为平面和作为剖面都有各自的效果。

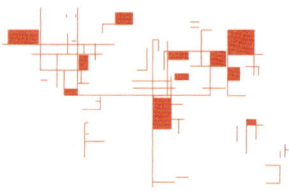

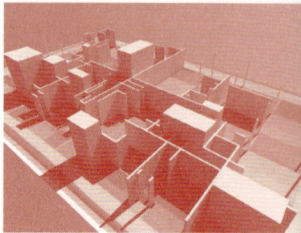

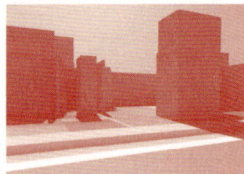

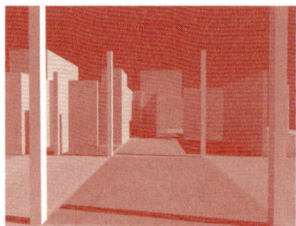

"平放"时，拉高的尺度与原有尺度的比例也在影响空间的性格。

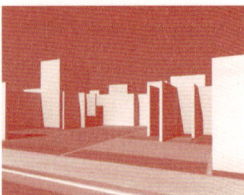

"立起来"得到剖面透视一样的图形。

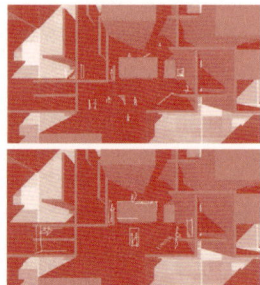

选取了一组波提切利的油画，共四幅，讲述了薄伽丘《十日谈》第五日中的纳斯塔吉奥的一个故事。连贯紧凑的情节使得画中出现反复使用的元素，同时故事的虚拟与现实交错设定形成。"在眼前"与"在眼后"的对比，讲述与追切发生的两种情绪间的诡异矛盾，绘画表现的非单一的时间截面产生了丰富的意味。

纳斯塔基奥

奥斯内蒂的纳斯塔基奥故事之一，波提切利，1483

这是一组叙事性极强的作品，画面优美而残酷，讲述了关于一个追求未被回馈的年轻人的故事。

年轻人纳斯塔基奥（Nastagio）所爱的女人始终"高傲而不屑"，因此他满腔心痛甚至有自杀倾向。为了更好品尝他的痛苦（薄伽丘讽刺地写道，"以致他可以带着更大的闲心来沉思"），他漫步入一片树林。

突然他看见一个裸露的年轻姑娘向他狂奔而来，一脸恐慌，以"可怕的哭嚎和极端刺耳的尖叫"，紧跟着她的是两条巨狗和一个挥舞着剑的骑士，他"以恐吓而暴虐的方式挟着要杀死她"。这一幕令纳斯塔基奥"充满惊讶和恐惧"，但骑士开始讲述他的故事。

奥斯内蒂的纳斯塔基奥故事之二，波提切利，1483

故事发生在"很久以前"一个星期五的傍晚，但这一幕是"永恒的折磨"。只要纳斯塔基奥"向绝望

和自杀屈服"，它也将会发生在身上：骑士爱上了一个"严酷而不友好的"女人。他自杀了，而那个"毫无悔意"的女人也死了。"她因其残酷和对我忍受的痛苦幸灾乐祸而犯下罪孽，又毫无悔意……也被惩罚去承受地狱的痛苦。我们同时得接受一项特殊的惩罚，每个星期五在这个钟点，她在我前面逃走，而我将她视为死敌追逐她。每次追及她，我用这同一柄用来自刎的细剑杀死她；然后我将她的背剖开，接着——你将会看见这一切——我将从她的身体中扯下那颗坚硬冰冷的心，连同她其他的脏腑喂给这些狗吃。在这短暂的间歇，'随天主力量和正义的意旨'，她痛苦的逃亡又要重新开始，我和狗又将进行一场追逐。我都会在这片林子里追到她，将她用同样的方式屠杀。"骑士把话说完，脸色陡变，举起细剑，像疯狗一般向他冲去，姑娘被猎犬咬住并被残忍地杀害。"不一会儿功工夫她又霍地跳了起来，像不曾受过一点损伤似的，仓皇向海边逃去……"

纳斯塔基奥恐惧之后开始反思并找到一个对策。他在这个情景出现的时间地点安排了一场宴席，并设法请他所爱的那个姑娘去参加，并"让他爱的姑娘坐在正对这一残酷场面将重演的地点"。当这场"地狱般的狩猎"在宴席场中突然出现，"每个人都惊呆了，想要知道这究竟是怎么回事，但没有人能说明白。"当骑士又开始重述他所受的折磨时，混乱和恐惧才渐渐平复。

终于这场"奇观结束，而骑士和那位姑娘也离去"。
妻着是故事的结局："没有人比那位纳斯塔基奥所爱
的残酷姑娘更为恐慌，因为她清晰地听见并目击了一
切，并从她平日对纳斯塔基奥所展现的严酷态度感
到，这些事与她的关系比其他任何在场的宾客的关系
大。她脑中已然浮现出身后将她扯碎的猎犬们。"
姑娘很快便向他传达了同意的态度，向父母宣布了自
己乐意成为纳斯塔基奥的妻子。"皆大欢喜。"

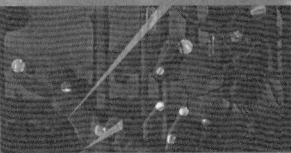

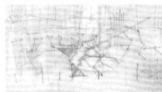

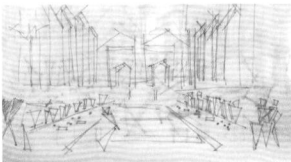

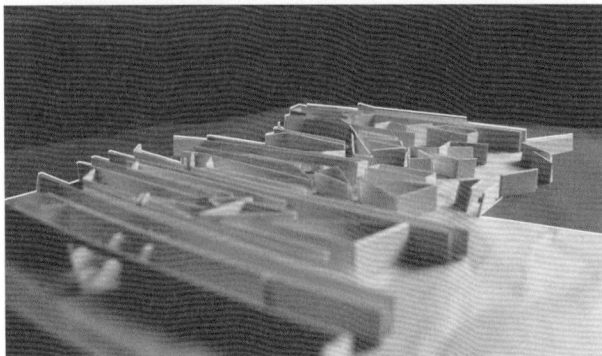

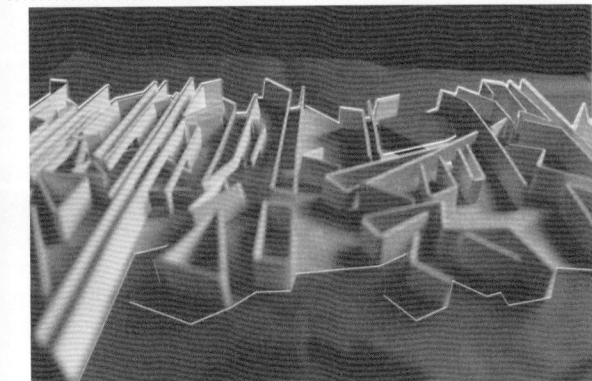

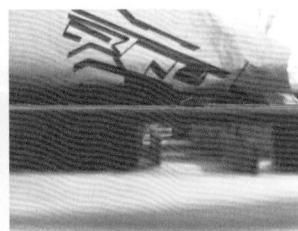

"骑士称自己为一个亡观，一个幽灵般的'同
乡'——而他的故事中反射向过去、现在和未来，
重复并确认自身。"

最初促使自己选择这组画的原因在于它的情状分
故的图画中充表克分的关系，即但在这个故事中
作为虚拟人物的骑士和少女与宾客在场的人们间

景物之间，构成了主观和客观、"在眼前"与"在脑
后"的对比；画面中会将不同时间的场景重叠，
相比较，时间前面的描述更加有趣；此外还有被寄
对故事的讲述和急迫的道具之间像是在一个梦里或
者一个寓言一样的语境考察，以及书写的比例映衬
动态元素为树木之间的互相遮挡，在这样的情况下
即便以画面相当质朴忠实的描摹再现也能够保存有
态和道真

抽象方式即提取人物、
动物等重要元素连接展
现他态，借纹短的冲突
种表现生其象化，咬合
与遮捕的关系从强调者
者弱者（如树、被咬的
少女）扫描，遮挡与主
次关系作为村托的这类
子空间主体从内部实现

1

1
2
3
4

567

模型照片

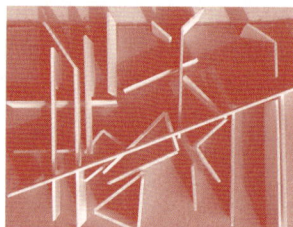

从模型中无法拍出的内部空间，希望重新用电脑建模表现，过程中无意识地对图案的疏密、宽窄做了变化，得到虽然有相同"骨架"但性格迥异的空间。

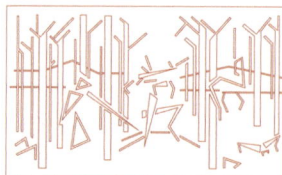

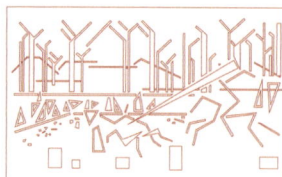

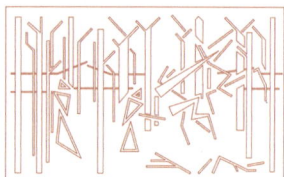

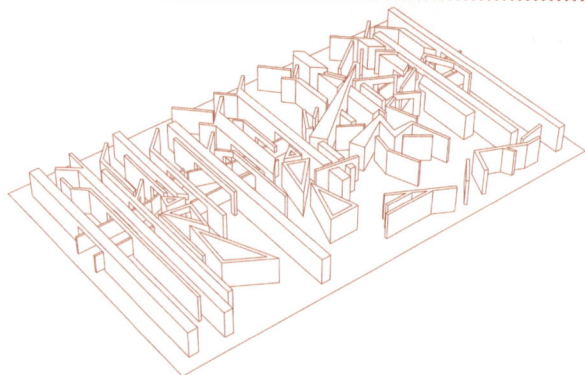

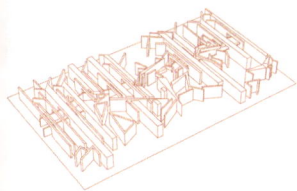
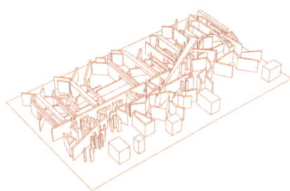
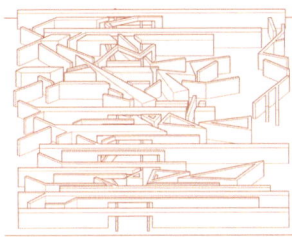
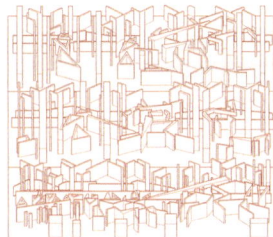

渲染照片

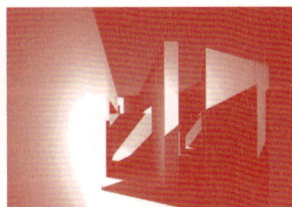

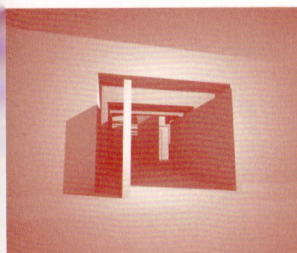
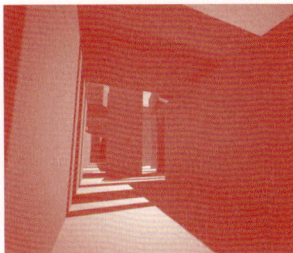
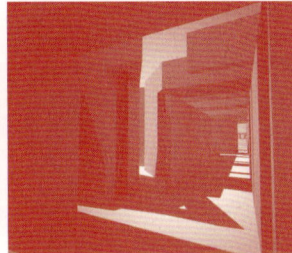

"马视角"

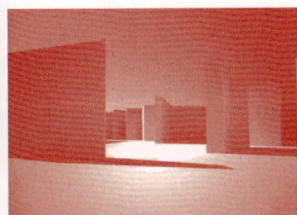
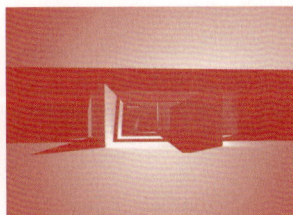

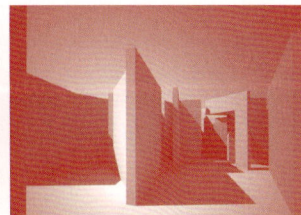

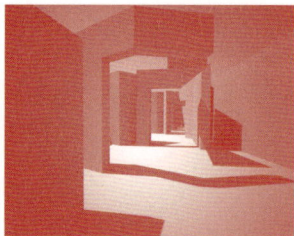

进一步想，利用连续情节的特点可以在纵向连接各幅画原型相同的部分以具象化主体的关系变化和移动，成为一个形象的路径一样交错的空间。在这里开未实现，但将各层简单叠摞得到的"建筑"立面也有很强的韵律感。

所得直线与折线、平行元素与冲突元素、墙与体形成的空间和光感……完成设计的现在回想起来，这些在其间穿行的画面带给了自己不少的启发。

通过绘画作为原型，看似与空间之间的距离不够遥远。但归结各类方法，"平面构成"或"包含数据信息的平面构成"（如 GIS，聚落特征）都是必经的过程。从其间得到的空间经由眼睛观察和头脑成为"创作"过程中新的源泉。

在之后一部分针对抽象方式的讨论中会继续以这一组作品为例进行探究。

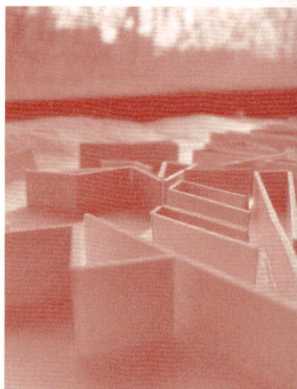

4

锁 叙事性

锁作为日常生活中的常见器件，内部结构和开启的过程却不为人熟悉，其中暗含的叙事性更是引人遐想。将锁内部的复杂构造作为原型，解读开启的过程和规则，探讨将非具象的概念作为原型的处理方式。这是一个未完成的练习。

"锁，古谓之键，今谓之锁。"锁几乎与私有制同时诞生。早在公元前 3000 年的中国仰韶文化遗址中，就留存有装在木结构框架建筑上的木锁。东汉时，中国铁制三簧锁的技术已具有相当高的水平。三簧锁沿用了1000多年。18 世纪初期英国人 D. 波特发明凸轮转片锁；1848 年美国人 L.耶尔发明采用圆柱形销栓的弹子锁，成为世界上使用最普遍的锁具。

现代弹子锁的结构又有新的发展，出现双向、三向、四向弹子结构，以及平面、双面、多面、双排双面、多排多面弹子结构和组合弹子结构，从而大大提高锁的保密性能，使锁的编号由原有的 2500 种通过"向"、"面"的变化达到数百万种。

其中的构造和工作逻辑是相似而也是可演化的。

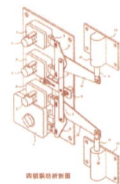

逻辑视角

锁内部锁片的关系、联动锁之间的关系，都可以抽象为固定轴—可调至相错的卡件—吻合开启状态。

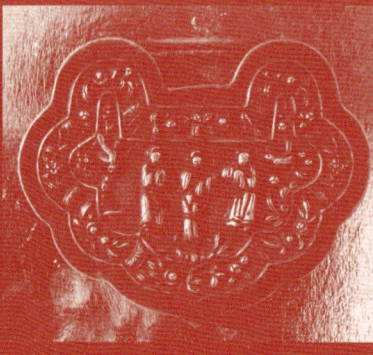

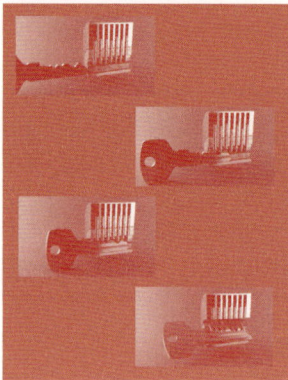

锁片与固定构件围绕主轴产生的交错围合，锁内本身其他构件的元素，空出空间对转动余量的暗示……未从中提取的空间本身赋予了丰富的可能性。

"画儿"

无论选取的原型为何，最后几乎都可以归于"画儿"或"有数据的画儿"。即来源作为一个"平面构成"或"包含其他数据信息的平面构成"被平等地看待。

之所以想要强调平等，是因为不时感受到自己和大家对自己在寻找的原型"寄予厚望"：希望它显得有趣、有内在丰富的含义与逻辑、美好的形式。诚然原型的"可用"程度的确是有区别的。并不是但在我们"忘掉建筑"的前提下通过眼睛发现的事物，无需用"距离建筑由远到近"来划分和区别高下。反而是如何处理原型、如何从中"看"出它的潜质和性格，还有老师所说的"张冠李戴"过程中得到的惊喜和风景，也许才是"发现"和"选择"的乐趣所在。

——2015.3.13 第二周课后

在几次的课程和讨论中，感受到我们有一种习惯的想法之一是不自觉地将原型内涵的逻辑与抽象所得的构成的逻辑相连结，或者说希望二者仍然保持同样的逻辑内核。而这容易导致在整个处理的过程中被寻找到的原型自身束缚，从而丧失许多的可能性。然而在一个足够自由的转译过程发生时，很多使得原型成为它的样子的逻辑是被抛弃的：抽象的原型与结果之间，保留的是类似的"意味"（甚至有时候原始的"意味"也未被保留），而非被复制的"内涵"。当我们接受了这一点，虽然我们选择了包含了自然界微妙的力学关系的星图，或是内含排布合理性和逻辑性的电路板、由自然和人共同孕育而生的田野纹路、由数和韵律的美编织的乐谱……我们得到的原型，本身都可以被视为一个图案。

第二个阶段主要关注抽象和处理方式。

通过对同一个原型的数种抽象或处理方式得到一系列结果；

通过对之前完成有不足的原型处理进行更完善的探讨；

通过逼近彻底的抽象得到意味与内涵远离原型的结果，提出"反译"的可能性；

类比语言学构成方式归纳"嫁接"的思路。

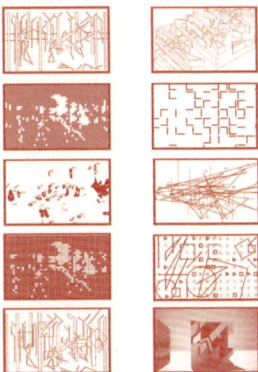

还是先从这几张熟悉的画说起。

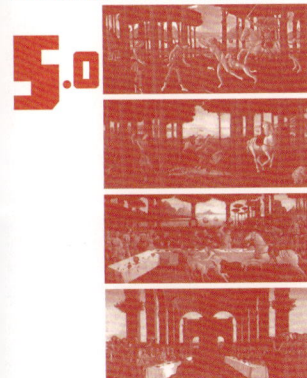

5.0

图像 - 数阵 - 几何图形

对图像的处理方式多样，比如生成法线图。

最直接的方法，比如"描摹"。

将关键点和线、相互关系抽象得到的平面。

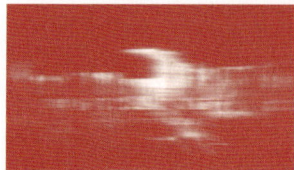

切变
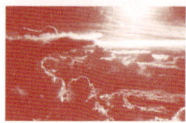

曲线

曲线—像素化马赛克—曲线
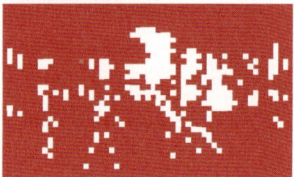

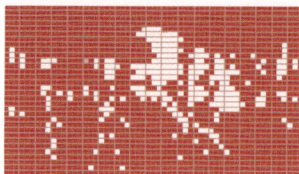
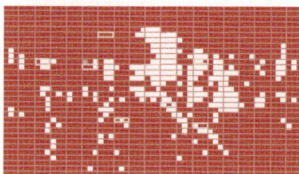

▯▯	1
▮▯	2
▯▮▯	3
▮▮	4
▯▯▯	5
▯▮	6
▯▮	7
▮▯	8

到这里为止图中的明暗、边缘关系被"有折损"但非主观地抽象为数字，看似杂乱无章但也一定程度上体现了边缘光影状态。数字作为这一次"远离形象"的抽象"终点"，也成为之后无限可能的起点。

```
8 8 8 8 8 8 8 8 6 7 8 8 8 8 8 8 8 8
8 8 8 8 8 8 8 1 7 8 8 8 8 8 8 8 8
8 8 8 8 8 8 8 1 7 7 4 8 8 8 8 8 8
8 8 8 8 8 8 8 1 7 4 8 8 8 8 8 8 8
2 4 8 8 8 8 8 8 6 7 6 7 2 2 6 8 6 8
2 4 1 4 8 2 1 8 8 1 7 8 3 1 8 8 5 1 5
8 4 1 8 8 6 1 4 7 7 7 2 7 1 5 8 4 1 5
8 8 8 8 8 1 8 1 7 7 2 3 1 7 8 5 1 8
8 8 8 8 8 1 8 7 1 7 6 4 7 4 8 8 5 8
8 8 8 8 8 8 1 4 2 8 2 4 5 8 8 8
8 8 1 8 8 4 6 8 7 6 8 6 3 6 3 8 8 8
8 8 5 5 4 2 8 8 1 7 4 2 7 1 7 8 5 1 8
8 8 6 8 4 6 6 5 6 5 3 6 3 1 7 8 3 6 5
8 6 8 8 8 8 5 8 8 5 3 2 6 7 7 4 3 8 8
5 8 6 8 8 8 7 8 8 1 8 8 6 7 8 8 8 8
8 8 4 8 4 8 4 5 8 8 3 5 8 8 8 8 8 8
8 8 6 5 8 8 8 8 5 1 4 8 8 8 8 4
8 8 8 8 8 8 8 8 5 1 4 8 8 8 8 8
```

这里得到的结果视为对空间上均布的点按照每个点上的数据进行连接或直译。空间模型制作时将有交接的两个图形按照"原型数字"距离远的高于距离近的一倍进行区分。

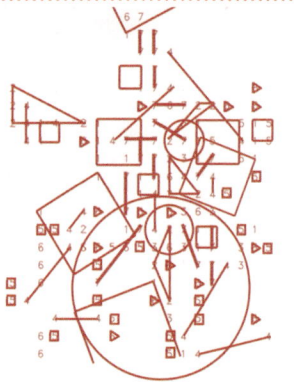

```
7 6 7 2 2 6 8 6 8
7 8 3 1 8 8 5 1 5
7 2 7 1 5 8 4 1 5
7 2 3 1 7 8 5 1 8
7 6 4 7 4 8 8 5 8
4 2 8 2 4 5 8 8 8
8 6 3 6 3 8 8 8 8
4 2 7 1 7 8 5 1 8
3 6 3 1 7 8 3 6 5
```

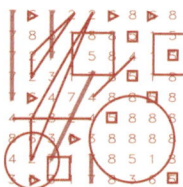

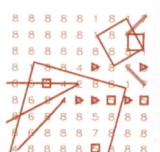

1	4	2	8	2	4	5	8
6	8	6	3	6	3	8	8
7	4	2	7	1	7	8	5
5	3	6	3	1	7	8	3
8	2	6	8	7	7	4	3
8	1	8	8	6	7	8	8
8	6	2	8	5	8	8	8

直接利用所得构成完成模型，将背后均匀排布的数字隐藏，得到了看似更加有韵律感的空间。

模型照片

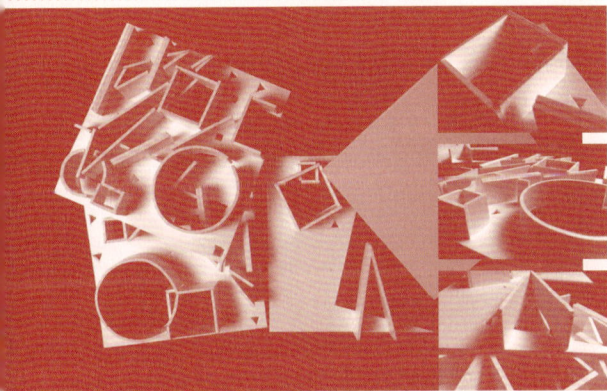

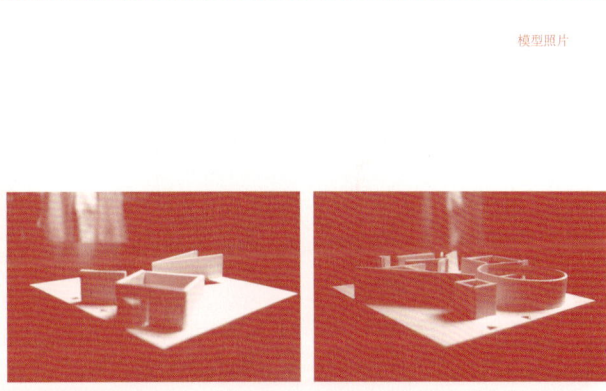

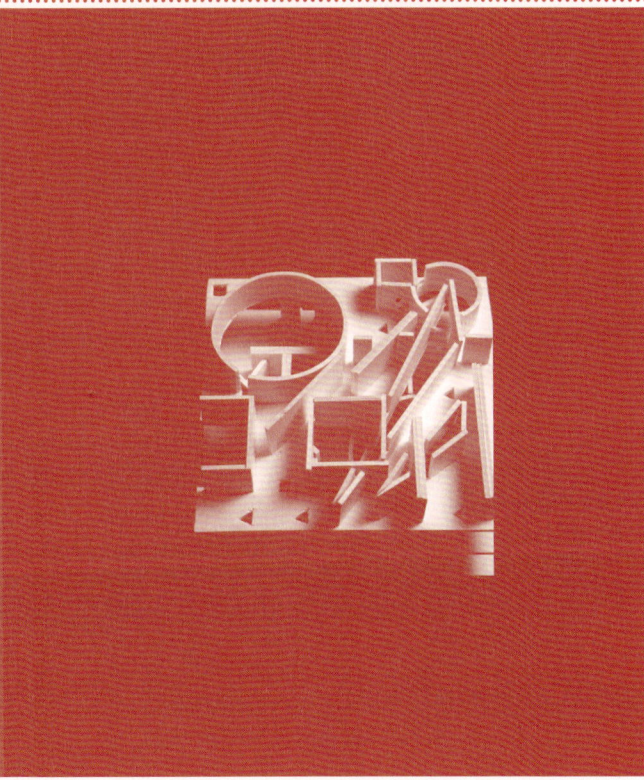

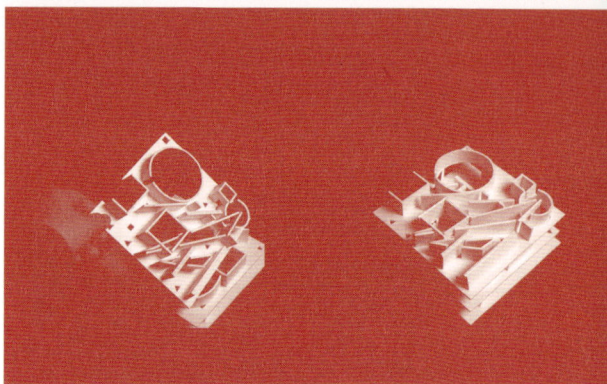

上下相叠放置产
生的共用"控制
点"又随机的空
间结果。

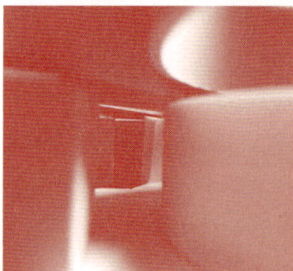

5.2

图像 抽象 符号翻译

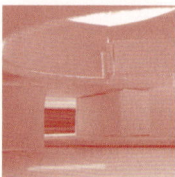

这是一个示意性的
练习。用以阐述对
抽象过程中"翻译"
的理解。

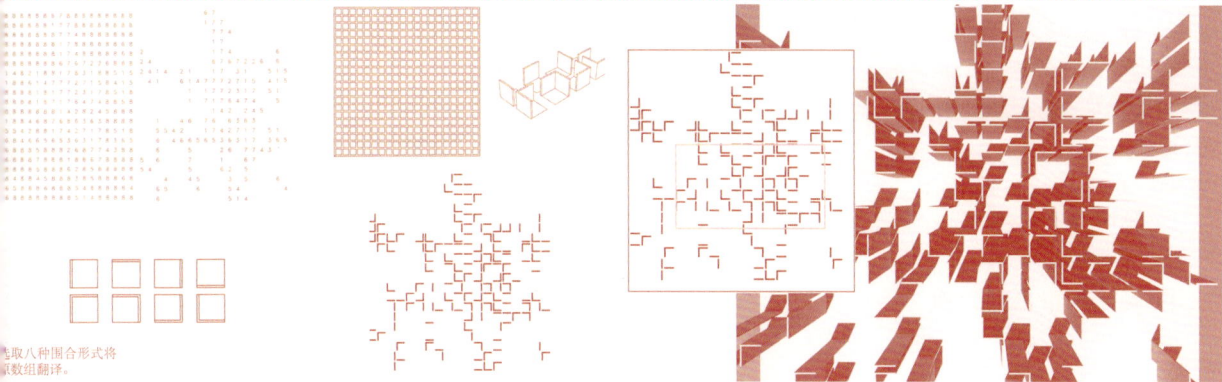

选取八种围合形式将
原数组翻译。

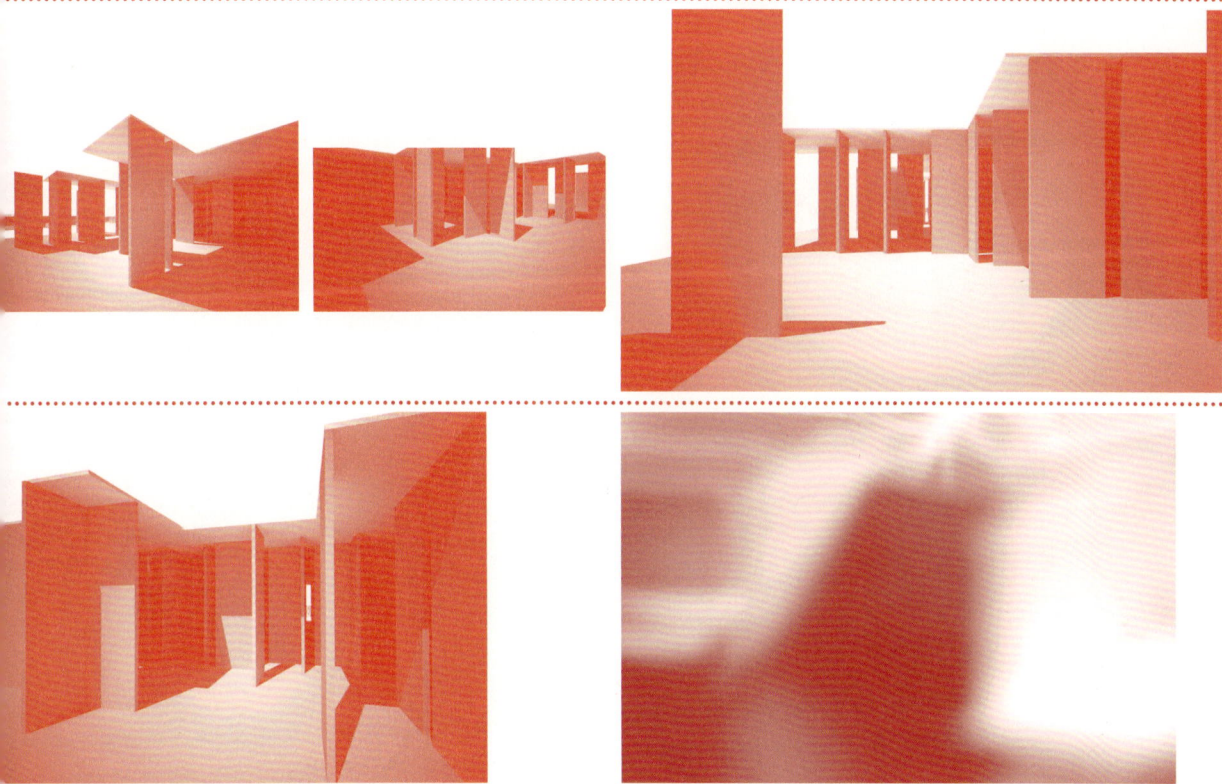

"语言"

在之前这两个练习抽象的尝试过程中，
对原型使用了较"彻底"的抽象后重
新转译的方式，类似于拆解后重组并
重新被理解的语言的逻辑。

作为操作，更常见的是直接将原型和
表达结果的元素对应，即跳过"数字"
将选取对象与空间元素相联系。

抛开柴门霍夫"世界语"和语义学涉
及的微差的概念不谈，人们使用的语
言间是各向同的，各自作为体系，以
共通的抽象意义联系。在数据处理上
又以相同的元素作为单位储存。在对
原型的操作中"抽象化"和"具象化"
的过程里的翻译方式也是自成一体的
特点与之类似，且经过拆解可以组合
出众多的"翻译"方式。

ASCII 码对照表

ASCII	符号	ASCII	符号	ASCII	符号	ASCII	符号
27	ESC	32	SPACE	33	!	34	"
35	#	36	$	37	%	38	&
39	'	40	(	41	)	42	*
51	3	52	4	53	5	54	6
55	7	56	8	57	9	65	A
66	B	67	C	68	D	69	E
62	>	63	?	64	@	65	A
47	/	68	D	69	E	70	F
71	G	72	H	73	I	74	J
75	K	76	L	77	M	78	N
93	O	84	T	85	U	86	V
87	W	88	X	89	Y	90	Z
95	_	96	`	101	e	102	f
92	\	94	^	97	a	98	b
103	g	104	h	105	i	106	j
107	k	108	l	109	m	110	n
111	o	116	t	117	u	122	z
115	s	116	t	117	u	122	z
119	w	124			125	}		

American Standard Code for Information Interchange

	8 3 1 8 8
	2 7 1 5 8
	2 3 1 7 8
	6 4 7 4 8
	2 8 2 4 5
	6 3 6 3 8
	2 7 1 7 8
	6 3 1 7 8
	6 8 7 7 4
	8 8 6 7 8
	2 8 5 8 8
	3 8 5 8 8
	5 4 8 8 8
	5 1 4 8 8

575

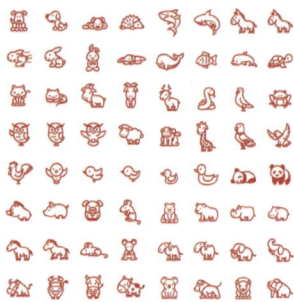

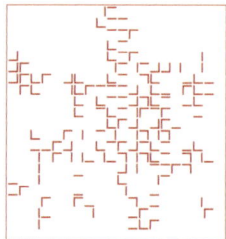

5.3
图像 - 点空间 - 胞体

从美术作品的构图
上来说，颜色的运
用也是非常需要强
调的一点。练习通
过提取图面中的红
色色块并将面积标
记在中心位置，得
到一组带有数据的
不均布点阵，类似
于聚落抽象后的结
果，并对其进行操
作。
颜色查找并替换为
反色。

"减去"原图

(反相) 显示的红色部分为提取结果

模糊、锐化

将面积数值赋予图形中心，得到包含数据的不均布
点阵

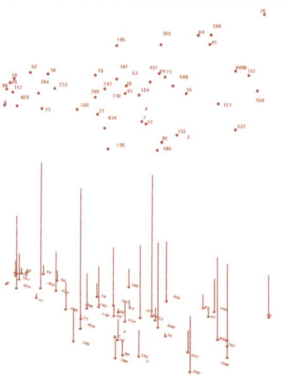

形成空间点阵

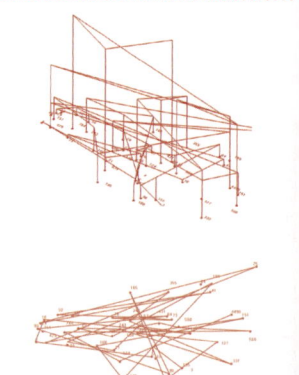

可由规律的大小关系在平面上或空间上连线，形成
类似"聚落关系网络图"的图案。

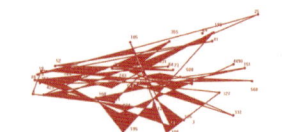

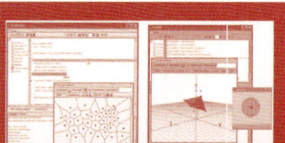

通过泰森多边形处理（VORONOI）由点元素
生成平面划分构成。

对三位点阵，可以应用三维的 VORONOI 处理
得到胞体结构并在其中生成空间。

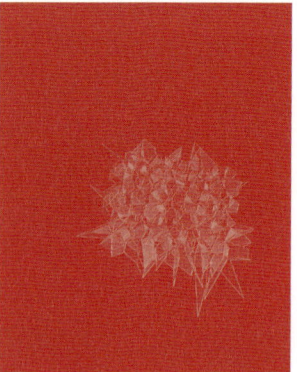

选取中间部分的一些点进行三维 VORONOI 处理。

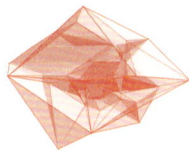

微调：通过删点使产生的形态更加温和。　　　　增加个别垂直复制点，所得部分出现水平面。　　　　与几乎能够将其包含的方体相交。

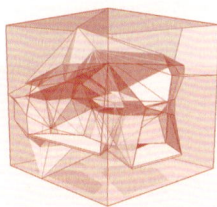

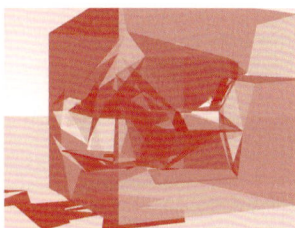

挖空部分胞体，沿边界布置交通空间或产生视线联系。

6

诗歌古文 抽象 符号翻译

借由之前所提的
ASCII 码转码模式，
将
文学作品
进行转码，
同时即提出了各种
原型间"反译"的
可能性。

本意是
希望通过这件作品
用字用词的独特韵律
（而非这种
断句的
表现形式）
得到
有特点的阵列，
由于现有手法

所得数据量
较大，
结果
并没有
明显的特点。

但由诗和古文
得到的平面中，
仍
能够
发现许多
有趣的构成。

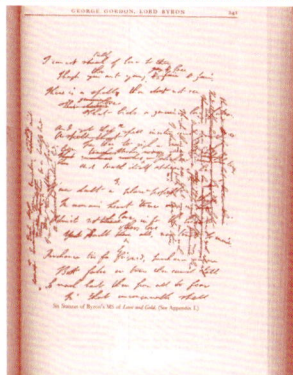

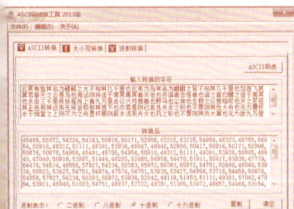

北冥有鱼，其名为鲲。鲲之大，不知其几千里也；化而为鸟，其名为鹏。鹏之背，不知其几千里也；怒而飞，其翼若垂天之云。是鸟也，海运则将徙于南冥。南冥者，天池也。

《齐谐》者，志怪者也。《谐》之言曰："鹏之徙于南冥也，水击三千里，抟扶摇而上者九万里，去以六月息者也。"野马也，尘埃也，生物之以息吹也。

天之苍苍，其正色邪？其远而无所至极邪？其视下也，亦若是则已矣。

且夫水之积也不厚，则其负大舟也无力。覆杯水于坳堂之上，则芥为之舟；置杯焉则胶，水浅而舟大也。风之积也不厚，则其负大翼也无力。故九万里，则风斯在下矣，而后乃今培风；背负青天，而莫之夭阏者，而后乃今将图南……

509165399751444462655 24
115041753938477795447 55
423450383559725038555 97
053938509235342754751 54
938534275494585347165 459
542345038355972539385 21
149391570424709453921 46
837527224939151365539 72
547515393853936490901 539
385170652975549585339 725
593852460549584578045 78
753424509165445446840 52
299534424509165912353 186
519115451453969539715 115
848125539384575547857 94
323550035393852958495 74

51453,51886,47096,47538,53947,60593,41900,46513,50916,52958,54224,46005,54958,54211,41379,56303,56314,53972,52906,50935,41900,46513,50916,52958,54224,50935,54958,54211,41379,54500,48039,60347,53972,52906,51922,41900,46513,50916,52958,54224,51922,54958,54211,41379,47562,54224,54958,53972,52906,49403,41900,52958,54958,53972,52906,54211,41379

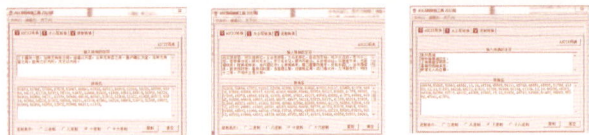

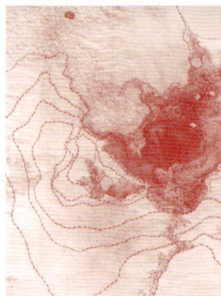

三十辐共一毂，当其无有车之用。埏埴以为器，当其无有器之用。凿户牖以为室，当其无有室之用。故有之以为利，无之以为用。

——《道德经·无之为用》

《木兰诗》

唧唧复唧唧，木兰当户织。不闻机杼声，惟闻女叹息。

问女何所思，问女何所忆。女亦无所思，女亦无所忆。昨夜见军帖，可汗大点兵。军书十二卷，卷卷有爷名。阿爷无大儿，木兰无长兄，愿为市鞍马，从此替爷征。

东市买骏马，西市买鞍鞯，南市买辔头，北市买长鞭。旦辞爷娘去，暮宿黄河边。不闻爷娘唤女声，但闻黄河流水鸣溅溅。旦辞黄河去，暮至黑山头。不闻爷娘唤女声，但闻燕山胡骑鸣啾啾。

万里赴戎机，关山度若飞。朔气传金柝，寒光照铁衣。将军百战死，壮士十年归。

爷娘闻女来，出郭相扶将。阿姊闻妹来，当户理红妆。小弟闻姊来，磨刀霍霍向猪羊。开我东阁门，坐我西阁床。脱我战时袍，著我旧时裳。当窗理云鬓，对镜帖花黄。

雄兔脚扑朔，雌兔眼迷离；双兔傍地走，安能辨我是雄雌？

滁州西涧 韦应物
独怜幽草涧边生，上有黄鹂深树鸣。
春潮带雨晚来急，野渡无人舟自横。
图：《滁州西涧》镜心 设色纸本 卢禹舜

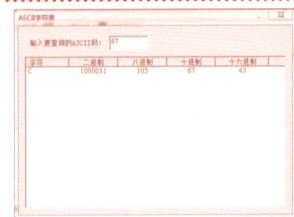

而对数阵或数列，也有规定规则下多种"一一映射"的对应方式，使得数字被重新翻译为其他。

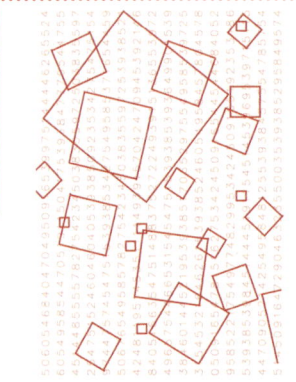

相对直接地通过连接，形成几何图形的方式转译数阵。

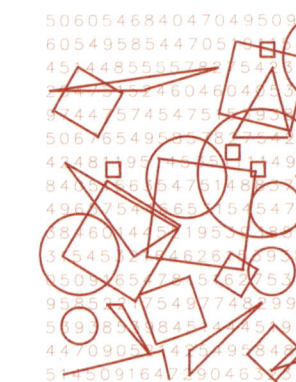

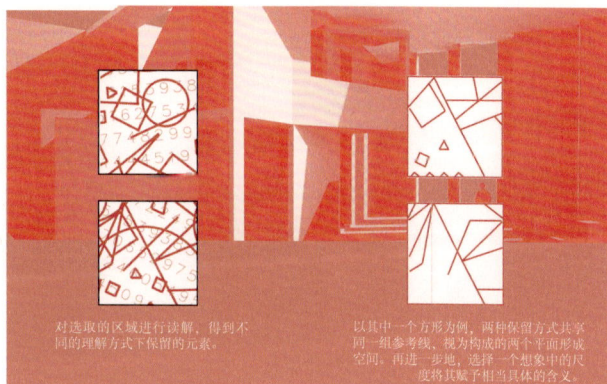

由《庄子·逍遥游》所得的图案中选取两个方形区域。

对选取的区域进行读解，得到不同的理解方式下保留的元素。

以其中一个方形为例，两种保留方式共享同一组参考线，视为构成的两个平面形成空间，再进一步地，选择一个想象中的尺度将其赋予相当具体的含义。

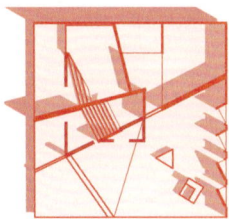

一层平面

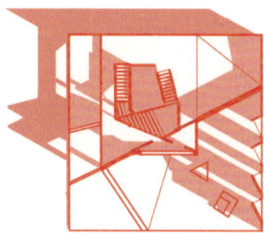

二层平面

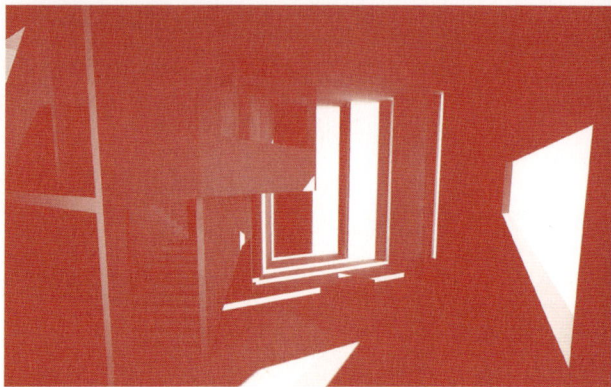

"文字"

以表音文字韩语为例，不同的元音辅音音节符号组成完整的文字和发音，并在组合中得到确切的含义。几乎是排列组合的方式作为关注其中"元素"的提炼，让人联想到表格中的每个字母作为一种"原型"或"结果元素"，通过组合形成完整的抽象或操作过程。大概也就是"张冠李戴"的形象描述了。

7
三只孔明榫 与 风格派

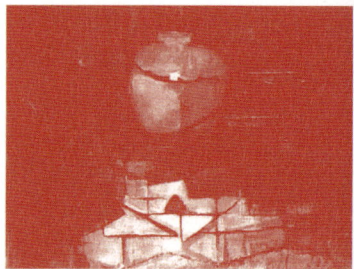

之前讨论榫卯原型的过程中已经认识到，抽象的关系作为原型缺少作为构成支撑的比例这一环，从而失去了作为空间形态原型发现的大部分价值。这个练习尝试将三件风格派经典作品中的比例赋予另一种榫卯：三只孔明榫，以使之得到构成的比例，从而形成特定的清晰结果。

静物与姜罐II 蒙德里安 1912

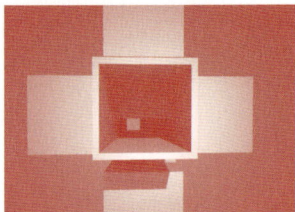

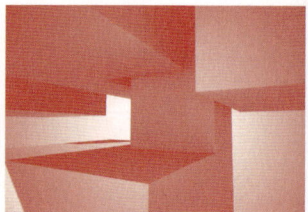

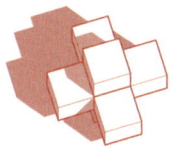

三只孔明榫

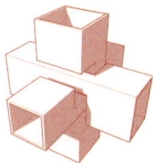

第一周课中的练习：直接扩大缝隙

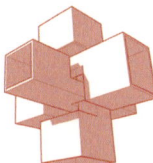

构成 杜斯伯格

自老汇爵士乐
蒙德里安

红蓝椅
里特维尔德

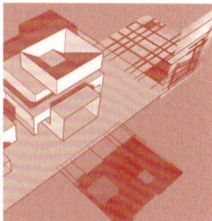

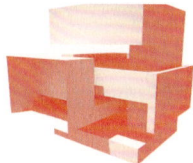

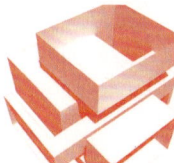

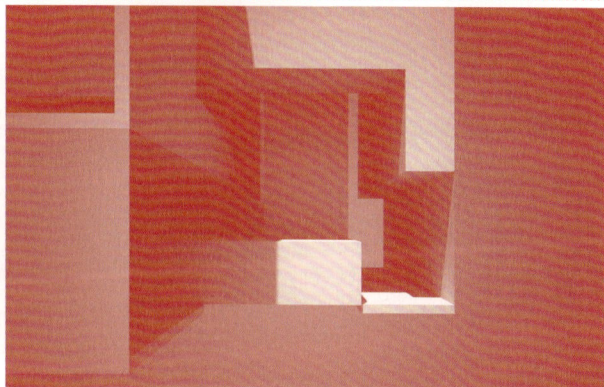

叙事这件事儿

讨论完上面的部分，也许很容易发现，"不自觉地将原型内涵的逻辑与抽象所得的构成的逻辑相连结"这个问题，就在上面刚刚讨论过的"故事空间"和对锁的想法中出现。关于"叙事"这件事情，说起来确实需要反思。

最初对"叙事"这个切入点的兴趣，只是来源于自己对建筑中这样属性的向往，但之后选取的"节点"一系列原型（物件节点、榫卯、锁），却在处理时遇到了不小的阻碍。关于原因自己在慢慢思考，不妨拿来分享。

"园林"也在叙事，但是当园林在被处理的时候，是作为一个"共时"的图案被处理和转化的，并没有保留本身的叙事内涵，只是在将其重新空间化之后，或者说在被题眼中，重新赋予了它"移步换景"的时间维度，重新开始"叙事"。

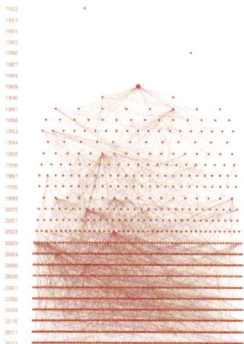

当然也有同时拥有图面关系和时间维度的例子。

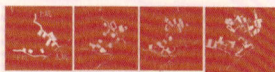

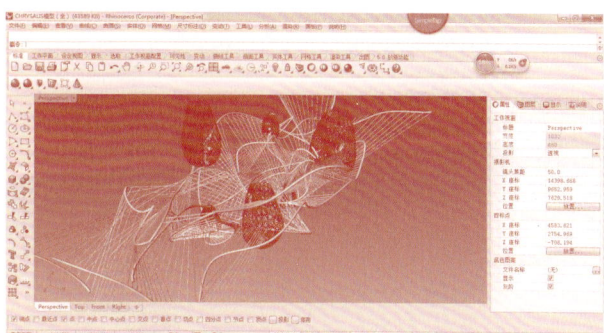

8
人像 与 电磁场线

这是在之前的参数化小学期中（与陈嘉禾同学合作完成）的作品。"原型"人像的选取是在早已确定操作方式之后，几乎是"为了找个理由"而产生的选择，但处理过程中的语言（电磁场线）的形态特征已经奠定了整个构成的状态和效果。

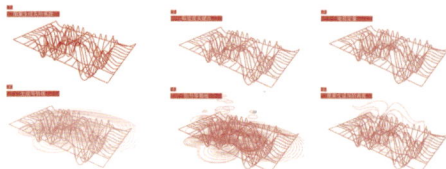

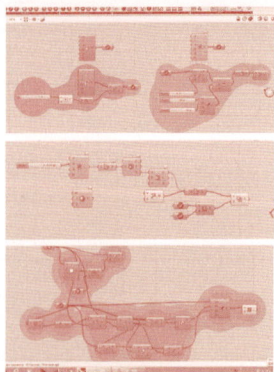

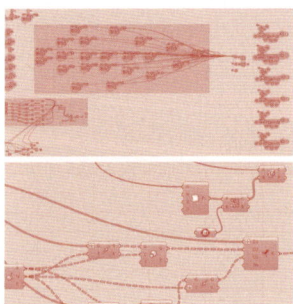

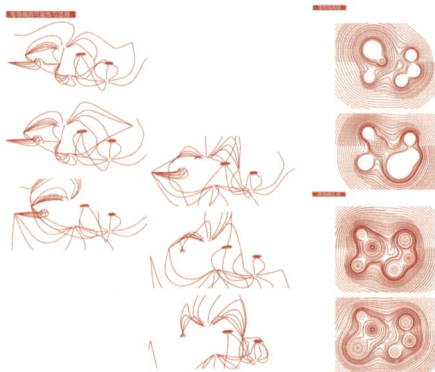

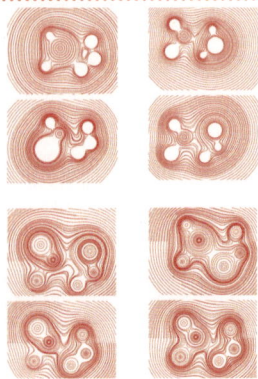

生成编织表皮

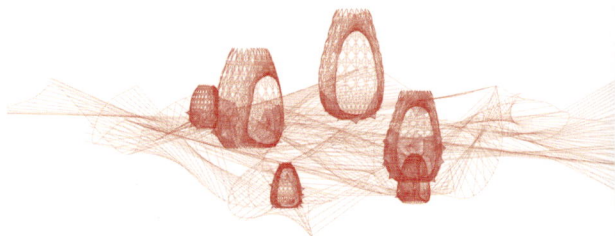

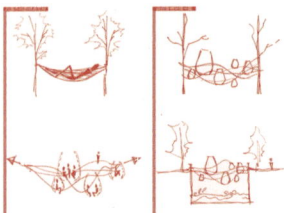

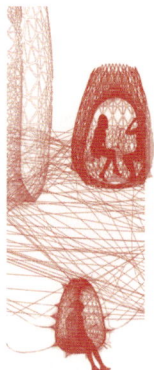

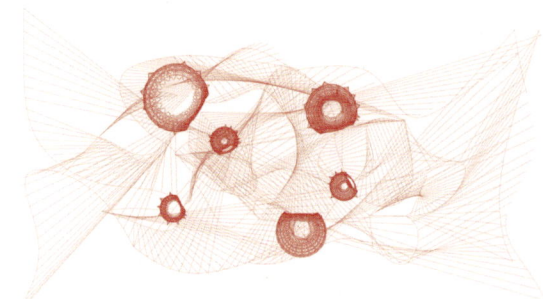

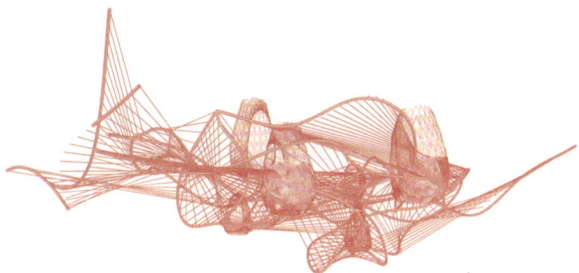

9/3.²

图像 与 乱序替换 / 翻折

这是之前在处理图画原型的时候一个较早的练习。放在这里是因为它的处理方式恰好也是一种结合。希望通过翻折处理的"增维"性质，得到平面上有所变化的空间。

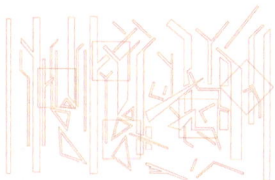

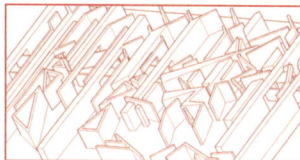

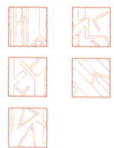

在所得图中选取 5 个方形区域。

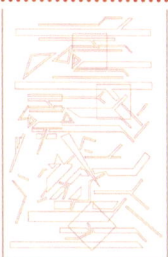

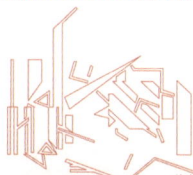

将其中两块方形互换

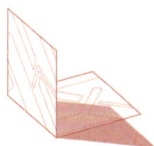

或将平面折起

垂直推起相交

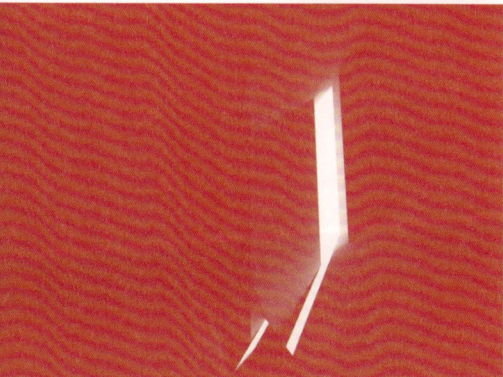

关于"点子"的"点子"

在前一部分对原型的探索过程当中，发现一个现象：如果直接想到一个题材，甚至随意在网络上翻看图片，打印后用纸板大致描摹轮廓就可以非常轻松地"完成任务"，而另一种方式下则需要绞尽脑汁挑选原型，或经过复杂的思考来得到一个成果。有时候私下讨论甚至会抱怨前者"直接push"的方式太轻易和缺少价值，现在却慢慢懂得这样的观点恰恰反而说明了自己没有真正地体会到"发现"的意义：从所有平等的事物中看出它的潜质。

点子就是点子，"人人都有"，到处都是，并不是辛苦得到的就是"好的"。赋予"点子"价值的，不是一双不知疲倦的手，而是一双有判断功力的眼睛。这也许也就是"发现"的做法重要的原因。这一部分的几个原型练习，仍然是"折腾"的，但此时也体会到了一些直接发现的重要性和高明之处。虽然"玩"得很热闹，更重要的是抓住"假天地万物"之力的机会，去看和发现。

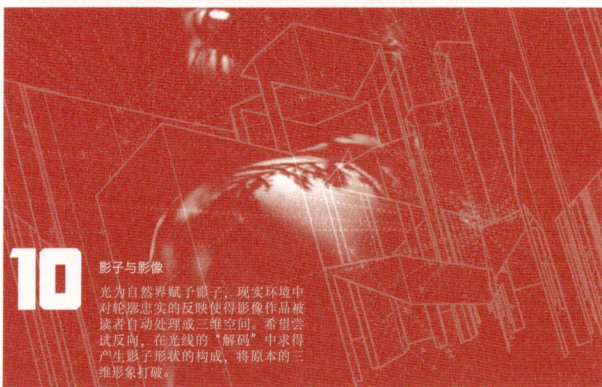

10 影子与影像

光为自然界赋予影子，现实环境中对轮廓忠实的反映使得影像作品被读者自动处理成三维空间。希望尝试反向，在光线的"解码"中求得产生影子形状的构成，将原本的三维形象打破。

飞机起飞 马列维奇

选取一张照片和一幅至上主义大师马列维奇的作品，通过光照角度反求在两个时间点投影形状分别为两张作品轮廓的垂直构成。

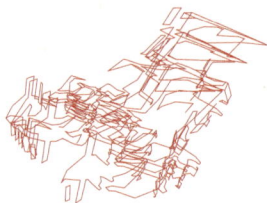

(选取北京地区秋分日 9:30 和 15:30 两个时间点的日照角度)

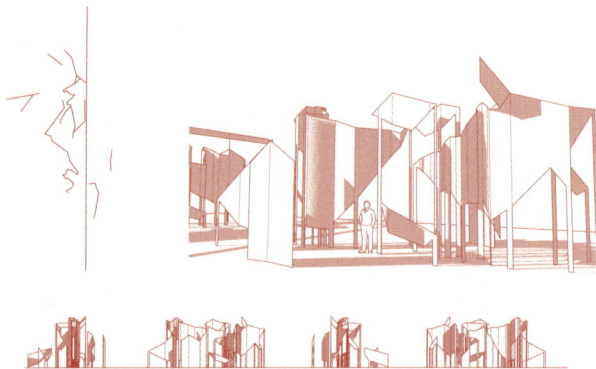

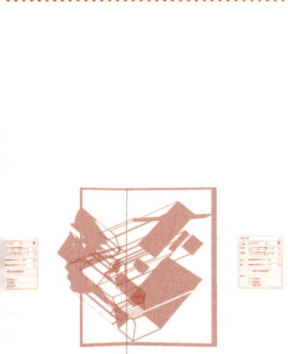

类似地，尝试搭建投影为已有的图像的空间。更理想的状况是，找出投影与影像中阴影元素重合的空间。但此次选取的图像线条对形态的描摹过于贴切，反而对阴影暗面未有足够关注，使得求得构成过于接近原型图像轮廓。

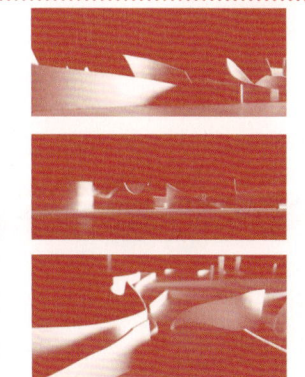

筷子夹带食物的夹起、松开、离等动作中，筷子两端头发生的靠近与远离交替、快慢交替与丰富的高度变化动作经过慢动作拍摄重现，通过上边缘表示空间位置，通过高度表示位置滞留时间。为体现区别，纵向差值被放大。

之前讨论的对过程的描述中，如这个练习的轨迹描述便是直观的一种。

11

筷子 轨迹和时间

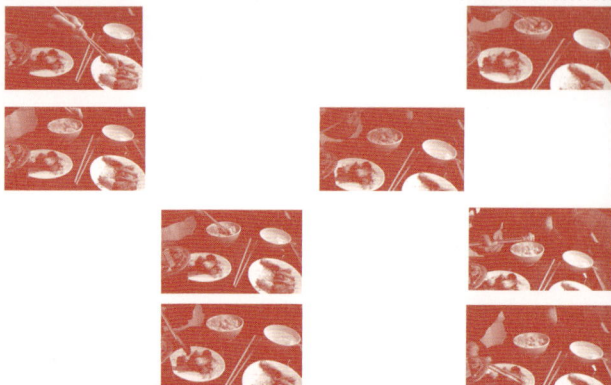

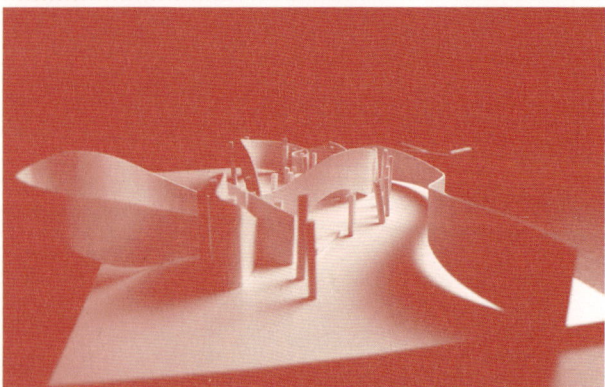

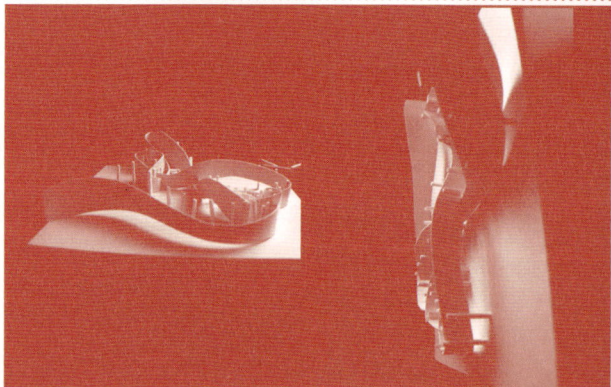

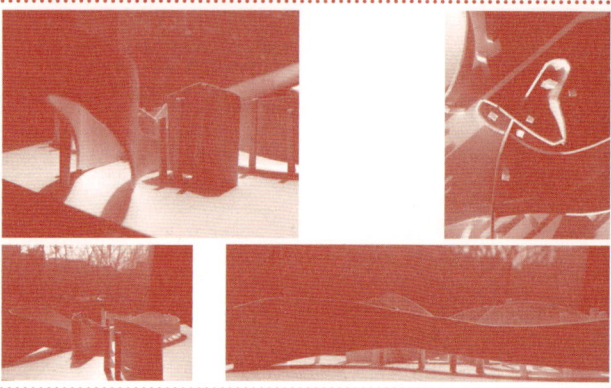

12

分形 插接
www.koalastothemax.com
类似分形处理的网站，鼠标划
过的圆形会被替换为面积为其
1/4 的 4 个小圆。

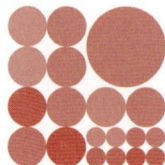

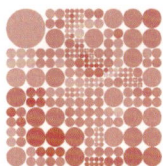

将元素更换为方形，并在4块相同大小、长宽比2:1的板子上按灰度值相当的圆圈位置和大小开洞，遇靠近处两圆颜色相同，则在边缘处开长洞。最后将各片拼插。

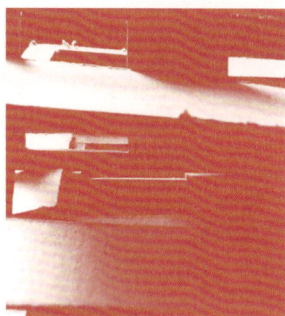

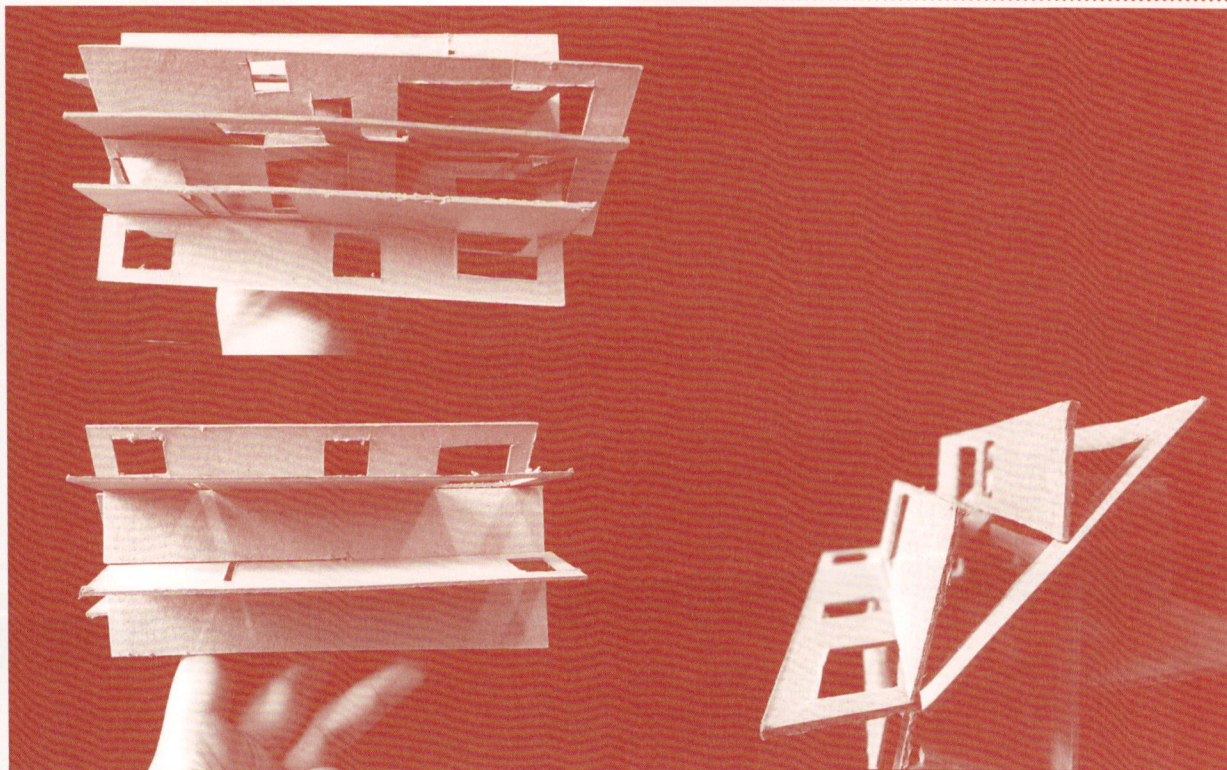

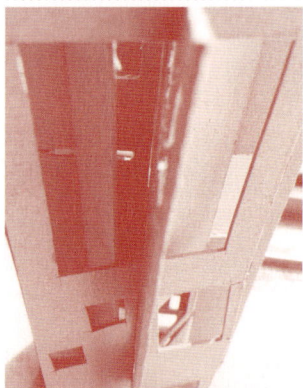

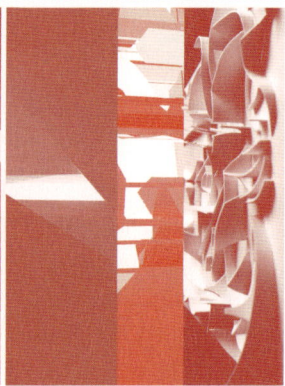

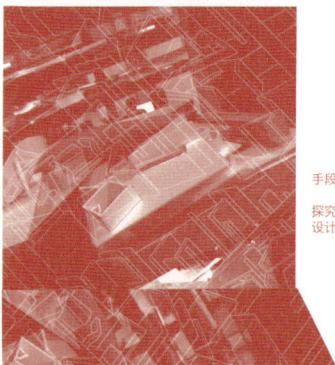

手段 练习

探究原型的练习之后，开始尝试利用选取的原型代入设计，并通过对空间的读解和发现完成设计。

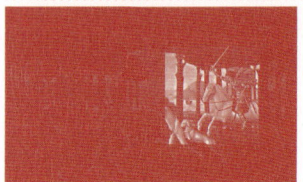

选取了之前的练习中最为熟悉的也是比较感兴趣的几点：树木的平行线构图和与后景河流之间的关系；动态的人物动物有张力的动作、表现抽象强烈意识关系的穿透性质的构成。另外在同一个区域经过数字抽象生成的几何形状可以作为另一个层次。

设计立意选择

由于设计内容和地段开放，选择从两个角度确定自己的设计题目：
——从平面原型简单读解出适合营造的建筑或场所类型；
——搜寻自己心目中希望存在的建筑或场所。

平行元素：过渡意义，视线控制　　　　其中体块：建筑单体 / 区域

游走的可能　　　　斜向冲突：引导，空间体验

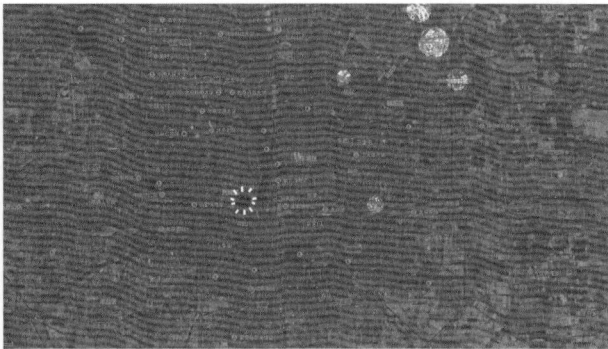

西单商圈 -
西单北大街

西直门商圈 -
西外大街

大体量、商业化立面 - 小体量生活区域
繁华商圈 - 市井家常
文化教育区域

新街口 -
西内大街

具体地段选择

■ 1 初步尝试

场地尺度：50m×50m

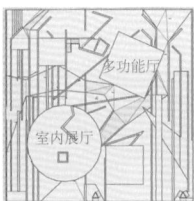

多功能厅

室内展厅

四周均可进入场地，流线互
相嵌套

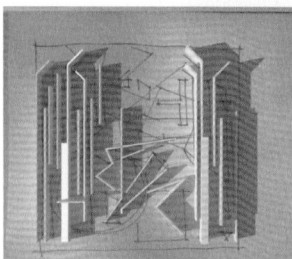

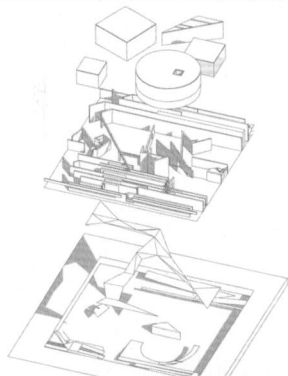

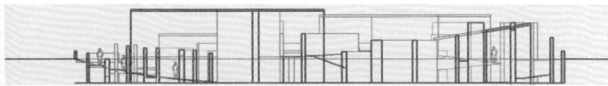

■ 2 迷路 主观操作

在之后的改动中，过多地利用了平行墙部分的
元素，加密并在其中开洞、增加楼梯和廊道，
营造迷宫一样的流线，对其中的"空"、交接
处和建筑整体关注度不够，呈现的结果零散而
装饰。

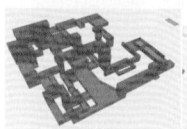

假想流线示意图解。

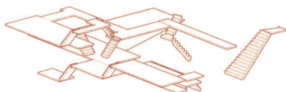

原型中折线出现的靠近中间的地带也是交通交错相对复杂、空间体验和使用方式多变的区域。首先对这一部分进行读解，在过程中发现问题并进一步熟悉整个构成的性格。

这一次改动的尝试原本是希望从墙之间丰富的流线入手，但从未完成的模型中也可以看出，机械的"制造"的出发点使得之前的韵味丧失，空间感和空间性格都没有能够在其中出现。

这一次尝试也成为了"主观操作"与"读解"之间较为明确的转折。

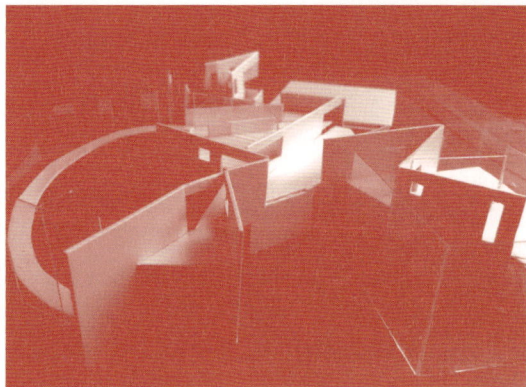

制作模型的过程中较清晰的感受到其中许多空间的本意虽然是使人留下，但比例上来看并不是一个宽裕的场所，而更像走道。

同时考虑其他空间的使用和所处位置，将建筑整体尺度扩大至80米见方。

4 继续读解

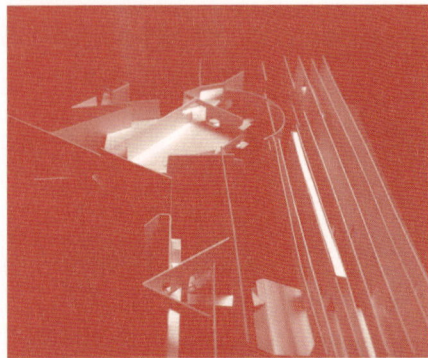

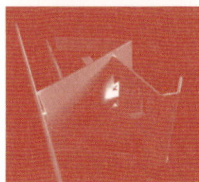

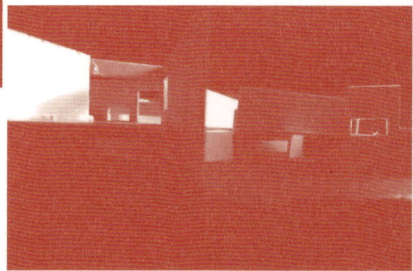

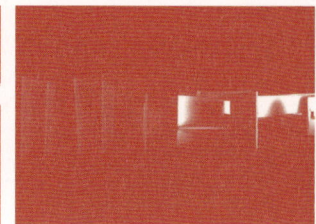

这一部分中经过比例的调整，空间的尺度相对合理，也由于尺度的不同在解读上也发生了一些变化。折线与平行线关系尚未交代清楚，整体形态尚为确定，成为下一步的重点。

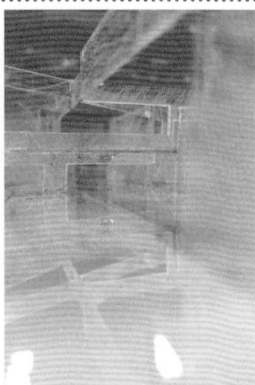

体量内部墙延伸出的"梁"下的光感。

设计说明

历史沿革

西单作为北京古城西部的商业区,历史可追溯到明朝。位于当时的长安街西端,建有单牌楼题"瞻云坊"。"西单"为"西单牌楼"简称。牌楼毁于1923年城市建设。图书大厦、民航大楼一代为双塔庆寿寺原址,1954年扩建长安街时拆除。新中国成立后有多家店铺但道路空旷,1958年发展全民体育运动,建西单体育场。八十年代末改为"西单劝业场"、"百花市场",1995年城市规划拆劝业场、百花市场,建西单文化广场。

拆迁、改建、年久损坏……
胡同的墙作为视线中保持
到的遗留，承载着人们
对老房子最后的依恋和执
着。

墙中生树、墙中看人、墙
边聚集休息，生活的日常
往往与一面熟悉的墙紧紧
相连。

在繁华立面侵蚀属于市井
家常的一面面墙的地方，
还人们一个在檐下偷闲和
回忆的地方。

西单商圈位于交通线交汇处，现
有建筑多为大型独立的购物设
施。而在西单北大街立面之后，
建筑体量和功能急剧地变化为生
活化的小体量和稍破旧的居民
楼，仍然有平房和胡同在金融街
等区域扩建的拆迁范围中。

西单环城处有较大人流，同时有
大量游客等群体滞留在区域内，
却没有合适开敞的空间提供给居
民和路人。休息其至透气等基本
需求也不得不在不尽人意的场所
完成。

同时北京市内多数艺术类展览区
位于东半城，市民和文化教育的
需求在西半边同样显著。但多数
西半边的交通节点仅作为商圈开
发，空间体验有待改善、艺术类
展陈和活动区域的需求需要回
应。

长安街 - 西单北大街路口
西单文化广场使用现状

围护许久的几处
四合院，也在最
近短短的几周被
拆掉，虽然人们
对写着大大标语
的围栏已经习惯。

新的西单文化广场，占地80米见方，包含博物馆、多功能厅、咖啡厅及商店、图书室等独立的室内空间。

场地内绝大多数为室外空间，为周围人群提供休息、聚集、会面的更舒适的空间和室外画廊、读书凉亭，室内空间仅根据通风和声学需要通过玻璃隔断，墙体元素作为梁、柱和围合贯通进室内。

场地四周道路均可进入场地，可通过多条流线到达场地各处。总地来说，这个设计是一个"街心公园"一样透明和亲和的，实现人们文化艺术和生活空间理想的综合体。

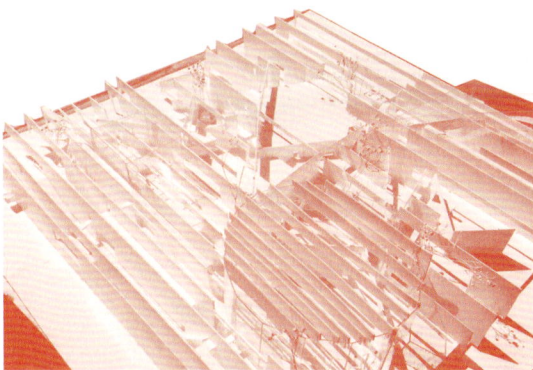

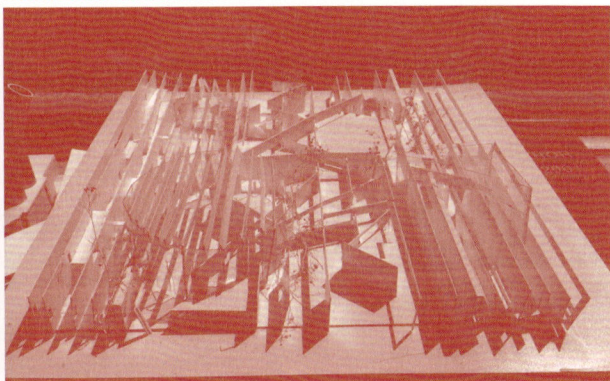

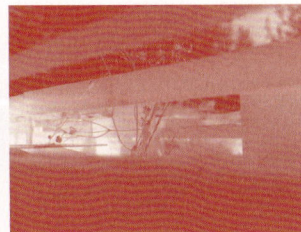

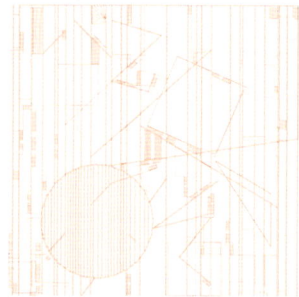

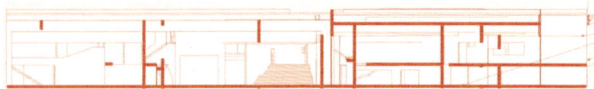

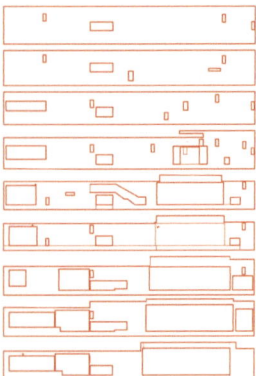

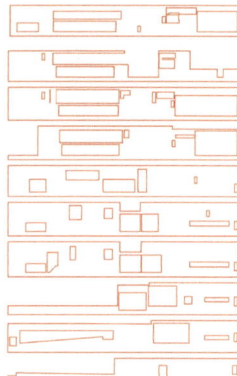

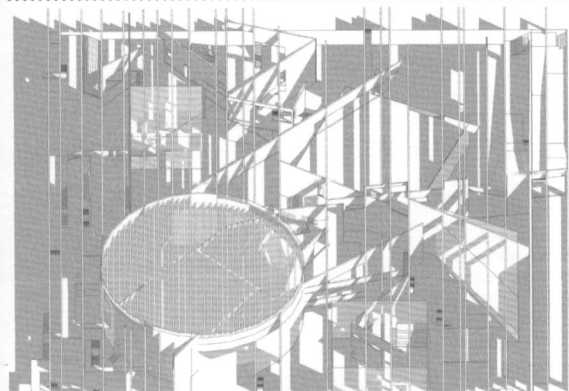

也感谢甚至没来得及记录的日常和冒险。确实更辛苦，但是太值得。

AN 8-WEEK-DESIGN

关于作者

丁惟迟，
男，北京人，清华大学建筑学院大三学生，现正于清华大学建筑学院开放式教学王昀老师设计组中就读。

前言
FOREWORD

建筑学院开放性教学，也就是我们平时说的大师班。本次作者十分幸运地上了王昀老师的设计组。题目是"空间·点子·手段"非常传统的题。然而在设计课开始后我们发现课程的内容与其题目有很大差别，但是却异常的有趣好玩，而且非常实用。

根据原型来做设计，做设计一定要形式追随功能吗？这些问题在本回的设计课中被王昀老师提了

出来。作为还在启蒙阶段的学子们，在八周的时间内，用一套全新的设计理念去接触建筑。

初步尝试
FIRST TRIALS

第一次上课

王昀老师向我们展示了他以前的成果，并教给我们一个"不同于以往"的设计思路。是一个关于选择与创作的不同的比较。学习建筑以来，我们一直都在想概念、实例中"抄"形式——再次创作的套路当中无限循环。但在其中，这种学习方式日下来，是一种慢慢的经验积累，终日想破头皮却难有惊人之作。

王昀老师给我们看了建筑与音乐、书法、园林、聚落之间形式上千丝万缕的联系，其中本来风马牛不相及的形式经过尺度的缩放就可为建筑所用。"你看这空间，这形式，你们自己做的出来吗？我自己也做不出来。"在我们瞪口呆之时，老师甩出来了一句话——这些都是选择出来的。

其实在我们身边形式是无处不在的，老师的帽子，同学的眼镜盒，包括一摊牛粪都是形式。"你们再看这（ZHEI）孩子，是不是一个体育馆？""你再看这（ZHEI）孩子，是不是一个高楼？"我们长

时间的以建筑的角度出发去做一个设计，门、窗、空间太久时间占据着我们的大脑，而选择开启了我们设计的一个新思路。我们所在的世界就是我们寻找形式的宝库，我们需要做的只是选择从中选择合适的形式，选择合适的修改，选择合适的功能。在现阶段这一切都比自己拙劣的所谓"创作"来得容易有效且舒适。

此外，王昀老师还希望我们能够做一个400页的小书（后来更新为460页），能够记录下自己的所感所想，也算是成长的过程吧！

本次老师的任务：分组后找到合适的形式，通过适当的选择，做成空间。

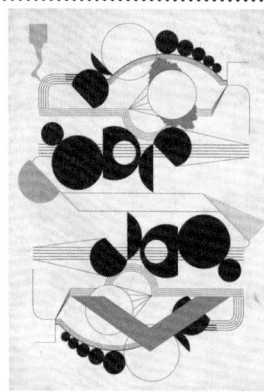

第一次准备

盲目艰辛的准备，并不知道自己做些什么。

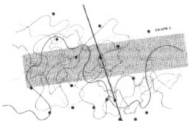

John Cage, «Fontana Mix», 1958 © John Cage

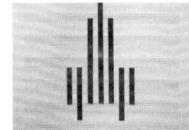

Music for Dan Flavin (Tatlin VII) by marcelogutman

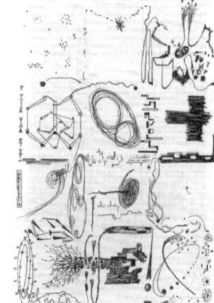

A. Logothetis, Odyssee (immagine tratta da Andrea Valle, La notazione musicale contemporanea, Torino, EDT 2002)

Cybernetic Serendipity Music

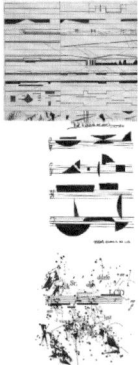

第一次准备的过程可以说是艰辛且盲目的，因为完全不敢将自己的东西继续做下去。疑虑有二：一是自己冥思苦想的形式观在那一刻开始崩塌，冥思苦想得到的所谓形式感，反复调试得到的所谓体块穿插，在那一刻都不如一箫乐谱、一本书画、一个村镇地图来的实在；二是，这么做的道理何在啊！？基本上每个人在晚上都看着自己手中打印的东西在发愣，不知道从何下手——莫不成随便将其中的平面语言像 SketchUp 那样拉起来就行了么？道理何在？需不需要加入自己的元素？要不太水了吧？也许是头一次上设计课，大家都想表现出自己的个性，所以都或多或少的加入了主观能动的因素。

而我则致力于寻找其中的道理，以寻得其中的逻辑、找出音乐中实际的与建筑的联系，而并非只是谱面上的。发现有些难。想法如下：首先，在音乐当中起到决定性作用的音高等因素在形式上难以建立与之能够匹配的价值，而连音等谱号却有很大的作用，有的一小节都连起来就是一个大圆弧。而这其中的偶然性也不可忽视，本身一段音乐却因为乐谱自身的篇幅原因，其本身的原型就会被破坏，体现不出其原有的精神与价值。
本次想法：
两个思路：
1. 专注于还原原型本体的精神，将一首曲子中的标志性乐句提炼，换成一行行的形式语言，通过不断地组合，改进形成新的形式；
2. 寻找更多映射，将强弱与尺度相结合，主观性略强。

古代鼓谱

Baude Cordier, Belle Bone Sage Codex Chantilly, ca. 1400

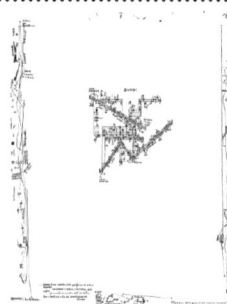

Sylvano Bussotti (1931-) Sette Fogli "Mobile-Stabile per Chitarre, Canto e Piano" To C. Cardew

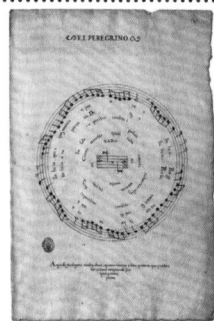

Los emblemas musicales de Juan del Vado c.1677-1679

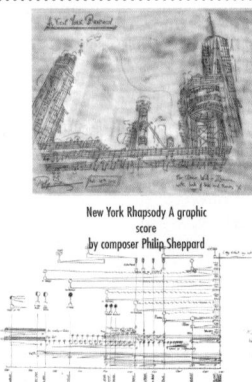

New York Rhapsody A graphic score by composer Philip Sheppard

Toshiro Mayuzumi (1929-1997) Japanese Composer.

John Cage, David Tudor, Yoko Ono, and Mayuzumi Toshiro, Music Walk, 1962.

BUNRAKU for Violoncello Solo TOSHIRO MAYUZUMI

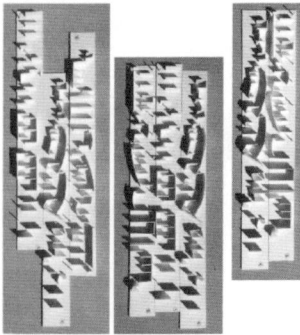

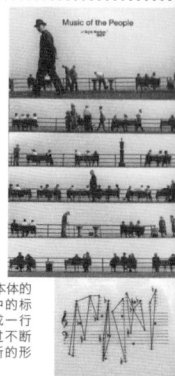

专注于还原原型本体的
精神，将一首曲子中的标
志性乐句提炼，换成一行
行的形式语言，通过不断
地组合，改进形成新的形
式；

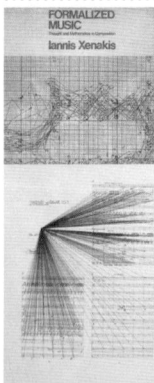

打破常规

继续乐谱的发掘，使用非常规的变化手段达到异于
原型的效果。

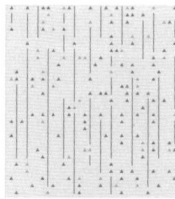

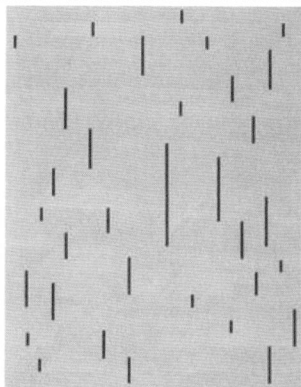

尺度的变化

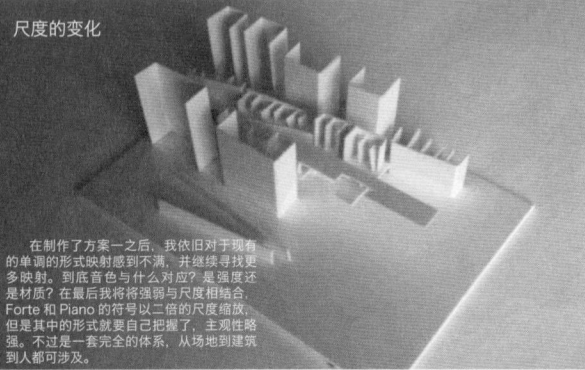

在制作了方案一之后，我依旧对于现有
的单调的形式映射感到不满，并继续寻找更
多映射。到底音色与什么对应？是强度还
是材质？在最后我将将强弱与尺度相结合，
Forte 和 Piano 的符号以二倍的尺度缩放，
但是其中的形式就要自己把握了，主观性略
强。不过是一套完全的体系，从场地到建筑
到人都可涉及。

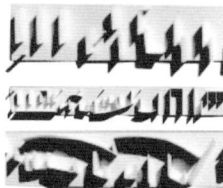

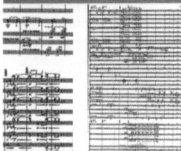

而我则致力于寻找其
中的道理，以寻得其中的
逻辑，找出音乐中实际的
与建筑的联系，而并非只
是谱面上的。发现有些难。
想法如下：首先，在音乐
当中起到决定性作用的音
高等因素在形式上难以建
立与之能够匹配的价值，
而连音等谱号却有很大的
作用，有的一小节都连起
来就是一个大圆弧。
本次想法：
两个思路：
1. 专注于还原原型本体的
精神，将一首曲子中的标
志性乐句提炼，换成一行
行的形式语言，通过不断
地组合，改进形成新的形
式；
2. 寻找更多映射，将强弱
与尺度相结合，主观性略
强。

而这其中的偶然性也不可忽视，本身一段音乐却因为乐谱自身的
篇幅原因，其本身的原型就会被破坏，体现不出其原有的精神与价值。
本次想法：
两个思路：
1. 专注于还原原型本体的精神，将一首曲子中的标志性乐句提炼，
换成一行行的形式语言，通过不断地组合，改进形成新的形式；
2. 寻找更多映射，将强弱与尺度相结合，主观性略强。

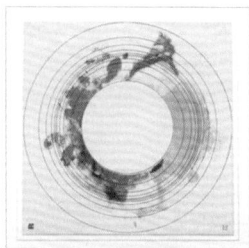

Toru Takemitsu / Kohei Sugiura
Graphic Score

视听联动
一个自古以来人们的渴望。

一个自古以来人们就一直追求的题目，有人将音乐配以舞蹈，有人制成mv，也有大手笔如幻想2000——迪士尼的巨作上，他们选出了各种风格的音乐配以不同风格的动画，其中每一帧每一拍都对的如此精致。也为我之后的原型选择提供了理论支持。

同学们的模型一桌子都放不下，老师也给出了相应的评价，我的也不例外。本来在同学当中享有"形式感不错"称号的我，也遭遇了老师的打脸。

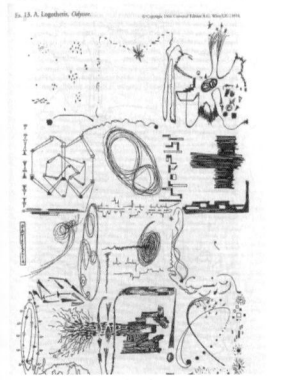

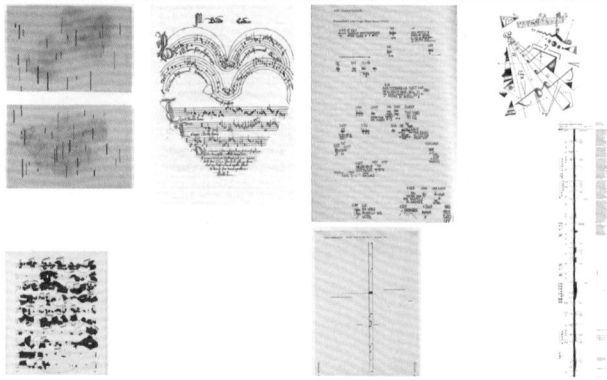

同学们的模型一桌子都放不下，老师也给出了相应的评价，我的也不例外。本来在同学当中享有"形式感凑合"称号的我，也遭遇了老师的打脸。他说我对形式的把握并不敏锐。原因是我在第二个模型当中的布局是自己臆想出来的，然而王昀老师早已看穿一切。

此时我仿佛有些明白了选择是什么意思了。

老师反而比较喜欢我的第一个概念，并强化了它。认为随时可动的模型可以做成游标卡尺一般的建筑生成器。

本次想法：

两个思路：

1. 专注于还原原型本体的精神，将一首曲子中的标志性乐句提炼，换成一行行的形式语言，通过不断地组合，改进形成新的形式；

2. 寻找更多映射，将强弱与尺度相结合，主观性略强。

看着一桌长势喜人的模型真是看着醉人，感觉大家已经渐渐明白了何谓选择，何谓"形式"。

"我当时困的迷糊了所以……""这不是理由，真正的建筑师就是一笔下来形式自然就出来了。"王昀老师毕竟早已看穿一切。我们还是太年轻，面对着创作形式的时候总是会捉襟见肘，没有选择哪儿来的创作？

本次老师的任务：深化方案一，并做继续尝试。

599

眼观六路

继续寻找可用的原型，变为自己的宝库。

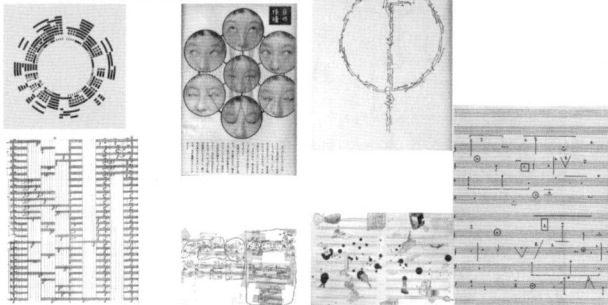

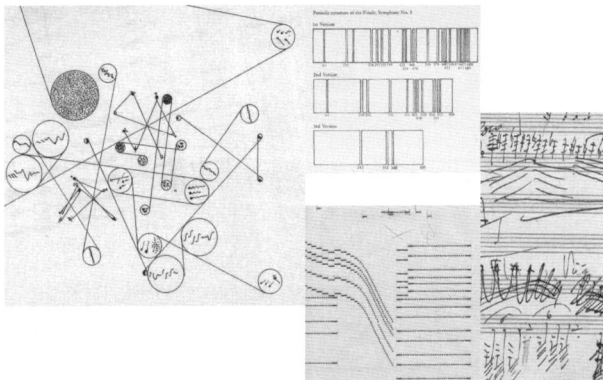

第二次准备

建筑卡尺虽然概念看似狂霸酷炫，其实实施并非易事。经过思考，我决定增加组合的限制因素。

武满彻
Toru Takemitsu

武满彻，日本作曲家。1930年10月8日生于东京。20世纪60年代作有由17件弦乐器演奏的《地平线上的多里亚》、琵琶、尺八和乐队演奏的《十一月的阶梯》等，逐渐蜚声国际乐坛。

他的创作个性鲜明，音乐语言新颖独特，在日本音调基础上运用了西方现代音乐技法，具有时代新鲜感。

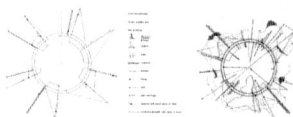

除此之外，又继续对武满彻的理论进行了研究，得出了其乐理思想而出的模型。其简化版的模型可能也会用作之后建筑尺的研究之中。

建筑卡尺虽然概念看似狂霸酷炫，实施并非易事。首先建筑的尺度较难控制，而且多变的组合反而会使无限的可能缺乏有力的统领而变得杂乱无章。

经过了思考，我决定增加组合的限制因素例如模数，大小尺寸，使模型理想化。

并引入利于选择的制约因素，例如柱式和声，复调等，使空间变得有趣且生动，而且易于管理。并对能够产生的形式提出了新的猜想和可能。

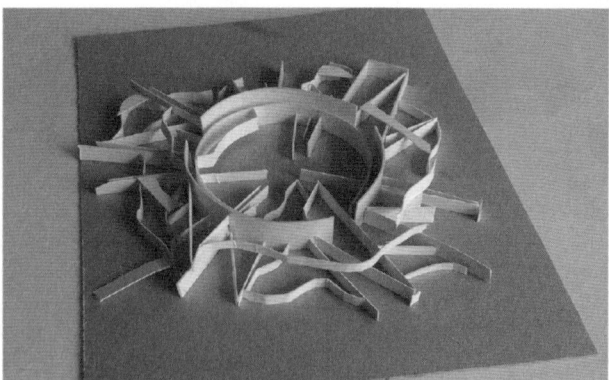

虽然做出来的模型是关于音乐的，却莫名的非常有种太阳的感觉。大抵是由于其中的向心性而致。但我同样发现了，一些同学的方案虽然原型不同，但是却有很高的相似度，是否是因为美的标准时客观存在的，导致美是大致相同的但丑各有各的丑？

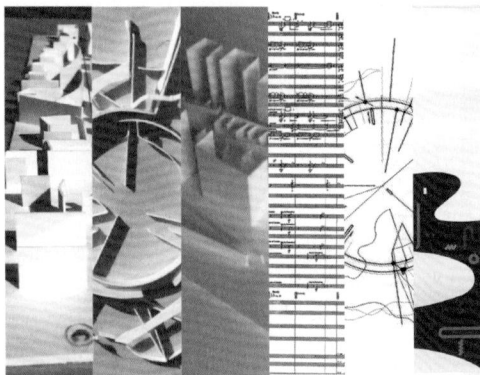

第三次上课

这次课后老师对我们训练的目的终于明朗了一些，有了更深层次的精神要求。

这次课后老师对我们训练的目的终于明朗了一些，看见同学们掌握了基本对形式选择的方法后，老师提出了更高一步的要求，即在形式和表面的背后向下挖掘更深层次的形式意义。从而得到选择后的提炼精华。

针对不同的同学的设计，老师还是提出了如下关键词：

"偶然性"
抽象，不能像原物
没人会一样
想，创造需谨慎
美来源在何方？立面的思考。

本次任务：大量尝试、总结归纳探求形式之外更深的意义。

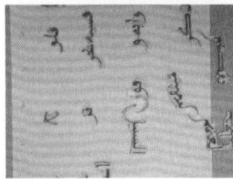

第三四次准备

我们现在身边很少能够有创造美的能力，但是完全不缺乏发现美的感觉。这更需要我们在平时的准备过程当中有意地去留意、选择、保留。有时候的美仅仅是一瞬而逝。

身边的同学渐渐分成了两个阵营，一个保留了原型的视觉方面，从中单纯的提炼了符号成为形式，希望从原型中或直观或经过加工提取形式美的相似点；另外一个阵营则是加强了自己逻辑思维，希望从原型的逻辑入手，将类型归纳，提取美的逻辑，往往会有通感的应用，比如电影的结构美逻辑提炼形成真正的形式、空间。这往往需要更多的尝试和思考。

相比而言，我的题目——音乐本身并不具有一眼而成的直观形式美，但经过人工的记录形成了可以一目了然的乐谱。乐谱本身就是一种错综复杂的形式语言，但音乐给人们的享受是听觉的，乐谱形成的空间是视觉的。音乐是不可逆的，乐谱形成的空间是可逆的。

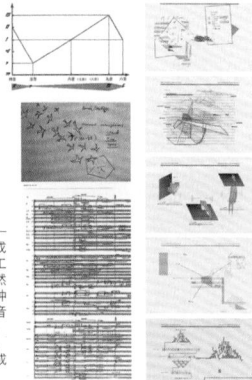

鉴于多种不同，在从音乐转换到建筑、空间的时候必将会有一些遗漏，就像转译的时候一定会有缺失一样。比如乐谱中的大三度和增四度看起来只是一长度差了一条半坐标一样，但是放在演奏中的效果是天壤之别；再比如音乐中的一段旋律之所以能打动人，是因为其中一些音符的错动让人能够感觉动听，如果将其可视化，终究是一段错动的片墙而已。

601

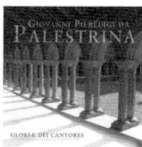

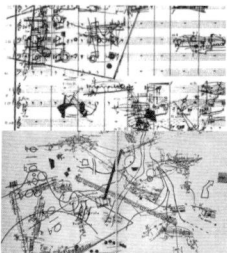

乐谱是人们表达音乐的产物，本身经过了人们的加工，终究是为音乐服务，而非建筑，我则想为建筑以"音乐"的形式去自助拼接一段建筑的曲子，何谓复调的形式，将重复的语句当中找到可以使用的功能，并将其重复交错的形式去使用，已达到丰富的空间效果；再比如何谓柱式和声，每个声部之间的对应才是严丝合缝达到工整的效果。

如果将真正的音乐能够表达在建筑当中想必定会达到一个建筑与音乐我的研究中一个更高的高度。但是正如之前的表明，建筑既然是凝固的音乐，就必然将音乐的不可逆性转化成了可逆的一个过程，音乐某个顺向能让人感觉的美妙时刻却因为凝固了而消失。这也是这个专题一个不能避免的问题。

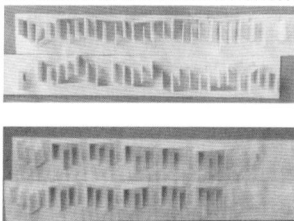

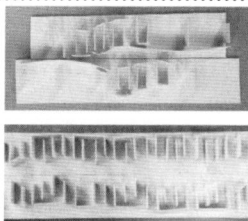

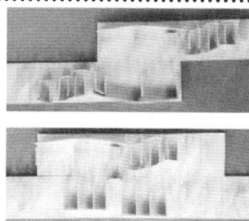

如果将真正的音乐能够表达在建筑当中，想必定会达到一个建筑与音乐我的研究中一个更高的高度。但是正如之前的表明，建筑既然是凝固的音乐，就必然将音乐的不可逆性转化成了可逆的一个过程，音乐某个顺向能让人感觉的美妙时刻却因为凝固了而消失。这也是这个专题一个不能避免的问题。

我一直以为，之前研究的关系其实是建筑与乐谱之间的关系，乐谱是经过人们高度概括以便演奏音乐而成的产物，其本身一些便使音乐具有活力的手法，强弱等只是单纯的以符号的方式记在了小节头。比如乐谱中的 Forte，Piano 等强弱记号本来能够控制乐谱的收放，并持续数小节论的效果，但是在纸面上的表现只是单纯的拉丁语字母。本来控制音色的声部，在乐谱中并不能完美的表现出来，需要人们去看文字才能做出反应。

也就是说，音乐的很大部分魅力在乐谱中的表现并不直观。乐谱是音乐的代言人，但是本身又经过的人们制定的规则，所以在音乐到乐谱的转化中有不少信息的缺失。相反，一些在音乐中起不到决定性作用的语言在形式方面是非常重要的角色，比如连音谱号，其弧线具有非常强的形式感，而且会和音符形成闭合的空间。（即使逻辑上行不通）所以乐谱的转化既有已有的信息缺失，又会加入新的形式语言。

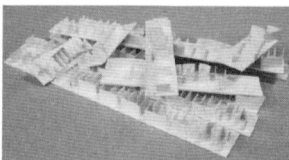

说到逻辑，又有很多人尝试将一套完整的逻辑语言证明其设计存在的"合理性"或者是自己"发现"或者"选择"的美。例如纸牌随意抽，电影情节的建筑手法再现，小说情节的长短加以"加工"围合成的空间。这些说法看似有理有据，令人信服。但是的确没有达到美学的标准，这让所有在"逻辑语言"上探索的人都遇到了难题——自己的逻辑语言的提取是不是一种"创作"而非"发现"。

我们原本是寻找原型发现美，但是最后却向着寻找更深含义的目标出发，是否已经违背了当时设计的初衷，但是只做符号化的形式训练又觉得未免不太尽兴。大家的点子都是好点子，但是手段目前来看难免时有馊主意。

音乐与乐谱之间存在着诸多映射，其中不乏很直观的一些联系，但是将音乐中的感性因素强行通过通感移到乐谱的理性的映射未免太过牵强。（我们可以看出交响谱子的工整、复杂，但看不出大气磅礴也看不出小鸟依人）于是我决定在已有的映射之上加上自己的规则，首先，将乐谱当中隐藏的形式规则加入到自己的试验品当中，找到诸多的映射的关系。

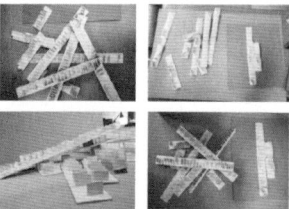

为了达到相应的乐句效果，我准备了很多条不同且重复的长中短句以达到多种的乐句组合应用的效果，再通过不用的组合方法以寻得其中的潜在美感。

老师在一次上课中讲寻找寻得一些偶然的美感。一些同学在自己的模型当中还是通过自己心中的美的感觉在塑造模型，但是事实也证明，他们的尝试并没有取得很大成功。

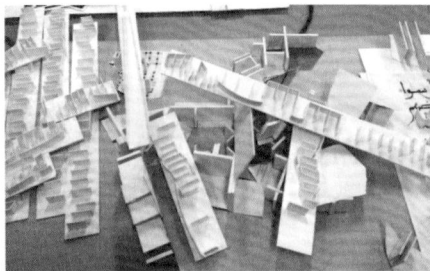

因为这些所谓的他们追求的美感是一种"创造"的"美感"而非"发现"进而选择的美感。有时候真正的美感就发生在一瞬间，及时记录，别让他流失。然而在试了很多次之后，我又颠倒了其中的顺序，包括其倾斜角度（随机颠出来的）。尝试出了诸多的可能性，其中也不乏美感，但是其本身的音乐属性已经被消除殆尽了。变成了一个以音乐为噱头的自然选择的设计了。

武

我当然对此个不是很甘心。因此对这个原有的模型我想到了一些新思路，并准备了一些其他的手段。

首先一个想法，将自己的本身逻辑相对单薄的乐句加上别的逻辑而使其的逻辑美加强。例如我的乐句出自武满彻的作品，为何不就将一个"武"字单纯的放在模型之上，本身也是有一定秩序的东西。也将自己的空间分布变得更有意义，其中弄出来的美感是无法比拟的。

其中条形空间交错，还能够形成内部围合的院落空间。长短的空间混合在一起也能够提升空间的趣味性。但是这毕竟还是为了形而找形，并没有能够脱离出符号的本质。不过不失为一个继续深化问题的新思路。

以形找形。

耳听八方

继续寻找听觉的原型，变为自己的宝库。

既然是音乐，我选择了在音乐从听觉的角度出发去寻找原型。选取对象为节奏明显的电子乐，其中的BEATS 就像建筑中的柱网一样决定了房屋的走向。然而受到了形式的限制，我无法从抽象的音乐中提取因素，只好作罢，但这无疑为我提供了新的思路。

更近一步

继续寻找听觉的原型，变为自己的宝库。

既然我将视角移到了其他形式的音乐当中，并从中获得灵感，既然如此为何不能从节奏和听觉走向上去挖掘一首歌曲，而仅仅是简单地从视觉的角度去将原型转化，那种转化是直观的，但也无法发掘音乐内部的含义。

于是我决定认真地听一个歌曲并将其表达成真正自己的语言。

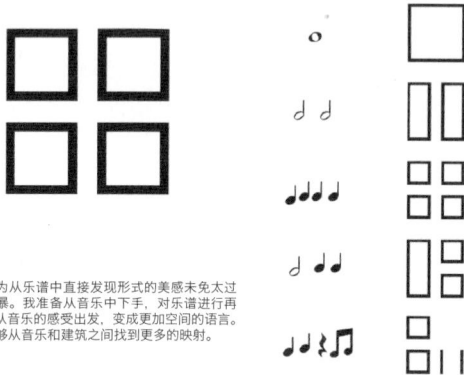

另外，因为从乐谱中直接发现形式的美感未免太过于简单粗暴。我准备从音乐中下手，对乐谱进行再次翻译，从音乐的感受出发，变成更加空间的语言。也希望能够从音乐和建筑之间找到更多的映射。

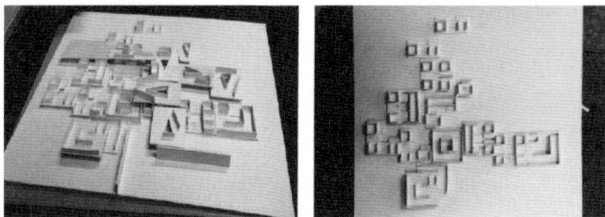

这些映射当中都是建筑与音乐之间的直接联系。例如面积对应速度，速度慢面积大；空拍则是实在的吹拔；强度对应空间的高度，拍数则对应几何形态和比例。

将一个曲目的交响谱，钢琴谱以及人声谱相互叠加成了现在的形态。其中体块的错动是大致因为乐句的走向和走势所致。

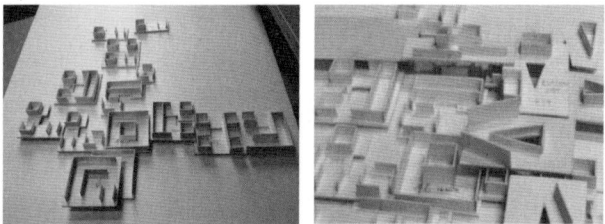

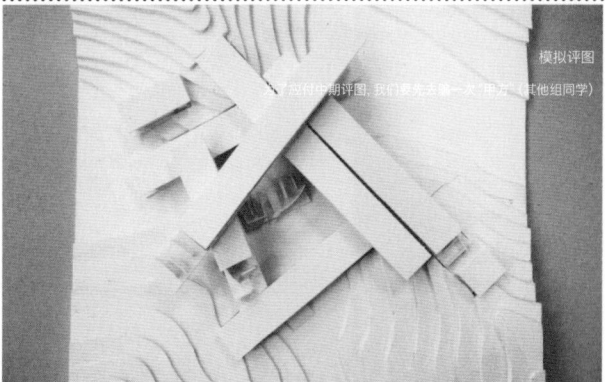

模拟评图

为了应付中期评图，我们要先去第一次"甲方"（其他组同学）

通过从武满彻的音乐中提取音乐的活性空间，并形成"A、B、C"三个典型平面与空间，通过不同的组合形式形成"复调空间""柱式空间""点式空间"，但整体形式是根据武满彻的音乐特点与相应地形的理解而成。整体形式是一个"武"字，其中自然形成了围合的条形空间。

伪概念：

    在当今住房需要越来越高涨的时候，需要一种迅速建造的手段来满足人们的对快速建造与设计的需要。在本设计中，我设计了几个用于不同功能的空间原型，可用于迅速建造与组合。对于不同地形亦有不同的处理手段。在不同空间组合在一起时，也可形成大型空间，亦可围合成院落空间。

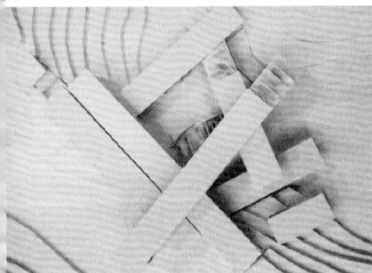

真枪实干

    前两周以来，我们一直在寻找一种切入的途径，完全不同于以前设计法的途径。王昀老师提出的"建筑学已死"的说法，一种传统的寻找建筑的方式已经全被用烂，人们应该去注意那些其他学科之间进入建筑的切入点。建筑既是一个全科，也是个什么都不是的学科。

    这个想法本身是一个概念套概念的过程，虽然本身合理，但并不能算是一个出彩的方案，无论从创新还是形式上，可能本身的"组合"概念被别人用过了太多次，自己又没有从中进行根本的创新。对于其中的平面也没有更加深入的探讨，算是一个合格的方案，但是并不讨巧。

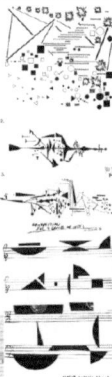

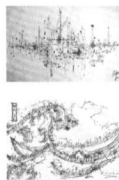

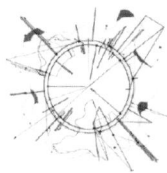

    从符号到逻辑，我们一直在探索其他巧妙切入建筑的手法。不少同学都从逻辑方面切入，寻求原型中逻辑之美。认为单纯的符号提取是一种低级的行为，王昀老师则认为这是种平等的方法，只要是美的，就并没有孰优孰劣之分。大部分同学找的逻辑都没有能体现内部美感，也许自然就是比人为的行为更高一筹吧！

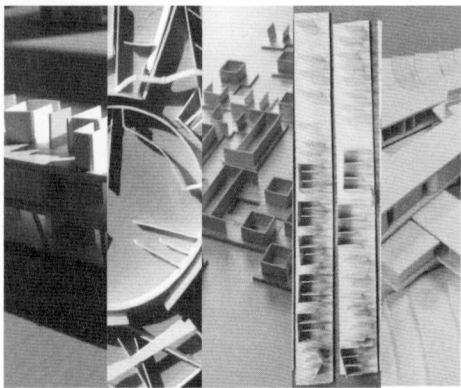

长久以来，人们都在一直追求建筑功能的实用性，而且有形式追随功能的说法。王昀老师提出来这个问题的时候，他说建筑从来不需要所谓说法。长安街上的建筑哪个不是带着说法的？但是哪个好看好用了？这一句话简直如雷贯耳。全组人噎的说不出话来。

接到王昀老师的微信"一切的狂欢都将在中期评图前结束，回到理性和逻辑"。786突然有一种小孩子狂欢后终于要依依不舍回家的感觉。感觉自己在前几次依旧没有玩得尽兴。想到王昀老师说的"就是带着大家玩起来"这句话，心中不禁还是有一丝悲凉闪过。毕竟在今后的课程当中，应该再没有这种的随意、欢乐有趣而且收获颇丰的课程存在了。

王昀老师组自从第一周以来，刷通宵同学的人数就没有低过。我基本上也是在每个设计课前的夜晚都是在建馆中度过，用周桐的话说"每节课都是交图节奏"。虽然熬得很苦，但是我并没有感觉到因为无奈或者无聊引起的痛苦。

新的尝试
更多的美的寻找！更多的形式语言！

在进行了模拟评图之后，我们开始了新一轮的尝试，我们接到了新一轮的任务："更多新的形式语言，更多的原型寻找。"于是我们又一次扎进了大自然的怀抱当中寻找新的形式原型。不过这次大家似乎真正明白了老师的真正意图——美——以任何形式任何手段而达成的美。

原型

启蒙阶段已然结束，前几次的课程虽然看起来比较像是一个起步，这远远没有结束，经过前几周，我们对于形式中的把握已经略有成熟，虽然远远没有达到随手一画就是漂亮的东西，但是至少知道了提取为何物。经常羡慕王昀老师画画，出手就是准的，这也是功力所在吧！

原型如此之多，感觉音乐、书法、园林、聚落已然不能限制住大家的思路，古文字、细胞、画作等任何东西都能够成为大家下手的原型。还记得老师说道"普通的美还是会比有价值的丑来的美。"一个普通的美女从视觉角度还是胜过了卡西莫多。换做我，也会先和美女去打招呼。

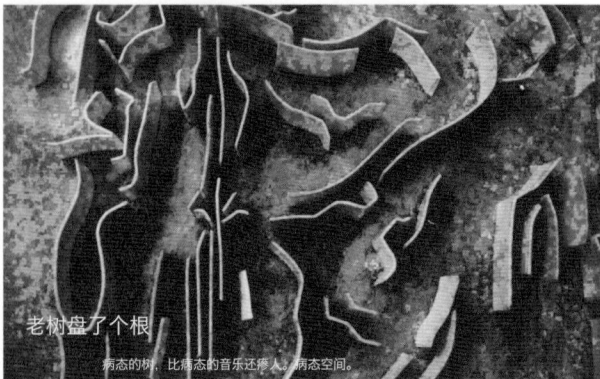

原型

身边的人开始做树根、树叶、或者是二分树等一系列的东西，在一次吃饭的路上，我注意到了这个被我们革命先烈当做食物的东西——树皮。树皮纹理清晰，沟壑分明，极像是一个规划好的城市，蚊虫蚂蚁就是其中的居民。一棵树就是一大城市，有着百万子民。但是，真正吸引我的，是病树。其中的畸形与扭曲并不是一个正常人，也不是一棵正常树能做出来的。

老树盘了个根
病态的树，比病态的音乐还撩人。病态空间。

606

果然，由于树形的块瘤，让一刻树的形状变得崎岖不堪，但是我在其中也发现了从所未见的所谓建筑的"形式语言"，也看见了柯布西耶朗香教堂的影子。不过阅读平面的能力不光在于提炼发现选择，也在于平面的截取。一次精彩的截取完全可以获得更佳的效果。

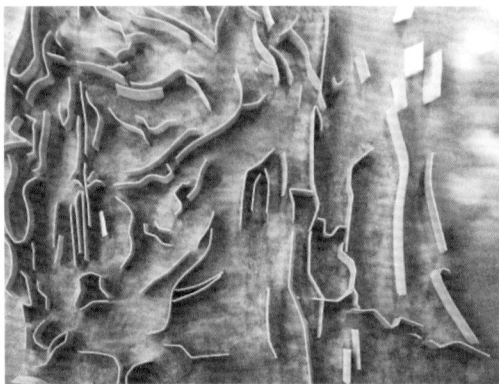

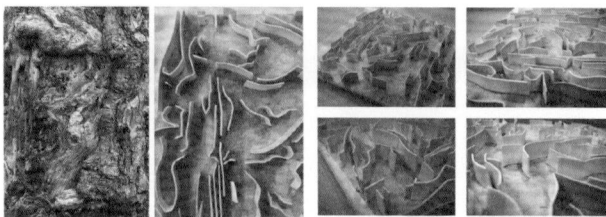

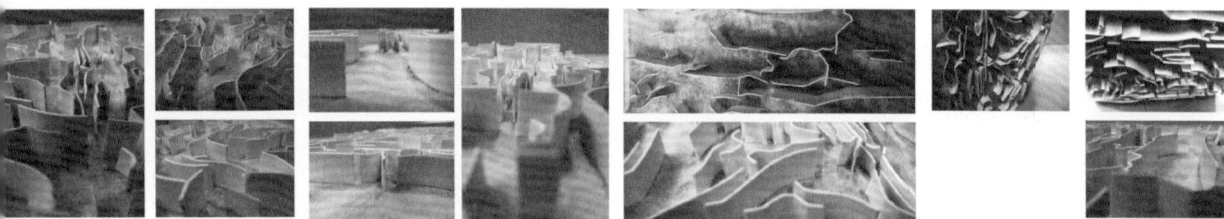

树皮算是一次比较不错的形式体验，步入其中我一定会被其中的精神力量扭曲。但是对于其中的平面阅读能力我依旧还有所欠缺。

一个原型，加入了自己狂躁的笔触，但是这种感觉太难把握，而且这个"狂躁"的水分过大，确实是一个水水的空间，而且其中的圆形确实来得不清不白。

狂躁的水空间
一个简短的小水想法

这次尝试不是很成功，但也是为了之后提供了一个可主观可客观操作的方式。

吃货设计
一个汉堡也能攒成一个设计误。

原型

人是铁饭是钢，食材一样可以成为自己设计的原型，为了处理不同事物中的复杂关系，我选取了其中结构并不复杂的汉堡，并选取了不同的营养物质，作为每层的楼板，而其中的八个区域如果营养区域含有，那就有，如果没有就没有，形成了丰富错落的形式空间，虽然方块的形式是自己臆想出来的。

最后的模型变成了这个样子，相对的空间丰富度由于自己的编排原因还是略显单调，不过获得了称号将汉堡已经排得得"信达雅"了。自己也开始怀疑自己到底是不是真的有"只求酷炫效果不求逻辑"的倾向了。因为最后老师来了一句"我觉得你还是做武满彻的那个挺好的。"

经历了那么多模型后我终于到了最后的四周了，中期评图要来了！这群人的信息让我们简直措手不及。是时候表演真正的技术了！
在犹豫做什么的时候我决定还是做那个字的模型。只不过有一点点小小的改动。

交图前的锦囊
如临大敌，诸君听令！

原型到房子

点子谁都有，但是不一定有好的手段去实施；同理，好的原型大家都能找到但是缺的是一个好的手段将之实施。我们有原型但是缺没有手段。

楼梯为何不能弄在房间之外，从别的地方进入？

你看啊，这个地方上一个台阶，这是一个方体的房子，这边开一个大窗，里面伸出来一棵树……一切都在流畅的线条之下进行着。

风景、道路、楼梯

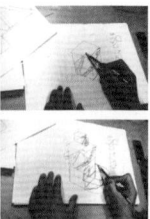

那些楼梯，为什么非要安插在楼内；风景们，为什么非要塞进方盒之中？

中期评图

一次真正从原型向实体的转变。

一些思考

与模拟评图的思路大致相符，采用思路套思路的概念构想，不进行过多的纠结，采用与前期相似的过程，从乐谱中提取概念，用于自己的设计当中。至于形体的考虑，放在另外一个字当中以得到形态。

伪概念

CONCEPT SEEKING

主要概念

与上次略有不同，上次的主题集中在"可移动"上，具有简洁可拆卸的效果，这次的核心概念做了一个大胆尝试，引入了一个全新的概念，"与北京相关"希望从形式上更加贴切老北京文化的遗风。

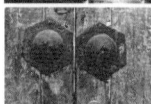

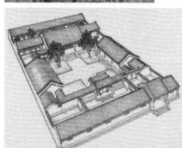

围合概念与街道感

地段选择

由于与北京文化有关，不得不为这个"伪概念"圆谎，因此地段的选取成为了一个不得不考虑的大难题，像上一次我选在了一个野山沟里，这次就不能这么随意了。相应的，我把目标定在了二环内。

地段现状

该地段位于二环内南锣鼓巷大街以南的东吉祥胡同和东板桥街交界，周围胡同的围合使其形成了形态奇特的场地，其中的难度会较大。

示意模型

一个 1:300 的纯白模型。

在该地段的刀把型的场地包围下，自己形成了一个汉字"徹"由于其体型复杂，对于平面的解读也相对复杂。

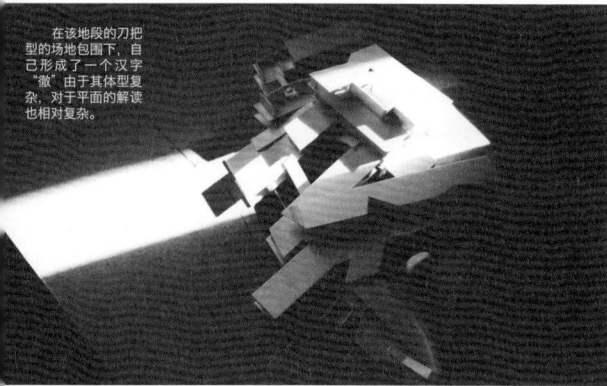

通过从武满彻的音乐中提取音乐的活性空间，并形成典型平面与空间，通过不同的组合形成"复调空间"、"柱式空间"、"点式空间"，但整体形式是根据武满彻的音乐特点与相应地形的理解而成。整体形式是一个"徹"字。

徹

在字形之间，自然形成了围合的条形空间。不过相比之前，亦有这次生成大空间的形成。

为了迎合截取的空间，在已有的空间之上又加入了一个地下的大空间为了增强已有的空间序列感。

评图当天

一次真正从原型向实体的转变。

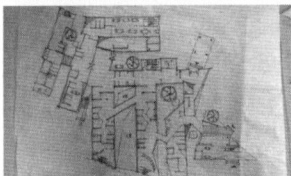

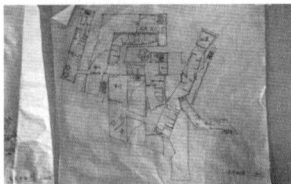

结果就是我似乎还是太嫩了，编的一些说法在经验老到的老师面前太不堪一击了，基本上并没有任何认可的语言。地段上的说法也行不通。

中期之后
2015.4.4

完全是一次灰头土脸的评图，被各路大师喷得灰头土脸，最后王老师点评"还是自主的东西加入得太多了"。看来概念套概念的方法还是不太行啊。

START small THINK BIG

PLEASE REMEMBER LIFE IS FUN!

另起炉灶
2015.4.5

重操旧业
2015.4.6

王昀老师说，"我觉得你那个武满彻不错"，我说，"老师，哪个武满彻"，因为我做了好多武满彻。"就是那个圆圈的那个"。当时随手一糊的模型居然就这么变成了自己的最终方案。

再认识

之前的原型寻找过于急促，武满彻的这个音乐图谱是一个集聚了自己想法的过程，一个正反皆可运行的循环乐章，之后的几天里我反复听他的如《十一月的阶梯》等经典作品，希望从音乐之中能够更加细致地解读这个原型平面。

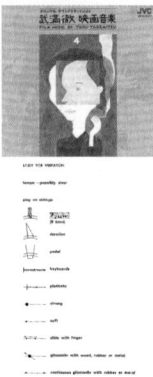

"The performance may start at any point of the perimeter no matter clockwise or counterclockwise." —— Toru Takemitsu

Study for Vibration from "Corona for Pianist(s)" [©Salabert] (1962)

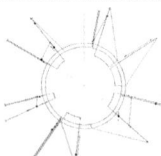

《十一月的阶梯》当中并没有一个明确的主题，有人猜测为秋之萧瑟，其中稀疏的声音，交替出现的乐器，让整个音乐变得有机而随性。也许是我对现代主义的音乐认识不够深刻，导致之前的原型认识过于平面化。

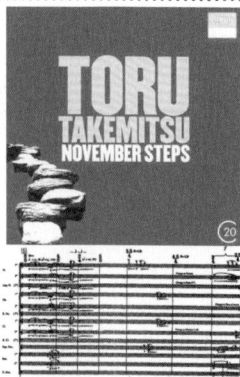

TORU TAKEMITSU NOVEMBER STEPS

再分析
STEP1

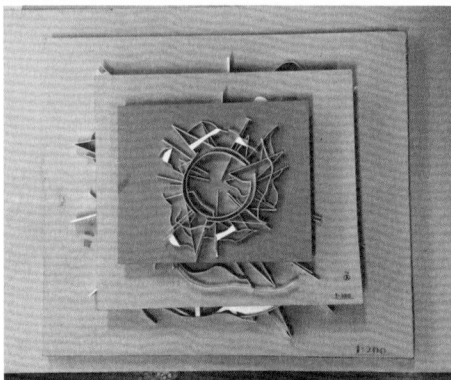

在这个原型的重新读解的过程中，我只看到了一个比较片面的读解，对于整个音乐风格的把握我并不是很深刻，例如两个围墙之前的中心空间目前看似还是较为单调，但是作为武满彻的音乐要更加得"立体"。

613

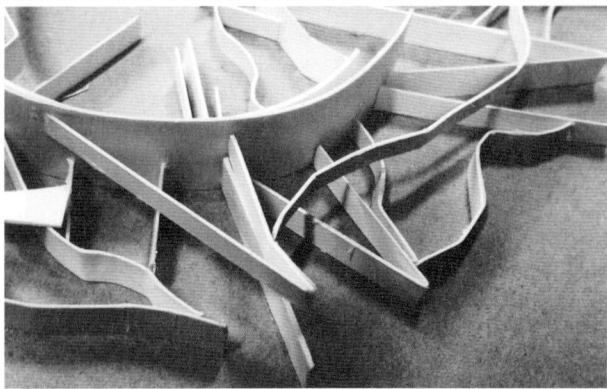

尺八
SHAKUHACHI

在武满彻的作品当中，一件乐器吸引了我的注意，名曰"尺八"，原为中国传入日本的乐器，现已成为了日本的代表乐器之一。其中在现代的乐器当中自由的穿梭引起了我的注意。引起了我对平面中的另一种感官。

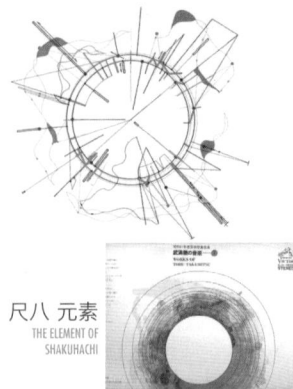

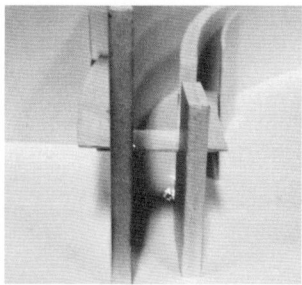

尺八 元素
THE ELEMENT OF SHAKUHACHI

正如尺八在《十一月的阶梯》中的作用，在图谱中一些特殊的线条引起了我的注意，正如在两个密不透风的高墙之间来回穿梭的通道一样。这条环形通道就是我的核心空间。

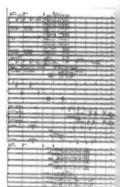

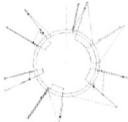

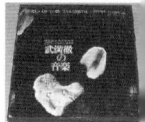

平面在各种概念的融合影响下得到了强化，也让核心通道真正成为了核心，一个原型也渐渐成为了一个有血有肉的房子。

再实验
STEP2

相比初次的解读，这次更加偏重于平面的解读，有些地方解读为"边界"而非"墙"，这让模型当中出现了一些实体的空间，实体空间围绕环形走廊而成，形成了许多天然的空间。

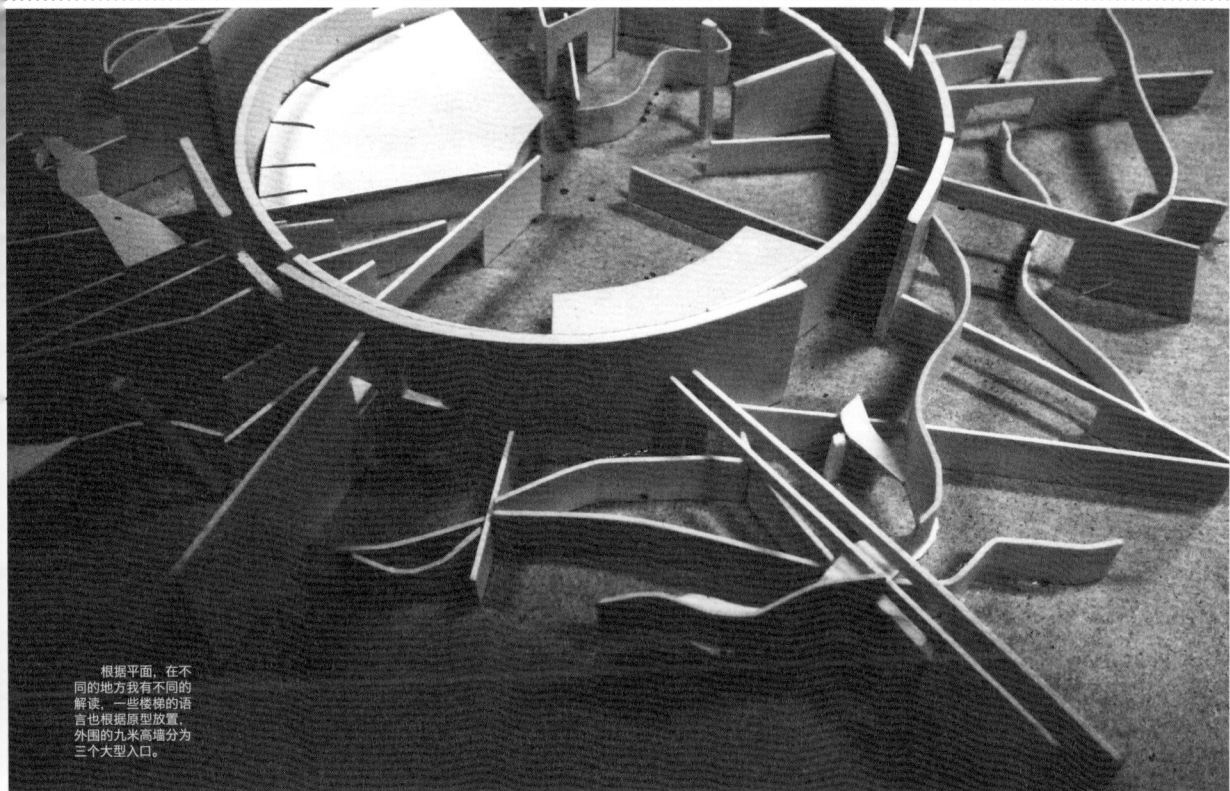

根据平面，在不
同的地方我有不同的
解读，一些楼梯的语
言也根据原型放置
外围的九米高墙分为
三个大型入口。

最高的地方还是外围九米处的高墙，由其向外
向内发散逐渐降低，也形成了向心的感觉。
各处的楼梯通过通道进入高墙之内，穿梭于环
形空间之间。

615

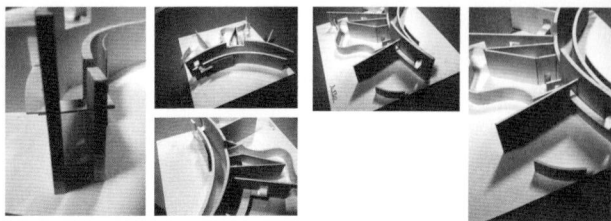

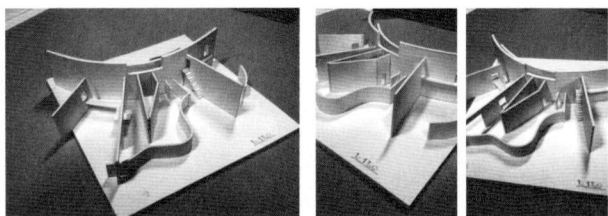

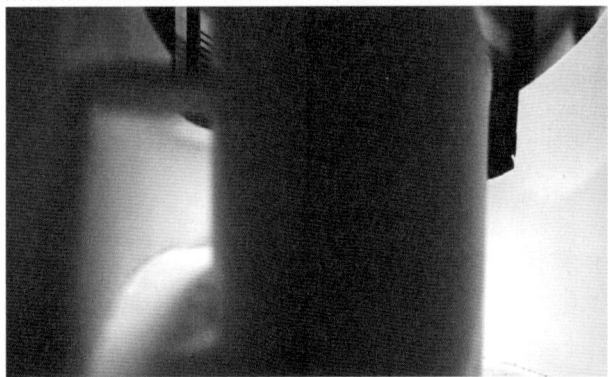

再探讨
STEP3

First Floor Plan

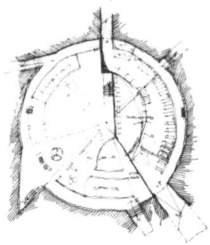

Basement Floor Plan

再分析

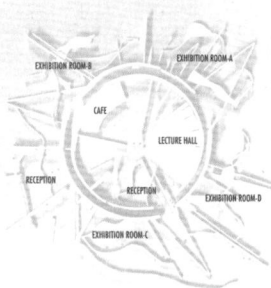

EXHIBITION ROOM-B EXHIBITION ROOM-A
CAFE
LECTURE HALL
RECEPTION
RECEPTION
EXHIBITION ROOM-D
EXHIBITION ROOM-C

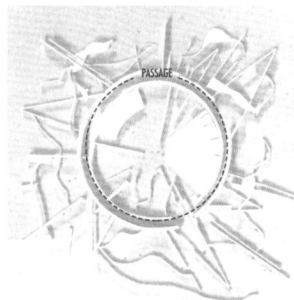

PASSAGE

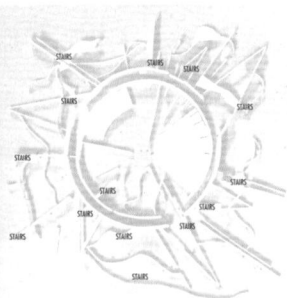

STAIRS

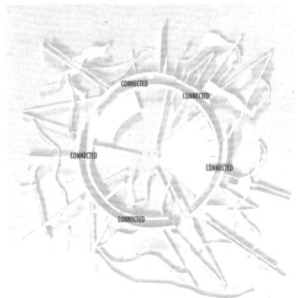

CONNECTED

重新再看这个平面，还是由于过于将这个平面
竖墙化了。在外围中的一些空间一样需要盖顶成为
实体空间，否则这个设计就会更像一个装置而非建
筑。至于如何取舍还要看对于平面的进一步理解。

实体化
MATERIALIZATION

STUDY FOR VIBRATION

tempo—possibly slow

play on strings

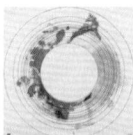

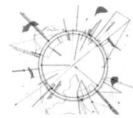

外围通道
虚外围空间
实空间
小型高层浏览点
高层岔路
大停留点
小停留点
人行地下入口
车辆地下入口
内外双墙打通的串联

再来一个

在制作最后的草模的时候，我又去仔细聆听了武满彻的作品，其中自由但是不松懈的音乐风格又一次给了我启发。我更需要解放其中的一些自由元素，让这些平面真的"飞起来"。

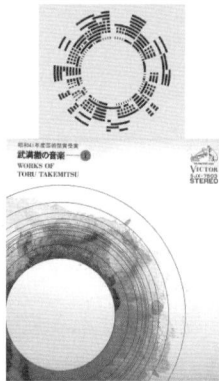

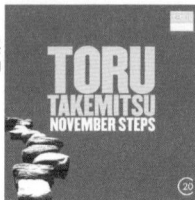

《十一月的阶梯》这部作品的核心内容体现了秋之萧瑟，但是却无人知道其中具体的意向为何物。同样，独特的形态一样可以让人第一眼看不懂所以然。

武满彻的音乐有种一切皆在不言中的感觉。松散的音乐框架真是音乐的魅力所在，在重新审视平面的时候，绝对要"飞天入地""无所不能"。

过程
STEP6

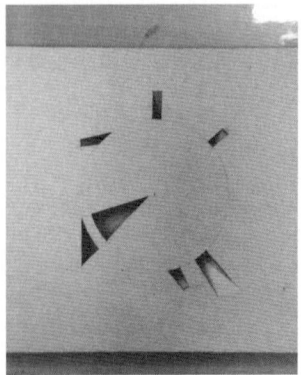

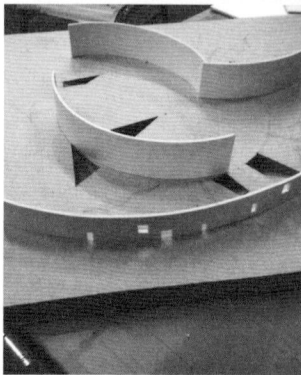

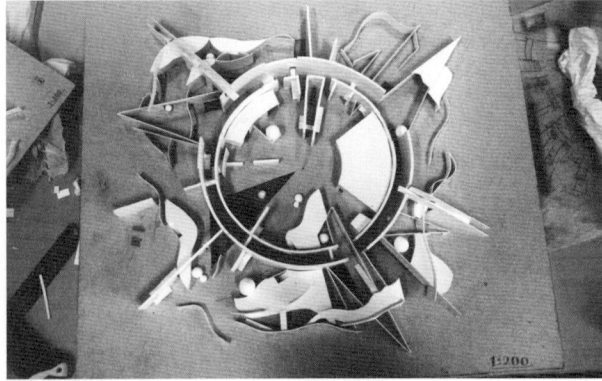

1:200

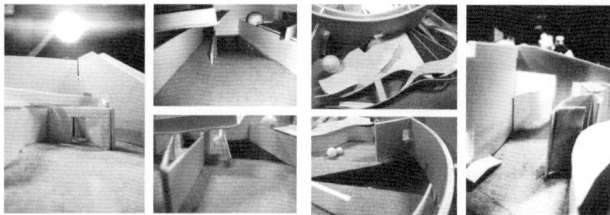

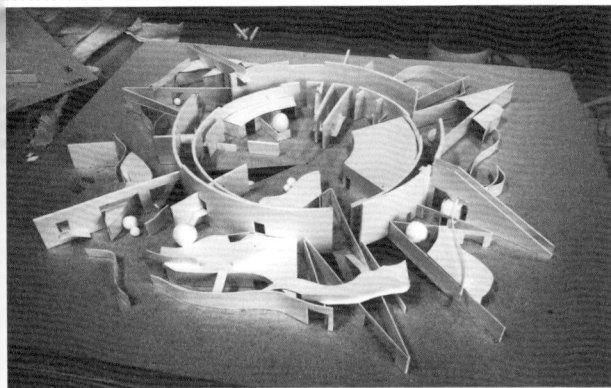

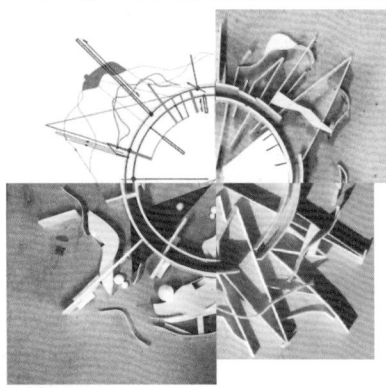

独特的阶梯
STAIRWAYS

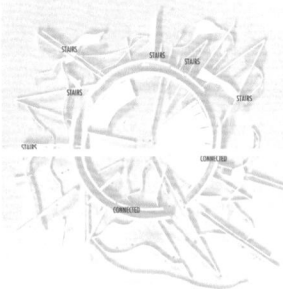

武满彻的音乐理论中，如上图众鸟中的黑鸟一样，在一个音乐当中有一个绝对的"头鸟"进行牵引和带领整个乐曲走向，而在外围一些独特的阶梯也正是本方案中的稀有切入点。

分区
Partition

展区
EXHIBITION

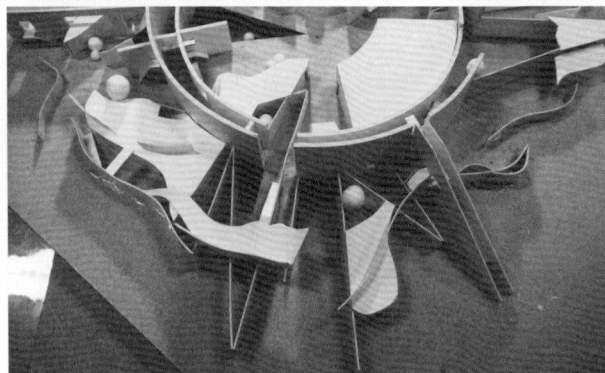

展区作为最外围的房间，使整个外部分区中最整体的一部分，一个连出来的房间楼梯通向核心空间的内部。在展区附近亦有车道和人行楼梯通往地下。

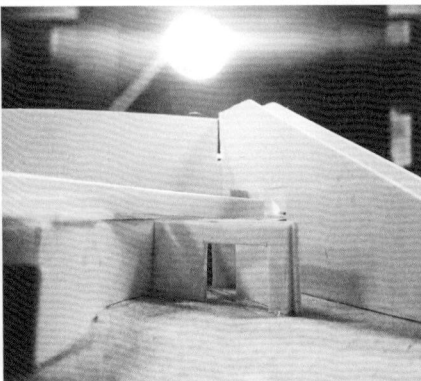

六米多通高的楼梯从地通往最高层，可直接通过该通道进入内部核心空间，亦可在内部空间有楼梯下来，进入环形空间。

环形通道是此建筑的一个核心空间，是串联所
有功能为一体的组织。无数通道从中穿过，也有连
入地下的楼梯。宽约 2.5m，人可在其中自由行走，
但又看不到尽头，多想再其中自由行走，一走就是
一天。

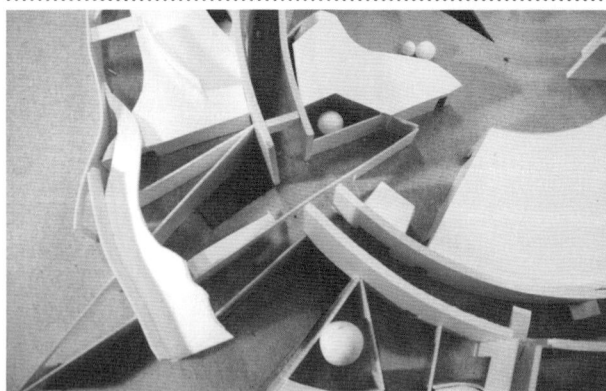

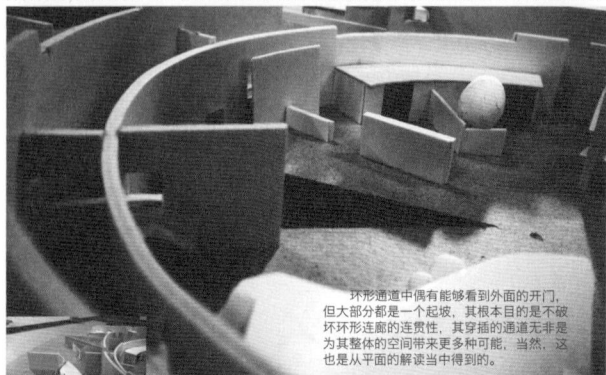

环形通道中偶有能够看到外面的开门，
但大部分都是一个起坡，其根本目的是不破
坏环形连廊的连贯性，其穿插的通道无非是
为其整体的空间带来更多种可能，当然，这
也是从平面的解读当中得到的。

内部空间
CENTER

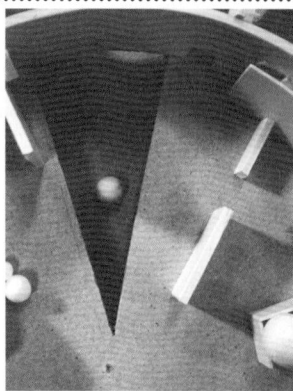

由于根据新的平面解读，我看出了更多的可能，但是交图在即，我必须确定下来他们的平面都是什么，三角形的平面通高、圆、三角、方不知道是什么的形体在这里继续交融。但是无论如何，中间的空旷广场是一片没有形状的宁静之地。

立面控制
FACADE

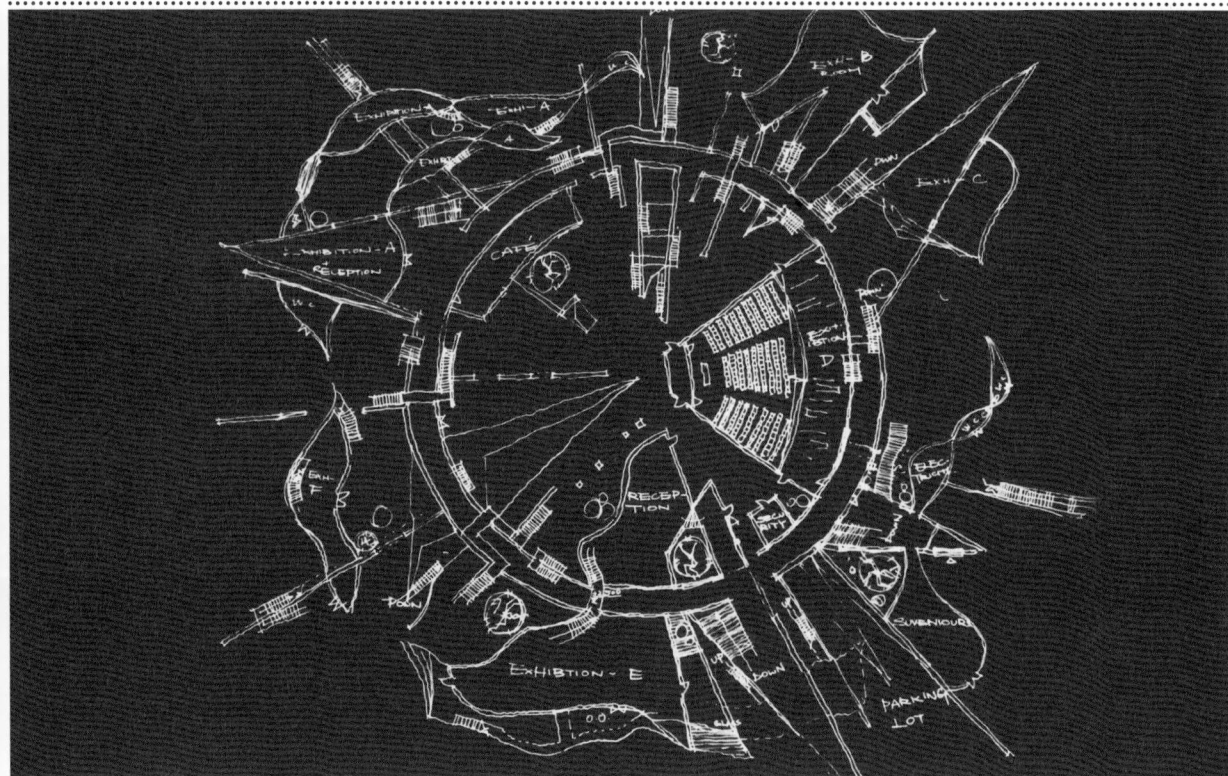

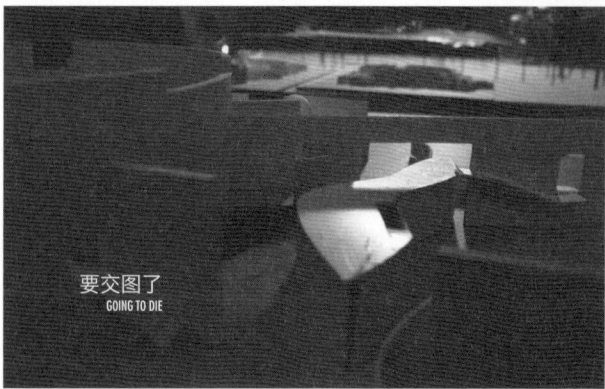

要交图了
GOING TO DIE

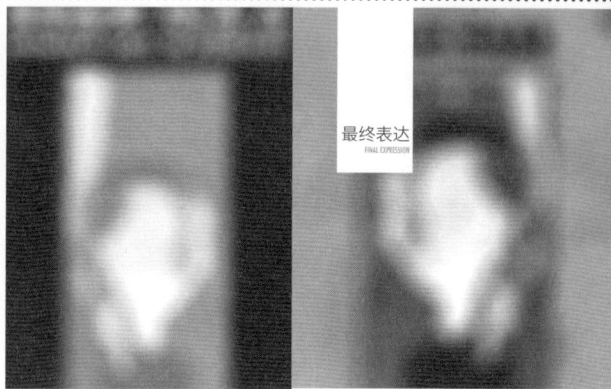

地段选择
AREA SELECTING

相比上一次的地段选择，这次的地段选择不再加入任何文化的色彩，因为确实拿捏不住其本身的场域气质和文化的结合。

这回根据原型我去寻找在形式上更加匹配的地点和地段。更多从形式上出发。

这次的设计当中形体相对独特，而其中又以一个圆为主要形态，这让人不自主的想到了一些娱乐性质的感觉（虽然我想让他庄严肃穆一些）。

为了与之夸张的造型相适应，我确实想到了很多游乐的地点。

区位
GEOGRAPHY

该地段位于北京市西边的石景山区，距极负盛名的石景山游乐园只有一个路口之隔。游乐场中有各种形态的游乐设施。在此建成反而有一种相得益彰的滋味。

石景山游乐园位于该大地段中的西南角，各种游乐设施使周围的建筑环境变得多样而有趣，再加之老山击剑俱乐部的圆形态，让此处的建筑可以完全发挥其场域内的控制力。

地段实景
SCENES

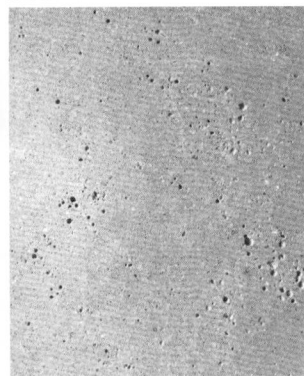
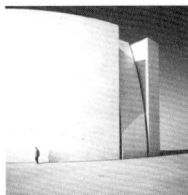

材质选择
MATERIAL

模型制作

不知不觉当中时间已经到了第八周，直到现在才突然缓过神来——我们在八周之内，遇到了一个新的老师，带着一种全新的设计方法，并用这种方法进行了一次与之前的学习相比全新的设计。熬夜已然是家常便饭，但依旧没有达到满足的状态，现在临近交图大限，但自己的热情依旧没有丝毫消减，可能这也是这次设计中方法独特的迷人之处吧。

回忆到王昀老师所讲"传统的建筑学已死"，我们现在做的就是从超越建筑学的一些其他地方去切入设计，从中得到传统的设计法得不到的新形式和新结构。巧夺天工可能正是这个意思吧。

我现在慢慢认为，不管我们做为何物，提取出来的形式和空间会冥冥之中带着原型的气质，这是我之前未曾想到过的，乐谱的气质就是音乐，树皮的气质就是植物与静态的生机，不会变。

我们会在一块儿讨论设计，在最累的时候我们会互相鼓励，煽情的话这里不谈。最重要的是，我们真的像当初王昀老师所说"大家一起玩来"。我们玩到一块去了，以一种相同的游戏规则。

当然我们也会在私下中开对方的玩笑，不过已经不能用"你这个好像XX啊"因为本身就是。除了如此，课上课下也诞生了好多优秀的照片作品。算是一种课程回忆的记录吧！

细数八周以来，自己从一个对此完全不了解的人，慢慢熟悉了一套新的设计方法，又从中能够得到新的灵感，最后做出了自己满意的作品。

这段时间最需要感谢的人自然还是王昀老师，不像其他老师，就算平时再忙，他没有缺勤过一次教学。每次上课都是手把手地来教我们他之所学，也会耐心听完我们每次进度汇报并提出详尽的回答和指导。

他说这种设计法"不登大雅之堂"，实则是一种建筑与原型之间的真正联系，"一切尽在不言中"恐怕才是对其最好的解释。

以及八周以来，和我同在一个组一起熬夜的同学们，感觉我们是这八周在见面最多的人了，"一起看日出"可能是最贴切的说法。在灵感枯竭的时候

遗珠们
THINGS UNFINISHED

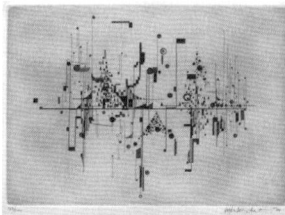

或许以后做不出如此"浮夸"形态的作品，或许以后没有哪个老师还会叫我"小丁"或者在评图后拍我打游戏，或许以后不会有这么自由发挥的空间。但无论如何说这都是一次难忘的经历，将以非常重要的姿态放在我大学的经历当中。

八周之间想要做的东西太多，因而有些在方案过多的时候就自缢掉胎死腹中了。但现在回味起来一些原型并不比之前提出来的差，有一些原型甚至会比较有意思。也都在此书当中留作备案以备不时之需。

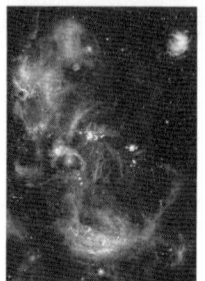

星象之中有无数资源待人发掘，因为其中的资源本身就是无穷无尽的，本想通过星象图的原型进行一次尝试，但尝试的人过多让我对此的热情耗尽，只好作罢。

有人说我这个纸团的方案过于参数化，因为好多人作参数化都是以纸团为原型，但是我却觉得其中的空间是自己提炼，并没有什么关系。由于时间紧促就没有做下去。如果深研究不失为一个练习。

不过之后的一个想法有些可惜，在纸团的基础之上，我将纸团铺开，得到一张褶皱的纸，再将一些简单的形体的投影打上去，得到经过变形后的形体投影。这算是一次脱离人为关系的原型发掘，并没有带有自己的个人因素，但由于思考量和操作量巨大只得作罢。

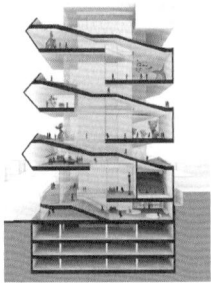

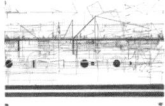

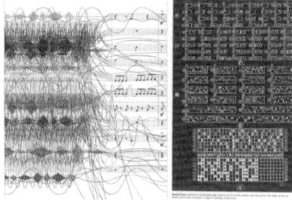

也有的是在原型寻找方面与常规的不同，我们通常是在原型当中阅读平面，但如果有适合的原型我认为亦可以在其中寻找原型中的剖面，也不失为一种良好的选择。而受使用影响，剖面在原型寻找上难度较大。

而至于乐谱——我最初的起点，也是最终的选择。我认为无论是简单的乐谱、独奏谱、交响总谱还是直观的图谱，都与音乐本身的韵律感有所关系。我们大都太执念于将一个一个严谨的逻辑、对应安插在其中使这件事情变得"合理"，这么做只会发现以现在的水平是一条死胡同，也许课程再给我一个月我也说不出一个所以然。

自古以来无数人都在探求音乐和建筑之间的关系，但没有一个人找出了严格的逻辑对应。对应过程总是在一半的时候以逻辑上的某个硬伤而告终。但即便如此，我依旧相信建筑是凝固的音乐，音乐是流动的建筑这句名言。或许是我们现在的水平还没有能够达到两个领域全方位融合，或许他们的关系还是"一切尽在不言中"。之后我亦会去继续探寻这个不解之谜。

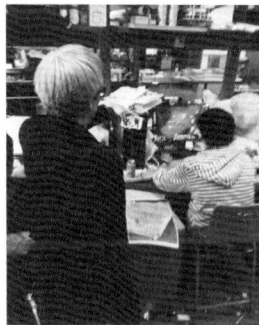

小丁唱一个
无悔八周梦游

COMING
OUT
ON
2015.4.25

DUGY

空间研究

指导老师 王昀

杜光瑜

DUGY

2015

在任何时空坐标轴中所创造的作品，全部都有着逻辑性的构造。

——荞老孟司

01

旋律

对于音乐的感觉，人与人的个体差别很大。然而放大到人群，甚至是民族来看，东方人尤其是中国人对音乐的感知首先是来自于对旋律的感知。作为一个非专业学习音乐的人，我也不例外。一开始非常想做这个题目的缘由即是因为脑海中久久徘徊的 D 大调卡农，令人迷醉，令人动容。

探究从著名的 D 大调卡农（Pachelbel, Johann. Canon and Gigue in D major）开始。

Pachelbel, Johnann. Canone e giga (Manuscript, n.d.(1838-42).)

原型一：D 大调卡农的旋律

卡农是一种音乐谱曲技法。卡农的所有声部虽然都模仿一个声部，但不同高度的声部依一定间隔进入，造成一种此起彼伏，连绵不断的效果。D 大调卡农与吉格（德语：Kanon und Gigue in D-Dur für drei Violinen und Basso Continuo），也称约翰·帕赫贝尔卡农（Pachelbel's Canon），是德国作曲家约翰·帕赫贝尔最著名的作品。作于 1680 年前后，是巴洛克时期的室内乐作品，采用数字低音手法，供三个小提琴演奏。原有吉格舞曲伴随，但现在很少演奏。

Pachelbel-KanonundGigueFS (Max Seiffert (1868-1948),)

此曲一般的演奏法，开始以大提琴启奏 2 小节低音部分，低音部分 2 小节为单位的和声不断循环，重复 28 次。之后把三把小提琴间隔八拍先后加入。小提琴全部拉奏完全相同旋律，前后仅三段不同的旋律，以每段仅两小节的旋律供其重复拉奏。音乐虽然不断回旋往复，但其旋律之美不让人觉得单调，反而感觉动听悦耳。

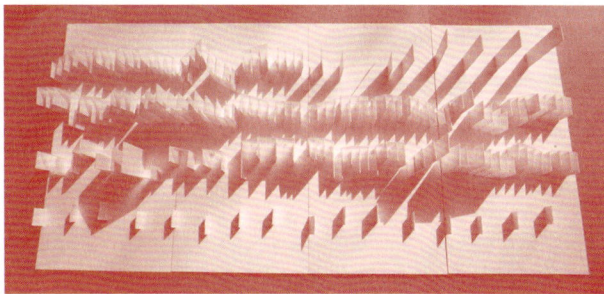

以 D 大调卡农中的第十三至十六小节为原型的旋律概念模型

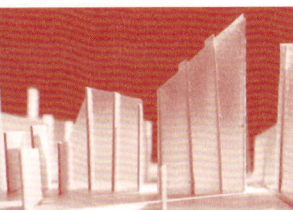

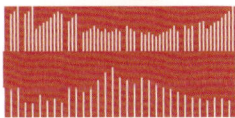

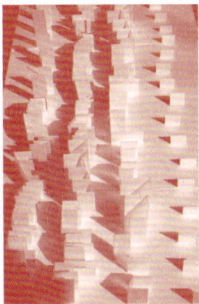

节奏变化的缺乏

选卡农曲时并没有主要考虑其节奏。其各个声部依次交错的旋律优美、和谐、动人。整首曲子又十分纯净，和其节奏的规律性有着脱离不开的关系。事先思考过这样平均的节奏会不会造成空间的乏味，但是对于音乐与建筑内在联系的坚信让找想，所有动人的音乐都应有其对应的动人的空间。随后增加变化的方法为在水平均一空间的基础上将重点放在空间的高度上，试图在音高与空间的高度之间建立联系。

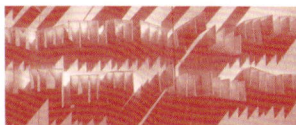

此概念模型的转换方法是将相对音高转化为线条的高度，使线成面。相隔八度音程，高度之比为 2，中间以十二等分，间隔半音的相对高度为 1: $2^{1/12}$。

以 4 分音符为一拍，每小节有 4 拍，每拍均由 4 个 16 分音符组成。

纵与横的表意

与五线谱平行的横向体系代表的是时间的流逝，其间隔依据音符的时长来确定。与五线谱垂直的纵向体系依旧代表的是音在五线谱上的位置，也就是大约等于音高的变化，和 Z 轴变化类似，呈现波动，但是表现得更为暧昧。一方面是由于乐曲本身的音程变化是渐变的，另一方面选取的小节中，16 分音符密集的区域比较集中，从 4 分或 8 分音符中孤立出来，显得比较完型化。所以横向体系过强，纵向体系似乎缺乏联系和关系，出现脱节。

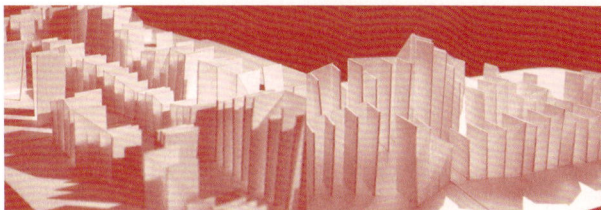

层化明显，老师的建议是可以将竖直的面转化为水平的楼板，形成一个高层建筑。

从音乐流动的方向看，音符在与五线谱横线垂直方向的变化比较暧昧。

02

Oriental Wind

织体

织体，顾名思义，类似编织一块布，由其"横纹""纵纹"构成。在音乐的多声部写作中，织体作为多声部的载体，织体形态即为音响的布局，它的形态直接关系到音响的运动方式，因此既题纵向间的和声功能，也要设计横向的旋律线条。"音型"与"织体"不仅在称谓上有明显差别，而且在音乐性方面也有很大不同。音型，强调的是音高的运动形态，抑或是和弦分解的形式也可能只是不经拆分的原型的变化重复；而织体更多强调的是编织的音乐面貌，带有很强的表现意义，强调线条与和声的有机结合。

探究从久石让的东方之风（Joe Hisaishi, Oriental Wind）开始。

维度

"就像把一本书浓缩成了一句叹息。"
——勋伯格评价冉伯恩的音乐

由于比尺的变化，图形的维度也将发生变化，建筑图纸和音乐乐谱均如是，一个线条可能是由更低维度的面组成。之前关注的细节，每一个音符都表示出来。这次的尝试希望以高的整体的眼光看待乐谱。

Daniele De Batte D_006_Y_2009

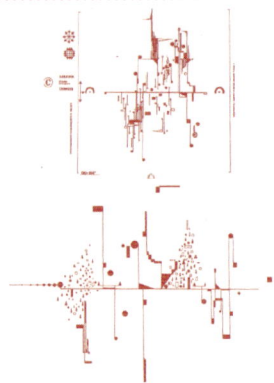

图形记谱法

将音乐亦图形的方式记录下来，以方向、面积、位置等等代表音乐中的元素，使器乐之间和整体和局部之间的关系更为明确。

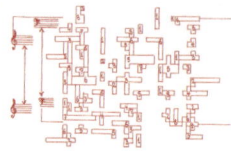

原型二：声音空间的密度

声部的数量的确不在多少，而在于时间、空间的占有与丰富，声部间的交替和时间空间的合理占据，声部间既有横向的模仿关系，更有纵向空间中的音高对称。

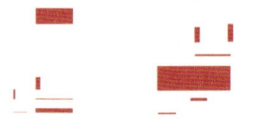

转译的互逆

音乐中纵横交织的线条和面可以转化为平面构成抽象画。如果掌握的转译词汇一定量，可以将平面构成中的元素转化为音乐。词典越全面，转译的过程越可以理解为映射。在非映射时，个人的感性因素，对于音乐的理解会起到一部分的影响。

Daniele De Batte *D_006_Y_2009*   Joe Hisaishi *Oriental Wind*

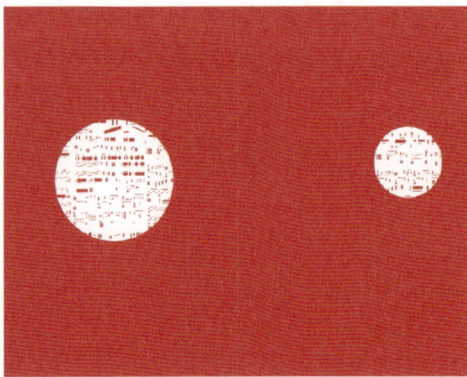

Oriental Wind 原乐谱

Oriental Wind 原乐谱

选择

以圆形蒙版构造均等被选的条件

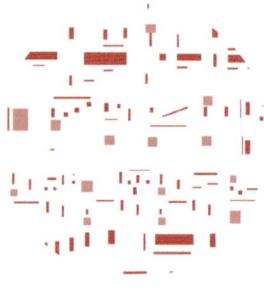

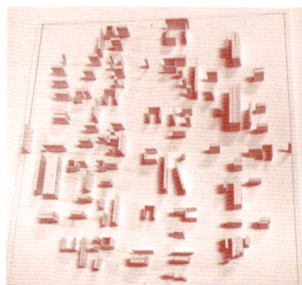

是建筑，是街道，是城市。或？

拥有较多的空间可能性的同时兼具音乐本身的感觉。

未知力量的交汇

未定义的路径

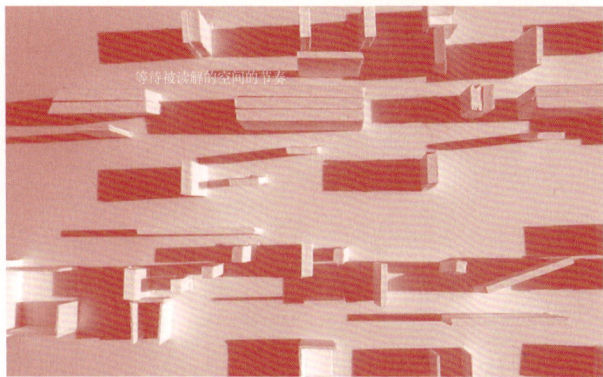

等待被读解的空间的节奏

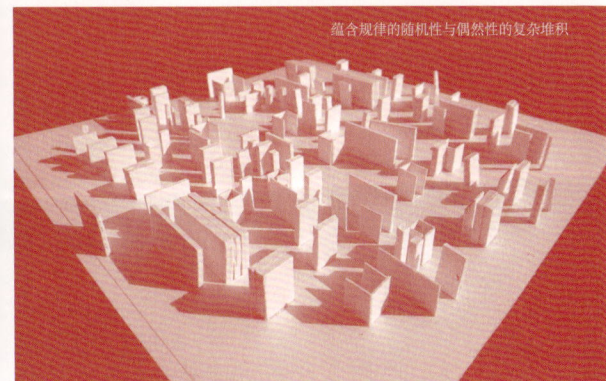

蕴含规律的随机性与偶然性的复杂堆积

原型三：回归

从形式本身出发看待形式，而不只是将形式看作是进程的结果。
　　　　　　　　　　　　　　——莎伦·卡耐基

组成宏大构图的基本单元，亦可以成为更高层级上全部构图的浓缩。

作曲一词"Componere"意思是汇集所有，最终以对整体形式的瞬间捕获为代价。传统作曲训练是从单元"主旋律""基调"出发，从中构造出谱子的整体"结构"，但是这会导致微观与宏观、局部与整体的失调。越来越多的音乐家开始强调对于音乐的整体形式的关注。

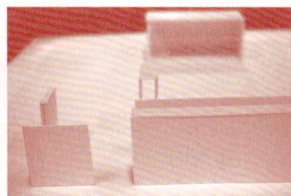

整体构图

基本单元

回归也是递归

当基本单元构成的整体呈现出基本单元的面貌，或是整体拆分出的基本单元亦呈现出整体的特征，那么这种回归性背后的逻辑是由递归算法来控制的，直观的理解就是自然界中的自相似性。

"（自相似性）是复杂系统的总体与部分，部分与部分之间的精细结构或性质所具有的相似性，或者说从整体中取出的局部（局域）能够体现整体的基本特征。即几何或非线性变换下的不变性：在不同放大倍数上的性状相似。包括几何结构与形态、过程、信息、功能、性质、能量、物质（组分）、时间、空间等特征上，具有自相似性的广义分形。自相似性的数学表示为 $x(\lambda r) = \lambda^\alpha f(r)$，或 $f(r) \sim r \cdot \alpha$。其中 λ 称为标度因子，α 称为标度指数（分维），它描述了结构的空间性质。函数 $f(r)$ 是面积、体积、质量等占有数、量等性质的测度。"

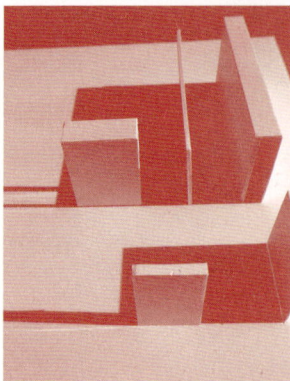

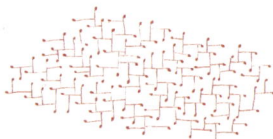

原型四：类似分形的音乐结构

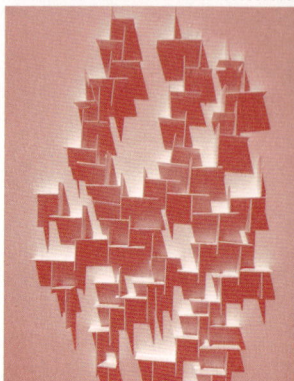

Tom Johnson *Imaginary Music 65*

音乐的整体性

……追求完善组织机构在各个层面上的整体性……艺术观念家应该在数学逻辑学、物理学、化学、生物学、遗传学、古生物学（研究形式的进化）、人文学以及历史等不同领域都博学强识。简单地说，需要一种普遍性，但这是建筑，起源于形式和建筑，并以其为指导的普遍性。"
——伊安尼斯·泽纳基斯《艺术／科学：合金与形式化的音乐》

Rhythm generally means a "movement marked by the regulated succession of strong and weak elements, or of opposite or different conditions". In the performance arts rhythm is the timing of events on a human scale; of musical sounds and silences, of the steps of a dance, or the meter of spoken language and poetry. Rhythm may also refer to ... al presentation, as "timed movement ...rough space" and a common language ...tern unites rhythm with geometry ...s, rhythm and meter have ... ...portant area of research ...olars' recent work in ... ...ks by Maury

节奏

音乐是在时间坐标轴上的延展，音乐的逻辑结构蕴含在其时间的构成中，具体表现为节奏。因此探究音乐同建筑一样的音阶，应从节奏更多的入手。同一乐谱应该有多种转译逻辑，所以此次探究依然使用久石让的东方之风，以取得横向比较。

作曲的启示

作曲中遵循的法则和建筑设计的法则有着共通之处。从作曲法则中窥见一些乐谱中内在的结构规律。

重复—模进（repeat-sequence）重复，是在音乐原有高度上的再陈述；模进，是音乐在不同高度上的重复。它们基本上都属于"重复"的范畴。当然，除了严格的重复—模进形式外，在实际运用中还有变化重复、变化模进等各种灵活的写作形式。

减缩—扩展（reduction-expansion）在原有时值为基准值的情况下，音符时值的减值或增值构成了音乐有根据的变化。

逆行—倒影（retrogression-inversion）在原有"顺行"旋律的基础上，旋律作横向或纵向的反向进行。逆行，指的是横向线条的反向进行；倒影，则是纵向音程的反向运动。

拆分—衍展（disintegration-evolution）拆分，意味着"解构"，是将比较完整的音乐主题中有特点、有意义的片段加以深化使用；衍展，意味着"重组"，是沿着音乐主题的外延扩张发展。

03

透明的格子

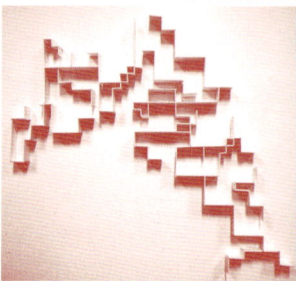

原型五：Oriental Wind 第 5 至 17 小节

解读 1

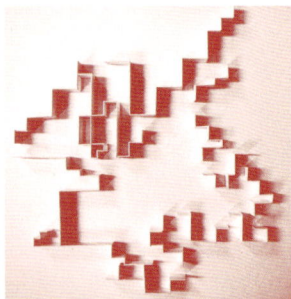

原型六：Oriental Wind 第 5 至 17 小节

解读 2

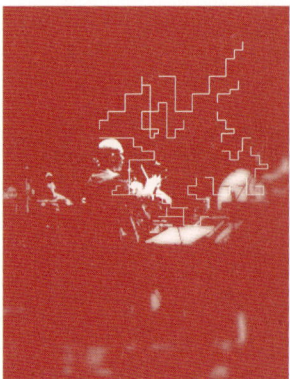

节奏的顺行与逆行

顺行为长音后接短音，音乐是流畅的，短音接长音，会产生停顿。截取解 A 读的片段中的片段，可以得到更加多样化的结果。图中的 1 区域为节奏顺行区域，2 区域为节奏的逆行区域。

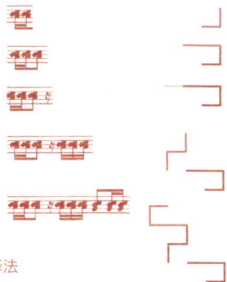

演绎法

与探究织体时所采用的枚举法不同，在节奏这里是试图构建一种逻辑，或者说是算法，能够依据一种简单的规则不断进行运算，从而生成形式。

立条睭行进行相交揉成将蕾卡同的空间

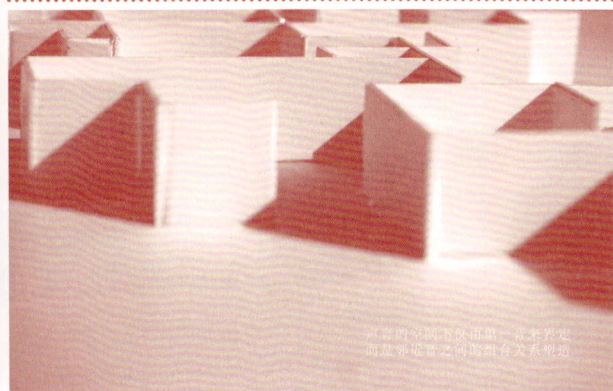

声音的空间乍很简单，音本界定调盘邻近音之间隙组合有关系塑迮

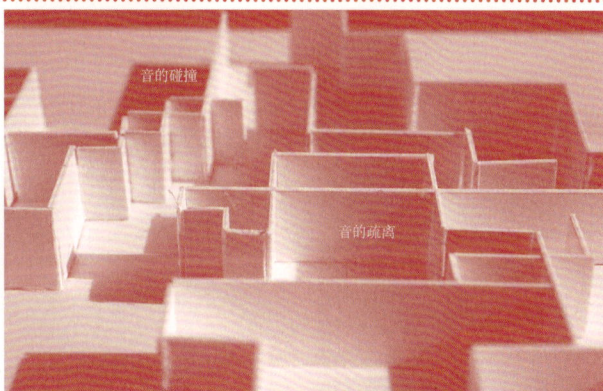

音的碰撞

音的疏离

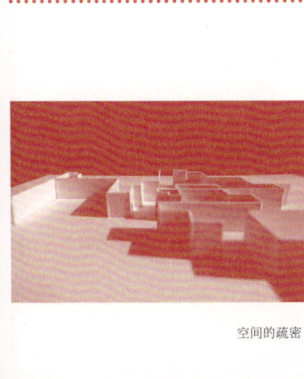

空间的疏密

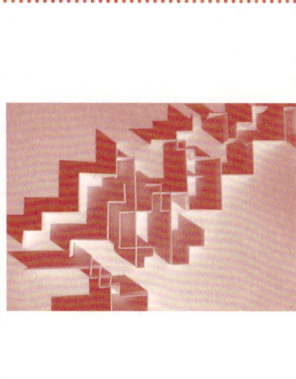

音的并行

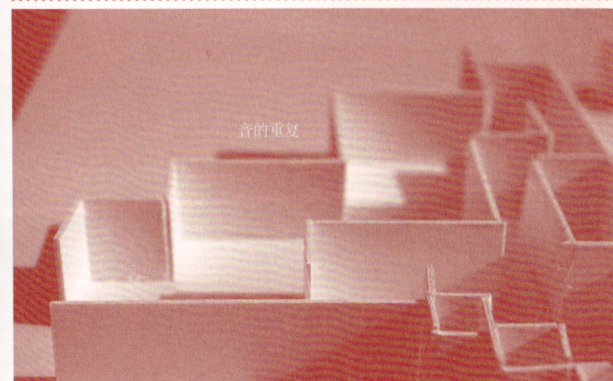

音的重复

04

密度

绘画是对世界瞬间的印象。颜料的堆积，色彩的堆积，光的堆积，静止在读画的一瞬间。这一瞬间，画的不同部分拥有了不同的重量，当重量超过一定阈值，不可承受之时，便冲破画布。色彩的堆积，音符的堆积，都是在打破牛顿的经典的绝对均一空间，使空间本身异质化，而不是对空间进行划分。

原型七：抽象的绘画密度

不同灰度阈值
设置不同的灰度阈值，超过阈值即输出黑格，低于阈值则输出空白。

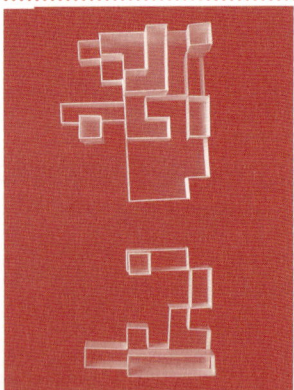 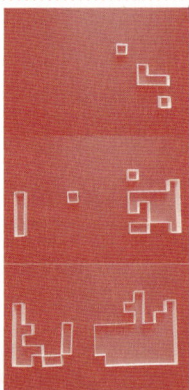 

叠合

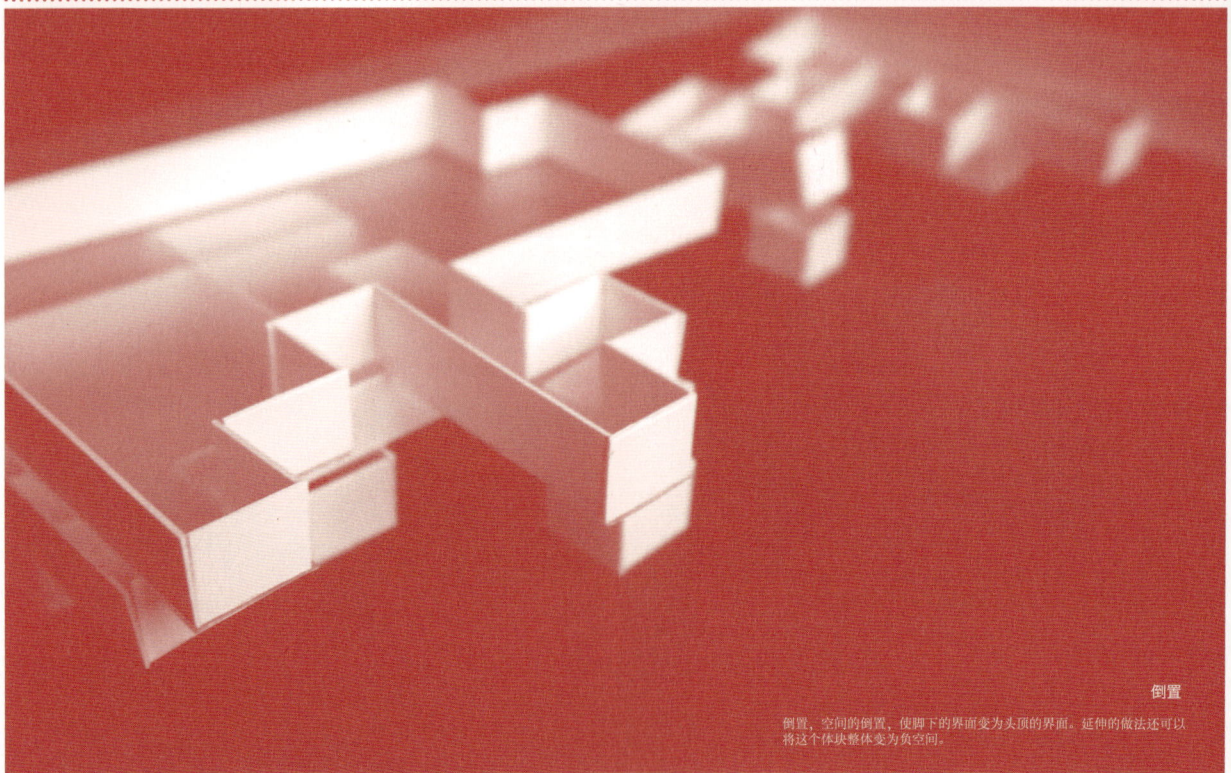

倒置

倒置，空间的倒置，使脚下的界面变为头顶的界面。延伸的做法还可以
将这个体块整体变为负空间。

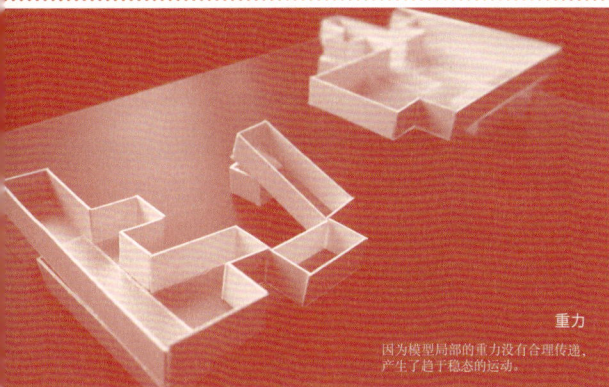

重力

因为模型局部的重力没有合理传递，产生了趋于稳态的运动。

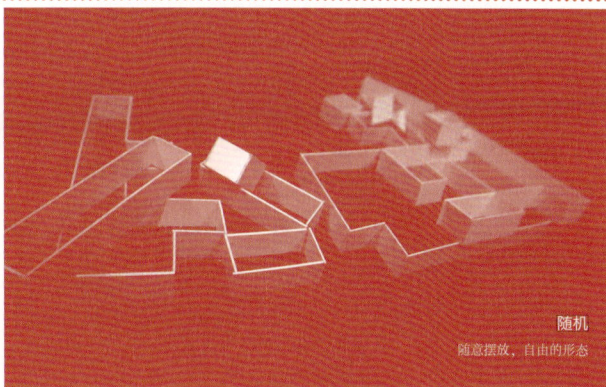

随机

随意摆放，自由的形态。

原型七拓展：抽象的音乐密度

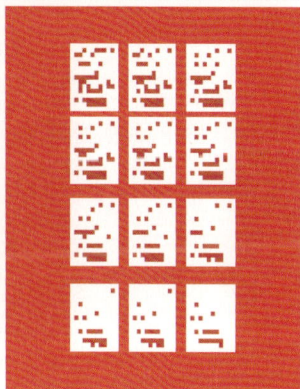

原型七拓展：音乐密度与围合

用不同围合程度的模块代替音符密集地的黑，以空代替音符较疏的白。

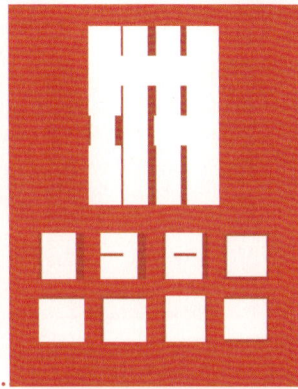

轮廓 05

沃夫林在《艺术史的基本原理》中指出，西方绘画在16世纪还是线描的，到17世纪开始发展成图绘。转折之是是伦勃朗。线描和图绘是两种视觉方式的差别，是对于世界的两种概念，前者强调塑形，后者强调触觉。线描风格以线条作画，图绘风格以块面来作画。

线描风格也需要处理实体和空间，需要用明暗来得到塑形的印象，但是作为固定的边界，线条被赋予更高级的成与之相等的价值。线描风格强调块面的边缘，视觉则显示分了形式与形体；图绘风格忽略边缘，它削弱了边缘的作用从而赋予轮廓一种模糊的特征。在这种特征之下，图绘风格中的许多元素产生了普遍运动的印象，形式开始起作用，明暗变或独立的成分在画面中释放。画面是一个整体，有形和无形的对象与有实体的对象相同等。

本次探究从画的轮廓出发，选取的作品为梵高的《夜间露天的咖啡座》。

Melencolia vinchen Selbstporträt malerei-meisterwerke.de.

线描与图绘

Rembrandt Harmenszoon van Rijn，Self-Portraits，ibiblio.org

原型八：抽象的绘画明暗

在图绘作品中，明暗是抽象的轮廓。将画作抽象整理成明度变化图，再从其中提取概括性的轮廓，这个轮廓并不是指的实体，而是将画中的空间进行整体性的考虑。

操作

使用Matlab将画面等分成一定数量的格子，统计每一个格子内的所有像素值，计算其平均灰度值，将灰度值赋予整个格子，输出。

不同层次的概括 　7 × 6　　　　　　　　　3 × 2　　**适中概括**

格子数量越多，与原画作的辨识度越高。反之则越倾向于画的整体明暗结构印象。需要在明暗和形式之间找到一种平衡。

为了获得较多的可能性，这里选取了稍大的行列数，为 12 行乘 10 列。对这个灰度图计算相邻两格的灰度之差，可得到右边的矩阵。

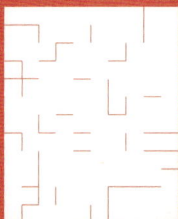

灰度差值小于 50 大于等于 25

灰度差值大于等于 50

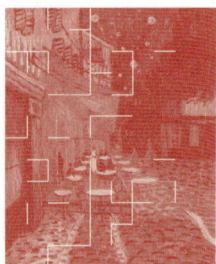

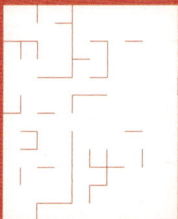

灰度差值小于 25 大于等于 15

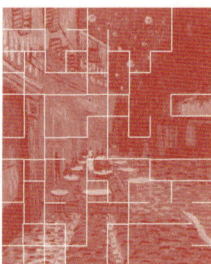

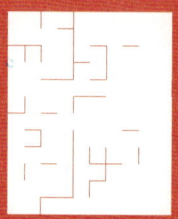

并集：灰度差值大于等于 15

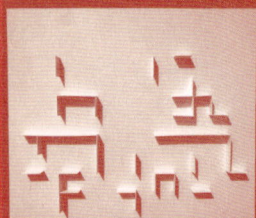

灰度差值小于 25 大于等于 15

1.5cm

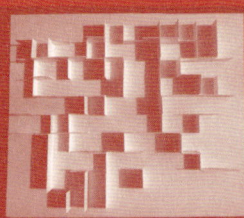

灰度差值小于 50 大于等于 15

2.5cm

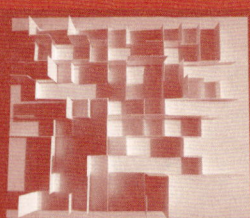

灰度差值大于等于 15

5.0cm

对比与景深

越清晰强烈的对比，越会使其跳跃进画的前景中。类似地，在中景和远景中，明暗关系更加弱化。据此给灰度差值在 5 0 以上的格子交界处赋予最大高度值，其后的 2 5 — 5 0 和 1 5 — 2 5 区间则依次降低，以此来表现画中的进深感。

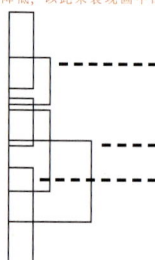

LEVEL 1

LEVEL 1

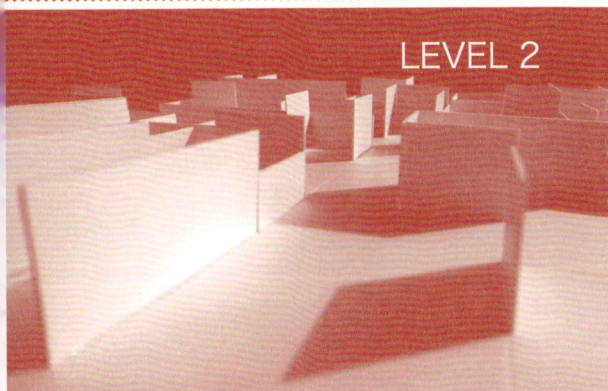
LEVEL 2

LEVEL 2

LEVEL 3

LEVEL 3

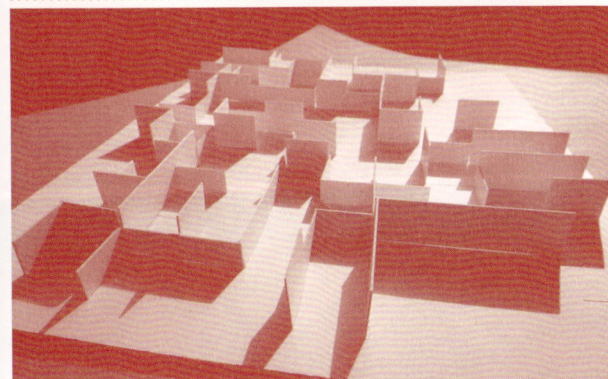

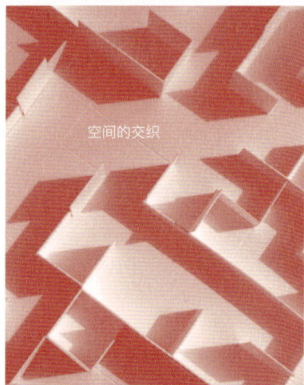

空间的交织

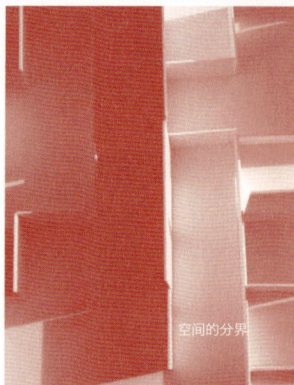

空间的分界

原型八拓展：音乐的疏密

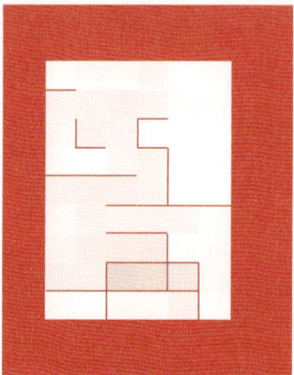

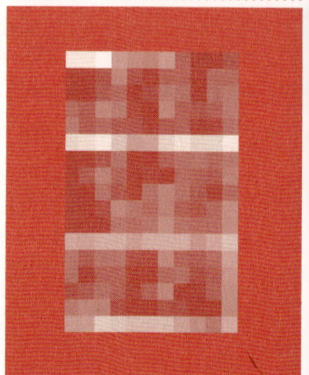

Genetics is the study of genes — what they are and how they work. Genes are units inside a cell that control how living organisms inherit features from their ancestors; for example, children usually look like their parents because they have inherited their parents' genes. Genetics tries to identify which features are inherited, and explain how these features pass from generation to generation.

06

组织

艺术是属于人的艺术。人的生命本身是更令人惊叹的形式。其精密而高效的组织结构，分工协作，使得复杂的生命现象得以发生。然而宇宙的法则总是简单的，即使是复杂的生命现象背后也有其纯粹的逻辑。本次原型探究即以生命的控制者 DNA 为引子，探究神经系统的形式结构。

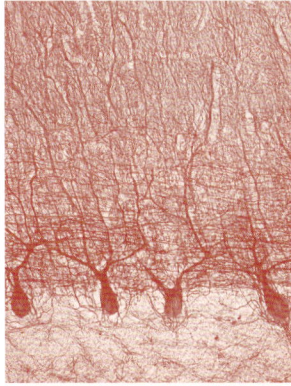

原型九：浦肯野与脱氧核糖核酸
Purkinje Cell and DNA

浦肯野细胞（Purkinje cell）是从小脑皮质发出的唯一能够传出冲动的神经元。浦肯野细胞轴突穿过颗粒层和白质到达深部小脑核团，浦肯野细胞在运动协调中起着重要的作用。浦肯野细胞是自律性细胞，当有来自窦房结的节律兴奋传过来时，浦肯野细胞就按窦房结的节律兴奋；在没有刺激的情况下，浦肯野细胞就能产生动作电位。

Nascence of the "Central-Dogma of Molecular Biology", the original concept diagram by Francis Crick in 1956 (not known to have been published), but acknowledged by Crick

Watson's simplified rendering of Crick's central dogma states what is certainly a fact and strips the dogma of its controversial prohibitions

Gene Paradigm for Forward Growth as of 2003. The left diagram of the double helix with a "genic" region highlighted is modified from the cover of Scientific American (April, 2003). Diagram on the right side is a brain cell. The diagram depicts the oversimplification as if 1.3% of the DNA could determine, in a forward-growth manner, not only the Purkinje neuron shown but, given enough genes, all phenotypes resulting from separate genotypes. The 98.7% of junk DNA is a no man's land to which there is no recursion.

$$Z_{(n)} = \sum_{i=1}^{n} f(Z_{(i)}) \quad (1)$$

$$Z_{(n+1)} = Z_{(n)}^2 + C \quad (2)$$

The recursive genome function is expressed by a process of already-built proteins iteratively accessing sets of first primary and ensuing auxiliary information packets of DNA to build hierarchies of protein structures. In abstraction, recursion is meant as a process of defining functions in which the function being defined is applied within its own definition. Applying these postulates to the genome, the most concise formulation is at equation 1.

Every 1-th fruit state (Z_i) of the protein system (e.g., the $n+1$st state, denoted by Z_{n+1}) relies on the previous state of the protein system (e.g. Z_n) by applying a recursive function (f). The process is bounded by the limitation on the maximal number of states (n), where there is a function (f) from the n-th state Z_n to be executed on Z to yield Z_{n+1}.

PRINCIPLE OF RECURSIVE GENOME FUNCTION ITERATIVE ACCESS TO REGULATORY DNA

A Specific Process for Purkinje Neuron Growth Governed by a Recursive Genomic Function

Purkinje brain cells provide an illuminating example of building a protein structure by means of an L-string replacement recursive algorithm [28]. The application of that algorithm is given elsewhere. Experimental support of the quantitative predictions of the recursive approach is also readily available.

Readers will note that the PRGF is consistent not only with the recursive algorithms used in neural networks but is conceptually akin to a particular recursive formula, viz., the Mandelbrot set (see equation 2).

DNA has two types of digital information - the genes that encode proteins, which are the molecular machines of life, and the gene regulatory networks that specify the behavior of the genes.

the dichotomy of genomics
recursive algorithms
(L-string replacement recursive algorithm)
least squares algorithm

Two purkinje cells from silver preparation of cerebellar cortex; A, side view; B, cell in profile; a, axon.

Piersol, George A. Human Anatomy (Philadelphia, PA: J. B. Lippincott Company, 1908) Courtesy the private collection of Roy Winkelman

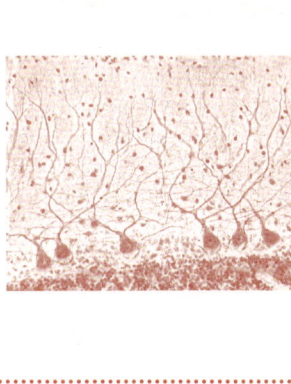

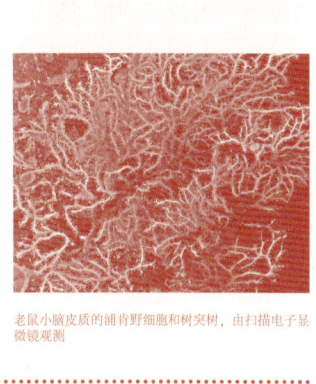

老鼠小脑皮质的浦肯野细胞和树突树，由扫描电子显微镜观测

PRINCIPLE OF RECURSIVE GENOME FUNCTION ITERATIVE ACCESS TO REGULATORY DNA

果蝇幼虫神经系统的连续切片

中心法则

所谓的垃圾 DNA 其实并非没有功能，他们是指导包含核心信息的 DNA 复制的法则。和之前提到的通归思想一样，这些法则指导核心 DNA 从前一步的结果得到下一部的结果，避免繁复运算，每一次的处理都是一样的，本质而言，这就是一种递归的算法。如此，DNA 的中心法则是可逆的，蛋白质上的信息也可以回溯到 DNA。

主要脉络

信息传递时随机片段

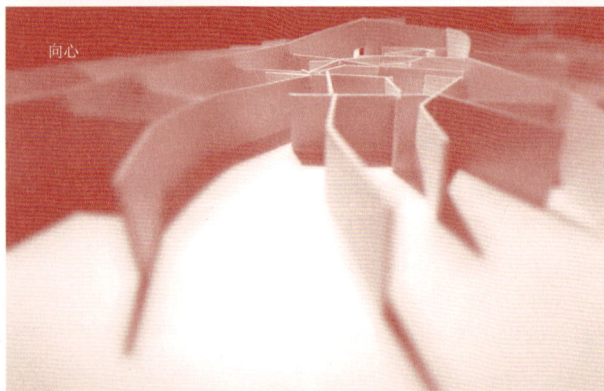

向心

延展

依据枝干主次赋予高度
模拟信息的通达与堵塞

空间的反端

原型十

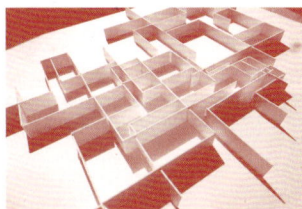

取节泰图示进行两次的分形递归，由最后得到的第三代结果截取片段得到。

空间的故事

空间片段

组织原型拓展

"The nature of reality is this:
It is hidden, and it is hidden,
and it is hidden."

- Rumi, 13th-century Sufi mystic

轨迹

给人以愉悦的形式，其背后都隐藏着规律。规律没有学科的界限，有的是万物的本质。虽然一切法则和定理都有其适用的条件，一切理性都不是绝对的理性。但是极度抽象后拥有数学和谐的结构，的确会给人以美的感受。本节以数学为核心，探讨物理学中美的形式。

Just as protons, neutrons and electrons make up atoms, there are subatomic particles that make up protons and neutrons. An electron seems to be structureless. A proton is made of 2 up quarks and 1 down quark, while 1 up quark and 2 down quarks make a neutron. You might say a neutron is a little more "down" on itself.

In nature we always see charges as multiples of the charge on the electron, which is simply -1 unit of charge. The electron's antiparticle, its exact opposite, is the positron with +1 unit of charge. Put the two together in a collision and what do you get? That's right. Nothing but energy.

How do quarks give the proton +1 charge and no charge to the neutron? It turns out if the "up" quark has +2/3 of a unit of charge, and the "down" quark has -1/3 unit, then it works just right. Try the math and you'll see that with this the neutron has no charge since it has two "downs" and one "up".

A neutron has a tiny bit more mass than a proton, which is why it will decay into a proton and an electron given about 15 minutes outside a nucleus. Since one kind of quark can change into another kind, and there are a zoo of other particles as well, this is even more confusing.

When you become an "high energy" particle physicist, you may want to memorize these. But for now, it is best just to know there is much food for thought in the study of the fundamental constiuents of matter.

亚原子粒子
Subatomic Particles

亚原子粒子又称次原子粒子，指结构比原子更小的粒子。其中包括原子的组成部分如电子、质子和中子（质子和中子本身又是由夸克所组成的粒子）和放射和散射所造成的粒子如光子、中微子和渺子，以及许多其它奇特的粒子。总的来说，次原子粒子可能是电子、中子、质子、介子、夸克、胶子、光子等。

中子，质子，电子，夸克，还是能量？

追踪亚原子粒子
Track Subatomic Particles

Although we cannot see the particles, accelerators can send charged particles through a bubble chamber of liquid hydrogen, or use an electronic detector to record the particles tracks. When charged particles speed through a magnetic field, the curvature of their paths reveals mass and charge. Electrons are such light particles they show up as spirals. If they spiral one way they are negatively charged electrons. If they spiral the other way they are positively charged positrons. See if you can identify tracks of electrons and positrons. How many of each can you find? Heavier particles with more momentum curve less—it is harder to keep a truck on a curving road than a small sports car. Neutral particles remain invisible because they do not interact with matter, until they split into an oppositely charged pair, making a "vee" of positive and negative particles. See if you can find a neutral particle splitting. Sometimes charged particles split into many particles. See if you can find these.

加速器 带电粒子 气泡室 液态氢 电子探测器 磁场曲率

质量 电荷 动量 中性粒子 不可见 分裂 两种相反相同电荷

气泡室是由一密闭容器组成，容器中盛有工作液体，液体在特定的温度和压力下进行绝热膨胀，由于在一定的时间间隔内（例如50ms）处于过热状态，液体不会马上沸腾，这时如果有高速带电粒子通过液体，在带电粒子所经轨迹上不断与液体原子发生碰撞而产生低能电子，因而形成离子对，这些离子在复合时会引起局部发热，从而以这些离子为核心形成胚胎气泡，经过很短的时间后，胚胎气泡逐渐长大，就沿带电粒子的经路径留下痕迹。如果这时对其进行拍照，就可以把一连串的气泡拍摄下来，从而得到记录有高能带电粒子轨迹的底片。照相结束后，在液体沸腾之前，立即压缩工作液体，气泡随之消失，整个系统就很快回到初始状态，准备作下一次探测。工作液可用液氢或液氦，需在甚低温下工作，也可用液态碳氢有机物，如丙烷、乙醚等，可在常温下工作。大型气泡室容积可达20立方米。

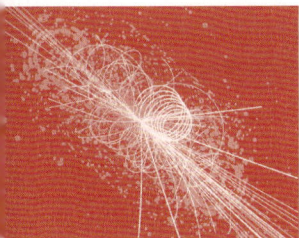

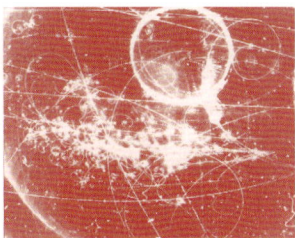

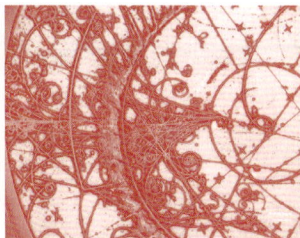

cloud chamber and B field applied

Particle tracks in cloud chamber

Alpha tracks. The alpha particles have high ionising power and approx the same energy. In a cloud chamber or bubble chamber , tracks of alpha, beta and gamma can be seen as the ions formed along its tracks can be made visible by producing condensation of vapour just like the trails of an aeroplane in the sky. The ionisation power of gamma is weak and therefore tracks from gamma are difficult to see.The particles curve is opposite direction due to formation of opposite charges subjected to magnetic field. The tracks need proper identificaiton to know what produces it.

其他相关：洛伦兹吸引子

原型十一：原子核粒子轨迹

粒子的碰撞分裂，空间的交错叠加

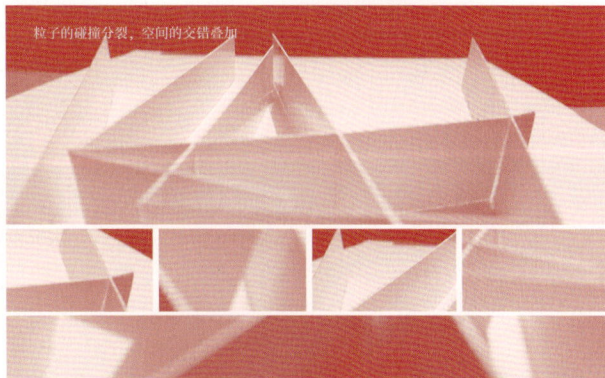

原型十二：多组亚原子粒子轨迹

蝶旋空间，内与外

轮回

没有棱角的空间

原型十三：晶体生长轨迹

晶体生长数分钟后形成的纹理

Lines likes crystals grow on a computational substrate. A simple perpendicular growth rule creates intricate city-like structures.

The simple rule of self-discovered algorithms, the complex results, the enormous potential for modification.

线状的晶体在计算机控制下依据简单的垂直生长法则创造出了复杂城市班的结构。这种自相似的算法虽然简单，但是变化发展的可能性非常巨大。

classic computational substrate, color palette stolen from Jackson Pollock

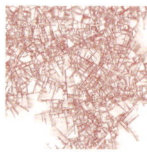

early non-linear crystal growth

non-linear substrate growth with eleven crystal instances

complexification.net

An early version of Substrate did not confine the watercoloring effect (see Sand Stroke) to regions defined by the cracks.

生长的空间，不断细分的空间

空间的两极

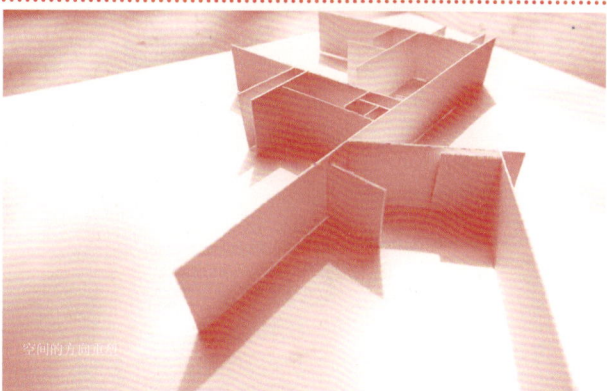

空间内外圆融合

轨迹原型拓展

兔子繁殖生命曲线
将具有生育关系的兔子代代相连，相关参数还有位置、代数。最终形成复杂的网络结构。

闪电
电荷之间的相互作用，层层激发，且存在共时性，最终看到的是不同时刻产生的作用。

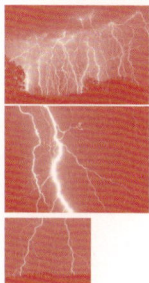

SET OF TANGRAM PEOPLE

拼拆

08

拼拆的背后是不同事物之间的转换，是构成事物的最基本形式的探寻，形式的生成和形式的拆解解读有着千丝万缕的关联。本节探究以七巧板为线索，寻找一个方形的可能性。

七巧板又由宋代的宴几演变而来的，原为文人的一种室内游戏，后在民间演变为拼图板玩具。据清代陆以湉《冷庐杂识》说："宋黄伯思宴几图，以方几七，长段相参，衍为二十五体，变为六十八名。明严澂蝶几图，则又变通其制，以勾股之形，作三角相错形，如蝶翅。其式三，其制六，其数十有三，其变化之式，凡一百有余。近又有七巧图，其式五，其数七，其变化之式多至千余。体物肖形，随手变幻，盖游戏之具，足以排闷破寂，故世俗皆喜为之。"现七巧板系由一块正方形切割为五个小勾股形，将其拼凑成各种事物图形。利用七巧板可以阐明若干重要几何关系，其原理便是古算术中的"出入相补原理"。

原型十四：七巧板之一

小空间围合大空间

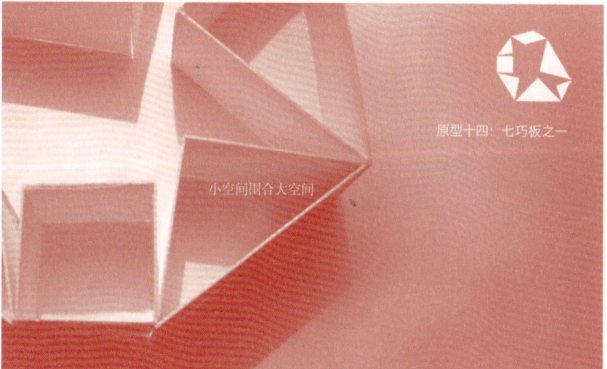

顶点相连
七巧板的可能性

643

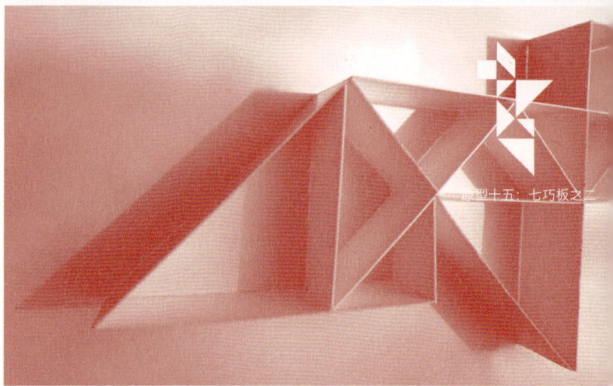

原型十五：七巧板之二

广　场
街　角
缝　隙

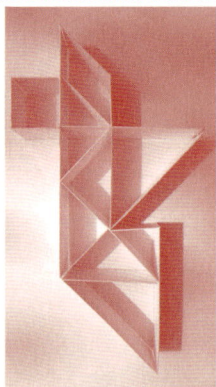

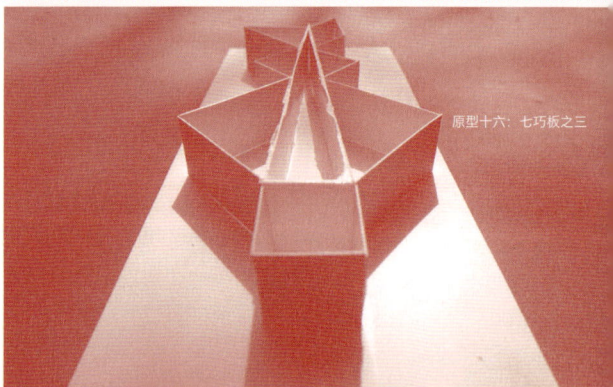

原型十六：七巧板之三

架　构
转　析
交　织

01

场所

序　列
导　向
神　圣

场　地
功　能

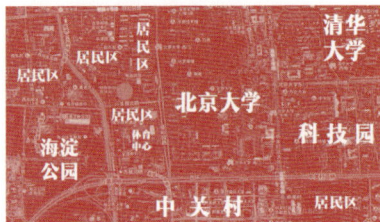

清华
大学

北京大学

科技园

居民区

居民区

居民区

海淀
公园

中关村

居民区

场地

海淀区三山五园起点，大学外沿空间，
科技高新区附近，艺术区域缺乏

发展滞后

一墙之隔
普通民众与高等教育

功能

市民：休闲，体验自然
艺术家：创作，交流，展示
高校学生：校外讨论空间，艺术空间
政府：三山五园绿带起点，文化宣传

02

节奏原型研究

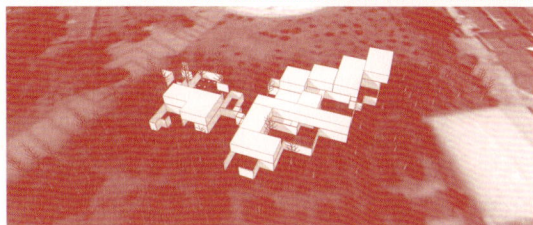

设计 1 院落式

将节奏原型读解出封闭与开敞的院落式空间，赋予空间高度，希望这些围合与开敞的空间能创造出一个感受自然、人们相互沟通交流的场所，缺点在于空间的高度比较随意，与平面的节奏并无对应关系。

艺术家小工作室

咖啡区延展出的墙面

一层平面简图

沙龙空间

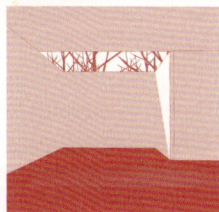

咖啡餐饮区域，明媚阳光，室内加室外

二层平面简图

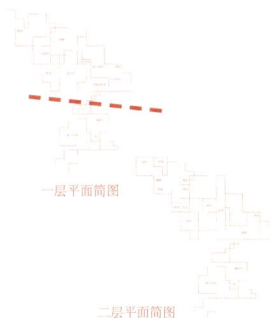

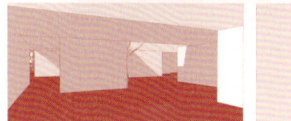

多媒体展区

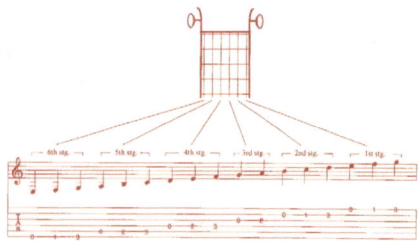

设计 2 阶进

音高通常使用科学音调记号法（scientific pitch notation）或使用结合字母与数字（用以表示基频）而成的记录法。举例而言，"A4" 或 "A440" 都用来表示中央 C 上的 A 音符。然而，这样的记谱法会造成两个麻烦。首先，在西方十二平均律（equal temperament）中，一个音的称呼法并不是唯一的，比如 "重开 G4" 所指的音高其实就是 "A4"。另外，人类对音高的感受与基频成对数性的：对人耳而言，"A220" 到 "A440" 之间的差距跟 "A440" 到 "A880" 之间相同。为了避免这些问题，音乐理论家有时候利用数位尺度，将一个数字与基频之间的对数关系表达一个音的音高。比方说，我们可以由广为使用的 MIDI 标准，将基频 f 对应成一数字 p

$$p = 69 + 12 \times \log_2\left(\frac{f}{440}\right)$$

当然我们也可以用这数字 p 由下列的方程式转换回基频 f

$$f = 440 \times 2^{(p-69)/12}$$

此方程式创造了一线性的音高空间，每一个八度大小都是 12，半音（在钢琴上相邻的两个键所拥有的音程）之间则相差 1，至于 "A440" 的号码则指定为 69。在这个空间中的距离与心理学实验得到的音高距离相符，而且这个表示法也被音乐家接受。这个系统具有一定程度的弹性，可以用来表示一个在标准钢琴键盘上不存在的音。例如，若要表示 C（60）与 C#（61）中间的音高时，我们可以标示为 60.5。

音乐的首要要素。通常指若干乐音经过艺术构思而形成的有组织、节奏的序列。按一定的音高、时值和音量构成的、具有逻辑因素的单声部进行的。旋律由一个个音符组成，而将这些时高时低的音符连成一条线，这就是旋律线。旋律对于人的听觉感观来说相当于视觉感观中的线条的概念。旋律是体现音乐作品的思想感情的主要元素之一。

本次希望通过音乐在应高的变化来赋予空间有秩序的高度。

八度 + 音名	0	1	2	3	4	5	6	7	8	9
C	16.352 (−48)	32.703 (−36)	65.406 (−24)	130.81 (−12)	261.63 (0)	523.25 (+12)	1046.5 (+24)	2093.0 (+36)	4186.0 (+48)	8372.0 (+60)
C#/D♭	17.324 (−47)	34.648 (−35)	69.296 (−23)	138.59 (−11)	277.18 (+1)	554.37 (+13)	1108.7 (+25)	2217.5 (+37)	4434.9 (+49)	8869.8 (+61)
D	18.354 (−46)	36.708 (−34)	73.416 (−22)	146.83 (−10)	293.66 (+2)	587.33 (+14)	1174.7 (+26)	2349.3 (+38)	4698.6 (+50)	9397.3 (+62)
D#/E♭	19.445 (−45)	38.891 (−33)	77.782 (−21)	155.56 (−9)	311.13 (+3)	622.25 (+15)	1244.5 (+27)	2489.0 (+39)	4978.0 (+51)	9956.1 (+63)
E	20.602 (−44)	41.203 (−32)	82.407 (−20)	164.81 (−8)	329.63 (+4)	659.26 (+16)	1318.5 (+28)	2637.0 (+40)	5274.0 (+52)	10548 (+64)
F	21.827 (−43)	43.654 (−31)	87.307 (−19)	174.61 (−7)	349.23 (+5)	698.46 (+17)	1396.9 (+29)	2793.8 (+41)	5587.7 (+53)	11175 (+65)
F#/G♭	23.125 (−42)	46.249 (−30)	92.499 (−18)	185.00 (−6)	369.99 (+6)	739.99 (+18)	1480.0 (+30)	2960.0 (+42)	5919.9 (+54)	11840 (+66)
G	24.500 (−41)	48.999 (−29)	97.999 (−17)	196.00 (−5)	392.00 (+7)	783.99 (+19)	1568.0 (+31)	3136.0 (+43)	6271.9 (+55)	12544 (+67)
G#/A♭	25.957 (−40)	51.913 (−28)	103.83 (−16)	207.65 (−4)	415.30 (+8)	830.61 (+20)	1661.2 (+32)	3322.4 (+44)	6644.9 (+56)	13290 (+68)
A	27.500 (−39)	55.000 (−27)	110.00 (−15)	220.00 (−3)	440.00 (+9)	880.00 (+21)	1760.0 (+33)	3520.0 (+45)	7040.0 (+57)	14080 (+69)
A#/B♭	29.135 (−38)	58.270 (−26)	116.54 (−14)	233.08 (−2)	466.16 (+10)	932.33 (+22)	1864.7 (+34)	3729.3 (+46)	7458.6 (+58)	14917 (+70)
B	30.868 (−37)	61.735 (−25)	123.47 (−13)	246.94 (−1)	493.88 (+11)	987.77 (+23)	1975.5 (+35)	3951.1 (+47)	7902.1 (+59)	15804 (+71)

频率，单位为赫兹（括号内为半音距离，"(0)"为中央C）

音高给人们的感受并不是与频率的比例成正比，而是一种对数的关系。音与倍频程之间的感受并不是倍数相乘除，而是相加减。音的背后，似乎存在着一种透明的格子。

将二维线按照音高绝对值生成三维空间中的线，所得到的结果可以作为控制线指导之后的形式操作。

03

神经原型研究

空间的读解

对于线的理解：线既可以是至一个实体的分界限，例如我们经常读解为模型中的墙等分隔元素，也可以理解为一个被隔离出的空间，即线是有宽度的，线的边缘是界面，线的内部是空间，如进行了图底反转的操作。在蒲肯野细胞中，这些神经纤维既可以理解为管道也可以理解为虚空。

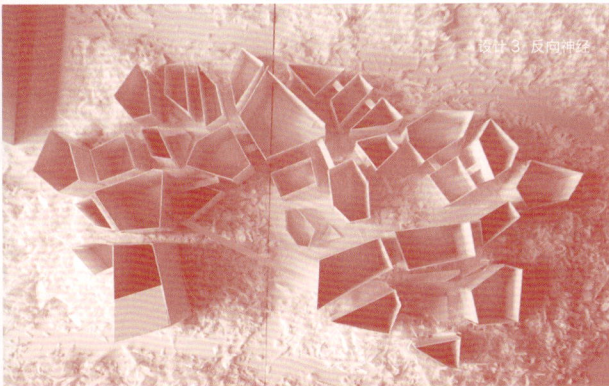

设计 3：反向神经

以线连接神经节点，然后进行 OFFSITE，由于宽度并不应该完全一致，所以目前得到的是比较零碎的体块、街道和广场。

由神经元样排切割出的不同大小的内庭或室内室外空间。

人们不进入单个建筑，而是不知不觉地进建筑。

单元高低错落，地形也有微缓的起坡。从外部草地来到建筑群的中心有着路径的起伏。

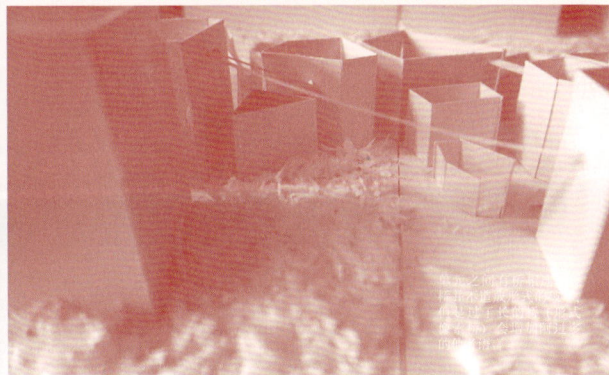

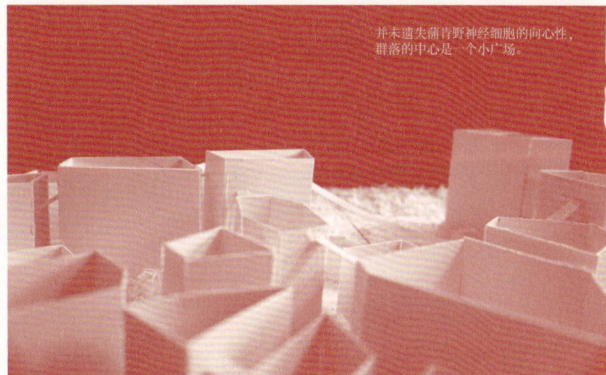

并未遗失痛肯野神经细胞的向心性，群落的中心是一个小广场。

相连空间，成组空间

大小空间的间隔错落

此次设计希望将一层变成一个连通的大空间，让单元从一层屋顶之上露出，形成更加丰富的空间。但是问题是添加元素过多，形式也不够单纯。

小型单元变为天窗给一层连同空间采光。

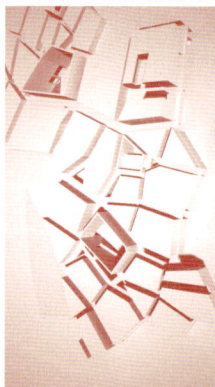

开窗所采用的手法太多，本来就非常复杂的体块，需要很简洁的开窗方式。

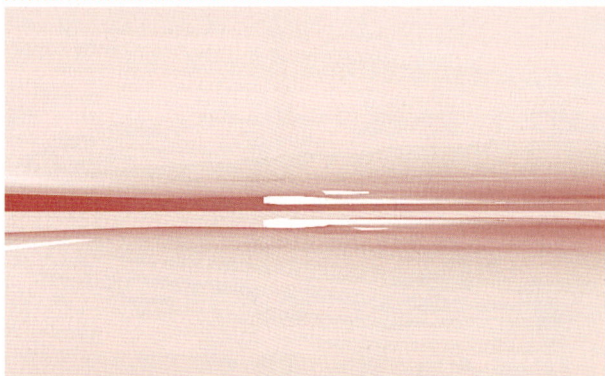

入口空间，柱子和楼板试图营造的轻盈感和体块的沉重落地感相矛盾，多种元素混杂不够和谐。

设计 5

使人们从轻松的水平地面进入建筑群落，然后由坡道自然地上下流动穿行。

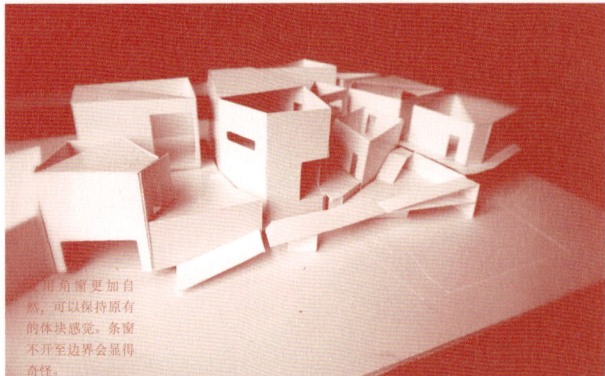

两开角窗更加自然，可以保持原有的体块感觉，条窗不开至边界会显得奇怪。

使人们在重力的带领下自然地从上至下流动

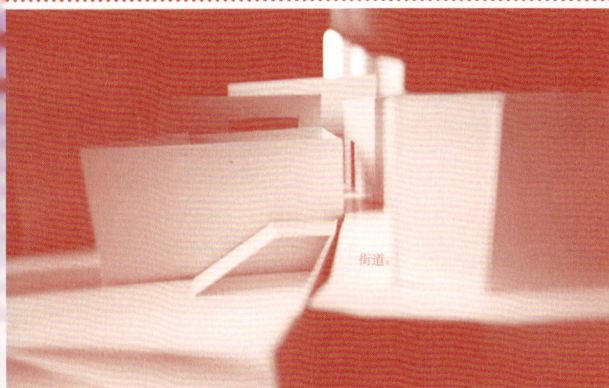

街道

坡与平台

主路毯

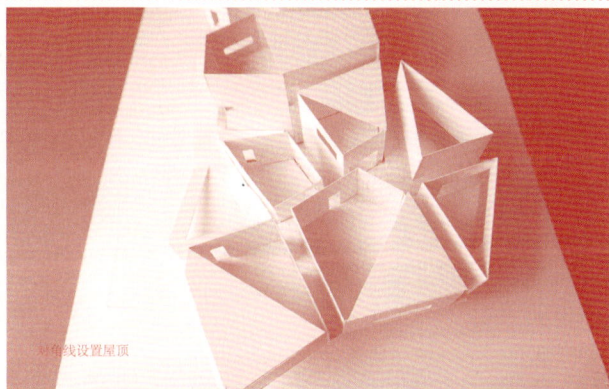

沿街线设置屋顶

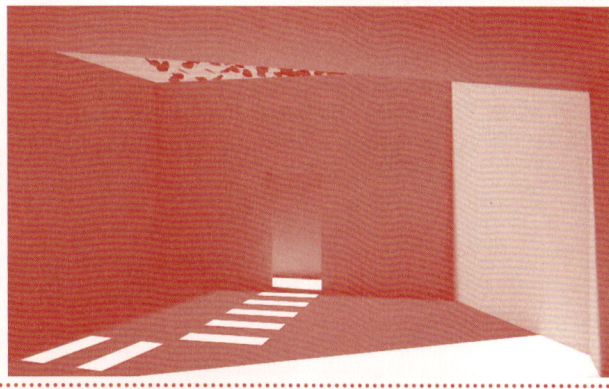

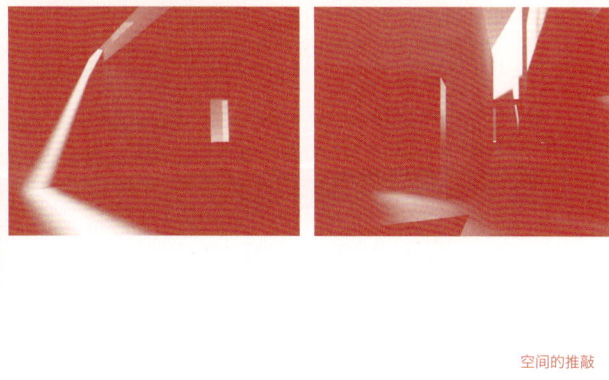

空间的推敲

649

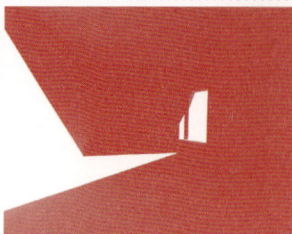

室外室内、室内室外

光的氛围

04

最终

过　程
成　果
反　思

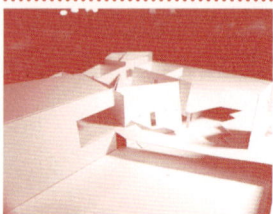

人工激光切割机、边板模型边画CAD

过程
人工激光切割机
LED 光源布线
手作植被

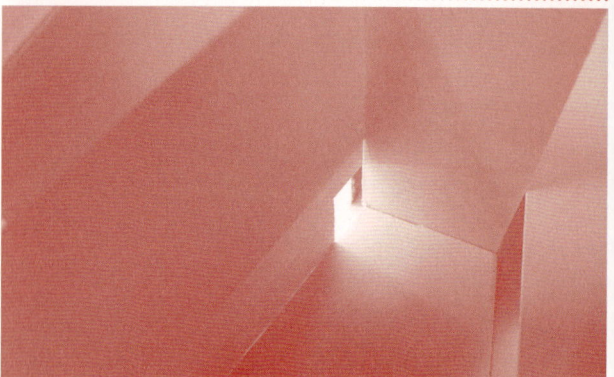

将 LED 光源布置在地下空间部分

手工植被：餐巾纸剪细碎

树木种植法
1 好切板小块挖切
 十字缝
2 超轻泥附着小块
 并固定在卡纸上
3 撒上餐巾纸屑

边做模型边进行思考和选择，空间逐步具象化

成果

室外小庭院

展览空间：少女的祈祷

底层公共，上层私人

轻松的入口空间之一

视线层叠的庭院

坡道相夹出的绿地，活动场所

主展厅通往地下展厅的楼梯

艺术交流空间

楼梯和屋顶平台
通往艺术家的空间

反思

正如作文一样，还没有学会写散文，就被要求写散文诗，还没有论据，就要写议论文，还没有积累多少语汇就要上考场了。应试是带着镣铐跳舞，建筑设计也是一样，是在一定约束条件之下创作。虽然带着约束条件，但是毕竟还是创作，在拥有创作自由的同时，意味着前期大量积累带来的积淀，先接近土地，然后才能飞翔。高中的时候喜欢德富芦花的散文，其描写自然场景随性而来，美不可言。读他的文字，感受背后艺术化的真实，一种清新愉悦的感受油然而生。那些美的事物，即使不可学习本体，对其镜像的研究也未尝不是没有价值的。关键是要开始这学习、探究、思考的一步，去发现，去做选择，而不是从空白中寻找答案。毕竟选择题总是比问答题要容易做。这几周做的事情，有时会让大家自嘲，有时会让人疑惑究竟是在干什么，不过不可否认的是，一种新的思考方式正在渗入我们的日常。最怕的不是争论，而是所有人都在认可同一种声音。从这个角度上看，我十分认可这种新的设计方法带来的观念的改变，虽然有时候也会自嘲，但是内心还是是为这八周感到欣喜和庆幸。

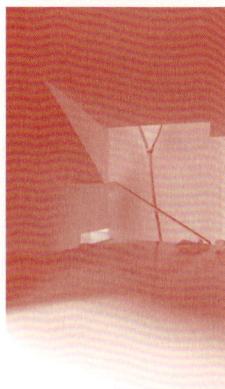

设计思想之外仍觉得比较有感触的是手工模型对于设计的帮助。数了一下包括最终的模型一共做了大约二十个手模。尤其是在做1:100的最终模型的时候，很多在电脑三维软件中难以抉择的事情变得十分清晰。很多意外情况的出现带来了设计上的改变。边做模型边发现一个角落适合干一件什么样的事情，于是就把它塑造成那样，是一件自然而然的过程，同时伴随着内心的淡定与平静。计算机模型时常使人陷入焦虑当中，也许的确是因为人的眼睛对于事物的判断计算与感知能力过于卓越，计算机总是显得不够直观，甚至有时想把屏幕敲碎了把模型拿出来看看（笑）。如今电子设备对于视力污染严重，手工模型在方案的初步阶段仍然有着不可替代的令人惊喜的作用。在做模型的过程中邂逅意外，邂逅美好，在设计的过程中一直处于一个美的发现者的状态，有时候觉得生活中的乐趣也变得多了很多，庆幸有这样一个体验的机会，希望以后也能继续改变。

DUGY

设计的帮助。数了一下包括最终的模型一共做

杜京良

3/02/15 -4/25/15

目录

前言

第一次见到王昀老师真人，不由得肃然起敬。特别是那一头白发，夹杂的黑发比较少，就像被着一道圣光，完全将我们这些自以为懂设计的小孩震慑住。

如果老师不开始张嘴忽悠，还是尤为有气质的。当然了，老师即使忽悠也还是很有气质。

他一开始就坦白说那份"点子"任务书都是随便编来哄人上钩的，虽然多次不同程度暗示工作量要求极高的做法并不见得能吸引多少同学上钩，但我只想说我根本就没有看任务书来选，相信组内不少同学也一样，我们这些个头脑不会发热的建筑学学生是不会被忽悠的。

本人乏词直接体现之一就是找不到哪怕最简单的词语来概括这么一段建筑的旅程以及经历过之后的成长。本书仅是关于从3月2日到4月25日的杜京良。

初见

价值灌输

与王昀老师的初次见面：

上大课的时候徐卫国老爷子就提到王昀老师已经数十年没接触本科教学了，老师一开篇就质疑了本科建筑生接到命题后广看案例并且抄以往的建筑方案的做法。大意就是你们放着一些更有形式感、更本质、更隐秘总之就是更高明的形式语言不研究，反而去做了缺乏想象力的建筑师的拥趸。这种观点虽然表面上看起来特别随意而不理性的。

接下来几节课的实践我们也逐渐体会到了这种秘籍也好方法论也好确有其站得住脚的逻辑在。下面列出的是第一节课的启发的几个观点。

一、"发现功能"
其实老师先讲的发现功能再讲了发现形式。不消细想就知道又是对"form follows function"的反叛。以往的从功能出发而生成形式的方法会让建筑空间和形式受到太大的束缚。对生活中各个场所形式与功能的思考方方面面。因而引起对形式与功能有敏锐的洞察并对建筑功能的设定有太大的束缚，在发现形式的基础上，就是从形式到功能的基本套路。通过去追随形式着实是给我们开拓思路的一大财富。

二、关注空间
老师特别强调空间的重要性。通过实体的推敲和体察来感知丰富的空间，这种亲身教育和实践所共同识同的方式（德后文的部分与住宅以及建筑的讨论老师也运用了大量的实体模型的表现。

三、"做"与"不做"
举例是毕加索和杜尚的对比。"做"与"不做"也就是创造形式跟发现形式的不同。就像《泉》，艺术创作变成了一种形式的发掘。

四、具体举例之音乐与建筑
"音乐是流动的建筑，建筑是凝固的音乐。"这样一问着似乎是用了地道手法。如果非要像老师一样较真，对逻辑分析以及案例探索，也可以得到很有启发性的结论。艺术模乐曲的韵律和节奏都源于音乐的长短等节拍，将二维面层次化化能然间也融入了乐曲的节奏乐音。像"传统符码"处理时广大认真并且具有建设性的完元一那有如模糊混乱对设计的构想能够广泛的当然也可以拍照把那些自觉得对造型展示是非常有意义的。

五、字体选择
就是选择形式，着来设计师自身的欣赏水池也是很重要的一个因素。

六、具体举例之二书法与建筑
音乐与建筑大同小异，因为书法体现的是中华传统文化，书法字体之间的空间则有地域性的氛围。自己好多小时候习过书法，知道书法中的一些处理跟现代以来的设计潮流还是比较脱节，也是觉得书法的转换既没有音乐的转换来的更有道理，也没有音乐那样转换出很好的形式。

七、一些书、具体要求及其他
《传统聚结构中的空间概念》，周老板恩买之，之后就搁置了，一看图录和大段的字就头大。具体功能要求很切合"发现功能"的指导思想，住宅、创作、展览、公共活动都是可以的，并且尽量有所综合。

课后第一件事就是和同组小伙伴讨论太怼怒老师，以及之后的几周内没料到的是每一节课前准备得那么纠结。也还是我们受到观念的束缚，总觉得光是发现形式有点太直接和简单，似乎体现不出自己的水平，总希望再加上自己的东西，并且还想套上所谓的逻辑，总之就是想得特别累。

原型探究

概念初探 交通设施 立交桥

北京南站

关于尺度转换的跑偏思考

老师上课提到的形式在不同尺度下的通用性质，想尝试利用住区尺度来对应建筑体量，但是其实太过相近的做法，经不起推敲的。

农耕景观的形式美要素之线条

这样一来，也就很容易理解，把线条看作审美对象中的一个构成要素，并从这些线条的美感美分析进是否可以给我们带来视觉上的愉悦，或是吸引人的个人深心愉悦，或者借由美学原理得某种形式美规律，这样我们便可以把它视觉的，至少能够说明，当线条具有某种美学上的意义存在，因为这些线条给人带来了某种心理上的愉悦。

线条是人们感受美的事物初始的要素。

农业景观进入以阡陌交通之谷、田田中的田埂恰是人们顺应其自然地地势所形成的自然曲线，曲线是自然万物的典型外貌特征。

视觉史上，人们对传加的世形式这线条之所以感兴趣的原因是他的观念与线条其线形图有着极大的线形关联性，荷如斯认为所有的图形和实体都可以简化为线条。因此，他揭出任意物的线问题都是有关线条差的问题，并通过线条的分析来对他对象的讨论。

线条的种类很多，将简单的区分就是直线和曲线。

在分析审美对象时，我们可以把对象简单地亲看比如立方体完全是由直线构成的，球体完全是曲线构成的，而现实中绝大多数事物都没有单纯由直或纯曲线构成的，但我们仍然可以把他们看成是由直线和曲线一同构成，比如花瓶之类的。

农耕景观的形式美要素之色彩

"色彩的唤醒起美感的普及的形式"

植物以其安宁平静的绿色和柔软弯曲的线条丰富着大自然的艺术构图，同时营造出舒适宜人的绿色空间，以其多姿多彩的形态渲染着农业景观的形成。

然而，农业景观的色彩构成还不仅仅是单一的绿色，而是色彩绚丽、五彩斑斓的。

农耕景观的形式美要素之季相

古人以为候气之征，其以有二十四番花信风之说。

一月二气六候，自小寒至谷雨，凡四月八气二十四候，每候五日，以一花之风应之。

小寒：一候梅花，二候山茶，三候水仙
大寒：一候瑞香，二候兰花，三候山矾
立春：一候迎春，二候樱桃，三候望春
雨水：一候菜花，二候杏花，三候李花
惊蛰：一候桃花，二候棣棠，三候蔷薇
春分：一候海棠，二候梨花，三候木兰
清明：一候桐花，二候麦花，三候柳花
谷雨：一候牡丹，二候荼蘼，三候楝花

农耕景观的形式美要素之质地

事物的光滑、粗糙、坚硬、柔软，都是不同质地给人的感觉。

群植行种的农作物通过形状、线条、色彩、质地等要素的相合，由于人的观察利用，视角的不同，呈现出或蓬松或厚实，或柔软或粗糙的质地。加上农业景观中农作物植被的多样性给我们呈现的是多样的质地感，想置身于农业景观其中的人们让心在未意识的审美过程中感受不同事物所表现出来的不同质感，从而引起不同的美的感受。

形达，种植的疏密程度都会影响景观的质感。同一种农作物，它的生长状态不一样，种植的行距不同，表现出来的质感也不一样，给人的美感也不一样。

农耕景观的形式美要素之空间

在农业景观中，空间的感受一般与自然审美的空间感是连接起来的，是根据自然界地形地貌所表现出来的形态来感受的。

参考文献：邓敏荣《农业景观的美学释义》

原型壹

原型贰

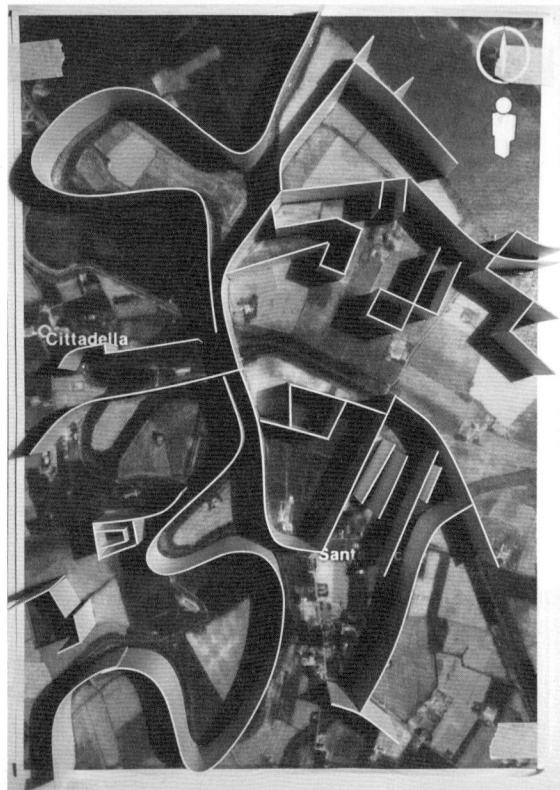

Cittadella

Sant

O dolce Napoli,
O suol beato,
Ove sorridere
Volle il Creato
Tu sei l'impero
Di armonia!
Santa Lucia! Santa Lucia

Santa Lucia

巴西利卡塔（Basilicata）为意大利南部自治区。大致分成西部的山区和东部的低矮丘陵及宽阔谷地，首府波坦察。奥尼亚海沿岸有狭窄沿岸平原。中世纪初由伦巴第联盟统治。士瓦本的霍亨斯陶芬王朝衰微（1254 年）后，在意大利南部的事务中起过重要作用，后来的命运与那不勒斯王国相系，1861 年归属意大利。1980 年灾难性地震中遭受严重破坏。经济以农业为主。人口约 595,727 人。

美术教室

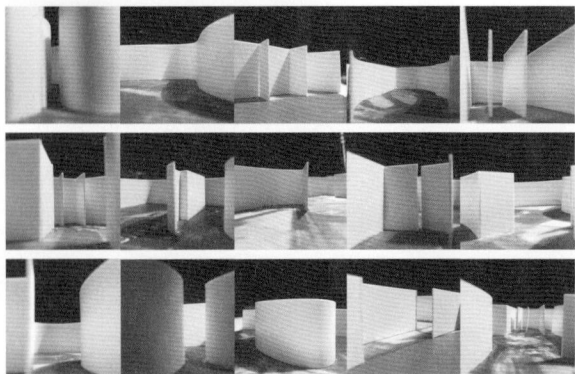

原型叁

这是后期整理的时候创得的当地街巷的照片，突然回想当时马斯图平面上的操作却没结合当地加以发展照著，推大千绘小可那更其中旨的形式的机会。

原型肆

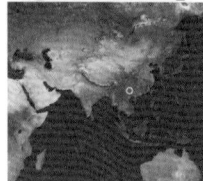

对复杂元素的归纳和整理，但在一定程度上仍然尊重原型的细节，最终产生了意想不到的效果。

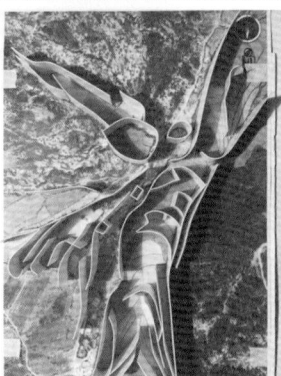

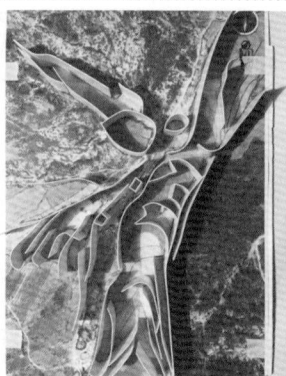

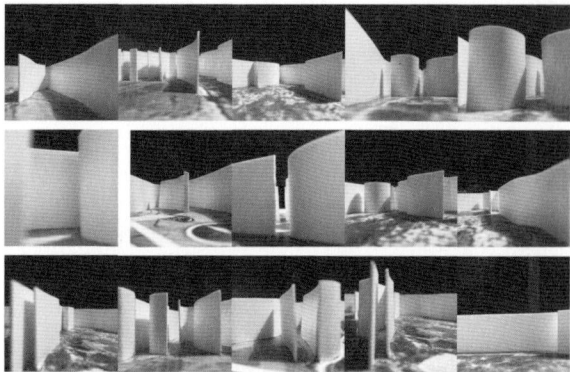

原型伍

地形

横贯南极的山脉将南极大陆分为两部分。东南极洲，面积较大，为一古老的地盾和准平原，横贯南极山脉绵延到地盾的边缘；西南极洲面积较小，为一褶皱带，由山地、高原和盆地组成。东西两部分之间有一沉陷地带，从罗斯海一直延伸到威德尔海。

南极洲大陆平均海拔近几千米，是地球上平均海拔最高的大洲。最高点玛丽·伯德地的文森山海拔5140米。大陆几乎全部被冰雪所覆盖，冰层平均厚度有1880米，最厚达4000米以上。大陆周围的海洋上有许多高大的冰障和冰山。

全洲仅2%的土地无长年冰雪覆盖，被称为南极冰原的"绿洲"，是动植物主要生息之地。"绿洲"上有高峰、悬崖、湖泊和火山。

南极大陆共有两座活火山，那就是欺骗岛上的欺骗岛火山和罗斯岛上的埃里伯斯火山（又译埃拉波斯火山）。欺骗岛火山在1969年2月曾经喷发过，使设在那里的科学考察站顷刻间化为灰烬，直到现在，人们仍然对此心有余悸。

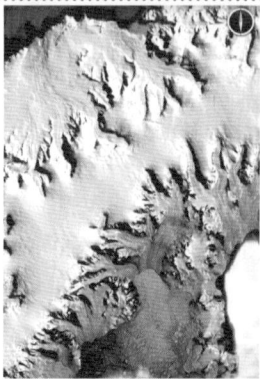

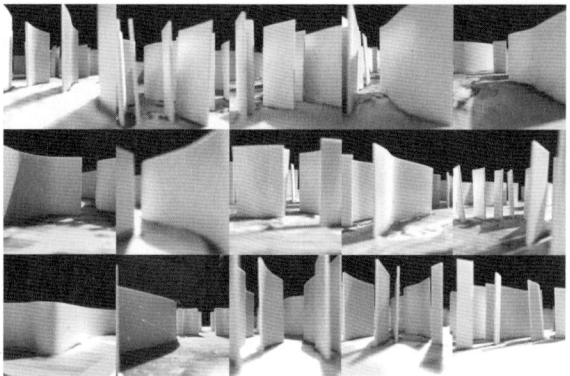

区域地貌与地域性建筑

所谓地域性建筑

建筑地域性的具体含义仍然缺少统一认识

笼统而言，建筑的地域性是指建筑与所处地方在自然要素、人文要素、技术要素之间的关联，表现为有别于其他地区的"共同特征"

在信息化、全球化、网络化的时代，作为一种对抗全球文化趋同的手段

地域性建筑的特质

【区域性】

【相对独立性】
不同地域情况下，地域性的产生机制不同
在时间、空间上都有体现，由使用者参与建造的不同程度而决定

【自组织性】
自发（传统）、自觉与自省通过建筑师的设计行为刻意赋予，它们之间的转化由环境决定

细节的增多带来空间丰富性的增加，但仍然没有摆脱手法简单的困境

660

所谓地貌

地貌即地球表面各种形态的总称，也称地形。

地表起伏的形态，如陆地上的山地、平原、河谷、沙丘，海底的大陆架、大陆坡、深海平原、海底山脉等

内力和外力是塑造造地貌的两种营力，地貌是内力过程与外力过程对立统一的产物。

地貌影响因素

【内力】
内力地质作用造成了地表的起伏，控制了海陆分布的轮廓及山地、高原、盆地和平原的地域配置，决定了地貌的构造格架。

【外力】
外营力（流水、风力、太阳辐射能、大气和生物的生长和活动）地质作用，通过多种方式，对地壳表层物质不断进行风化、剥蚀、搬运和堆积，从而形成了现代地面的各种形态。

地貌与建筑地域性

【农田】
一定人工参与影响下的地貌表现形式

两者结合的最直接形式
作为切入点

田地划分与建筑空间

【关联性】
田间走道的连通

【异质性】
作物变换 & 产权归属

【多元性】

【层级性】
空间序列 & 相互渗透

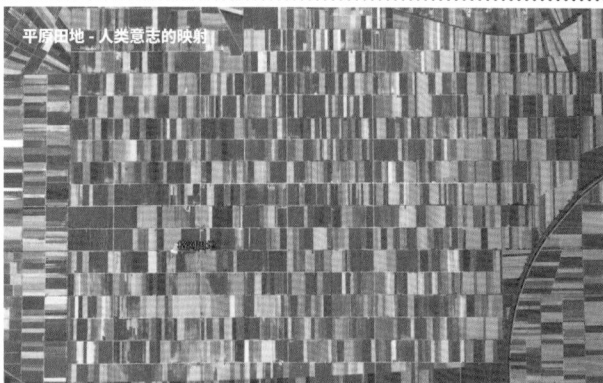
平原田地 - 人类意志的映射

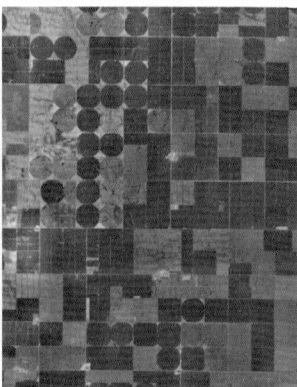

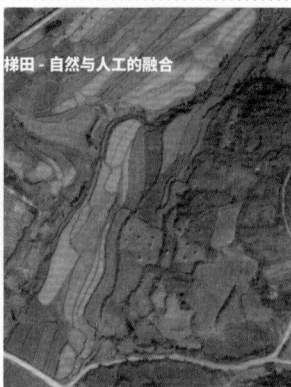
梯田 - 自然与人工的融合

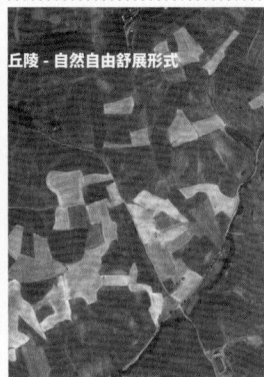
丘陵 - 自然自由舒展形式

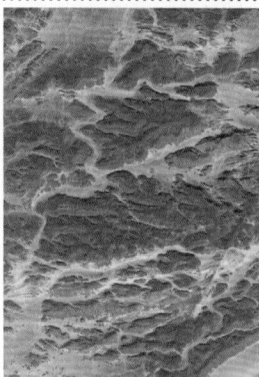

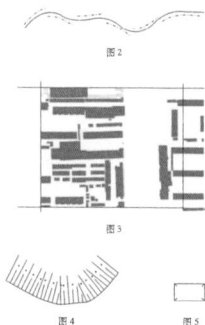

原型陆

地面上的地物，在地图上是按照《地形图形式》规定的符号和注记表示的，这些符号称作地物符号。

地物符号的分类
地物符号可分为三类。

第一类是以比例尺表示的符号，这类符号是按地物的实际轮廓按比例尺缩绘的，主要用于表示面积较大的地物，如城镇、森林、江河等。

第二类是以比例尺表示的符号，主要用于表示一些细长的地物，这类符号的长度是按比例尺结合实际绘的，但宽度没有按比例尺缩绘，如道路、沟渠电线等。

第三类是不以比例尺表示的符号，这类符号因地物面积太小，无法按比例尺缩绘，只能用规定的符号表示，如突出树、亭、纪念碑等。常用的不依比例尺的地物符号及其定位点。

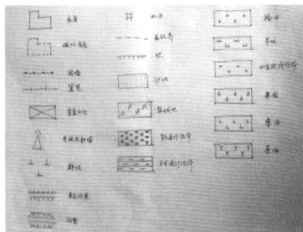

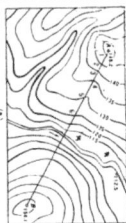

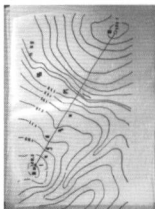

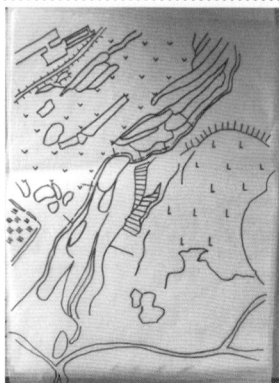

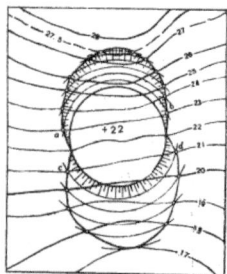

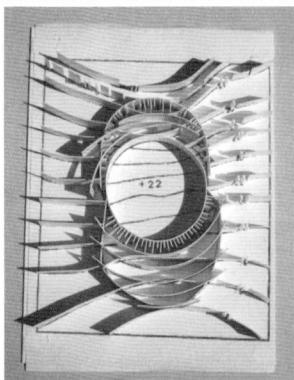

原型柒

这个原型是由自己凭空独立创作，即将前面的形式语汇的积累以自己的语言呈现出来。看似随意，其实是建立在一定的形式感规律中的。

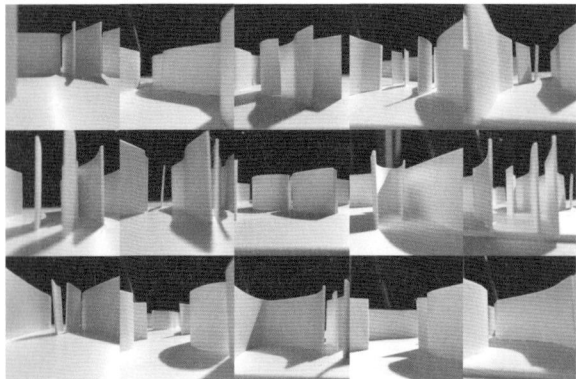

跨组交流

东极岛庙子湖岛

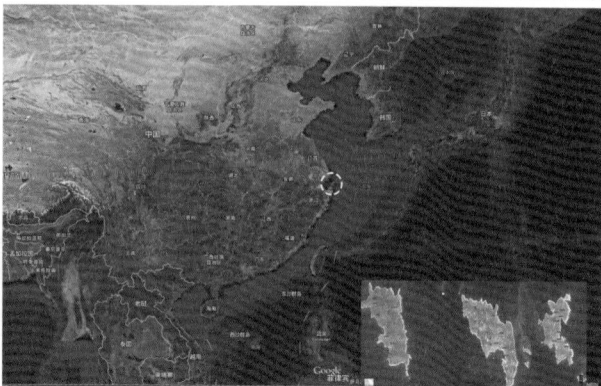

东极岛，属于浙江省舟山市普陀区东极镇，位于中国大陆东端，身处大海，四周被东海包围，位于东经122.4°，北纬30.1°之间。东极诸岛远离舟山本岛，距沈家门45公里，拥有大小28个岛屿和108个岩礁。它不仅有浓厚、古朴的渔家特色，更有那美不胜收的风光，几乎包揽了真正意义上的阳光、碧海、岛礁、海味，且气候宜人，水质清澈，是少有的纯洁之地。东极主要风景有庙子湖、青浜岛、东福山、黄兴岛。

渔民画

舟山渔民画画造型上夸张、随意和制作上的精致赢得了国内外专家和观众的认可。

1980年成功举办了首届舟山渔民画展览后，使舟山的渔民画升华为一种反映海洋文化、海岛风情的优美画卷，成为展示中国海洋文化的一个重要组成部分。1987年11月，舟山渔民画在北京中国美术馆展出，获得了广泛好评。1988年1月，文化部命名舟山群岛定海、普陀、岱山、嵊泗4个县（区）为"全国现代民间绘画之乡"。至2008年，有1000余件作品在全国性报刊发表，入编各类画册，为藏多家美术权威机构，并到10多个国家作对外文化交流展出，享誉国内外。多年来，他们在保持舟山渔民画艺术风格整体性的基础上，强调地域特色，力求多样性，创作了一批又一批渔民画新作，多次在省级、全国和国外展览上展出、获奖。舟山渔民画表现的多是大海及与海有关的事物，即使是神话传说也是在大海里遨游。渔民出没于狂风巨浪，甚至生死搏斗的生活经历，造成作品奇幻、神秘、抽象近乎怪诞的风格，赋予作品现代民间气息强烈的地域特色和民族意识。而这些主观的感受和强烈的生活气息又通过造型上的夸张、随意和色彩上的艳丽、强烈而表现出来，由此形成了舟山渔民画特有的整体性艺术魅力，在中国现代民间

绘画艺术中独树一帜。

渔民画家们把他们对理想、对生活的美好追求与渴望都反映在他们的作品中，如刘云态的作品《渔姑梦》《咪咪梦》，张亚春的作品《嬉鱼》。有的以渔民生活、生产和渔家风俗风情活动为内容，如林国芬的《拣鱼》和《剖鳘》，陈艳华的《补网》等，有的反映了海岛的民间传说，如张定康的《穿龙裤的菩萨》描绘了"青浜庙子湖，菩萨穿龙裤"这一民间故事。

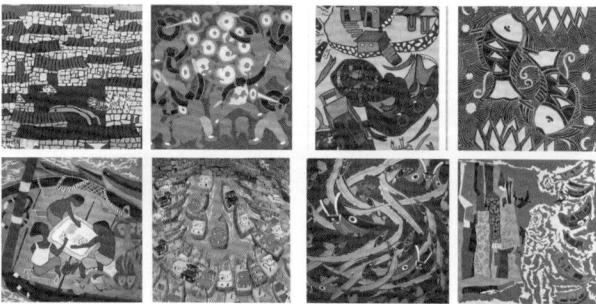

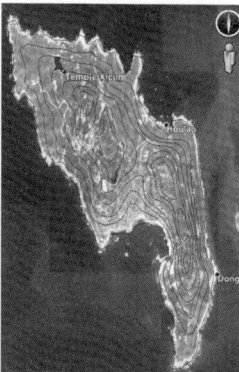

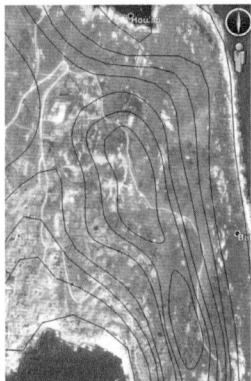

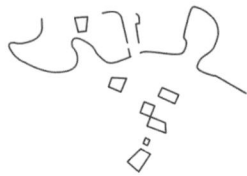

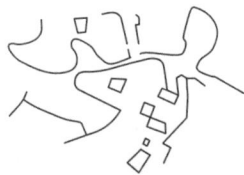

功能需求

游客
参观风景和展览

当地渔民画艺术家
创作和举办展览

外来创作艺术家
居住、创作和举办展览

当地居民
社区活动

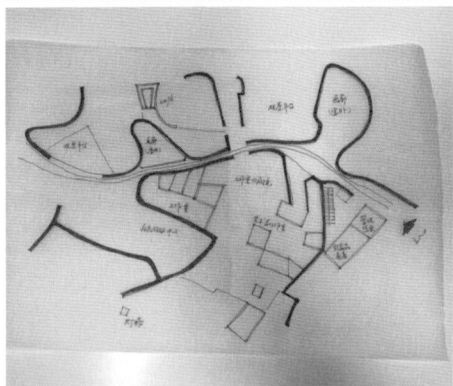

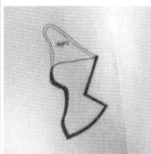

山墙意象

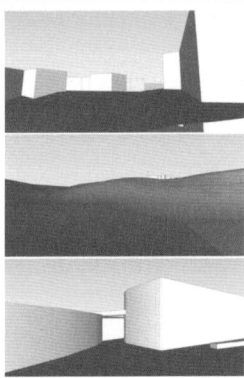

象鼻峰仅于东福山东端，是极地风光的一处奇观。
当船驶临界峰峰海角，仰望峰顶，
犹如大象长鼻调皮地伸长到大海，戏弄潮水。
气势极为壮观。

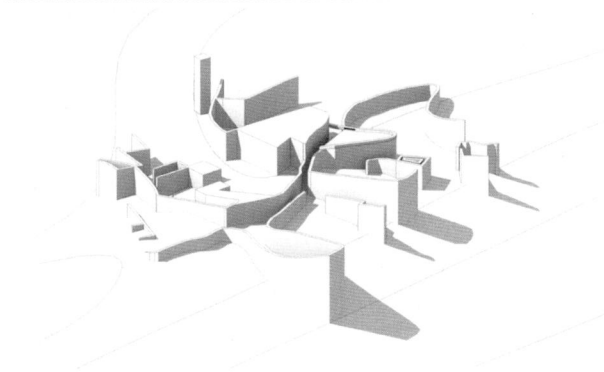

新开始

价值灌输

初探虎口　原型 1
撒网发展　原型 2 3 4
发散找形 找全类型　原型 5
开阔思路　原型 6
小插曲　原型 7
其他

代入功能　悬崖上村民活动中心

抛开重来　原型 8 9
最后的发散　原型 10 11 12

渔船码头及悬崖画廊

地形置入
控制手法
方案取舍
"找辙"
方案出炉

模型进展

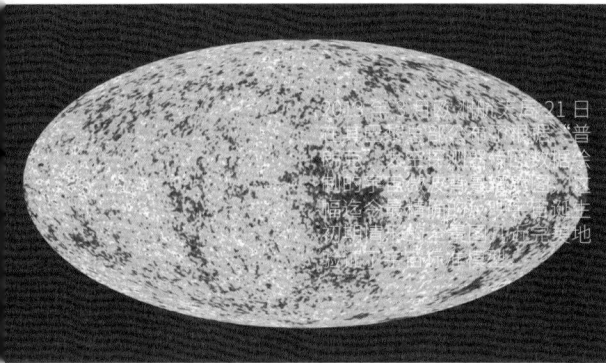

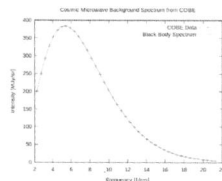

宇宙微波背景辐射（又称 3K 背景辐射）是一种充满整个宇宙的电磁辐射。特征和绝对温标 2.725K 的黑体辐射相同。频率属于微波范围。宇宙微波背景辐射产生于大爆炸后的三十万年。大爆炸宇宙学说认为，发生大爆炸时，宇宙的温度是极高的，之后慢慢降温，到现在（约 150 亿年后）大约还残留着 3K 左右的热辐射。

对比星座全大图选取变形较少的天鹰座

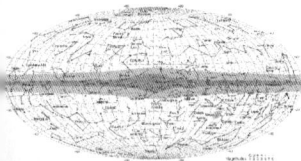

天鹰座平行 a 投影星图

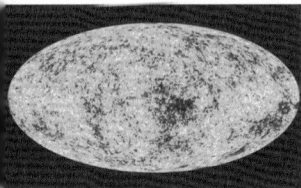

原型捌

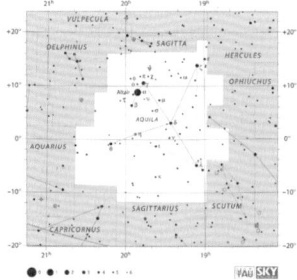

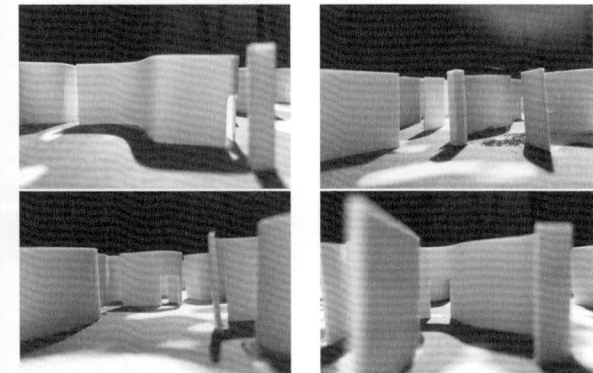

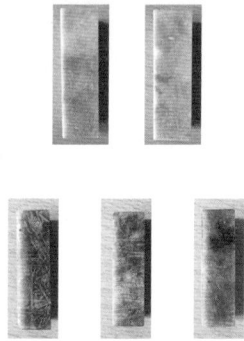

齐白石(1864年1月1日—1957年9月16日),生于湖南长沙府湘潭(今湖南湘潭)人。原名纯芝,字渭青,号兰亭。后改名璜,字濒生,号白石、白石山翁、老萍、饿叟、借山吟馆主者、寄萍堂上老人、三百石印富翁,是近现代中国绘画大师,世界文化名人。早年曾为木工,后以卖画为生,五十七岁后定居北京。擅画花鸟、虫鱼、山水、人物,笔墨雄浑滋润,色彩浓艳明快,造型简练生动,意境淳厚朴实。所作鱼虾蟹虫,天趣横生。齐白石书工篆隶,取法于秦汉碑版,行书饶古拙之趣,篆刻自成一家,善写诗文。曾任中央美术学院名誉教授、中国美术家协会主席等职,代表作有《蛙声十里出山泉》《墨虾》等。

"诗第一,印第二,字第三,画第四。"

刀法

冲刀法

刀柄侧斜,以刀角入石。指实掌虚,五指和手腕用力推刀,作上下、左右、顺逆的冲刀。其中横冲是以刀外向倾斜,刀锋在角插入石中。运刀时,中指自右外向左推刀。竖冲则以中指拨刀,上下向运刀冲刻。逆冲是以拇指、食指捏刀柄,中指后抵,卧刀柄于掌侧"虎口",自下向前推冲。运用冲刀法时无名指和小指起定位作用,抵住印面,控制力量,防止跑刀。

冲刀法适宜镌刻白文印,冲刀要用力适度、均匀,用力过猛或入刀太深,会感到运刀艰涩难行,不能游刃自如;用力过小或不均,入刀浅:则划出的线痕会飘浮、纤弱。冲刀法便于表现印文圆润流动的笔意,线条道劲挺拔。

切刀法

五指握刀,刀柄垂直,以刀角入石,运用腕力频频向下按刀,使两刀刀角交替切进石内,将切出的刀痕连接成印文线条。切刻时按刀用力不要太重,使刻出的跳刀痕参错不齐,形同锯齿。应使切刻出的线条气势连贯,浑然一体。切刀法所刻印文浑厚苍劲,刀法意味浓厚,并能镌刻较硬质的印材。

齐白石篆刻特点

1. 齐白石艺术的积淀与成熟过程,是由民间艺人向文人画家演变的过程,由此而决定了他在篆刻方面不断地学习、临仿、变化以至完善,直至衰年才形成自己的艺术风貌。

2. 齐白石从未接受过正规的科班教育,故而较少地受"成法"的限制,在汲取传统文化营养方面,能取前人之长,补己之短,而又不落他人窠臼。因无"师承"的羁绊,有利于形成自己个性鲜明的艺术。

3 齐白石早年做雕花木仁,虽然篆刻起步较晚,但由于有手艺簇础,腕力足,模仿力强,加之勤奋,因此形成了其成熟期的篆刻雄悍直率,不事雕琢,具有阳刚之美。

4 齐白石绘画风格的变化与成熟,直接影响着他篆刻的审美取向,其篆刻不但与书画基本上是同步发展的,而且在风格上也有高度的和谐性,这是其艺术的一个显著特点。

齐白石的篆刻如果从其32岁开始计算(见《白石老人自述》),至94岁去世止,约有60余年的时间,在这60年中,大致可以分为四个阶段。

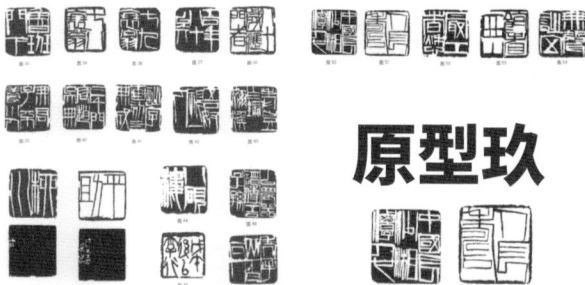

冲切混合法

以冲刀为主,运行中参用切刀,切冲互补,增强刀法的表现力,丰富用刀韵味。

"空间重心"

原型玖

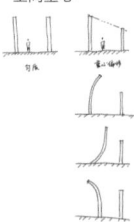

中国长沙湘潭人也

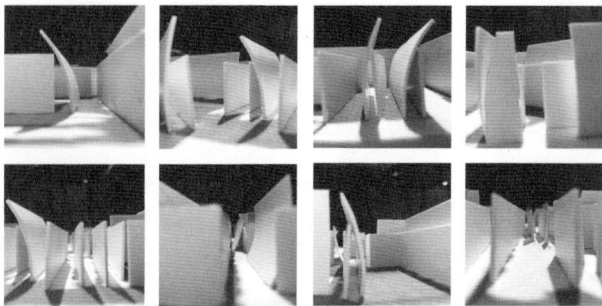

病变器官

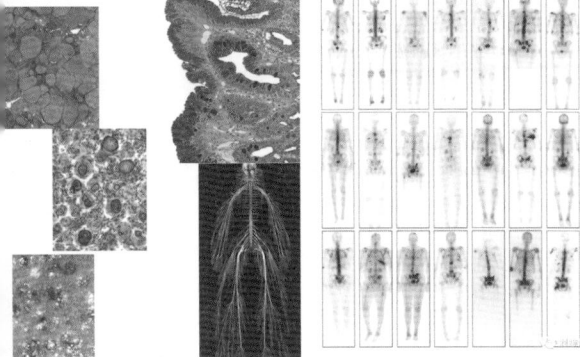

竹筐编织

书架

由伽利略 (1564—1642) 和牛顿 (1642—1727) 等人于 17 世纪创立的经典物理学，经过 18 世纪在各个基础部门的拓展，到 19 世纪得到了全面、系统和迅速的发展，达到了它辉煌的顶峰。到 19 世纪末，已建成了一个包括力、热、声、光、电磁学科在内的，宏伟完整的理论体系。特别是它的三大支柱——经典力学、经典电动力学、经典热力学和统计物理学，更是人类智慧的结晶。它们不仅在理论的表述和结构上已十分严谨和完美，而且它们所蕴含着的十分明晰和深刻的物理学基本观念，对人类的科学认识也产生了深远的影响。

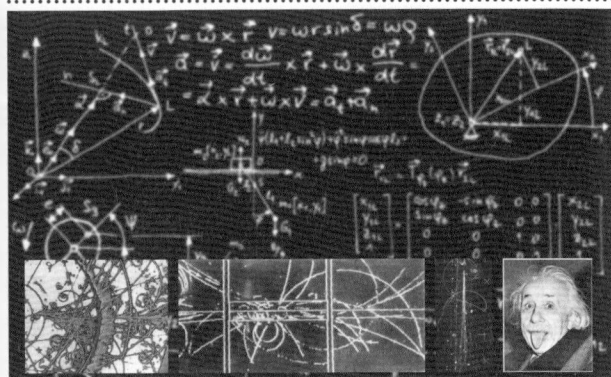

获得形式感好的曲线

用多段圆弧拟合

每段圆弧均看成是某个粒子在磁场中的轨迹，据此返还生成磁场

对磁场元素进行建筑化处理

原型拾

河流曲线

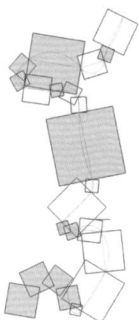

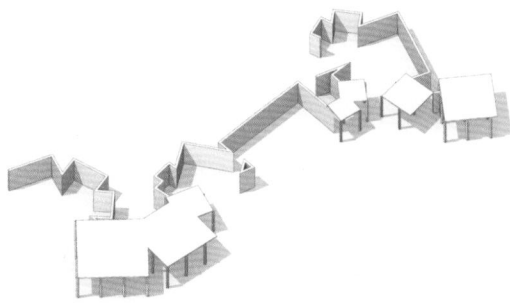

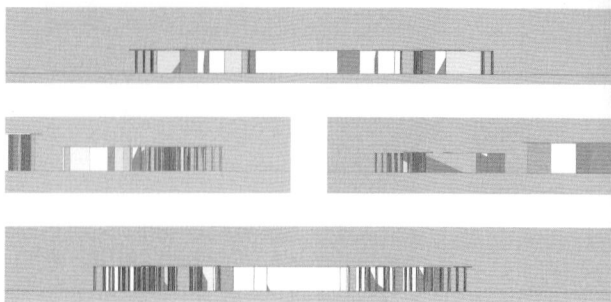

室内透视

各立面

原型拾壹

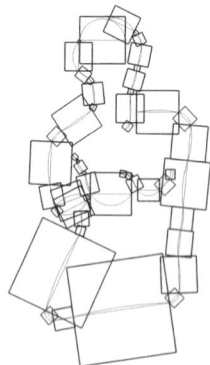

断臂的维纳斯

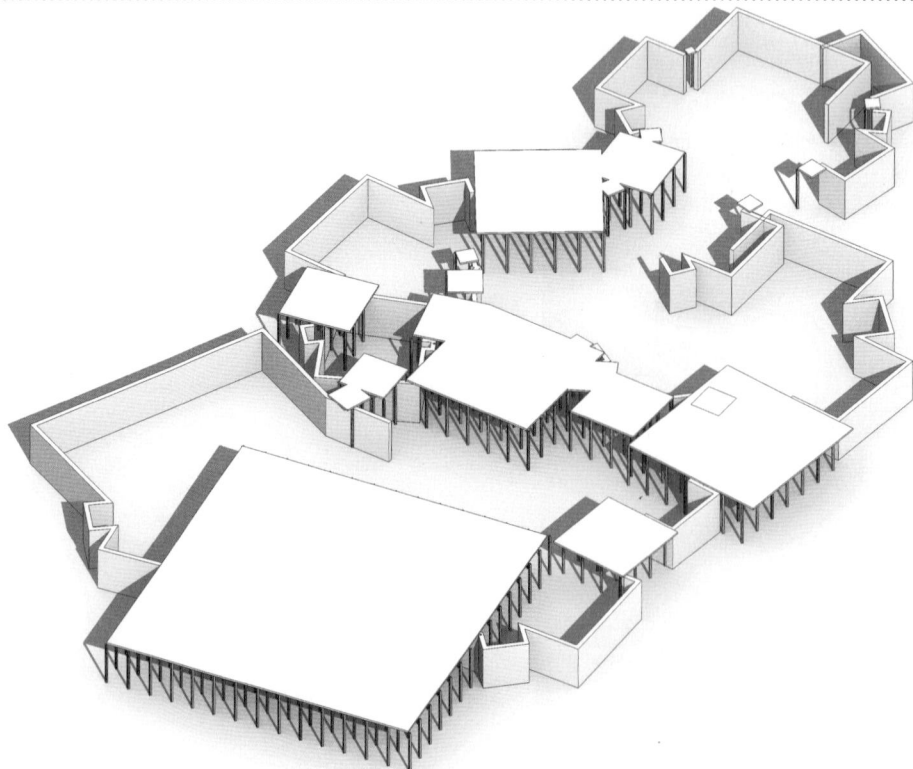

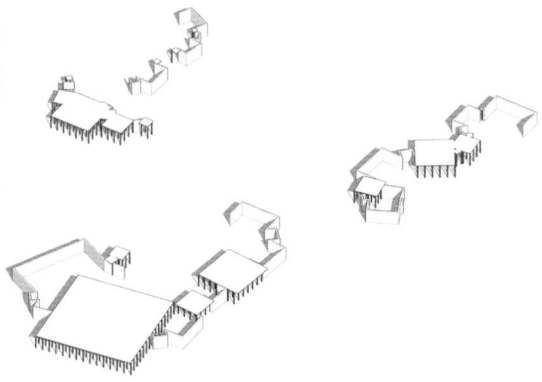

室内透视

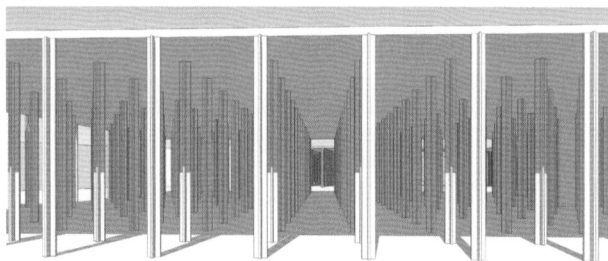

各立面

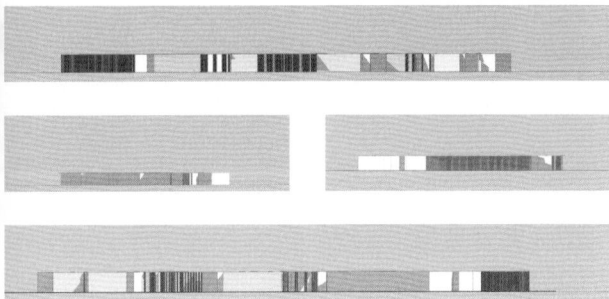

原型
拾贰
康定斯基

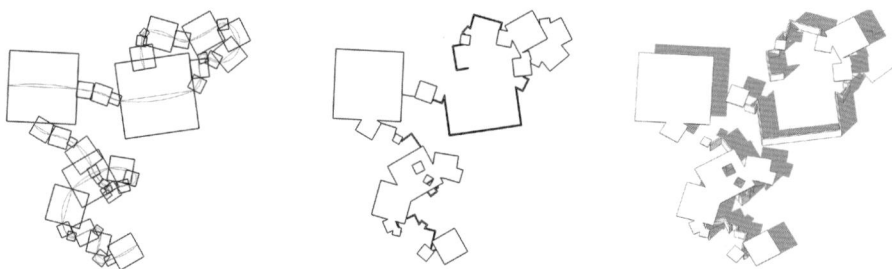

在选取画面线条这个步骤其实是一个没有逻辑
依据的操作过程

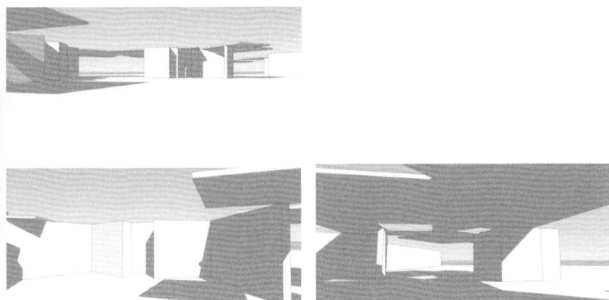

各立面

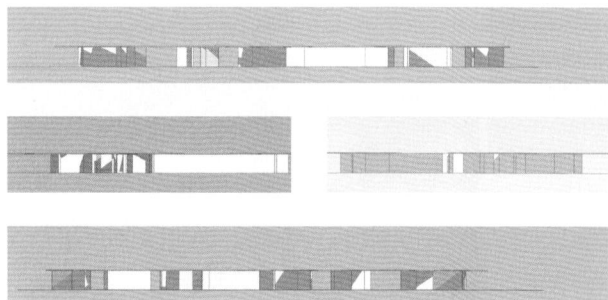

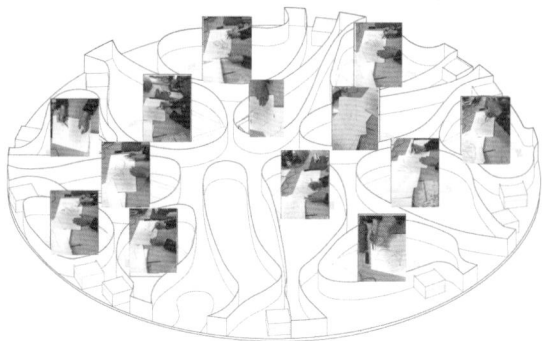

教学环节

价值灌输

初探虎口　原型 1
撒网发展　原型 2 3 4
发散找形 找全类型　原型 5
开阔思路　原型 6
小插曲　原型 7
其他

代入功能　悬崖上村民活动中心

抛开重来　原型 8 9
最后的发散　原型 10 11 12

渔船码头及悬崖画廊

地形置入
控制手法
方案取舍
"找碴"
方案出炉

模型进展

中期

前期准备

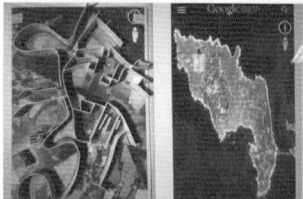

[王昀组　杜京良　中期展示]

**基于地域性的公
共空间形态探索**

功能应对

壹　渔船港口

游客　参观风景和展览
当地渔民画艺术家　创作
当地渔民　停船港湾
当地居民　社区活动

贰　艺术活动中心

游客　参观风景和展览
当地渔民画艺术家　创作和举办展览
外驻创作艺术家　居住、创作和举办展览
当地居民　社区活动

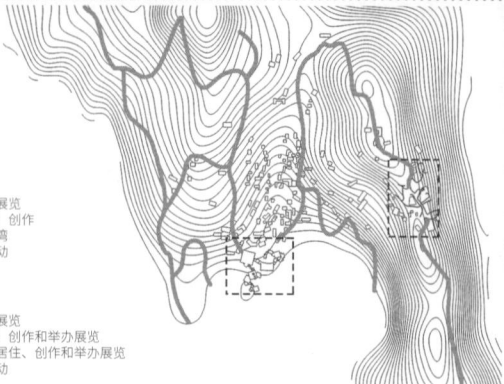

渔船码头

设计概念

壹　聚落空间机
理的保留
贰　地域性元素
的运用：墙、墙
化的柱
叁　活跃因子的
介入：经络

实际原型
原型

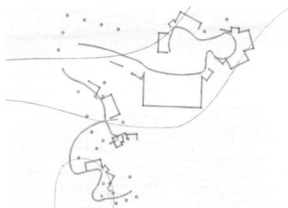

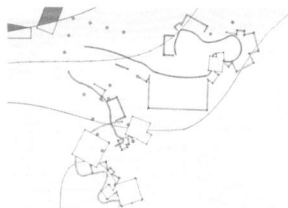

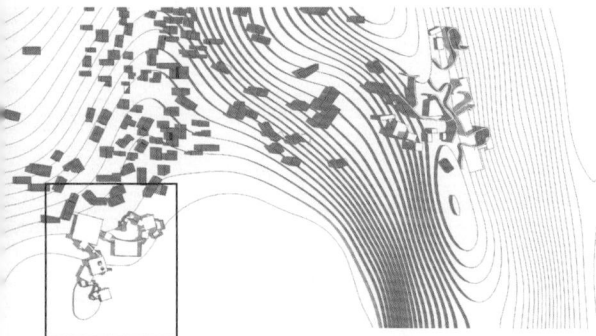

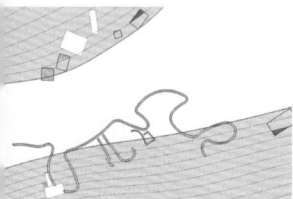

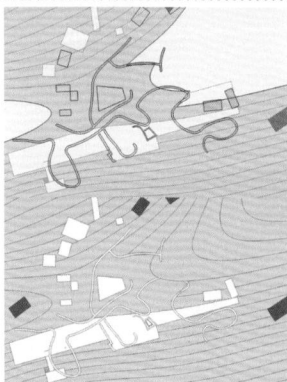

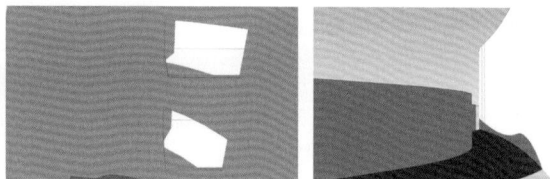

渔船码头 生活意象

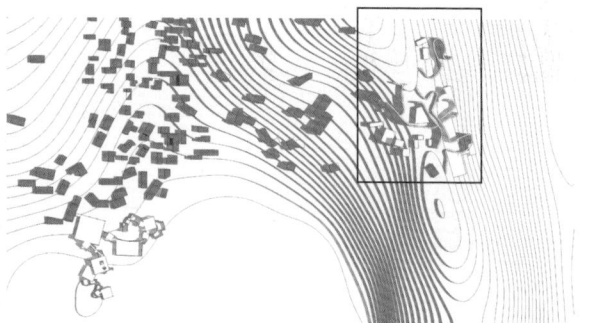

艺术活动中心

设计概念

壹　象鼻峰元素提取
贰　地域性元素的延续
叁　活跃因子的介入

实际原型
原型

社区艺术中心 生活意象

地形置入

要自信，小伙子

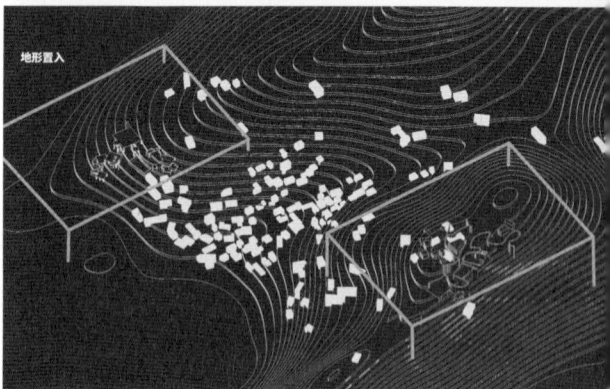

价值灌输

初探虎口　原型 1
撒网发展　原型 2 3 4
发散找形 找全类型　原型 5
开阔思路　原型 6
小插曲　原型 7
其他

代入功能　悬崖上村民活动中心

抛开重来　原型 8 9
最后的发散　原型 10 11 12

渔船码头及悬崖画廊

地形置入
控制手法
方案取舍
"找辙"
方案出炉

模型进展

原码头部分
壹 设计部分 远离水
贰 建模部分 采用折线

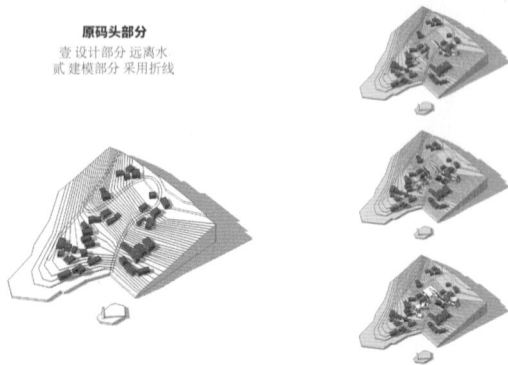

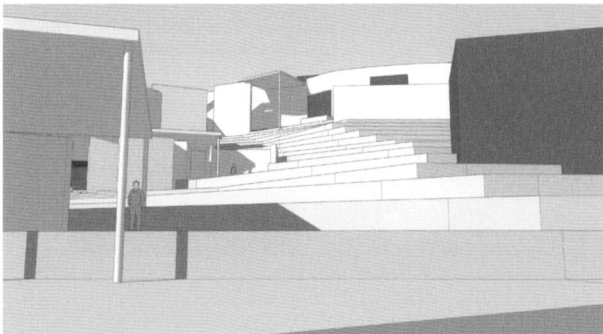

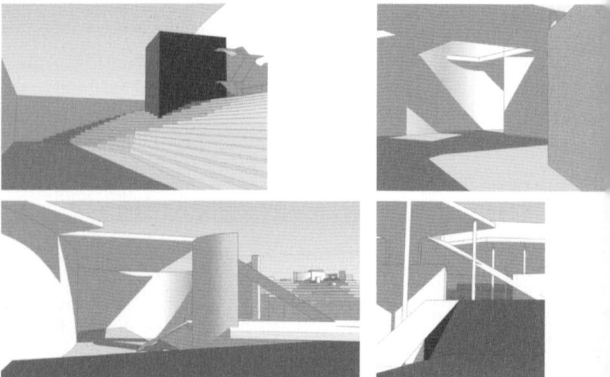

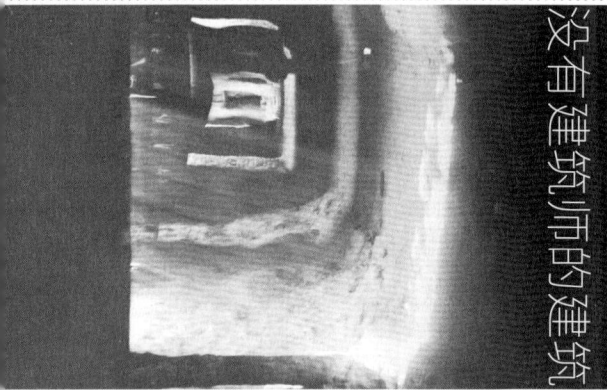

没有建筑师的建筑

失控的状况是画蛇添足的后果

原山顶部分

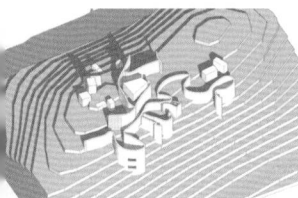

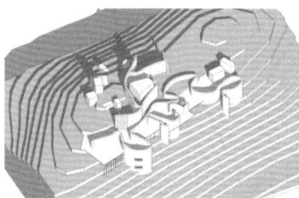

自以为已经很成熟，给最后结果做丢了埋下伏笔

控制手法

出发点和操作
法的转变

改用原型

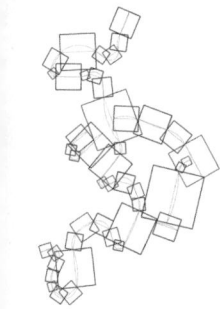

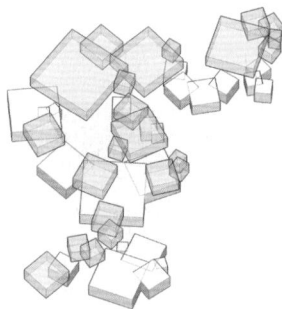

重新挖掘磁场的启示

壹 正负空间
贰 粒子的发射板

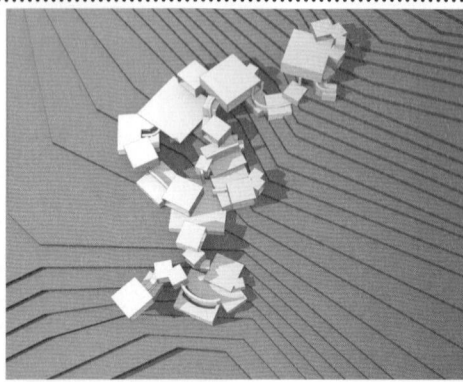

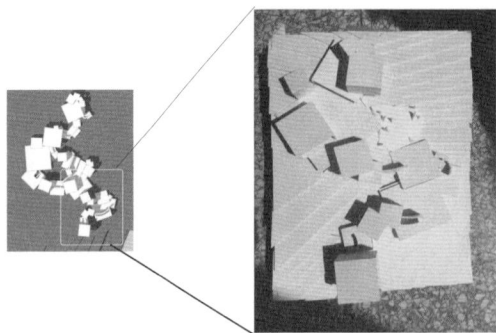

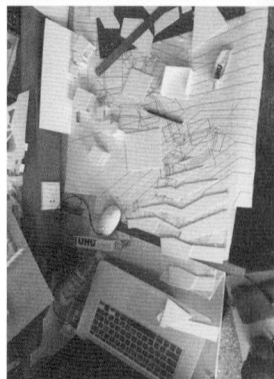

山顶部分

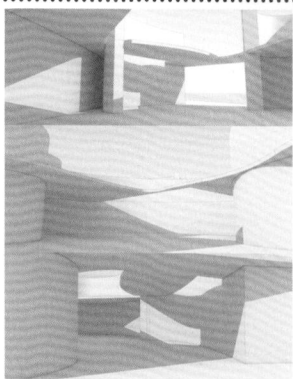

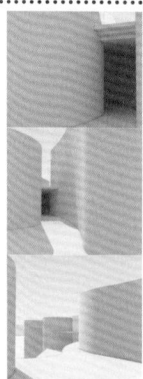

方案取舍两变一

牟足了劲想把
两个房子一起
能弄好结果弄
丢了一个做抉
择的时候前几
课挖的坑显露
出来

两张找气氛的图
图自.mir

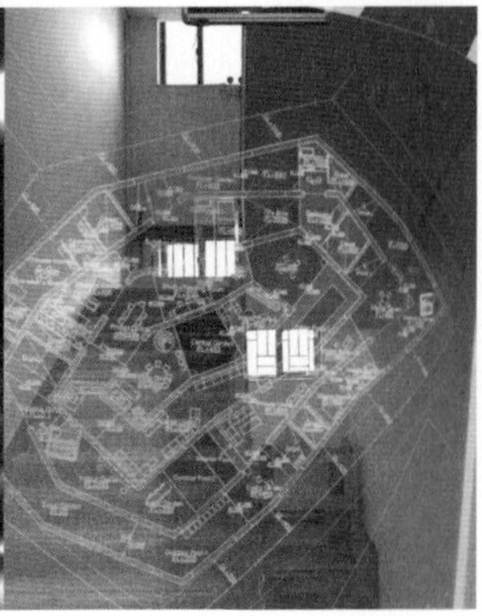

平面参考

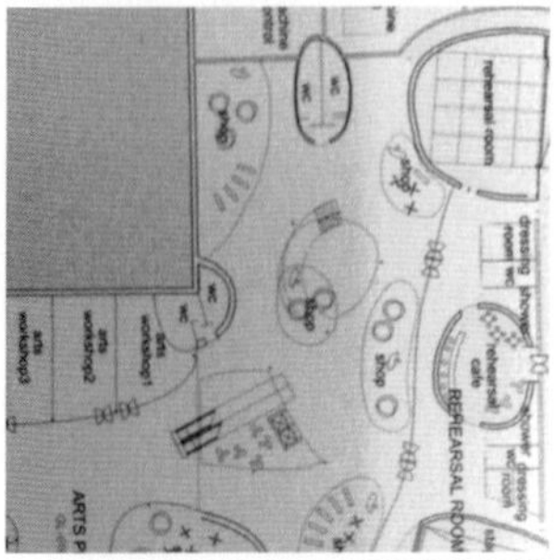

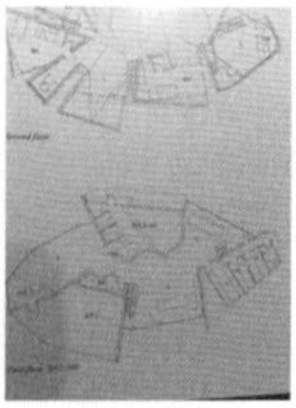

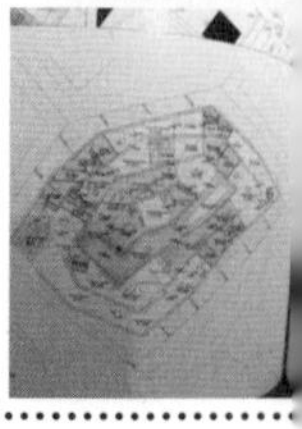

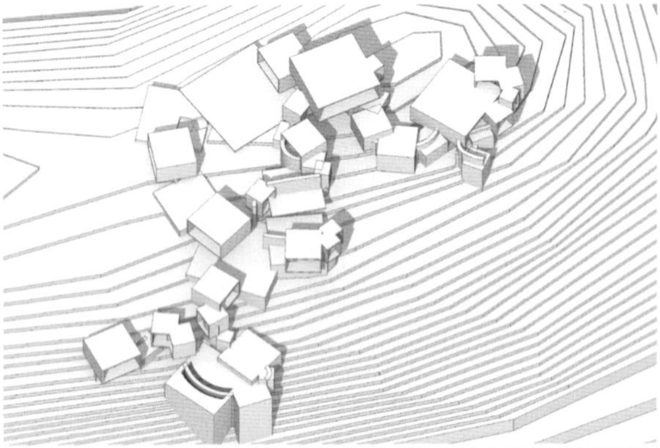

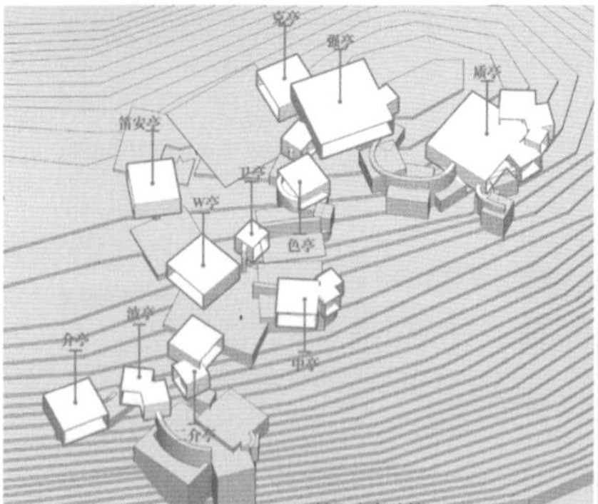

用粒子命名建筑

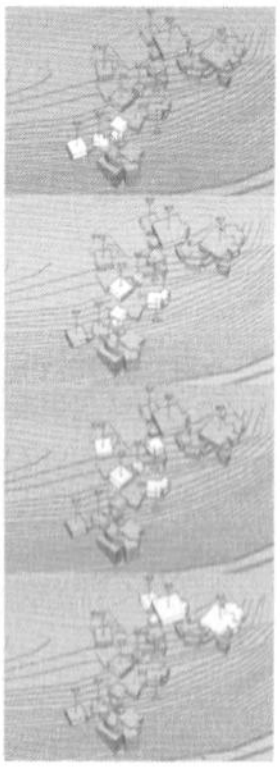

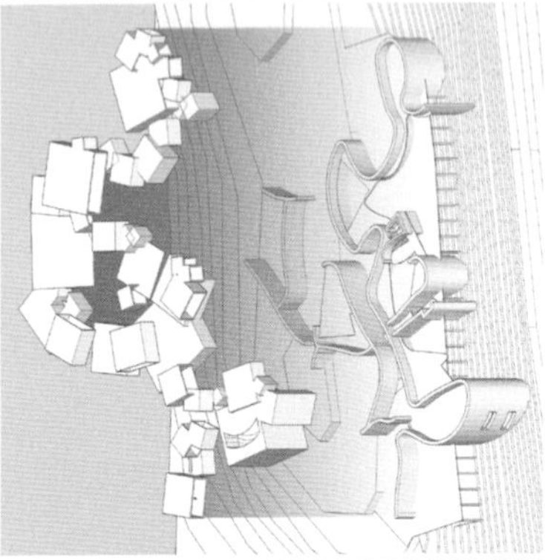

二合一对应：弧墙不破坏方体体块感

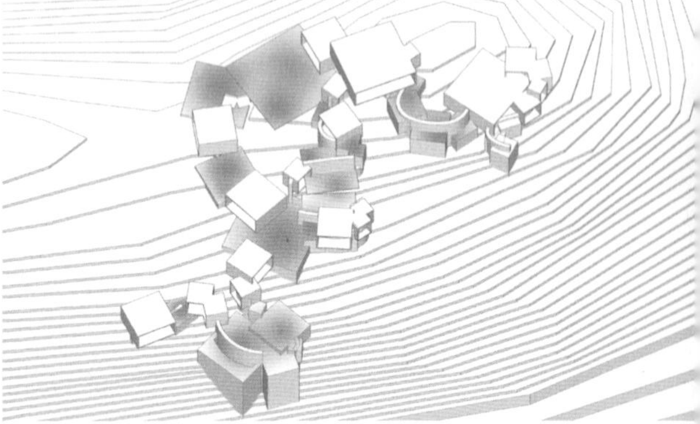

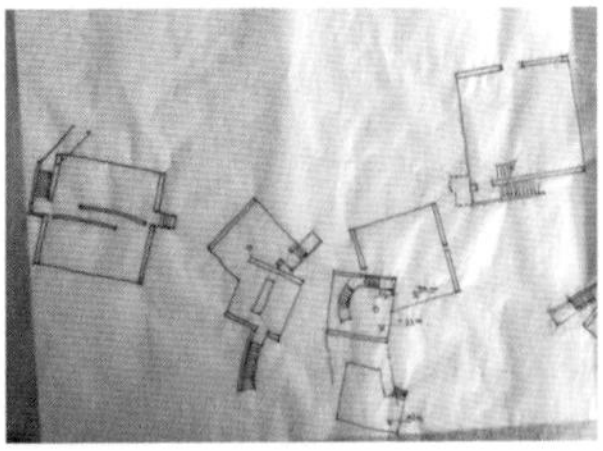

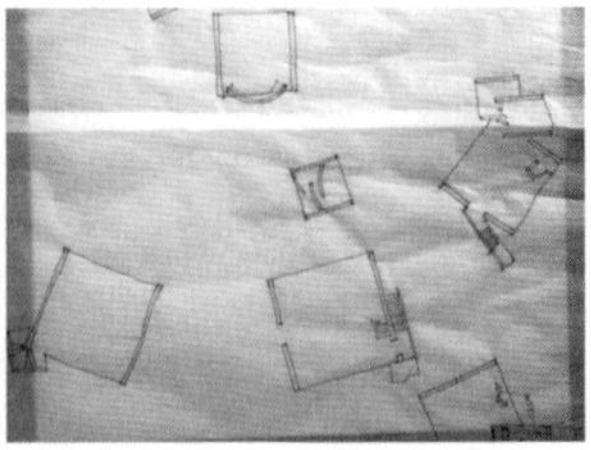

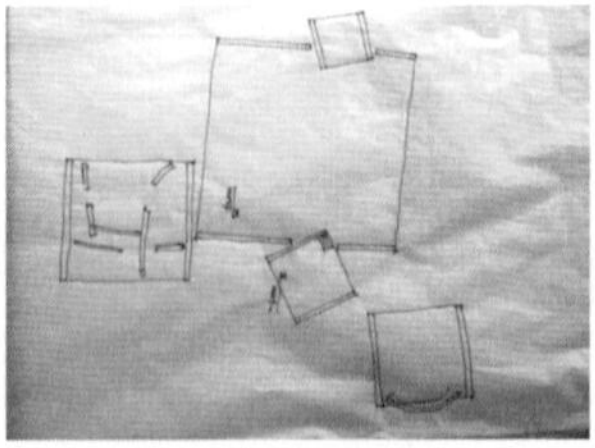

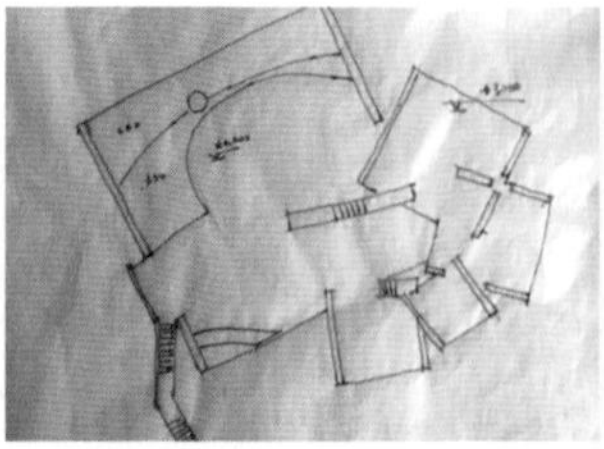

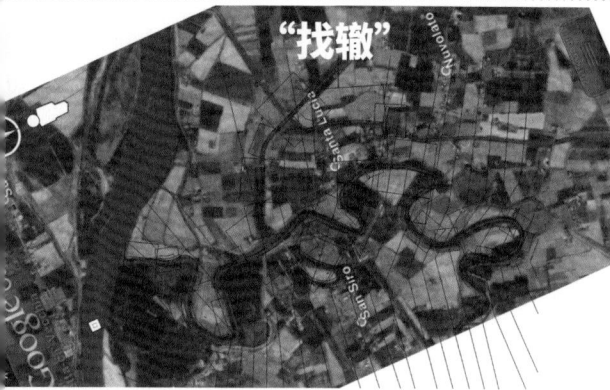

"找辙"

方案出炉

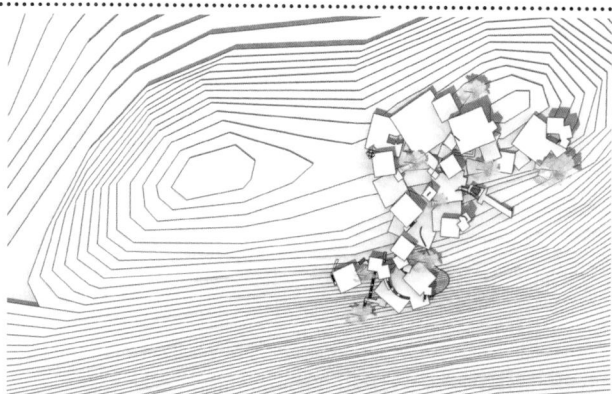

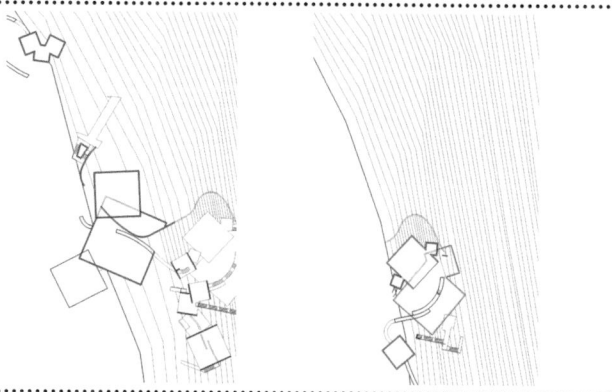

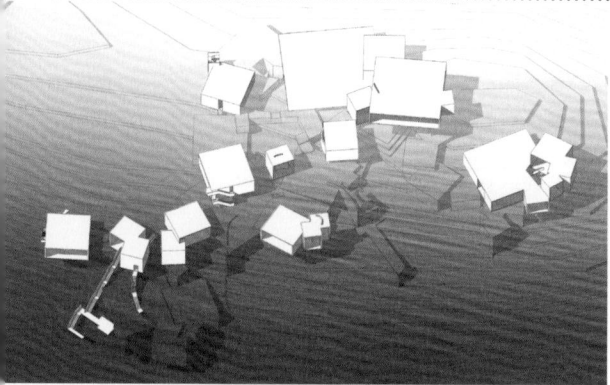
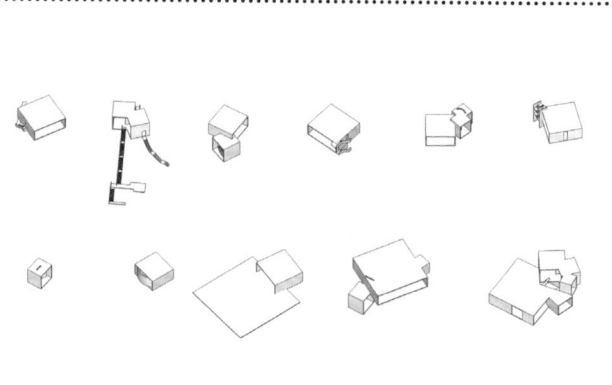

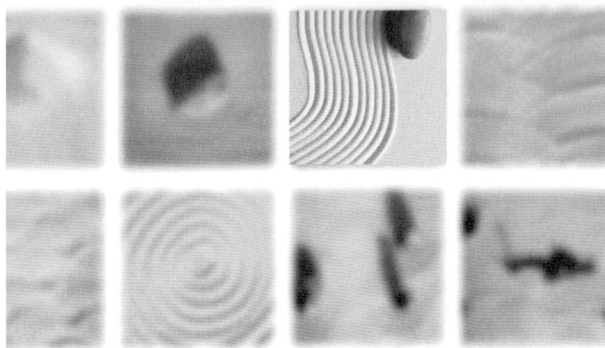

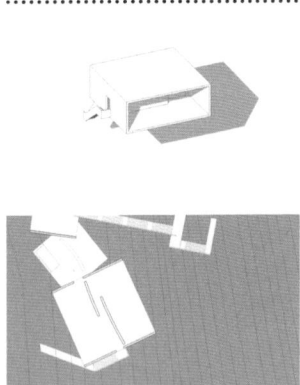

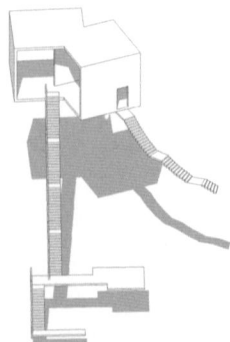

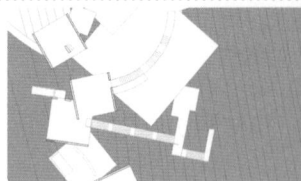

波

水涌流也。左传。其波及晋国者。庄子。夫孰能不
波。皆引申之义也。又假借为陂字。见汉书。从水
皮声。博禾切。十七部。

介

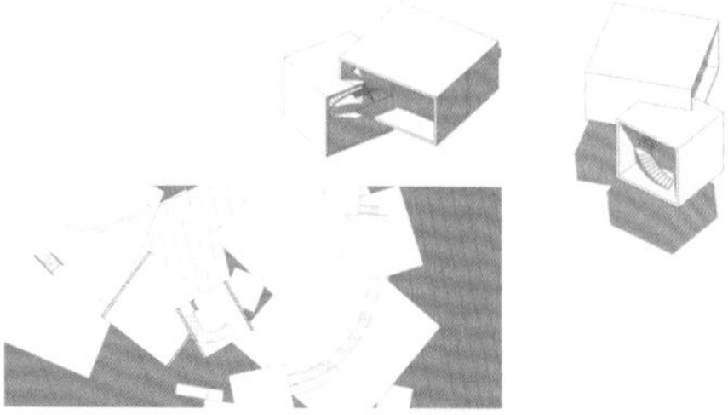

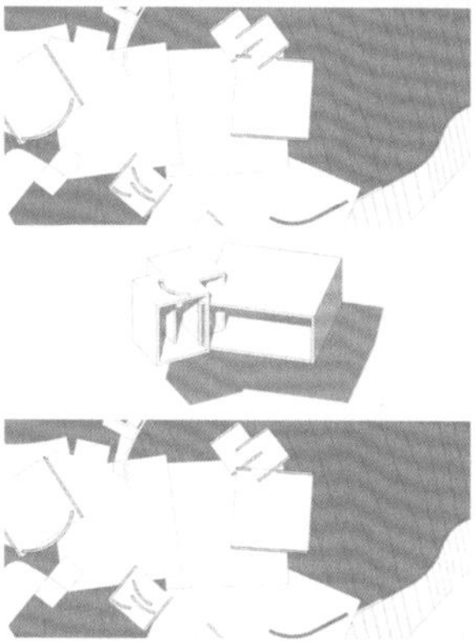

内也。俗本和也。非是。当作内也。宋麻沙本作肉也。一本作而也。正皆内之讹。入部曰。内者，入也。入者，内也。然则中者，别于外之

中

辞也。别于偏之辞也。亦合宜之辞也。作内，则此字平声去声之义无不赅矣。许以和为唱和字。

W

此字本义未见。假借为宫殿字。燕礼注。人君为殿屋。疏云。汉时殿屋四向流水。广雅曰。堂堭，壂也。尔雅。无室曰榭。郭注。即今堂堭。然则无室谓之殿矣。又假借为军后曰殿。从殳。声。堂练切。古音在十三部。

殿

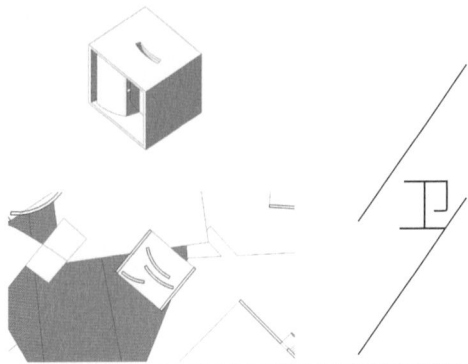

卫

色

克

肩也

质

吕物相絜

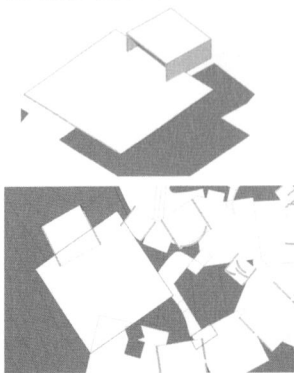

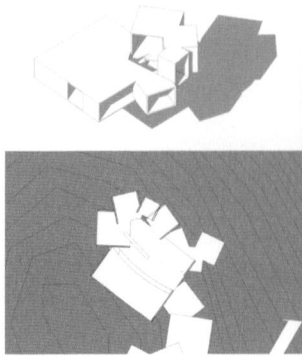

羌

西戎。句。按此当有也字。商颂自彼氏羌。笺云。氏羌,夷狄国在西方者也。王制曰。西方曰戎。是则戎与羌一也。

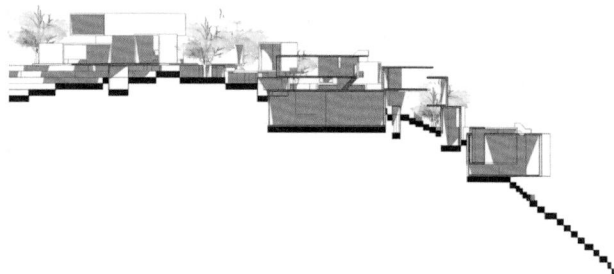
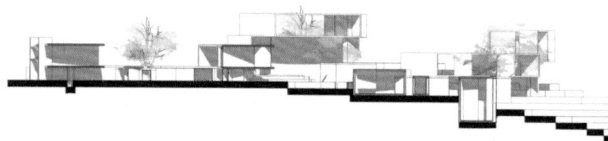

场所意象

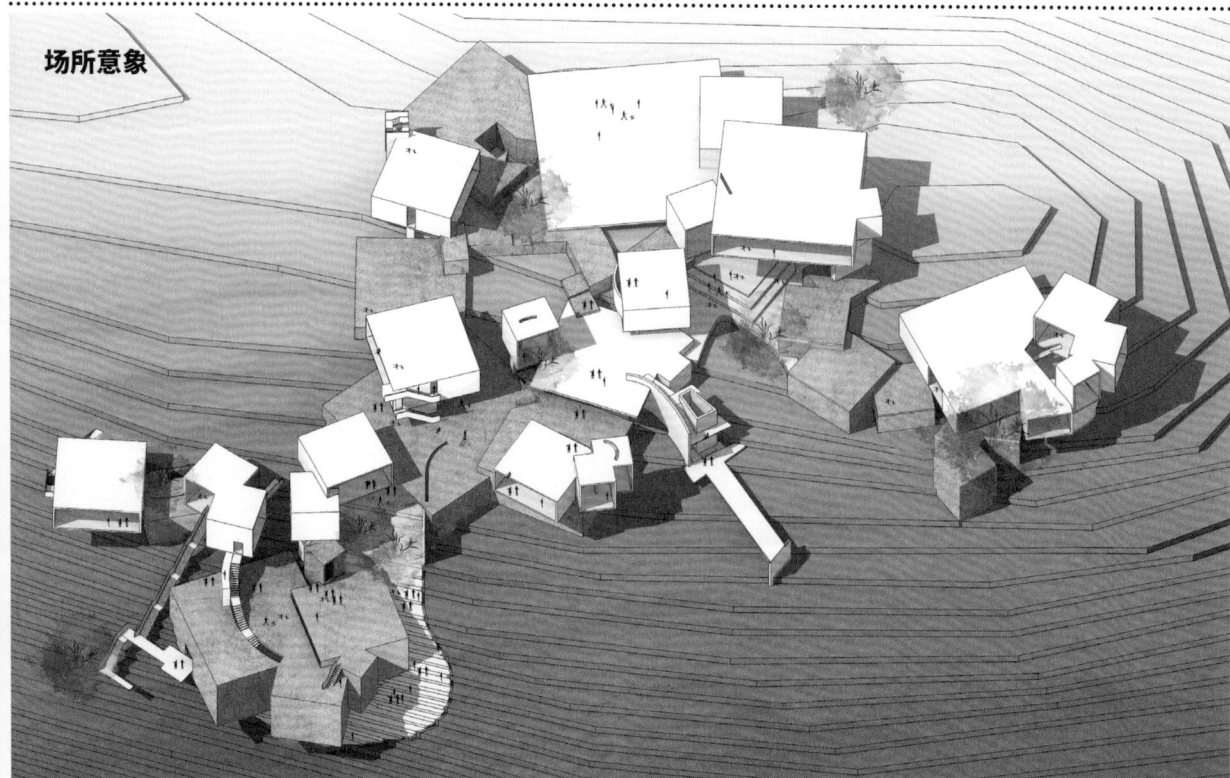

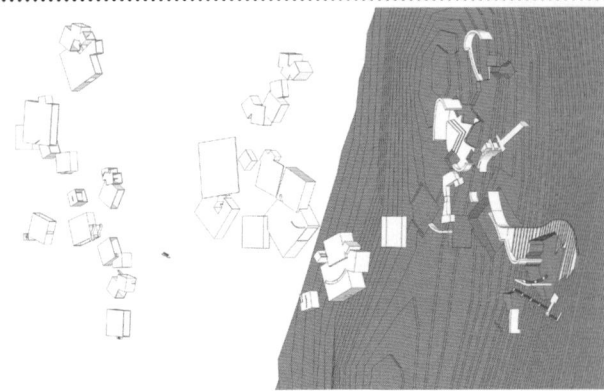

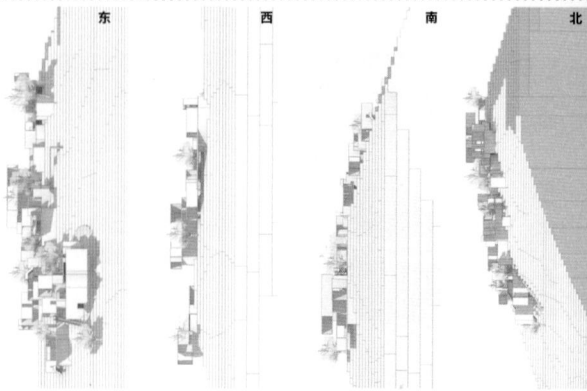

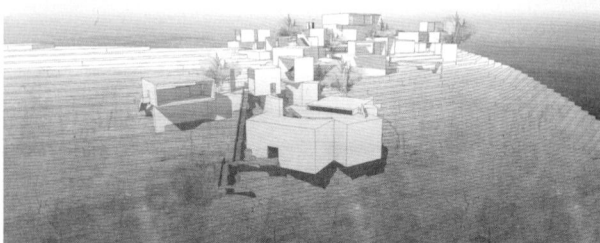

价值灌输

初探虎口　原型 1
撒网发展　原型 2 3 4
发散找形　找全类型　原型 5
开阔思路　原型 6
小插曲　原型 7
其他

代入功能　悬崖上村民活动中心

抛开重来　原型 8 9
最后的发散　原型 10 11 12

渔船码头及悬崖画廊

地形置入
控制手法
方案取舍
"找撒"
方案出炉

成
果
呈
现

模型进展

工具意外故障导致模型进度到此结束

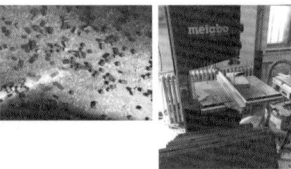

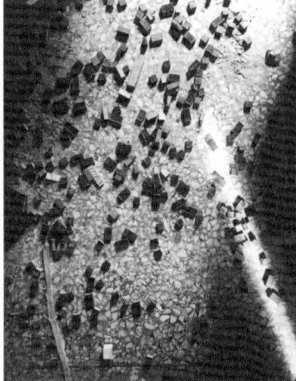

价值灌输

结语

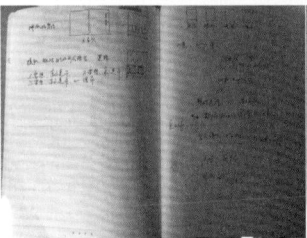
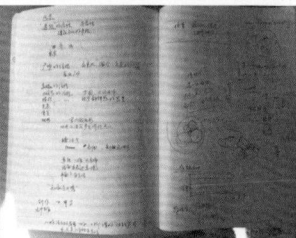
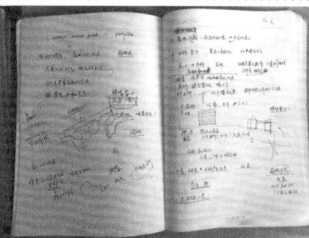
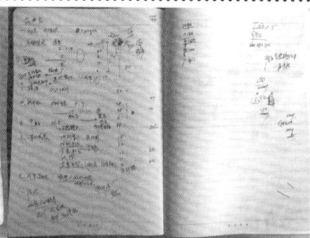

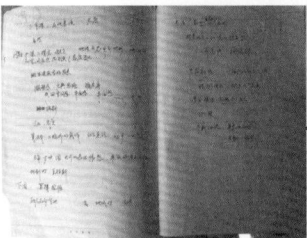
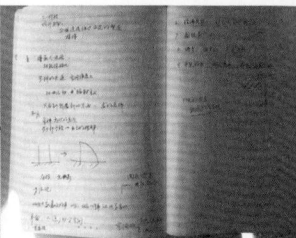
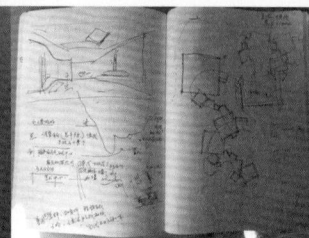
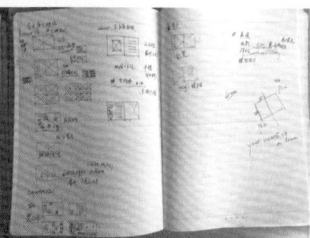

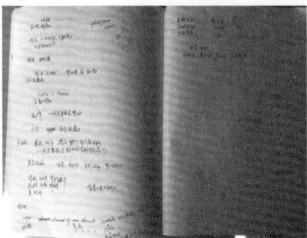
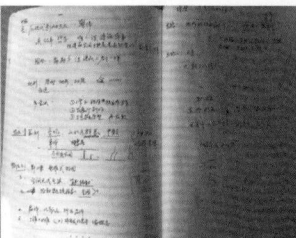
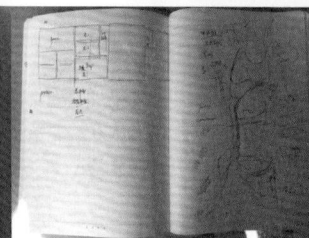
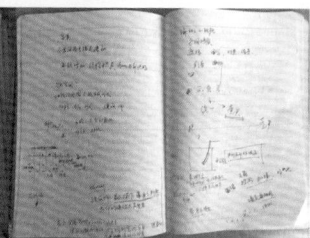

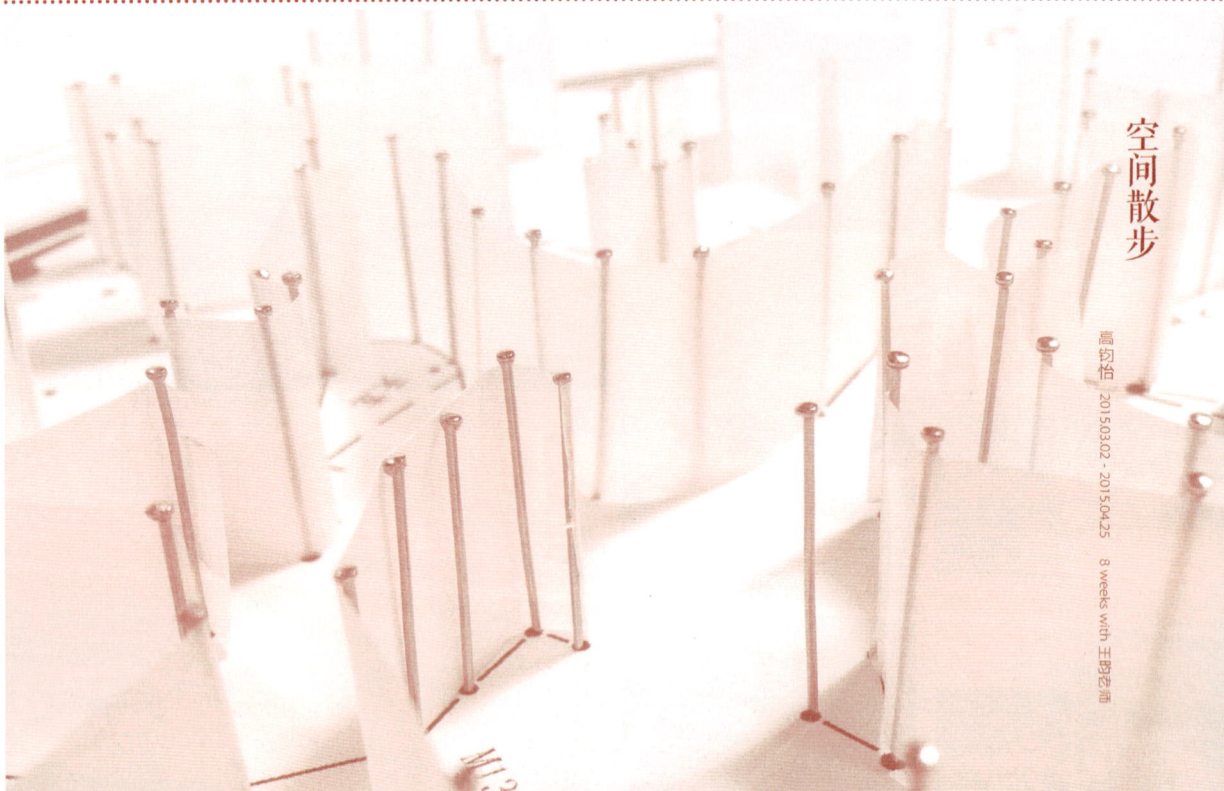

空间散步

高钧怡　2015.03.02 - 2015.04.25　8 weeks with 王澍老师

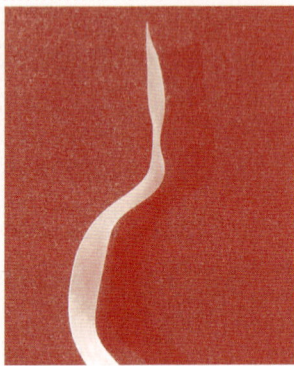

目 录

序

建筑，空间的塑造。
散步，以一种放松的状态行走和发现。

做设计，反复运用已有的语汇。
发现设计，扩展新的语汇，"万物皆备于我"。

八周里，我们探讨空间的多种可能性，并将发现的新的可能性运用到建筑空间的塑造中。

空间的多种可能性
Exploring the possibilities of sapce

从非建筑中提取出空间元素

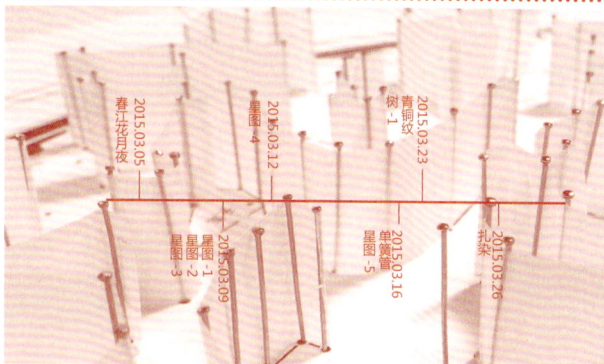

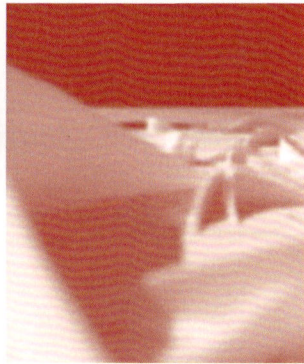

春江花月夜 2015.03.05　星图-4 2015.03.12　树铜纹-1 2015.03.23 青铜纹

星图-3　2015.03.09　星图-2　单簧管　星图-5　2015.03.16　扎染 2015.03.26

春江花月夜 01

春江潮水连海平，海上明月共潮生。
滟滟随波千万里，何处春江无月明！
江流宛转绕芳甸，月照花林皆似霰；
空里流霜不觉飞，汀上白沙看不见。
江天一色无纤尘，皎皎空中孤月轮。
江畔何人初见月？江月何年初照人？
人生代代无穷已，江月年年只相似。
不知江月待何人，但见长江送流水。
白云一片去悠悠，青枫浦上不胜愁。
谁家今夜扁舟子？何处相思明月楼？
可怜楼上月徘徊，应照离人妆镜台。
玉户帘中卷不去，捣衣砧上拂还来。
此时相望不相闻，愿逐月华流照君。
鸿雁长飞光不度，鱼龙潜跃水成文。
昨夜闲潭梦落花，可怜春半不还家。
江水流春去欲尽，江潭落月复西斜。
斜月沉沉藏海雾，碣石潇湘无限路。
不知乘月几人归，落月摇情满江树。

好画家可以设法暗示这种意味和感觉，却不能直接画出来。
诗启发了画中意态，画给予诗以具体形象，诗画交辉，意境丰满，各不相下，各有千秋。
　　——宗白华《美学散步》

缘起

人们称赞王维"诗中有画，画中有诗"。
其实，并不是王维的诗与画才能达到这样的境界，诗与画相通又互补，共同传达一种意境。譬如"巧笑倩兮，美目盼兮"在我们脑海中形成了一个动人的形象。即使并不知道美人的眉眼具体是什么模样，那种美的感觉依然令人心动。千年后的西方出现了蒙娜丽莎的微笑，成为这东方古老语言的最好注解。诗无形象，画赋予了诗更多的想象；画少注解，诗给予画最好的点睛。
建筑，同画一样，是一种形象的表达。
诗与建筑可否互佐？
诗是否可以成为空间创作的源泉？

句句以春江花月妆成一篇好文字。
　　——王世懋
永恒的江山，无限的风月给这些诗人们的，是一种少年式的人生哲理和夹着悲伤、怅惘的激励和欢愉。
　　——李泽厚

选诗

《春江花月夜》有"孤篇盖全唐"的美誉，笔调清丽，意境空明。整体结构整齐，全诗共 36 句，每 4 句一换的为一组，共分 9 组。考虑到这首诗本身具有很高的艺术价值，而且相对严谨的结构为逻辑化空间提供了便利，于是选择此诗为研究对象。
　　与此同时，它已经有不同艺术形式的表达——古筝曲《春江花月夜》。这首曲子的主体部分是一个主题和主题的八次变奏，共 9 段。这里的 9 与诗分 9 组的 9 一致。虽是巧合，但也有一些必然的联系因素。或许这一种本身存在的结构可以与建筑的组织结构相契合。

转译

结构——以 9 组为基本框架，建立九宫格系统。每组 4 句，再进行 2×2 的划分
元素——全诗有 5 个基本元素，即春、江、花、月、夜。全诗反复吟咏这五个意象，于是在网格划分中分别标注出这五个意象。

根据诗歌起承转合的发展改变基本九宫格的高度；选取基本建筑元素"柱"来标注五种意象。由此完成将文字对应到空间的过程。

春
江
花
月
夜

在形成的"柱-网格"体系上，进行竖直方向的叠加。
用墙连接选定的某些柱子（即诗中语义紧密相关的柱子），形成空间。

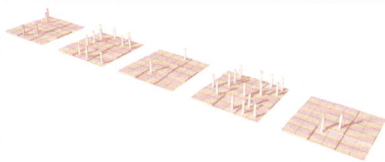

反思

　　这样由诗歌到空间的操作并不成功。
　　所期待的诗歌带来的诗意空间并没有实现。因为诗歌的意境并不只由基本元素实现，大量遗失的信息（如天空、霰、霜、云、楼、妆台、帘、砧、鱼、雁、海雾等意象和一系列精彩的动词）对诗的塑造起到了至关重要的作用。抽取主要意象加以选择得到的空间结果单调乏味。
　　分析失败的原因可以从两个方面：1. 诗歌是否适合做提取空间要素的原型？2. 诗歌是一个可以挖掘的原型，但是操作方法不当。
　　总体看来，两个方面都有问题。让并不擅长形象的诗来提供形象，实在是"强人所难"。而且，这个过程加入了太多我的主观色彩，实际上还是在运用已有手法来营造空间，而非获得新的空间语言。

选图

　　在第一次关于《春江花月夜》的尝试中感受到，原型本身具有的形象对生成空间的形象有很大的影响。不同时间、地点绘制的星座图有不同的形态，因此，首先需要选一个具有发展潜力的星图。
　　反复对比了不同季节的星图后，选取了右侧这幅星图——星座连线相对舒展，大型星座小型星座都有分布。

分析

　　星图中有两个要素：点 & 线。
　　点标明了天体的位置，是星图最重要的特征。线是人为连接而成的，线的得到以点为基础。
　　因此，在由星图抽象到空间的过程中，首先要找到逻辑特点对应到空间中，之后再对线进行处理。

星图-1 02

　　星图，即星星的地图，将天体的球面视位置投影于平面而绘成的图，表示它们的位置、亮度和形态。星图是人们长期观测与想象的结果，现存最古老的星图是公元 940 年左右所作的敦煌星图。
　　天上的星星数不清，星图只是有选择的记录一些较为明亮的星的位置；星座连线不存在，是人们一种美好的想象。星图是人对自然的观察与总结。

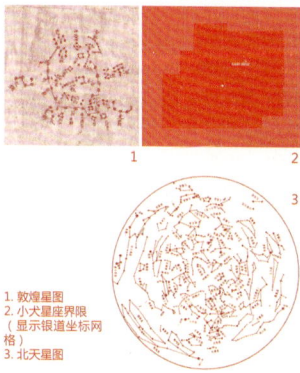

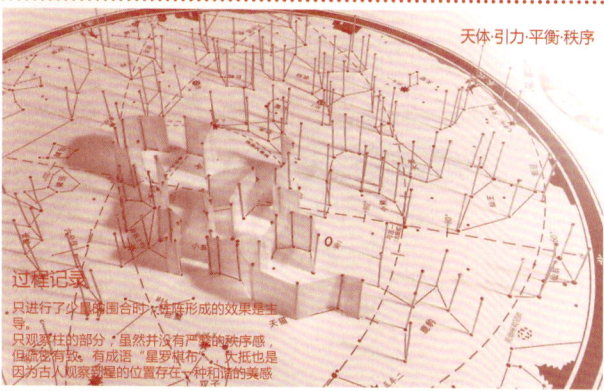

1. 敦煌星图
2. 小犬星座界限（显示根道坐标网格）
3. 北天星图

天体·引力·平衡·秩序

处理策略

　　点对应到空间的柱，星座连线是墙的围合。
　　因为星座连线是依附于星本身位置存在的，所以连线的存在不能削弱星的识别性，否则就本末倒置了。
　　因此，在模型处理中，用大头针确定星的位置，用草图纸来围合。因为草图纸很薄，且为半透明状，可以削弱空间的隔离感。

过程记录

　　只进行了小部分围合可以柱形成的效果是主导。
　　只观察柱的部分。虽然并没有严格的秩序感，但隐隐有致，有成语"星罗棋布"。大抵也是因为古人观察星星的位置存在一种和谐的美感。

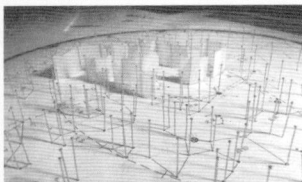

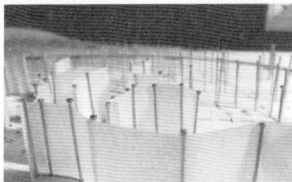

另外，有一些星图是几条线交于一角，已有的平面划分知识里有"多条不同方向的条线不能交于一点"，因此遇到这些点时就自动删去了一些自己"不喜欢"的线，使所谓的平面看起来合理。但是，这样就使更多的不属于我的语言的空间可能性消失了，并没有尊重我本身选定的原型。

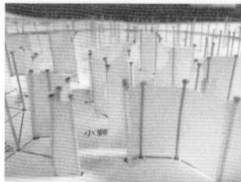

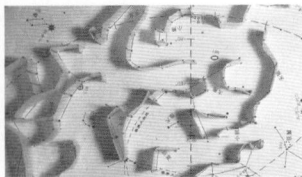

有些星座连线是闭合的，有些是开放的。在用草图连接的时候，潜意识里将整个星图看成了一个完整的空间，纸是隔墙，并不想形成独立的小空间，所以并没有将闭合的图形连出，而是人为地进行了挑选，断开了一些，因此形成一组片墙划分，并无单独的空间。

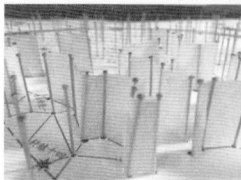

5个基本元素 —— 柱 —— 水平排布
起承转合的篇章结构 —— 高差 —— 垂直划分

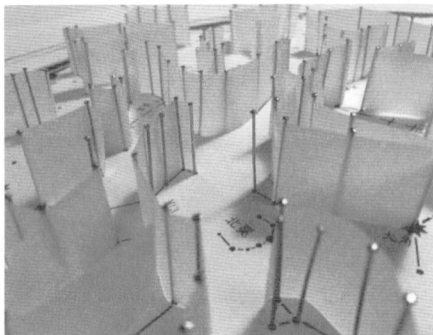

在做模型的过程中，发现如果本身草图纸不固定在大头针上，而是穿过大头针，又在大头针的位置确定出一个大致的走势，也可以形成空间的围合。星图的连线都是折线，这样的操作方式为形成曲线提供了可能。

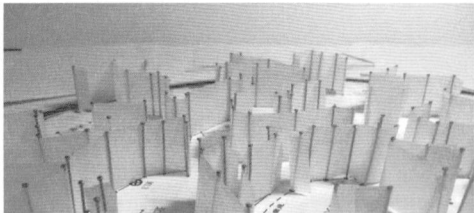

于是，我修改了模型——所有的星座连线都用草图纸表现出来。与之前相比，有了一些围合的空间，疏密更加明显。

但是，因为纸的弯曲程度有很大的随机性，这使得操作难免加入了很多人为控制的因素，星图本身蕴含的形式感被削弱了。

03
星图 - 2

线的连接

为了尝试不同星图带来的不同空间效果，这次选取了北京隆福寺万善正觉殿藻井星图。这幅星图在中国星图中是发展较为成熟的一幅。和最早的敦煌星图相比，这幅星图所标识的星数量大大增加，连接形式也更加丰富。现代星图星座大小比较均一，而这幅星图有明显的区分，星座大小相差悬殊。

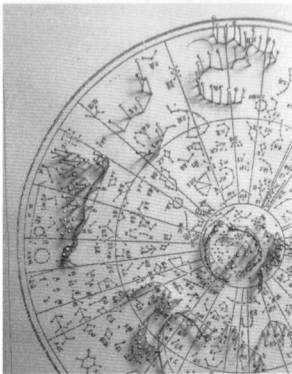

为了进一步弱化墙的感觉，模型中对星图连线采用线来完成。在这样做的开始，并不知道这样算不算一种空间元素，只是单纯地觉得针线一硬一软，组合在一起很好看。在连上线之前，针是密密麻麻的点阵，看不出规律。在连上线之后，一些较大的星座的走势更加明确。因此，这样"线的连接"仍然具有划分空间的作用。因为线是打结固定在针上，可以上下移动（拍照），形成有细微差别的不同空间。

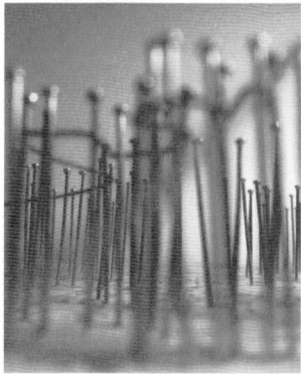

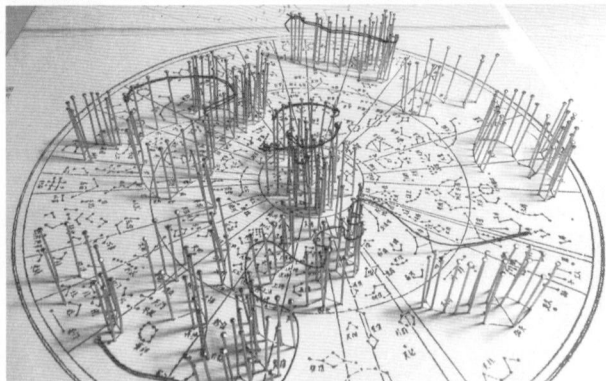

这个模型的制作实际上存在着尺度不够合适的问题。因为大头针的尺寸是固定的，星图图纸大小，以至于针过密，任何一点微小的制作误差都会引起较大的视觉区别，而且太密反而不容易看出整体分布的感觉。

将线对应到建筑空间，如果线的位置较低，可能是围篱，较高的话，则联想到古希腊神庙废墟中的横梁。虽然并不是一个围合的空间，但同样可以造成一定的空间感受。

04
星图 - 3

由芒果受到的启发

看到芒果的吃法是在果肉上切出井字格，再翻出来。曲面的果皮翻向了另一面，平面的果肉切面扩展成类似于球面的状态。这样的做法就将平面转化为曲面，不过是一种相对近似的做法。

找来一只排球，将球剖开，用半只排球模拟芒果的果皮；将海绵削成半球形，正好可以装进排球里，模拟果肉。将海绵粘在排球上，依照星图本身具有的线对泡沫进行切割，尽量深切但底部不切断。按位置布置好针，然后让外翻。

星图是将立体的星投影到平面，那么是否可以将星图还原到立体，再去探讨空间关系呢？

因为芒果皮的曲线相对缓和，果肉果皮连接紧密，纤维状具有一定的弹性，所以翻的过程相对容易且不会破坏果肉。半球自身弯曲程度太大，加上海绵与球的连接不够有机，如果彻底将球翻转过去，海绵就会散开，并没有预期的效果。不过，在球轻微打开的时候，还是可以看出大头针向外散布。

反思

虽然不同块的泡沫相互分离，但是每一块上大头针的相对位置保持不变。这种不均匀的扩散让原有的美感有所丧失。进一步探讨，如果将星图拓在气球上，再将气球吹起，是否可以更加均匀的扩散？但是在进一步形成以球面为基础的针阵里，该如何寻找空间关系？而且如果以地球为中心的话，每颗星对球的距离并不同，简单地用大头针表示位置，就会遗失了星的距离这一特征。而这种距离本身就是空间关系里很重要的因素。由此看来，气球的做法是不是有违初衷？

进一步探讨，如果将星图描画在气球上，再将气球吹起来，就可以无间断的将平面转化为半球体。只是这样的转化后依然无法确定大头针的高度。

05
星图 - 4

刹那　　　　　　　　　　　　　瞬间　　星图 诗 瞬间与永恒的联系

有已往者焉，流之源也，而谓之曰过去，不知其尝往也。有将来者焉，流之归也，而谓之曰未来，不知其必来也。其当前而谓之现在者，为之名曰刹那，谓如断一丝之顷。不知已往者来之在念中者，皆当现在，而非仅刹那也。
——王夫之《尚书引义》

瞬间实际上没有"间"，它既是背向过去，也是面向未来，它丝毫不带任何一点停滞于在场者的性格，而是变动不居、生生不息的，它的唯一特性就是"超出"。

在"超出自身"中，在场与不在场、自身与非自身、内和外的界限被打破了、跨越了，事物间的非连续性（包括历史的非连续性，古与今的界限，过去、现在、未来之间的界限）被超越了。世界历史由此形成一个由在场者与无穷无尽的不在场者相结合的无底深渊，或者说形成了一个无穷的、活生生的整体。
——张世英《哲学导论》

虽然将一开始对于《春江花月夜》的探讨放了下来，其实仍然有些不甘心——这种本身不具备形象的东西是否能给形式带来一些创造呢？

《春江花月夜》孤篇盖全唐，得益于它的意境。诗中探讨了宇宙与人生的永恒。

"江畔何人初见月？江月何年初照人？人生代代无穷已，江月年年只相似。"

时间在延续，无法知道过去与将来，只能感知当下。

斗转星移，宇宙的运动也从未停止。星图，也只是一个瞬间的记录。具体分析星图包含的信息——星的位置，连线的夹角 & 星等。

这星期里，看到了一些美学中关于"瞬间"，"刹那"的探讨。

综合《春江花月夜》，星图，加之以瞬间与永恒的意义，确定了下面的规则来演绎星图：

1. 星图上标出的星的位置只是一个瞬间。这一个瞬间背向过去，也面向未来。能感知的只是当下的一刻，但这一刻联系着无穷无尽的过去与未来。因此选用一个周期的正弦曲线形状来表示每一个点。最高点对应星图上星的位置，这一点斜率为零，是斜率正负的临界点，与"瞬间"连接着过去与未来的感觉相契合。曲线结束在最低点，此处的斜率是零，象征继续至无穷无尽。以每一点为中心立起类似于墙的竖直划分。

2. 为了模型整体的视觉效果，取用 $y=1/3\sin X$，以避免曲线过高。

3. 星等划分了星星的亮度，每相差一等，星的亮度相差 2.5 倍。为了将星等的信息反映到由星图生成的空间形式中，不同星等的星对应的竖直划分大小不同，每一级的面积相差 2.5 倍。

4. 星之间的连线形成了每一个星到周围两颗星连线的夹角。为了体现连线夹角这一要素，将每一点的墙向原有角相反的方向弯折。

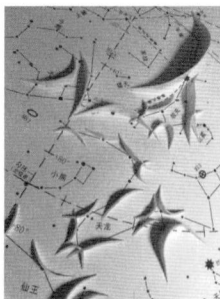

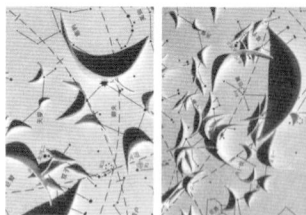

曲线对于星座夹角反向弯曲。不同的连线方式形成不同的空间组合效果。

对于较为舒展的星座连线（如图 1 天龙座）可以看出星座的大致走向。

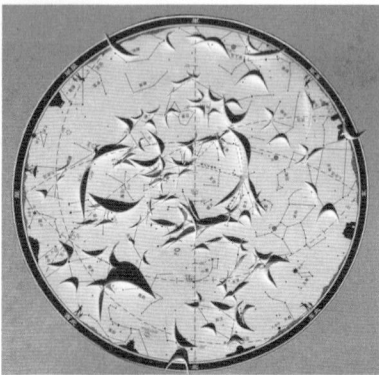

一时间
觉得我的微躯
是一颗小星，
莹然万星里
随着星流。
一会儿
又觉着我的心
是一张明镜，
宇宙的万星
在里面灿着。

连接结构

通过这样一套翻译程序得到的图形缺乏星图本身的秩序感。

虽然制定了翻译规则，但是其中很多步骤加入了太多的主观意识。

正弦图像的选用就是强行赋予建筑太多的内涵，而且曲线的形式感太夺目，反而削弱了本身的空间感。沿原有角的反向弯折也是一个人工操作的过程，在形成弯曲的弧度的时候并不精确，确定形状的那一刻主要凭借个人感觉。在这些操作中，星图本身的秩序被破坏了。

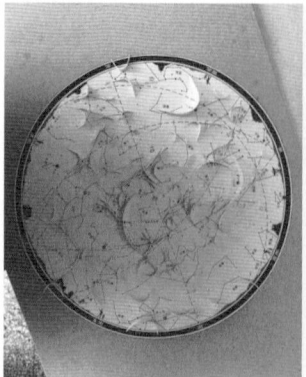

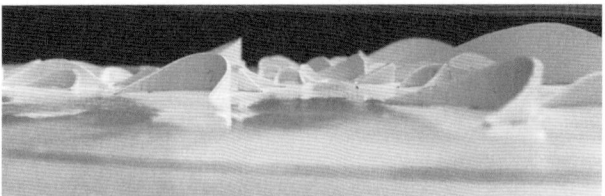

06
单簧管

单簧管的按键复杂而精巧，具有一定的空间特征。期待从中可以抽象出一些有意思的空间。

按键结构归纳

1. 固定结构：无法活动，为另外两部分起支持作用。所有的固定结构都是长短不一的圆柱或圆钉节点。

2. 连接结构：沟通固定结构与遮挡部分，形状不太规则，可以围绕固定结构转动。

3. 遮挡结构：按键起到控制单簧管音高的实际部分。由连接部分控制而上下移动，遮挡或敞开管身上的孔。

固定结构 ←
遮挡结构 ←
遮挡结构 ←

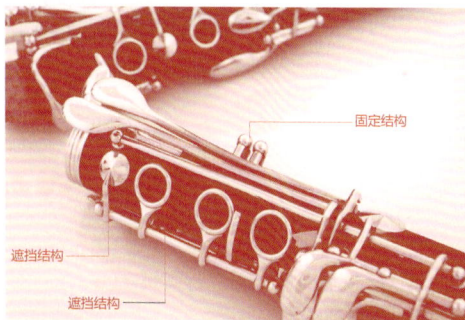

不同按键结构的抽象

1. 固定结构：根据本身的柱状形态，抽象成线状元素

2. 连接结构：连接结构主要为片状，抽象成面状元素。将不规则的形状根据原有长宽比归纳到正交体系。

3. 遮挡结构：为圆圈或圆片。将圆片抽象成方形的面，圆圈抽象成方筒。

固定结构穿过连接结构，将所有部件串联起来。遮挡结构粘连在连接结构之上，有些翘起，有些悬空。

具体操作

将各种零件的高度分层，模型中每层对应 2.5cm。横向、纵向的长度扩大为原来的两倍。因为单簧管本身结构构建在圆柱形管上不利于操作，将它想象成沿一条母线剪开展开而成。

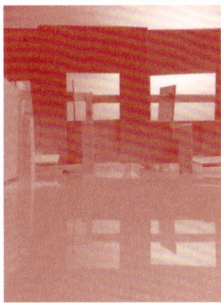

片，杆的组织虽然形成了一定的空间，但是整体的雕塑感强于空间感。

空间强调的是围合，而不同方向的片和横穿而过的杆无法形成有效的空间组织。

前几节课选取的原型都是松散中存在着秩序，缺少一种强有力的控制感，所以这次有意识地选择了有一些强控制线（比如固定部分）的原型，试图完成一个超越自己平时好恶的东西。一方面是因为对这种气质的空间操控能力不足，另一方面是提前预设了生成空间的要求，没有排除自身意识对空间生成的干扰，虽然模型中可寻找到一些有较好视觉效果的角度，但是属于空间本身的美感不足。

开始逐渐理解到老师在一开始讲到的——虽然是从其他事物提取空间要素，但是选的这一步，就和设计者本人的喜好阅历相关。不同的人会有不同的选择，同一个人的选择总是跳不出自己的圈子。既然跳不出，不如顺遂心意，自然而然做自己。

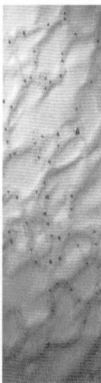

忽略星座连线这一因素，只将星的位置和星等两个要素反映到空间中。

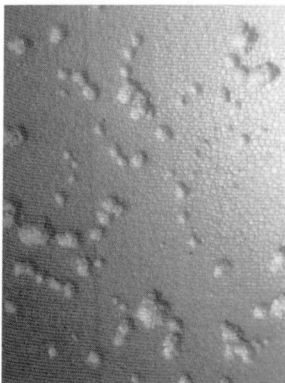

寻找新的转译方式

一直以来，对星图的利用停留在点和连线的层面，总是无法摆脱星座连线对整体空间的控制，因此星图中的其他要素没有发挥出自身的价值。而且这样的思路太单一，星图里蕴含着更多值得发掘的东西。

为了再一次发现星图中可以提取的空间要素，这次不再关注星座连线，专注于星的位置和星等这两个要素。在简化问题的情况下，寻找新的转译方式。

——利用 502 腐蚀泡沫塑料的性质实现空间——将星图打印，将星的位置处掏空，孔洞的大小按照星等确定。将纸覆盖在泡沫上，尽量均匀地滴上 502。502 通过孔洞自由流下腐蚀泡沫，形成空间。

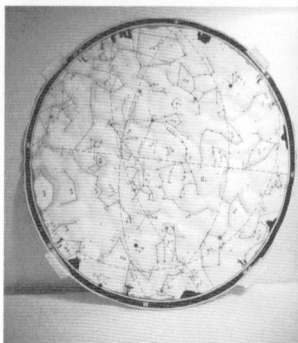

过程记录——掏出孔洞，滴下 502 后的星图

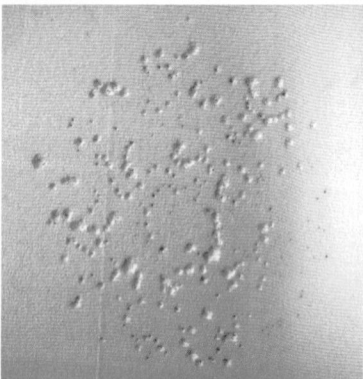

整体效果

图中的红点是用笔戳透星图的纸留下的痕迹。笔是圆锥形，戳得越深洞越大。打印的星图上不同星等的星用不同大小的圆点标出，按照圆点大小捅破纸张形成小洞。

泡沫板被腐蚀出大大小小深浅不一的坑。整体看似混乱，却有一种神秘的秩序感。

大的坑对整体形成一种控制，但不是那种一目了然的控制感；小的坑分散、环绕、补充，和大的坑相辅相成。混乱中暗流涌动，交织在一起达成一种平衡。

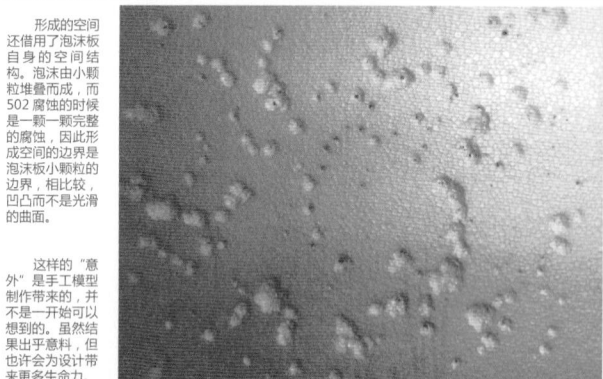

形成的空间还借用了泡沫板自身的空间结构。泡沫由小颗粒堆叠而成，而 502 腐蚀的时候是一颗一颗完整的腐蚀，因此形成空间的边界是泡沫板小颗粒的边界，相比较，凹凸而不是光滑的曲面。

这样的"意外"是手工模型制作带来的，并不是一开始就可以想到的。虽然结果出乎意料，但也许会为设计带来更多生命力。

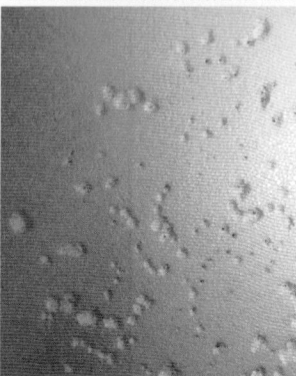

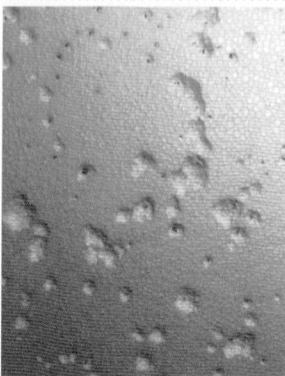

局部

框选出一些局部，换用不同的尺度感去观察这些空间。

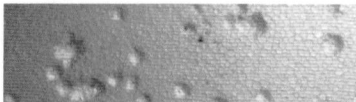

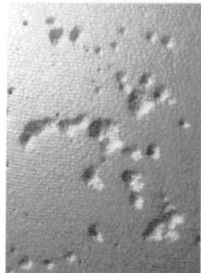

人视　惊喜

以接近人视点的角度观察腐蚀泡沫形成的空间。

在收拾东西的时候，无意间翻到了打印星图的纸的背面，发现背面竟然有很美的肌理。502 晾干后会导致纸张的变形，纸的自然褶皱收缩形成了类似山背与山谷的纹理。

在几周的尝试中，常常有这样一种感觉——一些很美的瞬间总在不经意间发生。在意，不在意，刻意，不经意……有时会苦恼没有想法，甚至有种不断出方案灵感被榨干的感觉。而灵光乍现的一刻常常出现在一种无意识的状态下，有时甚至会怀疑，这是不是来得太容易了。小时候背的那些"踏破铁鞋无觅处，得来全不费工夫""众里寻他千百度，蓦然回首，那人却在灯火阑珊处"，到现在才有了一点点理解。

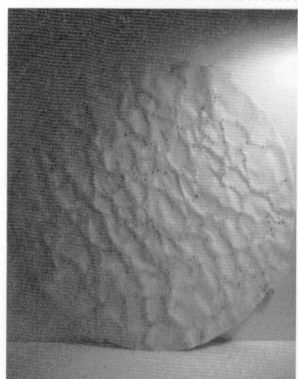

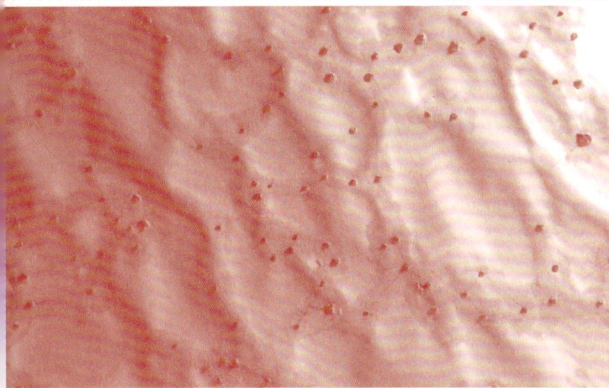

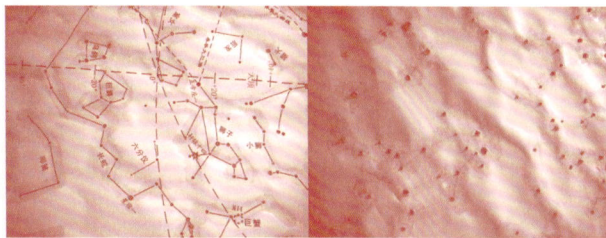

青铜纹—饕餮纹

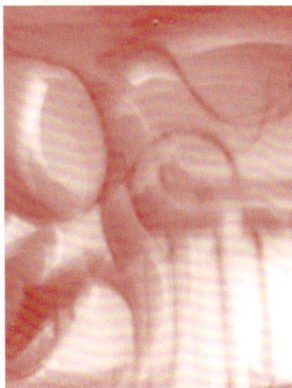

最突出特点是它的双眼：一种神秘的威力和狞厉的美。

从陶器纹饰到青铜器纹饰，美学风格由活泼愉快走向沉重神秘。尽管青铜器的铸造者是体力劳动者甚至奴隶，尽管某些青铜器纹饰也可溯源于原始图腾和陶器图案，但他们体现了早期宗法制社会统治者的威严、力量和意志。

以饕餮纹为突出代表的青铜器纹饰，已不同于神异的几何抽象纹饰，它们是久远具体的动物形象，但又确乎已不是去"想象某种真实的东西"，在现实世界并没有对应的这种动物；它们属于"真实的想象"出来的某种东西，以超时间的神秘威吓的动物形象。

饕餮纹究竟是什么？这迄今尚无定论。唯一可以肯定的是，它是兽面纹。饕餮纹是原始祭祀礼仪的符号标记。这符号在幻想中含有巨大的原始力量，可能是巫、尹、史们的幻想杰作。所以，各式各样的饕餮纹样以及以它为主体的整个青铜器其他纹饰和造型，特征都在突出这种指向无限深渊的原始力量。

它们之所以美，不在于这些形象如何具有装饰风味，而在于这些怪异形象的雄健线条，深沉凸出的铸造刻饰，恰到好处地体现了一种无限的、原始的、不能用概念语言表达的原始宗教的情感、观念和理想，配上那沉着、坚实、稳定的器物造型，反映了"有虔秉钺，如火烈烈"（《诗·商颂》）那进入文明时代所必经的血与火的野蛮年代。

常见青铜纹饰种类

01. 饕餮纹
02. 夔纹、龙纹
03. 凤鸟纹
04. 回纹（云雷纹）
05. 涡纹（火纹）
06. 乳钉纹
07. 蚕纹
08. 蝉纹
09. 虎纹（食人纹）
10. 牛纹

饕餮纹

凤鸟纹

在比较过多种青铜纹饰后，发现饕餮纹最古朴有力，因此决定选取一饕餮纹为原型。

青铜器纹饰的魅力还在于其雕刻方式，阴刻与阳刻相结合。只是单纯的描画出刻痕的边界并不能表现出青铜纹饰本身蕴含的信息。

为了尽量完善地从青铜纹中提取空间信息，没有选取人们描画出的饕餮纹样。因为画稿已经对青铜纹样又一次加工，中间逸散掉了许多信息。直接从青铜器上截取了有饕餮纹样的方形底座的一个面，直接从中提取空间元素。

周鼎著饕餮，有首无身，食人未咽，
害及其身，以言报也。

——《吕氏春秋·先识览》

为了准确读取青铜纹路中的
信息，要尽量还原曲线的各种走向。

　　制作模型的过程一定程度上是
对青铜纹的一种"临摹"，只不过
用来临摹的笔变成了卡纸与胶水，
画纸变成了模型底板。绘画学习中，
临摹很重要；类比到空间训练中，
这样的"临摹"对空间塑造能力也
很有好处。将卡纸弯折成曲线，再
用胶水固定的过程很慢，反复扭转
纸板才可以拟合出原有的线条。强
制性的放慢为精心揣摩空间关系提
供了机会，这是平时不会做的事，
像一个孩童在咿呀学语。

商周青铜器上种种纹样现象，首先不是出于奇异的审美观念，而是出于对自然力的崇
敬和支配它的欲望的幼稚的幻想。

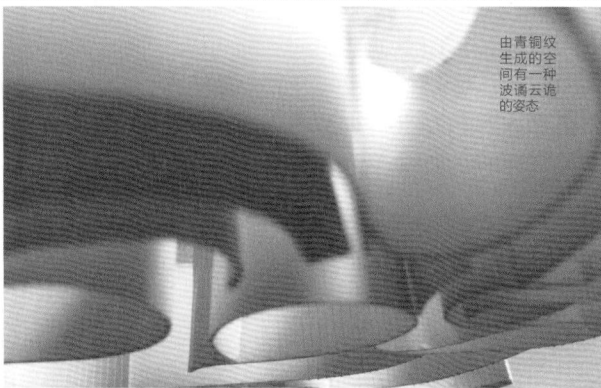

由青铜纹转译形成的空间，有相对密集丰富，迂回曲折的部分，也有相对舒朗放松，线条流畅的部分。二者有机地结合在一起，过渡自然。

密集的部分有一些小而短的曲线，或两条曲线交接形成的小尖角。它们关系微妙而富有魅力。

由青铜纹生成的空间有一种波谲云诡的姿态

饕餮纹的一个明显特征是对称。由于时间原因，只完成了一般的空间转译。为了看到完整的空间效果，用一面镜子立在中线位置，利用镜面对称观察。

阴阳刻的转译

制作模型时考虑不周，尺度略小，没有办法对阴刻与阳刻进行不同的处理。

起初，打算将阴刻部分与阳刻部分转译在两张透明底板上，再将两部分上下扣在一起。这样，两块板上下移动，形成不同的空间效果。

下面，用两个简易模型来解释。

模型 1

模型 2

模型 1 + 2

上下堆叠

将上层抬起一定的距离，竖向改变空间

错动，提供更多的空间可能性

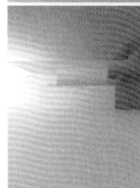

09
树 -1

树枝上挂着冰雪，鸟雀们典去了它们的啁啾，沉默是这一致穿孝的宇宙。

树枝·北京的冬天

一直以来不喜欢北京的气候，觉得冬天又干又冷，大风刮的人不想出门。在这样难熬的漫长的冬天里，唯一喜欢看的就是各种各样的树枝。家乡的冬天不够冷，很少有树叶掉光的树，大部分老叶直到来年春天才被新叶挤掉。

干冷的空气很纯粹，纯粹到容不下任何多余的装饰——心底里已经将树叶看作是树枝的装饰品。没有树叶的干扰，树枝的姿态看得很清楚。弯曲、转折，一层一层的树枝全部叠在眼睛里，面朝蓝天，阳光晃着眼，分不清哪些小枝属于哪个大枝，但是会觉得，很美很喜欢。

清华园里有很多树，尤其是西边。平时看到喜欢的，总会随手拍一拍。

选树

最终，选择了大礼堂旁边的一棵树作为原型。这棵树的形态比较明确，主次枝条结构清晰，而且枝条有很好的弯曲的状态。

转译方式

其实，在课题刚开始的时候，就想从树枝中提取空间元素，但是一直没有找到合适的转译方式。树枝是一个三维结构，但是无论是拍照，还是人眼观看，实际获得的都是二维图像。怎样将本身的三维结构转译成另一个三维结构？简单的模拟树枝的生长既不能保留树枝的曲折形态，又会着力于雕塑感而非空间感。

后来发现，观察或者拍照本身就可以视为转译的第一步，无需纠结。看的角度，拍摄的角度带着个人喜好的选择，也是树枝呈现出的一种包含各种信息的状态。由此开始，进行空间的转译。

交点处理

树枝照片中的交叉点有两种类型：树枝的分叉处和不同层树枝的视觉交叉处。对于树的结构，分叉点是一个重要的节点，而不同层的交点只是一种视觉现象。

所以在抽象成空间的过程中，用立柱强化树枝的分叉点，不同层的交点直接用板相交。

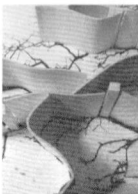

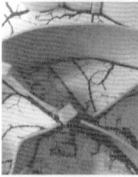

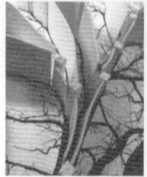

树枝主干部分的空间修长，分枝部分更加灵活丰富。

形成的空间中有一些狭缝，极具神秘感。

10
树 - 2

通过扎染的手法，
再次转译树枝。

概念生成

扎染是一种相对灵活的印染技术。它最大的魅力在于：解开绑带之前，没有人知道最终效果会是怎样。这并不意味着扎染是一种完全随意不受控制的方法。绑带的绑扎方式限定了印染的基本结构。颜料在布料中的自由扩散为它提供了更多的可能性。

绑扎布料可以将布塑造出一个形体，解除绑扎将形体还原到原始的平面布料。由此受到启发，再次转译树枝，从树枝的结构探究空间形式。

工具准备

白色棉布

颜料

筷子

皮筋

STEP 1
束口，确定染色范围

STEP 2
依照树枝分级由大
至小依次进行绑扎

STEP 3
用筷子蘸取颜料，涂在表面。因为筷子本身不吸水，每次蘸取的量可以基本保持一致。

染后效果

STEP 4
解开皮筋，将布展开

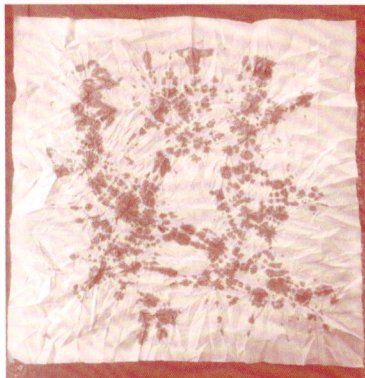

捆扎过程在布料
上留下印记，展
开后布料表面高
低起伏，本身具
有一定的空间结
构。

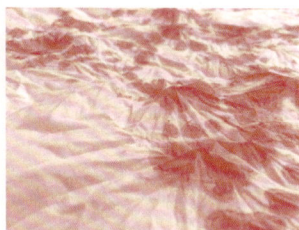

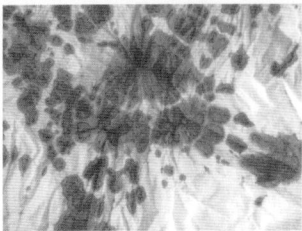

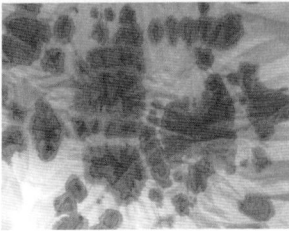

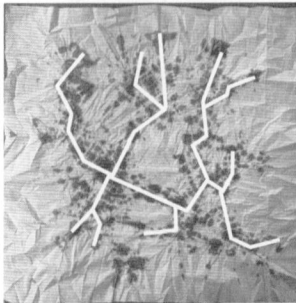

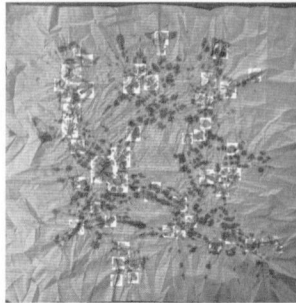

一些可以提取空间关系的局部

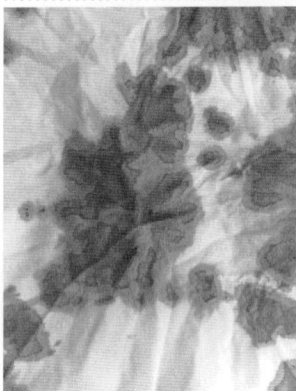

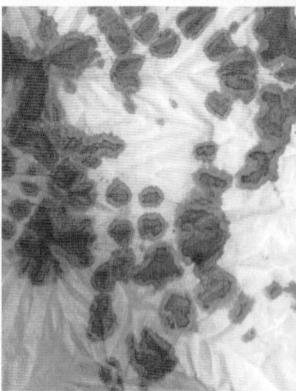

01 依据组团分布生成空间
将较大团块归纳成方形，形成空间

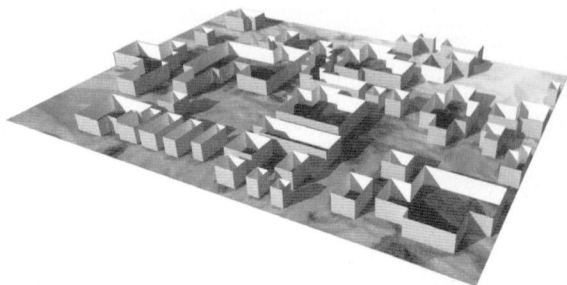

贰

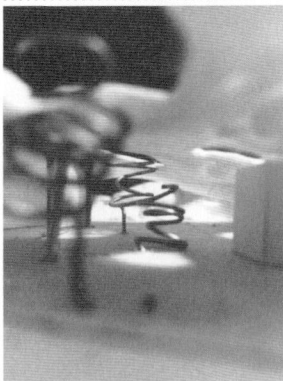

为空间赋予功能
Explaining the space with function
解读空间，赋予适合空间本身特质的功能

01
方案构思

市民活动中心的
初步构想

慈圣宫是一座妈祖庙，香火很旺。它所在的大稻埕街区是台北的老民生街区，被视为台湾文化的发祥地。这一带绿树成荫，还有许多开了几十年的老店铺。

缘起

2015年春节前，我去台湾待了十几天，一路走走看看。在台北逛了一些民生街区，其中印象最深的是大稻埕街区。

慈圣宫是大稻埕街区的核心。每天早晨十点至下午三点，慈圣宫门前有各种小吃摊位营业，附近的居民来这里吃早饭或午饭。摊位将慈圣宫门口围出一个广场，人们在这里聚集。由于这些小吃摊位的存在，庙宇不再只是供奉鬼神的地方，而成为了居民日常活动的场所。慈圣宫在新式的住宅楼之间，略显突兀。且是小吃摊起到了很好的过渡作用，将人间烟火带进庙堂之中。

庙门仅存中间部分，夹在两侧新建的楼房中。

临时的桌椅摆放在小吃摊围成的广场中，人们在这里吃饭聊天，生活节奏很慢。

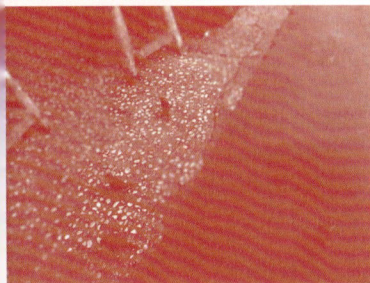

麻雀在脚边跳来跳去，一点不畏惧来来往往的人；坐在这里吃东西的居民也对此丝毫不感到惊奇，一切理应如此的样子。只有我只个外乡人感到诧异，惊异于这种美好的和谐。

小吃摊

小吃摊的棚子很简单，甚至不能算作严格意义上的建筑。简易的钢架支起坡顶屋面，没有墙的围合。不同的店面靠货架分隔。老板可以从棚子的两侧招揽生意，内侧将食物递给坐在慈圣宫广场内就餐的人，外侧可以照顾顺路带走一点食物的路人。棚子甚至和榕树长到一起。榕树巨大的树冠为人们提供阴凉，同时带来了很好的生态感受。

西安·秦腔

秦腔是关中地区的特色戏曲，老西安人都很喜欢。民间有许多自发的秦腔班子，在公园或街边吹拉弹唱。

西安·小吃

西安有种类繁多的小吃，主要集中在城墙内回民街一带。由于陕西地处黄土高原，风沙大，冬天温度较低，所以小吃大多辛辣鲜香、油多肉腻。

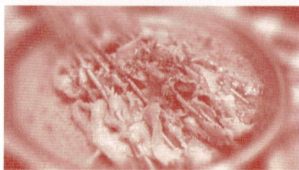

甑糕

涮牛肚

绿豆糕

羊肉泡馍

麻酱凉皮

小酥肉

砂锅

蜂蜜凉糕

台南·小情调

台南是台湾文化的发祥地，有许多旧建筑，现在经改造后仍然在使用。改造后大多用作餐饮、书店、文创小店等等，尺度都比较小，亲近生活。下图是一家叫"赤坎担仔面"的老店的沿街座位，陪以绿植等装饰，富有小情调。

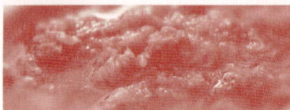

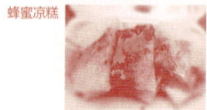

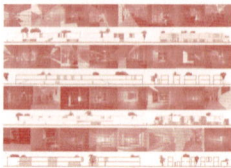

西安·大唐气象

西安曾经是十三朝古都，但是对城市气质影响最大的还是秦、汉、唐三个朝代。由于古建筑不易保存，加之"文革"期间损毁严重，城市大拆大建又拆除了大量民居，城市中实际的历史遗存并不多，只有钟鼓楼、大雁塔等名胜古迹。

近几年来，城市为了找回文化定位，又开始兴建仿古街区。整体气势一般仿汉唐。因为是新建，虽然气势宏伟，但总有一种缺乏人情味的感觉。

方格网的城市格局

唐长安城地图

虽然历史建筑遗存不多，西安市的街巷空间很好地保留了下来，唐长安城中的大部分街道现在依然存在，且仍然沿用唐时的名称。因此，西安现在的城市格局也是以方格网为主。

方格网秩序严谨，结构清晰，不过有时略显呆板。这种城市布局深深影响了西安人的思维方式——一直爽豁达，不过缺少一点灵动与随意。

思路梳理

概述

关于方案的生成，我并没有一个由A推到B再推到C的严密的逻辑过程。一直思考的一些问题会一股脑地一起冒出来，而它们之间似乎存在着某些隐秘的联系，而每一个方案可以对这些问题都有一些解答。

事实上，我并不清楚自己脑海中这些想法形成的先后顺序。是究竟因为在某一段时间里，人的思想总在一个大致的范围内活动，导致思考的问题总有一些关联？还是人受到生活中各种各样的刺激，想到的问题本身没有什么联系，但是大脑总会从这些问题中选取一些共同的要素，是只看起来有一定的相关性？

不去纠结前因后果，只是将之前提到的各种问题进行梳理，并且通过空间手段回答这些问题，使前后匹配，自圆其说。

启发

1. 非严格意义的建筑对场所的塑造能力
慈圣宫前的简易棚架只是一种灰空间，却有极好的沟通作用，连接棚架两侧的慈圣宫小广场和步行街到。城市问题不一定需要一个传统意义上的建筑解决，只要提供一种合适的空间，就可以塑造一个有活力的场所。

2. 小吃摊这种功能对城市氛围的活跃
"民以食为天"，饮食活动可以成为空间活力的开关。看起来不登大雅之堂的街边小吃，是最简单的吸引人流的方法。

3. 宜人尺度小空间的布置
在塑造一种大气的场面的同时，也不能忽略人对小尺度的亲近感。虽然大尺度有气魄，但是饮食起居时人们会自然而然地倾向于适合人体的尺度。

问题

1. 西安缺乏一些市民活动的场所
老市民集中居住的区域近些年来大都遭遇拆迁重建，新建的住区往往不能提供例如"秦腔表演与欣赏"的传统市民活动的场所。场所匮乏加速了这些民间的传统生活方式消失的速度。

2. 小吃的特色未能充分发挥
尽管有种类繁多的小吃，但这些小吃大多集中在回民街等市中心区域，辐射范围很小。而新建的小吃城基本设在大商场的顶层或地下，对城市生活的影响甚微。

3. 城市大尺度建设多，缺乏宜人的小尺度
沿街主要是大尺度建筑，缺乏亲切感。

4. 方格网城市格局
方格网的城市格局过于严谨呆板，城市缺乏一些灵动的点缀。

应对策略——市民综合活动中心

1. 提供功能
小吃摊、民间戏班活动，纳凉歌脚等多种市民活动。

2. 空间形式
相对灵活自由，打破城市方格网的束缚。

集——人的聚集

市——买卖起带来的生机

选址——大唐不夜
城某处

大小：100m×100m

新兴仿古商业旅游
区——为了新建曾拆除
大量城中村，附近有较
多商品房与安置房

地段正闲置

另一侧为"将死的"西
安植物园

唐大明宫、大雁塔轴线
上

附近多文化设施：西
安音乐厅，西安美术馆，
曲江书画艺术馆等

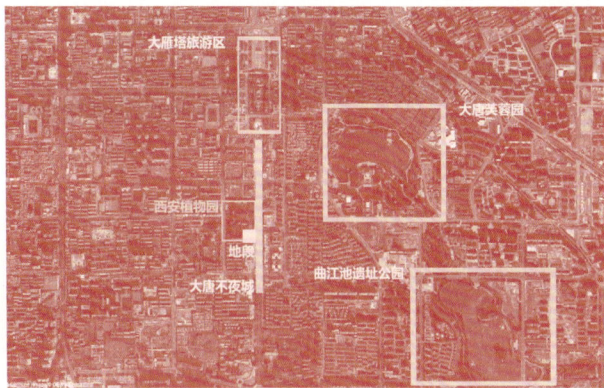

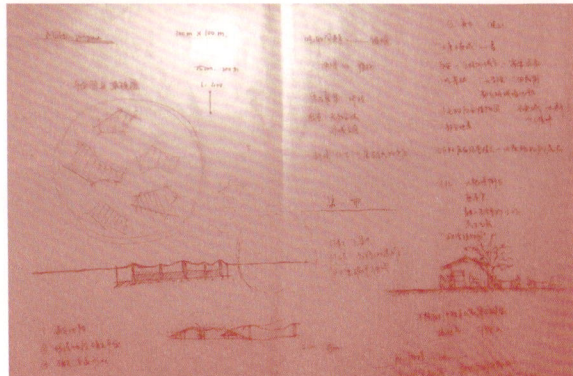

設計意圖

为那些原本重要，但正逐渐消失的市民生活提供场所，激活城市空间。
——小吃 戏 & 更多功能 此外利用植物园，并将人引入植物园。

02
概念方案

引入植物园

波浪形曲线屋顶，与周围的大屋顶呼应，和植物园地形相接。

选取原型 - 星图 01 的空间形式

星图 01 的空间形式灵活自由，可以为市民活动提供场所，并且可以带来美的空间感受。

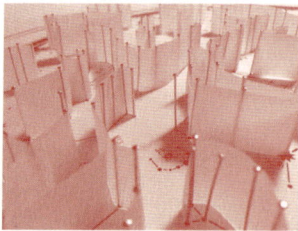

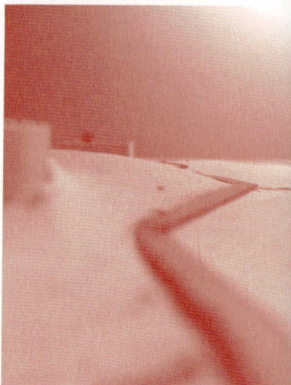

初步的形体与布局
中期评图

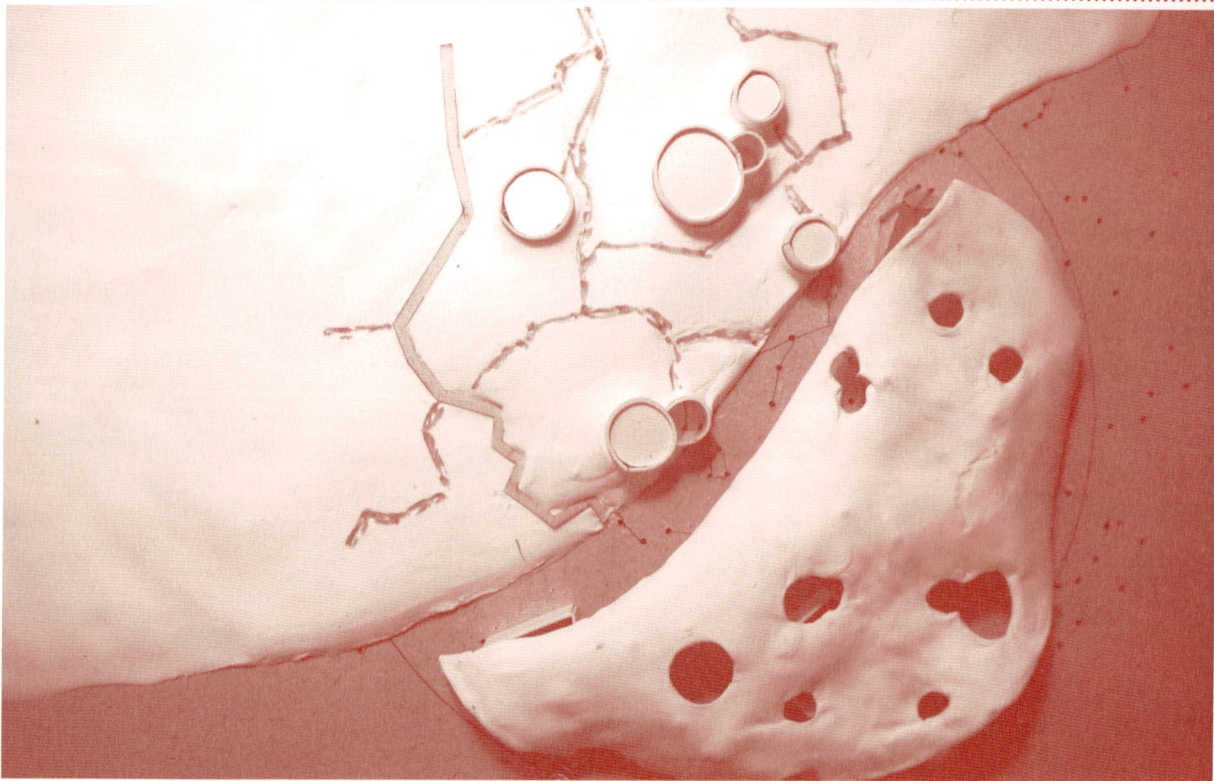

整体思路

　　西北部分为植物园的草坡，几个圆筒散落其中，作为小型店铺。东南部分为开放式综合活动中心，自由设置一些分隔，沿分隔可以布置小吃摊点、茶歇区，可以唱戏、听戏。因为空间相对灵活，座椅布置可以随使用功能而变化，提供多种活动的可能性。

　　植物园地面起伏，与之相适应，东南部分设置起伏的屋顶。整体看来，植物园是综合活动中心的延伸部分，改善整体生态环境；而综合活动中心又是植物园的入口，将人流引入植物园。

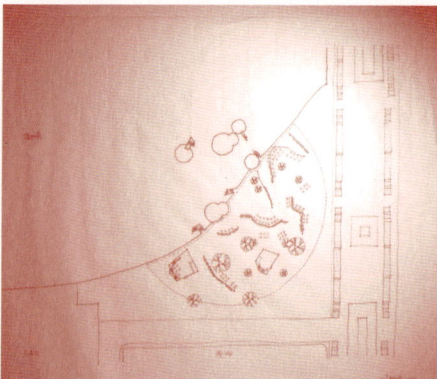

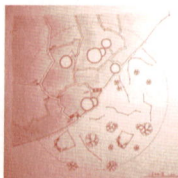

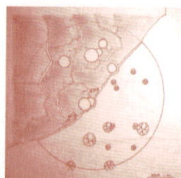

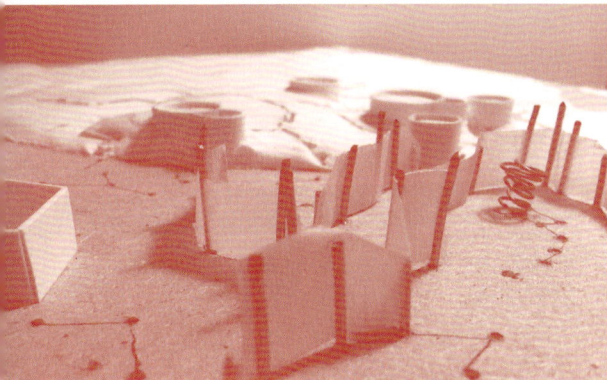

屋顶的圆洞增加采光，并且投下光斑，营造出温暖的氛围。圆洞下对应种植树木。

另外，圆洞与西北部的圆筒虚实对应。

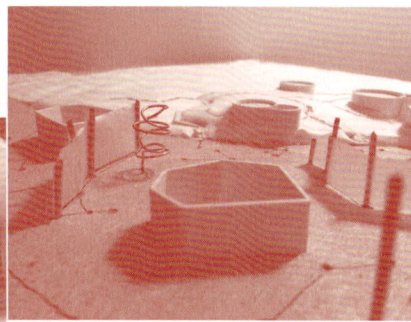

一些围合的空间可以用作咖啡厅、书店等更加安静的场所。

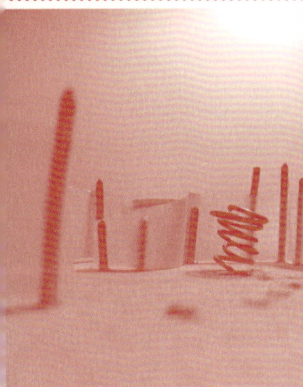

行走于小道的体验

屋顶下的光影效果

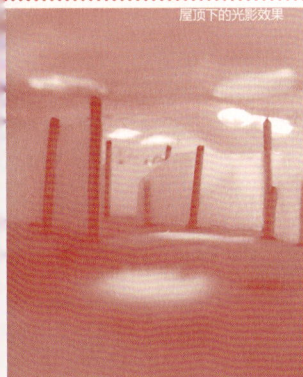

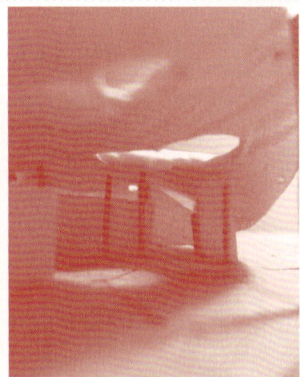

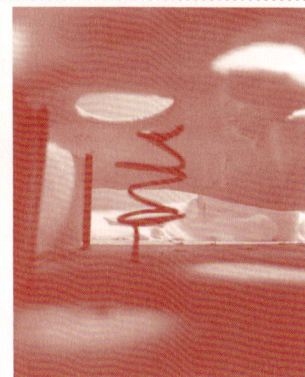

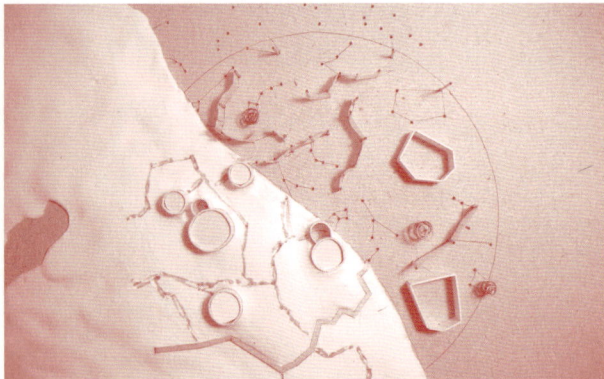

王丽方老师

方案本身已经比较大胆，在历史街区里做了比较大的动作。既然已经玩起来了，就可以玩得再大胆一些。现在建筑只是自己待在路边。其实我一直特别反感建筑师的用地由规划师决定。规划师划一块地，建筑师就在这块地里设计一个房子。主楼为什么有魅力？就因为它的东西配楼跨过了路。跨的这一下很有意思。如果这个圆的边界延伸到旁边的商业街上，既可以将中间绿化带边上的行人走入引入，汽车穿行在建筑巨大的顶下面，不是很有趣吗？

李兴钢老师

其实你挂图的方式启发了我。那个网架可以看作西安本身的方格网系统。那些路也许可以和本身的方格网体系接在一起。这样就有种从有序走到无序的感觉。

曲面顶是否合适？

地段距离大雁塔约 2.0 公里，站在大雁塔上眺望，可以看见建筑的顶。因此顶的造型很重要。

在生成空间的过程中，借用了星图的转译。但是，顶的生成相对随意，选取曲面一定程度上是为了呼应旁边植物园的坡地，并没有太多的思考与推敲。整个建筑中，最有魅力的地方是借用星图连线生成的迂回的空间，如果给它一个造型夸张的曲面的顶，人进入空间后的主要感受就会集中在顶上，所以这样的操作就弱化了本身的空间效果。

所以，将顶改成平面，在顶上开洞，提供采光，并且将完整的圆打散，对应"消解方格网"的设计目的。

01. 借助星图中星座界限进行划分
图案的向心性太强，且形状以圆环片段为主，缺少疏密有致的感觉。

对顶的探讨

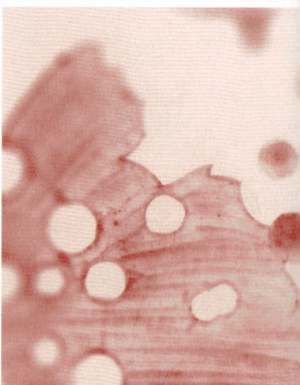

尝试，对比不同形式的顶

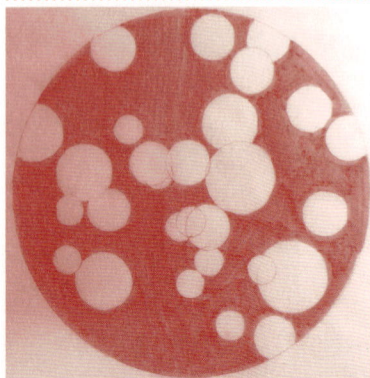

02. 依照星等在圆盘上挖洞
整个顶比较匀质，没有针对草坡和活动中心进行区分。而且圆洞的直径太大，整体尺度感失真。

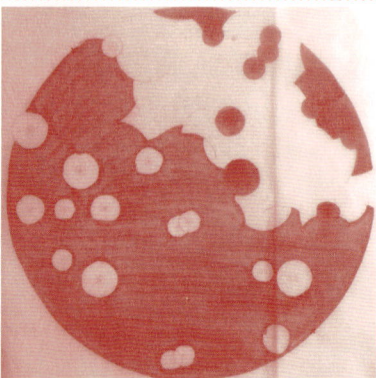

03. 调整圆洞大小，将顶破开
缩小圆洞，并且将圆顶破开。边界基本沿植物园边界，顶部略略盖过分界线。在另一侧设置两个小片，期望由于格式塔心理学原理，人对此的认知可以是一个完整的圆。

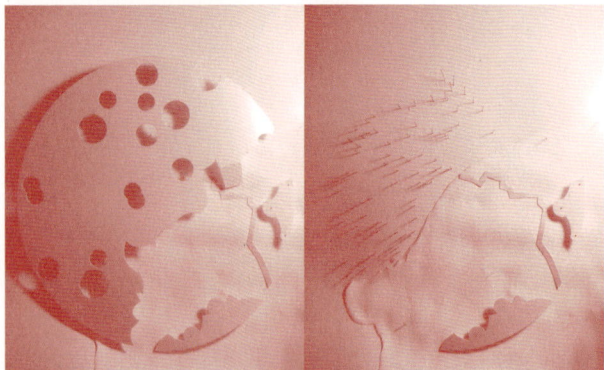

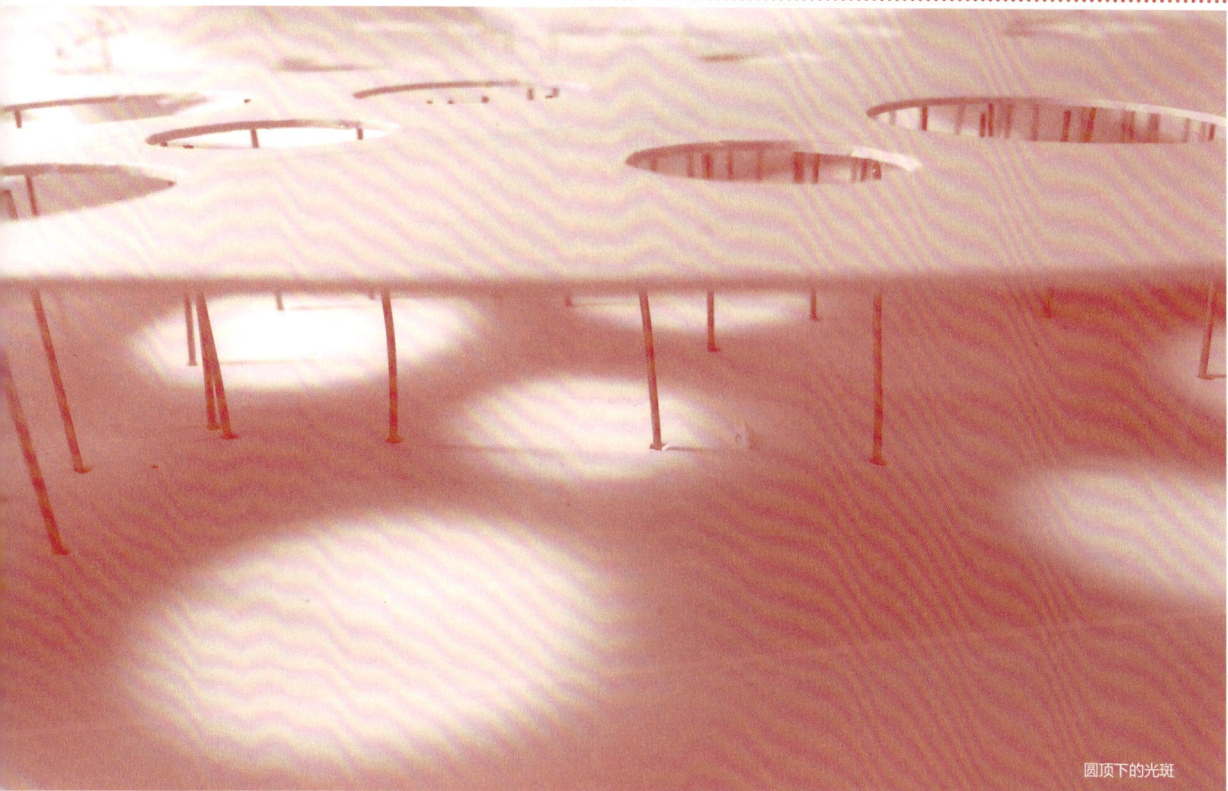

圆顶下的光斑

圆洞的问题

尺度仍然太大

尽管第二次缩小了尺度，圆洞的尺度依然太大，没有502腐蚀泡沫板时的群感。

圆太过完美

圆，没有任何瑕疵，极致完美。所以圆与圆之间的关系，圆洞与圆顶的关系会显得尴尬。所以，顶上的开洞方式应该彻底放弃圆形。

推敲屋顶洞的形式 & 疏密

星所在位置为顶点连线，确定开洞。

洞偏小，而且太疏，没有繁星满天之感，没有做出星图的气质。而且这样的天窗不能满足顶盖之下的采光要求。

再次尝试开洞，比之前更加密集，洞的面积也更大。

采光得到改善，但仍不够好。
整体太匀顶，没有过渡感。效果介于疏密之间，应该更鲜明。

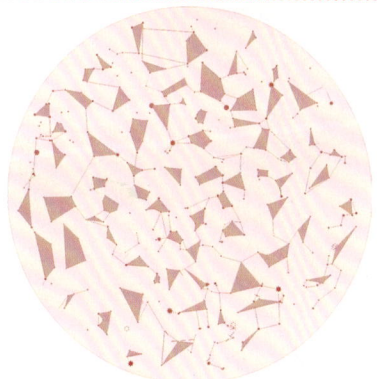

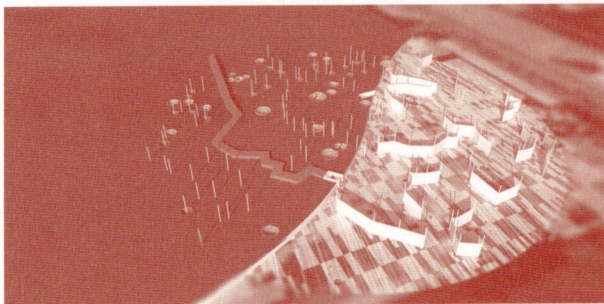

草坡上的小圆坑

草坡部分设置大小不一的下陷的圆筒，直径为 5m、4m、3m 和 2.5m。较大的部分人可以进入，用作休闲聚会；较小的是花坛，供植物园进行花卉展览。在这里是植物园功能与活动中心功能的杂糅，形成植物园到活动中心的过渡。

草坡部分的活动场所

隐藏掉渗透进建筑的植物园地形，观察构筑物本身的空间形式。

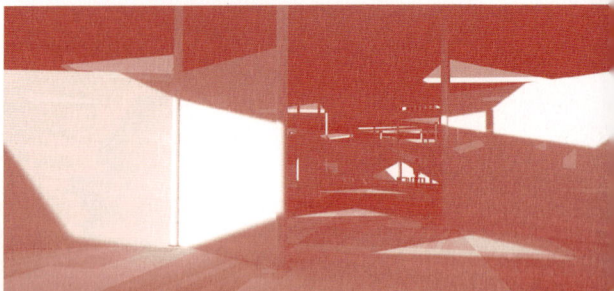

活动中心柱高 5m，围护结构高 3m，为半透明的材质。空间流动而自由。

05
细节推敲

空间分隔的具体
形式和顶

空间分隔

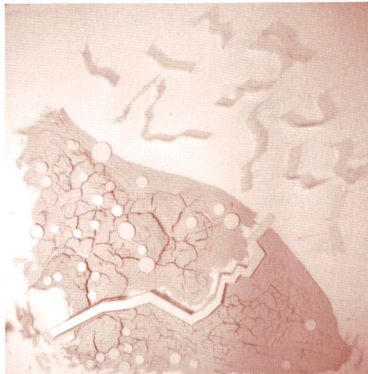

在初期用草图纸探讨空间的时候，因为纸很柔软，所以转折点处并不是生硬的直角，而是平滑的过渡。

在用 SU 模型探讨空间时，发现如果将转折处做成折线，空间魅力将大打折扣。因此尝试将玻璃加热后弯折，绕过柱子围合空间，表达出意蕴深厚的空间内涵。

顶的划分

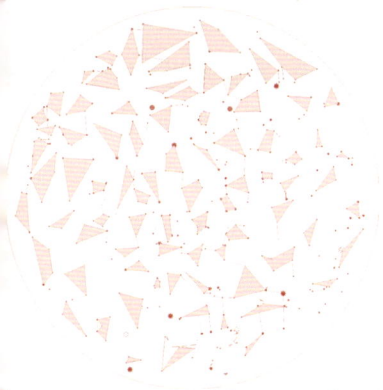

总体上，加密了顶上的天窗，并且做出了疏密变化：植物园部分天窗较大，数量更多；活动中心天窗较小，数量较少。

顶的划分

出了天窗之外，将屋顶整体进行了连线划分，使天窗不再是孤立的孔洞，而是在划分中选取的一部分。

天窗　　　　　　　　材料 1　　　　　　　　材料 2　　　　　　　　材料 3

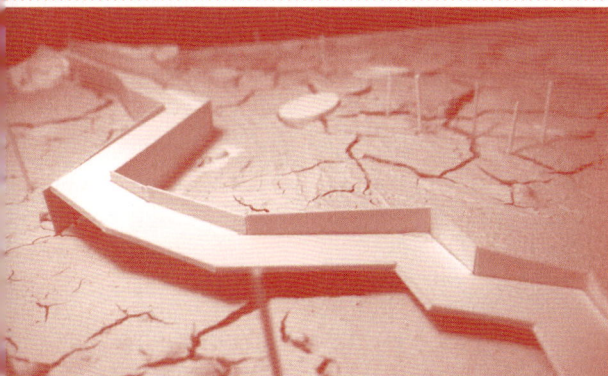

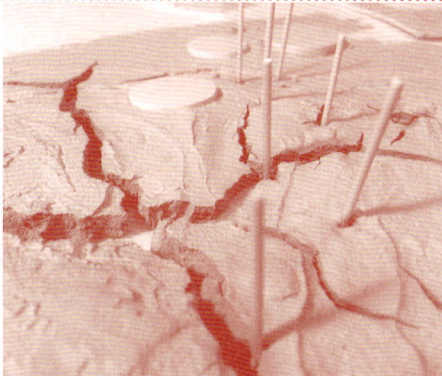

龟裂的石膏

用石膏做地形时，水加得太多，以至于两三天石膏都没有晾干。十天后再取出模型，惊奇地发现石膏表面出现了龟裂纹，不仅存在着特殊的美感，而且像道路一样布满草坡，与设置的主干道相接。

叁

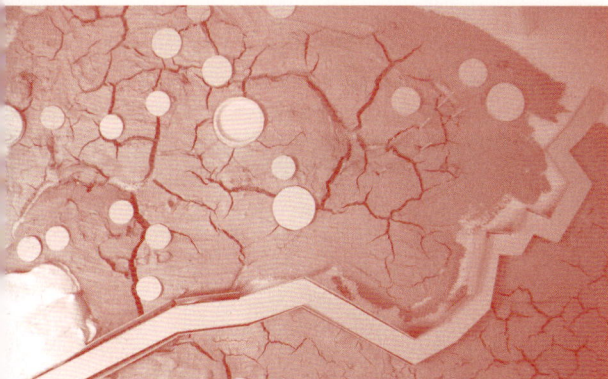

最终模型制作
Presentation with model

选取合适的材料与表现方法

01
顶

空间分隔的具体
形式和顶

打磨

利用打磨机将透明亚克力板打磨，既可以表示顶的这比作用，又可以隐约看见下面的空间划分。

激光雕刻

用激光雕刻机雕刻出顶上的天窗与不同材质划分的界限。

拼接方式

模型为1:100，因此圆顶的直径为1m。由于没有这么大的材料，顶的制作只能采用拼接。

用两层板错动对接。将顶划分为四个扇形，旋转45度，再次划分。这样得到的8个扇形相互咬合只将将表面粘结就可以成为一个整体。

1

3

5

地坑的制作

2

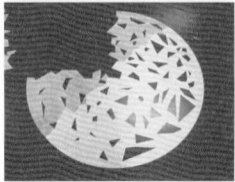

4

6

地坑由底部圆片，中部圆环和上部圆壁粘结而成，并在圆环上切出台阶。圆壁用1mm厚的玻璃制作。先将玻璃切成适当长度的细条再加热使之变软弯曲，趁热贴合在模具上，冷却后成型。

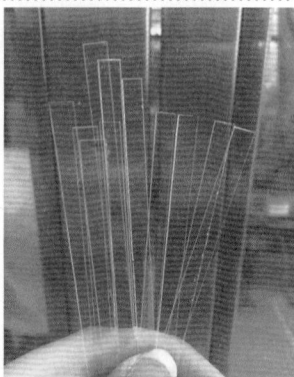

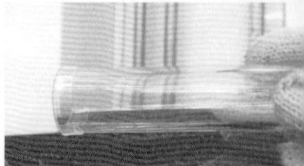

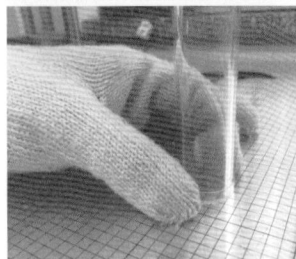

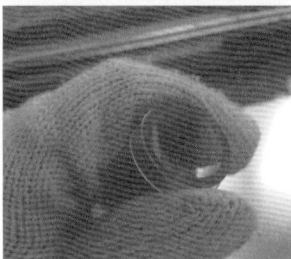

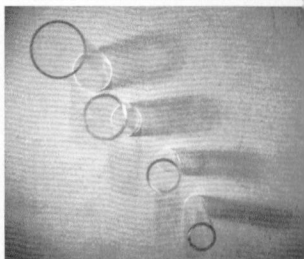

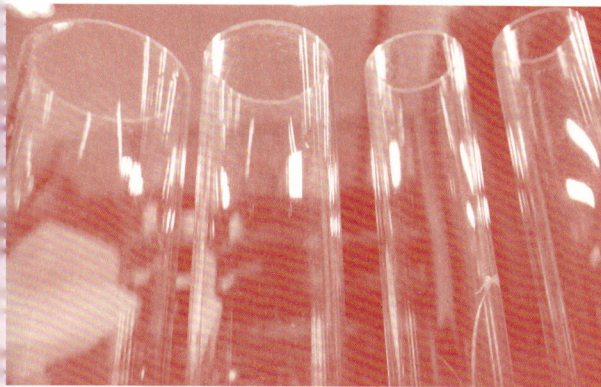

03
其他材料

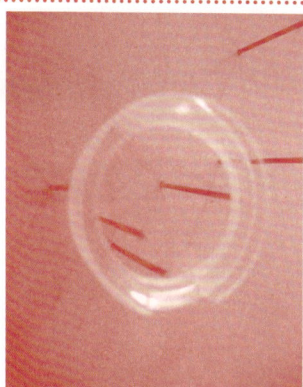

地形和柱子

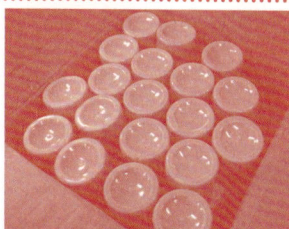
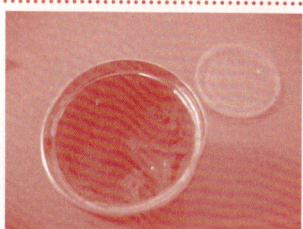

毛细钢管

　　尝试过铁丝、大头针、ABS 棒之后，终于找到了更合适的材料——毛细钢管。相比之下，铁丝不够挺，大头针太细，ABS 棒颜色泛青且刚度不够，无法支撑屋顶。而毛细钢管尺度正好，足够坚硬。

07

破界空间
对跨界设计的探索

李明玺 编著

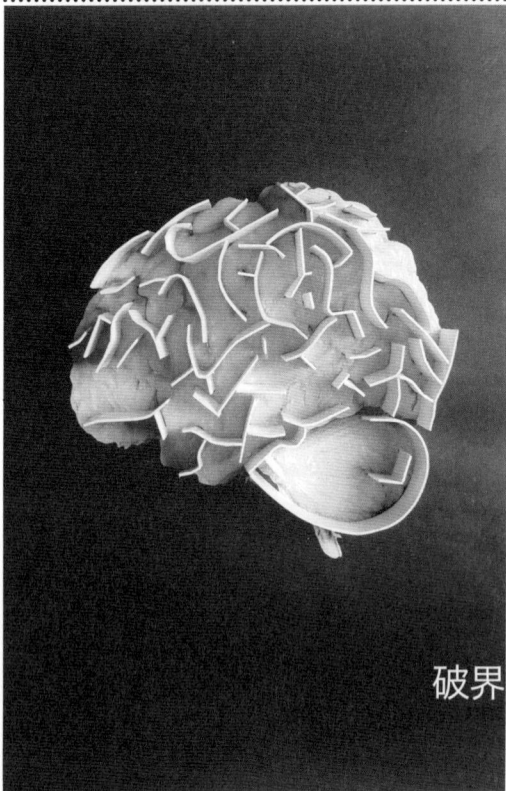

破界空间
编著

清华大学开放式教学
王昀设计组出品

目录

序

在我们这个时代,建筑艺术门类驳杂,百花齐放,难有一个权威的,抑或是被大多数人所认可的理论引导建筑艺术的发展。这就是现如今建筑、建造水平良莠不齐的根本原因。如今的中国建筑师已组成一个庞大的"中产阶级",他们自称为国家力量微小的一环,抛弃了超越自我的可能性,只求追求所谓大众的认可与喜恶。他们抛弃了建造的永恒性的责任感,眼中只有经济性和利益最大化。他们对于建筑形式问题,只要不是太丑太怪都全然接受。他们对于城市问题保持漠视,自闭于建立自己的象牙塔。他们坐拥于自我建立的空中楼阁,在丑陋的建筑和城市里蒙蔽自己。我们难以将罪责归结于可能失败的建筑学本科教育,因为这是一个探索的时代。在我们这个时代,每个人都在摸着

石头过河。这个时代是激动人心的,也是艰险黑暗的。在这个时代,将诞生新的维特鲁威、米开朗琪罗和勒·柯布西耶,而这些新的,犹如尼采所言英雄的人,也必将诞生于正处于高速发展的中国及其他发展中国家。

历史已经证明,绘画艺术是其他艺术乃至于社会文化发展的先行者。中国绘画的历程源远流长。从远古的质朴图腾到商周的狞厉纹饰,从楚辞的古拙壁画到魏晋的气韵生动,从盛唐的浪漫壮伟到宋元的精致意境,从明清的世俗入世到现如今的百花齐放。中国绘画至今有着完整的演变及发展过程,经过一辈在二十世纪二十年代活动的中国画大师的努力,中国的绘画艺术并未遭受文化与时代上的断层。

中国绘画与西方绘画的发展不

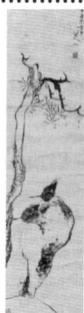

尽相同,这主要与两者的哲学根源不同有关。李泽厚先生对中国传统儒学做出了很好的总结:"…(儒学)是一种怀疑论或无神论的世界观和对现实生活积极进取的人生观。它以心理学和伦理学的结合统一为核心和基础。"孔子的理论并没有把人的情感、观念、仪式(宗教三要素)引向外在的崇拜对象或神秘境界,相反,是把这三者引导和消融在以亲子血缘为基础的世间关系和现实生活中,使情感不导向异化的神学和偶像。西方艺术重视艺术的认识模拟功能或接近宗教情绪的净化作用,而中国艺术更强调艺术对于感情的构建和塑造。

正如李泽厚先生所言:"中国重视的是情、理结合,以理节情的平衡,是社会性、伦理性的心理感受和满足,而不是禁欲性的官能压抑,也不是理智性的认识愉快,更不是具有神秘性的情感迷狂或心灵净化。"

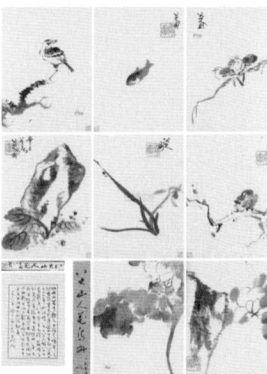

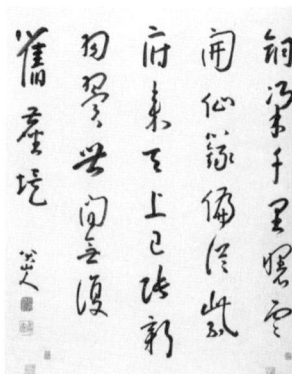

草书

从草书的发展来看：草书发展可分为早期草书、章草和今草三大阶段。早期草书是跟隶书平行的书体，一般称为隶草，实际上夹杂了一些篆草的形体。初期的草书，打破隶书方整规矩严谨，是一种草率的写法。称为"章草"。章草是早期限草书和汉隶相融的雅化草体，波挑鲜明，笔画勾连呈"波"形，字字独立，字形遒方，笔带横势。章草在汉魏之际最为盛行，后至元朝又复兴，蜕变于明朝。汉末，章草进一步"草化"，脱去隶书笔画行迹，上下字之间笔势牵连相通，偏旁部首也做了简化和互借，称为"今草"。隶化笔法的横势倾向，为左右钩连的草化提供了依据。章草笔法用"一"形，今草笔法用"s"形。这是两者的根本区别。运笔放纵、点画狼藉的又称大草或狂草。

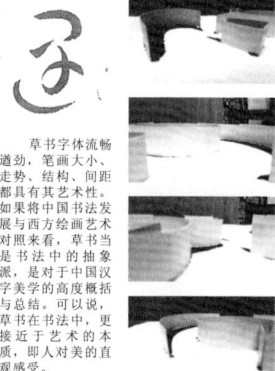

草书字体流畅遒劲，笔画大小、走势、结构、间距都具有其艺术性。如果将中国书法发展与西方绘画艺术对照来看，草书当是书法中的抽象派，是对于中国汉字美学的高度概括与总结。可以说，草书在书法中，更接近于艺术的本质，即人对美的直观感受。

在本书选择的几个案例中，还、马等草书字体，均在笔画间存有围合的概念。要从草书这种艺术形式中寻找空间的美学，选择如此案例更加易于读解，即能让人较为快速地在笔画间找寻到空间的意味。此刻不可将草书看做草书，而应看作是一道道痕迹，纯粹地将其拆解开来。

直接将草书字体当做是空间的平面图，而后将其"立起"，是最直观也最有效地将其变成空间的方式之一。但在这个过程中，可以稍作灵活处理。如一些笔画可以成为一个通道形的空间，而一些笔画则可以直接立起一道"墙"，使得该笔画与其他笔画围合出一个大空间。

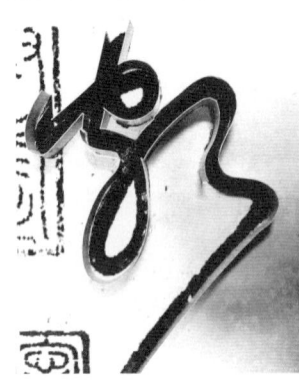

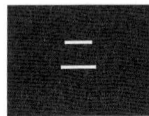

二

绘画
吴冠中

吴冠中

吴冠中（1919—2010），江苏宜兴人，当代著名画家、油画家、美术教育家。油画代表作有《长江三峡》《北国风光》《小鸟天堂》《黄山松》《鲁迅的故乡》等。个人文集有《吴冠中谈艺集》《吴冠中散文选》《美丑缘》等十余种。

吴冠中在 20 世纪 50～70 年代，致力于风景油画创作，并进行油画民族化的探索。他力图把欧洲油画描绘自然的直观生动性、油画色彩的丰富细腻性与中国传统艺术精神、审美理想融合到一起。

从 70 年代起，吴冠中渐渐兼事中国画创作。他力图运用中国传统材料工具表现现代精神，并探求中国画的革新。

710

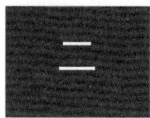

江南
吴冠中

重新排列的空间依然具备了《江南》中对于画块的大小、比例、间距的控制，即部分保留了其美的要素（但仍然不可避免地对原先的排布有损）。这种瓶贴和再组合是对发掘画作中的艺术性的再翻译。应当具备多次试验的心理准备，在多次组合下进行选择，选择出不亚于甚至更甚于原有画作的美的要素的情况来。

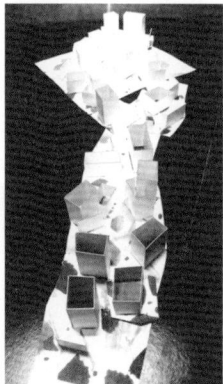

在本案例中，首先将吴冠中的画作《江南》"立起"，以墨色的浓淡为方块空间的高度依据，获得了一个聚落式的空间形态。而后将这种空间拆分再组合，以方块间的"道路"为依据，进行重新的排列。

墨块 吴冠中

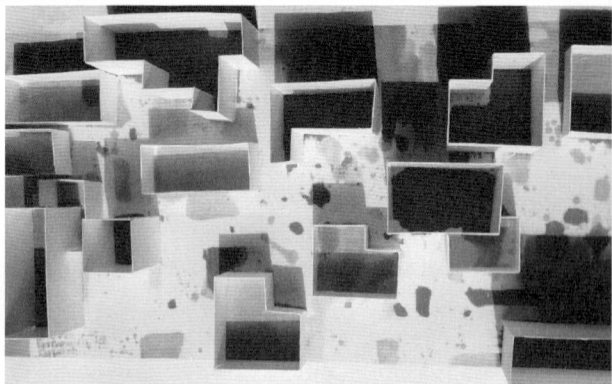

四　　石榴
　　　吴冠中

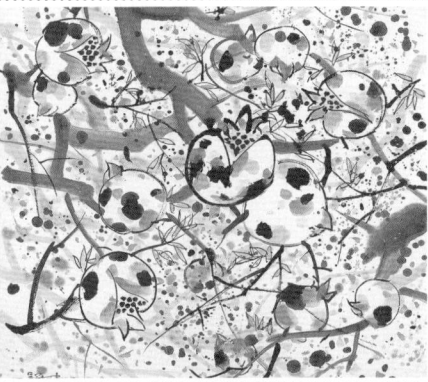

吴冠中的《石榴图》构图复杂，元素驳杂，其线面围合的空间有大有小，难以在其中对空间有所取舍或判别。在这个案例中，我们可以简化画面中的一些层次的要素，选择其中对画面起主导作用的线条、色块或点。例如在这幅画中，可以选择石榴的边沿、枝干的线条等。再下一层次的：石榴的纹理、点状的树叶等要素，可作为空间下一层次划分的逻辑依据。其中值得注意的是，画面中石榴或其他要素，在边沿上有很多暧昧不清的线条关系，可以几何形进行概括。

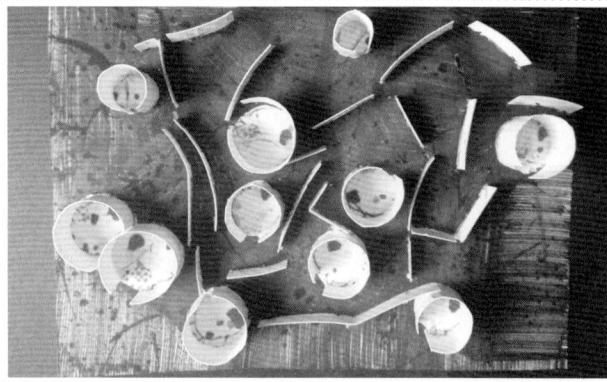

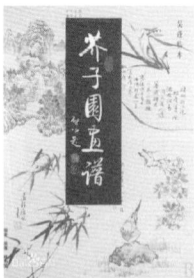

芥子园

《芥子园画谱》，又称《芥子园画传》，中国画技法图谱，诞生于清代。清代著名文学家李渔，曾在南京营造别墅"芥子园"，并支持其婿沈心友与王氏三兄弟（王概、王蓍、王臬），编绘画谱，故成书出版之时，即以此园名之。此画谱堪称中国画的教科书。

《画谱》问世，备受时人赞赏。光绪十三年，何镛在所作后序中写道："一病经年，面对此谱，颇得卧游之乐。"并题联云："尽收城郭归檐下，全贮湖山在目中。"

画谱系统地介绍了中国画的基本技法，浅显明了，宜于初学者习用，故问世300余年来，风行于画坛，至今不衰。许多成名的艺术家，当初入门，皆得惠于此。称其为启蒙之良师，是一点不过分的。画坛巨匠齐白石，幼年家贫好学，初以雕花匠为生。20岁那年，随师外出做活，见到一主顾家有郭乾隆年间翻刻的《芥子园画谱》五彩精致版，仔细翻阅之后，发现自己能画，多不合章法，故如获至宝，遂借来用勾影雷公像的方法，画了半年之多，勾影了16本之多。从此，他以所画为据来做雕花木活，既能花样创新，画法又合规则，为其后来绘画打下良好基础。据说真到晚年，白石老人还念念不忘此事。他因而40岁画画出名，跨越了1个世纪，终年95周岁。

著名国画家潘天寿，14岁到县城读书时，从文具店买到一部《芥子园画谱》，成了他画画的第一位老师。在无人指导下，他照谱学画，如醉如痴，终成一代大师。

山水画名家陆俨少，从小喜画，苦于无师。12岁到南翔公学读书时，得到一本石印的《芥子园画谱》，像得到心爱的宝物一样，如饥似渴地临摹，从此迈出了画家生涯的第一步。

郭沫若先生是众所周知的文学家、历史学家和诗人，然其能画，则鲜为人知。他尤喜画兰花，曾赠兰友人范令棣先生。他之所以能画，是因在家塾"绥山馆"里，常描摹《芥子园画谱》。郭沫若先生曾为其弟郭开运的《葵菊图》题诗道："不因能傲霜，安能作欣赏。我非陶渊明，安能作欣赏。幼时亦能画，至今手犹庠。愿得芥子园，恢复吾伎俩。"郭老如能学画不辍，早当成名画坛了。

《芥子园画谱》施惠画坛300余年，育出代代名家，可谓功德无限。何镛所言，此书"足以名世，足以寿世"。

五

芥子园画谱

松

芥子园中的松树与鹤营造出的空间，与中国古典园林的空间氛围十分相似。中国园林中曲折、蜿蜒的小径、石桥、游廊有着松树枝干的遒劲笔法。在芥子园画谱的破界设计中，我们偶然找到了这样一个"奇迹"，它由空间之外来，但又最终回到了空间的范畴里来，甚至是以我们熟知的面貌（园林）归来。这是一种有力的证明，证明破界而得的空间是有其适用性的。但这一切仍旧可以追溯因果：古人造园，少不了笔墨上的功夫，文人擅画，设计园林时也和现如今一样，需要先绘园林的图纸，而这图纸却是宣纸，以笔墨着色。也就是说，古人设计园林，与画一幅画，在手的功夫上没有太大不同。可以想象，一个画惯了松树的文人，设计园林时，笔下也尽是松树笔法。

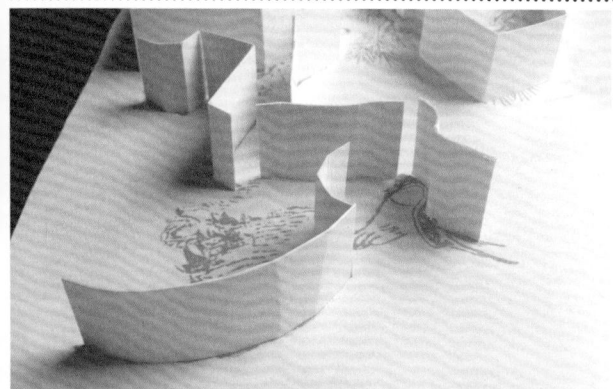

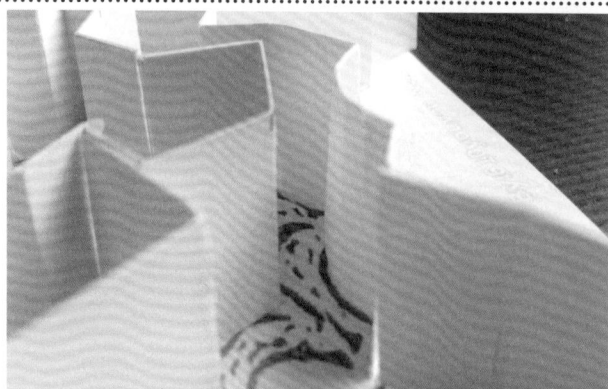

六

芥子园画谱

竹

浓叶垂烟

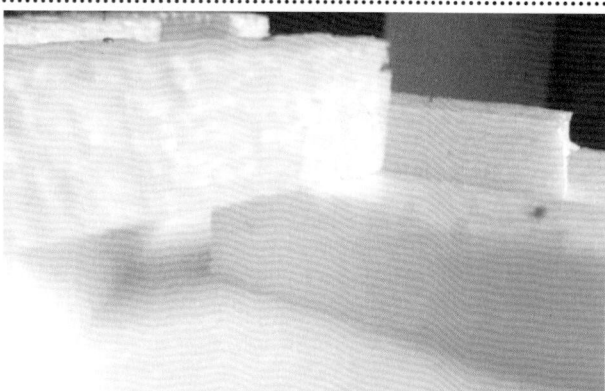

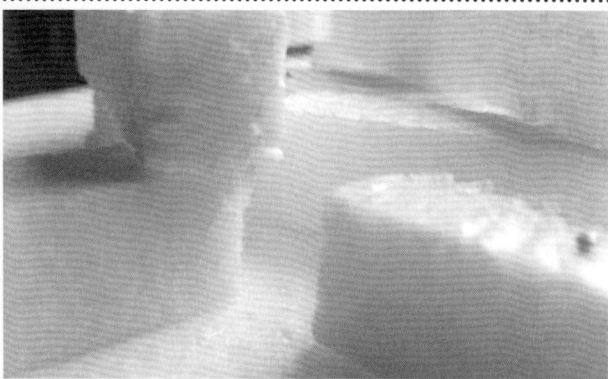

七

八大山人

八大山人

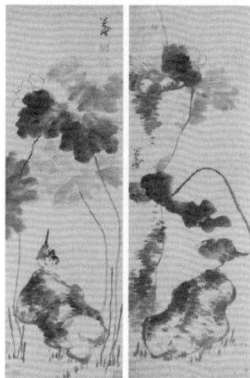

八大山人，名朱耷，江西南昌人，明末清初画家、书法家，清初画坛"四僧"之一。他一生对明朝忠心耿耿，以明朝遗民自居，不肯与清合作。他的作品往往以象征手法抒写心意，如画鱼、鸭、鸟等，皆以白眼向天，充满倔强之气。笔墨特点以放任恣纵见长，苍劲圆秀，清逸横生，不论大幅或小品，都有浑朴酣畅又明朗秀健的风神。章法结构不落俗套，在不完整中求完整。朱耷的绘画对后世影响极大。

他的一花一鸟不是盘算多少、大小，而是着眼于布置上的地位与气势。及是否用得适时，用得出奇，用得巧妙。这就是他的三者取胜法，如在绘画布局上发现有不足之处，有时用款书云补其意。
——李泽厚

"拙规矩于方圆，鄙精研于彩绘"
——张庚（清）

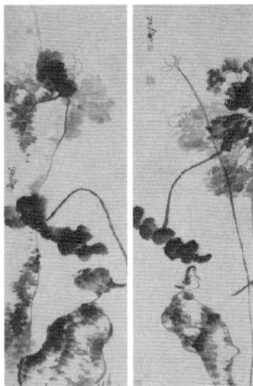

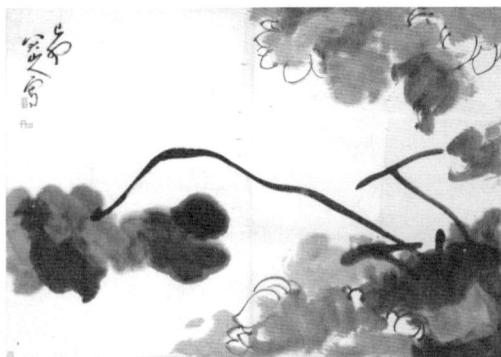

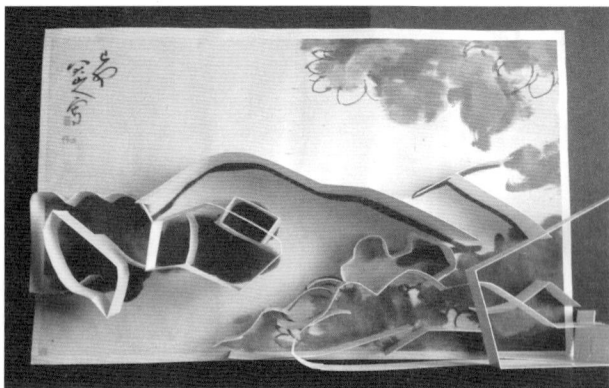

墨色
八大山人

　　在将绘画转化为空间时，我们并不能满足于营造一个平面上的空间，然而绘画却是一个平面上的故事，是否有什么方法可以从平面上的绘画找到立体空间的可能性呢？

　　在这里我们首先要解读一幅画。画面的线条、色块与点界定出了空间的围合方式，然而一副画中还有其他丰富的信息——色彩。中国画中以墨的颜色为主要区分，墨分五色：焦、浓、重、淡和清。于是我们可以建立这样一套逻辑：以不同的墨色为不同高度的平面，将绘画转化为一个立体的空间。在本案例中，我们观察到这幅画中主要涵盖三个层次的墨色，分别是浓墨、重墨和淡墨，于是由深到浅，确定空间层次由低至高。将浓墨的线条置于底层，重墨在浓墨之上，淡墨在重墨之上，如此则形成了一套丰富的立体空间系统。

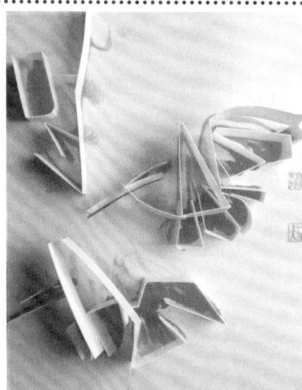

构图
八大山人

七

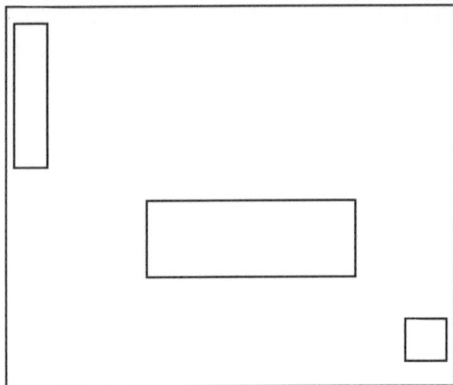

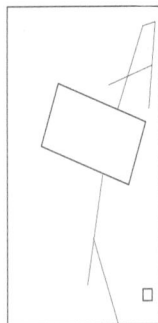

将绘画转化为空间时，我们不可避免地遇到了一些问题，尤其在面对一些表达具象事物的绘画中，我们的空间形态也表现出了一种具象的指向性，我们会不可避免地营造出像梅花、像竹子、像荷花的空间形态。如此具有单一指向性的空间形态将扼杀空间体验者的想象力，也使得将空间失去了其意义。这样的空间可能与巨构雕塑相去亦不远。从这个角度看，这样的空间将是失败的。

如此，我们需要考虑的是如何将具象的空间抽象化。抽象绘画，是一个需要非常谨慎的步骤，抽象意味着舍弃绘画中原有的很多东西，只保留个别。这就需要我们具有明确的判断力，保留什么，舍弃什么，什么才是这幅绘画中的精髓所在。解读出绘画中最打动你的部分，然后将它抽象出来，再演化为空间。抽象出的部分可以是色彩，是线条，亦可以是本节中的构图。

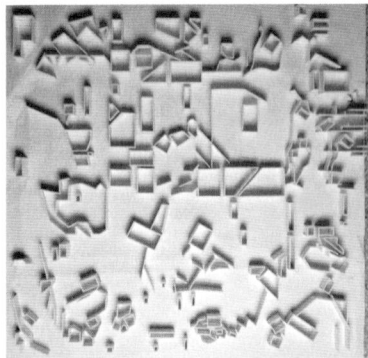

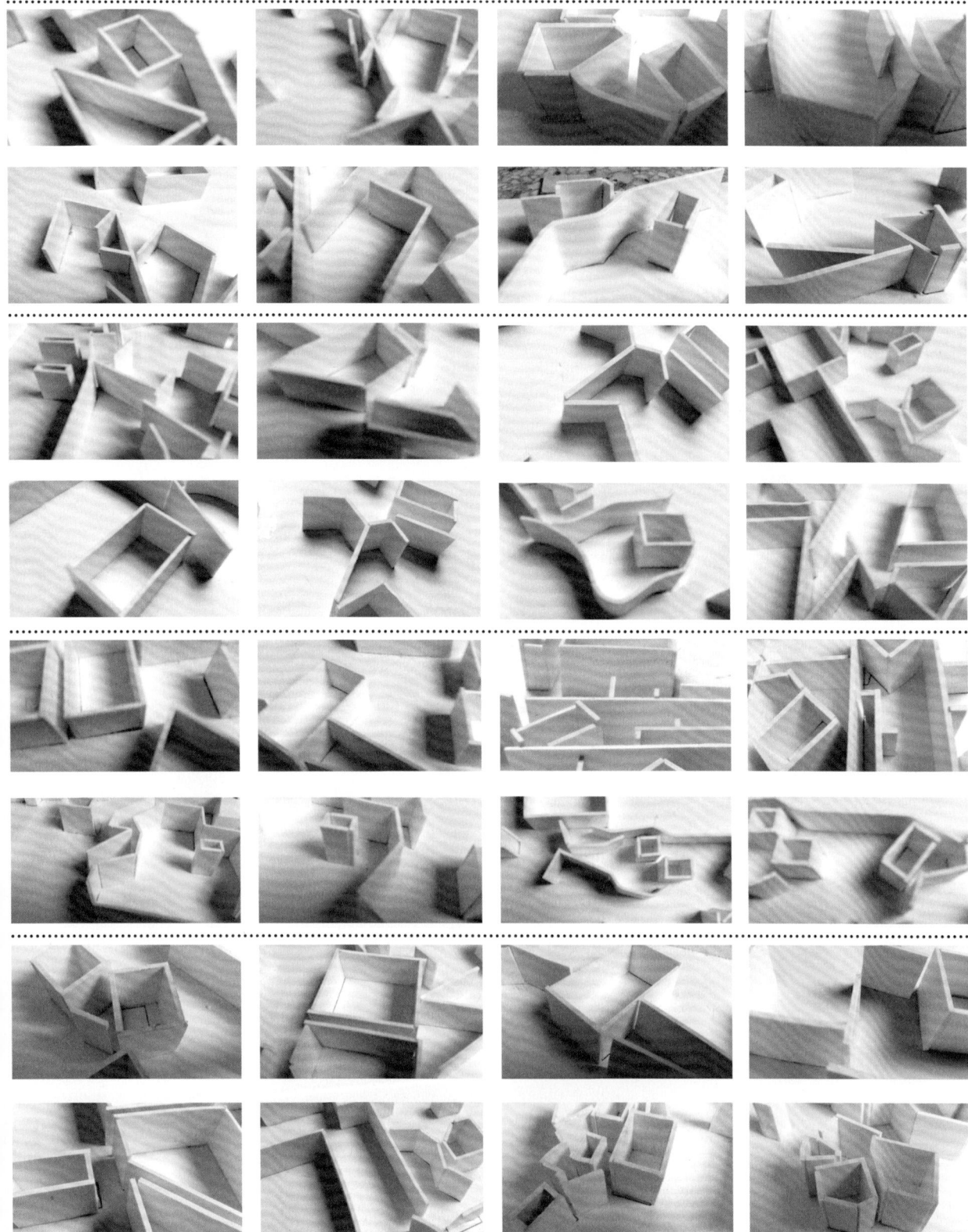

分形龙
他领域探索

加拿大数学家 Dan Christensen 发现，把所有次数不超过 5 的、系数在 -4 到 4 范围内的整系数多项式的所有根描绘在同一个复平面上，你会看到一个异常壮观的画面。图中的每个灰色点代表某个二次多项式的一个根，蓝色点代表三次多项式的根，红色代表四次多项式的根，黑色代表五次多项式的根。水平线代表实轴，0 和 ±1 的地方有很明显的空洞；竖直方向是虚轴，每个单位处也都有明显可辨的空洞。

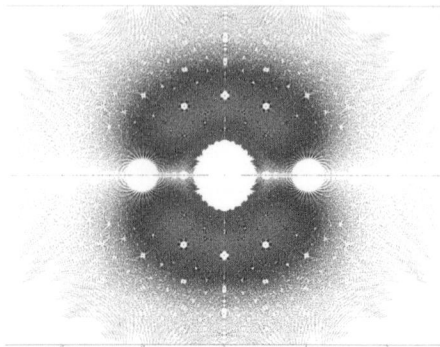

在受到上述实验的启发之后，Sam Derbyshire 决定画一张更一般的、分辨率更高的多项式复根图。考虑每个系数要么为 1 要么为 -1 的全体 24 次多项式；它们总共将产生 24×2^{24}——约等于 4 亿——个根。他让 Mathematica 运行了四天四夜才算出所有这些根的位置，得到了大约 5 个 G 的数据。最后，他用一个 Java 程序画出了这些根在复平面上的分布图，奇迹出现了。右图是这张奇迹的一个局部，我们在"光环"的内边缘发现了一些复杂的几何形状，这种几何形是一种数学分形模型，被称为"龙形分形"。

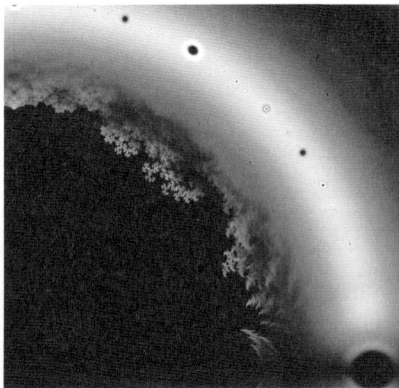

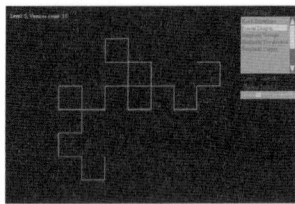

数学是万事万物的抽象，我们能否从其中很小的一个分形学找到空间的可能性呢？为此本节中做了下面几个实验。

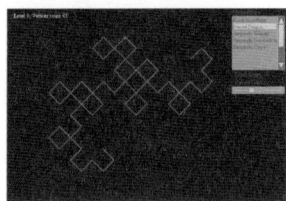

$$f_+(x) = \frac{1+i}{2}x$$

$$f_-(x) = 1 - \frac{1-i}{2}x$$

九

人体组织
他领域探索

人体由有机质和无机质构成细胞，由细胞与细胞间质组成组织，由组织构成器官，功能相似的器官组成系统，由八大系统组成一个人体。而其中，人体四大组织分别是：上皮组织、结缔组织、肌肉组织、神经组织。

人类至今无法完全理解与掌握领域的有二，一是浩渺的宇宙，二是人类自己。大到宇宙的深邃，小到人体的复杂，在这之间，万事万物都具有着各自独特的美学，这些美学在数的统一下又殊途同归。

人体组织存在着其对于人类先验性的美学性。从古希腊柱式取材于人体美学到立体主义再抽象人体美学，人，作为审美的主体，同样也以自身作为万事万物美的标尺。"人是万物的尺度"亦可作此解。

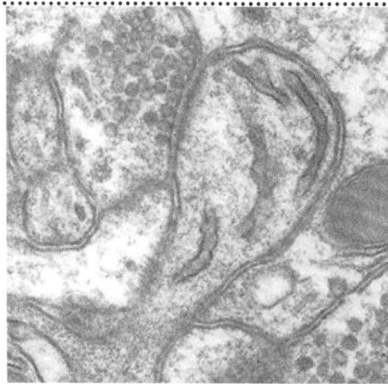

人的身体存在诸多美，这是毋庸置疑的，无论是人的形体、动作、行为抑或是神态，都可以作为美学第一感觉的出发点。这是深藏在人类原始欲望中的美的力量，这是一种被动的先验的人类美学结构。

但人体中仍然存在了太多我们在正常情况下观察不到的世界，小到原子、电子和分子，再到细胞，大到器官和组织。人从微小的元素组合而成一个整体，都是由其遗传信息控制，故而从微观到宏观，人体在美学上都存有连贯性。

故而我们不妨将目光聚焦在那些看不见的人体世界中去，在细胞、切片和显微镜下寻找和人体美学同源的美，再尝试将它们转化为空间语言。

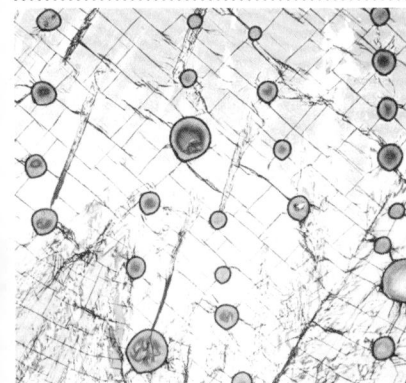

九

大脑
人体组织

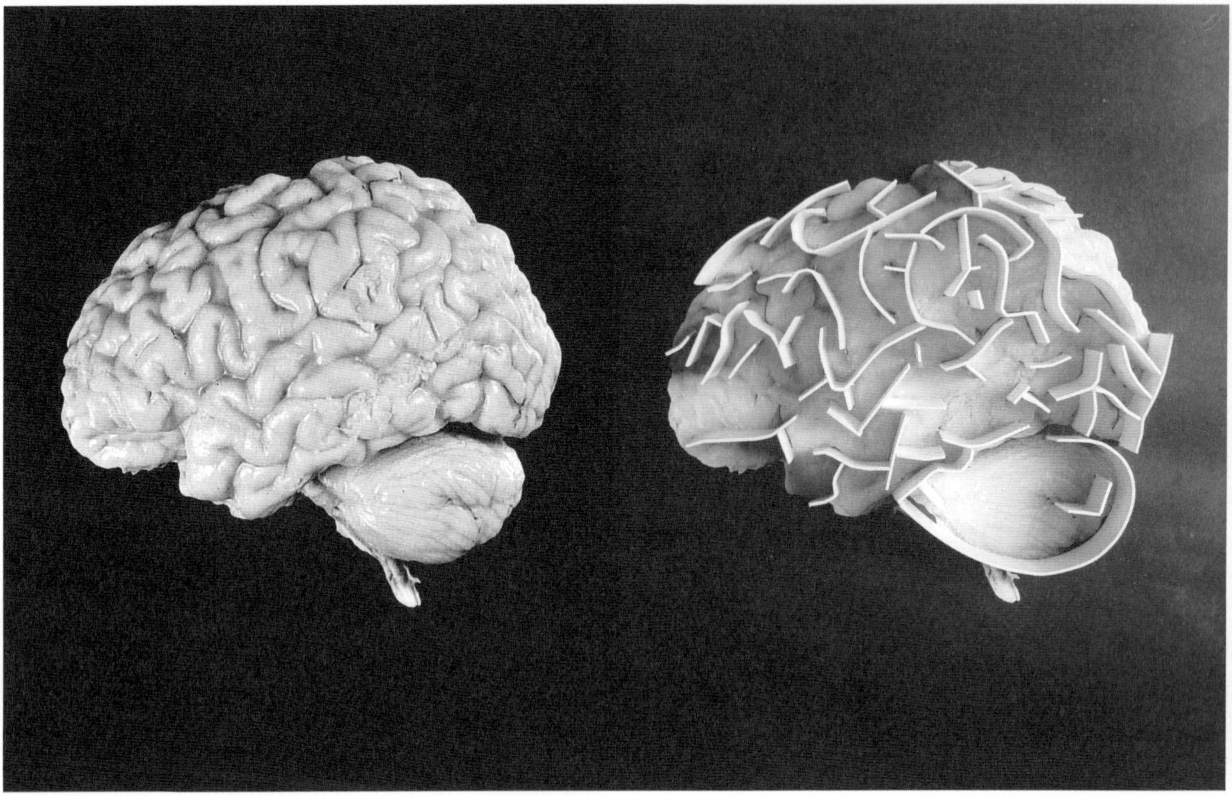

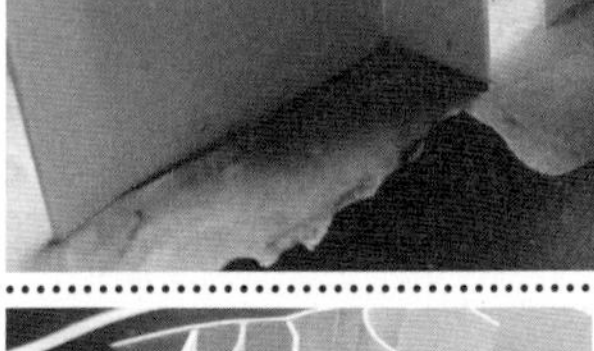

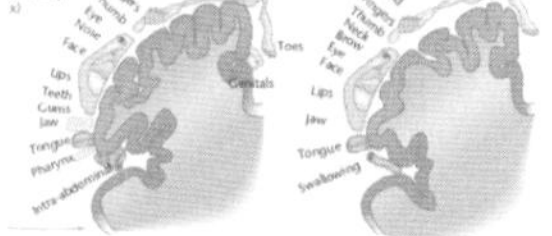
Leg
Hip
Trunk
Neck
Head
Arm
Elbow
Forearm
Hand
Fingers
Thumb
Eye
Nose
Face
Lips
Teeth
Gums
Jaw
Tongue
Pharynx
Intra-abdominal
Toes
Genitals
Knee
Hip
Trunk
Shoulder
Arm
Elbow
Wrist
Hand
Fingers
Thumb
Neck
Brow
Eye
Face
Lips
Jaw
Tongue
Swallowing
(b) Motor cortex

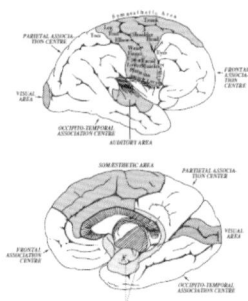

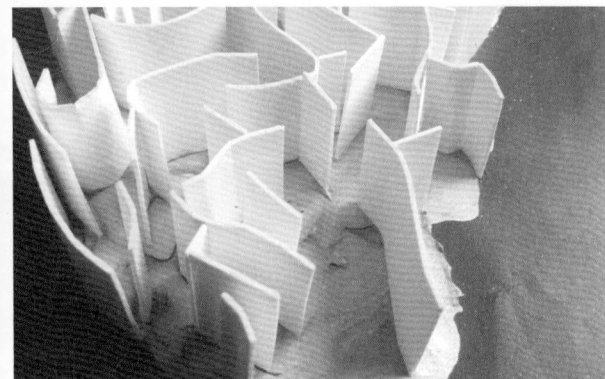

肌肉
人体组织

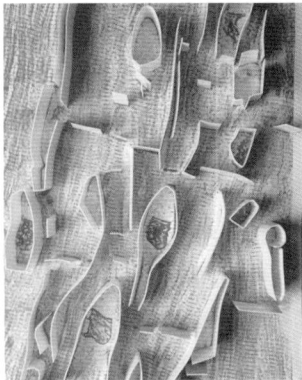

十一

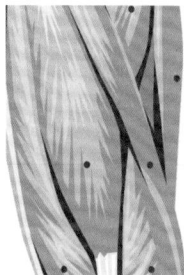

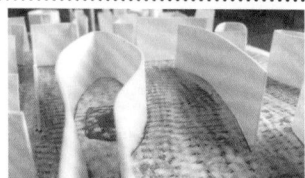

生活物件
其他领域探索

生活用品顾名思义就是指生活中使用的物品。常用的一些物品的统称，例如牙膏、脸盆、衣架、卫生纸等等。而生活用品除去自然界自然生长的事物外，大多都是工业设计的成果。

工业设计指以工学、美学、经济学为基础对工业产品进行设计。当人类第一次把石头当作工具时，第一次装饰洞穴设计就开始了。实际上，工业设计（英文表述方式：Industry Design，Directindustry）起源于工业革命时期，至今已有250多年。

在工业设计中，美学是重中之重，从远古粗糙的手工艺品到现代精致的商业产品，都蕴含着美。我们是否能在这些物件中寻找到美的空间？这是本节的问题。

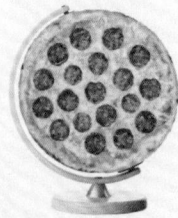

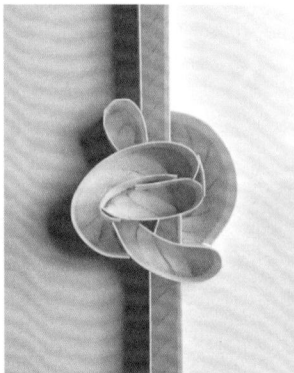

**酒精结晶
其他领域探索**

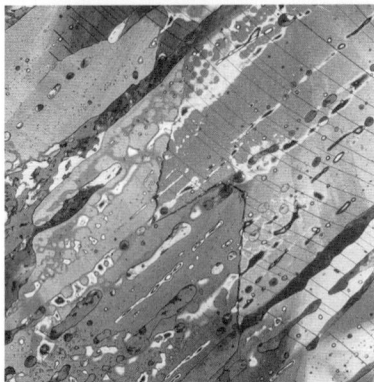

Bevshots 公司发布的显微镜下的酒精结晶图片。各种酒精呈现不同的丰富色彩以及形态。难以想象这是大自然的杰作而非出自一位优秀的现代艺术家。

我们可以从这样的一幅"画"中找寻好的空间，在色彩的区分下，可以给我们更多的信息来建立逻辑。

发现空间可以从画面整体出发，也可以专注于一个局部。从整体出发时，可能需要简化或者忽略一些线条上极其微小的起伏与曲折。而在局部上，这些曲折有可能便成为了整个空间的精髓所在。

在多幅酒精结晶的显微镜成像上，我们可以找寻到一种平面上呈现出的空间关系。当把每一个色块看作是被遮盖的、另一个平面上的存在时，这幅画就存在了无数的可能性。

在本节的案例中，我们选取了两个易于发现画面透视关系的结晶。在多次试验后，确定了一种透视成像关系并作出模型。

当定格于一个特定角度时，模型可以将原画中的图案呈现给我们。但当换一个角度时，其内涵将远超原画，成为一个有无限画面的三维立体空间模型。

**伏特加
酒精结晶**

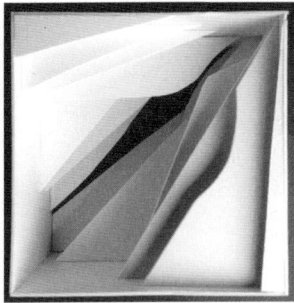

十三

香槟
酒精
结晶

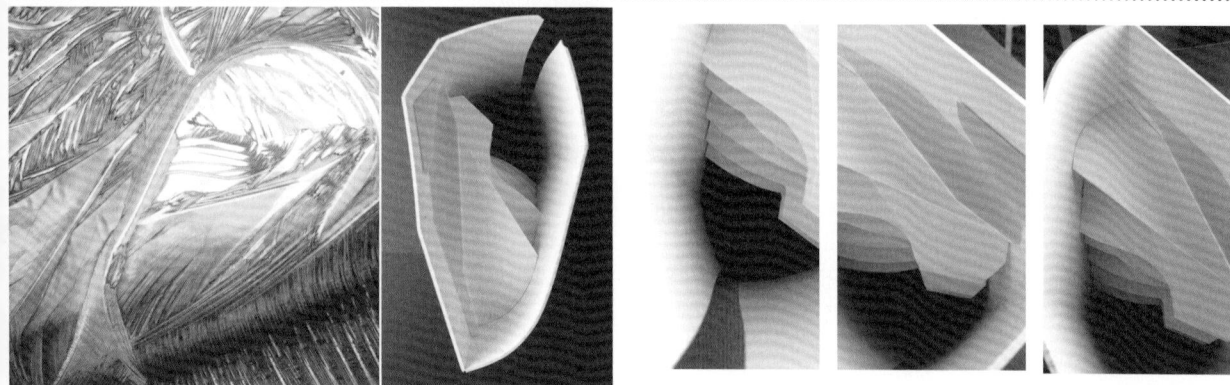

美术馆
设计
实践

选取原型：吴冠中《石榴图》

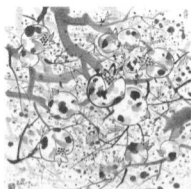

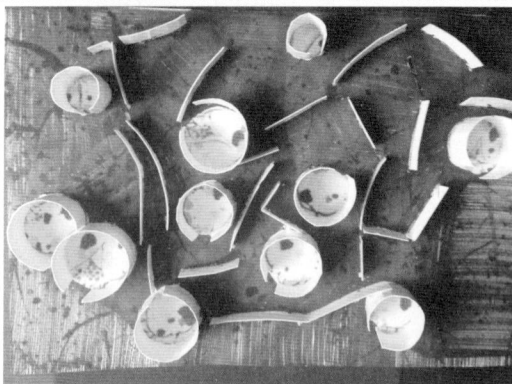

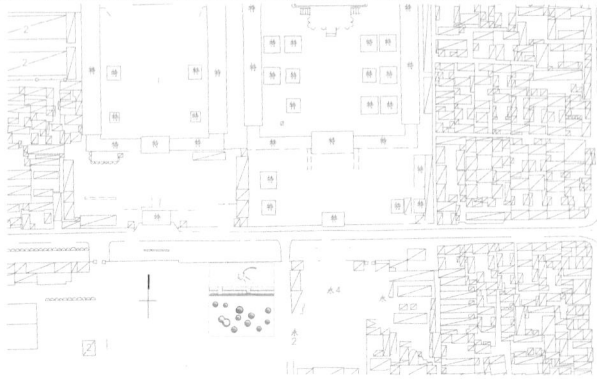

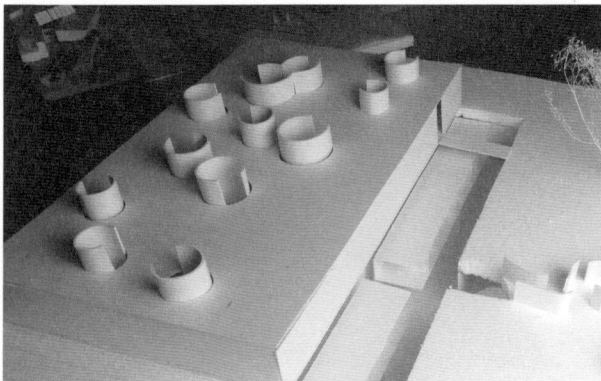

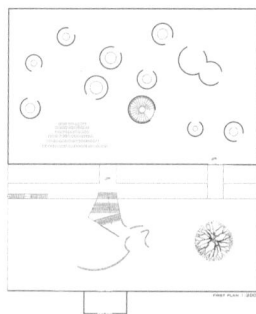

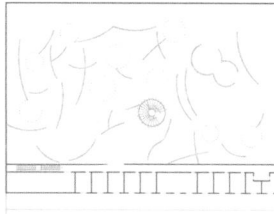

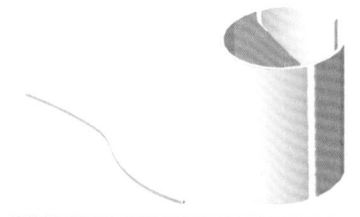

VORONOI VILLAGE

从点子到 手段

建筑设计语言与空间探究

侯兰清

目录

序

借助聚落形象表述建筑设计语言的探讨性设计

对于建筑设计而言，一种可行的模式语言是不可缺少的。车尔尼雪夫斯基持唯物主义哲学观点创造性地应用于美学和伦理学，提出了"美是生活"这一重要命题，认为"任何事物在那里面看得见依照人们的理解应当如此的生活，那就是美的；任何东西，凡是显示出生活或使我们想起生活的，那就是美的"。在艺术对现实的关系这个美学基本问题上，他坚持现实生活高于艺术、艺术的目的和本质就在于再现生活。同样，在对建筑设计的探讨过程中，我们同样可以将目光投向艺术与生活之中，无论是音乐、书法与文字之类与建筑联系不甚紧密的形象，抑或是聚落住居、园林建筑与建筑设计密切相关的本体形象，或许都可以从中能够找出与建筑设计获得关联的设计语言。所谓没有建筑师的建筑，聚落本身的形象，最接近于生活，多出自于乡民之手，加之与当地的气候以及地形环境达到有机的结合，所以虽然只是竹篱茅舍，却多充满生活气息，甚至也能像园林建筑一般而具有诗情画意的境界。借助聚落本身的形象表述建筑设计语言，不管是从感性、美学的角度对于整体环境与空间氛围的感受，还是从精密的设计和理性的计算角度进行分析，相信都同样可以得到一些建筑设计语言的模式和原型。聚落的美，在于民居建筑置于村镇聚落的整个大环境中，与传统的园林之间也有不少共同之处——注重于借助整体空间环境，也就是使建筑物尽量与自然环境巧妙地结合为一个有机整体，从而产生自然天成之趣，而不像宫殿等庙堂建筑刻意追求轴线对称和整齐划一的人工美的价值观。但聚落与园林却也不同，园林多出自文人、画家或匠师们的精心雕琢，通过人工而再现自然，而聚落则更为朴素，保留着自然的真迹，在包含朴素的自然美的同时又与人们的生活保持着直接紧密的联系。聚落的形态经常是复杂的，通常被解释为自发形成的，而实际上从聚落的住居和设施等要素以及其排列所决定的基本形态，却也可以看作是经过精密设计的结果。通常，聚落的形成可以视为居住者头脑中的观念和概念的重现与大自然结合的双重产物。在居住者选择聚落的地址时，也是由主体的空间概念和传统意识决定的，例如风水学以及一些民族的风俗信仰和精神传统。再至于聚落内部各体量的空间关系和形态，也可以视作个体建造者内心概念的投射和重现。因此在进行聚落原型的选择和设计语言的探讨时，一方面要关注聚落整体的空间关系以及与周围整体自然环境的融合，另一方面也应该发现聚落的居住者的民族特性和空间概念，即从人的尺度出发，探寻聚落形成过程中的原理和内核，从而抽离出抽象的模式语言，用于建筑设计中。

湖南省沟梁寨

Tenado 住宅平面

第一章
聚落原型的选择——确定所表述语言的探究原型

该聚落是菲斯的一个传统皮革制造工厂，包括中央的染色区域和周围的厂房、民居。这儿是一个旅游胜地，但是游客却不能走进这个地方，体验这儿的独特文化。

传统的、密集的城市肌理，导致社区中缺少公共空间。此外，由于保留了传统的皮革制造和染色工艺，工作环境和居住环境比较恶劣。

然而在这社区和聚落中，依照地形，不同的住居错落有致，由于不同高度、层数产生不同的平台，加之当地独具特色的厚重墙体，形成了独特的景观。而皮革制造厂的巨大染缸，则成为密集的城市肌理中较为开阔和公共的区域。因此，在这一聚落原型的探讨中，厚重和密实的体块，与大片圆形染缸的对比和冲突，成为最明确、最直接的语言。直接选取这一形态，并进行适当的取舍和变形。

简单保留周围住居的体块，重现各个体块的空间关系，呈现出聚集型的配置关系。被建筑包围的染缸区域则形成一个更加开放和公共的场所，而从圆形染缸提取出的要素一方面作为巨型的圆柱阵列，又在抬起的屋顶平台上成为圆形的天窗，在染色的彩色颜料下，可能为下层的空间带来色彩斑斓的光柱或光斑。

通过方体与圆形的相互对应，表面的冲突似乎蕴含着两内层的对话与融合，从而重现出这一聚落自身所具备的独特的肌理与丰富的空间。

模型展示

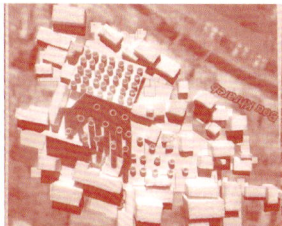

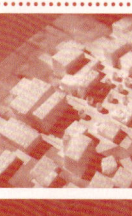

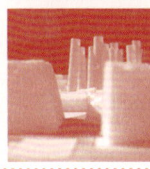

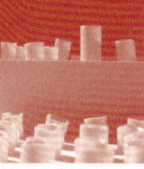

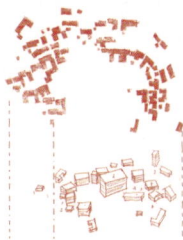

原型探讨2——
苗族聚落沟梁寨
名称：湖南省苗族沟梁寨
语言：聚落空间关系结构

中国湖南省境内的苗族村寨——沟梁寨是建于两山之间的一个聚落。聚落内住居的整体分布实现了对于山脚下农田的围合，从而清晰地呈现出聚落的领域。沟梁寨的聚落中，建筑凭借独特的空间关系和围合形式，巧妙地融合于自然环境之中。聚落以多种形式利用场所构筑了自己，最容易理解的一种力量就是自然的潜在力。对于建筑物和聚落来说，地形是最大的潜在力量，而建筑也形成新的地形，自然潜在的能力是神奇的，自然地形中的平坦区域作为农田、广场之用，略陡峭的坡地及台地边作为居住者为自己建造的住所。聚落所形成新的地形，是对自然地形的加工和变形，用来引发自然地形潜力的形式，从而聚落的空间布局及构造与地形的构造形成完美的呼应。

从这一概念出发，在进行关联建筑设计语言的探讨时，便可以学习聚落的空间布局，即空间的构造，以实现地形的构造产生的丰富变化。

例如，根据聚落的配置形式和空间概念以及与自然环境的围合关系，进行不同体量的布置，进一步实现功能的转化。聚落是可生长的，根据聚落形式生成的建筑也可以根据未来的使用需求进行改变。

同时，聚落本身合理的形态，也能够适用于自然采光和通风的需要。树木、道路、庭院星罗棋布在大的整体建筑之中，甚至通过交通组织贯穿在整个结构之中，模糊建筑与自然环境之间的界限。

ENVELOPE

HUMAN SCALE

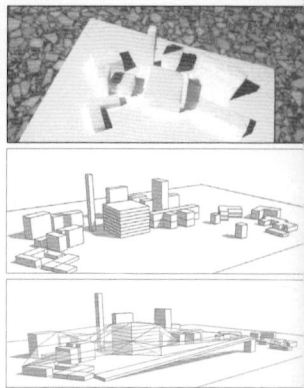

案例探讨 3—— Brittany Utting
Daniel Peter Jacobs
Yale school of architecture

西班牙穴居卢西亚——
库埃瓦斯穴居住房
瓜迪克斯 Guadix 住ां楼建造在凹凸不平的
山谷的凹处，几户人家共用地下的部分作为广场，
并在周围山地上挖浣状的栖穴。

空地——
与边界清晰的广场相对
四周不明的开放空
性栖栖期的公共微地

1. 入口
2. 起居室
3. 厨房
4. 卧室
5. 儿童间
6. 仓库

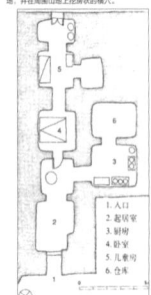

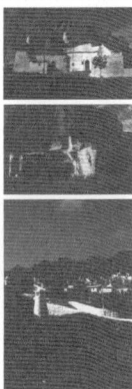

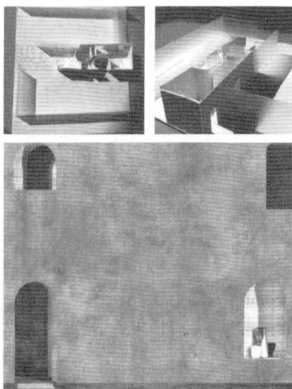

第二章
聚落原型——建筑设计语言的抽象转译

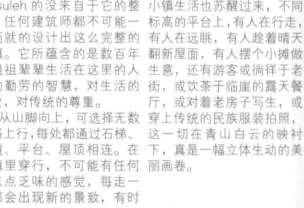

2-1-1

伊 朗 马 苏 莱 小 镇
Masuleh 沿着陡峭的山壁建造，四周围绕着无边无际的湿润森林。它的特点就是下层的屋顶就是上层的街道，你家的屋顶就是我家的露台，这样层层叠叠的，从山顶向山脚铺展下来。如果剖裂开看，每栋房子都再普通不过，但 Masuleh 的没来自于它的整体，任何建筑师都不可能一蹴而就的设计出这么完整的小镇。它所蕴含的是数百年来祖祖辈辈生活在这里的人们的勤劳的智慧，对生活的热爱，对传统的尊重。

从山脚向上，可选择无数条路上行，每处都通过石梯、街道、平台、屋顶相连。在小镇里穿行，不可能有任何一点点乏味的感觉，每走一步都会出现新的景致，有时

眼前会同时出现五六个层面，分别有人在进行着不同的活动，小镇的生活就这样立体地展现出来。

蓝天如洗，气温宜人，微风习习，阳光下的 Masuleh 更加鲜活生动起来，光影创造出明暗的变化让本已丰富多变的层次更加退进有致。小镇生活也苏醒过来，在不同标高的平台上，有人在行走，有人在远眺，有人趁着晴天翻新屋面，有人摆个小摊做生意，还有游客或徜徉于老街，或饮茶于临崖的露天餐厅，或对着老房子写生，或穿上传统的民族服装拍照，这一切在青山白云的映衬下，真是一幅立体生动的美丽画卷。

选择马苏莱小镇层层叠叠错落的空间形态，用体块模拟自然的地形环境，从而形成空间上错落的形式。小镇的路径是十分自然随意的，下层人家的屋顶、平台、随处可见的台阶、石板，共同串联起了这些住居。结合路径与建筑的关系，使得各个体块都有所错动，之间结合自然形成的连接路径，穿梭在建筑之中，并在开敞的空阔地带布置类似广场的公共空间和绿地，已形成与自然的融合。不确定的相邻关系提供了生长延伸的可能性，可依照使用需求有所增减。

2-1-2

　　如前文所述，湖南省沟梁寨是一个位于两山之间的苗族聚落，具体位置是坐落在两座山脊之上，围绕着山谷前的空地布置各个住居。在选择聚落位置并进行个体住居营造时，会选择一些地势较为高峻的坡地或台地，相对应的，在平坦的、易于耕作和交通的土地上则作为农田用途。在这个对于聚落原型的提取过程中，依然是关注于聚落的形态和聚落各住居之间的"缝隙"所营造出来的空间。在聚落靠近于自然边界、看似杂乱无章的环境中，却也可以发现这个村镇依托于地形产生了明显的向心性，整体布局呈现出三面环绕型，在整体的空间感觉上营造出了围合的领域感。在聚落的肌理中探索出一个空间序列多样性的可能，是在这个聚落探寻过程中的一种尝试。将建筑还原为本质的状态，形成一个个彼此独立的房间，而房间之间的分离和聚集，使建筑呈现出集群化的特征。在将聚落转换为建筑的过程中，平面中所有的肌理——房间的分离，房间"随意"的错叠组合以及房间的随意连接，都是形成建筑聚落不同的途径。

2-1-3 Fez 露天皮革制造厂

　　通过 Sketchup 模型还原出这一场所的空间状态。

　　结合场所进行微地形的设计，形成高度不同的台阶和平台，染色的区域形成开放的公共空间，周围环绕的密集复杂的建筑体量进行适度的取舍，保留一定的区域作为围合的控制点，能够串联形成一条交通的通道，其他部分也形成开放的空间。

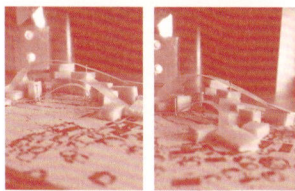

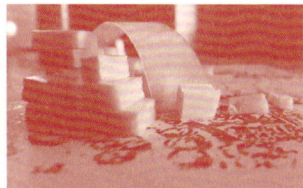

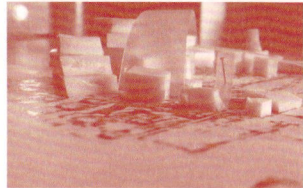

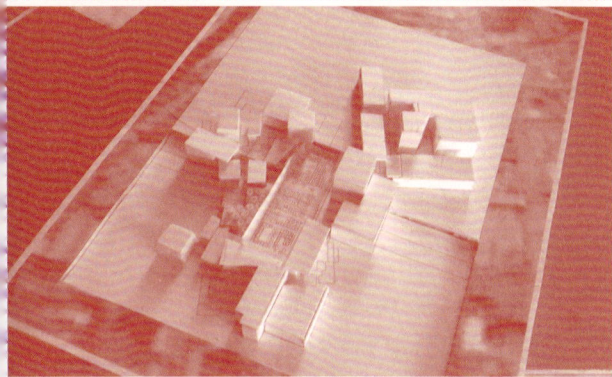

阶段反思：

　　之前所选聚落原型无论是菲斯的露天皮革制造厂还是伊朗的马苏莱（Masuleh），在探寻设计语言时，过度地重视聚落的整体形态，而作为聚落时各个块体之间的联系，脱离了对建筑设计语言探讨的过程，并强加了自己的对于一些造型感的追求，使得建筑体量化、实体化，并试图冠之以聚落空间的概念，与这次课程想要探讨并学习的设计想法、手段是相违背的。

　　从聚落本身的形象到建筑设计语言的映射，或称为转译过程，应该存在一种逻辑性的关系，而不能简单随意地选取一种形态作为设计的出发点，因为这样的同时也就意味着设计的终止。

　　聚落，或者其他原型，都是现实存在的事物，如果不经过一种抽象提取的过程，展现在人面前的依然还是这个事物，因此需要通过设计者的转译，来吸收内化，从而体现出主体的意志。

　　接下来的工作是通过探究更多的聚落，尝试用一种理性的逻辑分析，或者是抽象元素的提炼组合，形成具有原型食物特征和概念而又不过分具象的空间形式。

2-2 抽象转译

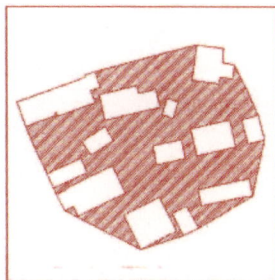

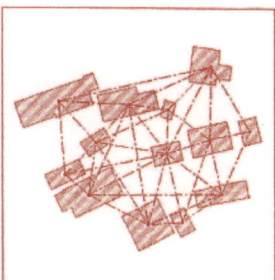

2-2-1 点

Shivli 是一个印度聚落，通过选择各个住居的重心，描绘出整个聚落的散点图，从而找出整个聚落的中心，并整合出聚落建筑之间的组织结构关系。这个聚落在空间的组织关系上虽然具有自由的边界和看似随意的排布，但整体却也处于一种网格秩序之中，不管是个体住居的面积大小，都可以在这个组织结构中确定自己的位置。

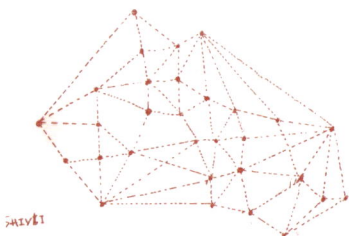

聚落源于建筑单体的聚集。

在聚集的过程中，一方面建筑单体之间形成了一个特定的组织结构关系；另一方面，建筑单体之间也形成了聚落空间，这一空间也具有一个特定的形态。

可以说，建筑之间的组织结构关系限定了聚落的空间形态，由此，在对于聚落向设计语言的转化时，也可以通过这种关系进行限定。

秩序是一个关键性的要素，着眼于相对微观的聚落建筑单体之间所形成局部空间关系的考察。"所有表现着的事物都是被秩序化的事物。在这个世界上几乎只存在秩序。所有的聚落与建筑 都已经被秩序化"。

——【日】原广司著，世界聚落的教示 100[M]，中国建筑工业出版社，2003

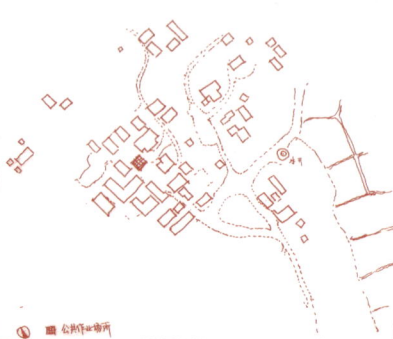

另一个印度聚落 Letimeda，与 Shivli 聚落具有相似的组织结构，而在网格营造的秩序上由于地形及朝向因素，形成了 45°的错动。

选取聚落中任一建筑为观察对象，它的周围分布着很多其他建筑单体，可能有若干个面与该建筑直接可视，也即具有直接的空间关系。

假设选取的建筑 A 还有待建造，那么这些直接可视的建筑界面将形成一个将要容纳建筑 A 的空间界域，这个界域的空间形态对于建筑 A 事物形态的生成可能产生显著的外在物质性影响，比如形体轮廓、面积大小、方向以及位置等。

而在直接可视区域以外的建筑，无法与之形成直接的空间关系，只能通过中间被遮挡的建筑以形成相对较弱的间接关系。

在这种空间关系的网络图中，把建筑单体的具体形态消隐，便留下了一个抽象的建筑节点网络图。每一个节点包含着建筑轮廓形态、面积大小和方向性这些信息；而节点间的网络连线，则包含着相互之间的距离信息。

由此，我们对于一个聚落中建筑整体秩序形态的分析，可以转换为对这个以两个节点关系为基础的包含了诸多信息的节点网络图的分析。例如，两两之间的关系如果都是平行的，那么整体秩序关系都是以平型为主，必然呈现秩序井然。反之，如果两两之间的关系都是杂乱无章的，那么聚落整体的秩序关系也必然显得比较紊乱。

2-2-2 线

二维平面上的线，代表了在空间中的墙体，通过转折、延伸形成了有效的围合，也能够产生丰富多变的空间。

以下是利用聚落的平面结构转化的抽象模型。

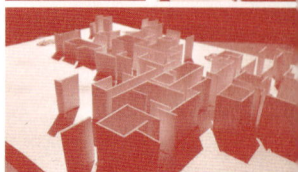

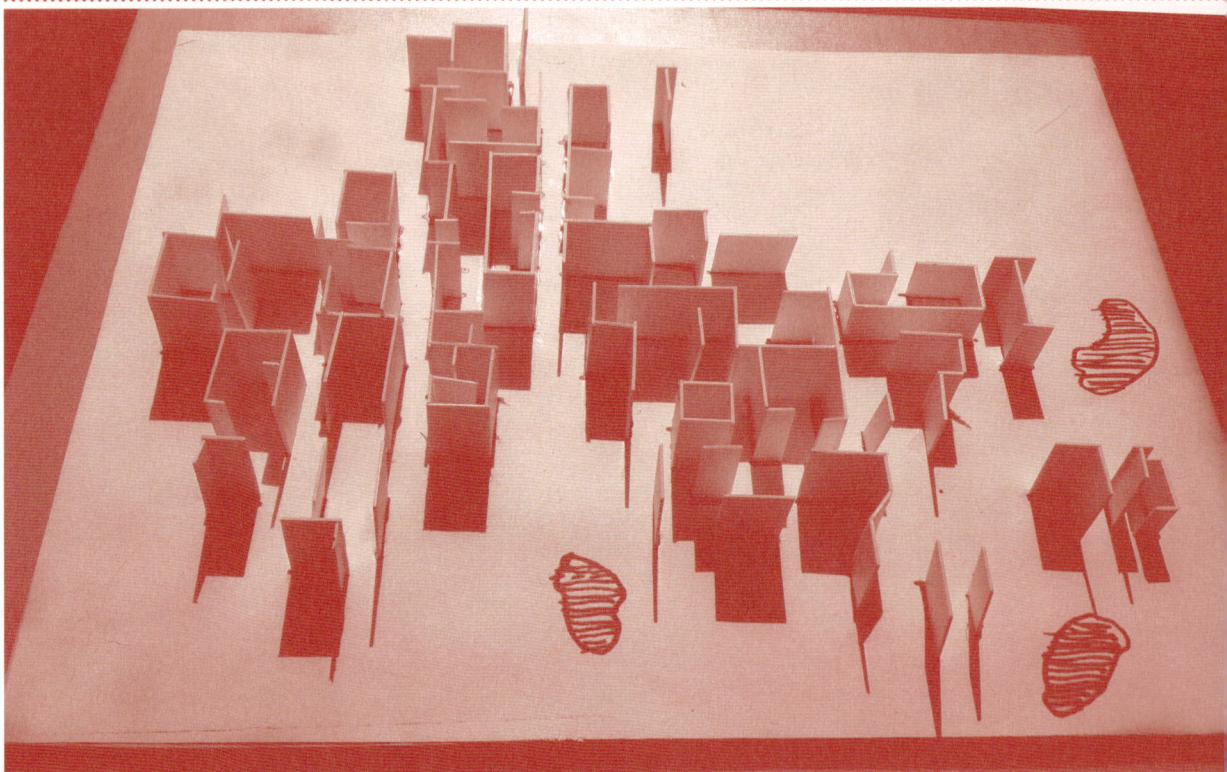

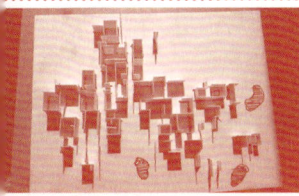
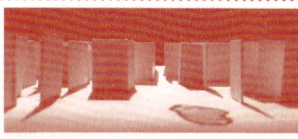

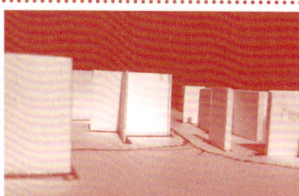

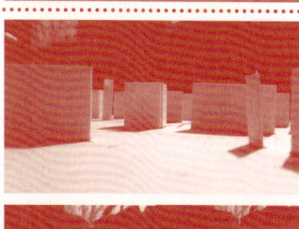
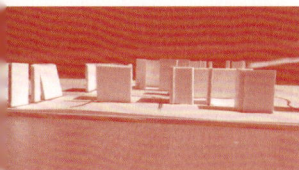

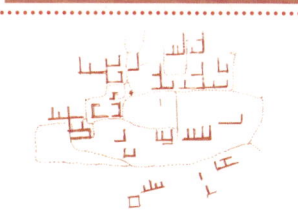
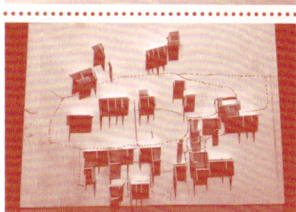
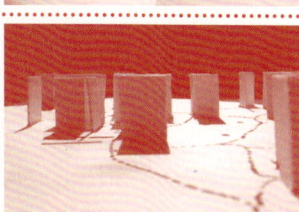

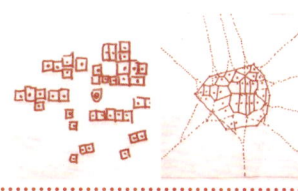
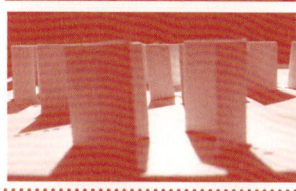

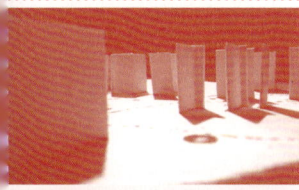

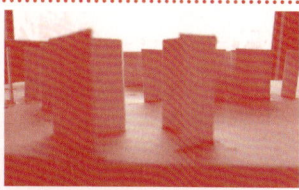
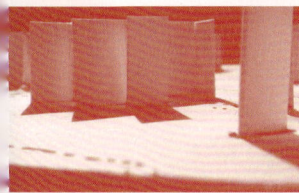
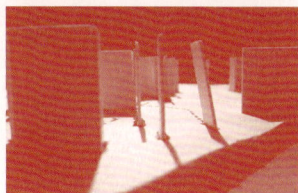

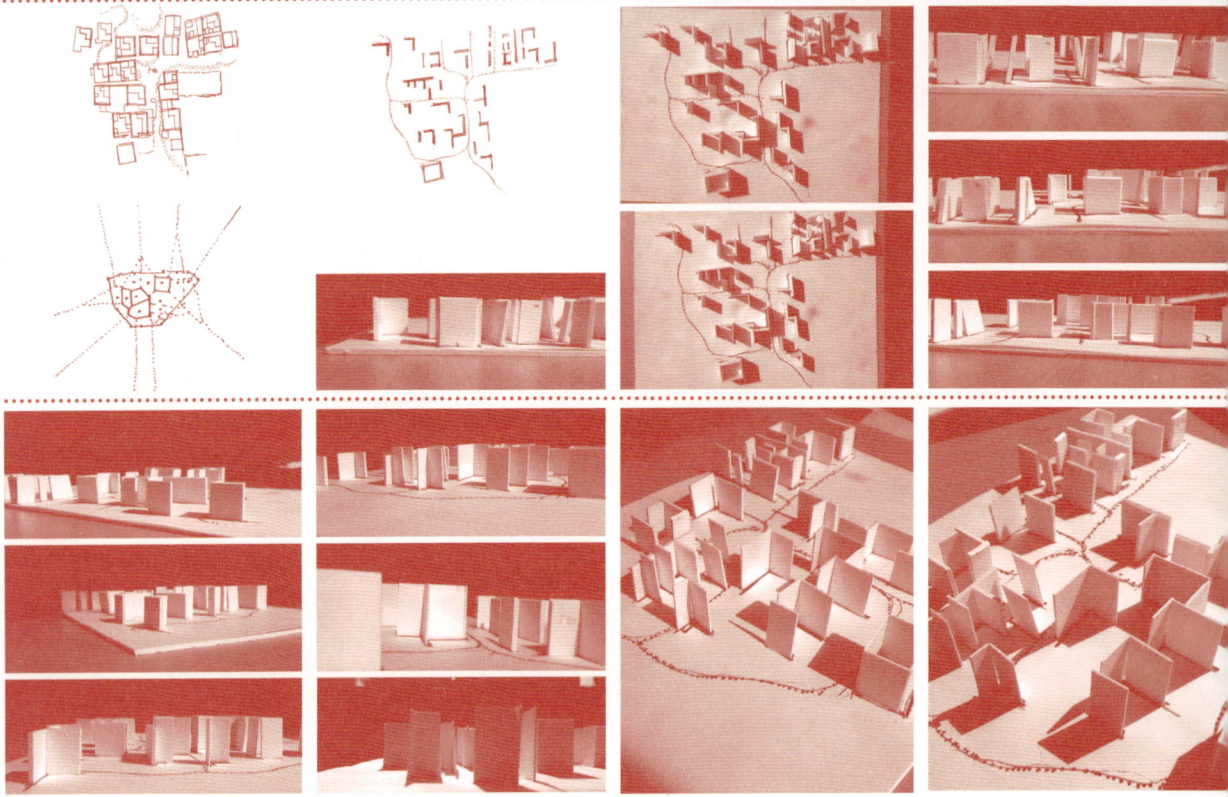

2-2-3 面

聚落，在普遍观点看来，是自由而自然的，是出于自然环境和地形生长的。然而，聚落又是人工修建、供人居住的场所，因此是人工与自然共同作用的产物，在对聚落的转译中，需要用一种理性的逻辑，寻找到聚落空间结构中的秩序。

以下选取了印度聚落 Shivli、Letimeda 以及中国藏族的传统聚落——丰台沟这三个聚落进行空间秩序的分析。

从对于聚落空间的切分中可以看出，聚落空间可以限定在一个清晰的轮廓范围内，在探寻平面的各种可能性时，通过逻辑的网格和灵活的空间划分，使得空间获得清晰的组织原则。这种组织原则表现为将平面划分一系列内部相互联系的空间单元。

灵活的空间划分，无关乎房间的用途功能，可以把建筑回归为最原初的空间框架，使空间框架摆脱了功能实际的束缚，获得最大的灵活和自由。

在网格的正交秩序中，明确的构图关系使得空间呈现出对位的关系。相似的间距是空间中单元空间彼此尺度相似，不会出现空间极大或极小的突变。

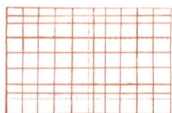

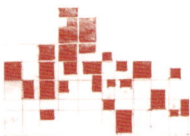

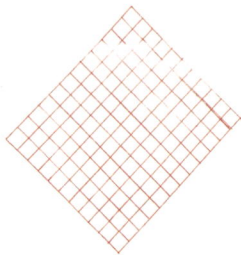

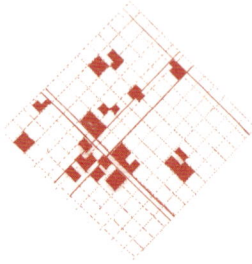

2-2-4 其他变换

空间的反转

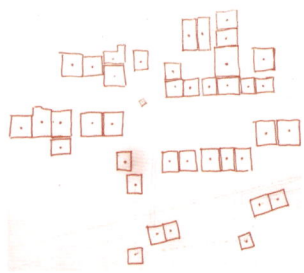

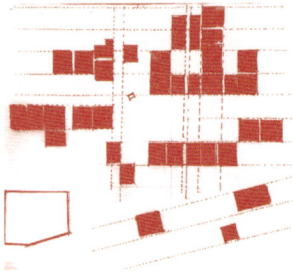

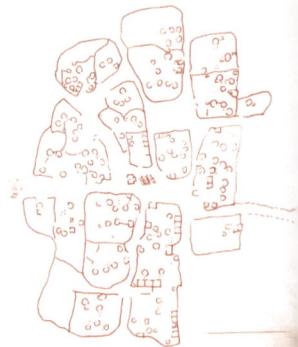

第三章
原型发散——建筑
设计语言的其他表
象

3-1 网格秩序

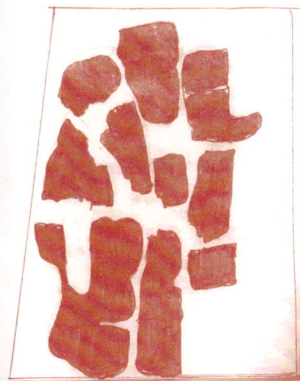

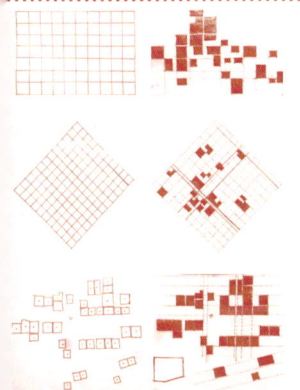

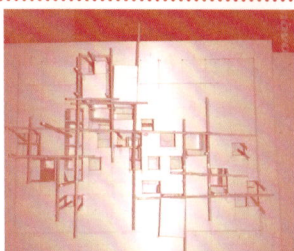

3-1-1 单一墙体划分

在上一阶段的发展过程中，通过对聚落结构的理性分析，选取具有代表性的两个印度聚落，根据聚落的地形以及朝向引入了正交的网格秩序，使得各个住居在网格中找到确定的位置。

而这种位置之间的关系，不管在平面还是在立体空间上，都体现为一种颇具韵味的构成，暗藏了空间组合的丰富性。

通过对网格秩序的还原，有选择性地对空间进行围合，形成不同的通道和中空的庭院。

实体与玻璃材质的不同对比，由浅入深，由外而内，由虚到实，将体验者引导至中央的广场，在疏密的不同变化中，还原出聚落原型的空间关系。

3-1-2 立体网格划分

　　平面上的网格秩序，可以在立体空间中再次体现出来。运用生硬的几何网格，创建出柔和自然的场所氛围。

　　用白色柱子构件，穿插围合出三维的网架结构，在平台上根据客观存在的空间位置挖出洞口，在虚实之间，削减网格的严肃性，更接近于自然。

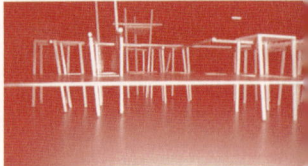

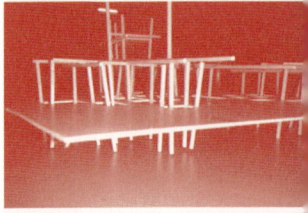

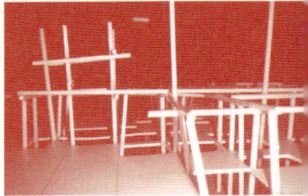

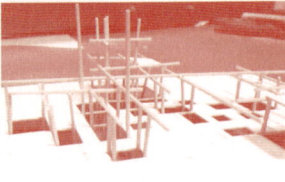

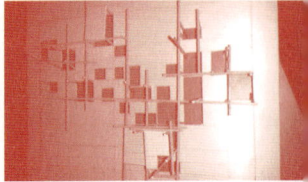

3-1-3 单体元素的组合

在网格秩序下，空间并不一定限制为呆板僵化，通过局部的开口，一些墙体的错动，来引领、营造出丰富多变的空间。

聚落中存在着不同的路径，围绕着不同的单元，把这种路径简单地抽象为空间里的通路，前进过程中总是会出现不同的选择。

在一次一定的网格秩序的同时，在选择地进行取舍，在空间的流线上形成不同的指向，模糊空间的界限。

3-2 空间可变元素——门

建筑是凝固的音乐，而建筑中，门又是可动的构件。在旋转间，空间随之改变，跟着行进的路线，随意推门，在空间中便形成一种可变的形式。

不同的开启状态产生不一样的空间效果。

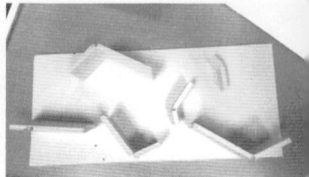

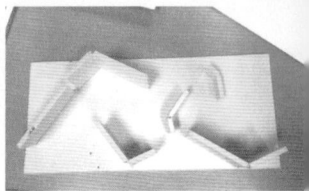

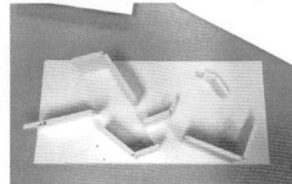

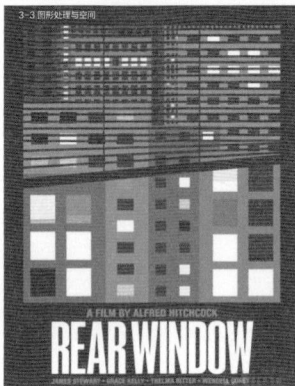

3-3 图形处理与空间

3-3-1 REAR WINDOW

电影是一种独特的艺术形式，而作为电影的海报，不仅担负着宣传的作用，也在一定程度上体现出电影的艺术成就与水平。

通过简单的海报图片处理，会产生不同的色彩与构成效果，是值得尝试的一种途径。

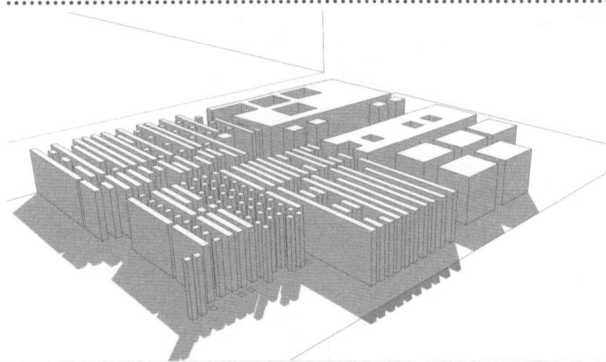

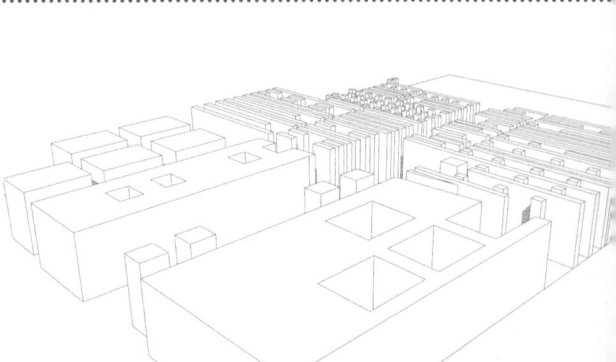

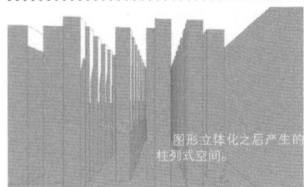

图形立体化之后产生的柱列式空间。

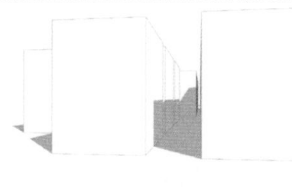

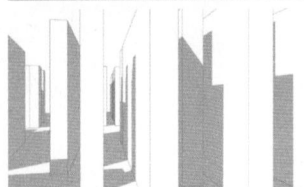

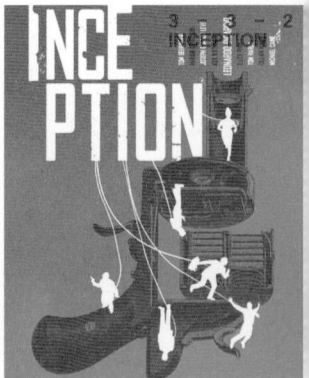

3-3-2 INCEPTION

3-3-3 ETERNAL SUNSHINE OF THE SPOTLESS MIND

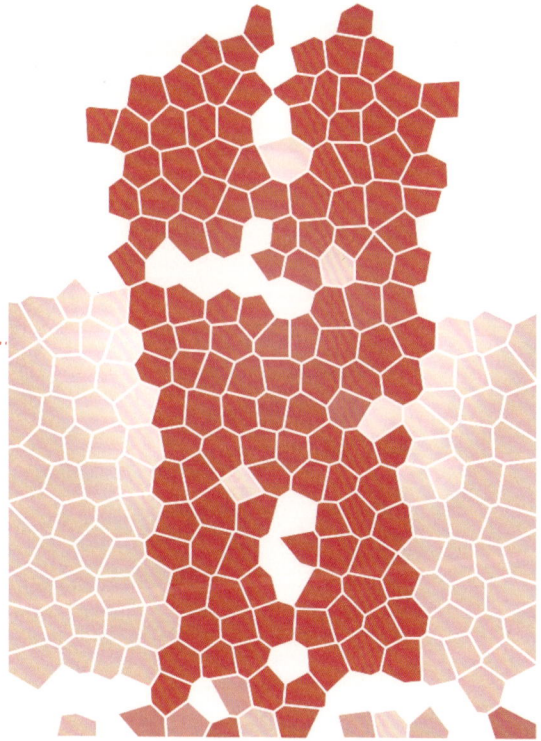

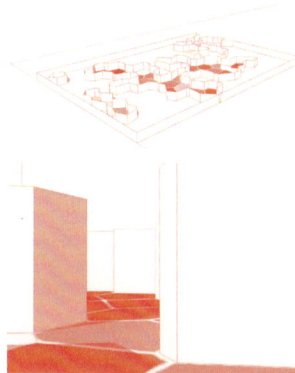

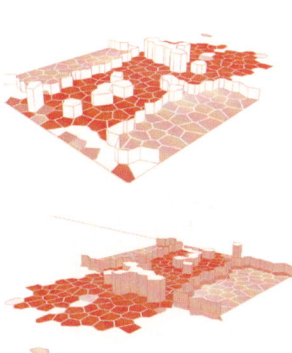

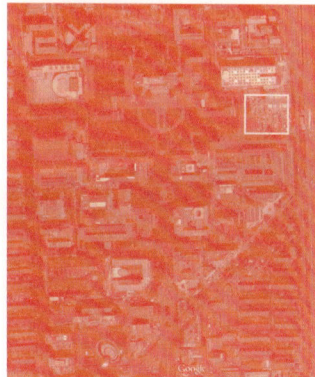

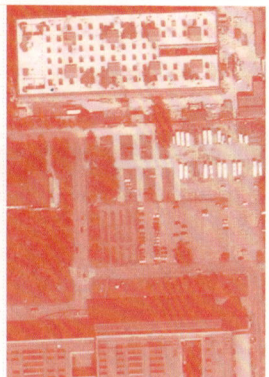

- 艺术博物馆—美院：主入口和水池，南北视觉联系

- 8.1m×8.1m空间网格、展览空间

- 基地现状：停车场——底层部分架空

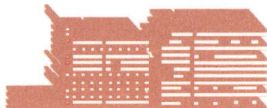

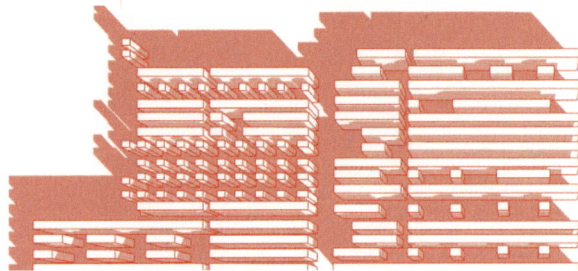

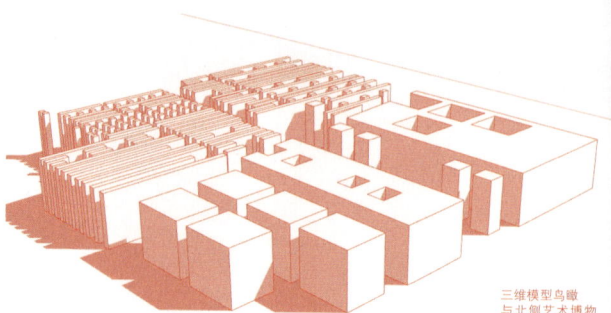

三维模型鸟瞰
与北侧艺术博物
馆形成的虚实对比。

底层入口处透视

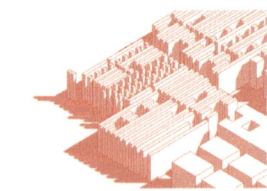

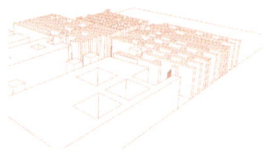

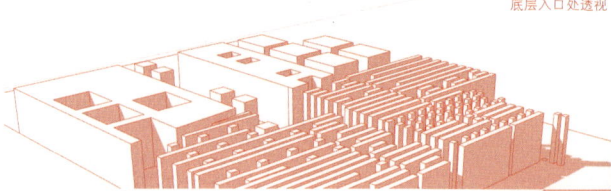

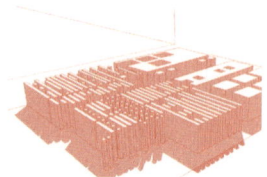

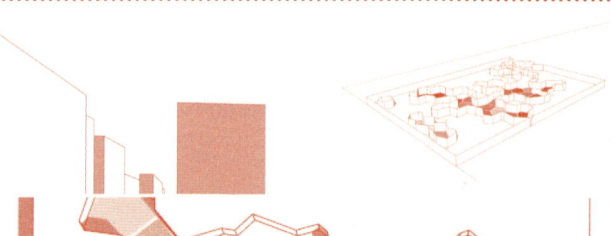

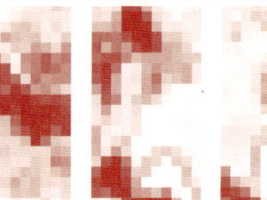

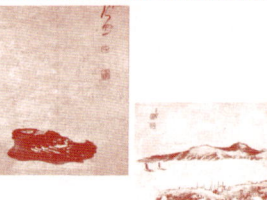

第四章 琴棋书画——原型延伸深化

4-1 水墨与建筑

中国传统的水墨画，在用墨的浓淡轻重上别有意境，所谓"墨分五色"，即"焦、浓、重、淡、清"，不同的墨色对应于空间中不同的体量，也会形成丰富的体块变化和空间效果。

在具体操作中，通过对画面的虚化处理，着重体现色彩浓淡的对比，图片中的马赛克在建筑中可以体现为不同大小的体量。

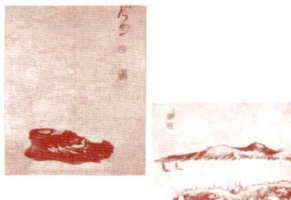

八大山人——荷石栖禽图

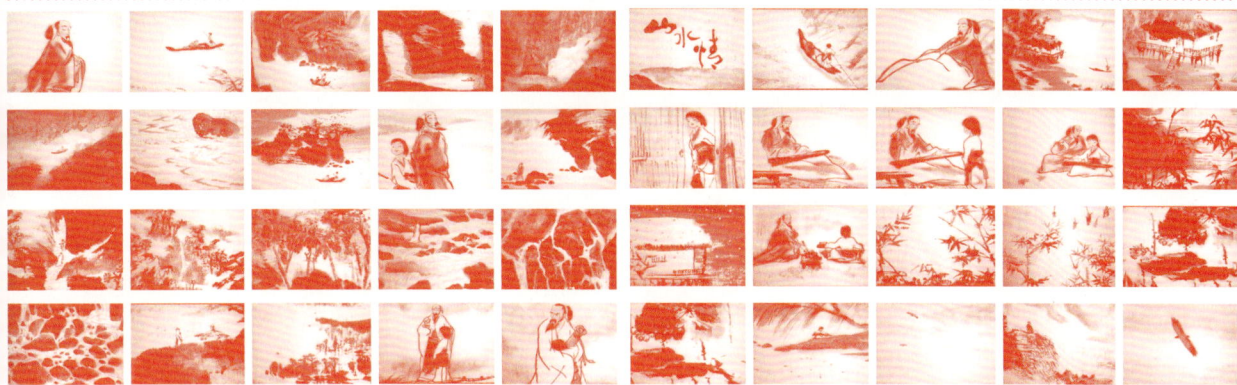

通过截取山水情片尾曲的五线谱，并将其片段立体化，得到了一系列的空间组合。通过材料、虚实的变化和对比，尽力通过乐谱本身创造动画中山水迷蒙的空间感受。

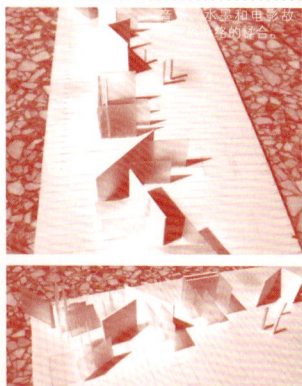

4-2 围棋与建筑

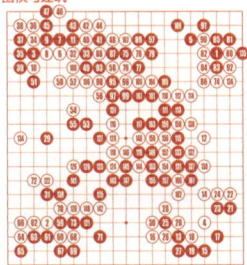

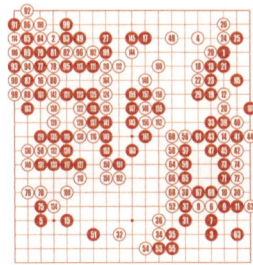

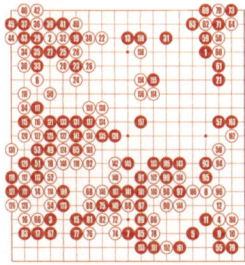

围棋，是发源于中国，传为尧作，春秋战国时代即有记载。围棋使用方格状棋盘及黑白二色圆形棋子进行对弈，棋盘上有纵横各19条直线将棋盘分成361个交叉点，棋子走在交叉点上，双方交替行棋，落子后不能移动，以围地多者为胜。

中国古代围棋是黑白双方在对角星位处各摆放两子（对角布局），由白棋先行。现代围棋由日本发展而来，取消了座子规则，黑先白后，使围棋的变化更加复杂多变。

气是围棋里最基础的知识。围棋的气就是和棋子相邻的空白点。一个棋子周围只有4个相邻点，两个相连的棋子周围有6个相邻点，有几个相邻点就有几气。己方棋子占的位置不能算气，气只能算空白点。

围棋棋谱中的围合之势，在平面上产生丰富的空间效果，通过对黑白双方棋子的走势进行联系，形成多层次的空间。

对局名称：第1期日本最强者战第2局
对局时间：1957.02.20.21
对局地点：
黑　方：吴清源 九段　　白　方：高川宽 九段
对局结果：黑中盘胜
共：163手

对局名称：第1期日本最强者战第3局
对局时间：1957.04.14.15
对局地点：
黑　方：木谷实 九段　　白　方：吴清源 九段
对局结果：白中盘胜
共：164手

对局名称：王座战预赛
对局时间：1957-1958
对局地点：
黑　方：岛村俊广　　白　方：吴清源 九段
对局结果：黑中盘胜
共：164手

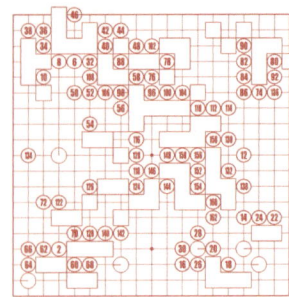

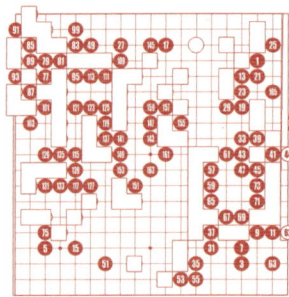

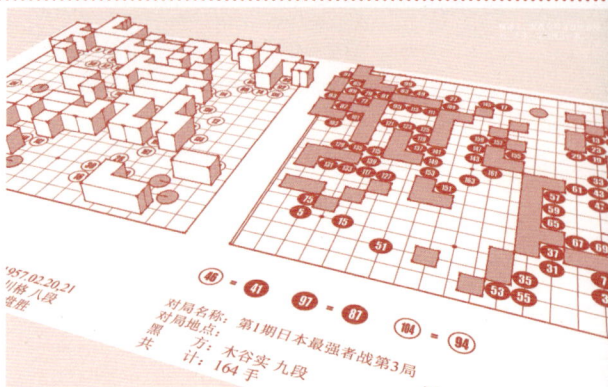

对局名称：第1期日本最强者战第3局
对局地点：
黑　　方：木谷实 九段
共　　计：164 手

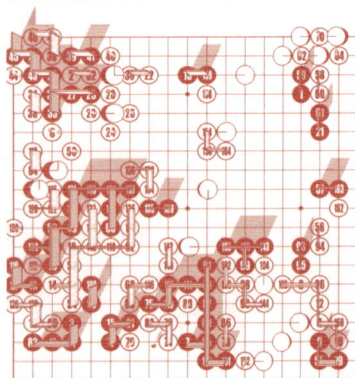

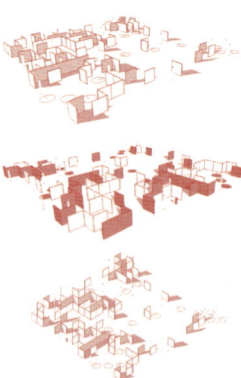

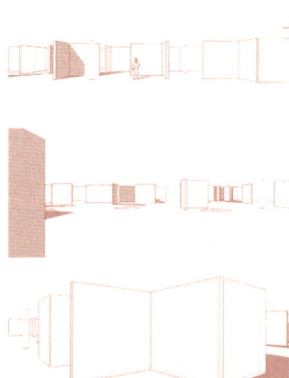

变形：按照棋子顺序连接，形成平面构成丰富的图样。

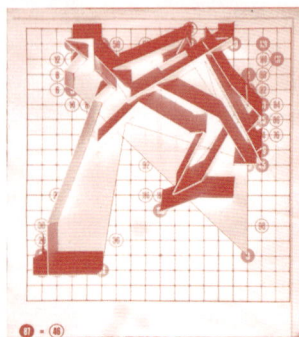

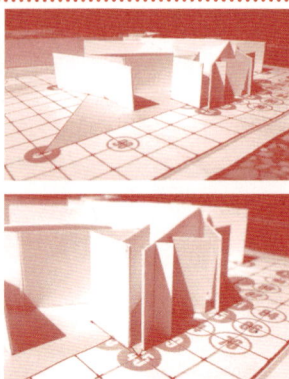

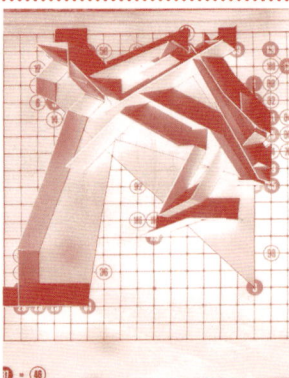

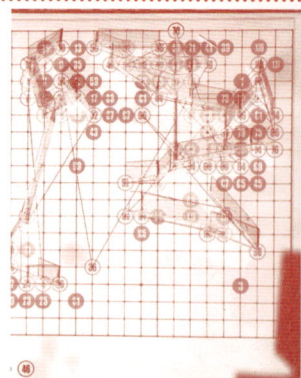

746

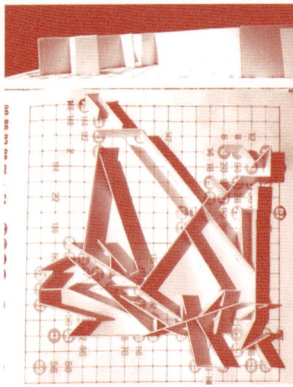

4-3 水墨深化

八大山人——荷石栖禽图卷

采用阈值的手段进行筛选，阈值升高，出现的抽象色块数目改变，在三维空间上进行叠加。

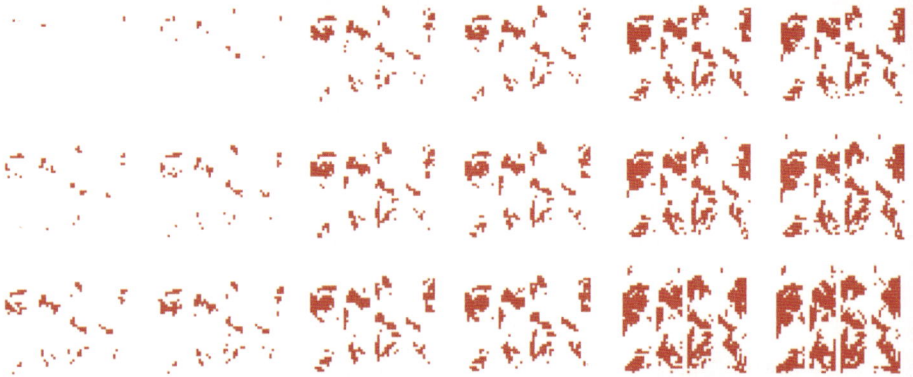

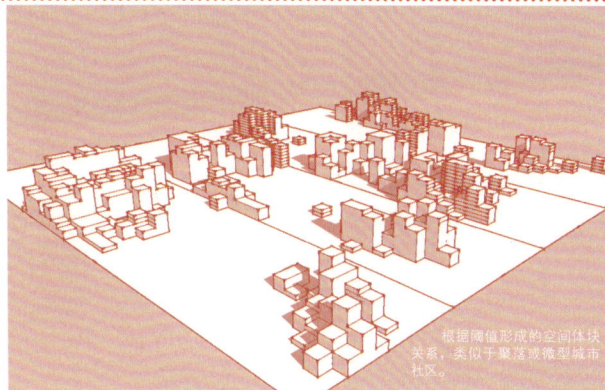

根据阈值形成的空间体块
关系，类似于聚落或微型城市
社区。

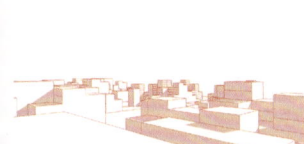

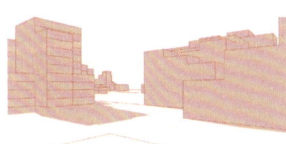

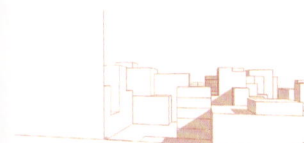

4-4 树形结构

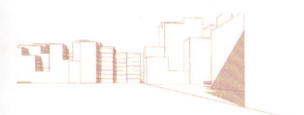

4-4 中期评图

建筑设探寻计语言

艺术
中心

建21 侯兰清 2012010009
2015.03.23

住居的空间关系，
建筑与自然的融合。

聚落

音乐

乐谱直观表现，
起承，转合。

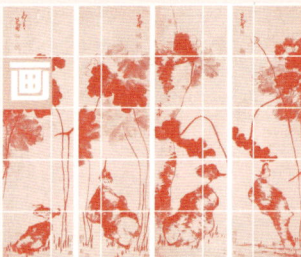

画

墨，分五色。

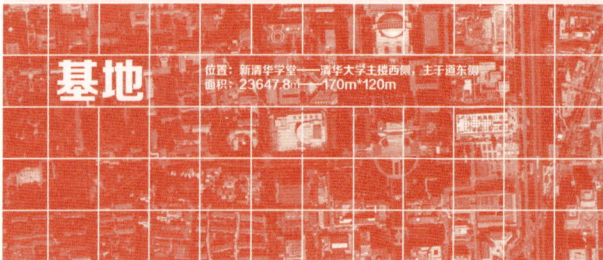

基地

位置：新清华学堂——清华大学主楼西侧，主干道东侧
面积：23647.8 170m*120m

校园轴线

场所营造

属于接近的，开放的公共广场
在秩序中产生丰富的空间感受

网格秩序

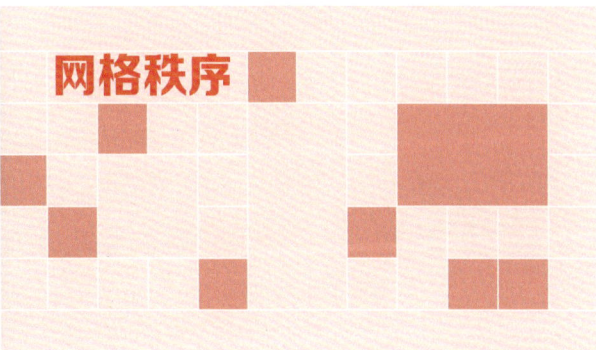

总平面图

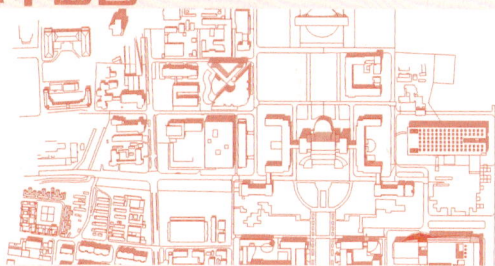

效果展示

效果展示

效果展示

模型展示

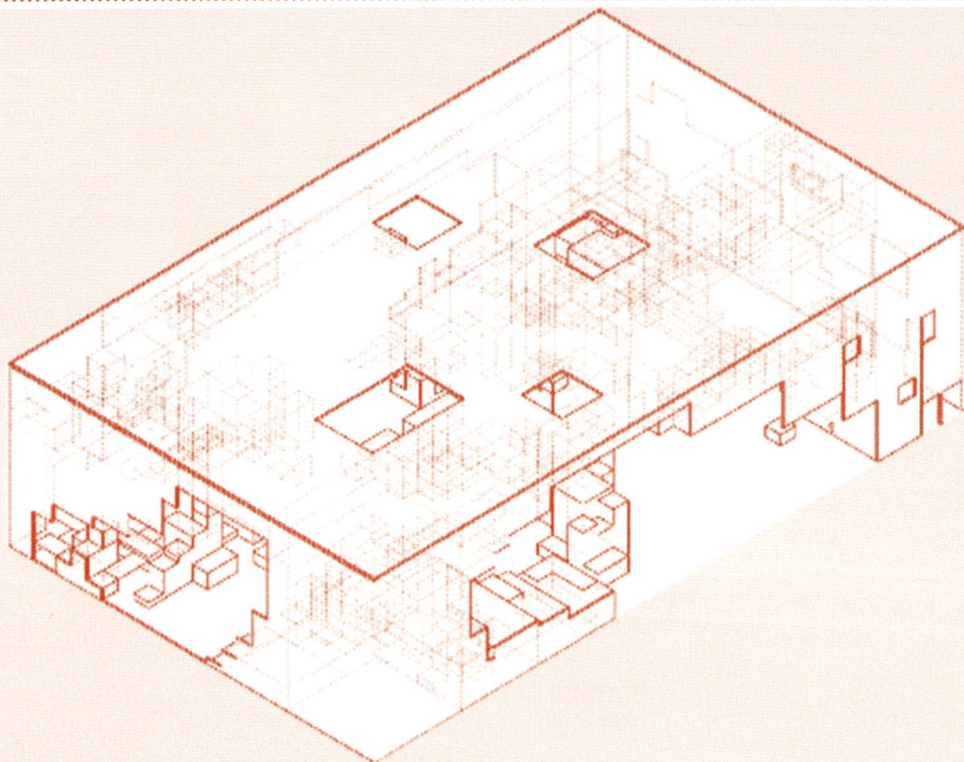

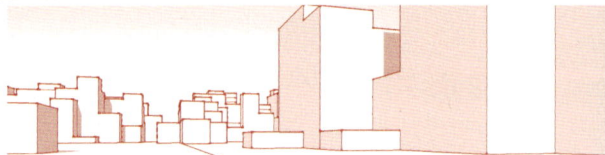

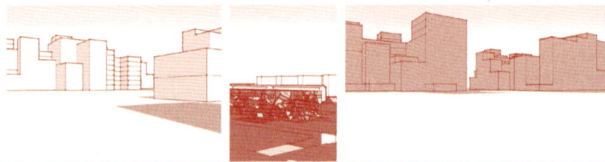

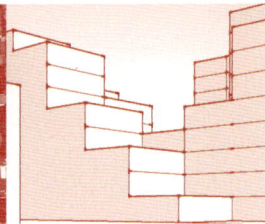

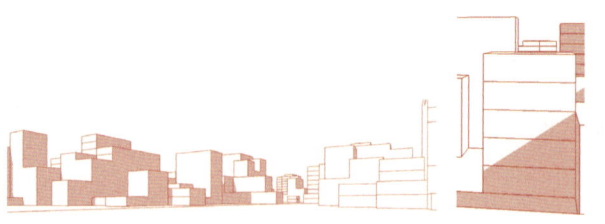

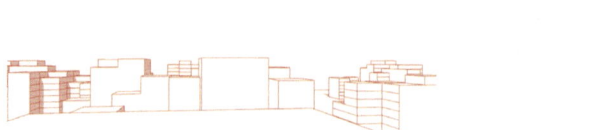

开洞处内望——窗中风景。

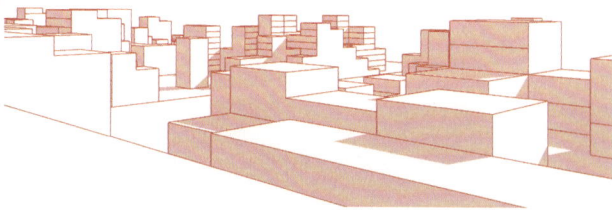

1、基地：对于已建成环境的不尊重，对于广场空间的思考过于肤浅。

2、形式：体量过大，可能不易亲近。

3、逻辑：网格秩序和轴线的生成逻辑有些牵强，没有说服力。

4、结构：巨大的跨度和屋顶的悬吊体块，在技术上难以实现。

利用 Rhino 和 Grasshopper 插件，在一个完整的方形体块中随机生成离散点，使用立体 voronoi 工具根据这些离散点划分空间，形成各个看似重复实则各异的多面体单元，在内部空间中也具有丰富的变化。

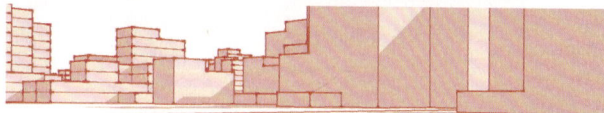

Voronoi

又叫泰森多边形或 Dirichlet 图，它是由一组由连接两邻点直线的垂直平分线组成的连续多边形组成。

N 个在平面上有区别的点，按照最邻近原则划分平面；每个点与它的最近邻区域相关联。

Delaunay 三角形是由与相邻 Voronoi 多边形共享一条边的相关点连接而成的三角形。Delaunay 三角形的外接圆圆心是与三角形相关的 Voronoi 多边形的一个顶点。Voronoi 三角形是 Delaunay 图的偶图。

设计方案仍然以聚落为设计语言，在处理过程中，聚落各个住居的散点图处理成为在立体空间中的离散点，并通过一定手段生成立体的 Voronoi 图式，合理布局各个单元，形成一种新型的"聚落"。

设计过程中，经过对聚落、音乐、绘画等各种艺术形象的探索，逐渐生成了一种独特的建筑语言，并在建筑的空间探究中掌握了一种不同的方法。

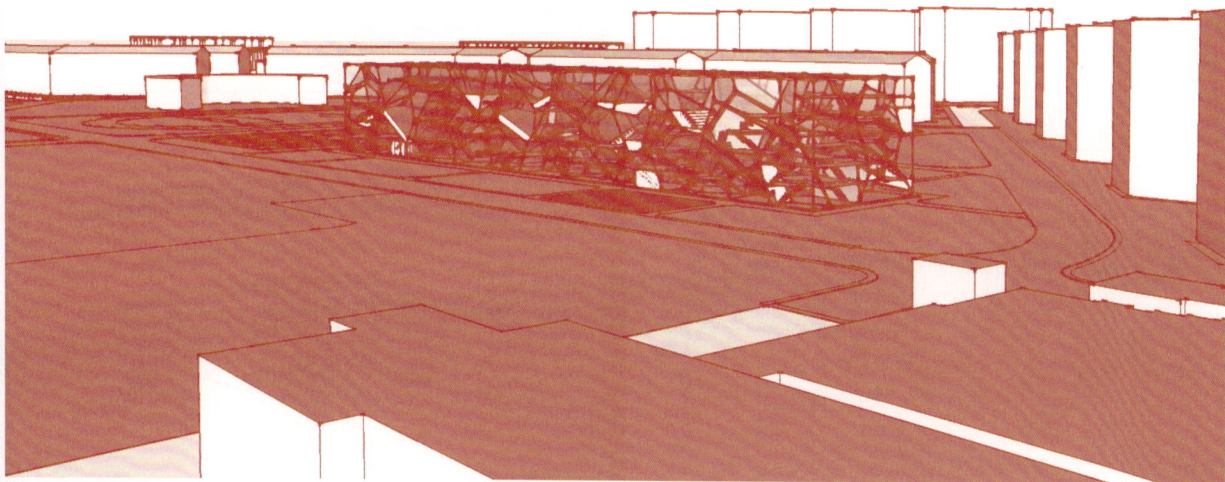

关于 空间的奥义

吴之恒

目录

导师

王昀

中国建筑师
北京大学建筑与景观设计学院副院长
北京大学建筑学研究中心常务副主任
方体空间工作室主持建筑师
北京大学副教授
主要建筑作品：60平方米极小城市，善美写字楼门厅增建，庐师山庄会所，庐师山庄住宅A+B，石景山财政局办公楼，百子湾幼儿园、中学校等

作者

吴之恒

清华大学建筑学院建筑系大三学生
本书为清华大学建筑系大三建筑设计课课程内外的尝试和思考的集合。

A

关于空间

空间是什么？
空间是怎么形成的？
什么样的空间是好的？

空间是围合而成的。
空间是实体包围的区域。
空间是被利用的虚空。
我们总是最相信自己的手和脑，
因为这代表了想象力和行动力。

于是，
我们会想象一些线、一些体块，
来形成我们想要的空间。

我们在纸上绘制草图，
用手来控制笔尖的流动，
至于流动到哪个位置，
则完全由我们的意识控制。

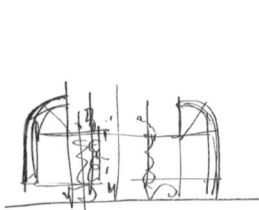

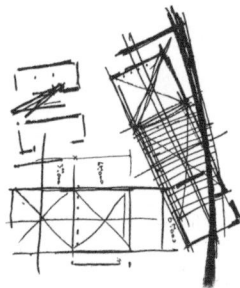

有些时候，
我们得到了理想的结果。

但过多时候，
我们需要不断的尝试，
不断调整笔尖的流动，
来得到那些似乎本应在那里的线条。

我们总是沉迷于此。

因为这代表了建筑师的素养。
一条完美的线条是想象力和创造力的结晶。

但我们是不是对自己过于自信了呢？

所谓的想象力和创造力来源于我们的经验、
一切在脑海中闪现过的画面。

当然这些画面会失真、
会变形、会模糊。
我们还会对它们进行修正。
我们学习过了比例、
功能、
流线、
……

一切关于建筑的法则。

我们想要不受自我思想的束缚。

建筑不一定必须是被凭空想象出来的。

我们开始寻找另一种思路。

我们发现眼睛其实是一种很有力的武器。

有些空间其实已经存在在那里了。

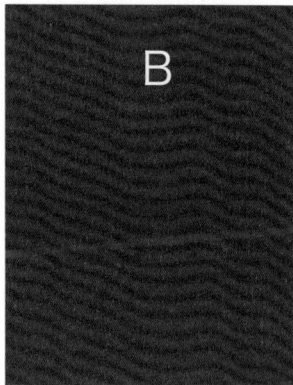

B

电影

但这些也会成为我们行动的枷锁。

于是我们看似不由自主地画出那些线条，
其实这些只是被修正过的画面在眼前的投影。

我们会发觉自己更喜欢曲线，
或更喜欢直线。
画出的线条也多半是类似的。

在我们的潜意识里已经规划好了线条的走向。

我们开始觉得无聊。

面对这样的一块银幕，
我们会有疑问：

电影与建筑有什么关系？

电影是二维的影像，

建筑是三维的实体，

两者间并不存在着显而易见的联系。

电影中其实已经有了空间。

电影将人在空间中的体验拍摄成影像；
建筑提供空间使人产生体验。

两者做的是异曲同工的事情。

电影的形象特点：造型形象在时间上的发展。

时间是电影的载体，

空间是建筑的载体。

我们需要寻求一个共同点来完成转换。

时间　⟷　空间

转换

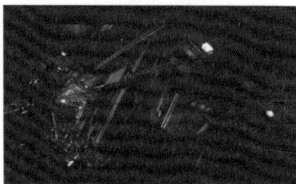

无论是电影还是建筑的时空关系，
其实最终的目的是为人类的存在提供现实的
或者是虚拟的"舞台"，
其核心是围绕着"此在"的"事件"。
海德格尔在其存在主义中曾描述过"此在"
是以"事件"为核心的，
而事件的发生以时空为"舞台"。

电影和建筑都有"叙事性"，
亦即电影和建筑的时空都是"此在"的客观
存在的载体，
不同时空的构成都是围绕"此在"的"事件"。

我们开始尝试探讨电影与建筑的关系，
是否有方法将电影转化为建筑。

我们发现伯纳德·屈米对此有过研究。

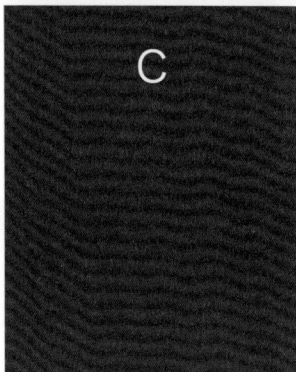

C

《曼哈顿手稿》

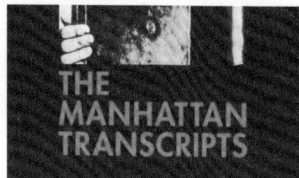

THE MANHATTAN TRANSCRIPTS

《电影剧本》

《曼哈顿手稿》

"……建筑还涉及运动——空间中的身体运动。"

"……问题是，人们是否可以将建筑绘图组织成一个运动序列。"

"运动定义、完善了空间以及人们的空间认知。"

"建筑关注的是建筑中发生了什么。"

"电影剧本开始看起来像一个建筑程序，描绘了一系列活动和这些活动间的关系。建筑师将编写各种各样的预设了潜在事件的程序化的剧本。如果没有程序，建筑就不存在，它的存在状态随着程序的变化而变化。"

"好的建筑物应该被构思、建造出来并归于湮灭。最伟大的建筑物莫过于烟花。"

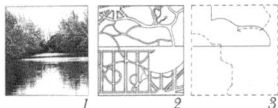

"建筑表现的将不仅仅是公认的功能和道德标准，而是行为（无论禁止与否）作为其组成部分。于是人们不再满足于传统设计，它们致力于创造新的建筑符号。"

"建筑将界定现实和幻想、理性和疯狂、生命与死亡的交汇之处。（越界即色情。）"

"建筑广告的目的——激发人们对建筑的欲望。"

"If you want to follow architecture's first rule, break it."

"无论在程序中还是在现实空间里，建筑创造有如关键时刻的快照，有如一面面凝固的画框。"

"是否存在建筑叙事？一项叙事不仅预设了一个序列而且预设了一种语言的存在。"

"探索的即时性——人们不可能同时身处几个不同的地方——是一个特殊的寓言，它的每个元素最初对应了一种物质现实。"

"结构形式：拼贴法序列（冲突）或蒙太奇序列（发展）"

"收缩序列切碎了个体的空间和行为，使其成为离散的片段。这样我们可能看到一个空间发挥作用后，其后续空间紧跟着发挥作用。"

"扩展序列弥合空间之间的裂缝。于是裂缝成为其自身的空间，回廊、入口、门阶——插入事件间的合理象征物。"

"没有行动就没有建筑，没有事件就没有建筑，没有程序就没有建筑。"

"广义上说，没有暴力元素就没有建筑。"

"建筑物和使用者之间的任何关系都是一种暴力关系。"

"行动限制空间和空间限制行动差不多。"

"为什么建筑理论有规律地拒绝承认热爱暴力的乐趣，总是（至少是正式的）宣称建筑要令眼睛愉悦、令身体舒适？"

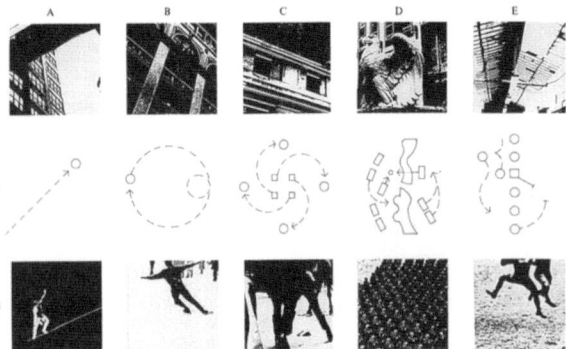

我们发现，
伯纳德·屈米采用的方法是三重符号法。

将电影分解成空间、事件、运动。
从事件出发，探索它的运动轨迹，用空间将之表达出来。

图片展示行动；
平面图揭示变化着的建筑外观；
示意图指出主要人物的活动。

现实的三重"分裂"是同时再现的；

从示意图、平面图和图片中抽象出的建筑物所组成的运动的世界；

从舞蹈、运动、或活动图表中提取的运动的世界；

源自新闻图片的事件的世界。这些不同层面的系那是穿梭在四中建筑故事或情节中，它们被打破、重组，并服从新的组合或联合。

伯纳德·屈米通过对电影画面内容的解析，形成了抽象空间。

再进一步，他决定从宏观角度阐释电影。

他开始研究电影技巧，诸如渐现、渐隐，即一个意象融入另一个意象。

有的剧本奖再三反复的同一个动作置入不同空间的连续场景中，而其他剧本将不同的动作插入彼此不同的一组空间中。

类似于奥森·威尔斯在电影《公民凯恩》中使用的方法，他将图像重叠在一个渐现／渐隐的场景中一样，将安德鲁·帕拉迪奥与格里特·里特维尔德的风格叠合在一起。

勒·柯布西耶在设计"骨牌住宅"时采用了表现实验电影中常见的变形技巧。

他开始将电影理论投入到实践中去。

拉·维莱特公园。

他采用了电影中蒙太奇的手法，将空间进行叠置，确立了"点格系统"。

工程由三种系统叠置而成：
包含程序化活动的点系统，
将人的活动导入公园的线性系统，
以及一系列平面和非程序化的空间系统，
人们不经意间的活动使得其存在恰到好处。

这种三重策略与之前电影理论中的三重符号法对应。
并使人回想起瓦西里·康定斯基的书《从点、线到平面》。
拉·维莱特公园的特征源于三重系统的叠合：
既灵活多变，其混合程序又涵盖了大范围的离散活动。

翻译

我们意识到伯纳德·屈米将电影画面转化为了抽象空间，空间的形式完全由那一帧定格画面的样子所决定。

我们开始思考：
这样去翻译电影会产生无穷无尽的结果。
每一步电影都不一样。
能否有普适的方法对所有电影都奏效？

我们需要寻找所有电影所共同拥有的东西。

首先我们要引入景框 (Frame) 的概念。

电影的空间和建筑的空间在景框内或许存在某些对应关系。

电影

空间

x 轴从左往右右运动较舒适，从右往左不舒适。
y 轴把物体向下移动好像更容易，受到我们对重力的感觉的支持。把物体向上移动比较困难。
——前进方向的改变

z 轴，物体好像在从前往后或从后往前运动
y 轴：物体沿轴线直线运动且速度恒定时，我们觉得目标在某处沿着轨道进行
——高度的改变（台阶）

对角线
下降对角线：容易，左上到右下最容易
上升对角线：困难，右下到左上最困难
——斜向的台阶、坡道

z 轴（景深）：镜头角度越广，焦距越长
广角镜头：镜头角度越广，焦距越长
广角镜头和大景深的组合：物体沿着 z 轴运动时距离好像被缩短了，造成速度的变快。
——逐渐开敞的空间、广场

z 轴（动作平面）
前景、中景、远景
——实物摆放位置的区别

z 轴（移焦）
需要较短的景深。转移、引导注意力。常用来表示突然揭示而引起的惊愕。
——半透明材质来突出特定实物

画面

亮度、色彩、大小、形状、动作、速度、方向
引导视线（明暗）
不平衡与平衡（对称的打破与建立）
方向（方向感的基本准则的破坏）
大小（力量对比）

画面内形状
三种基本形状：圆形、方形、三角形
形状与特定情绪或思想：
　圆形（间接的、被动的、浪漫的、与自然相关的、柔软有机的、孩子般的、安全而有弹性的）
　方形（直接的、工业的、整齐的、线性的、不自然的、成熟的、刚硬的）
　三角形（侵略性的、动态的）

圆形
如果伴随它的反面，线性，作用大大增强。
天然就可以暗示困惑、重复、时间。

线性
使任何抽象的思想具体化，提供另一种交流思想的方法。

三角形
三位一体的暗示
和谐、冲突、理性、精确

矩形
平衡的形状，认为的、规则的、自然界中找不到的形状。代表逻辑、文明、控制，或现代美学。形状与棺材类似，代表死亡。

有机形状和几何形状
有机：自然。
几何：人类。

剪辑

弗谢沃洛德·普多夫金的五个剪辑技巧
1、对比 2、平行 3、象征 4、交叉剪辑（同时性）5、主题

蒙太奇
通过时间或空间上分离的快切（quick cut）。表现时间的流逝、时代的到来、情绪的转变。
——建筑单元的重组、并列

组合剪辑
独立片段的组合进行场景的创新性建构
——同一空间内多种建筑场景

场面调度
在持续运转的摄像机前完成情节动作的场面。通过调度（blocking）、镜头推拉（zoom）和摄像机运动而不是切换来形成新的结构。
——可变化的建筑形态

交叉剪辑（intercutting／cross-cutting）
两个场景按顺序拍摄，但以在两个场景之间来回切换呈现。两个情节在不同地点同时发生的感觉。
——两种差别极大的建筑形态交替出现

分割画面
同一画面中展示两个镜头。动作同时发生的感觉。表现电话交流。漫画分隔的启示。
——两条可看到彼此的路径

叠加
一个镜头融入另一个镜头。软化了切换。时间流逝。
——建筑形体的逐渐消解和逐渐生成

色彩：电影空间中的情绪很大一部分是由场景营造出的一种情感氛围，现实的建筑作品中，也可以通过材质、色彩、空间尺度来营造你想创作的氛围——神秘、优雅、压抑、豁达、明朗等等。

景深：建筑师可以通过营造高窄比大的带状空间来塑造极好的景深感。如神庙、教堂中的柱廊，都能带给人以非常好的氛围营造。画面范围则可以考虑具体空间的比例，不同比例的空间可以向人施加不同的心理暗示。

偏向完形的空间：比如从螺旋楼梯上面往下拍，比如长长的走道等等，这些几何要素的完形倾向应该也可以在建筑作品中得到体现。

光：电影场景中通过光线营造的情绪与建筑的明暗、虚实对应。

情节冲突：如何形成路径的交叉与冲突。

我们不再由具体的画面形状决定我们的空间形态。
而是通过对电影镜头语言的解析来翻译电影的空间。

镜头上移——上行台阶　　　　　　　对称构图——对称的入口

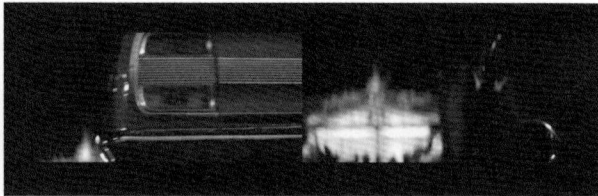

从左往右进入镜框的实物　　　　——从左向右的横向流线

跟随长镜头并进行环绕的运动

——曲线的路径

757

跟随长镜头并进行环绕的运动　　　——曲线的路径　　　　　　　　　　　　　　对称的近景——居于正中的短墙　　　　　　渐远的跟随镜头——两侧墙的延伸

正反打的特写镜头——左右各有的柱子　　正反打的特写镜头——左右各有的柱子　　一左一右的构图——一左一右的短墙　　　一左一右的构图——一左一右的短墙

我们按照上述方式将电影翻译成空间，
并按照时间长度进行线性的排列。

比如

镜头号：1

时间：1：03～1：06

景别：特写

镜头号：2

时间：1：06～1：10

景别：近景

……

镜头号决定了排列的顺序；

时间决定了空间形态持续的长度；

景别决定了空间的形态（柱、短墙……）

我们试着把电影《低俗小说》的前 5 分钟翻译成建筑空间。

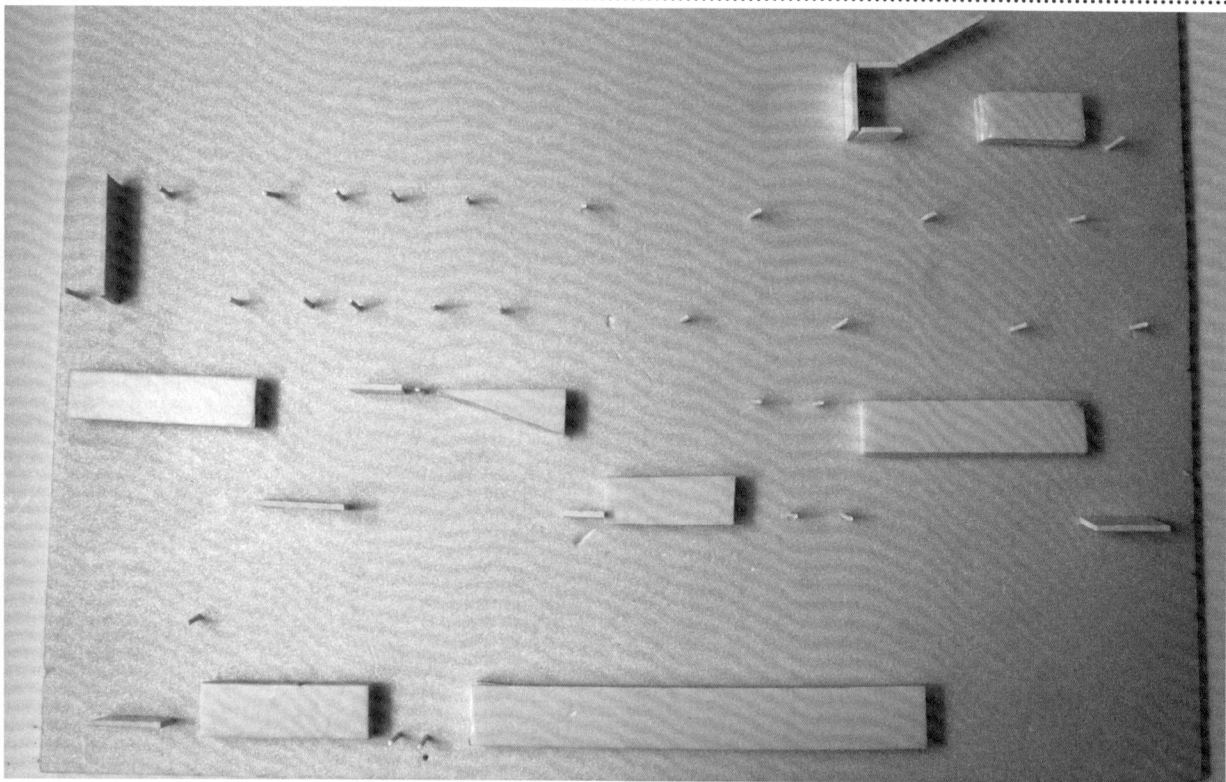

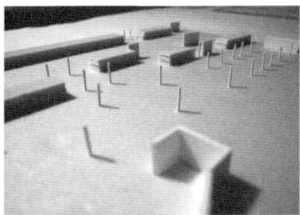

我们发现有些镜头并不是固定的，
比如升镜头、降镜头、摇摆镜头。

它们可以代表一些独特的空间形态，
如空间的转向、弯曲、上升、下降。

我们又试着把《低俗小说》中男女主人公进
入餐厅的完整镜头翻译成建筑空间。

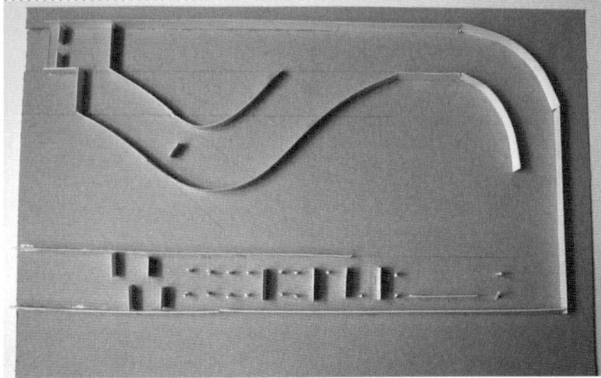

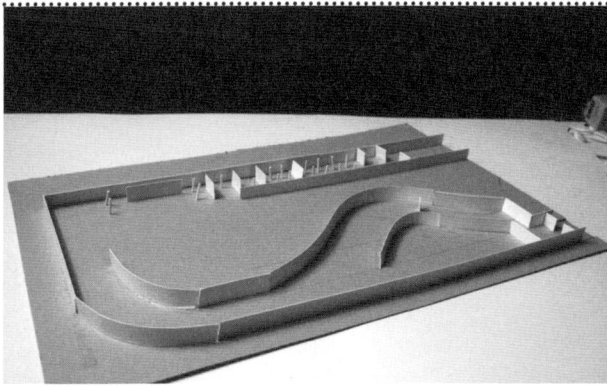

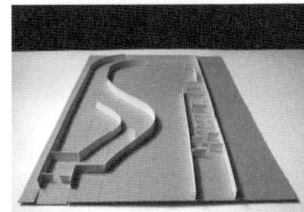

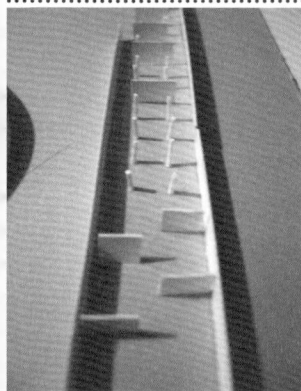

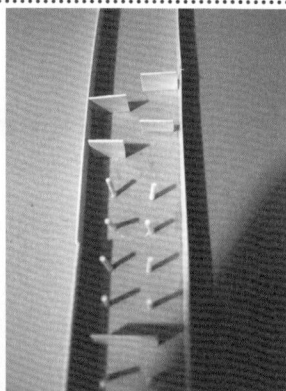

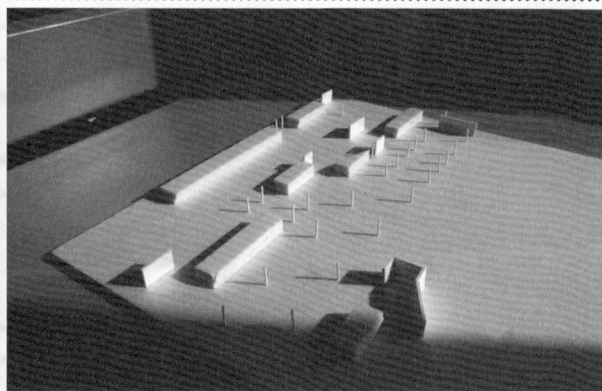

我们决定在空间序列中展现情绪，

我们需要找到一个跌宕起伏的片段。

电影《出租车司机》中主人公一段谋杀案
的片段很合适。

于是我们重现了它。

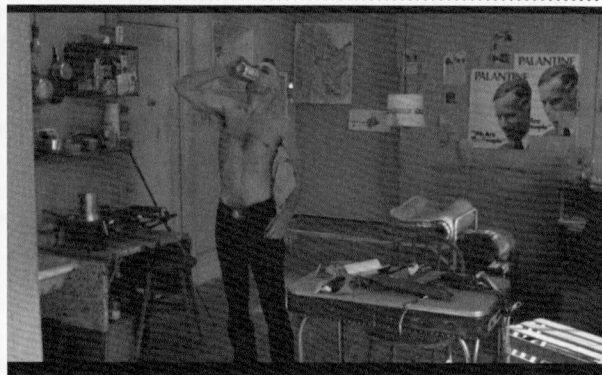

1

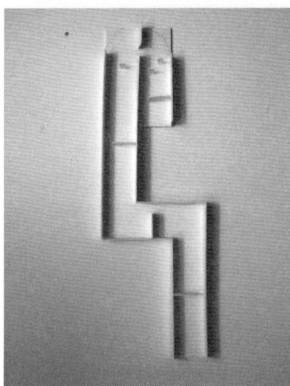
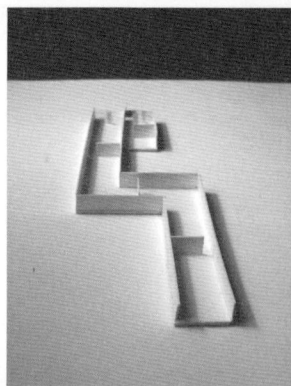

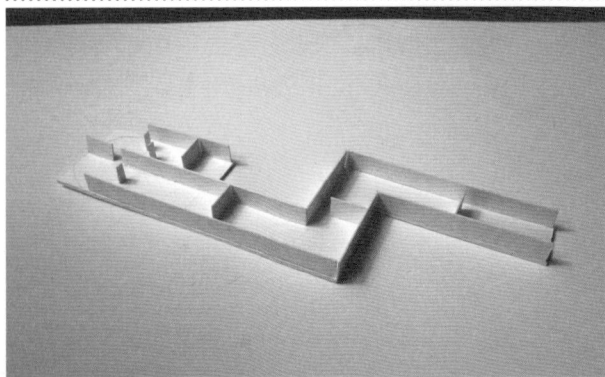

小子　你好吗
Hey, Sport, how you doing?

2

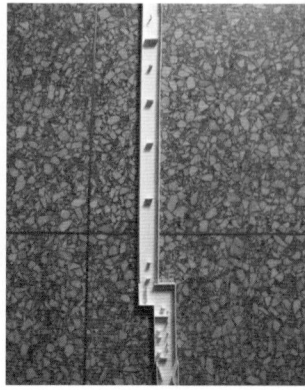
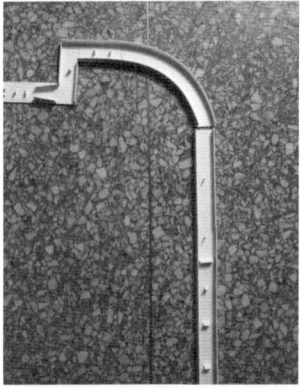

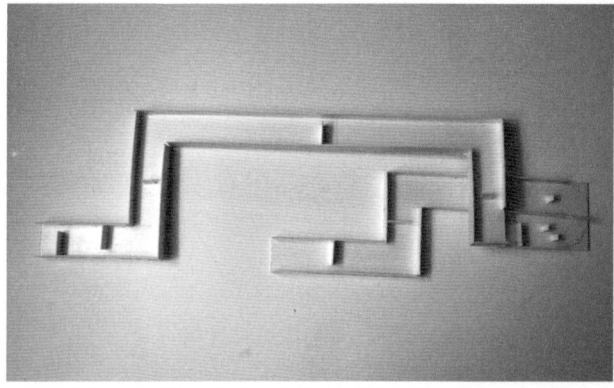
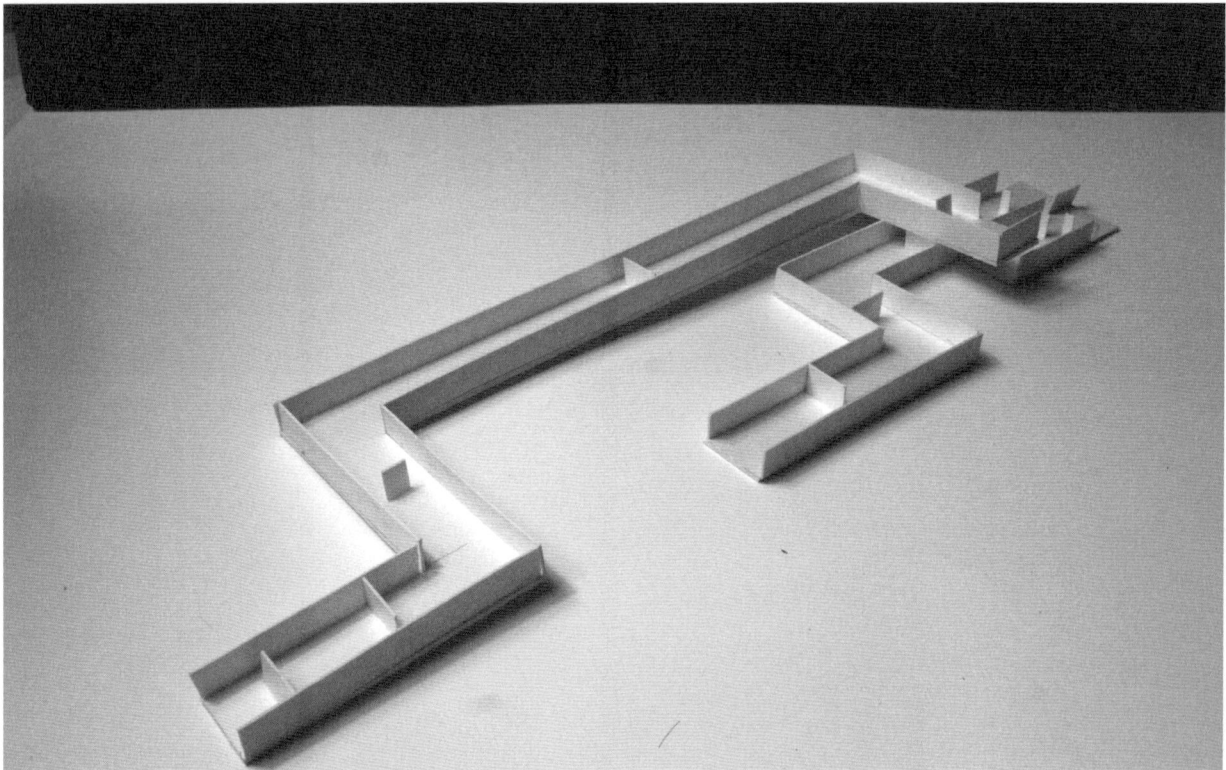

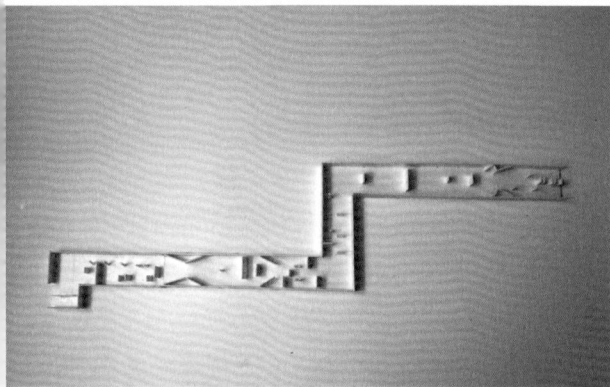

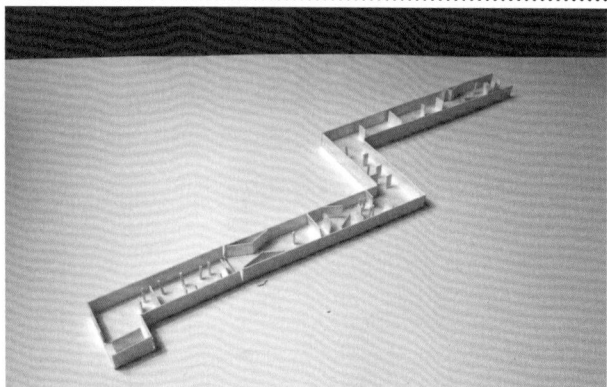

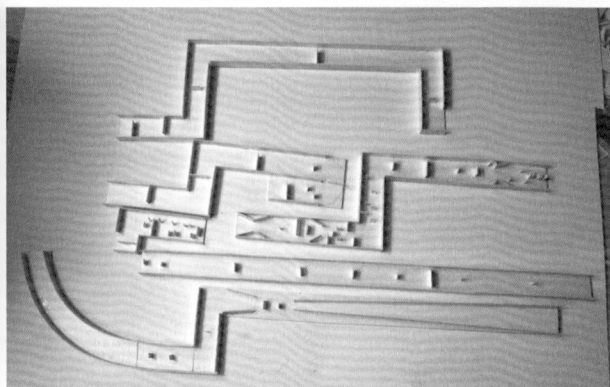

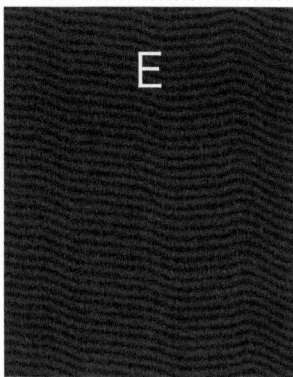

E

单元

我们想到了单元。
能否将电影中的共同点提取出来,
制成单元,
以应对不同的要求,
同时产生各种有趣的变化?
我们开始搜索电影元素,
它们是构成电影的单元。
相应的,它们也应该可以翻译成空间的单元。

1、移动摄影 跟移 Dolly,Tracking Shot

2、叠化 Dissolve

3、淡变 Fade

4、划变 Wipe

5、页面翻转 Page Turns

6、变形 Morphing

7、垂直百叶窗 Vertical Blinds

8、模糊 Pan

9、变焦点 Pull Focus

10、俯仰 Tilt

11、变焦距 Zoom

12、蒙太奇 Montage

13、戏剧性角度 Dramatic Angle

14、极端角度 Extreme Angle

15、鸟瞰角度 Bird's-eye Angle

16、倾斜的地平线 Tilted Horizon

17、倾斜的角度 Canted Angle

18、大特写 Extreme Close-up

尽管电影镜头语言似乎是可以翻译成建筑的,
但我们觉得还是太线性了。
而且似乎还不够具有普适性。

我们可能要归纳出更一般的方法。

我们为一些元素制作了模型单元。

长焦镜头

固定镜头

左移 / 右移镜头

广角镜头

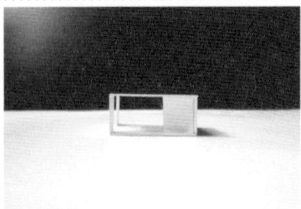

摇摆镜头

摇摆移动镜头

上升镜头

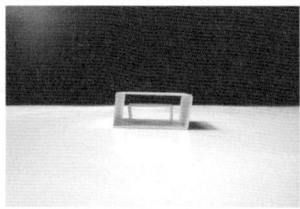

内部景框

正反打

画面分割

长焦镜头
场面调度

广角镜头
场面调度

鱼眼镜头
场面调度

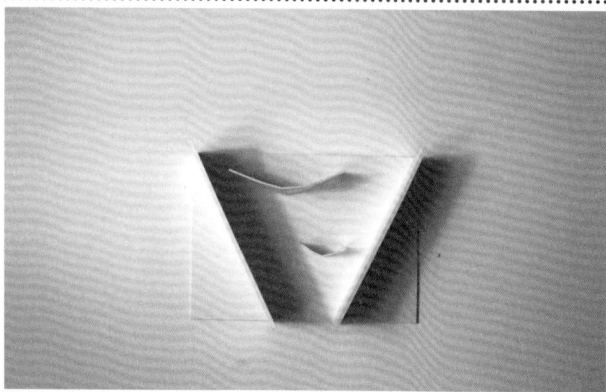

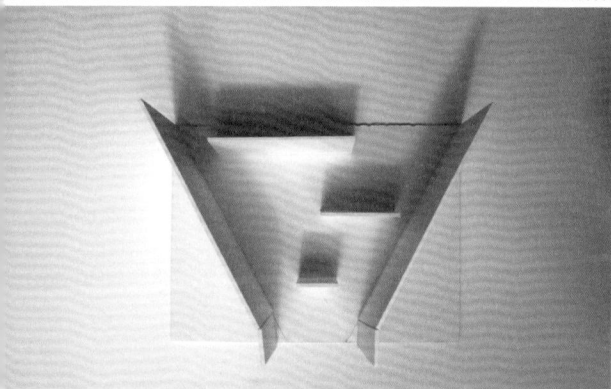

排列

我们要把这些单元进行排列。

电影的叙事结构天然就有各种排列的顺序。

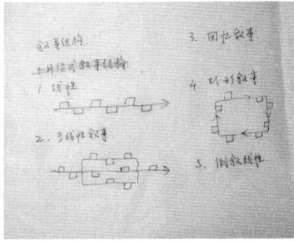

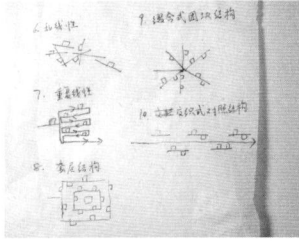

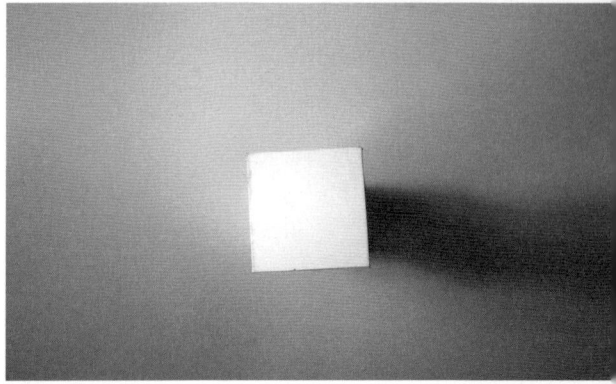

而我们也可以将单元以各种方式自由组合排列。

比如叠成一个摩天楼，

或者散落成一个村落，

或者连成一个连体住宅。

单元将像积木一样具有无限的可能。

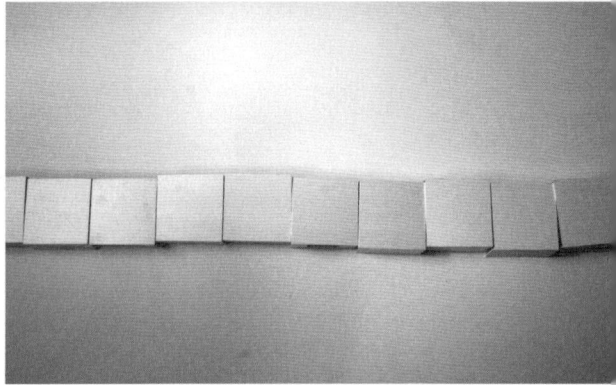

我们还可以挑战一些奇怪的角度。

组合

其实电影的拍摄流程和建筑空间的形成有共通之处。

我们将这些单元排列组合成一个建筑，并放入地段内。

电影		建筑
脚本	分镜	镜头语言抽象化
拍摄	素材	对抽象化的空间语言按照时间空间程序变化
剪辑	叙事性	对空间重新组织
后期	特效	开窗、开门形成功能
上映	完成	叙事性的实现

一个叙事性的建筑

一个艺术家住宅、艺术展廊、滨海观景设施和社区公共场地的混合体

地点：Taroona 海湾，Hobart, Australia

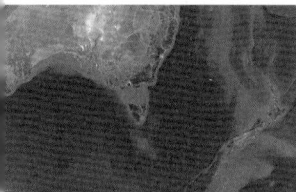

地段特点　　　　　地形
　　　　　　　　　　山
　　　　　　　　　　海滩
　　　　　　　　　　学校
　　　　　　　　　　树林
　　　　　　　　　　单体住宅

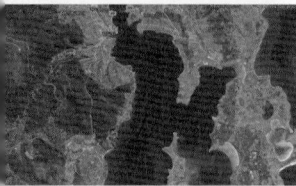

单体——模块

模块是一个点，是一个激发因子

通过隐性策略来编排定位

最小的元素中注入最大的潜力

点是行动的中心
一条线是运动的一个点

将模块的组合和运动投影下来，纪录行动的过程
形成了叙事性

以 10m×10m 的小体量模块的变换和组合应对环境

轴线、并列、偏置——叙事性的实现

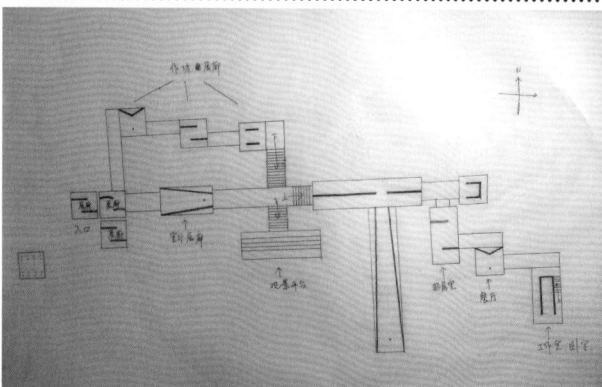

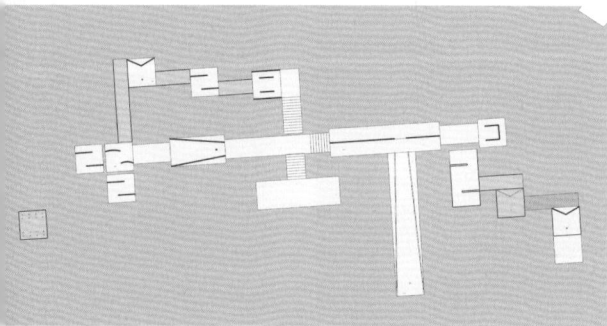

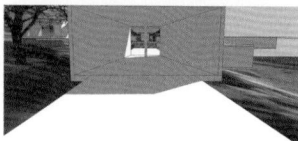

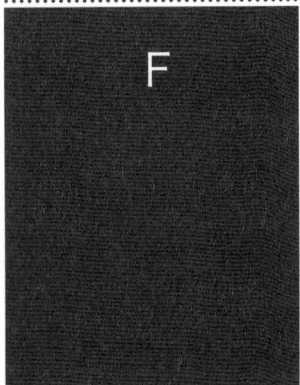

阴影

光与阴影的关系就像实体和空间的关系。

一虚一实，形成互补。

我们开始在阴影里寻找我们想要的空间。

把阴影的轨迹用墙标记出来，

而忽略形成阴影的实体。

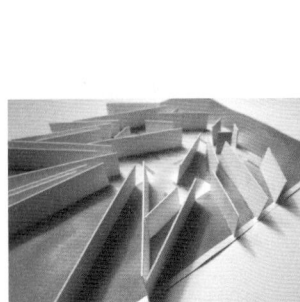

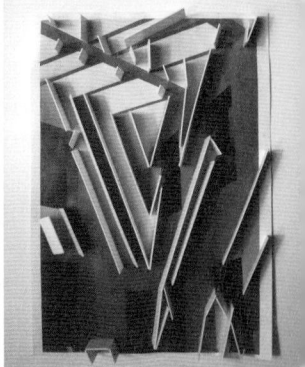

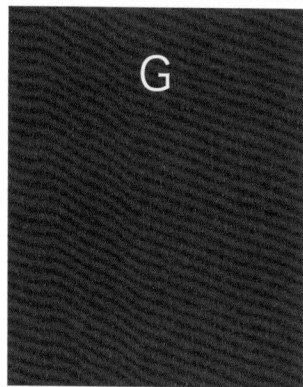
G

碎裂

对于完美我们总有极致的追求。

但有时候残缺和破碎也能形成独特的美感。

我们将裂痕标记出来,形成空间。

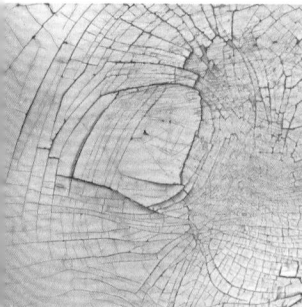

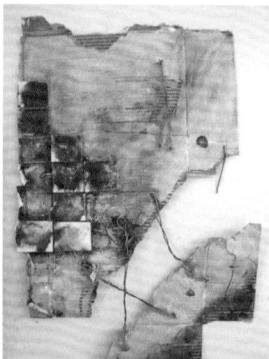

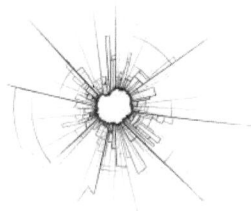

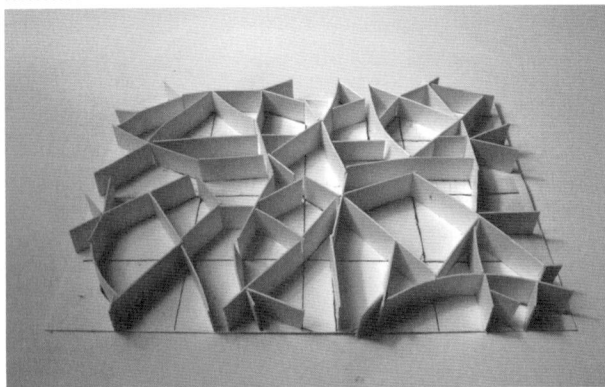

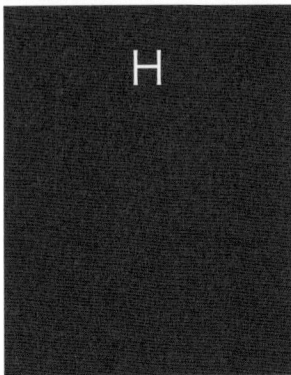

褶皱

把一个表面进行暴力的折叠。

形成褶皱。

奇妙的是这些褶皱会形成自我的逻辑。

看似不规则的纹路其实遵从严格的物理规则，它其实并不像想象中那么杂乱。

这些褶皱在光的作用下会发生化学反应，在光影下褶皱似乎有了生命。

我们用纸完成一个实验。

又对一个褶皱的图像进行空间的塑造。

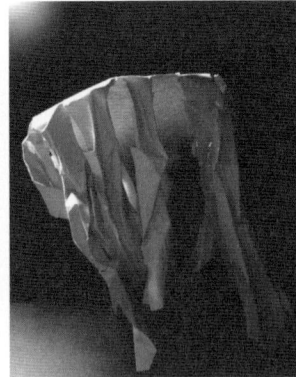

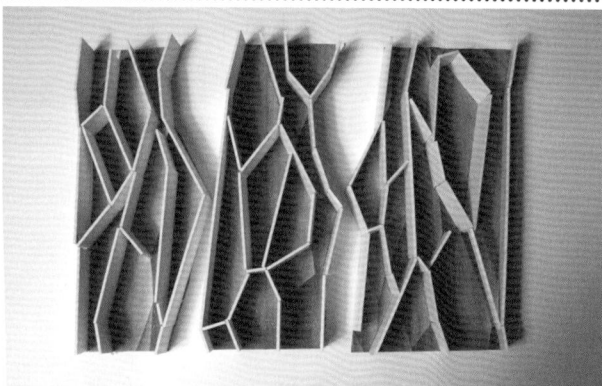

1

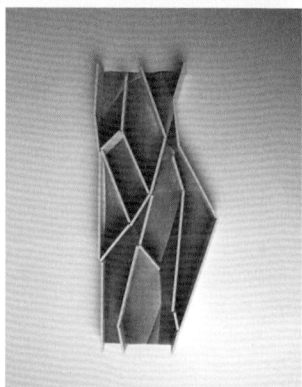
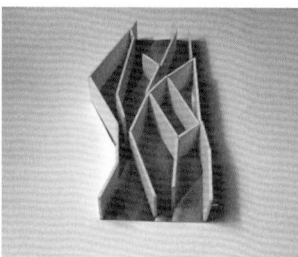

2

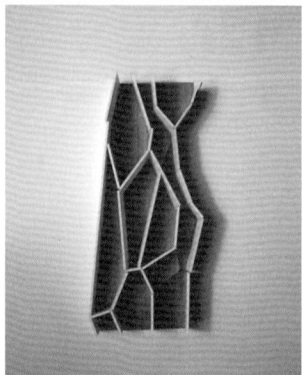

3

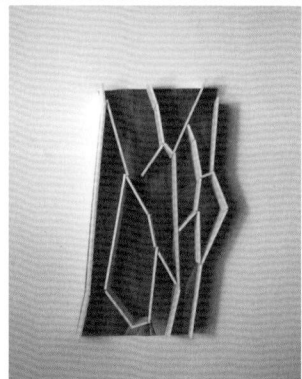
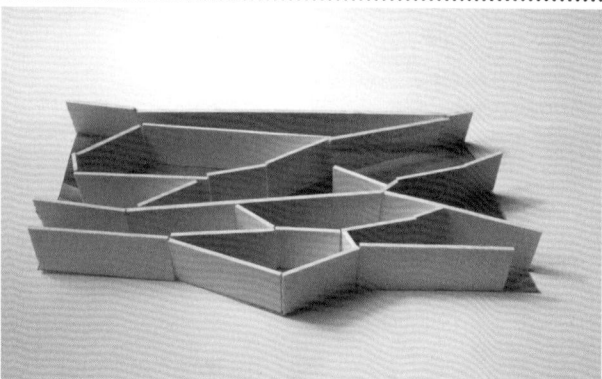

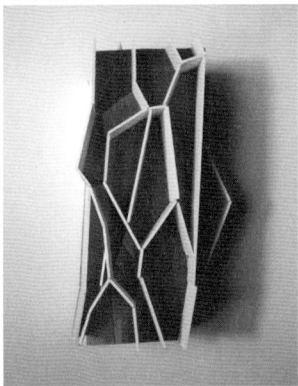

将褶皱的纹路分层站立起来的办法似乎很有趣，

但没有给我们惊喜。

反而丧失了褶皱本身特有的质感。

我们觉得可能保留褶皱是一种更好的办法。

通过材质的变化，将褶皱制成半透明屋顶。

这样在阳光下、在夜晚内部灯光下会有朦胧的质感。

我们要做一个极其轻质的空间，

把它放在最繁华的地方，让周围的灯光照亮它，

把屋顶制成半透明的材质，立柱用纤细的铁丝。

我们在屋顶下按照褶皱围合空间和功能。

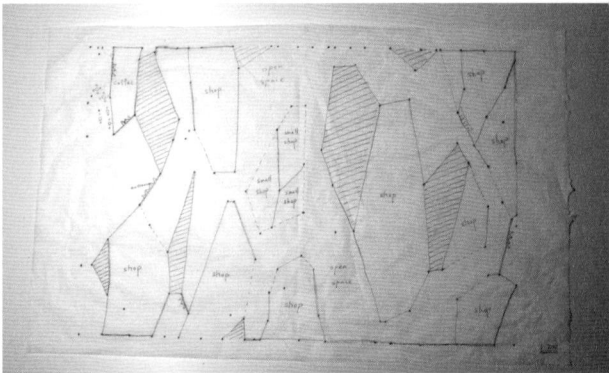

地段在王府井大街当中，

由厚重的购物商场建筑包围，

这样一个极其轻质的体量能在过于拥挤无聊杂乱的街道上围出一个灵动的空间。

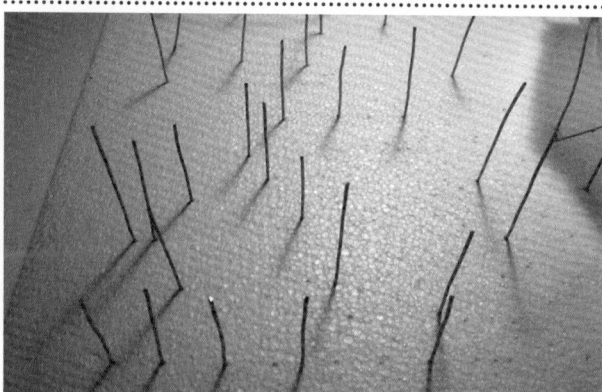

我的局限

叶璐楽 2015.2-2015.4

LIMITATION LIMITATION LIMITATION LIMIT
N LIMITATION LIMITATION LIMITATION
LIMITATION LIMITATION LIMITATION LIM
TATION LIMITATION LIMITATION LIMIT
N LIMITATION LIMITATION LIMITATION LIM
LIMITATION LIMITATION LIMITATION LIM
TATION LIMITATION **LIMITATION**
LIMITATION LIMITATION LIMITATION LIM
TATION LIMITATION LIMITATION LIMIT
N LIMITATION LIMITATION LIMITATION
LIMITATION LIMITATION LIMITATION LIM
TATION LIMITATION LIMITATION LIMIT
N LIMITATION LIMITATION LIMITATION
LIMITATION LIMITATION LIMITATION LIM

谨以此书记录我的局限，
而它并不是贬义词。

发现

读解

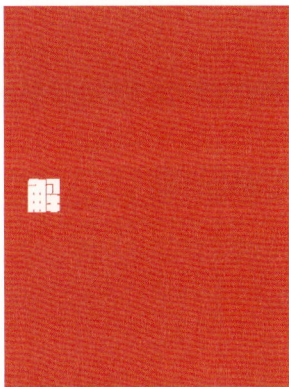

点子 | 手段 | 空间研究

任务书 ASSIGNMENT

指导教师：王昀

一、建筑是什么？
建筑不是文学，不是诗歌，不是绘画，不是雕塑，不是电影，不是舞蹈，不是服装、不是……
建筑就是建筑。
建筑不是建筑之外的任何事情。
建筑有属于自己的语言系统。

二、点子
对于建筑设计而言，"点子" 是重要的，"点子" 就是想法，是构思，是设计师在自己进行设计时的所有知性的综合体现。当然 "点子" 本身也包含着设计师对于建筑功能的全部理解。

三、手段
"点子" 的确是重要的，但是所有人都会有 "点子"。
这个世界实际上不缺少 "点子" 和馊主意。
"手段" 是使得点子得以转化成为被设计的 "对象物" 的通道。
建筑设计的 "手段" 是建筑师的专属。

四、课程目标
解决 "点子" 和 "手段" 的关系问题。关注 "空间研究" 是本课程的教学目标。

五、课程描述
根据既定的教学大纲和教学内容的要求，进行相应的题目设定。
重要的教学内容不是设计的对象物，而是设计本身。

六、成果
相关的表现图纸和模型

人有着巨大的局限性。
你要问到底什么样是美的，几乎没有人可以拍着胸脯坚定地回答。但当你拿着具体的一个事物到人眼前让他判断时，他是可以有鲜明立场的。
因为人的认知总是有限的。比起凭空创造一种好的规则，发现一种世间固有的规则要容易且有效得多。然而人又是有野心的。大多数人似乎不甘心于 "发现" 这个动作，总想着自己 "造" 出个什么，才是有能力，但其实不然。试想我们现在做设计，沾沾自喜地用着脑子中积累的各种操作手法以为这是 "原创"，但试问这些东西早又是来自哪里呢？
我们现在接受的传统建筑学教育总是提倡——"从场地出发""形式追随功能" 等观念——他们只是设计方法论中的一种，却非真理。场地、文化、功能、经济、结构、气候等等要素固然重要需要考虑，但它们最终都要落实到一个实实在在的空间形式上，而这 "临门一脚" 若是没踢好，再多阐释也是做作。所以为什么不能先有一个空间形式，在保证了建筑的艺术性之后再去调整适应其他因素呢？

功能真的是最重要的主导吗？不能是 "形式启发功能" 吗？一个房间真的要赋予明确的功能吗？它的用处不能是模糊的吗？一定要有房间吗？不能是一个打通的巨大开敞空间吗？
我们在学习建筑的过程中被不断灌输一些好像要去遵守的规则，但到头来我们是要有勇气去打破的。
中国建筑学教育需要一些 "噪音"：冲破桎梏、回头反思，这样才有创新的可能。
在 "噪音" 中思考着是痛苦的，反反复复的挣扎后，我终于明白在进行创造性工作时首先要放弃先见，进行尝试，让过程和结果来证明一切。
建筑教育不应该局限于教导学生如何建造一栋大楼，或设计一栋房子，或规划一片城市，而是让我们学习如何去思考，如何去抓住有用的建筑元素，建立清晰的思想框架，树立多元建筑理念，去发现当今建筑环境的不足，以便看到值得探讨研发的领域，去创造一个可能会更好的未来。

从微观出发？

我以为，我们的操作是一种"翻译"，而翻译首先应该从微观的词汇开始。于是我从乐谱最主要的词汇——"音符"开始尝试，企图找到套"标准映射"以套用到各类乐谱中。

我首先从《李斯特钢琴曲选》中挑选了一些常见的或者比较特别的音符组进行尝试。

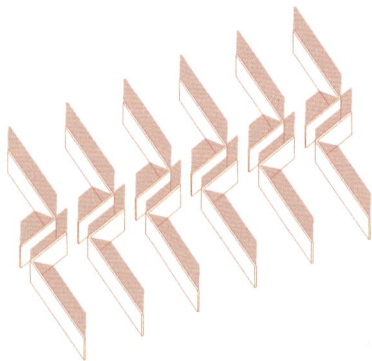

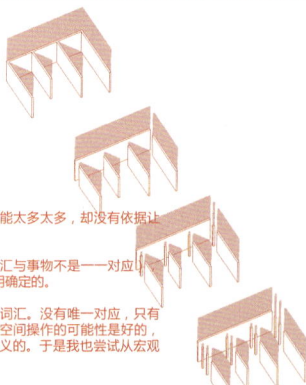

但是，在尝试中我发现单个图形的转化可能太多太多，却没有依据让我可以判断哪一个是最为"普适"的映射。

词汇的涵义不是由某个客观事物确定（词汇与事物不是一一对应），词汇的涵义是由它在句子（整体）中的作用确定的。

所以，不应该用孤立的方法去单纯地翻译词汇。没有唯一对应，只有特定语境下的解读。从微观角度探寻各种空间操作的可能性是好的，但是要从中找到一个"唯一映射"是无意义的。于是我也尝试从宏观视角出发。

原型1

从宏观出发？

首先，最初的选谱是迷茫的。基于之前微观视角探索后获得一些心得，我先将选谱规则定为：

1. 图形多样性
2. 空间潜能

于是我选择了李斯特的《匈牙利狂想曲第十一首》中的一页钢琴谱。

选题一：乐谱转译 - 墙体

为什么选择用"墙"？

空间基本元素是点、线、面三元素，线（墙）是一种中间态，可以转化为点和面，独从为在将元素简化为一种时，更易发现结构与问题。

空间是被图含出来的，所以我首先用墙进行围合，使空间变得清晰后再进行其他元素的转化。

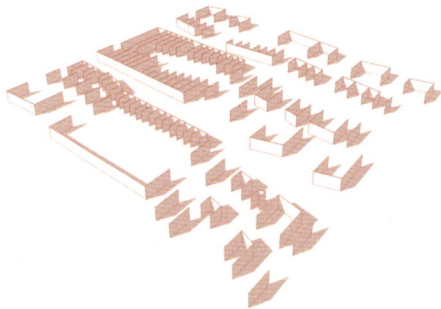

步骤二：修整-"边界"

原型一的空间效果并不舒适，于是我打算对其进行边界的修整，以获得空间的清晰性。

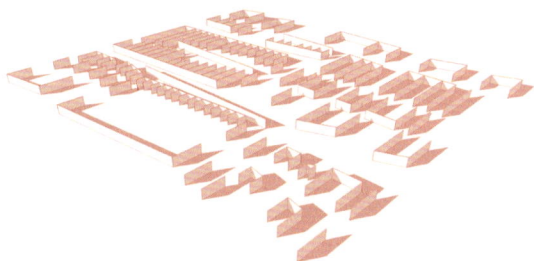

操作感悟

我们此前进行空间设计时，经常是很快地对对象进行一系列操作与改造——操作得如此之理所当然以至于忘记这些手法，技巧其实也是我们曾经"发现"的别人的语言。在现在这一"找原型的过程，建筑师的能动性其实是体现在"选"上，而绝非"改"上（加入场地、功能、因素后的操作和视线、流线的控制与引导又是另一回事）。"选""这一动作看似无脑化操作，其实是在眼、脑、手配合后的最终呈现，是"生成属于自己的设计语言"这一探索的核心（"运用"这种语言又是另一阶段的问题了）。

我在这次的"翻译"过程中尽可能地克制自己的"过度发挥"，尽可能地希望呈现乐谱本身的空间状态。在选定谱子、抽象了元素之后，我反反复复、不自觉地用上了一些积淀的手法进行修改，想获得更好的空间；然而我又一次次把这些推翻，因为感觉这不是一种"新的语言"，而是在"旧的语言"的影响下产生的空间。

决不可进行个人意志过强的修整操作，因为这丧失了探索语言的意义。

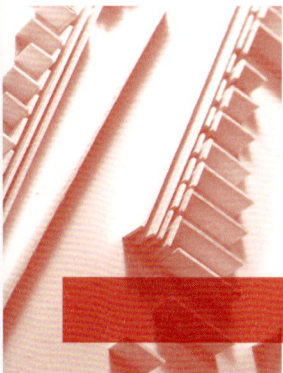

3

尊重

乐谱本身的秩序是音乐美的关键，所以在转化过程中对于原谱的尊重相当重要——这样才能避免不成熟的个人操作带来的习惯性与常态性，发挥出音乐塑造的空间魅力。

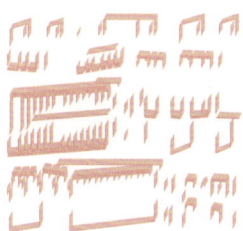

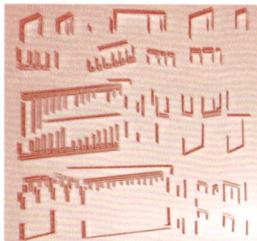

原型 2

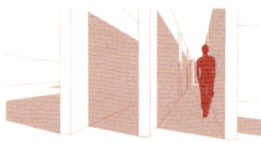

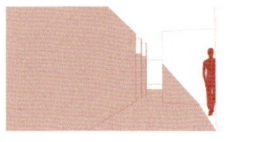

在去除了之前"修剪"的操作之后，空间的确丰富了起来。不仅如此，此前操作时挥之不去的"纠结感"也消失了。

原型 3

本质的秩序

音乐具有其本身的秩序，而乐谱是其视觉化的表现。在记谱过程中，虽然尽最大可能地记录了音乐，但其中不可避免地忽略了一些只属于音乐之美的信息、或者掺入了记谱规则中的人为控制。于是，转译音乐最本身的秩序而不是受制于既有谱子的视觉元素成为我转化的突破点。

图像记谱

图像记谱 (Graphical notation) 是音乐记谱法的其中一种，以图案、不常用的符号以及文字解释的形式去描述音乐的演奏方法。当代的实验音乐为了发掘新的演奏模式，当传统的音乐符号不足以表达的时候，作曲家常常要创造新的符号去描述演奏方法。

图像记谱最常见的模式是以点、线、面或其他的图案代表音高、音量、长度等等，在 20 世纪 50 年代，最早使用图案符号的先锋派作曲家有潘德列茨基 (Krzysztof Penderecki) 和施托克豪森 (Karlheinz Stockhausen) 以及实验派作曲家如约翰·凯奇 (John Cage) 和艾尔·布朗 (Earle Brown) 等等，最初他们只是运用新的图案符号，但乐谱的概念和传统五线谱接近。后来这些作曲家亦发展出更加抽象的图像记谱法，图案不一定对应独特的演奏技巧，而是图画去描述音乐大概的感觉，给予演奏者即兴演奏的自由，这些音乐亦因此被称为机遇音乐。

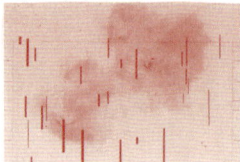

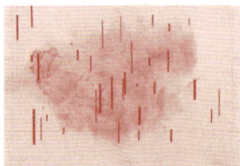

音乐是关于时间的艺术。于是我提取音乐的"时值"秩序进行转化。保持音高在乐谱上的位置，将各个音符的时值对应为相应的长度。同时保留了乐谱中的连音符号使空间中的元素更加丰富。

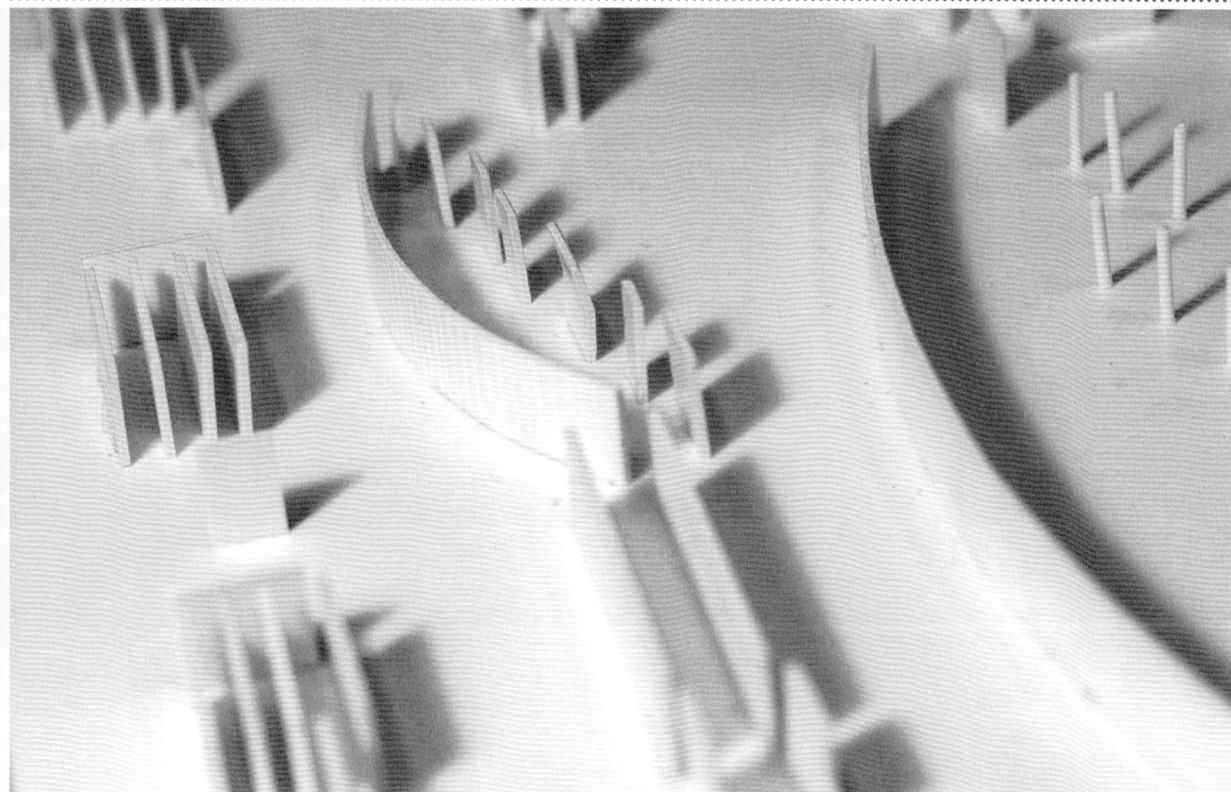

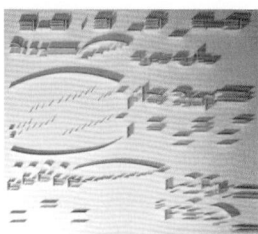

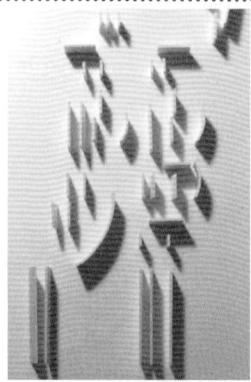

原型 4

从右侧的先锋乐谱中我发现了乐谱中"五线"的作用——作为一个"大结构"来控制整个音乐的秩序。它使音符的位置变得清晰易读、表现了乐曲本身演奏的性格，就如建筑中的"控制线"——将变化控制在某个大的秩序中。

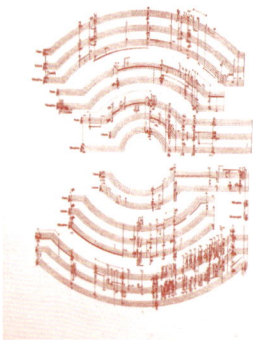

空间控制

依然选用此前李斯特的《匈牙利进行曲》钢琴谱进行转化。提取了更多乐谱本身的视觉元素，比如装饰音、休止符等，使空间元素更加多样化。同时在规则的控制下提取出了谱中的"五线"、小节线，将空间的丰富变化控制在大结构之下，并且产生更多的围合。

为什么又回到了对乐谱图形的关注？

五线谱成为一种最为普及的音乐记谱法不无理由——读谱时的清晰、视觉上的和谐、符号的丰富等，这些都使得乐谱作为音乐的载体具有画面（空间）上的美感，因此转化成空间时亦能产生令人惊喜的效果。

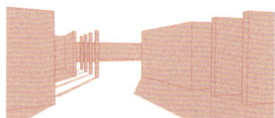

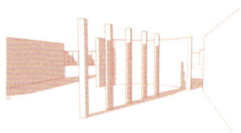

4

原型 5

时间 & 空间

音乐是关于时间的艺术，建筑是关于空间的艺术，而这时间与空间是有对应关系的。音符持续时间越长，人对其感知越久，而在空间中对应的就是停留性更强，即空间更大，于是我选取了一份后调性乐谱，保持符头位置不变，不同的时值对应各自的边长形成正方形空间。这样转译的空间反映了音乐内在的秩序，并且完全没有我的主观控制，在既定规则之下进行着翻译，自主地展现出音乐本身的秩序之美。

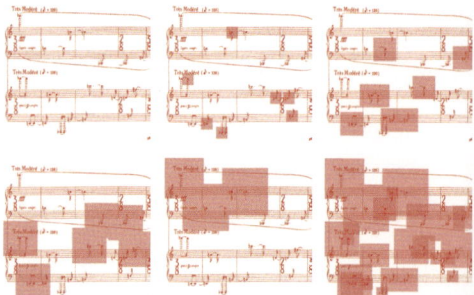

不同时值的音符对应不同的空间大小

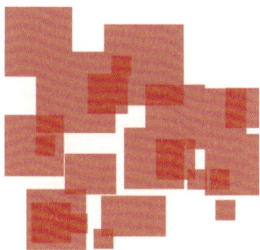

在所有时值对应的空间产生后，他们发生了重叠——于是有了令人惊喜的新的空间。我设置这样的规则来转译此重叠：所有空间都是两层高（但不一定都有楼板），小空间保持二层完整，大空间保持一层完整。经此一操作，由音乐产生的空间出现了丰富的效果与可能性。在建立了操作规则之后，这个转译过程毫无负担，任何一个谱子到手皆可翻译为空间，并且具有这个乐曲独有的秩序。这时候充分展现了"跨界"的"恃强凌弱"的优势。

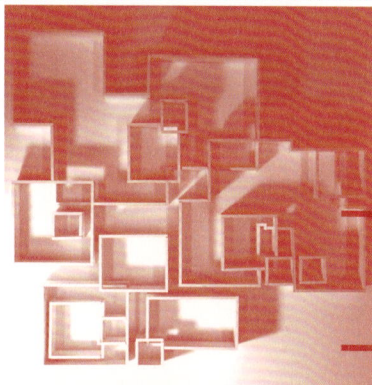

因为空间的重叠产生了空间的渗透：交通上的、视线上的，这为空间中"事件"的发生制造了更多的可能性，使得该空间在具有视觉美感的同时也是一个极好的"生活容器"。

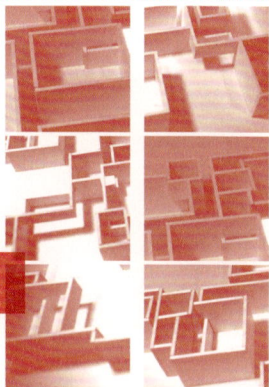

上下交错产生偶然的、丰富的、令人惊喜的空间

这个小局部是我最喜欢的一个空间——几个不同的空间交错渗透，产生迷人的光的效果与交流可能性。

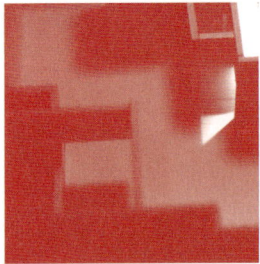

一个习以为常的图像经过玻璃碎片的扭曲、打乱之后，呈现出另外一种陌生的美感——于是我想，是否可以对乐谱进行这样的操作，使得碎片化后的图像脱离原本人们认知的"乐谱"，形成新的、陌生的空间？

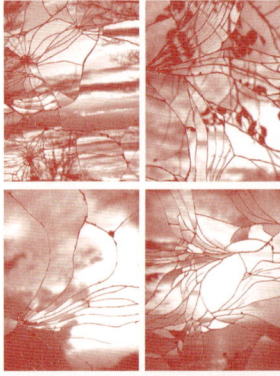

原型 6

解构主义

解构主义作为一种设计风格的探索兴起于20世纪80年代，但它的哲学渊源则可以追溯到1967年。当时一位哲学家德里达（Jacque Derrida,1930—2004）基于对语言学中的结构主义的批判，提出了"解构主义"的理论。他的核心理论是对于结构本身的反感，认为符号本身已能够反映真实，对于单独个体的研究比对于整体结构的研究更重要。在海德格尔看来，西方的哲学历史即是形而上学的历史，它的原型是将"存在"定为"在场"，借助于海德格尔的概念，德里达将此称作"在场的形而上学"，"在场的形而上学"意味着在万物背后都有一个根本原则，一个中心语词，一个支配性的力，一个潜在的神或上帝，这种终极的、真理的、第一性的东西构成了一系列的逻各斯（logos），所有的人和物都拜倒在逻各斯门下，遵循逻各斯的运转逻辑，而逻各斯则是永恒不变，它近似于"神的法律"，背离逻各斯就意味着走向谬误。

而德里达及其他解构主义者攻击的主要目标正好是这种称之为逻各斯中心主义的思想传统。简言之，解构主义及解构主义者就是打破现有的单元化的秩序。当然这秩序并不仅仅指社会秩序，除了包括既有的社会道德秩序、婚姻秩序、伦理道德规范之外，而且还包括个人意识上的秩序，比如创作习惯、接受习惯、思维习惯和人的内心较抽象的文化底蕴积淀形成的无意识的民族性格。反正是打破秩序然后再创造更为合理的秩序。

解构主义是对现代主义正统原则和标准批判地加以继承，运用现代主义的语汇，却颠倒、重构各种既有语汇之间的关系，从逻辑上否定传统的基本设计原则（美学、力学、功能），由此产生新的意义。用分解的观念，强调打碎，叠加，重组，重视个体、部件本身，反对总体统一而创造出支离破碎和不确定感。

机遇音乐

John Cage 确立了作为实验音乐重要标志的偶然创作手法，大量实施机遇运作（Chance Operation）。他的作品《变化的音乐》便是运用偶然技法的经典之作。

《变化的音乐》以随机程序的运用为主要特征，其中的偶然决定论关注多方面的细节，并且 John Cage 对程序操作的各种可能性进行了充分的开发。他根据《易经》的六十四卦图展开机遇运作，通过投郑硬币的方式决定作品中音高、力度、时值等要素。

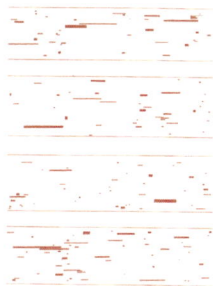

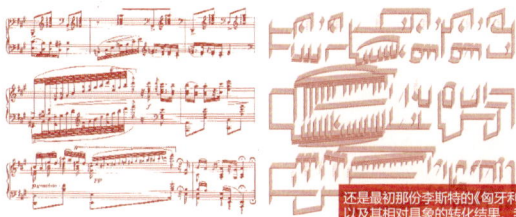

还是最初那份李斯特的《匈牙利进行曲》以及其相对具象的转化结果。我希望用破碎的手法以及对个人主观控制的完全放弃来使得这份很具象的乐谱陌生化。

我将之前画的乐谱转化的草图切分成若干片，如同扑克洗牌一样将其顺序、正反完全打乱，再按照洗后的牌的顺序将其拼回原图大小。

我发现按照这种操作方法，任意图像化事物都可以进行解构……一幅名画、一个电影场景、一张海报、一幅摄影作品、甚至是一份广告传单——他们都可以被陌生化，并且在将其本身已具有美感与秩序的前提下呈现碎片后的美感与秩序。

可以看到，这种方法在将原谱陌生化的同时依然保持了原谱的结构美感。

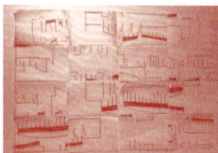

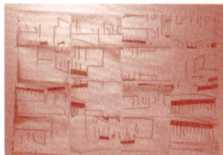

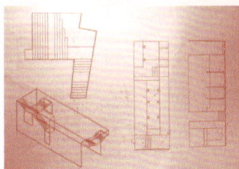

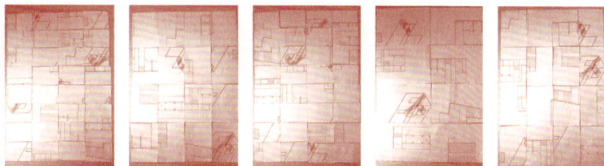

于是我随手找了一张同学桌上的废纸进行试验——操作与之前完全一样。

785

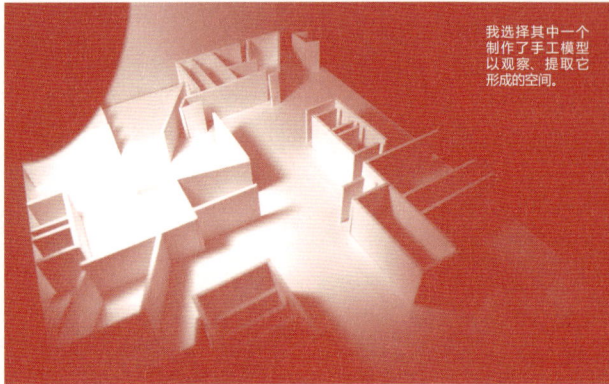

我选择其中一个制作了手工模型以观察、提取它形成的空间。

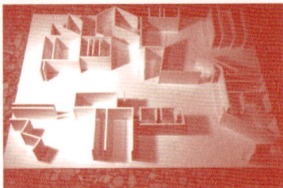

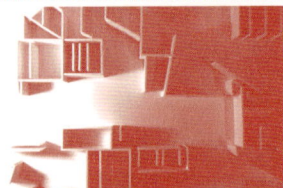

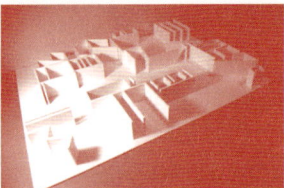

5

原型 7

旋律

持续、向上、向下三种形态，构成了旋律运动的三个最基本"素态"。

素态继续组合，可构成音乐语调的十二种基本形态。

十二种基本形态进行错综复杂的相互组合，便形成无穷的旋律曲线。

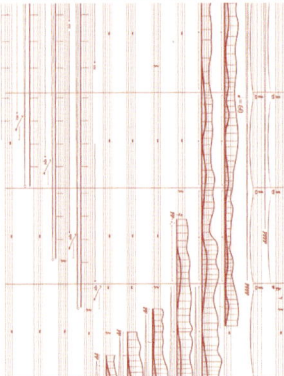

乐谱由不同的小节组成，所以我决定以乐谱的一个小节为单位，提取时值以及旋律元素进行空间转译。

以某后调性钢琴谱第 22 小节为例——

该小节有四个声部

抽取四个声部的时值：二分音符 8 个单位，四分音符 4 个单位，八分音符 2 个单位，十六分音符 1 个单位——

2 1 1 8 4

2 2 2 2 2 2 1 1 4

6 1 1 8

4 2（休止）2 2 1 1 1 1 1

将其图形化为面。

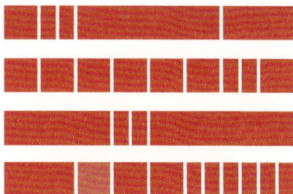

将旋律动态元素——"向上、向下、持续"加入图形中。

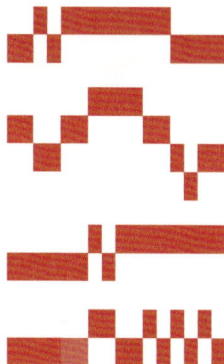

四重奏同一小节、四个声部的声音叠加本身并无先后之分，于是利用纸牌游戏（原型 6）获得随机排列顺序，并且将原图形翻转、颠倒获得更多的形态元素。

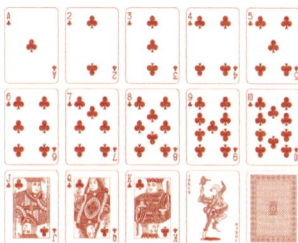

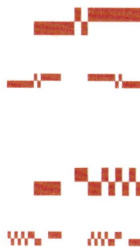

经过洗牌后获得叠加元素与叠加顺序

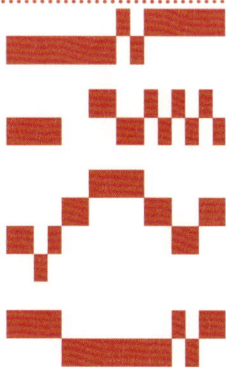

两个声部图形叠加时，相对位置是一个变量，我用色子来决定它们之间是对齐还是错位。

两个声部先在水平中线保持对齐，投掷色子：

上下方向——1,2 上移 0.5 单位
3,4 下移 0.5 单位
5,6 不移动

左右方向——1,2 左移 0.5 单位
3,4 右移 0.5 单位
5,6 不移动

投掷结果：

1 声部 &2 声部——上下：5 不动
左右：4 右移

2 声部 &3 声部——上下：4 下移
左右：1 左移

3 声部 &4 声部——上下：2 上移
左右：6 不动

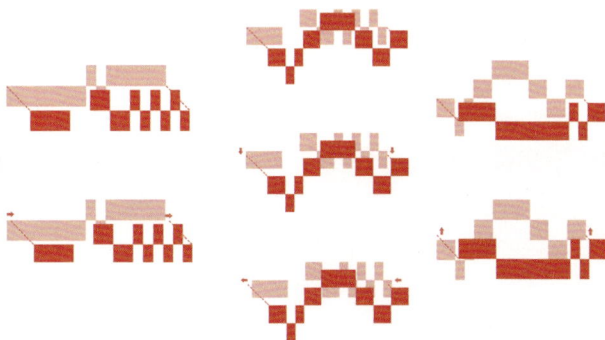

将各层制作为立体模型并进行叠加

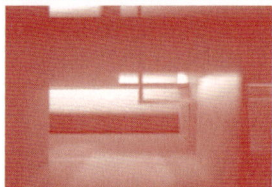

换个角度看看会发现什么样的空间？

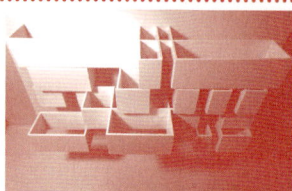
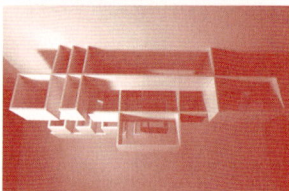

这可能是一种很有趣的高层集合住宅空间：有房间、阳台之间的错动以促进交流，有户外平台，有通高空间……

原型 8

动态：空间要素 时间要素 力量要素

《拉班记谱法》通过舞蹈动作的符号与符号，把舞者运动进行比较，同时
首本用自的"肢体基础"编制坐法典、次序中的"动作平衡"或"舞蹈语汇"的来源，通一
一种会生重比需于研究和理解解运动时所著通方法，舞蹈语言通过程度的空间记谱元素。动作、力
量等表现

静态：肢体的穿插、延展、力量

关注舞蹈的空间要素

静态 & 动态

摄影 & 摄像

照片 & 舞谱

杜斯伯格

特奥·凡·杜斯伯格（Theo van Doesburg）是风格派的一位核心人物。他是《风格》杂志的创刊人和主持者，也是该杂志重要的撰稿人。他曾用好几个笔名在该杂志发表文章，让人们以为那些文章是由不同国籍的好几个人所作，从而人为地扩大了风格派的影响。杜斯伯格对风格派一词的由来这样解释："风格是出自我在1912年的阐述：剥去本质的外形，那么你就能得到风格。" 1916—1917年，杜斯伯格创作了一系列表现奶牛、静物及玩牌者的画，画中以几何图形简化物象，最终消除了画面物象，而走上非具象的道路。

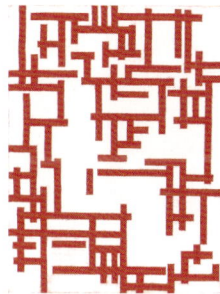

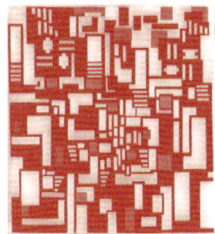

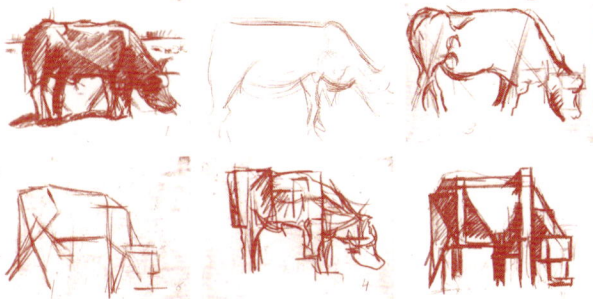

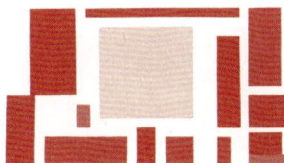

我选择舞蹈的静态媒介作为转化素材

Doesburg 常常在作品中表现他将事物从具象逐步抽象到点、线、面的过程，这给我的转译很多启发。

通过临摹 Doesburg 的手稿，体会其逐步抽象的过程。

形体控制线

形体控制线！它控制了整个肢体的走势、比例，是一个舞蹈动作优美的前提。

   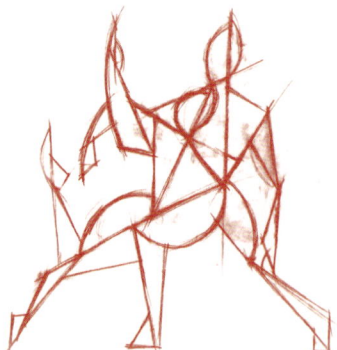

但是对于舞蹈来说，肢体的关系比形状更加重要——一种"空间"意味！

延伸控制线

延伸控制线：构图丰满 画面有秩序 更加剥离真实物象
一如舞蹈中肢体的延伸——舞蹈的"空间感"

学习其他立体主义作品——控制线介入整个构图

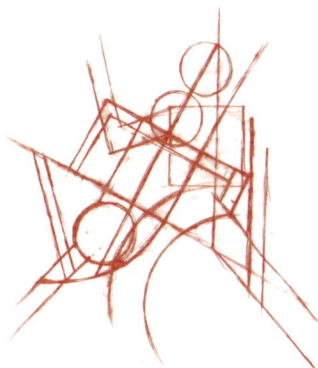

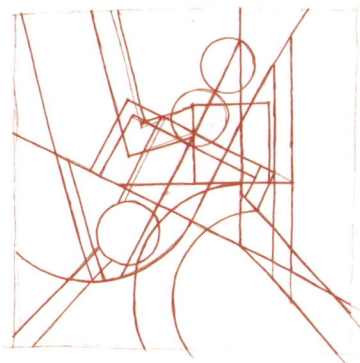

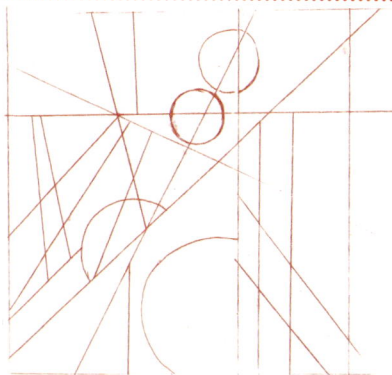

转换原则

形体控制线：

脊椎 重要躯干转折 肩膀

转换原则

四肢的下半身
头尾必须接触控制线

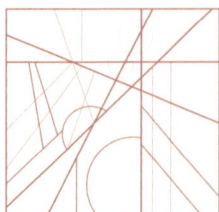

线化规则

躯干作为四肢延伸的结果
尽可能少的补充线条

线化规则

四肢的上半身 头
头尾必须接触控制线

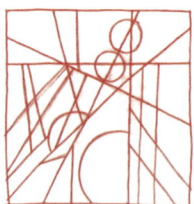

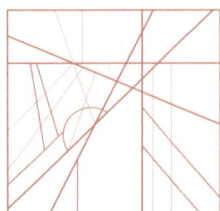

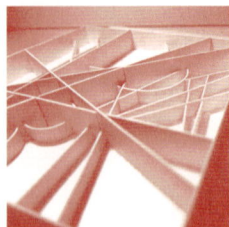

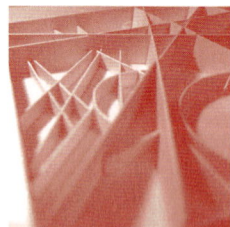

控制线与非控制线

线的分级

原型 9

7

建筑与化学

酸碱中和反应：AB +
CD = AD + BC

AB 酸 - CD 碱 - AD 水
分子 - BC 盐

任何化学反应都存在正逆两个反应进
程，在达到化学平衡前会向其中某一
个方向推进。两个反应其实始终都在
进行，只是在某时刻达到一个动态平
衡。在酸碱中和反应中，正反应比逆
反应进行得彻底。

A	A	A	A	B	B	B	B
A	A	A	A	B	B	B	B
A	A	A	A	B	B	B	B
A	A	A	A	B	B	B	B
C	C	C	C	D	D	D	D
C	C	C	C	D	D	D	D
C	C	C	C	D	D	D	D
C	C	C	C	D	D	D	D

C	A	B	A	A	D	C	B
A	D	A	B	A	D	C	C
B	D	C	D	B	C	C	A
D	D	A	C	C	B	B	D
A	A	D	B	C	B	A	D
B	A	B	C	B	D	C	C
B	C	A	A	D	C	D	A
B	B	B	A	D	D	C	C

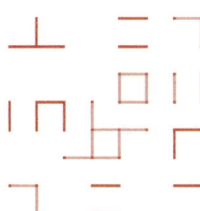
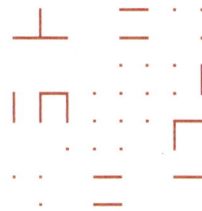

加入等量酸 & 碱　遇水电离为 ABCD

溶液的结构是无序均匀的

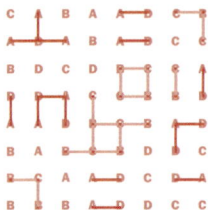

正向反应（多）——酸碱中和

A&D B&C

其中 A&D 形成水分子 共价键
有方向

而 B&C 形成盐 强电解质 离子
键无方向

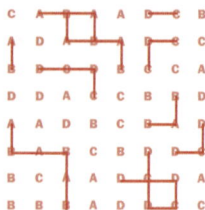

逆向反应（少）——盐的水解

A&B C&D

A&B C&D 形成离子键

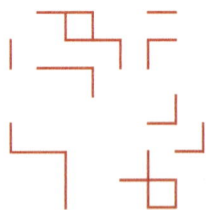

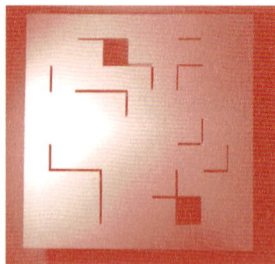

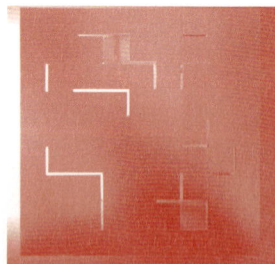

正反应作为墙、柱，逆反应作为天窗

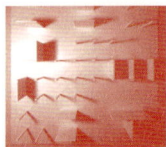

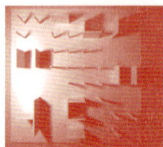

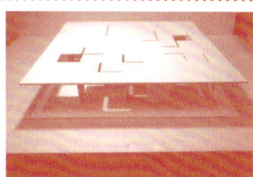

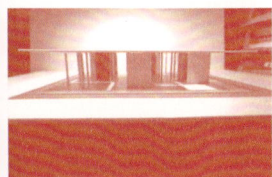

来自台湾的 Echo Yang 利用陈旧的吸尘器作为工具，寻找物件本身的痕迹，绘制出因为物理力量自然形成的纹理。这启发我去探索由于物理作用产生的形式。

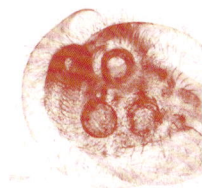

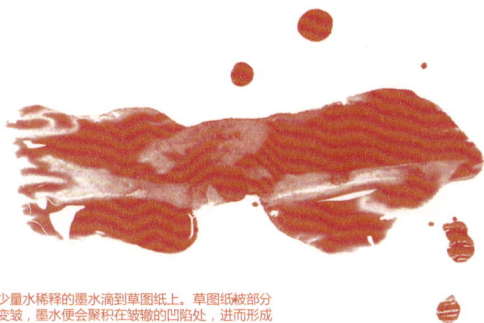

原型 10

我将用少量水稀释的墨水滴到草图纸上。草图纸被部分浸湿后变皱，墨水便会聚积在皱褶的凹陷处，进而形成有趣的图像。

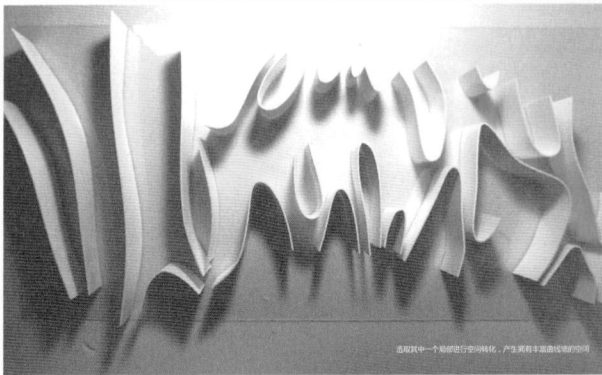

选取其中一个局部进行空间转化，产生美观有丰富曲线塑的形体

  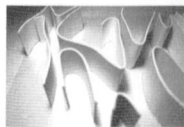

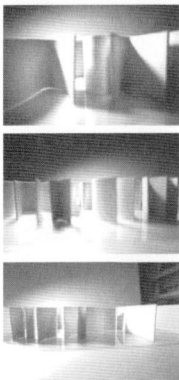  

8

经过多个原型的发现后，我们开始需要进一步读解这些空间了。我选择了有比较多斜交直线体系的原型"8"来进行读解。地段选在王府井大街的一块空地上，功能是市民活动中心。

操作上，我采用分层的方法来强化该原型"交织"的空间效果，但因为没有制定一个控制规则，所以看着做着就陷入局部还导方案显得得有些混乱，难以认读中期评图时老师们指出方案斜线没有有力的理由来支配这也是我做的过程中一直舒适的地方。

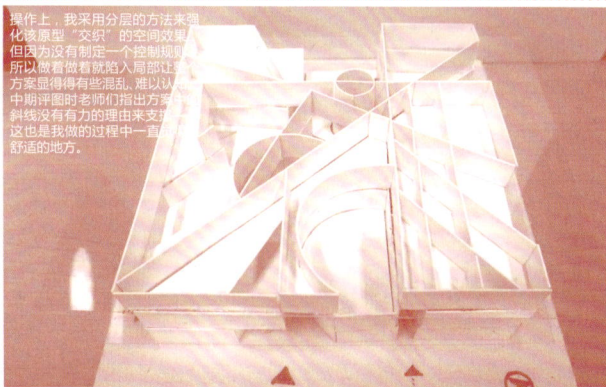

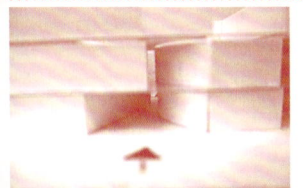

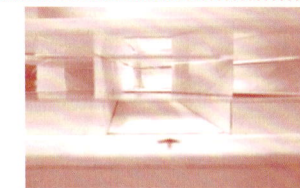

我们现在处于一个过渡阶段，从"创作""发现"过渡到"读解"阶段。去读解这样的空间应该放在什么样的地段上，去读解这样的空间适合放什么功能……

我们的"创作"阶段已经没有什么问题，它们已经都呈现出美好的"风景"。现在需要的是重新去"读解"我们之前所有的练习。

这种反向的读解是另一种设计方法论，也可以让我们从全新的角度更好地审视建筑中功能、形式、场地的关系。

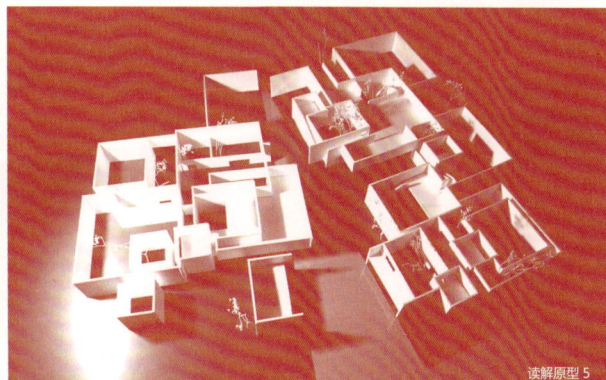

读解原型 5

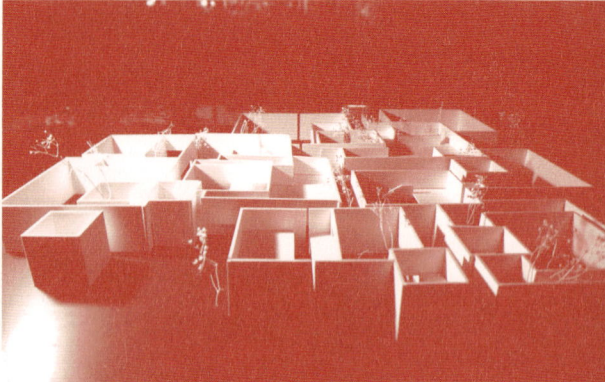

为了要抛开"形"的影响将此空间观念抽象出来,我选择借用数学(抽象的假设状态)中的集合论来描述。

集合论是从一个物件 o 和集合 A 之间的二元关系开始,若 o 是 A 的元素,可表示为 o∈A。由于集合也是一个物件,因此上述关系也可以用在集合和集合的关系上。

集合 A 和 B 的交集,符号为 A∩B,是同时存在集合 A 及 B 中出现的元素。集合 {1,2,3} 和集合 {2,3,4} 的交集为集合 {2,3}。

这个空间的"意义"是什么?

我应该捕捉的不是这个空间的"形",而是空间的空间关系与空间"观念",它们是完全抽象的,没有形状、没有大小。

空间本身就是由连续的点充满的集合,借用数学体系中的"交集"概念,我将此抽象的意义提炼为"交集空间 A∩B"——其中的点

属于 A 空间也属于 B 空间。

这种"空间观念"将为各类空间操作提供依据——它是可以被用以控制、统筹所有操作手段的。

"交集空间"性质1：交集空间使得两个完整空间的交接、过渡空间变得模糊，同时保证了A、B两空间的完整性。

人从A空间到A∩B，起初他的认知是在A空间的，然而再一看时突然发现自己其本身处B空间——在不经意间此人就完成了从A到B的流动，而A∩B成为一个密度更加增加的流动空间，并且将此灵动分别渗透到A、B两个空间。

"交集空间"性质2：交集空间使得两个空间相互入侵，产生负形，恰好可顺势植入辅助空间来成全主空间的完整性。

A空间的完整因为B空间的相交而产生不完整空间（A空间除去A∩B的部分），大多数房间需要服务上辅助空间，若本是完整形，再添去辅助空间，就剩下不完整性供主空间使用，B空间助入侵引入一条新的控制线，此线与A空间本有的一个冲突时，若趋势将其延伸出辅助空间，在主遇辅助空间存在的时对于本主空间，增辅了流动性及A&B的流线过渡，保证了主空间完整性。

"交集空间"性质3：交集空间使得空间中的活动具有迷路时"未知"带来的期待感。

人在A空间中可见A∩B，却不一定可见B空间，A∩B赋予A空间的暗示，却不让B空间一览无余，人在A空间中常常是无法控见B空间的场景的，因此此种"未知"的期待心情使得空间体验变得丰富而有意味。

这样的空间可以激发什么样的功能？

通过诸解流原型，我发现它有三种尺度的正方形并且景会交错在一起，不同的尺度对应不同的功能，分别是住宅、工作室和展厅于是这里形成一个跨界艺术家村落·生活、创作、参观、交流混杂在一起，通过空间的交错与渗透来被此观察，呈现出充满活力的艺术新生态。

图例：
- 公共咖啡座
- 艺术家A领域
- 艺术家B领域
- 艺术家C领域
- 艺术家D领域
- 艺术家E领域
- 艺术家F领域
- 住宅
- 工作室
- 展厅

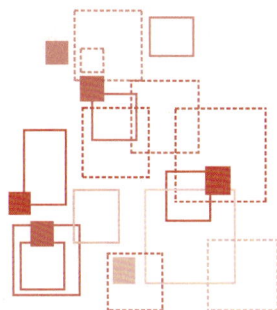

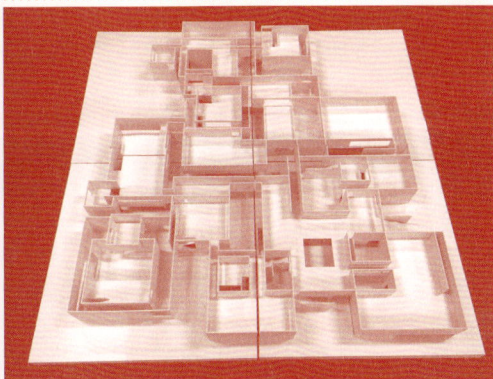

为了加强艺术家之间、艺术家与游客之间的交流，我在原型的基础上延展了大量模型。庭院、工作室、户外平台等公共、半公共空间，使调整个村落互相联通。在适当的位置保持私密，在适当的位置进行丰富的空间渗透。

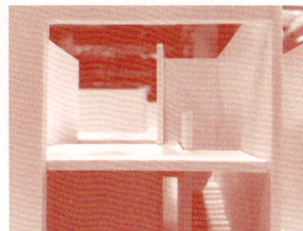

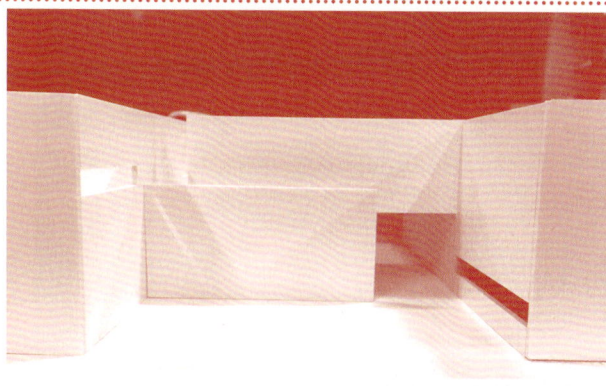
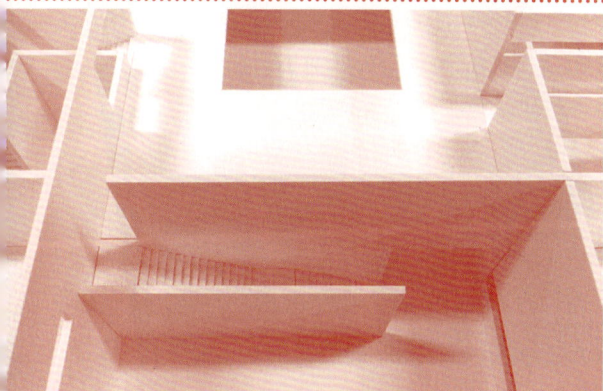

空间研究

SA Tsinghua Univ.
2015/03+04
Name   XU Y
Prof.   WANG YUN

关于建筑设计语言的探讨性设计

CONTENTS

巴塞罗那 Vallcarca

Krumlov

探究方向

"少做"，这是老师在第一节课时提出的要求。这意味着用一定手段，将经过试验、挑选出的原型的全部能量释放，成为设计的主要推动力。

寻找自己的手段在这里是训练的目标。

在欧洲的半年里我看了很多的好建筑，不过花时间更多地却是在城市、聚落中的游走。里斯本的街区、伊斯坦布尔的旧城、西班牙安达卢西亚的老城和意大利的村落等等，都非常有意思。而这些打动我的城市／聚落中，是否能提取出来作为我自己的设计原型呢？选择聚落作为方向后，遇到了一定的

困难，一方面，正如老师所说的，一般对于聚落的整体空间测绘资料较少，大多关注宅院、宗教建筑等单一的英雄式建筑，另一方面，形态上较为松散的聚落似乎较组织成综合体建筑以及聚落本身作为建筑的群体，借鉴后再翻译成新建筑空间的余地不多。

四川桃坪羌寨

鉴于这样的考虑和对聚落资料的搜集，我选择桃坪村寨作为我的原型。桃坪村寨作为军事防御性的聚落，它呈现内聚和堆叠的形态，更容易被转译成建筑空间。

四川桃坪羌寨

另外，桃坪村中的水系极有特色，它横穿于住居地板之下，构成了另一套交通系统，它与陆路系统的交叠非常有意思。于是我希望抽取村寨中的道路系统（迷宫）作为原型，来进行设计。

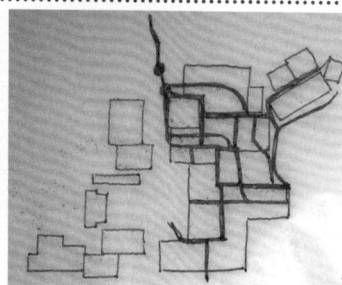

四川桃坪羌寨道路图

为了充实这一原型，我从世界不同聚落中抽取了一些迷宫的场景，包括羌寨高低起伏明暗变化的道路（迷宫中的通道）、里斯本 Alfama 街区台阶形成的广场（迷宫中的转折）、威尼斯的水路（迷宫中有形之路和无形之路）。

通过对这些意象的建筑空间重造，希望能提取出迷宫的建筑空间元素。

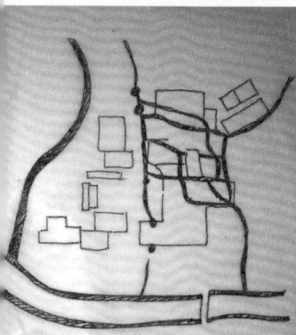

四川桃坪羌寨水系图

里斯本 Alfama

里斯本 Alfama

里斯本 Alfama

这里的台阶不仅连接了不同高差的平面，其本身也成为分隔空间的手段，不同宽度的台阶形成了分隔的节奏。

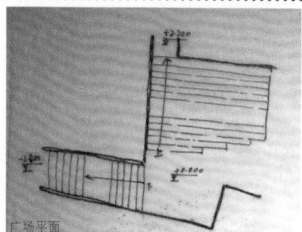

广场平面

迷宫原型1——转折/汇聚

这里台阶形成的广场连接了三个方向的道路，在"迷宫"之中为居民提供了公共休憩的场所。

威尼斯叹息桥

威尼斯

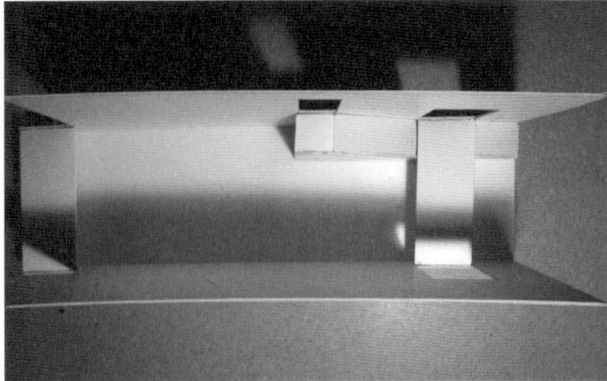

迷宫原型 2——有形 / 无形之路
威尼斯内部水路 / 陆路交错可转化为空间中的无形 / 有形之路的空间关系。
形成不同方向、不同高差上的交错。

迷宫原型 3——通道

迷宫通道上的光影变化

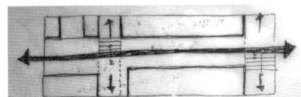

迷宫通道通往不同高差、不同方向上的出口。

空间原型提取
空间原型
重点选取羌寨中的道路系统作为生成空间的原型。
羌寨的道路包括部分被二层楼房遮盖的地面道路以及在屋顶行走的路径。

道路透视 1

道路透视 2

道路透视 3

03.05.2015 反思
桃坪村寨的内聚性成为吸引我其作为原型的困扰，它的堆叠形象导致了测绘和还原的困难。不具备明确完整特征的原型，也就难以成为设计的驱动，结果是我需要寻找各种片段要素进行二次加工来弥补设计信息的缺失。暴露了经验、把控的不足，这同样也偏离了我们本次训练的初衷。
那到底选择何样的聚落原型呢？城市的街区所面临的问题是边界划定，而且其本身的构成区别非常的小。松散聚落的形态如何成为建筑。内聚性聚落的资料缺失。 何处择选！

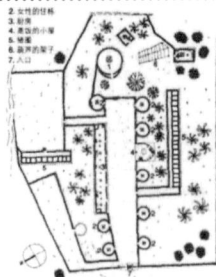

Baliem 峡谷复合型住居

住宅 / 聚落 / 城市

秩序 / 控制

反思
上次选择的聚落原型桃坪羌寨缺乏详细资料，过多杂糅了设计师的臆想和选择。作为原型的事物应当具有说服力与完备性，足以驱动整个设计，这点以将一个意象作为出发点的设计是不同的。

Baliem 峡谷复合型住居

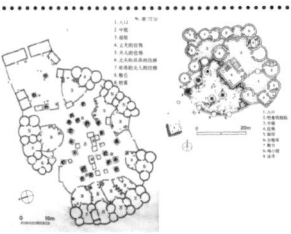

北非复合型住居

思考

之前选择聚落原型的过程中更倾向于具有特殊形态的聚落，借由其特殊性所提取出的空间能够相对容易地获得形式美与标识性。但缺点在于对于每一个特定的聚落，需要建筑师重新寻找一种转译手段，建筑师对形态的审查和调整依然占了很大比重，不能完全达到本次课程手段训练的目的。能否寻找一种更具普适性、更能把握聚落内在结构的转译手段？

阅读学习

聚落的中心性的定量化

"……将住居的面积大小视为重量的大小，于是根据住居的分布来寻找聚落中心的工作，就成为寻找住居分布的重心的工作。"

设各个住居的重心分别为 A_1〔、A〕$_2$、A_3、A_4……设其面积分别为〔$_1$、$_2$……将住居的〔中心放在任意直角坐标系中，得到各个重心点的位置 (x_1,y_1)、(x_2,y_2)……_=$(\Sigma$〔$_{\_}$〕$)/(\Sigma$〔$_{\_}$〕$)$，我们将点 $(_, _)$ 定义为该聚落的重心。

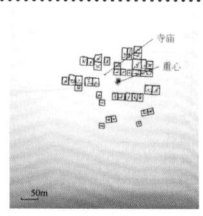

丰台沟村重心图

重心所具有的意义的实例

在重心的周边存在具有特殊意义的建筑物（寺庙）。

当聚落中的住居几乎都是均质的时，重心的位置与住居是否有重量没有太大的关系。能否通过一定的变换，在保有聚落的空间拓扑关系的同时生成新的不同尺度的空间图式？

不妨设聚落的重心 $(_, _)$ 为坐标系原点。即 $(\Sigma$〔$_{\_}$〕$)/(_)=0$，$(\Sigma$〔$_{\_}$〕$)/(\Sigma_)=0$

变换 1 伸缩

设图形沿 x 轴方向伸缩变换，变换比例为 k,(k ≠ 0) 点 A_1〔、A〕$_2$ 坐标变为〔(x)〕$_1y_1$,(x_2,y_2)。由 $(\Sigma$〔$_{\_}$〕$)/(_)=k(\Sigma$〔$_{\_}$〕$)/\Sigma_)=0$ 得重心位置不变，且各个住居重心之间的相对位置关系保持不变。

同理图形沿 y 轴方向伸缩变换时亦有上述结论。

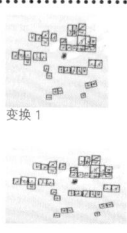

变换 1

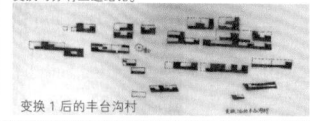

变换 1 后的丰台沟村

变换 2 旋转

当图形以重心（原点）为旋转中心旋转时，显然重心位置不变，且各个住居重心之间的相对位置关系保持不变。

变换 1、2 可综合，设 e 为任意向量，$A_$ 表示从原点到点 $A_$ 的向量，则向量 eA_1、eA_2……的端点重心仍为原点，且各点之间的相对位置关系仍保持不变。

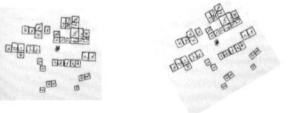

变换 3

当聚落中的住居几乎都是均质的时，重心的位置与住居是否有重量没有太大的关系。因此当我们将原先聚落中的住居全部替换成新的面积相似的体量时（各个住居的重心位置不变），所得的新聚落/空间形态依然满足聚落重心不变。

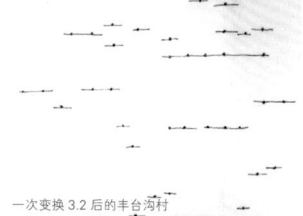

变换 3

变换 3.1

将一个聚落中的每个住居单体替换为其他尺度上的体量/墙/家具。相邻的住居可组合，则可形成新建筑群体/空间分隔。

一次变换 3.2 后的丰台沟村

变换 3.2

求极限。以下图为例，将每个住居沿 y 轴方向进行等比例伸缩变化，并趋近于 0，则得到一些墙体的分隔，墙体的重心与原来住居的重心一致。如此可进行叠加。由于求极限的方向可选择，以及x轴、y轴可同时进行伸缩变化，故可尝试用算法寻求合适解。

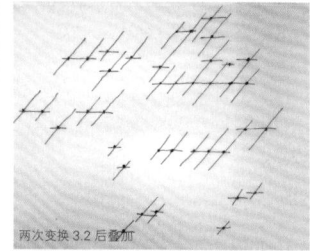

变换 3.2 示意图

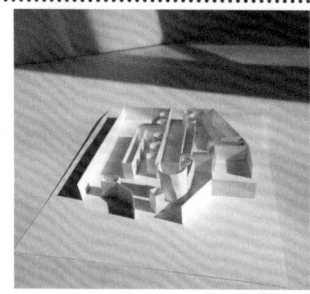

两次变换 3.2 后叠加

想法一 〔(x)〕$_iy_i$,$_i$?〕

如何实现三维方向上的变换。

想法二 重心的利用？

聚落重心周边常存在有清真寺、教堂、劳动作业场所、寺院、广场、村长的家、水井、聚落的人口、仓库、曼陀罗、集会所、公共浴室、祭祖堂等具有公共意义的建筑物。

印度尼西亚 Lamboya

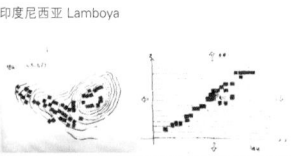

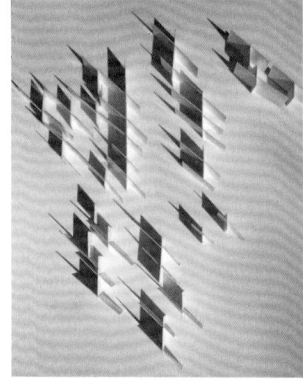

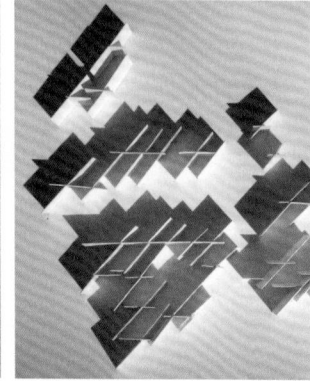

课后总结　　　　　　　　　　操作方法　　　　　　　　　　输入聚落　　　　　　　　　　提取每一住居形状

这节课较有意义的成果在于保留原有聚落的特性的同时抽象通过变换将其变成一种线阵的几何形式。如上页照片所示，线阵本身转化为墙体等建筑语言后的韵律和光影是很美的，但更关键的特征是将具象的聚落对象的内在规律抽取出来，形成建筑学上更为本质的几何美。

另外一点老师提示在已找到转译方式的前提下，不应该只拘泥于一两个特殊的聚落，应批量地处理聚落数据，在大量的调整、尝试的过程中发现规律。于是这几天的工作方向为通过将大量聚落总平面图输入 Rhino 软件中，通过 Grasshopper 插件建立参数调整机制，在观察、试验中发现新的规律和转译方法。

一、将搜集的聚落平面图导入 Rhino 中，提取出聚落中每个住居的形状。通过 Areacentroid 指令分别求出每个住居和整体聚落的重心。

二、通过 Grasshopper 编程进行变换，包括旋转、伸缩等变换。之前规定的变换 3.2 能够将聚落抽象为某个方向的线阵。

三、将两个方向上操作得到的线阵叠加，获得类似蒙德里安式的抽象图案。

2　Abeiruim

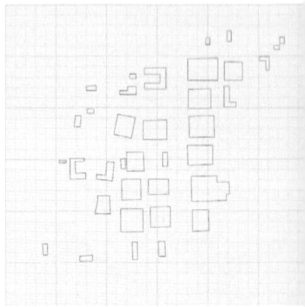

利用 Areacentroid 指令求出每个住居重心和整体聚落的重心

利用 Grasshopper 实现变换 1（即伸缩变换）

变换 2（即以聚落重心为旋转中心的旋转变换）

当 y 轴方向上变形系数趋近于 0 时，获得了线阵形式的图案

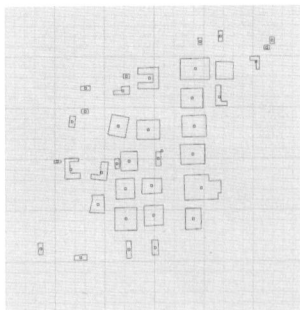

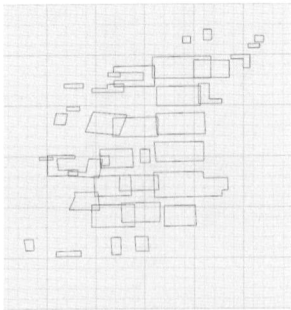

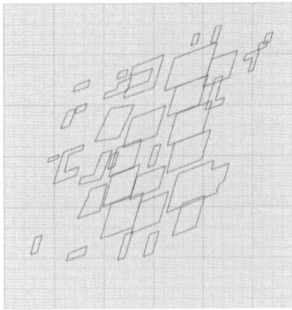

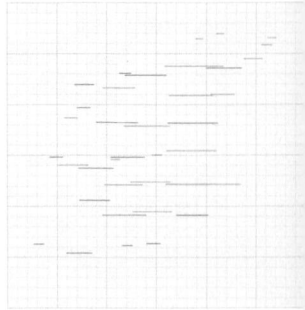

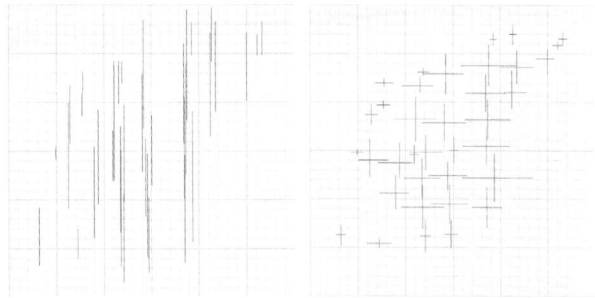

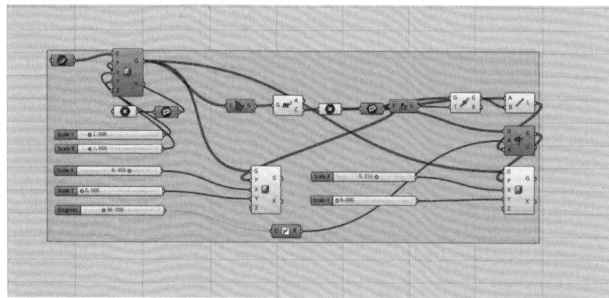

30 个聚落数据图

30 个聚落用 Grasshopper 进行变换

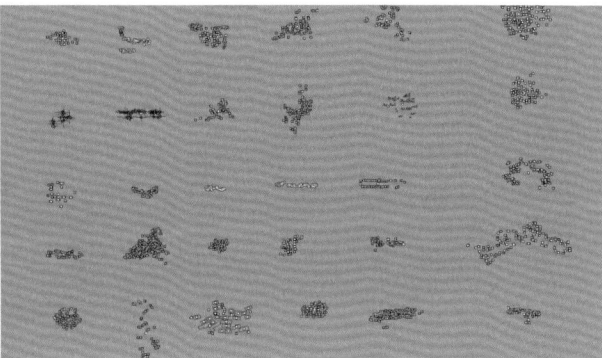

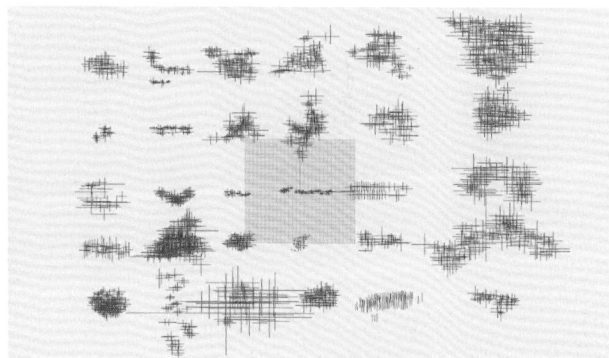

30 个聚落的电池图

蒙德里安?

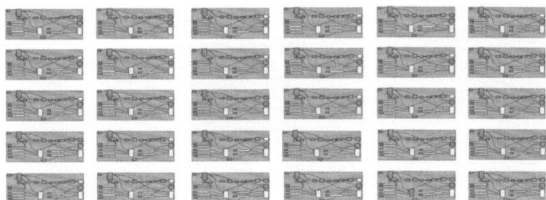

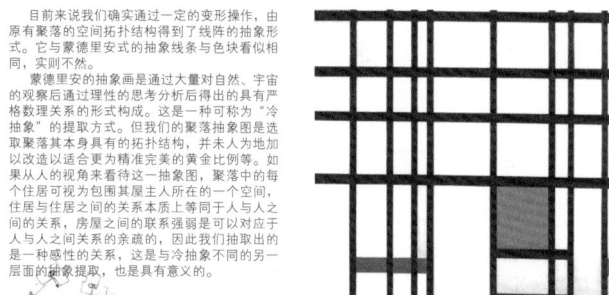

目前来说我们确实通过一定的变形操作，由原有聚落的空间拓扑结构得到了线阵的抽象形式。它与蒙德里安式的抽象线条与色块看似相同，实则不然。

蒙德里安的抽象画是通过大量对自然、宇宙的观察后通过理性的思考分析后得出的具有严格数理关系的形式构成。这是一种可称为"冷抽象"的提取方式。但我们的聚落抽象图是选取聚落本身具有的拓扑结构，并未人为地加以改造以适合更为完美的黄金比例等。如果从人的视角来看待这一抽象图，聚落中的每个住居可视为包围其屋主人所在的一个空间，住居与住居之间的关系本质上等同于人与人之间的关系，房屋之间的联系强弱是可以对应于人与人之间关系的亲疏的，因此我们抽取出的是一种感性的关系，这是与冷抽象不同的另一层面的抽象提取，也是具有意义的。

冷抽象

单从形式构成上来看，蒙德里安、杜斯伯格等风格派画家的作品的确与我提取出的聚落抽象形式有一定联系。

进一步探讨

一、亲密尺度的变换

事实上，当我们实施变换 3.2 的时候，一方面 y 轴方向上的变换尺度趋近于 0，而 x 轴方向上的变换系数是可以选择的。同理对其他方向上的变换 3.2 也是如此。

这一变换方法的现实意义是当维持人与人之间的亲密程度的拓扑关系时，可以将这关系网络置于不同的空间尺度下，从而形成不同的人际网络。

举个例子，这个变换可以是将同一群人分别置于一个城市中和一个电梯间里，人与人之间相互接近程度的比例关系是固定的，但人与人之间的整体亲密程度是一个大与小的对比。

二、亲密程度与
空间关系的对应
　这样的亲密
程度如何实现一
种空间上的转译
呢？
　这里我们将
两个人的亲密程
度分为三种情况
分别进行转译。

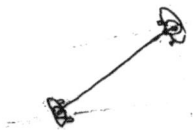

1. 首先提取
出每个房子的
重心

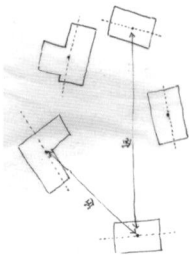

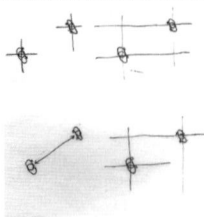

2. 将之前变
换 3.2 中取极
限抽取出来
的 x 轴与 y 轴
方向上的线视
为每个人的人
际关系范围，
这时每两个人
的关系就会出
现下图中的三
种情况，我们
分别称之为亲
密、一般、无
交往。

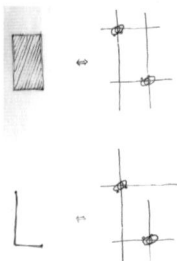

3. 我们将两
个人之间的关
系转化为空间
划分。
　其中亲密
的一对人可形
成一个围合的
空间，一般的
两人则形成 L
形围合，无交
往的两人不形
成空间隔断。
这样，我们就
可以把聚落中隐藏的亲
疏关系转化为
空间上的围合
关系，这是一
种有意味的抽
象。

Meyandare 聚落住居重心提取

Meyandare 的亲密
关系抽象图

Meyandare 亲密关系的空间关系对应

形成了内、外和院落式的空间分隔

这种自然生成的
院落、内外空间形
式有一定的美感。
这种美感不仅来自
于它们之间的组合
关系，它们之间在
空间围合上的图底
反转关系也是一个
有趣的点，内外都
能形成有意思的分
隔。
　也可以截取其中
某一段构成单体建
筑空间。

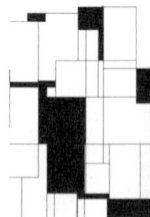

Meyandare 合并具有包
含关系的院落

尝试 1

　首先我们原先的亲密
关系空间对应图里去掉具
有包含关系。

　采用类似 Delauney 三
角剖分的办法。但这里的
剖分依据基于一个"亲密
团体"的概念。

　在空间对应图中如果
若干个矩形围合相接成一
个连续的体量，说明原先
这些住居对应的人之间的
亲密程度较高，能够形成
一个"亲密团体"。

　如果若干个住居形成
一个亲密团体，我们将这
几个住居重心相连，形成
三角剖分的组合。另外，
在刚才得到的去掉包含关
系的空间对应图中所连成
的围合，我们会在重心图
中同样连接对应两点。这
样我们得到了一种生动曲
折的空间围合图示。

尝试 1 得到的结果

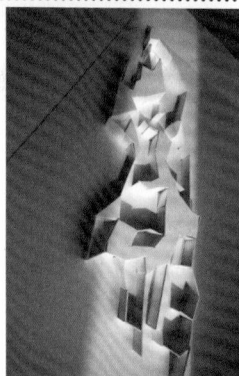

变换 2

得到变换 1 的结果之后，自然联想到能否通过类似的办法，用另一种数学图形 Voronoi 图来生成有趣的空间。同样采用 Grasshopper 得到聚落的 Voronoi 图。

事实上 Voronoi 图像在聚落研究中是有意义的，因为在这一图像中，每个住居它所在的多边形代表的是它与其他住居对抗平衡后所占据的力量范围，这与人际关系中人从远至近不同尺度上的舒适空间是对应的。

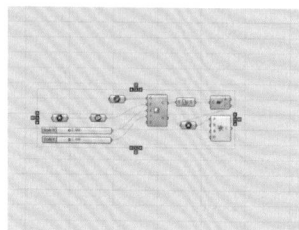

Meyandare 的 Voronoi 图解

Voronoi 图根据亲密关系组团进行划分

这样划分以后会将图形划分成若干相邻区域，暂时未想出能很好利用这种划分的方式。

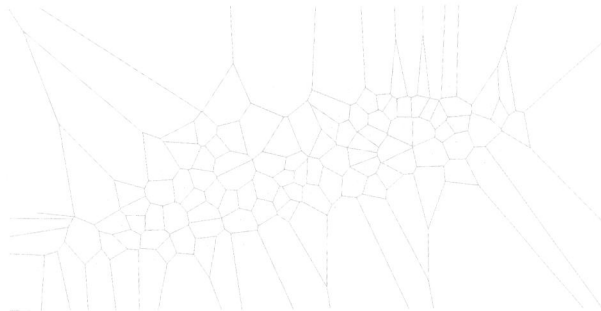

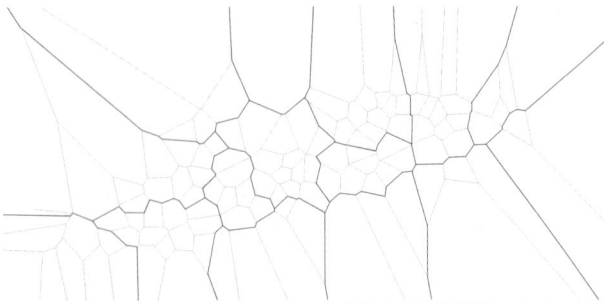

项目缘由

在 2015 年 1 月《文化部关于命名第五批国家级文化产业示范（试验）园区的决定》中，湖北实现零的突破，武昌·长江文化创意设计产业园成为我省首家被文化部命名的国家级文化产业试验园区。

"长江＋武昌"，谋定产城融合战略。武昌抢抓长江经济带建设机遇，高举"长江文化"牌，谋定"文化武昌"战略，推动文化产业与长江发展深度融合，打造武汉市、湖北省乃至长江中游的标志性文化产业发展示范带，使文化成为武昌的标识和特色，文化产业成为武昌的支柱产业，文化经济成为武昌的重要经济支撑。在"长江文明·文化武昌"引领下，以武昌·长江文化创意设计产业园为载体，推动文化产业成为武昌城市功能转型的引擎和经济发展的增长极。

基地面积约为 25000 ㎡。北侧临湖景色优美。基地东侧为一市民广场，东南侧为湖北省图书馆新馆。南侧面临城市道路，南侧 150 米处有一条城市主干道（公正路）

任务书要求为文化园区设计一个园区博物馆以及一个园区会所，综合展示、接待、贵宾住宿、餐饮、市民休闲等功能需求。

基地选址于中国武汉市沙湖南岸。

基地

交通分析

基地面积约为 25000 ㎡。北侧临湖景色优美。基地东侧为一市民广场，东南侧临湖北省图书馆新馆。南侧面临城市道路，南侧 150 米处有一条城市主干道（公正路）

生成概念

长江水系图

蜿蜒曲折的建筑外墙与空间隔断一方面隐喻了长江的庞大水系，是"长江文化"的抽象表现形式，符合园区主题，另一方面融入了中国传统园林中"步移景异"的手法，为参观者提供了丰富有趣的空间体验。

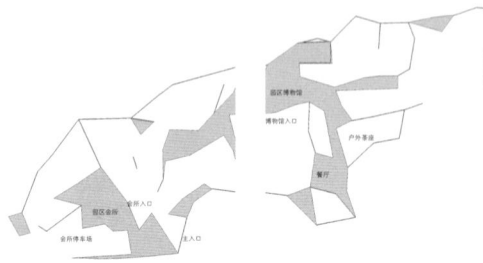

一草功能分区示意图

功能分区

为了适应东西长南北窄的场地条件，本案的体量沿东西方向布置。主入口位于南侧，面临城市道路。西侧为园区会所，园区博物馆位于场地中央，东侧面临城市公园，布置一些室外茶座，东南侧的餐厅可对外服务。

平面示意图

支流 / 光筒

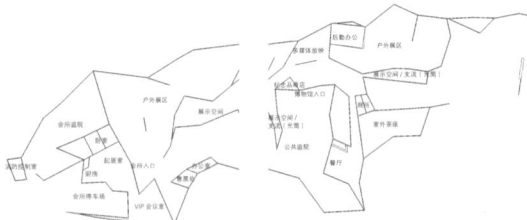

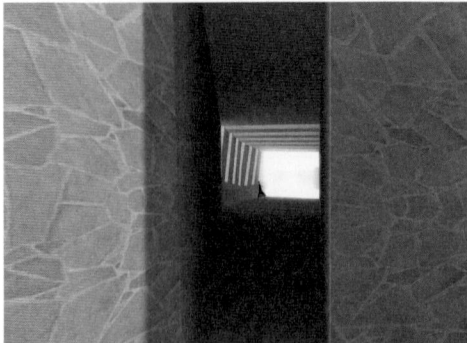

在空间的移动中会不断地发现一些延伸出的美妙空间片段，这对应于水系中溯源支流获得的探秘感受。

轮回

在经过两周半的原型探究和半周的功能植入后，小组似乎略显疲态，探索的热情比第一周时有所衰减。距离交图还有四周半的时候，能否再次抓住最后的机会，进入探寻的轮回了，进一步训练找寻语言的能力？

想法 1 艺术体操

团体艺术体操

艺术体操介绍

艺术体操（Rhythmic gymnastics），又称韵律体操，起源于欧洲。1962年被国际体操联合会确定为比赛项目。1963年举办第一届世界艺术体操锦标赛，1984年被列为奥运会正式比赛项目。有团体赛、个人全能赛和个人单项赛等多种形式。由舞蹈、跳跃、平衡、波浪形动作及部分技巧运动动作组成。一般在音乐伴奏下进行，富有艺术性。

艺术体操提倡韵律和节奏，是以自然性的动作为基础的节奏运动。艺术体操不仅是体育运动的健康美，而且是融入了芭蕾舞、民族舞、竞技体操、技巧、武术、杂技、戏剧等技术之精髓，还创造了一整套的有思想、有表情、有层次、有结构、有难度的立体练习程式，从而构成艺术体操的美。艺术体操以其高超的难度技巧，独特新颖的编排，妩媚多姿的、袅袅婷婷的动作及协调一致的音乐配合等因素来展示出优美和和谐的姿态美。

艺术体操类型

绳操
绳操使用的轻器械是麻绳或纤维制成的绳子，比赛动作主要有：过绳跳、摆动、抛掷、跳跃等。

球操
球操使用的器械是直径20厘米左右的橡胶球，比赛动作主要有：拍球、滚动、抛掷、跳跃、转动等。

棒操
棒操则是使用长40至50厘米、形状如瓶的短棒作为器械，表演动作主要有：空中转动、抛掷、摆动、跳跃等。

带操
带操使用的器械是长约6米、宽5厘米左右的彩带作为表演器械，彩带的一端与长50厘米左右的棍子相连，表演动作主要有：绕环、螺形、摆动、抛掷、转体等。

圈操
圈操使用的器械是内径约90厘米的木制或塑料制成的圈，表演的动作主要有：钻圈、抛接、绕环、滚动等。

空间原型提取想法

艺术体操的比赛场地为13米×13米的正方形场地。一般每次选手的表演长度为3到4分钟，在随着旋律起舞时运动员在时间和空间上的位移其实构成了一种对这方形场地运动的定义方式。观众的视线跟着运动员一起移动的感受和一个人在空间移动的感受是存在一定对应关系的。于是我尝试将体操选手表演选手在场地中划过的轨迹作为空间的围合。

提取

2013 Rhythmic Gymnastics World Championships – Hoop and Ball Finals

选手 Melitina STANIOUTA　9.066 分

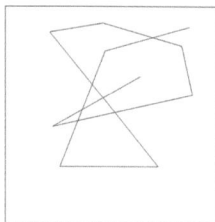

选手 Margarita MAMUN　9.166 分

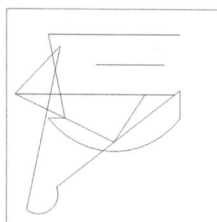

选手 Yana KUDRYAVTSEVA　9.100 分

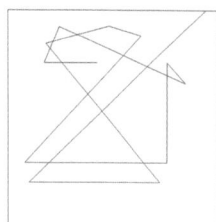

选手 Margarita MAMUN　9.133 分

想法 2 菌落

菌落

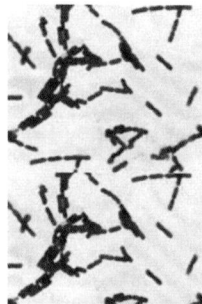

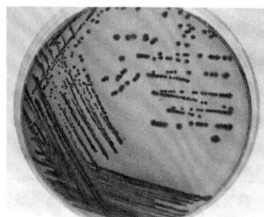

菌落（colony）由单个细菌（或其他微生物）细胞或一堆同种细胞在适宜固体培养基表面或内部生长繁殖到一定程度，形成肉眼可见的子细胞群体。

通常是细菌在固体培养基上（内）生长发育，形成以母细胞为中心的一团肉眼可见的、有一定形态、构造等特征的子细胞的集团，称之为菌落。

特征与形态

菌落形态包括菌落的大小、形状、边缘、光泽、质地、颜色和透明程度等。每一种细菌在一定条件下形成固定的菌落特征。不同种或同种在不同的培养条件下，菌落特征是不同的。这些特征对菌种识别、鉴定有一定意义。

细胞形态是菌落形态的基础，菌落形态是细胞形态在群体集聚时的反映。细菌是原核微生物，故形成的菌落也小；细菌个体之间充满着水分，所以整个菌落显得湿润，易被接种环挑起；球形菌形成隆起的菌落；有鞭毛细菌常形成边缘不规则的菌落；具有荚膜的菌落表面较透明，边缘光滑整齐；有芽孢的菌落表面干燥皱褶；有些能产生色素的细菌菌落还显出鲜艳的颜色。

大肠杆菌在普通琼脂培养基上面都是一样的，圆形边缘整齐，表面光滑，半透明，小凸起；典型的大肠杆菌在伊红美蓝琼脂平板上的特征为：深紫黑色、光滑、湿润、带有金属光泽的圆形菌落。

菌落形态特征比较表

表1 四大类微生物菌落和细胞形态特征的比较

菌落特征 微生物类别	主要特征						参考特征				
	菌落		细胞		菌落透明度	菌落与培养基结合程度	菌落颜色	菌落正反面及边缘颜色的一致性	菌落边缘**	细胞生长速度	气味
	含水状态	外形特征	相互关系	形态特征							
单细胞微生物	细菌	湿润或较湿	小而突起或大而平坦	单个分散或有一定排列方式	小而均匀有芽孢*	透明或透明度差	不结合	多样	相同	一般整齐不到细胞	一般很快	一般有臭味
	酵母菌	较湿	大而突起	单个分散	大而分化*	透明度差	不结合	单调（一般呈乳白色或矿烛色、少数红色）	相同	较快	多带酒香味
丝状微生物	放线菌	干燥或较干燥	小而紧密丝状交织		细而均匀	不透明	牢固结合	十分多样	一般不同	有时可见到细胞	慢	常有泥腥味
	霉菌	干燥	大而疏松或绒状丝状交织		粗而分化	不透明	结合	十分多样	一般不同	可见粗丝状细胞	一般较快	往往有霉味

* "均匀"指在高倍镜下看到的细胞只是均匀一团；"面"分化"是指看到细胞内部的一些结构。
** 用低倍镜观察。

资料来源：中国科学院微生物研究所期刊，周德庆，复旦大学生物系

提取　显微镜下的枯草芽孢

枯草芽孢杆菌介绍

枯草芽孢杆菌，是芽孢杆菌属的一种。单个细胞 0.7～0.8×2～3 微米，着色均匀。无荚膜，周生鞭毛，能运动。革兰氏阳性菌，芽孢 0.6～0.9×1.0～1.5 微米，椭圆到柱状，位于菌体中央或稍偏，芽孢形成后菌体不膨大。菌落表面粗糙不透明，污白色或微黄色，在液体培养基中生长时，常形成皱膜。需氧菌。可利用蛋白质、多种糖及淀粉，分解含氮酸形成吲哚。在遗传学研究中应用广泛，对此菌的嘌呤核苷酸的合成途径与其调节机制研究较清楚。广泛分布在土壤及腐败的有机物中，易在枯草浸汁中繁殖，故名。

在枯草杆菌丰富的水体里，水的表面张力比较小，可以在吹出来的泡泡的小圈上形成一层膜。

提取想法

菌落在形成的过程中受到了初始条件的设定限制，但更多是遵循自然生长的生物规律，其形态形成复杂美丽又具有自圆的合理性。

这里我选取菌作为试验的原型，它的形态容易形成清晰的线性空间。

选取形态

想法3　生命游戏

康威生命游戏，又称康威生命棋，是英国数学家约翰·何顿·康威（John Horton Conway）在1970年发明的细胞自动机。

它最初于1970年10月在《科学美国人》（Scientific American）杂志上马丁·葛登能（Martin Gardner）的"数学游戏"专栏出现。

生命游戏是一个零玩家游戏。它包括一个二维矩形世界，这个世界中的每个方格居住着一个活着的或死了的细胞。一个细胞在下一个时刻生死取决于相邻八个方格中活着的或死了的细胞的数量。如果相邻方格活着的细胞数量过多，这个细胞会因为资源匮乏而在下一个时刻死去；相反，如果周围活着细胞过少，这个细胞会因太孤单而死亡。实际中，玩家需要可以设定周围活细胞的数目怎样时才适宜该细胞的生存。如果这个数目设定过高，世界中的大部分细胞会因为找不到太多的活的邻居而死去，直到整个世界都没有生命。如果这个数目设定过低，世界中又会被生命充满而没有什么变化。

在这个游戏中，还可以设定一些更加复杂的规则，例如当前方格的状态不仅由父一代决定，而且还考虑祖父一代的情况。玩家还可以作为这个世界的"上帝"，随意设定某个方格细胞的死活，以观察对世界的影响。

在游戏的进行，杂乱无序的细胞会逐渐演化出各种精致、有形的结构；这些结构往往有很好的对称性，而且每一代都在变化形状。一些形状已经锁定，不会逐代变化。有时，一些已经成形的结构会因为一些无序细胞的"入侵"而被破坏。但是形状和秩序经常能从混乱中产生出来。

这个游戏被许多计算机程序实现了。在Unix世界中的许多黑客喜欢玩这个游戏，他们用字符代表一个细胞，在一个计算机屏幕上进行演化。比较著名的例子是，GNU Emacs编辑器中就包括这样一个小游戏。

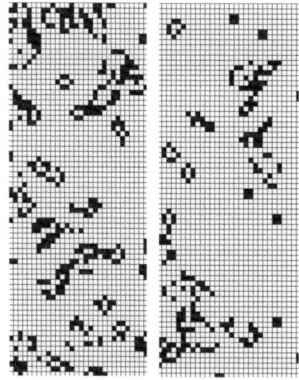

生命游戏规则图解

生命游戏中，对于任意细胞，规则如下：
每个细胞有两种状态－存活或死亡，每个细胞与以自身为中心的周围八格细胞产生互动。（如图，黑色为存活，白色为死亡。）

当前细胞为存活状态时，当周围低于2个（不包含2个）存活细胞时，该细胞变成死亡状态。（模拟生命数量稀少）

当前细胞为存活状态时，当周围有2个或3个存活细胞时，该细胞保持原样。

当前细胞为存活状态时，当周围有3个以上的存活细胞时，该细胞变成死亡状态。（模拟生命数量过多）

当前细胞为死亡状态时，当周围有3个存活细胞时，该细胞变成存活状态。（模拟繁殖）

可以把最初的细胞结构定义为种子，当所有在种子中的细胞同时被以上规则处理后，可以得到第一代细胞图。按规则继续处理当前的细胞图，可以得到下一代的细胞图，周而复始。

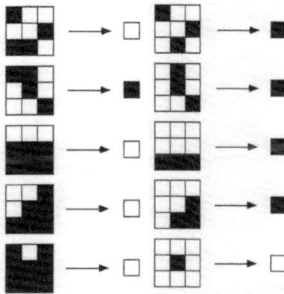

Golly 跨平台开源软件

Golly 是 由 Andrew Trevorrow 和 Tom Rokicki 开发的跨平台开源软件，可用于模拟康威生命游戏或其他类型的元胞自动机。Golly包含大量预先设定的元胞模式和生长规则，可模拟大尺度、长时间的元胞行为；采用wxWidgets编写图形用户界面，并支持Python和Perl脚本语言[2]。

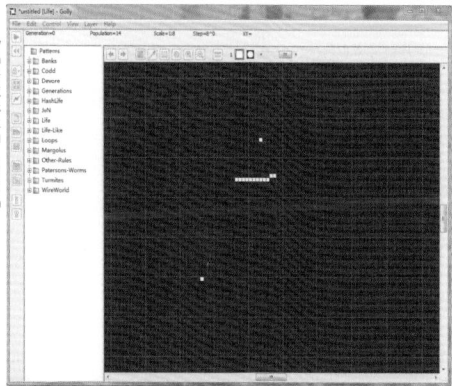

Golly 规则

Golly 支持以下算法及规则[4]：
QuickLife：一种常规的算法，支持包括康威生命游戏在内的各种二维邻居总和相关（outer-totalistic）规则，还支持史蒂芬·沃尔夫勒姆的一维规则。

HashLife：一种基于散列表的算法，支持的规则与QuickLife相当。当元胞模式规律性较强时，HashLife的效率将大大超过QuickLife。当元胞模式趋于混沌时，HashLife反而不如QuickLife高效。

Generations：一种支持多元胞状态的算法，经典的康威生命游戏中每个元胞只有生／死两种状态，而Generations可以支持那些拥有多状态（最高可达256个状态）的规则。

JvN：由约翰·冯·诺伊曼最早提出的元胞自动机算法（20世纪40年代），支持诺伊曼本人提出的JvN29规则（一个包含29种状态的元胞自动机）及其变种。

RuleLoader：允许用户自定义规则的算法，用户可通过外部 .rule 文件按照规定的格式[5]定义规则。

共有36个程序和5个类型。一个程序可能有多个类型。

Day and Night（目前最易衰变程序）

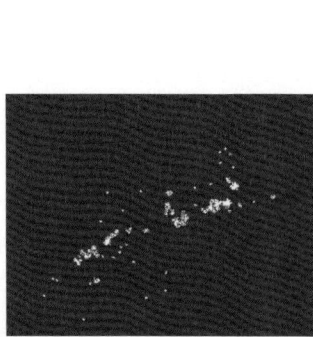

Fireworks　快速增长程序之一，能产生层层叠叠的图形，用来模拟烟火。

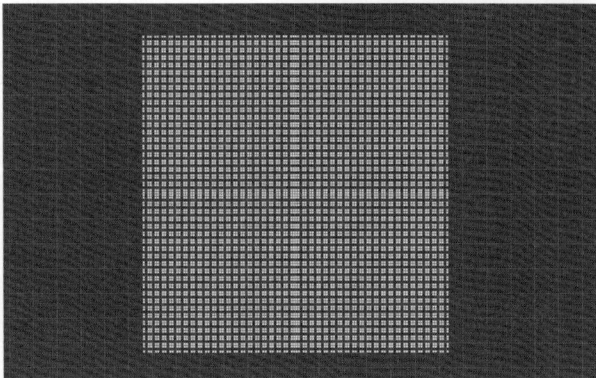

一个关于生命游戏的网站

Game of Life News（http://pentadecathlon.com/lifeNews/archives.html）

这个网站上有关于生命游戏的介绍、研究文档、图案库等等。其强大之处在于会每月将世界各地玩家发现的图案整理上传，从中能够获得大量有意思的繁殖形态，而且形态的代码均是可下载的。

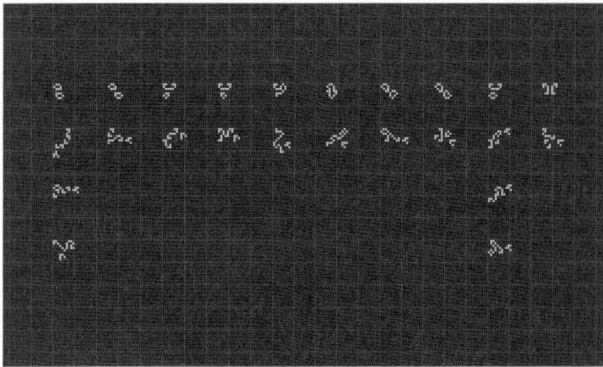

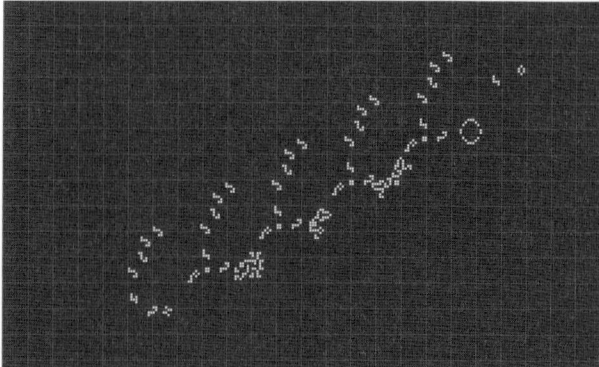

形态选取

　　该图案是网友于 2007 年 12 月发现的一个图案。这种通过几千代自动繁殖生成的单元集合实际上与聚落的形成有异曲同工之妙。我主要从生命单元形成的整体形态轮廓出发建立起空间，而不考虑单元格数量较少时形成的单体特征。

数学

形态选取

　　尽管曾走在数学这条路上，也见了不少优雅美丽的事物，但要将其与现在所参与的关于建筑学、关于空间的事系起来第一反应仍是错愕。不过数学之广博，总有可以采撷一二的东西，下面是几点关于数学转化成空间语言的几点思考。

一、映射图像

　　我们所能见到各种漂亮的几何形状、曲线往往是由一定的数学映射规律控制的。反过来，我们通过对这些函数解析式等的变量控制，能够调整得到符合需要的图形，也可以对这些图形进行叠加等操作。这是从中数学直接得到空间语言的一种方式。

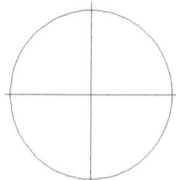

双曲线

立方曲线

极小曲面

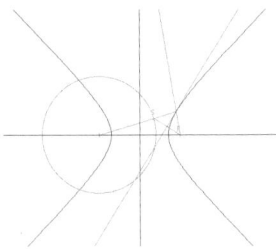

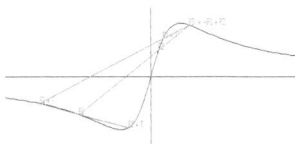

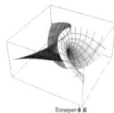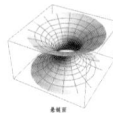

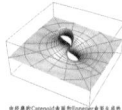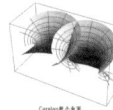

运用极小曲面的校园凉亭

运用极小曲面的校园凉亭

STUDENT ID / 2010700001 / 2012700006
TEACHER / Huang Weiwei
DATE / 04.07.2014

空间原型选取
单峰映象

单峰映象（logistic map）是种二次的多项式映射（递推关系式），是一个由简单非线性方程式产生混沌现象的经典范例。这种映射因生物学家 Robert May 在 1976 年发表的一篇论文而著名。单峰映象原本被 Pierre Franois Verhulst 用作一个人口学模型，后来应用在物种受到限制因素之下的数目 [1]。数学上可写成

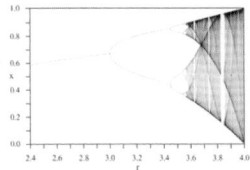

$$x_{n+1} = rx_n(1-x_n)$$

研究缘起

浸润了肥皂液后吹出的肥皂泡即是一个由最小化面积所得到的最小曲面的实例。肥皂泡的膜薄的表面薄膜能称为张拉膜，这些膜满足给定空气条件和受负外部形状的表面形成最小的曲面。

Plateau问题
给定一条封闭的可求长的空间Jordan曲线，试找出以这条空间曲线为边界的有极小曲面的曲面。由此类问题涉及到自然界其最小化因的问题，自然光照，在建筑设计、飞机轮船船舶等等领域都有覆量的应用。

r 的值对结果的影响

1. 0 和 1 之间：不论起始值数值为何，x_n 会越来越少，最后趋近于 0。

2. 1 和 2 之间：不论起始值数值为何，x_n 会快速的趋近

$$r-1$$

2 和 3 之间 r 经过几次迭代，x_n 也会越来越接近值，但一开始会在这个值左右振动，而收敛速率是线性的。

$$r-1$$

3. r 为 3：x_n 仍然会越来越接近，但收敛速率极为缓慢，不是线性的。

$$1+\sqrt{6}$$

4. 3 和（约 3.45）之间：针对几乎所有的初值，x_n 最后会在 2 个值之间持续的震荡，即 x_n 最后会是 a,b,a,b... 的变化，其数值和 r 有关。

5. 3.45 和大约 3.54 之间：针对几乎所有的初值，x_n 最后会在 4 个值之间持续的震荡。

约大于 3.54：x_n 最后会在 8 个、16 个、32 个……之间持续的震荡，至于 r 何时会令 x_n 的值由 n 个到 2n 个，则和费根鲍姆常数 \delta=4.669... 有关。

单峰映像图像

对于某个 r 值，将 x_n 能够趋近的值对应于坐标平面上会得到其映射图像，logistic map。

下图是对原有递推式进行变形以后的不同映像图像叠加。

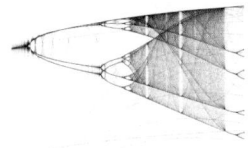

单峰映像图像操作

同样的我们可以对该曲线进行叠加变形等操作获得平面图案。

另一方面由于该映射图像中出现了混沌的现象，其中会隐含一些趋近线，可以选择不同的转译方式。

Coupled Logistic Map

当我们将递归式变量增加一个后，会形成更为有趣的图形。

$$x_{n+1}=(1-\alpha)f(x_n)+\alpha f(y_n)$$
$$y_{n+1}=(1-\alpha)f(y_n)+\alpha f(x_n),$$

$$f(x)=\mu x(1-x).$$

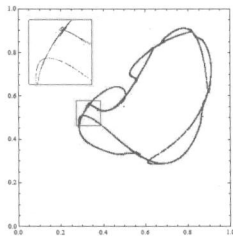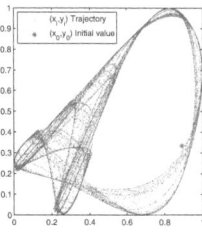

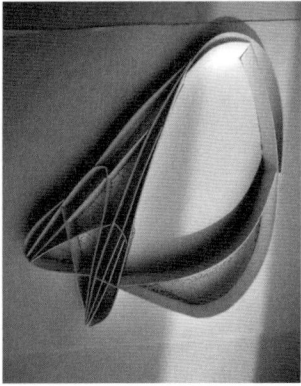

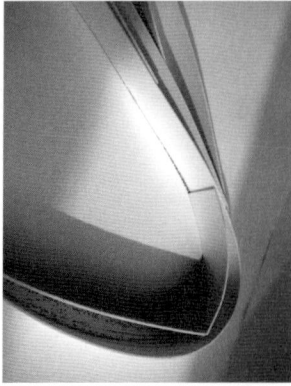

二、关于元胞自动机

《A NEW KIND OF SCIENCE》

作者 Wolfram 在 12 岁的时候看到了一本物理书上的随机分子碰撞的图形就想到了要用计算机模拟这一切，于是开始了他的科学生涯。在之后的日子里，作者不断地产生新想法，又不断己试图找到了答案，于是写成了这本书。这一章还介绍了与该书内容相关的 N 多领域，包括复杂系统、人工智能、人工生命、系统科学等等。

全本书大量地使用细胞自动机生成的图形来说明、叙述。其中字里行间，作者都表达了一个强烈的观点：宇宙的一切过程都仅仅遵循非常简单的运算，而且这个运算很可能就是 101 号细胞自动机，所以一切的奥秘也许就起源于这一种简单的规则。

"There are many systems in nature that show highly complex behavior. But there are also many systems that show rather simple behavior— most often either complete uniformity, or repetition, or nesting...

Traditional intuition might have made one assume that there must be a direct correspondence between the complexity of observed behavior and the complexity of underlying rules. But one of the central discoveries of this book is that in fact there is not.

Starting from Randomness

详细地讨论了四类细胞自动机的行为，也就是我们熟知的单一状态、周期、混沌、复杂类型。其中作者对后两种类型进行了比较详细的介绍。

这里三种元胞自动机在经过足够多次的迭代后，都能产生一种固定的形态。

由元胞自动机生成单一状态

元胞自动机 110 号从任何一种状态开始迭代，得到的图像依然都会是无序的，由此可以模拟混沌过程。

空间原型选取

这里选取了在任意初始条件下通过元胞自动机 110 号生成复杂图案的过程。

书中提出了一个猜想：The Principle of Computational Equivalence，也就是计算等价性原理，作者认为宇宙的一切活动都是一种计算，而且能够完成复杂计算的过程都是等价于通用计算的，所以，原则上讲，细胞自动机 110 能够模拟任何一个复杂的计算过程。作者当然也讨论了哥德尔不定理、不可判定问题，认为对于第四类细胞自动机，我们除了运行它以外，根本无法判定它在未来的行为，即使在原则上，因为它是不可判定的问题。

把这个结果翻译到空间中来，复杂的空间形态是否能借由一个简单的原则，例如这个元胞自动机 110 来生成呢？

以下是我做的一点尝试。

| current pattern | 111 | 110 | 101 | 100 | 011 | 010 | 001 | 000 |
| new state for center cell | 0 | 1 | 1 | 0 | 1 | 1 | 1 | 0 |

元胞自动机 110 号操作规则

提取

这里我们将操作后的结果中，每一个 14×7 的单元格集合中所有格的颜色都用这个集合中的第一个格的颜色来代替，我们就得到了一个类似"模糊"效果后更为统一的结果。

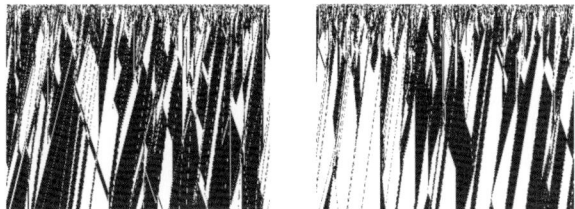

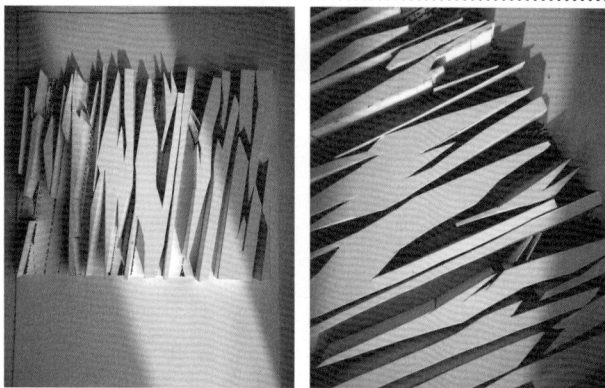

保角变换

数学上，共形变换（保角变换）的概念是从流体力学和几何学中产生的，是一个保持角度不变的映射。

更正式的说，一个映射

$$w = f(z)$$

称为在 z_0 处，共形（或者保角），如果它保持过 z_0 的曲线间的定向角度，以及它们的取向也就是说方向。共形变换保持了角度以及无穷小物体的形状，但是不一定保持它们的尺寸。

共形的性质可以用坐标变换的导数矩阵雅可比矩阵的术语来表述。如果变换的雅可比矩阵处处都是一个标量乘以一个旋转矩阵，则变换是共形的。

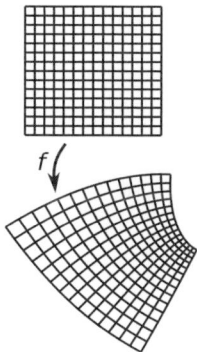

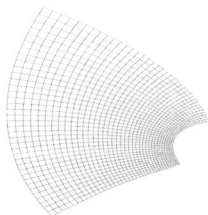

一次保角变换

揣测

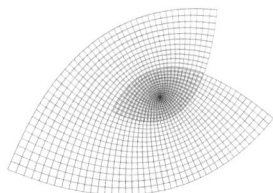

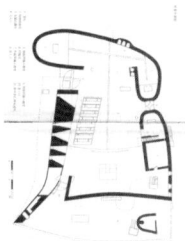

保角变换得到?

经过轻微的保角变换的建筑空间，能看出隔断之角依然为直角，但整体上发生了一定的扭曲，产生了有趣的空间效果。

右侧为两种不同的保角变换。

经过保角变换后的建筑空间，能够在在保证每个单元空间完整性的同时造成整体上弯曲的空间趣味性。

重力

在思考在力学中寻找原型时，自然想到建筑中最重要的一种力——重力。反其道而行之，是否能寻找一种物体无重力状态下的分布状态来生成建筑空间呢？

当物体浸泡在流体（液体或气体）中，液体（气体）对物体上下表面的压力差产生了浮力。

浮力计算公式：

$$F_浮 = G_排 = m_排 \times g = \rho_液 \times V_排 \times g \quad G_物 = m_物 \times g = \rho_物 \times V_物 \times g$$

因此当物体浸在水中时能够部分模拟失重状态。

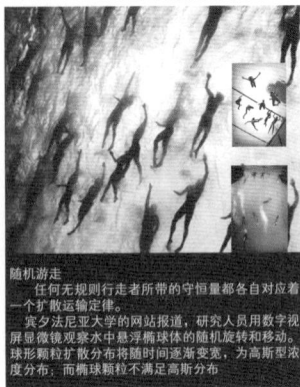

自制了一个盛水容器。这里的考虑在于容器的进深要浅，从而获得更为平面的视觉效果。原来打算是将一些铅笔屑、布条、纸片等投入容器中，用灯光将其打在半透明的草图纸上从而获得一种黑白阴影关系图，在其部分"失重"自由分布的状态下获得具有点、线、面的平面图案。但经过试验，遇到的困难在于目前尚能找到的材料与水的密度差太大，布条、铅笔屑等浮在水面，大头针等密度大的物件下沉速度过快。

随机游走

任何无规则行走者所带的守恒量都各自对应着一个扩散运输定律。

宾夕法尼亚大学的网站报道，研究人员用数字视屏显微镜观察水中悬浮椭球体的随机转动和移动。球形颗粒扩散分布将随时间逐渐变宽，为高斯型浓度分布；而椭球颗粒不满足高斯分布。

于是在找到合适实验材料之前暂时搁置用固体模拟的办法，想到探究液体在液体中分布的关系。这里采用将墨水滴到水中观察扩散效果的办法进行探究。

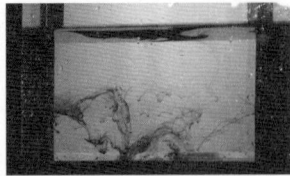

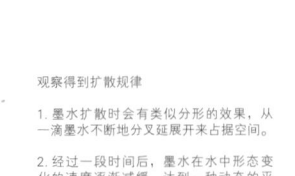

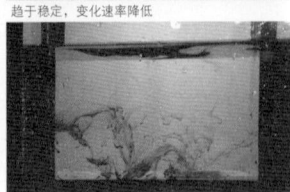

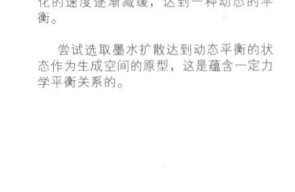

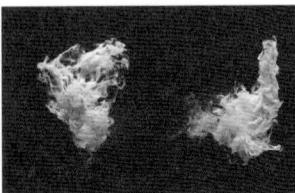

初始状态

部分墨水在表面散开，部分在水中逐渐分散

用毛笔滴入墨水

全过程展示

趋于稳定，变化速率降低

观察得到扩散规律

1. 墨水扩散时会有类似分形的效果，从一滴墨水不断地分叉延展开来占据空间。

2. 经过一段时间后，墨水在水中形态变化的速度逐渐减缓，达到一种动态的平衡。

尝试选取墨水扩散达到动态平衡的状态作为生成空间的原型，这是蕴含一定力学平衡关系的。

另一种尝试

除了直接向水中滴入墨水外，我尝试了另一种方法，即在水面上写字，猜想这样一来墨水在水中分布的状态成了文字间架结构的一种演绎。

下面几张图是我在水面上写下"无处之民"四个字后墨水的分布状况。从实验中可以观察到以下特点：

1. 写字时笔画的先后顺序是墨水在水中不同部分扩散的先决条件；

2. 由于写字时墨水与水在笔尖不断混合，后面写出的笔画形成的墨迹会变得更加混沌；

3. 最后呈现出来的稳定态与直接滴入墨水的试验相比分布更加均匀也更加混沌，为提取空间原型带来了难度。

从左至右在水面上写字

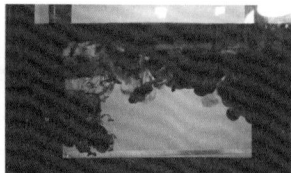

明显看出右侧的墨迹比左侧更加混沌

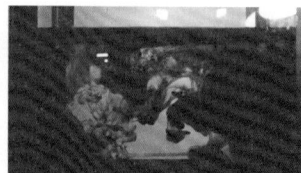

最后的稳定态更加混沌

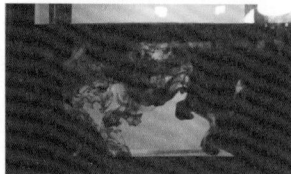

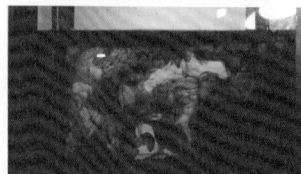

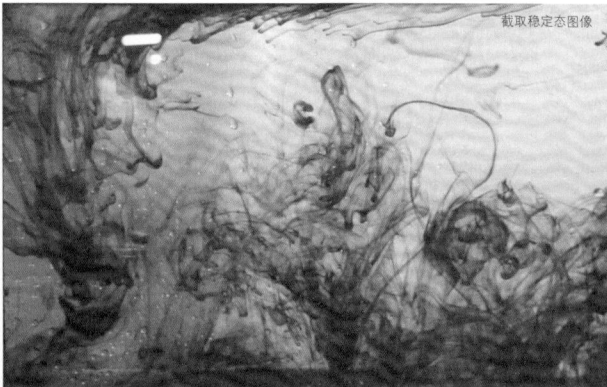

载取稳定态图像

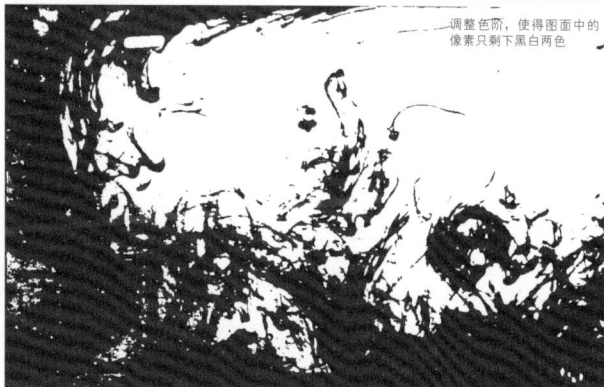

调整色阶，使得图面中的像素只剩下黑白两色

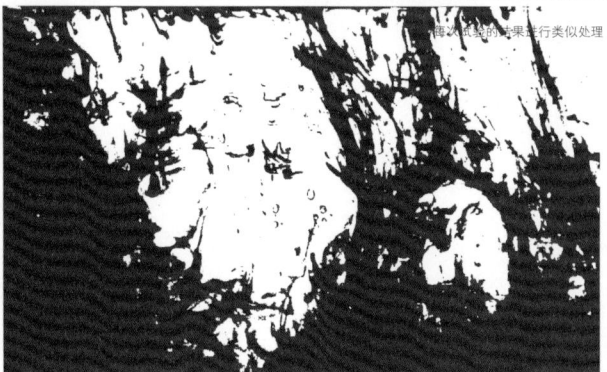

将这张新的结果进行类似处理

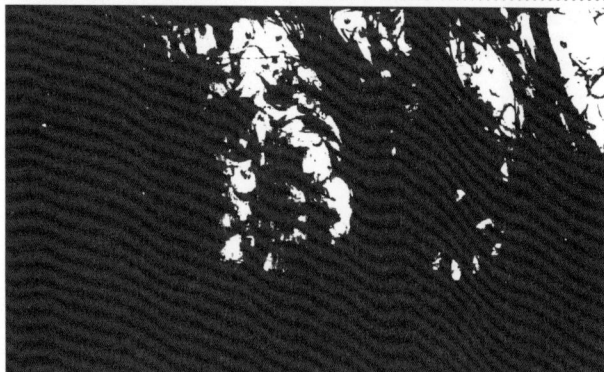

这些图像会让人不由地联想到地图、板块等形象，我们可以大胆猜想，板块运动的内在物理规律是否与液体（或者其他物质）在海洋中的扩散规律有关。

这幅图使我联想起斯德哥尔摩市的地图

819

这种方法由于中间调色阶选取的不同存在一定的调整空间，下面两幅图都是由同一个墨迹稳定状态得到的黑白图案。

同时我们可以对所得图像进行不同程度的像素化处理。

不同程度像素化以后的图像给人不同尺度上的空间想象。上图会唤起类似于世界地图或者港湾的想象，这里则像一份城市肌理片段。

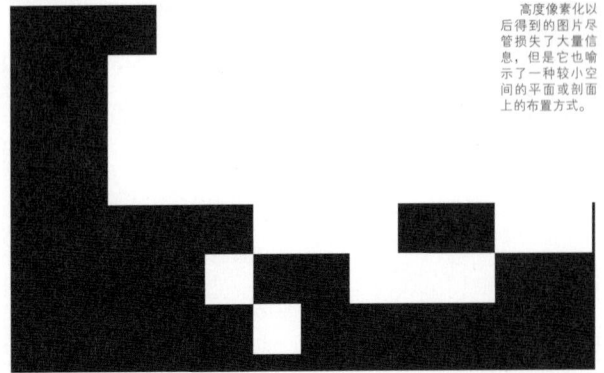

高度像素化以后得到的图片尽管损失了大量信息，但是它也喻示了一种较小空间的平面或剖面上的布置方式。

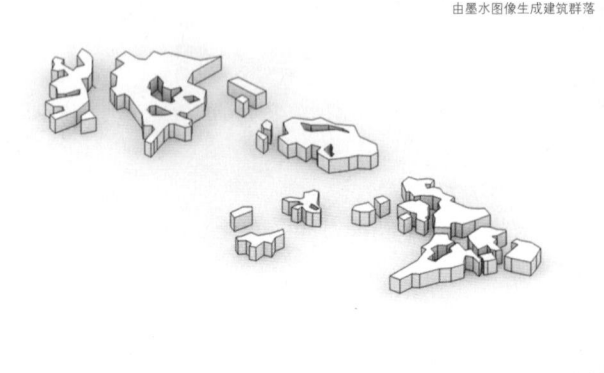

由墨水图像生成建筑群落

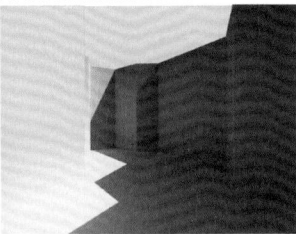

建筑内院

室外道路，在建
筑外形的切割下
同样具有丰富的
空间体验

另一次试验得到
的空间原型

反思
由高度像素化以后得到的空间

反思
　　用这种提取方式生成的空间从形式上讲与
之前的用数学手段分析聚落得到的空间类似，
两者都有丰富的内部、外部空间形体，但同时
也较为简单，缺乏更进一步的空间体验。

另一种尝试
　　类似于之前观
察艺术体操轨迹
的办法。买了三
只小锦鲤试图观
察其游动轨迹，
分别观察一只鱼
和多只鱼的游动
状态。但实际上
最终出现的效果
里鱼的游动方向
过于随机难于提
取，猜想可能这
种生物学上的提
取可能需要一种
更加抽象（比如
整体统计数据的
某种处理等）了
考更加大胆的方

一只鱼的游动状况
　　大多情况下是横
向游动，得到的结果
不太理想。

821

三只鱼的游动状
况过于随机，同
样不适合作为生
成原型。

元胞自动机
110 号再探讨

这是之前探讨过的一个原型。这里我
请计算机系的朋友为我编制了元胞自动
机 110 号生成图像的代码，通过自己调整初
始条件来生成原型。

正如之前提到的，110 号规则能够在
任意给定的初始条件下形成混乱，这样一
来我们给定了一段初始二进制代码，而这
段代码可能是某个城市肌理截面，我们就
能由此预测未来的城市肌理发展，由此生
成的建筑空间是符合城市发展规律的。

这里我们的合理性其实是基于前城
市趋于多元化、趋于混沌而难以预测的一
个局面。

编程软件 python 3.3

current pattern	111	110	101	100	011	010	001	000
new state for center cell	0	1	1	0	1	1	1	0

元胞自动机 110 号规则

代码

代码中的设定

1. 输入的 01 串

这里我们可以自己设定元胞自动机发展的原
始 01 串，这样我们将具有一定意义的初始条件
（比如某段城市截面）等输入，观察其发展情况。

当初始条件的 01 串长度不足时，我们增加了
一个随机过程，即根据输入的 01 串特征进行随
机处理，得到需要长度的初始 01 串

2. 迭代次数

通过改变迭代的次数我们可以得到所需的任
意长时间内的发展结果。这里一种对应的意义是
我们可以观察城市的在某时长内的发展预测，或
者观察某一历史事件随着时间推移遗影响的变
化。

3. 统一化

我们把每一个 7×14 方格集合中的所有 01 数
字全部替换为这个集合中左上角第一个方格中的
数字，这样我们能够得到一个黑白更为统一的图
案。

运行

运行结果展示 1

822

运行结果展示 2

运行结果展示 3

运行结果展示 4

运行结果展示 5

运行结果展示 6

运行结果展示 7

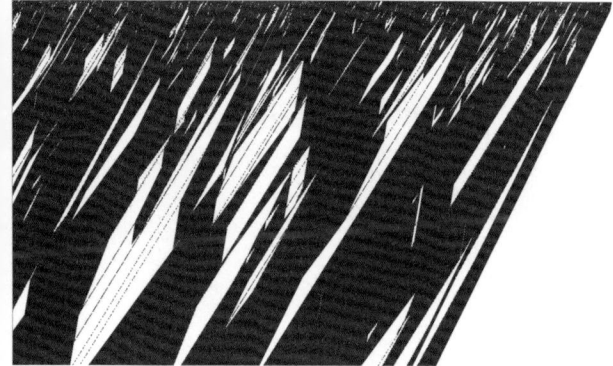

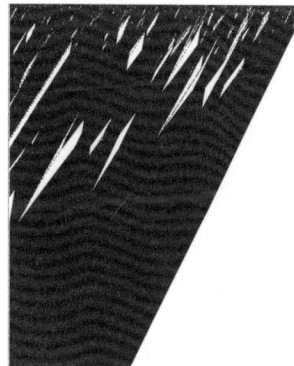

运行结果展示 8

运行结果展示 9

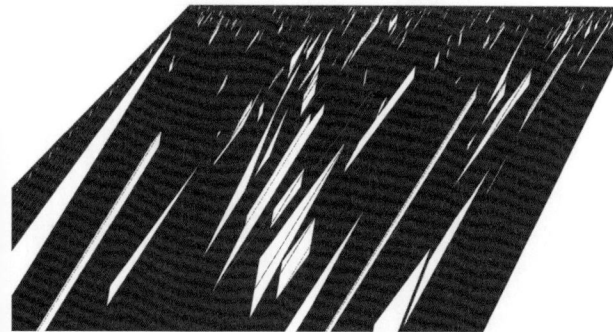

运行结果展示 10

运行结果展示 11

运行结果展示 12

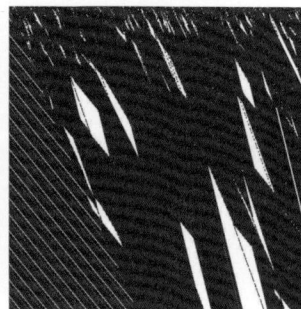

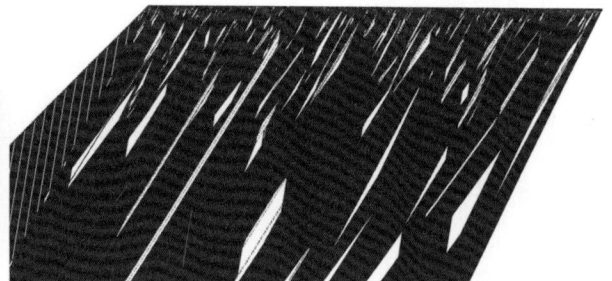

图像处理

由于元胞自动机 110 自身的规则设定，例如 001 变为 1，100 变为 0，会使得图像在迭代过程中向左倾斜，因此我们对图像进行矫正，同时进行压缩拼接，使得图像的黑白交叉特征更加明显。

这里我们采取的步骤是

1. 矫正

2. 黑白色块提取

3. 提取色块重心

4. 对重心位置进行伸缩变换

5. 将每一重心对应的色块叠加，得到一幅压缩拼接的图像

1. 矫正

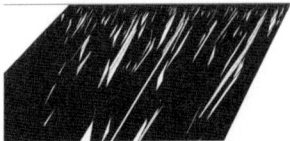

矫正前

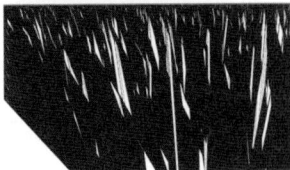

矫正后

2. 黑白色块提取

这里我们将原先图像中黑白方格夹杂的图像进行规整，提取出更为统一的黑白色块划分。

3、4 色块重心提取以及重心位置伸缩变换

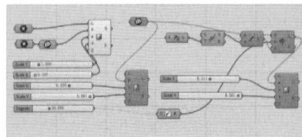

与前面对聚落的操作类似，用 Grasshopper 编制变换程序

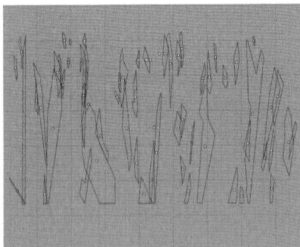

提取色块重心

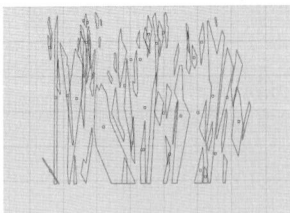

压缩试验 1

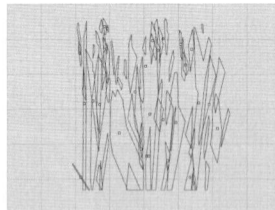

压缩试验 2

交叉与不交叉情况的对比

三种不同压缩情况对比

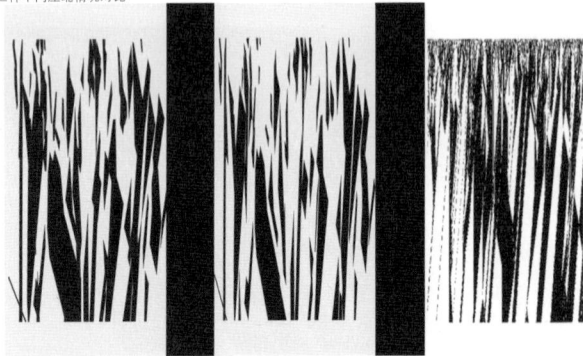

选取原型

选取原型

空间形成

可以看出许多狭长曲折的缝隙空间，这是这一空间原型的魅力所在，下一步的努力是在保留这一特征的前提下，寻找合适的空间表达方式。

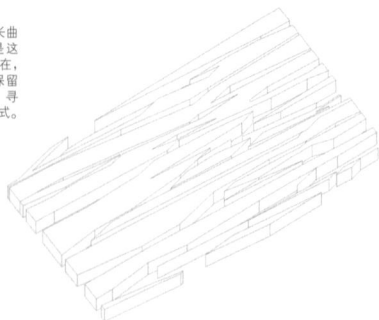

狭长曲折的缝隙空间

地段选取

地段选取1

大栅栏街区改造计划

大栅栏街原称廊房四条，距今已有近500年的历史。大栅栏处在古老北京中心地段，是南中轴线的一个重要组成部分，历史上就是一个繁华的商业区。

大栅栏原是廊房四条，因为这条胡同的栅栏制作出色，保留长久，而且又大一些，而逐渐为京城所瞩目，所以，大栅栏就成为这条胡同的名称了。老北京有句顺口溜叫"看玩意上天桥，买东西到大栅栏。""头顶马聚元，脚踩内联升，身穿八大祥，腰缠四大恒"说的都是早年间大栅栏的地位和繁华景象。

北京国际设计周——大栅栏新街景设计之旅

+打造西城区最具全国影响力的活动品牌，创旅游改造成果亮相及提升区域软实力

+以文化复兴带动产业发展，优化首都核心功能，体现首都核心区特点，突出西城特色

+以社区建设深化大栅栏更新计划，构建"老北京-新社区"，促进区域共建活动

+大栅栏历史文化街区文化游改造成果亮相及推广-西河沿开街亮相、杨梅竹项目深化

+坚定不移地推进大栅栏更新计划，构建社会各界参与的多元跨界平台，集社会之力，共建共荣，实现改革成果共享

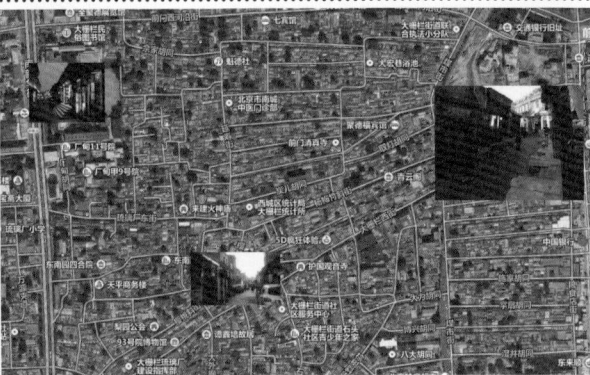

地块选取

选取的地块位于大栅栏街区的南侧，珠市口西口大街北侧。现在为一小型广场，广场目前有一些小型商店。地块东西长，南北窄。希望改造后植入艺术家工作室、商店、室外艺术长廊等功能，一方面契合大栅栏地区改造计划的目的，作为进入大栅栏地区的南侧入口。另一方面希望能够在建筑中重塑大栅栏地区里杨媒竹斜街等城市肌理。

问题发现

将建筑植入后发现建筑与城市的南北向肌理有冲突，猜想这样的建筑空间更加适合南方的弄堂肌理。

地段选取2

甪直

甪直悠久的历史孕育了古镇甪直丰富灿烂的吴地文化，是首批中国历史文化名镇之一。在古镇5.6公里长的河道上，历史上曾横架着形式多样的江南小桥72座半，有多孔的大石桥、独孔的小石桥、宽敞的拱形桥、狭窄的石板桥，双桥、姐妹桥、钥匙桥、半步桥等。

据《甪里志》载：甪直原名为甫里，因镇西有"甫里塘"而得名。后因镇东有直港，通向六处，

流形似酷如"甪"字，故改名为"甪直"。镇广场中央矗立着一座独角怪兽"甪端"的雕塑。传说中，此兽可避邪镇风，佑一方百姓。甪直镇为多水之乡，北有淀山湖、澄湖，西有金鸡湖、独墅湖，因而又有"五湖之汀"的美称。甪直镇位于苏州市吴中区，距苏州25公里，距上海58公里，隶属于吴中区，北临吴淞江，南临澄湖，东与昆山市接壤，西通苏州市。

川直镇有大量的民俗手工艺品，如绣鞋、刺绣手帕、竹编等。

另外，生活在苏州以东吴县川直、胜浦、唯亭、陆墓一带的农村妇女，依然保留着传统的民俗服饰。她们历来以梳愿摄头、扎包头巾、穿拃接衫、束倒裙、束倒腰、裹卷膝、着绣花鞋为主要特征，颇具江南水乡特色。

以竹编为例，竹编是用山上毛竹削劈成篾片或黄丝并编织成各种器具和工艺品的一种手工艺。工艺竹编不仅具有很大的实用价值，更具深厚的历史底蕴。编织产品有斗笠、竹篮、竹筛、花篮、花筛、竹篮等等。

第一次选取的地段位于古镇保护区的东侧。在运河的南侧自临街道，场地南北长东西窄，南侧为一片绿地，现有场地生有十户民居。计划建造一建筑群，南北间布置，有青年旅社、民俗博物馆、小吃街、展览馆等功能，再是川直镇日益增长的旅游人口需要，同时为川直居民提供公共活动的场所和户外绿地。

在这里我希望在新建的建筑中重塑传统寻常的行走感受。

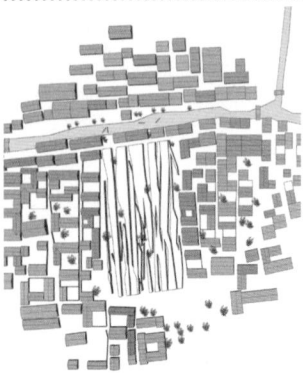

该地段元素丰富，交通方便，比邻码头，同时周围被民居环绕，新的建筑空间融于原有的乡镇肌理中。但这恰恰也成了一个问题，即通过拆掉原有肌理再重建的手法是值得质疑的。

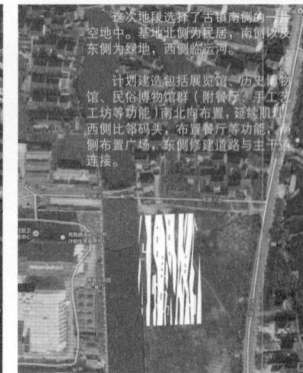

泰次地段选择了古镇南侧的一空地中，基地北侧为民居，南侧以东侧为绿地，西侧临运河。

计划建造包括展览馆、历史博物馆、民俗博物馆（附餐厅、手工工坊等功能）南北向布置，链续肌理，西侧比邻民居，布置餐厅等功能，南侧布置广场、东侧修建道路与主干道连接。

立面逻辑

对于建筑的立面处理，首先尝试了各种开窗的办法，包括最普通的窗、幕墙、高窗以及大小随意的较为时尚的开法等，都与原有空间的特征气质不符。于是回到原图，挖掘在黑白色块统一后被忽略的信息，例如右图中黑色块中的白色短线条。具体的开窗逻辑如下：

1. 将图中黑色块中白色短线条对应到建筑形体的两侧立面上，形成竖条开窗；

2. 对线条进行筛选，由于博物馆的功能需求并不需要大量的自然采光，因此舍去部分白色线条；

3. 选取部分白色线条直接形成天窗。

原型图

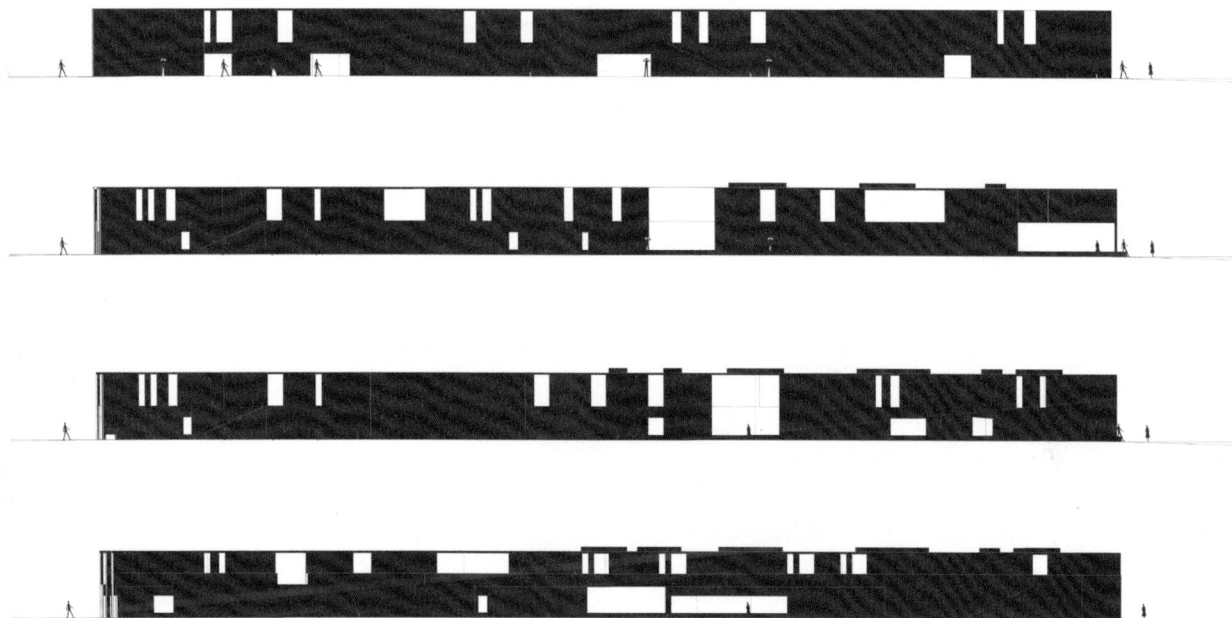

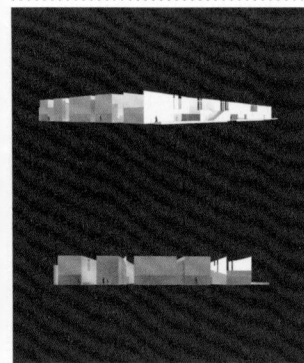

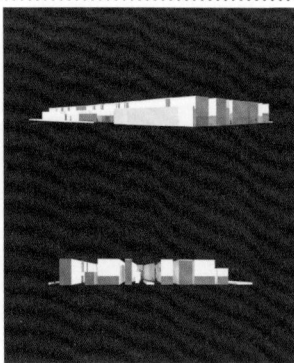

场地设计

由于所处地块面积较大（东西向120m，南北向300m），需要对场地进行一定的设计，尤其是处理好与道路和与河道的关系。

首先建筑空间沿乡镇肌理南北向布置。场地北侧为一条双车道，东侧为主干道，因此计划将其紧贴北侧车道，同时引入一条道路与主干道相接。这样做的另一个好处在于建筑的北侧界面与已有的乡镇建筑相接，其空间特质存在延续关系。

建筑与河岸保持15m左右的距离，设置一码头供船只停靠，同时有引导的墙与阶梯将游人引入餐厅抑或是二层露天茶座，也为建筑中的水景观赏增加了层次。墙体上的洞口能够为建筑内的人提供观景视野。

室外透视

地面铺装设计

根据之前设计立面的经验，地面设计同样回到原型图上寻找信息。这里我选取黑色部分作为广场／路径，白色部分为绿化，同时场地上的原有道路肌理引入一条七米宽到建筑群的东侧入口。

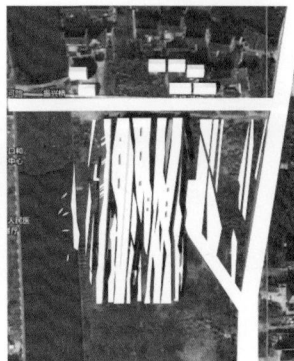

功能排布

著名连环画家贺友直对上海弄堂生活的描绘

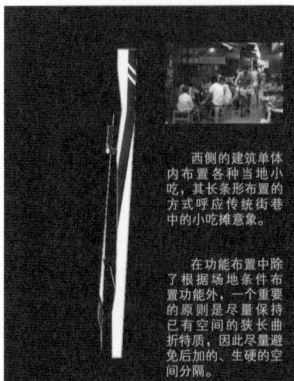

弄堂生活场景与行当

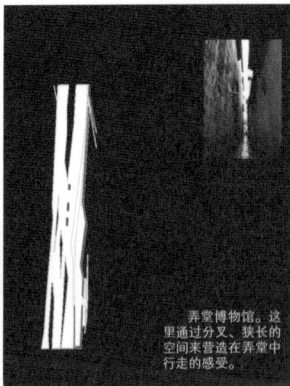

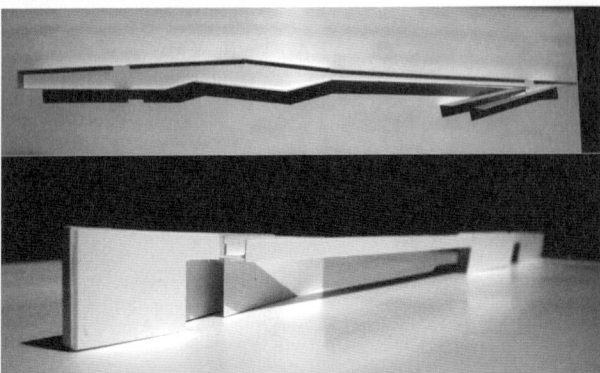

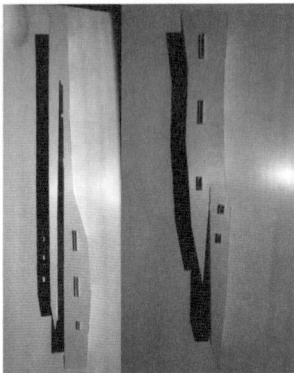

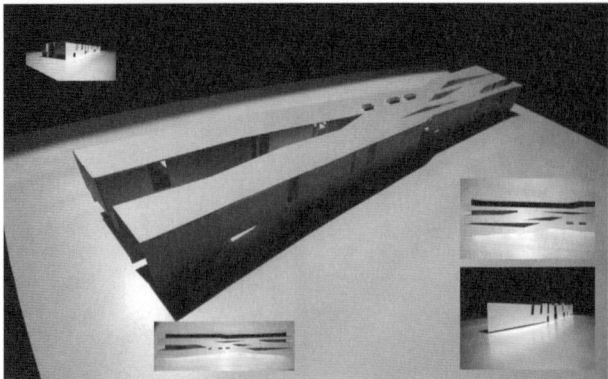

西侧的建筑单体内布置各种当地小吃，其长条形布置的方式呼应传统街巷中的小吃摊意象。

在功能布置中除了根据场地条件布置功能外，一个重要的原则是尽量保持已有空间的狭长曲折特质，因此尽量避免后加的、生硬的空间分隔。

第二栋建筑为展览馆，兼具书吧、开放式报告厅、多媒体资料区、小会议室等功能，其内部空间意象类似于弄堂中的过街楼，同时流线布置上也较为有趣。

民间手艺馆，主要流线位于建筑中央。

弄堂博物馆。这里通过分叉、狭长的空间来营造在弄堂中行走的感受。

写在最后

关于风景与建筑与人

Arche Scaligere, Verona，生活长河仍旧流淌

我提到在欧洲各地遇见孤身一人的中国女人，约莫三四十岁，登山包冲锋衣，一副风尘仆仆样子，觉着这样的旅行总归带着点悲剧的意味，朋友提醒我，是不是我们太着急了。"年轻真好，明天醒来依然是二十岁"，自己一直既不执念也无顾虑地走。只是半年走到这个点上，身体、精神的疲乏累积，觉着有必要做一次记录，它会是有趣的，它描述的是旅行里的风景在个体上的痕迹和不自觉思考的命题，尽管这是越过自己微弱的把控能力直接谈论泛泛之物，尽管一直秉持自由，从未敢给自己浅薄的行走贴上故事的标签。

身体对话

我常在书里行走，比如伊斯坦布尔的旧城，台北的街摊巷陌，文字固定在书页上，所以能紧随作者被观物唤起的情绪。但我不能知晓，他们叙述的关于一个城市的忧愁、自得锚固在何处，片段到片段以怎样的时空串联，放在《看不见的城市》里，则完全去全成了幻想间的游移。又有遗忘和误读，往往剩下的只有朦胧的一点关于情感的情绪。

阅读当然还是旅行前最耗精力的准备。不过在某些无法预料的点上，会意识到身体的

存在，身体和情境通过形式、光线、温度、气息、声响对话。这和辛姆托写的混着个体经验的在某一特定时刻的感动经常是相似的。像在斯卡幽内里看着每一个节点说话，在夜晚的天台吹风看满城灯光觉是幻象……不过身体的理解可以更丰富，像疲劳也能成为触发。有时在城市里兜转一整天，疲劳会混着白日里的片段产生的理解，S.Klaus Bruder Kapell 则将信徒步朝圣的疲劳设定为一个过程，冬天还得忍受旷野的寒冷。《沉默》里讲人很难自我通神，疲劳在这里更多的是作为一具身体使用方式，来使人在更谦卑或更深入自我的

西扎的 Boa Nova 餐厅，每一处变化都与他在这片海岸上成长时所印在脑中的风景密不可分。

状态对话田野、路径、构筑组成的情境。

自我拾捡

读书、行履，即使没有坚持下来，现在也依然是好多小年青的生活愿景。有旅游法人讲去这方是为了寻回自我，尽管一无所获，也要坚持在路上。顺着这思路去看古资舒国治，他说七年美国公路的流浪得到的是 nothing，发现公路让人上瘾，只是到了一个点处得该结束了，就该走了。

我也清楚地明白现在这生活状态是以怎样

波尔图老城区面对杜罗河的岸线，配合沿山脊选落的 a 老城面朝阳光的姿态，营造出极为震撼的图景。

当我在这点上停留得足够久。

意义、关系、似乎就这么构建起来了。现象学的建构、栖居也许说的是类似的含义。一块两块框的叠合，总归是自己存在的一点小关系。总得越过压力、苛求和承诺，和自己友善相处，有补不及的瑕疵，却一直是立于天地间。

追随

我普是如此，在最浅薄的地方。有一种倾向，

像追逐着一束光，追逐巧合插入寻常生活的零碎片段，偏向又借由这样随意的契机成长起来。

隔着一层层的理解、很长的时间，走很远的路到一个轻巧的点上，混杂着不知名的向往、非性的喜欢和少年似的怯懦。

建筑与非建筑

我的老师刘晨，老大不小读过普林斯顿艺术学博士学位，研究的是文艺复兴、巴洛克时期的建筑师职业，自述里会写"毕生追求智慧与自由"。一句 noble pursuit 颤动了不少建筑男女的小心思，撬起的是撇开苟且走上文艺

马德里，新年第一天，阳光 – 广场 – 阴影 – 街道 – 人互相映衬的关系使得城市空间富有魅力。

优雅人生的小向往。所以一拨人走在路上，又得背着设计、摄影、旅行、绘画的行囊，和一副云淡风轻的神情。

董功这样讲，"建筑一开始什么都不会，后来学到的越来越多，也愿意在人面前展示，到了某个阶段，会发现好多东西和你都没关系。我已经有意识地抛开那些和我没有关系的东西，现在关注的越来越少了。"不妨承认建筑就是建筑本身，能触及的边界很少。情况常是读了一堆又一堆的阐释之后去，发现建筑里的人照样平常生活，阐释的东西会在整体之下下找到依存的线索，不过寻找这种在连篇累牍的

思辨游戏与真实又整体存在的时空之间的联系，简单地讲，混乱的照片，混杂建筑师平面、剖面上的构思、某一特定时刻摄影者的构图需求而成、观者因尺度错位和经验联想想唤起的奇异观感，最后我在 Lapa 站下了城铁，绕着西扎的 Bouca 集合住宅走了一圈，看一溜拉着窗帘的小窗里一位老好探出头，拿一小块抹布啪啪地擦着。那这住宅几个处理简单而空间丰富的转角，是要在构图、生活还是单纯的建筑学里寻找定位？

如果谈论人们的时候处处受阻，退而求其次的，建筑与一个人是什么关系。常觉得陷

Barcelona Parc Güell，高迪与加泰罗尼亚的风物

入不太真实的感动里，被一段文字、一抹光影、一种材质或者一段思绪触动。在我要入建筑门的现时，这些感动肯定不是论建筑必言及罗马的热情。而不太真实是对局限性的敬畏。学文学的朋友跟我讲经常一翻开书就被自己的浅薄刺到，那我也不知道自己摄入的建筑非建筑的文字历经了怎样的易手包装，又被我误读以致无名触动。

除了认知拓宽，我想建筑影响的另一件事关乎行为。从小来说，我慢慢明白好多事是可选择的，最简单的是如何处置零碎的空闲时间，每天直接与自己对话的空间。出门去，是要看

Krumlov,Czech，从窗洞里看出的风景或许是比体验更本真的真实

看建筑项目，还是度假逛逛景点，或是怀着七八八拼凑起来的向往，在一个地方停留尝试构建类似生活的东西，遇见不predictable能预料的事。对于十年二十年，周箔写过一篇文章记录了卢强、张弘、黄印武、黄声远的超越建筑实践，或者看周榕本人，以是探讨作为设计者的机遇、限度、勉力。作为体验者的自身，则是在或多或少的形式美学影响下，想去见什么样的人，选择哪座城市台胡消磨二三十年，用何人何事何物构建个体记忆。

它们都提到了时间。还有时间，包容残缺，雕刻人，产生了美。

像一个人，建筑也得在语言的砖瓦废墟上，优劣趋向的吵闹间，随于时间自行自证。由于不得不作为生活场景的背景，平庸与精巧、作为瞬时构思的作品与作为长期记忆的容纳、建筑与文字间的距离，最终能借由时间营营捡捡，缝缝补补。

虚无

记述风景的文字、旅行笔记、图像和我的浅游杂糅合一，与在同一地方停留数十年的讲述人，经验丰富的旅行者，匆匆而过的公文包

Skogskyrkogarden,Stockholm，纪念性的图景承载了一个城市关于生死的记忆

男子，餐馆里的中国移民三口，好像说的故事会完全不相干。

"建筑于天地不过一瞬"是浅显的道理，更重要的是自己的行迹、建筑或长或短，都会淹没在无数个体演绎的风景里，无法影响、无法触碰乃至无法阅读。总烁揣着结局，所以能归于平息，轻快地走。

829

通感记
Prototype Discovery

杨隽然

1 [荷香]

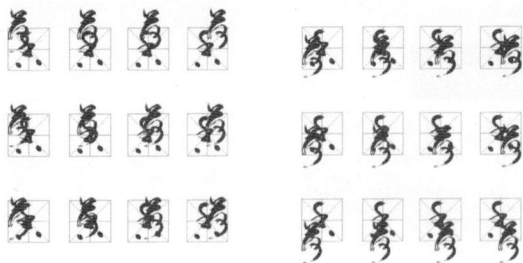

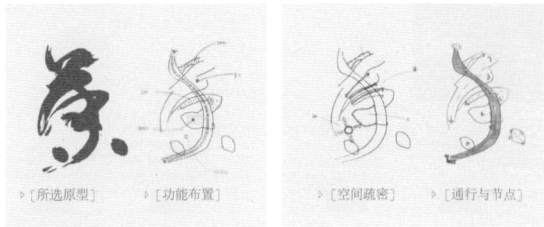

▷[所选原型]　▷[功能布置]　▷[空间疏密]　▷[通行与节点]

[空间处理]

将荷香二字交叠，已去除汉字本身的具象意味，获得更为纯粹的形式。在多种可能性的探讨中选取最优解

[原型选择]

在诸多可能性当中，选取适宜发展的平面上。在此过程中，主要考虑平面的功能与流线，之后进行形体生成。

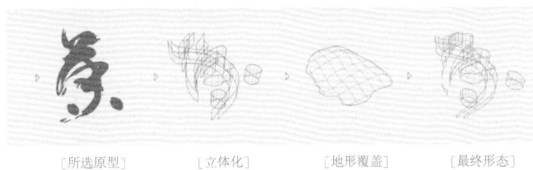

| [所选原型] | [立体化] | [地形覆盖] | [最终形态] |

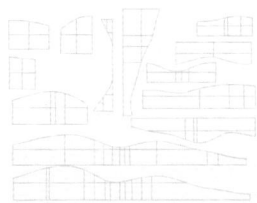

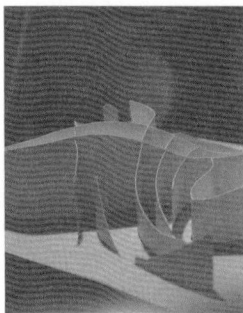

[形体生成]

在已生成的平面形体基础上，继续进行空间上的处理。找到假象地形，将地形覆盖于其上，生成最终形态，在未来可发展为覆土建筑。

[模型制作]

建筑墙体均为单曲面，在 RHINO 中将其展开为平面。之后将交接处进行切割，使相交墙体可以插接

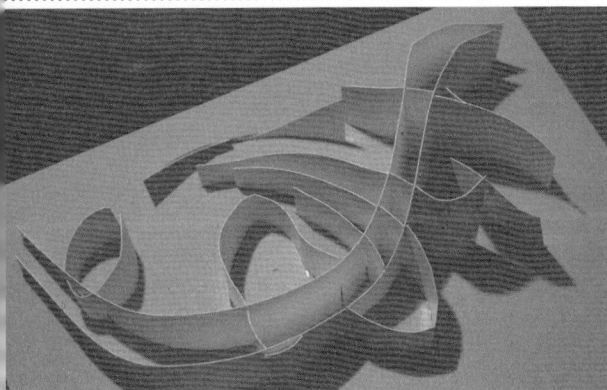

[整体形态]

按照前述原型设计和对立关系建立体，整体……建立一体……上下并且……丰富的趣味，使空间与其他元素

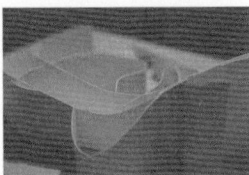

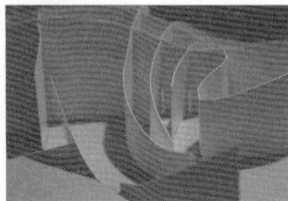

[空间趣味 1]

建筑形体整体有流畅的起伏跌落，产生了丰富的变化，使得空间更有趣味

[空间趣味 2]

墙体的重复使得空间带有节奏感

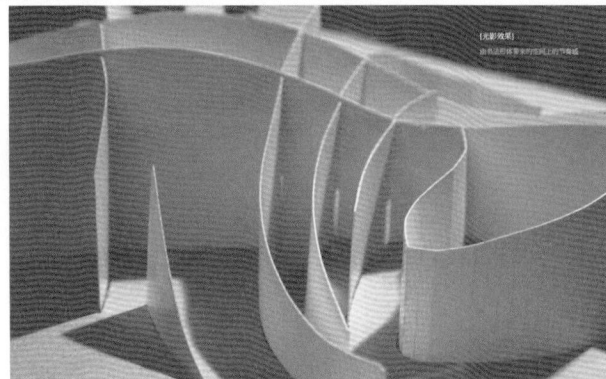

[光影效果]

……光影的柔和……空间之间的节奏感

[空间趣味 3]

每个空间的围合都有其特质性，自成一体或与其他墙元素相互冲突交接，产生多样的变化。

[光影效果]

随着日光的变化，高低错落的墙体向地面
与室内投下不断变化的光影，塑造建筑独
有的特质。建筑体墙高与地面面和比例较
高，使光线的变化更多的影响建筑。下图
为清晨至正午。

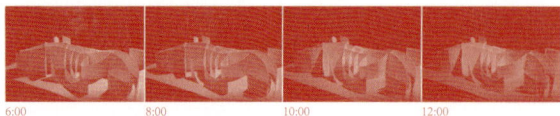

| 6:00 | 8:00 | 10:00 | 12:00 |

[光影效果]

随着日光的变化，高低错落的墙体向地面
与室内投下不断变化的光影，塑造建筑独
有的特质。建筑体墙高与地面面和比例较
高，使光线的变化更多的影响建筑。下图
为正午至傍晚。

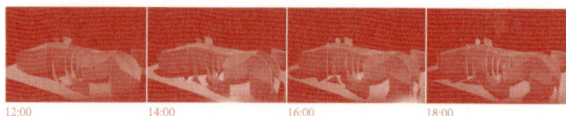

| 12:00 | 14:00 | 16:00 | 18:00 |

[Chapter1] 终

通过将原属于一幅字，共同塑
造一个意向的"荷香"两字折解、
拼接，生成平面形态。再对其
附上高低起伏的地形，使其空
间充满非常规的机遇。这些操
作共同构成了此形体的生成。

2 [川行]

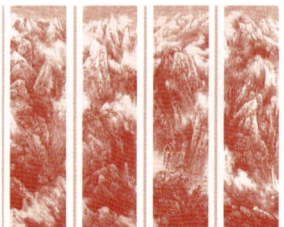

[古典意向]

在中国画的表现中，山川的形态极其类似于山
川的字形，在此基础上相互叠落，生成丰富的
变化

[书画同源]

在象形文字与具象事物的相像这一层次之外，中
国古代审美对于书法与画作是有相同之处的。从
画作中获得的空间效果更成为一种参考。

[灵感来源]

在汉字之外，形体生成的灵感来源
更来自于古画中交叠错落的山川。
由此生发出将不同笔体的川字交叠
生成空间的想法。

[原型]

通过搜寻各种不同字体的"川"字，并将之加以分类、排序和叠落，
寻找合适发展为空间形体的原型。

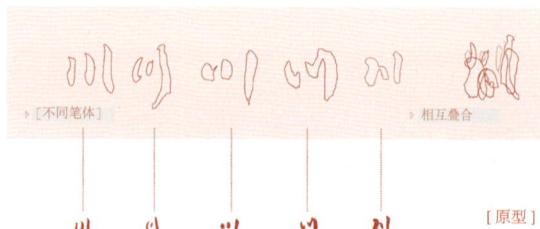

▷ [不同笔体]   ▷ 相互叠合

[原型]

将不同的川字交叠，
在多种可能性的探讨
中选取最优解

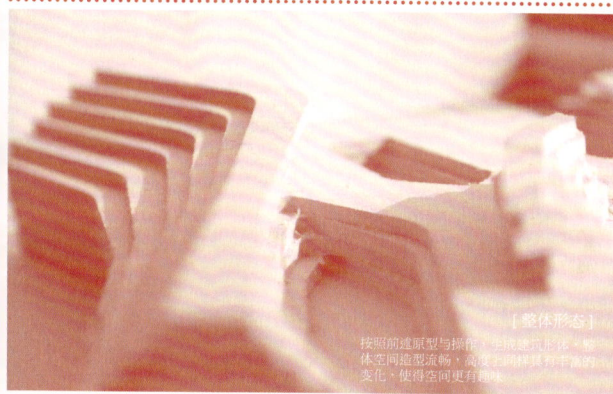

[带形空间]
可发展为室外的场地，给人峡谷的
空间感受。

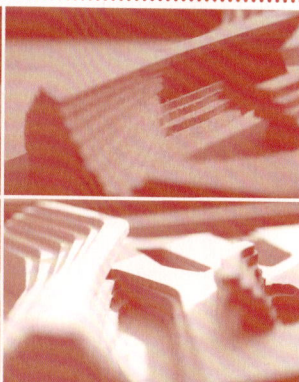

[整体形态]
按照前述原型与操作，引领线性步行，整
体空间造型流畅，高差引领其对于竖向的
变化，使得空间更有趣味。

[天井]　　　　　　　　　　　　　　　　　　　[狭缝]

[视角—侧峰]　　　　　　　[视角—平原]

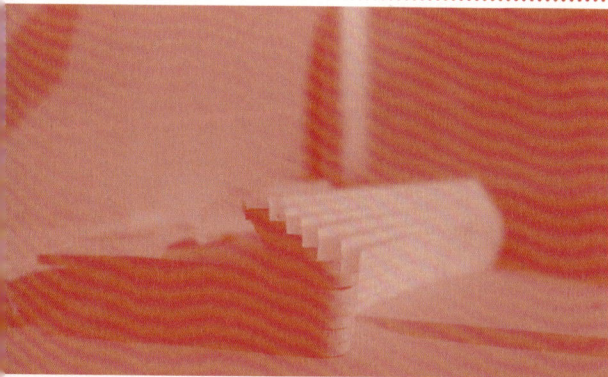

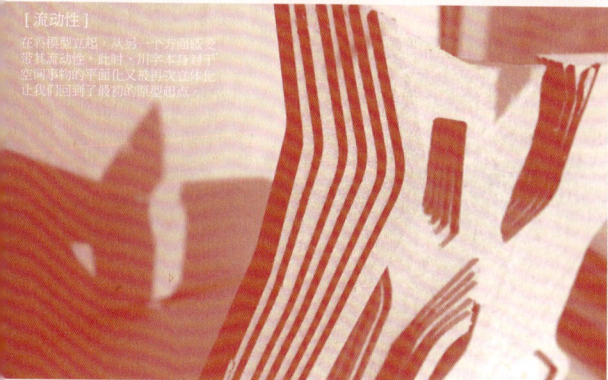

[流动性]
在再模型立起，以另一个方向感受
带其流动性。此时，川字本身对于
空间事物的平面化又将平面的山立体化
让我们回到了最初的原始起点。

[汉字与自然的相似性]
当形体最终被生成，才感受到象形文字在空间表达上的巨大魅力。川字本
身是将立体的山平面化，而这种操作又将平面的山立体化，重新拟合自然

[Chapter2] 终

当形体最终被生成，才感受到
象形文字在空间表达上的巨大
魅力。川字本身是将立体的山
平面化，而这种操作又将平面
的山立体化，重新拟合自然

3 [山与川]

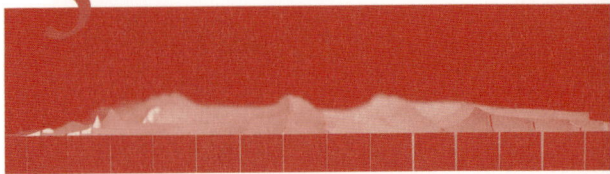

[立面] 立面取山形

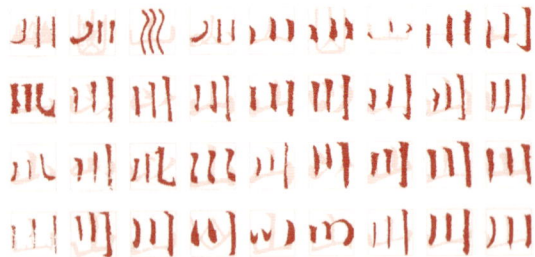

[立面] 立面取川形

[古典意向]　[书画同源]

延续上一节课思路，继续从古典书画中找寻原型

中国画中，山与川从来不是单独存在的。它们相
依相伴，共同塑造空间的形态和意趣。

[所选原型]　[立体化]　[取点]　[切割成面]　[最终形态]

[整体形态]

按照前述原型与操作，生成建筑形体，
整体空间造型流畅，高度上同样具有
丰富的变化，使得空间更有趣味

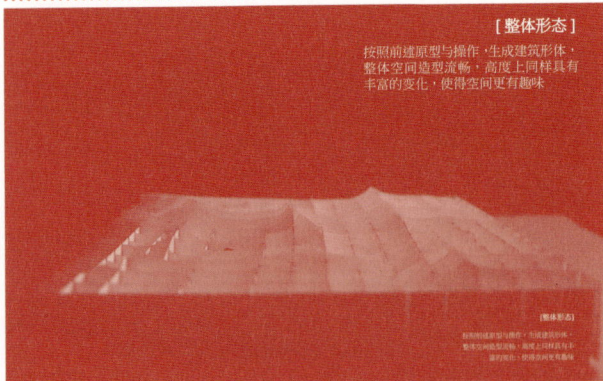

[整体形态]
按照前述原型与操作，
整体空间造型流畅，高度上同样具有
丰富的变化，使得空间更有趣味

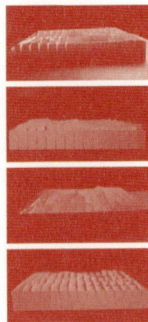

四角度

建筑的四个方向分别有着不同
的形态和空间气氛

[整体形态]

按照前述原型与操作，生成建筑形体，整体空间造型流畅，高度上同样具有丰富的变化，使得空间更有趣味

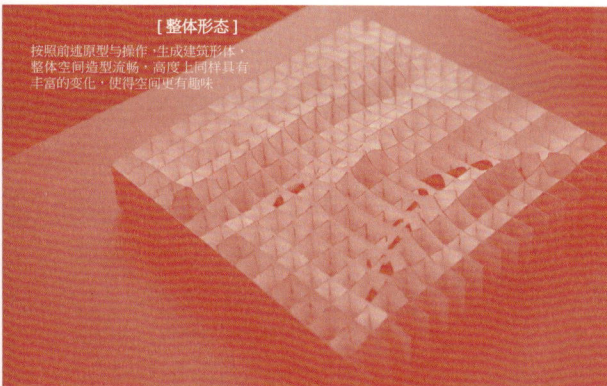

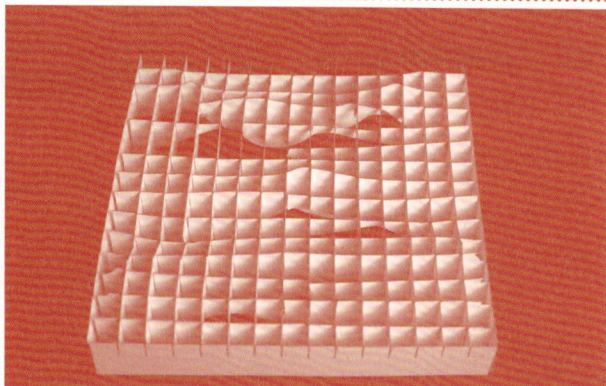

[光影]

从另一个尺度来思考所生成的形体，不再将其视作小单元所形成的建筑体，而单纯视作装置，则可发现不同于之前的光影变化带来的美感。

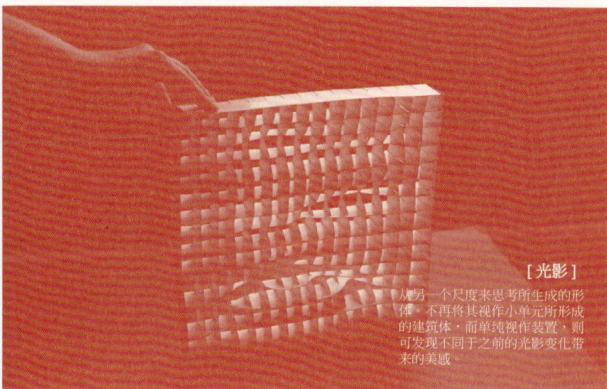

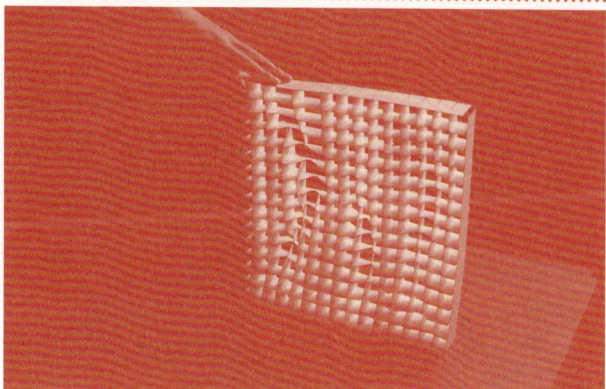

[可变性]

由于模型制作方法的特殊性，达到了实体参数化的效果。用实体模型探讨建筑处于对环境和功能的应对而产生的变形。

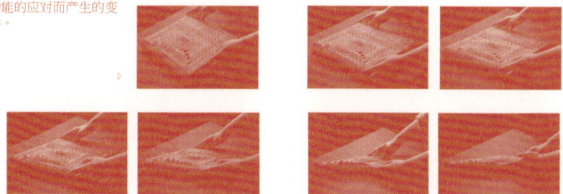

[可变性]

在对称方向上所取得的可变性，与前者同质。

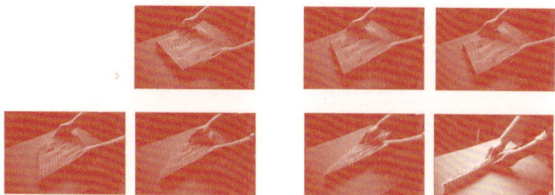

[Chapter3] 终

延续上一阶段的工作，然而将单一原型丰富为双原型，对空间的表达也进行了改进，声称模块化的空间。

3 [山与川]

[模块截取]
截取网格的一个 3x3 部分，进行空间
深化，并将之推广至整个建筑体

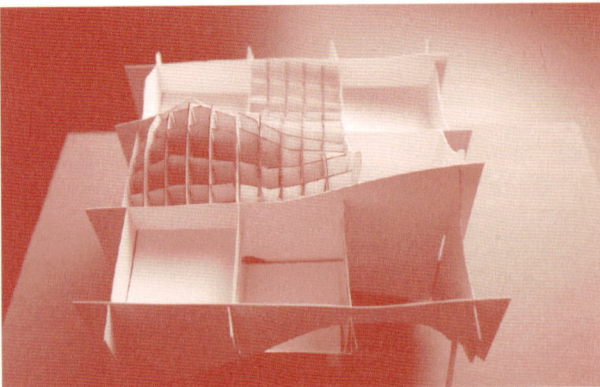

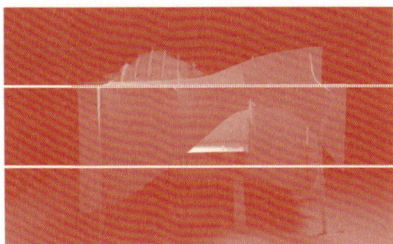

[工作／私人]

[展览]

[公共空间]

[立体分层]
按照武藏野美术大学展览馆的启示，将建筑分为三层，各自承担不同的功能

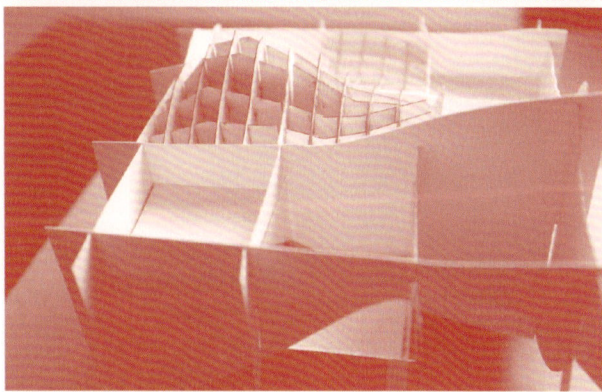

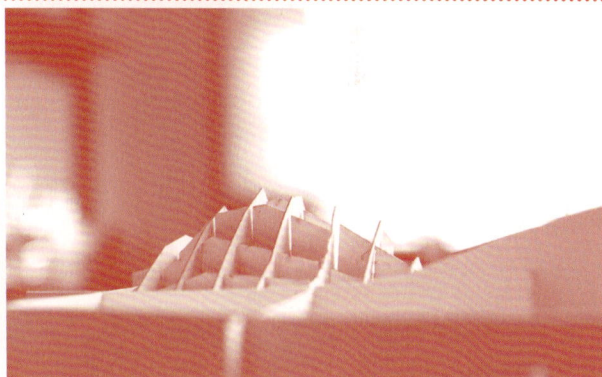

[Chapter3-2] 终

时隔两周发展延续上一阶段的体型，对其空间进行了功能的划分。一方面在平面上每个单元相互独立出租，另一方面剖面上三层各有其相适合的功能。通过功能的植入将形体变为建筑。

4 [现代书法的启示]

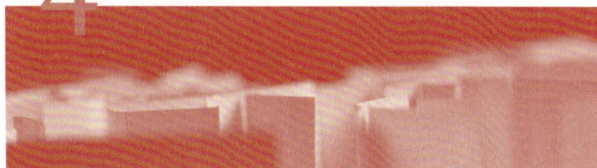

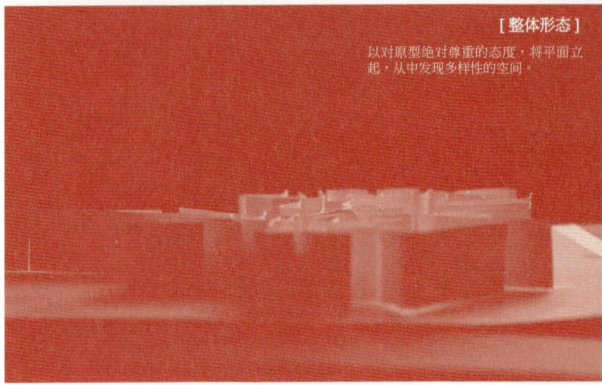

[整体形态]
以对原型绝对尊重的态度,将平面立
起,从中发现多样性的空间。

[来自其他同学的启示]

至此已进行了三个回合的原型探
讨与发展,在课上也同时在比较
自己与其他同学手段与思考上的
异同。

[沃兴华]

沃兴华,复旦大学文博系教授。1973年起,
不断有作品参加上海市、全国及国际的重
大展览并多次获奖。多次举办个人书画展,
作品为国内外许多博物馆收藏。

出版有《敦煌书法》《敦煌书法艺术》《中
国书法全集秦汉简牍帛书》上下卷《上古
书法图说》《中国书法》《中国书法史》《书
法技法通论》《怎样写斗方》《从临摹到创作》
《沃兴华书画集》《书法临摹与创作分析》
《金文大字典》。

[对原型的尊重]
在我之前对原型的探索中,以自己的主观意
志为主导。在观察其他同学以一个谦虚的姿
态,从原型中发现而不是创造空间后,认为
是一个可以让自己有所突破的方法。

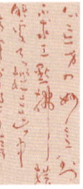

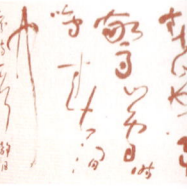

[结体]

一、字体开阔,多留字内余白

二、牵丝较少且细,避免余白琐碎

三、点画交接间留有断点,字内余白气脉贯通

四、字内余白、行距、字距余白相互贯通

[线条]

一、曲动

二、简洁的起笔与收笔

三、运笔慢

四、线条细

五、走势不够太规范

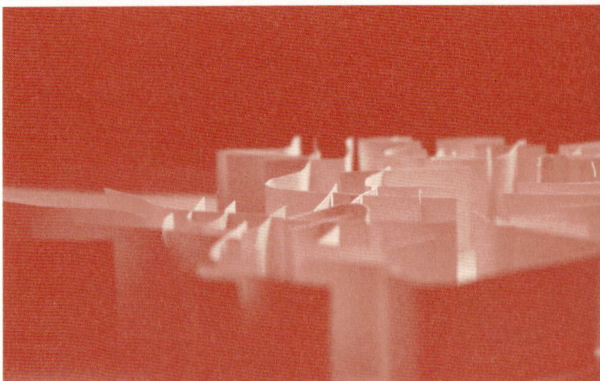

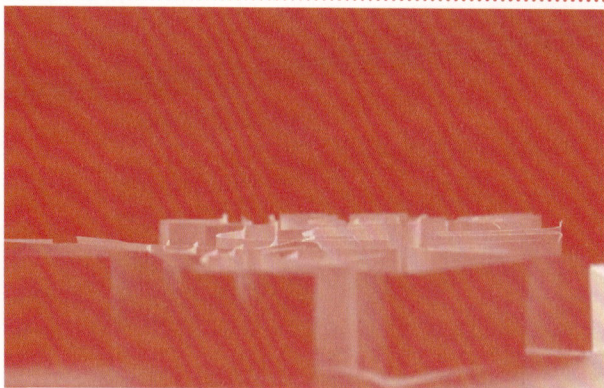

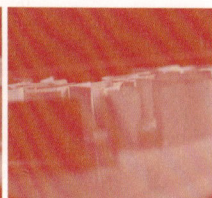

[迷宫式的际遇]   [空间疏密的变化]

[Chapter4] 终

通过减少自己的主观意志对形
态的影响，发现了新的学习体
验。由书法本身平面形成的丰
富空间，远非作为还欠火候的
设计者能够比拟的。

5 [地段选择]

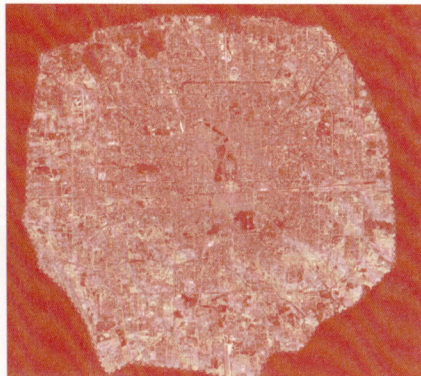

[北京市]

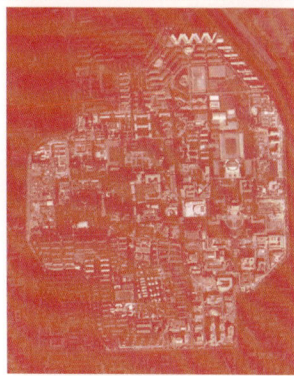

[清华大学]

[清芬园西侧绿地]

[沿河]
气氛静谧 人车较少

[临街]
熙熙攘攘 行色匆匆

[视角]
地形对景物的影响

[高差]
地段两侧的有效连接

[现状]
人迹罕至的无效公共绿地

[木]
向上的竖线条

[碑]
纪念性场所

[阶]
对高差的应对

[石]
纪念性场所

6 [物与生]

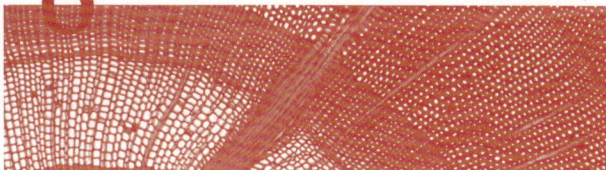

[形态生成]
将两种尺度的生物体叠加在一起，模糊其本身面貌，但又同时保持其基础特质。

[不同尺度之间的形态学联系]

[生物形态]

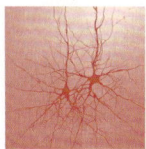

[小尺度]
神经元细胞

[XS]

[大尺度]
树枝

[L]

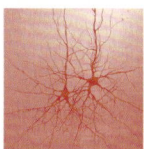

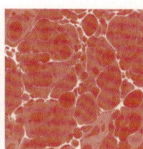

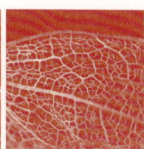

[XS]

[S]

[M]

[L]

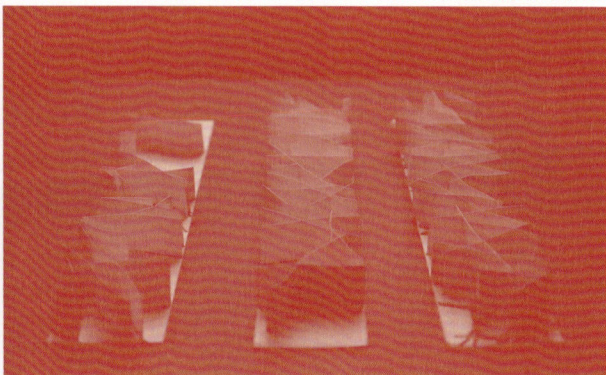

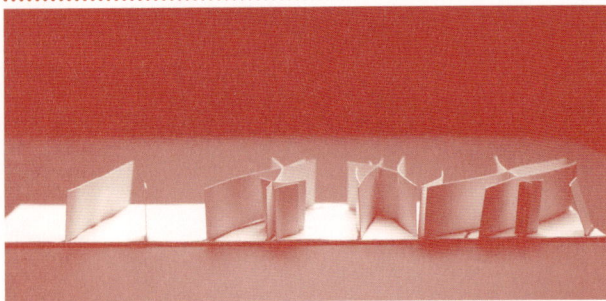

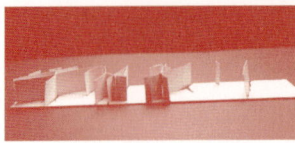

[单体一]
疏松的空间，有较强的流动性，易于形成大空间

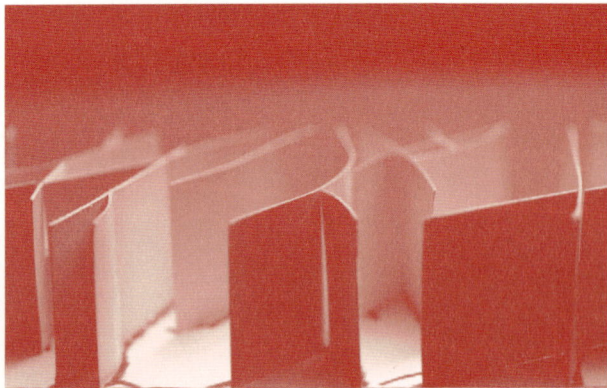

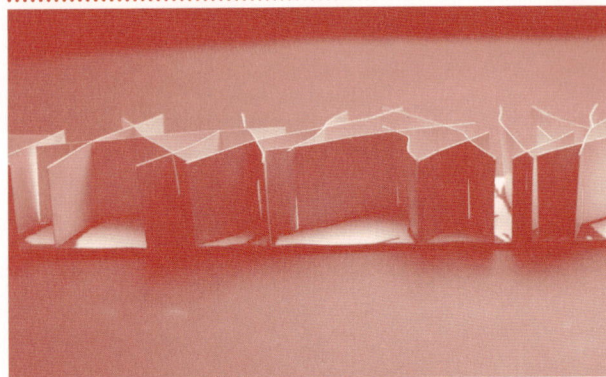

[空间]

[空间]
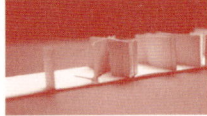
[空间]

[空间]

[空间]

[空间]

[单体三]
方案图示紧凑，内部空间复杂形成多样不同的空间气氛

[Chapter6] 终

将树枝与神经元两个尺度差异极大的物体结合起来，丝毫没有破坏两者本身的空间特质，反而更多地为彼此添加新的趣味。也是在此时才愈发感叹造物的精妙。

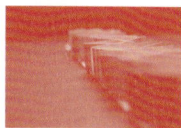

7 [物与物！]

[物与物]

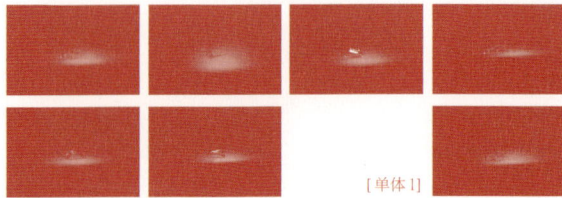

[单体1]

[组合形态]

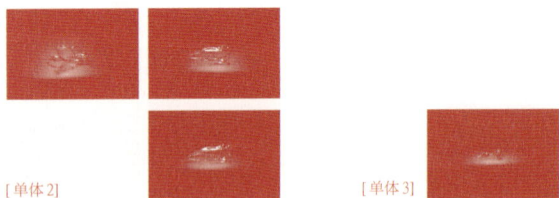

[单体2]   [单体3]   [单体4]

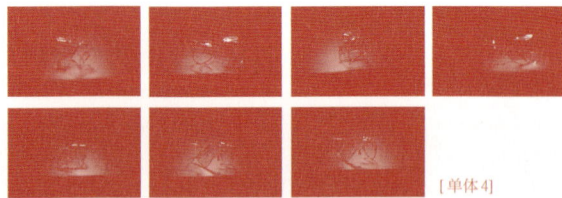

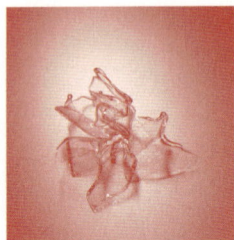

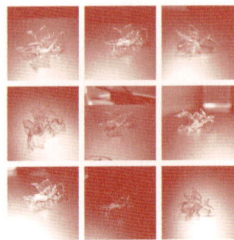

[组合体1]

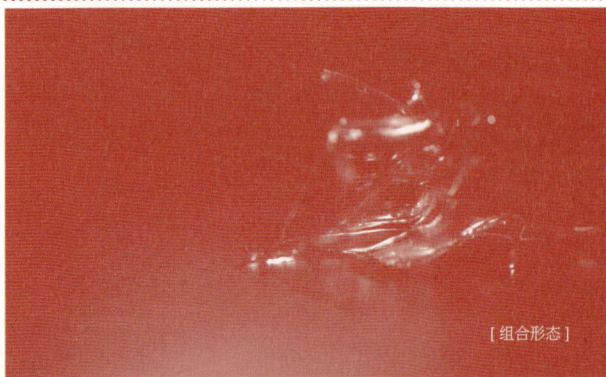

[组合形态]

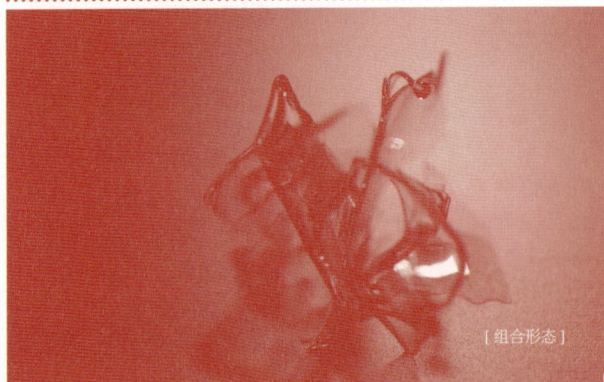

[组合形态]

[组合形态]

844

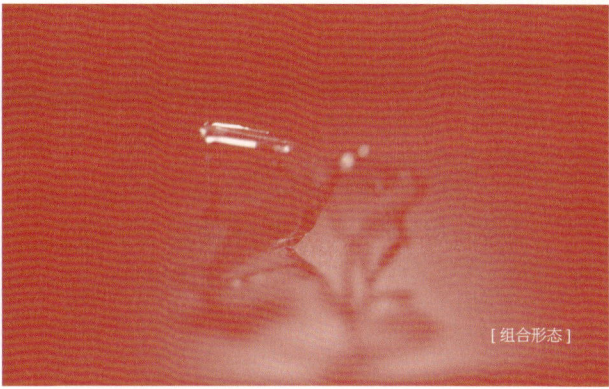
[组合形态]

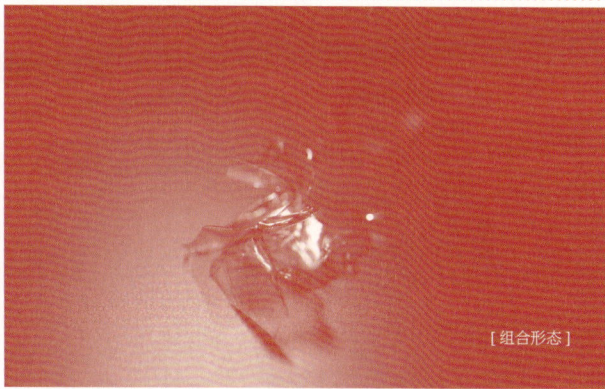
[组合形态]

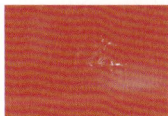

[Chapter7] 终

在偶然的对生物原型的探寻中
参观了同学的实验室，没有想
到虽然寻找生物原型不得，却
反倒获得了更与众不同的自由
形态。算得上十设计生活的一
些小惊喜。

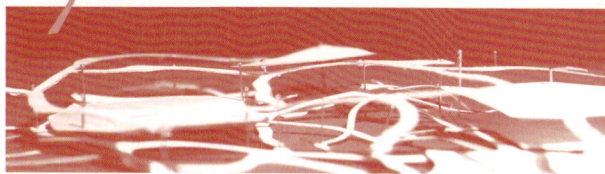

7 [脉与径]

[不同尺度之间的形态学联系]

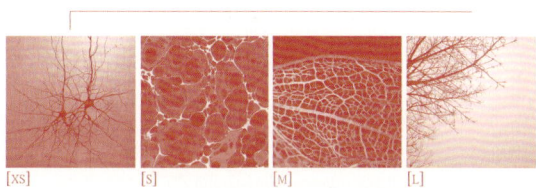

| [XS] | [S] | [M] | [L] |

[采用中等尺度作为探究对象]

[作为主要的交通结构]

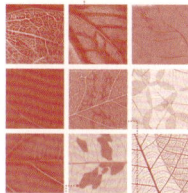

[作为主要的室内空间]

[作为主要的景观步道]

[叶脉]

[leaf vein]

[血管]

[VIA]

[通路，路径]

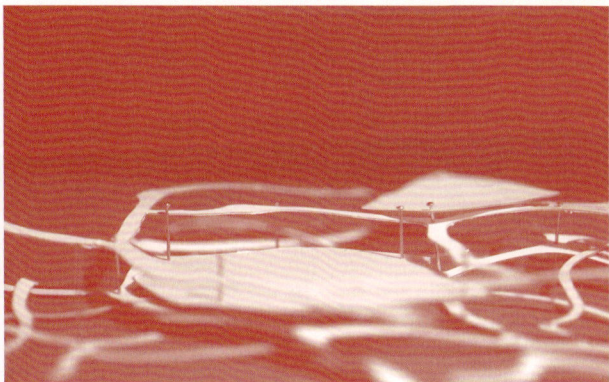

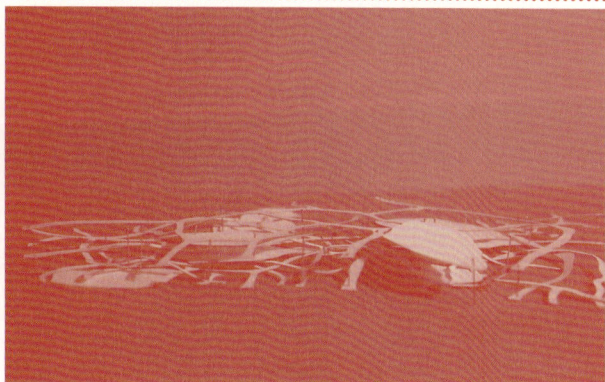

845

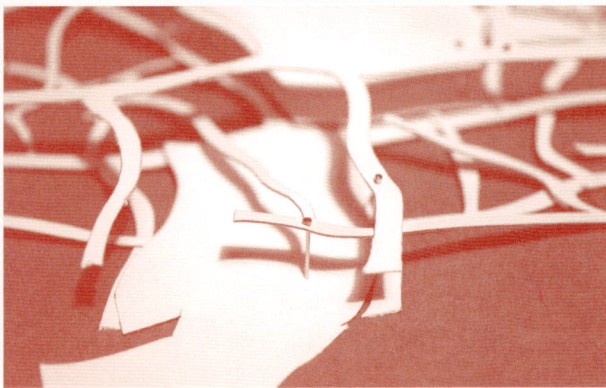

[Chapter8] 终

小径的偶然性及其所造成的空间
上的丰富性最终吸引了我，决定
将此原型发展为最终的设计。

8 [脉与径]

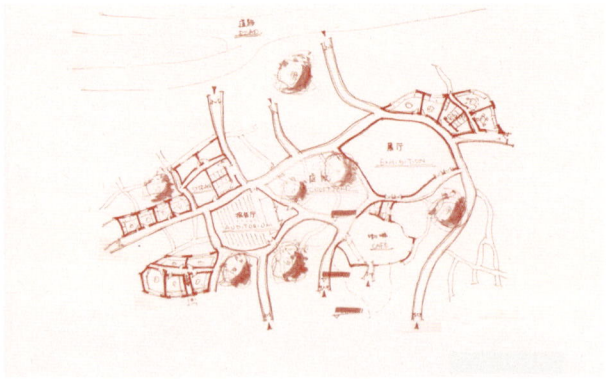

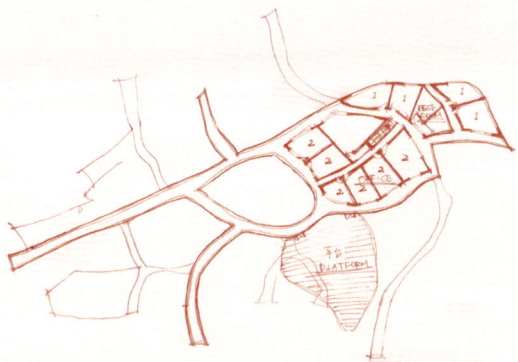

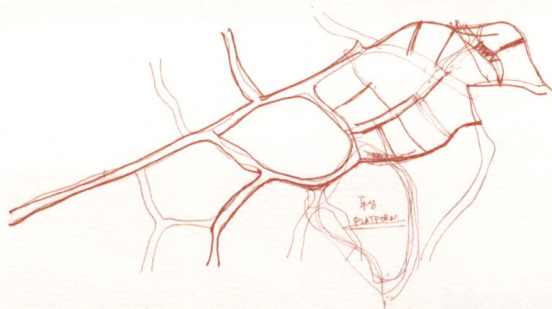

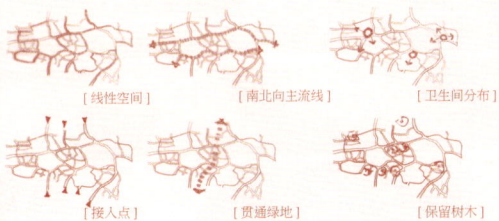

[线性空间]　　　　[南北向主流线]　　　　[卫生间分布]

[接入点]　　　　[贯通绿地]　　　　[保留树木]

[功能处理]

在对线状元素的关注之外，亦关注点状元素。例如保留场地上的
树木，卫生间等重要功能的分布等

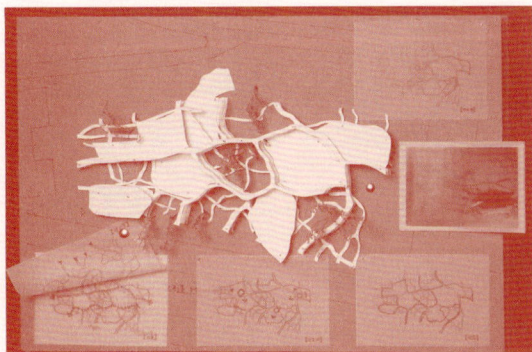

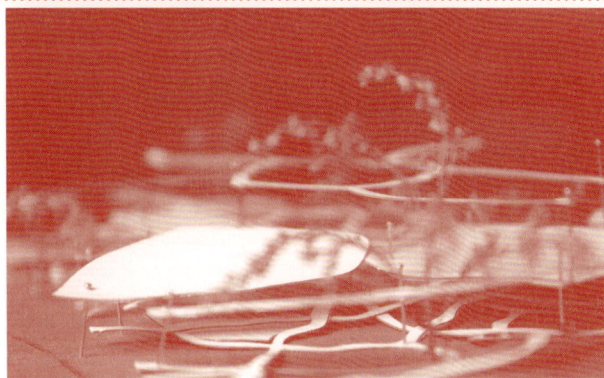

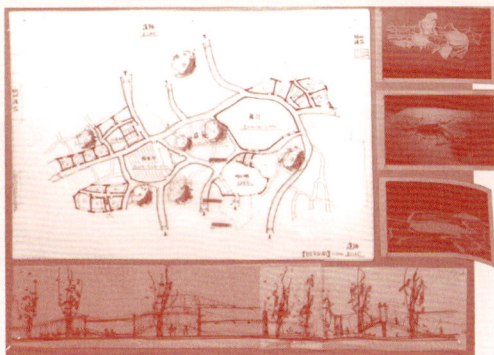

8 [脉与径]

[川字的启示]
为了使空间更加丰富有变化，采
取了先前生成川字形态的手法，
在原图上对设计进行最终的处理

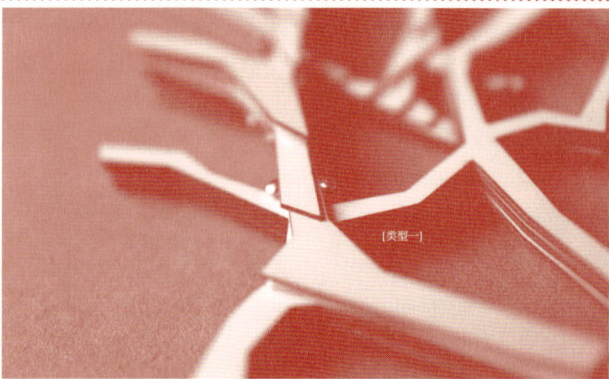

[类型一]

以步道和走廊为主，高差的塑造
依赖于不同步道或走廊的层高差
异与起伏的差异。线性空间。

[类型二]

在步道与走廊的尽头形成节点空
间，供人使用和停留。空间上
的变化借鉴之前川字形体生成方
法。

[类型一]

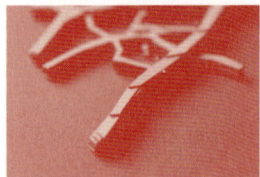

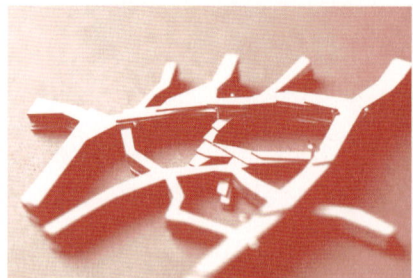

[整体形态]

按照前述原型与操作，生成建筑形体，整体空间造型流畅，高
度上同样具有丰富的变化，使得空间更有趣味。

小径的偶然性，及其所
造成的空间上的丰富性

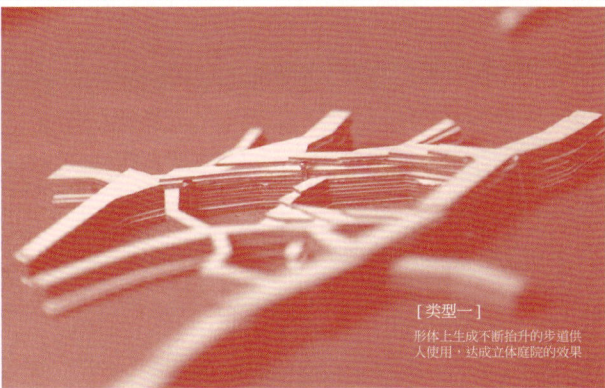

[类型一]
形体上生成不断抬升的步道供人使用，达成立体庭院的效果

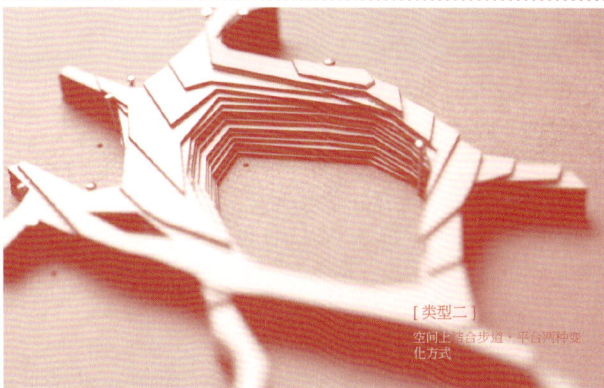

[类型二]
空间上结合步道、平台两种变化方式

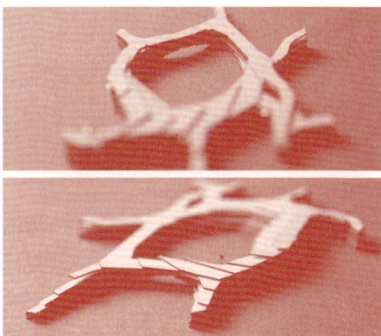

[类型二]
局部由于地面的抬升而产生人可以通行的空间，同时使得场地上的草木可以贯穿不被建筑体所打断，形成连续的绿色空间

终

至此对原型的探索告一段落，由此进入理性的功能及环境应对的思考。然后，在建筑学上这种探索不能停止。

[特别鸣谢]

王昀老师

849

观念的空间

周桐

导师 王昀

关于作者。
三年级建筑学生,爱跑动,喜旅行。
在江南粉墙黛瓦的村镇包围下长大,
曾经邂逅英伦三岛的哥特建筑,
终于受到西藏寺庙陡峭楼梯与台南
亲切街道尺度上的感动,
同时惊奇于东极岛渔村空间交叠穿
插的聚落结构,
一直没有停止对有限空间中元素丰
富性的探讨。

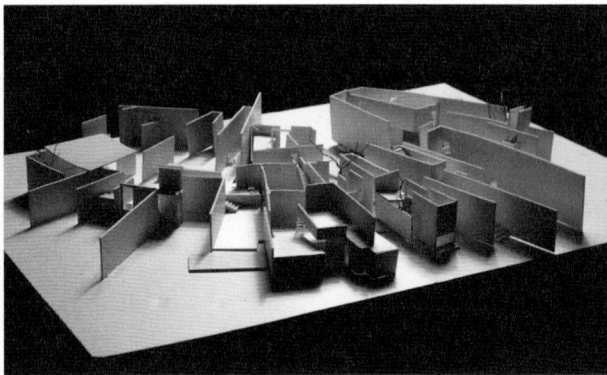

CHAPTER 'He chose it.'

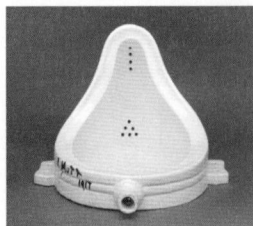

Fountain, Marcel Duchamp, 1917

方法论

马塞尔·杜尚 1917 年的作品《泉》。
他使用了早已存在的物品——这个作品用的
是小便斗,命名为"泉",有 "R. Mutt" 的
签名字样。
在《喷泉》的创作之初,杜尚和艺术家约瑟
夫·斯泰拉(Joseph Stella)及艺术收藏家沃
尔特·阿伦斯伯格(Walter Arensberg)一同
向第五大道 118 号的 J.L. 莫特铁工坊(J.L.
Mott Iron Works)购买标准贝德福郡型小便
斗。小便斗运到杜尚位于西 67 街 33 号的工
作室后,杜尚把小便斗翻转了 90 度,并且写
上 "R. Mutt 1917"(R. 马特,1917 年作)。
《盲人》(The Blind Man)杂志第二期对于
《泉》的评论如下:

'Whether Mr Mutt made the fountain with his own hands or not has no importance. **He CHOSE it**. He took an article of life, placed it so that its useful significance disappeared under the new title and point of view – created a new thought for that object.'

Bicycle Wheel Ready-made, Marcel Duchamp, 1913

L.H.O.O.Q. Marcel Duchamp, 1919

Hanging Man (Duchamp), Ai Weiwei, 1985

在古典主义美学体系中，创作被理解成艺术家亲手绘制一幅画、制作一个雕塑，是为"作"。

在现代的美学体系中，创作可以是一种选择，选择现实生活中已有的物，而非创造，是为"不做"。

杜尚是一个近乎不做的艺术家。

不做意味着选择。在丰富的现实世界中进行选择。

与这个丰富的世界相比，建筑师个人的想象力与创造力是极其有限的。建筑师想要获得创造力需要在建筑学以外去寻找可能性。不论是大自然的奇妙景观还是北非沙漠中的古老聚落，它们都为建筑师提供了可靠的形式语言，而建筑师要做的只是去选择。

选择是一个充满智慧的过程，是眼与脑的并用。建筑师要有一双能观察到形式与美的眼睛，模糊自己不想看到的，聚焦于自己想看到的，并靠智慧的脑将其与空间相联系，创造建筑线上的可能性。每个人的选择都会受到个人因素的影响，于是每个人的选择都是独一无二的，创新性就此产生。 **选择**

选择与发现从来都是分不开的。选择是一种态度，即肯定既有之物中存在的形式美感；发现是一个瞬间，发现的那一刻即是建筑师观察的对象物打动自己的那一瞬间。美感与形式已经由建筑师的眼睛进入脑中了。所以选择是发现视觉语言的基础。

建筑师与常人不同之处就在于，常人都有点子，但建筑师有手段来实现。这手段就是形式，就是有形式美感的视觉语言。来自于选择与发现。但选择与发现需要高度敏感的眼与脑，这需要大量"**原型**"的输入。所以**练习成为一种必要**。 **发现**

聚落中的视觉语言

地景中的视觉语言

书法中的视觉语言

任何要素都可以构成成建筑等的原型。而建筑师要做的只是对原型进行移情。
对原型进行移情。
去选择。去发现。

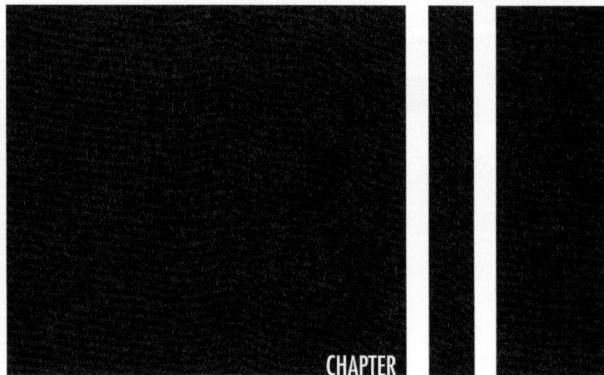

CHAPTER

我的目的性

我力求寻找一种图式，它有以下特征：

系统——图式表达了一个系统，只有系统才能提供复杂性与可能性。反对随机的图式。

符号——图式中有系统通用的表达方式。

意义——图式是具有一定的意义的，不是完全无意义的纯形式。因为设计者相信美的基础来自于意义。摆脱意义的纯形式实现了自由的"轻"，但也失去了内涵的"重"。

规则——图式具有一定的规则，将其转化成建筑空间时便有一定的根据。

模度

《模度》是柯布西耶从人体尺度出发，选定下垂手臂、脐、头顶、上伸手臂四个部位为控制点，与地面距离分别为86cm、113cm、183cm、226cm。这些数值之间存在着两种关系：一是黄金比率关系；另一个是上伸手臂高恰为脐高的两倍，即226cm和113cm。利用这两个数值为基准，插入其他相应数值，形成两套级数，前者称"红尺"，后者称"蓝尺"。将红、蓝尺重合，作为横纵向坐标，其相交形成的许多大小不同的正方形和长方形称为模度。但有人认为柯布什耶的模度不能为工业化所利用，因为其数值系列不能用有理数来表达。

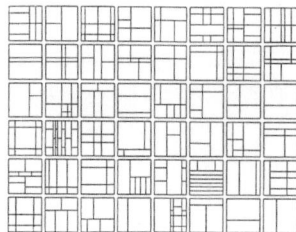

the Panel Exercise
the Modulor, Le Corbusier, p93, 1948

练习一 模度
Exercise 1, the Modulor
Week 1

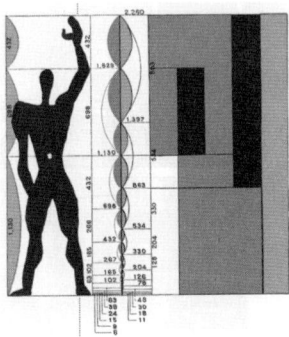

the Modulor
Le Corbusier, 1948

板块练习

在勒·柯布西耶的《模度》一书中有一种"板块练习"。即在柯布"模度"理论的控制下由两个维度的斐波那契数列分割产生的无数种矩形板块，在2.26m见方的边界内做拼接练习。有无数种拼合的可能性。复杂的图案也由此产生。

板块练习研究

板块练习由模度理论而来。模度理论的数学基础主要是黄金分割和斐波那契数列的问题。

分别以人体脐高和举手高度作为标准，再以黄金分割的关系展开，即得到两组斐波那契数列，柯布称之为红尺与蓝尺。将两者叠加，在X/Y轴方向都放置一组，各点延伸线分割可得无数个小板块，再赋以数值即完成平面图形到建筑空间的转换。

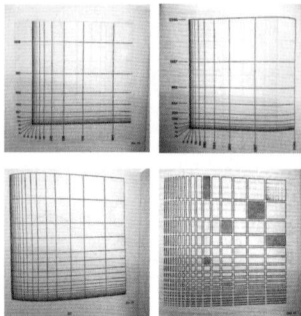

the Panel Exercise: generating process
the Modulor, Le Corbusier, p85-89, 1948

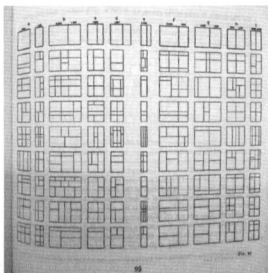

panels with specified values
the Modulor, Le Corbusier,
p95, 1948

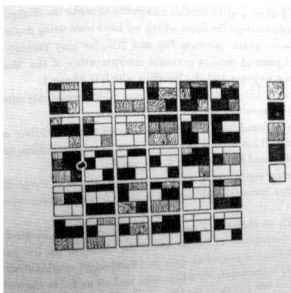

panels with materials
the Modulor, Le Corbusier,
p99, 1948

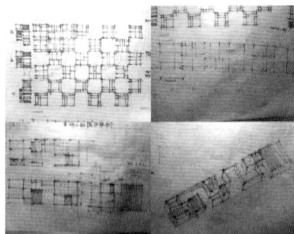

第一步 . 选择

从"板块练习"选择若干个等大但是不同分割的板块。这些板块应该是较具有空间潜力的板块。

第二步 . 组合

把挑选出来的板块按照一定规律排列。此处选择一字排开的方式。

第三步 . 空间化

严格按照板块的分割线对空间进行分割。用片墙或柱列分割空间、用柱阵形成邻域、用体量占领空间是设计者所构想的方式。

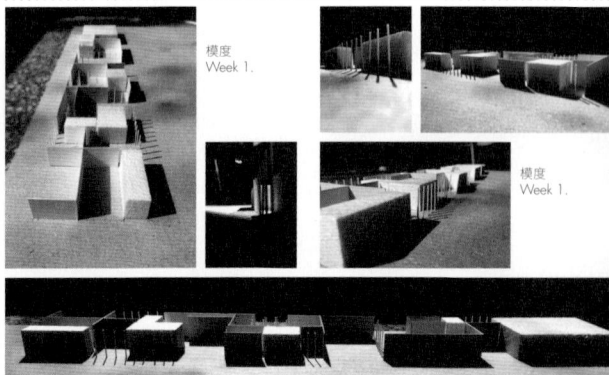

模度
Week 1.

模度
Week 1.

设计者力图在这样的操作中将模度的系统投射在建筑空间中，展现模度理论讲求理性、控制、比例与合适尺度的内涵。

模度
Week 1.

模度
Week 1.

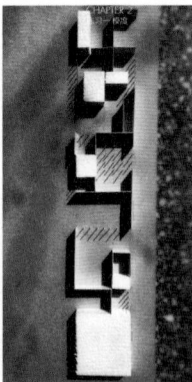

语言学的树
表述抽象系统
工具性质
加工 整合
VS
自然界中的树
展现真实形式
审美性质
原始 自发

审视空间

模度系统是一个既成的抽象系统，"板块练习"的图式也是抽象的图形，直接转换到空间过于直接。若没有对于模度理论的深入了解，直接这样移植到空间上显得些许浅薄。

方案中有一定程度的设计者的自行发挥。课程的方法是选择现有的物，不应该掺杂设计者自己的手法。

当用体量去填充空间时，对于体量周围的空间而言，体量内的空间就消失了。所以这里的体量是消极的。

空间的丰富度与趣味性都不够。尤其是没有体现偶然性所带来的惊喜与趣味。

对原型的思考

如后两页图所展示的。同样是树，语言学的树状结构经过人工加工整合，用来表述一个抽象的系统，是一个工具性质的图式。而一张树的照片所展现的则是树本身，它更加原始和自发，树的真实形式毫无损失的展现给别人。所以前者是没有形式可言的，并不适合做"原型"。

852

能够发现视觉语言树的原型了，是建筑师的选择。这样的原型一般有一种原始的姿态。

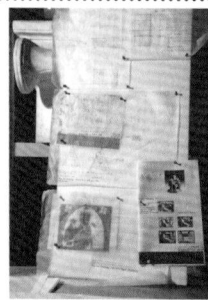

练习二 风格派
Exercise 2 De Stijl
Week 2

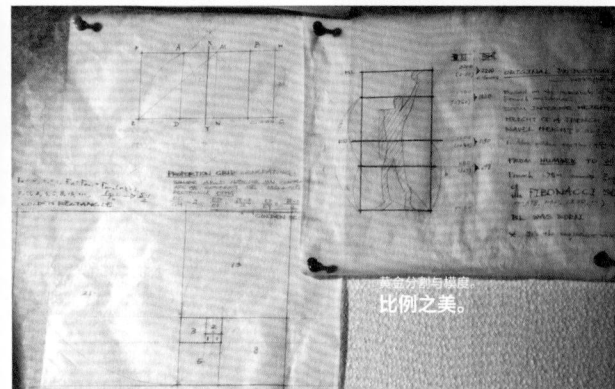

黄金分割与模度。
比例之美。

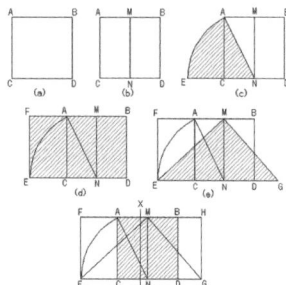

Proportion grid
Le Corbusier, 1943

模度的图解

模度理论的数学基础分为两部分。第一部分是几何图解。柯布用欧洲美学传统中最为常见的两种工具——"黄金分割"和"直角规线"进行图解。
(1) 正方形 ABCD，中线是 MN
(2) 连结 AN
(3) 以 N 为圆心，AN 为半径作弧 AE
(4) 连结 ME
(5) 作 MG 垂直于 ME
(6) 得到矩形 EFHG
EG/GH=2 EC/EF=EC/FY=0.618
在这一系列图解中，柯布得到了 GH,BD,XY,AC,EF 这几个关键高度，分别对应举高、身高、脐高、垂手高。

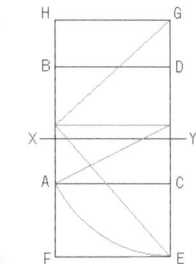

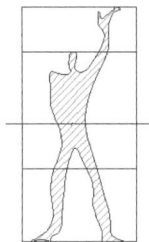

H G	
B D	2160mm to 2260mm later
	1750mm to 1830mm later
X Y	1080mm to 1130mm later
A C	667mm to 698mm later
F E	
	0

The original Modulor
Le Corbusier, 1943

模度的流变

模度理论的数学基础另一部分是一维数列。以图解中的单个正方形边长与二倍正方形边长为起点按照 0.618 的黄金分割关系进行细分，得到两组数列，分别是 183,113,70,43,27,17,10，6……和 226,140,86,53,33,20,13,8,5,3,1,8,1,1……
这两组数列分别对应红尺 (RO) 和蓝尺 (BL)。两套数列结合在一起，将通过图解得到的人体几个重要的高度数值纳入其中，并且取得了足够多的划分，可以对应各种人体活动的尺度。

实际上，设计者在对模度理论了解过程中发现，柯布在制定模度系统的具体数值的时候的态度是十分暧昧的。在比例网格的基础上需要确定几个关键高度对应的具体数值，一开始柯布先采用法国人的平均身高 1.75m 和传统法国室内空间净高 2.2m 对应比例网格中的身高与举高，但是这样的数值显然不满足器大人种的体格。于是在不久后柯布将身高数值改成了 ——也是为了与英制单位取得对应——1.83m，也就是 6 英尺整。而这个数值又适合中国人么？答案值得怀疑。
可以看到柯布模度理论中的"数"其实是相对可变的，不变的其实是黄金分割的关系与人体关键高度的对应。所以这种 0,1,1,2,3,5,8,13……逐渐逼近黄金比例的斐波那契数列关系成为这一阶段设计者的主要原型。

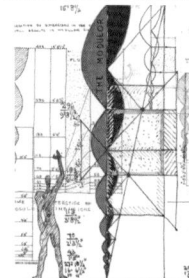

RO and BL in the Modulor
Le Corbusier, 1943

黄金分割与模度。
从柯布西耶到风格派。

Composition en rouge, jaune, bleu et noir
Piet Mondrian, 1926

风格派

荷兰风格派运动（De Stijl），主张纯抽象和纯朴，外形上缩减到几何形状，而且颜色只使用红、黄、蓝三原色与黑、白三非色彩的原色。也被称为新塑造主义（neoplasticism）。
运动中最有名的艺术家皮特·蒙德里安，在 1920 年出版了一本名为《新塑造主义》（Neo-Plasticism）的宣言。画家特奥·范·杜斯堡（Theo van Doesburg，荷兰人，1883 年 -1931 年）在 1917 年至 1928 年出版了名为《De Stijl》的期刊，传播风格派的理论。期刊同时还包括画家乔治·万顿吉罗（George Vantongerloo，比利时人，1886 年 -1965 年）、建筑师奥德（J.J.P Oud，1890 年 -1963 年）和赫里特里特费尔德（Gerrit Rietveld，1888 年 -1965 年）。
风格派热衷于几何形体、空间和色彩的构造效果。也被称为新造形主义。运动主张抽象和简化，外形上缩减或只有几何形状，颜色只用红、黄、蓝三原色与黑、白三非色彩的原色。艺术家们共同关心的问题是：简化物质至本身的艺术元素。因而，平面、直线、矩形成为艺术中的支柱。风格派运动是高度理性化的表现，因为高度逻辑化，也就导致这个运动的所有成员都热衷于通过那数学的计算来达到设计上的视觉平衡。
代表作有蒙德里安的画作《红黄蓝》，里特维尔德的红蓝椅和"施罗德住宅"等等。

Bloeiende bomen
Piet Mondrian, 1912

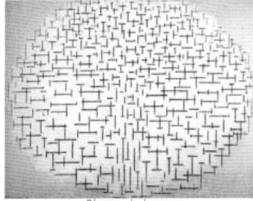

Bloeiende bomen
Piet Mondrian, 1912

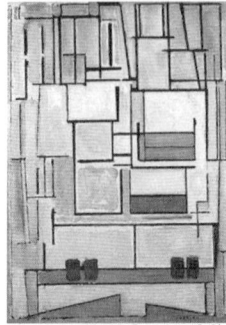

Composition No. VI, Compositie 9 (Blue Façade)
Piet Mondrian, 1914

Composition
Piet Mondrian, 1916

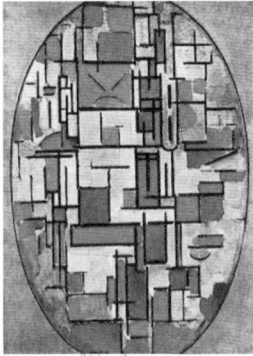

Il Neo-plasticismo
Piet Mondrian, 1920

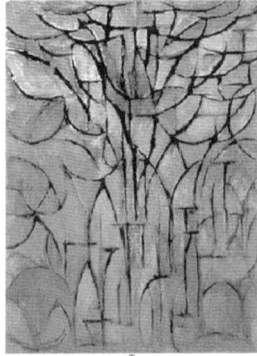

Tree
Piet Mondrian, 1926

Composition ii, still life
Theo van Doesburg, 1916

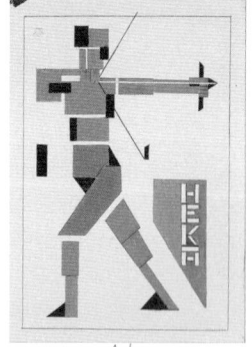

Archer
Theo van Doesburg, 1919

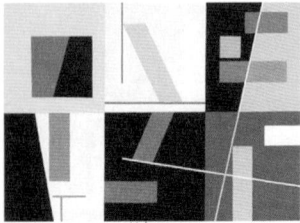

Unknown
Sophie Taeuber-Arp, 1920s'

Untitled
Sophie Taeuber-Arp, 1919

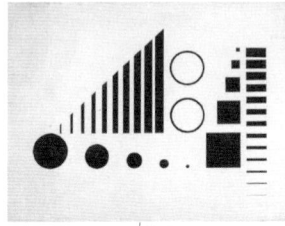

unknown

Composition in Red, Black, & White
Henryk Berlewi, 1924

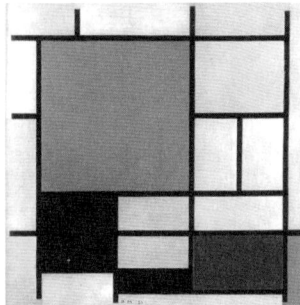

Composition en rouge, jaune, bleu et noir
Piet Mondrian, 1926

风格派的丰富与转变

风格派自身具有极大的丰富性。风格派绝不仅仅是人们所知的蒙德里安与他的方块三色构成而已。在风格派早期包括蒙德里安本人早期的探索中，充满了没有几何控制的抽象。虽然没有明确的规则去控制抽象的元素，但是风格派的画家们无论如何先开始了抽象这一行为。可以看到在没有引入几何控制之前的抽象显得不像是纯粹的抽象，似乎还能看到对象物的影子（蒙德里安的树与海、杜斯伯格的弓箭手、静物等等），而在风格派后期严格的数学控制与几何理性广泛流行起来，对规则与理性的探讨成为画作的主要着眼点，对象物的描摹终于近乎消失。画作变得极其纯粹，几乎是直接传达艺术家对于宇宙间存在的理性与秩序的追求与理解。所以经典的风格派形成的过程值得我们注意，这个转变的过程充满了控制线、比例分割、几何元素……这些都是建筑学中横亘古今的话题。勒·柯布西耶在《模度》一书中所作的讨论似乎也与风格派的画家们心有灵犀了。

而更为有趣的是，这一过程几乎由以下三幅画作的集合完美阐释了。

The Card Players, Paul Cezzane, 1890

The Card Players, Theo Van Doesburg, 1917

Composition IX, Opus 18 (Decomposition of The Card Players),
Theo Van Doesburg, 1917

转变的过程表现为将抽象、几何与比例的探讨推到极致。在此我尝试探讨这一转变过程的工具与手段。

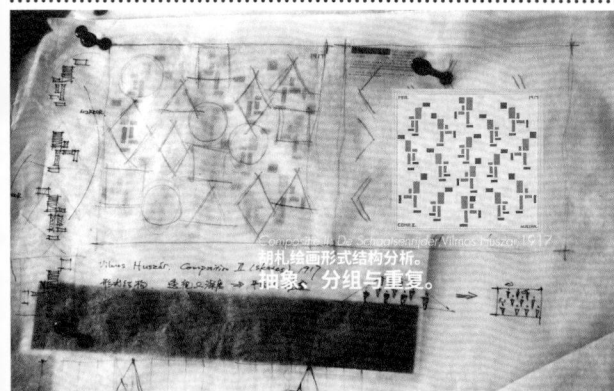

胡扎,绘画形式结构分析。
抽象、分组与重复。

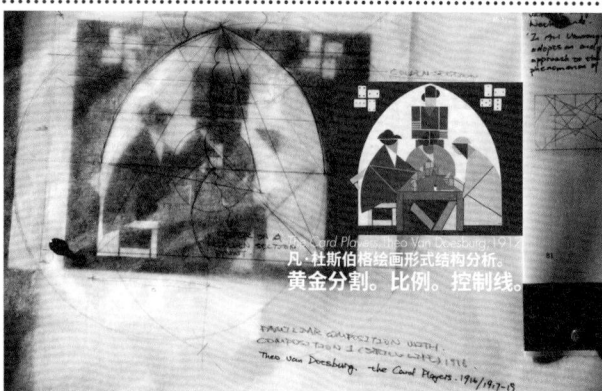

凡·杜斯伯格绘画形式结构分析。
黄金分割。比例。控制线。

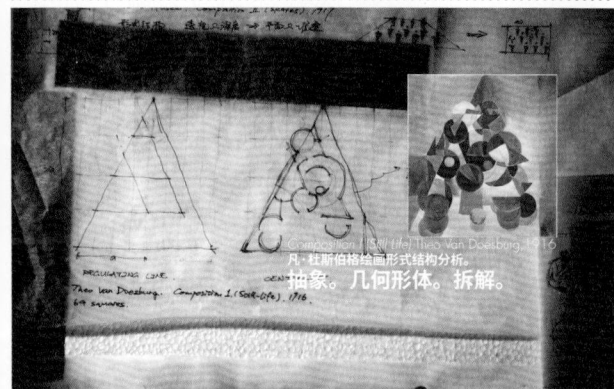

凡·杜斯伯格绘画形式结构分析。
抽象。几何形体。拆解。

在风格派之后
透过一双建筑师的眼睛
用抽象、比例与控制的工具
你从原型中看到了什么?

原型的空间转译

现在将这两幅平面艺术作品作为原型，风格派的画家已经为这幅画安排了完整的构图与抽象的法则，从中提取形式变得十分容易。
但是在模度与黄金比研究的阴影中，总是对二倍关系、分割、红尺蓝尺极度敏感，面对一个构成形式极度丰富的形式极度不甘心，于是将自己头脑中的连续黄金分割、斐波那契数列、直角规线、几何控制线通通排入原图，并且替换了原图的许多元素。
但是这毕竟是一种主观操作。
脑中意向的投射，在美学积累不够的情况下，投射的结果总不会令人满意。

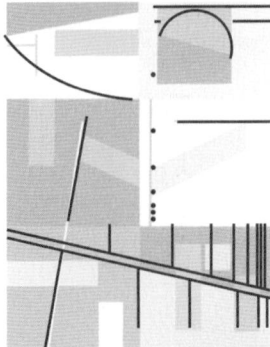

提取平面图式。可以看到已经掺杂了很多我的主观操作。破坏了原型的结构

斐波那契数列分割空间。

广场。

几何与主观的操作。

练习三 蒙德里安的碎片

Exercise 3 Fragments of Mondrian
Week 2

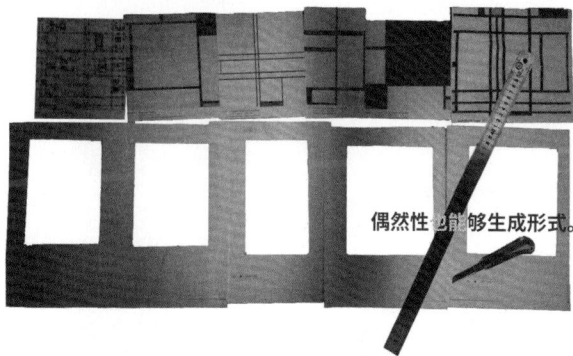

偶然性也能够生成形式。

与切相比，手撕更能体现偶然性形成的美感。

偶然的摆放与规则的摆放

两种偶然

在关于风格派的探讨的课上，老师手撕了我打印的凡·杜斯伯格的画，手撕形成的裂痕走向存在微妙的转折与弯曲，看似偶然没有根据，实际上存在更深层的逻辑，即纸的裂痕是按照受力的规律在纸面上游走的，这样形成的裂痕是靠人的主观想象完全无法画出的形式。但是我自己的尝试用切，实际上已经与手撕完全不同，名义上我偶然的切割纸面，但在切割的过程中已经不可避免加入我个人的主观判断，于是已经不是真正的偶然。

857

注1

在关于风格派探讨的课上，老师手撕了我打印的凡·杜斯伯格的画，手撕形成的裂痕走向存在微妙的转折与弯曲，看似偶然没有根据，实际上存在更深层的逻辑，即纸的裂痕是按照受力的规律在纸面上游走的，这样形成的裂痕是靠人的主观想象完全无法画出的形式。

但是我自己的尝试是用切的方式，实际上已经与手撕完全不同，名义上我偶然的切割纸面，但在切割的过程中已经不可避免加入我个人的主观判断，于是已经不是真正的偶然。

练习四 马格里布体
Exercise 3 Maghribi script
Week 3

Decorative kufic.	Maghribi script.
Plaited eastern kufic.	Maghribi script.
Early kufic script.	Maghribi script.
Kufic script.	Maghribi script.
Eastern kufic.	Maghribi script.

马格里布体

马格里布体，是阿拉伯字母的一种草书形式。它受到北非与西班牙，尤其是安达卢西亚发展起来的库法体字母影响。库法体发源自伊拉克南部。

马格里布体与其原型库法体的区别在于：库法体使用斜角形状的字母马格里布体降调处有近乎半圆的弧线，弧线宽度是统一的。马格里布体中的弧线极易被归纳成纯粹的几何元素，另外一些转折与倾斜也都保持一样的统一。其间架结构也显得十分丰富多变，于是决定以马格里布体为原型尝试对空间的解读。

了原型为13世纪的马格里布体书写的《古兰经》

练习五 拼接的字母 Exercise 5 spliced letters
Week 3

对原型进行操作的可能性

整篇转译的阿拉伯语马格里布体文字形成的空间错综复杂，具有迷宫重复、规律的特点，但又比迷宫更加灵活与多变。在直接转译的空间中可以看到圆弧、斜线等基本几何形式。在这样的基础上，是否还可以进行一定操作得到新的空间呢？这是在马格里布本体直接转译的基础上进行的下一步探讨。

寻找内在逻辑：——连笔与"行"

我注意到阿拉伯语虽然有独立的 28 个字母，但是其书写特点是连笔，所以阿拉伯语书写中"行"的概念十分强烈，几乎可以在文章中看到每行的横线。所以"行"被认为是阿拉伯语书写的内在逻辑，即成为我思考的重心。

拆解与重组

要对整篇的阿拉伯语文字进行重组，又不能破坏其内在逻辑，我决定保留连笔带来的"行"的概念，但为了破除整篇文章的感觉，有必要把文章拆解。于是我将一篇阿拉伯语文字按行剪断，这时每行的文字清晰可见，之前直接转译的方案中行与行之间的空间已经消失了。如何将他们重置于一个新的形式结构中成为问题。

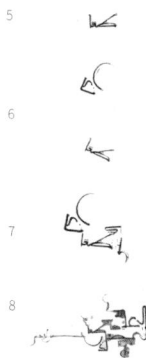

1 尝试以"行"为单位拆解整个语篇
2 拆解后行与行之间的空间消失
3 宏观结构组织微观风景效果不佳
4 二次拆解为独立的连笔单元

5 以任意连笔单元作为起点
6 任取其他连笔单元与第一个单元首尾相连
7 相连的同时保持各单元之间的正交关系
8 生成形式

二次拆解

在将整个文本拆解为独立的行之后，考虑到现在每一行中文字之间形成的空间关系类似于**微观的风景**，而整体的空间需要有一个**宏观的结构**去控制。于是我试图用风格派的绘画——构图理性富有秩序——去重新为文字行行列定义秩序。但是结果并不理想，因为有诸如两线交叉之类的设定是违反阿拉伯语的书写规则的，于是作罢。

在这基础上被迫继续对行进行拆解，我将每一个连写的词组作为最小的单位，这样"行"也消失了。进而探究每一个连笔之间形成空间的可能性。

重组

现每个连笔成为独立的单元，如何将他们组合起来仍旧需要考虑阿拉伯语自身的书写特点。一个连笔必然有头有尾，而且在书写中总是会在头尾出现顿笔，于是以此为依据，将独立的连笔单元随机的**首尾连结**，并保持各单元之间的正交关系。这样做除了原来文本的行的概念，使方案彻底摆脱阿拉伯语作为语言文字的意义与作用，回归单纯的框架结构与空间关系上来。又由于是首尾相连，自然而然形成了一定的围合关系，空间也由此发生了变化。

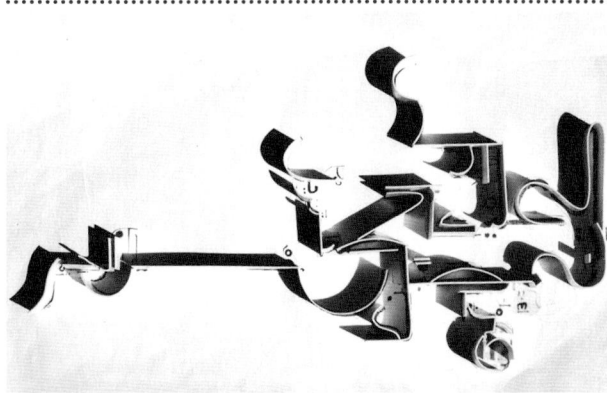

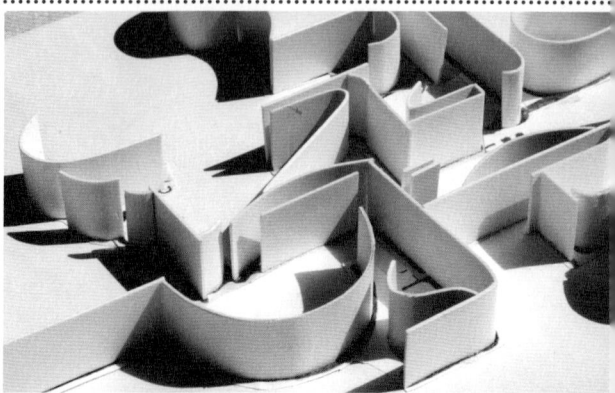

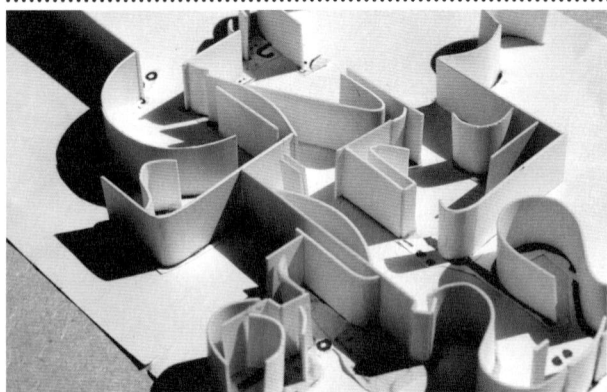

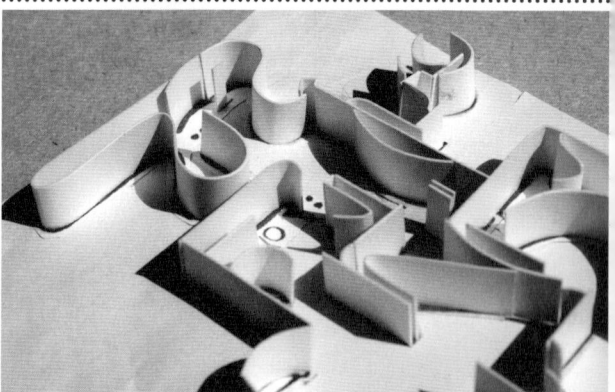

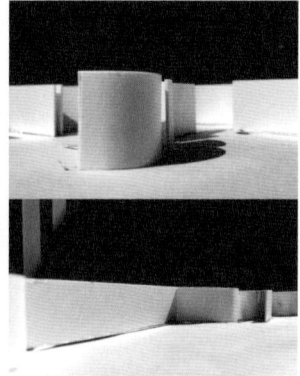

简单的操作得到了良好的平面。在之前直接转译阿拉伯语马格里布体文字的基础上获得了不一样的空间，且在围合、转折、连接、突变等元素上更为丰富。从平面上看也完全摆脱了之前阿拉伯语文字的影子，形成了一些"有意味的形式"。这时我已经可以几几何形体其他的方式去诠释这全新的形式——不管是几何形体的复杂组合还是语言文字间架结构的移情——而完全不必担心与原阿拉伯语文字的联想。而新的形式也的确令我惊喜，这是无法直接靠想象设计出的空间。

然而

在这一操作中依旧有值得怀疑的地方，首尾连接时方向的选择、第一块语言单元的选取等都还具有任意性，无法用一种强力的逻辑去归纳这种操作。

另一方面，这一操作也依旧仅仅停留在平面上，而且这一操作本身没有让人看到语言文字作为一种艺术更深层次更本质的美学逻辑。在得到现有的形式与空间的基础上，我应该去寻找新的逻辑与发现世界的眼睛。

注 6 关于手法

· 任何人的**手法都是有限的**，使用手法势必产生联想与指向，而设计不是模仿与套用。我们的目标是从原型中感受与读解那种有隐含的逻辑控制的、无法由我们自己思考设计生成的空间，所以要求我们尊重原型中内涵的、整体的美感与美的形式，杜绝主观形式操作。

· 说得更远一些。建筑学本身的局限性在于**建筑师自身的想象力是有限的**，高迪是一个天才，因为他勇敢地突破了建筑学的边界，从自然界的形态与规律中寻找形式与空间的新的可能性，**而非自己去"创造"形式与空间**。建筑师的大脑不在于能够创造出多么动人心魄的空间与形式，而在于能够在他所看之物中进行有意识的选择与操作，使这些有意味的物转译到空间中来，这样诞生的空间会具有原型的意味与特征，而这些意味与特征并不是建筑师主观"创造"的。一个迷宫可能并不是建筑师的造物，而是他将一个错综复杂的原始洞穴搬运与投射的结果。

练习六 树的截面
Exercise 6 Tree Section
Week 4

思维漫游

在前面6轮的练习中，我在空间转译中加入了很多自己的主观操作，为了避免这一现象，我决定采用漫游的心态，真正体验"发现"的可能性。

漫游线索

新的寻找沿着两条线索进行。
1. 视觉元素的直接投射。
2. 逻辑与规律的空间转译。
前者倾向于更为直观的发现与选择，操作相对简单。
后者更为抽象，转译到空间的操作或许更复杂。但是这样的规律与逻辑很多，在其他学科如数学、物理学、化学、生物学，甚至逻辑学都有可能存在这样有空间潜力的规律与逻辑。

漫游起点

学科规律
自然图式
原始图案
艺术形式

找点点点点点

图案 原始艺术形式——非洲身体装饰 疤痕
图案 & 纹理 动物毛皮——聚落、voronoi、地形的联想
纹理——黑胶唱片
非洲疤痕装饰相对是随意的，且其纪念性大于形式美感。动物毛皮受自然选择与基因控制，有其内在必然性。产生的一些类似聚落（豹子毛皮）与voronoi（长颈鹿毛皮）与地形（老虎毛皮）的肌理令人意外。
黑胶唱片的纹路完全由其记录的声音决定，工业与机械文化严密逻辑的控制结果，也是声波的另一种物化的存在形式。

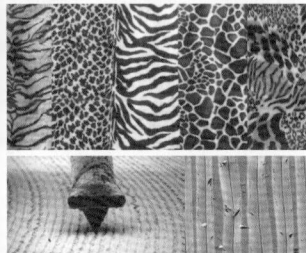

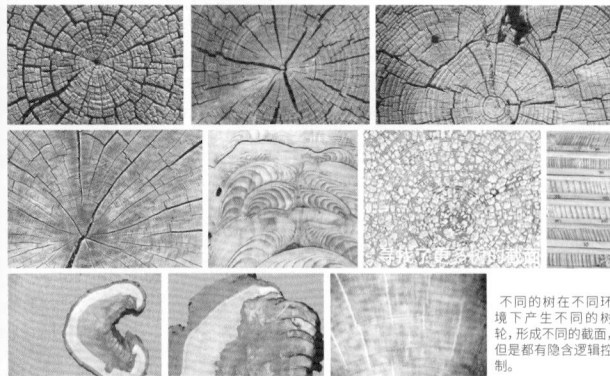

发现了树的截面

树轮开裂的裂痕，有近似正交的转折，也有纤细微妙的曲线。正如建筑设计一样，裂痕由多种因素综合影响决定其走向，而大体又符合树纤维的肌理走向，仿佛由一个强烈的结构所控制，展现着一种宏观逻辑结构控制下受到细微扰动产生的细微之美。

而让我感兴趣的是

暴露在外界空间的树的截面，在风吹日晒下开裂。
粗裂痕——本身是狭窄的空间，也可以是厚重的隔断
裂痕之间——形成了宽松的空间
细裂痕——分隔空间的形式

空间性格

向心性 正交性 偶然性
二维的规则——沿着年轮开裂与朝向中心开裂
偶然微妙的曲线

不同的树在不同环境下产生不同的树轮，形成不同的截面，但是都有隐含逻辑控制。

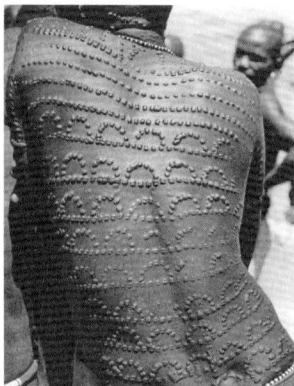

粗裂痕形成的狭窄空间

粗裂痕之间的大空间

从树干截面到空间 第四周

向心性的中心

单元格一般的空间

空间的可能性
广场与房间

空间的可能性
形态奇特的房间

偶然中的偶然

偶然中发现的高迪设计的圣家堂，因为高迪天才般的想象力与从大自然移情的能力，其实有着丰富的转译到空间上的资源。

圣家宗座圣殿暨赎罪殿，一般简称为圣家堂，是西班牙巴塞罗那一座天主教教堂，由安东尼·高迪设计，其高耸与独特的建筑设计，使得该教堂成为巴塞罗那为人所知的观光景点。

圣家堂从 1882 年开始修建，因为是赎罪教堂，资金的来源主要靠个人捐款，捐款的多少直接影响到工程进度的快慢，所以至今还未完工，是世界上唯一一座还未完工就被列为世界遗产的建筑物。

练习七 高迪的馈赠
Exercise 7 Gaudi's Gift
Week 4

三个立面的空间魅力

圣家堂的设计带有强烈的自然色彩，高迪以很多动植物的形态为蓝本来设计教堂，更以《圣经》中的各个场景在整个建筑中如同图画一样逐幅展现，使这个教堂成为每个来访者都可以读到的一本天主教教义问答书。

这个教堂有东、西、南三个立面："诞生立面"（Nativity façade，位于东侧）、"受难立面"（Passion façade，位于西侧）和"荣耀立面"（Glory façade，位于南侧，尚未完工）。

1 Nativity facade
2 Passion facade
3 Glory facade

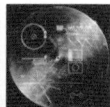

选择立面提取空间关系

在"受难立面"上高迪设计了三扇门分别是：
中间 the Gospel
左边 the Gethsemane
右边 the Coronation
其中 the Gospel doors 高 6 米，上面用文字和图案的浮雕记录了耶稣受难前的祈祷和他最后两天的经历。我注意到图形的浮雕元素丰富，且相互之间的位置关系紧凑微妙，有些让我联想起向外星生命传播地球文化的地球之音唱片。极具宗教感和未来感的画面让我决定将其转译成空间。

从圣家堂细部到空间 第四周

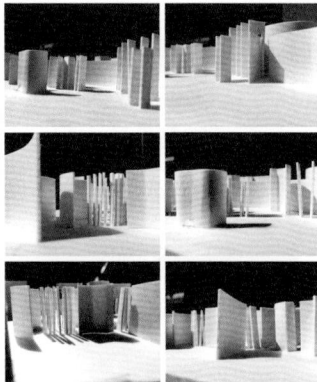

最后的结果仿佛有些杂乱，一是因为元素比较多，二也是因为自己的提炼不太到位。但是练习的意义就在于花十分投入获得一分收获。当我将圣家堂门上的浮雕转译到空间中时，面对一众杂乱的形体，我在模型上搜索，依旧可以看到某些打动人的局部。或许是其中的一条弧线、一个圆柱……做出来的虽然是一整个模型，但我们的眼睛有选择"看到"或者"不看到"的权利，可以只留下"想看 a"的部分，把其他的舍去，这依旧是一次有价值的尝试。

注 7 七次练习的总结

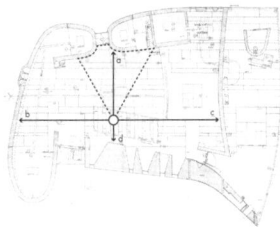

1. **美的规律是相通的。** 这也是**移情**的意义所在。当我们剥离表面形式就可以看到不同事物的共通之处，寻找到一定的逻辑与规律，更加接近艺术的本质。（图解一些原型做出相似结果。肌纤维 & 地形。乐谱 & 星图 & 树的截面……）
2. **"看到""看不到""想看"。** 我们的眼睛可以认为是自带滤镜的，它过滤掉不想看到的东西，只有感兴趣的东西才会呈现在我们眼前。这就体现了选择的乐趣与智慧。这也是艺术家与建筑师与常人观察力不同的地方。剥离表面形式，排除环境杂乱，看到想看到的纯粹之物，此之谓触摸本质。
3. **应该改变观察世界的方式。** 梵高塞尚画画如此，因为其本身眼睛或脑与常人不同。以此类推，若我们戴上腰镜、或在眼前蒙上薄纱，世界又会是怎样？
4. **平面性的重要。** 良好的平面可以导出良好的空间，但反推却不一定成立。**人与空间关系的本质**不是生活、不是空间表面覆盖的材料，**而是人在平面中的测量关系及其带来的心理感受。** 在空间中与空间的关系其实建立在以人为中心的坐标系中，人在各个方向测量自身与空间边界的距离，而脑后与眼前的距离产生的心理感受又完全不同。这种心理感受的变化中人体会到了空间最真实最根本的性格——远、近、高、低、曲、直……

人可以认为是空间中的任意一点。人以自己为中心的坐标系测量空间，以自己到空间边界的距离 a,b,c,d 形成心理上的空间感受（远近高低曲直）。当各距离值的组合带给人和谐的感受时被认为是美的，这也是良好的平面会产生良好的空间的原因。

练习八 攀岩
Exercise 8 Climbing
Week 4

攀岩

攀岩是从登山衍生出的一项运动。在约 1970 年前攀岩一直附属于登山系统之下，目的只是为了克服登山过程中的困难。直到 70 年之后，在法国，攀岩真正变成一项独立运动。

攀岩竞赛

1 先锋（难度）赛：通常在高 15 米以上的人工岩墙举行，比赛采 On-Sight 先锋攀登，比赛前选手有约六分钟的时间观察路线，观察后回到隔离区，再依次序出场。每名选手仅有一次攀登机会，且不得观看别人比赛。限制时间 6～8 分钟不等。最后按攀爬高度来计算成绩。
2 速度赛：速度赛的路线比难度赛简单许多。在无失误状况下，每名选手皆能完攀。因此考验的是选手攀爬的速度。
3 抱石赛：与难度赛类似。抱石赛在安全的高度下的岩场进行，而是以安全护垫来确保。在时间内不限攀登次数，每场约有 4~8 条路线，每条路线皆有中继点 (Bonus) 与完攀点，比赛成绩以完攀（须通过中继点）与抓到中继点的数量与攀爬次数来评断。

High Step　　Drop Knee

Lay Backing　　Heel Hooking

Twist Locking　　Counter Balance

身体动作

攀岩的选手在岩壁上对抗重力的作用，有一些特殊的技巧来调整身体重心，巧妙借力，通常需要将身体伸展到最大程度，作出十分夸张的动作，但由于符合对抗重力的力学规律，这些动作也给人以合理的美感。
若将人身体的支撑点连线，则多为稳定的三角形与不规则四边形，重心在图形内或图形外。

动作分解与抽象

2012 全国攀岩锦标赛
速度赛 ,8'24"

结果

攀岩过程被理解成一系列三角形与不规则四边形在交叠翻滚中向上复制的过程。尝试其中空间的可能性。

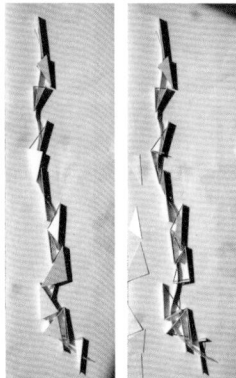

从总图上就可以发现，这样产生的形式到后来愈发细瘦，空间的成分越来越少，反倒是一开始起点处的几个三角形与四边形成的体块与空间相对有趣。从攀岩这项运动进行空间转译的想法问题不大，但在原型选取上值得考虑，或许难度赛与抱石赛得到的转译结果在空间上更具有吸引力。或者是如此转译的结果需要进行再次的选择，只有存有趣味的那一部分应该留下，而其他在空间上没有潜力的应该舍弃。

这又是"选择"与"想看"的智慧。

攀岩转化的空间细部 第四周

攀岩转化的空间细部 第四周

练习九 其他——借鉴与学习

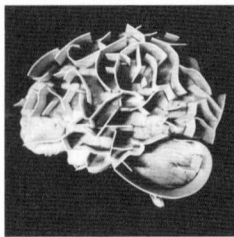

脑与建筑空间

墨水滴水实验与建筑空间

武满彻乐谱到空间、地形到空间

注 7 八组练习的总结

不满意。表现上。
找到的原型不够。
操作方法不够丰富。
观念上。
更新。审美的提高。抽象提炼的能力。
移情。
选择。滤镜。"看到""想看""不看"
对空间的感知更为敏感。
人与空间关系的本质属性。
创造与拿来。

前面的图一起。练习总结图可以丰富些。有对比。

CHAPTER

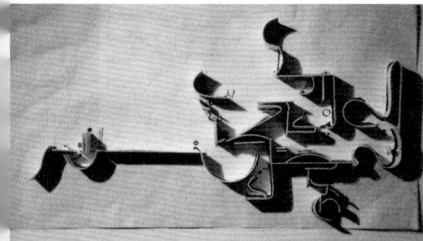

CHAPTER 3

—— 珠峰新大本营
Week3

珠穆朗玛峰，海拔 8844m,西藏

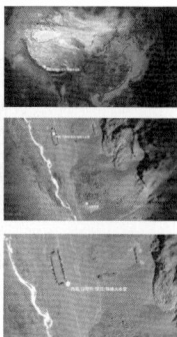

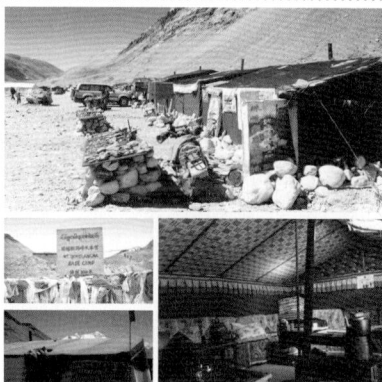

珠穆朗玛峰（珠峰），藏语意为"圣母"，海拔 8844.43 米，为世界第一高峰，是一条近似东西向的弧形山系，位于喜马拉雅山中段之中尼边界上、西藏日喀则地区定日县正南方。而珠峰大本营则在珠峰北坡海拔 5200m 处。

珠峰大本营概况

珠峰大本营位于绒布寺南方，是为了保护珠峰核心区环境而设立的保护地带，位于海拔 5200 米，与珠峰峰顶的直线距离约 19 公里。大本营由一群帐篷旅馆组成，除了两座代表了现代文明的公共厕所外，再无永久性建筑。珠峰大本营以南 4 公里处有海拔 5200 米纪念碑，需要乘坐环保车或徒步到达。到达纪念碑前，有武警把守，对游客给予一些警示。现在的大本营像是一个汽车营地。大本营的帐篷内多为环绕帐篷布置的简易床榻，帐篷中心有炉灶。大本营主要有以下问题：

1. 如厕不便。两个公厕以独立单体形式放置在空地上。
2. 物资储存能力差。这导致大本营物资匮乏、物价虚高。
3. 帐篷内保温条件差，特别是遇到大风天气体验不佳。

珠峰大本营周边人文自然景观

·绒布寺为海拔约 5100 米，是世界上海拔第二高的寺庙。它依山而建，共有五层，现仍在使用的仅有两层。绒布寺主殿内，正中供奉释迦牟尼及莲花生像。喇嘛和尼姑在同一个经堂内诵经，开展佛事活动。
·绒布德寺海拔约 5300 米，是世界上海拔最高的寺庙，地下密室内石壁上有莲花生大师的手印及足迹。
珠峰大本营周边的人文自然景观：
1 绒布寺 2 从绒布寺看珠峰 3 绒布寺内景 4 绒布寺 5 绒布德寺 6 绒布德寺喇嘛

西藏/日喀则/定日/珠峰大本营

珠峰大本营新址构思

为了解决现有大本营的问题，同时整合珠峰大本营周边的各种人文自然景观资源，为登山客、游客、喇嘛都提供一个良好的使用环境，我试图在现有大本营附近寻找新的场地设计珠峰大本营新址。新的场地位于原场地以南 3km 处的一个湖边，离珠峰的距离更近。

新的珠峰大本营应该是：
1. 尊重藏传佛教、尊重喇嘛，为喇嘛提供住所的场所
2. 整合各种旅游资源的游客中心
3. 为使用者提供各种活动的多功能空间
4. 能够体现高原文化、自然精神的建筑

在珠峰大本营原址以南 3km 寻找场地

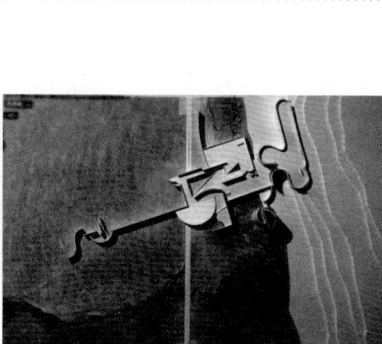

珠峰大本营新址

在明确了大本营现状设计目标与设计概念之后，新的方案就此产生。新的大本营依山而建，利用山谷的坡地自然形成了屋面以及室内标高的高低变化。基本的几何形体之间通过复杂的对位与组合赋予了建筑几近偏执的理性气质。屋面的高低错落与突出的山墙让人联想到当地为依山就势躲避辐射与大风而建的民居，高耸的塔结合山坡错落的平坦屋面又似乎在暗示一个具有精神中心的内向聚落。建筑整体的意向似乎指向了绒布寺一般的高山聚落，但是半圆、三角形、自由曲线又绝不可能在当地的建造传统找到依据。设计者希望用这样的方式去营造一种表面上似是而非的传统意向，其深层逻辑在于对稳定秩序的强烈表达。

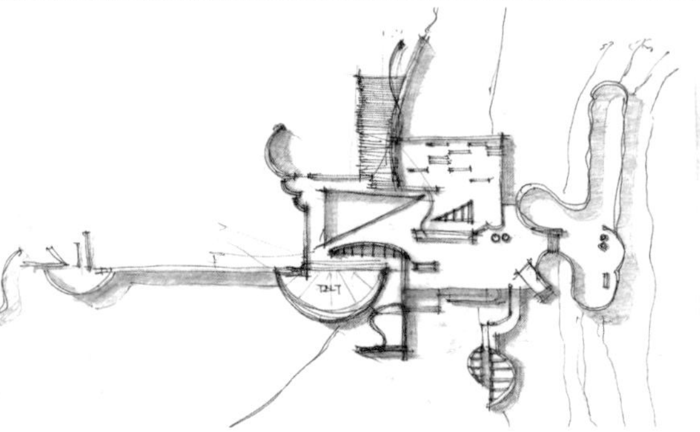

草图一：清晰可见的几何形体与屋面的高低关系

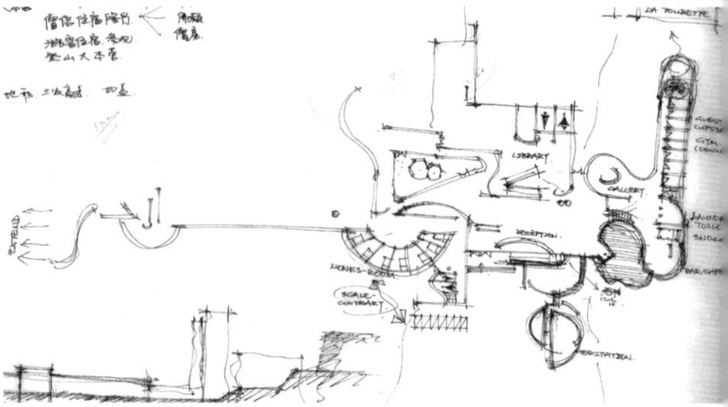

草图二：排入功能后的一层平面

客房 GUEST'S BEDROOM

MEDITATION

图书馆 LIBRARY

庭院 COURTYARD

喇房 LAMA'S BEDROOM

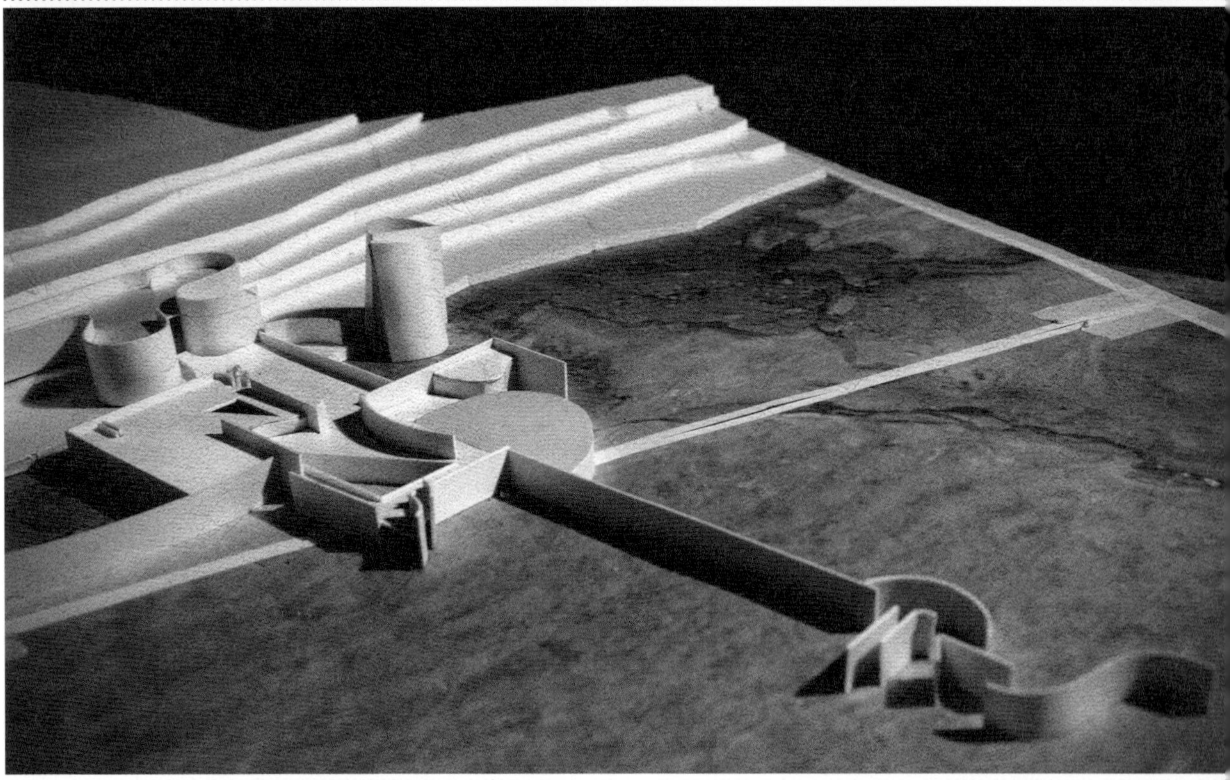

方案思考

·空间表达——杜绝主观与妥协

叙事中透露的强烈的主观因素——刻意赋予强大的特定功能——已经显示出使空间变质的倾向。任何操作不应该压制空间的表达。空间不能功能妥协。

当空间开始被划分成房间的瞬间，空间已经变质。原来空间的流动性与空间之间的关系被破坏。

·手法——规避联想与指向

关于手法的影子。有一些形式指向性过于明确，容易使人产生联想，这就又陷入了形式主义与手法借鉴的窠臼。设计的原则应该是以空间为核心，努力使自己忘却潜意识中纷至沓来的手法，回到"零"的状态，感受原型经过操作所产生的空间，不能轻易的破坏其纯粹性，丧失原来的空间趣味。

手法意味着刻意。而空间的追求在偶然的行为、纯粹的操作中进行。

·"拙"与"帅"——思考的草图

"拙"气的草图透露着思考，建筑的平面图与绘画不同，它蕴藏着三维方向的信息，建筑师在落笔画出任何一条线时都应对应着自己的思考，先想后行。"帅"气的线有平面性的视觉刺激，在空间上则未必有思考，依然回到思考的原则——以空间为核心——摒弃"帅"气的形式刺激，回归"拙"气的空间思考。

CHAPTER 3
二 八达岭国家森林公
园活动中心
Week4

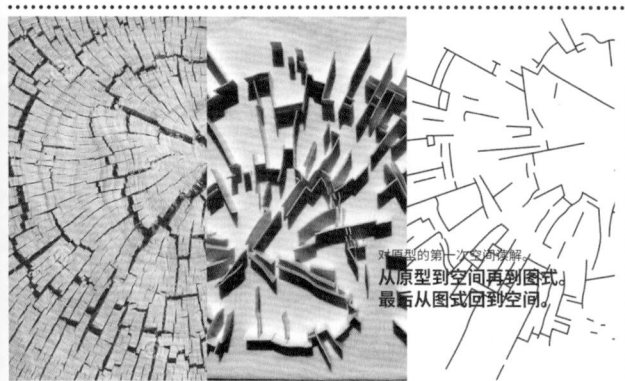

对原型的第一次空间化理解。

从原型到空间再到图式。
最后从图式回到空间。

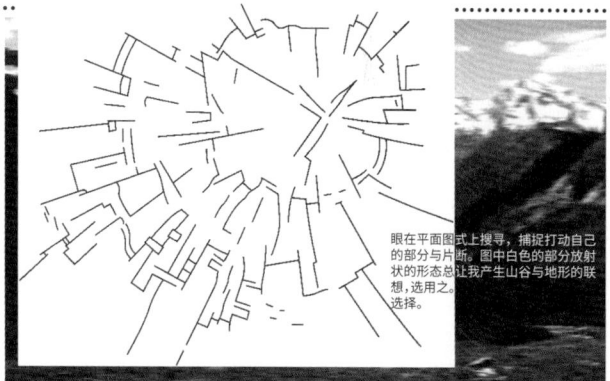

眼在平面图式上搜寻，捕捉打动自己的部分与片断。图中白色的部分放射状的形态总让我产生山谷与地形的联想，选用之。
选择。

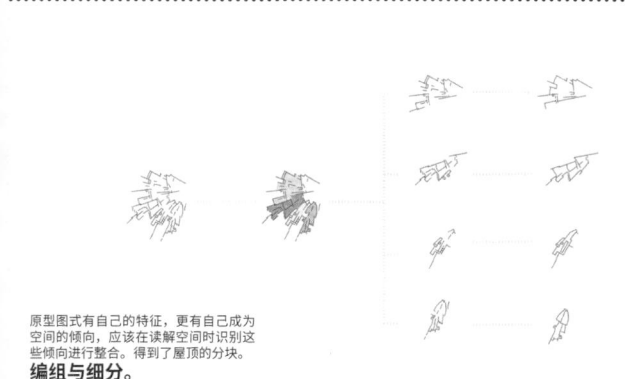

原型图式有自己的特征，更有自己成为空间的倾向，应该在读解空间时识别这些倾向进行整合。得到了屋顶的分块。

编组与细分。

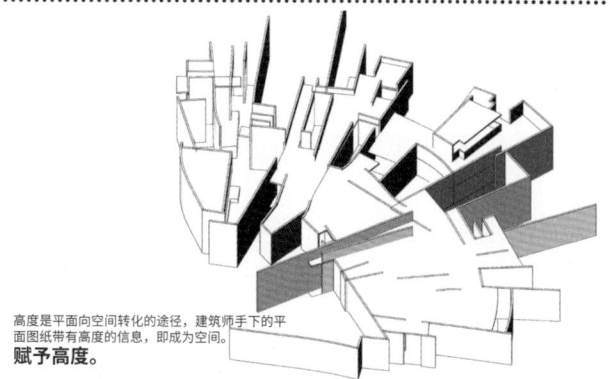

高度是平面向空间转化的途径，建筑师手下的平面图纸带有高度的信息，即成为空间。

赋予高度。

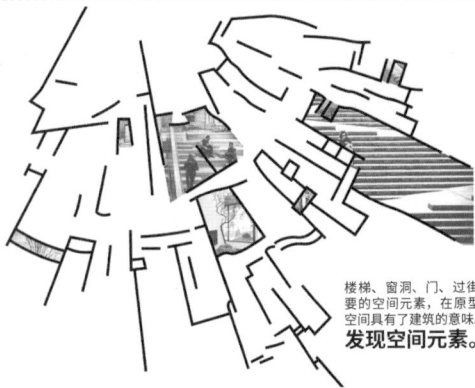

楼梯、窗洞、门、过街楼、院落等都是重要的空间元素，在原型中发现这些元素，空间具有了建筑的意味。

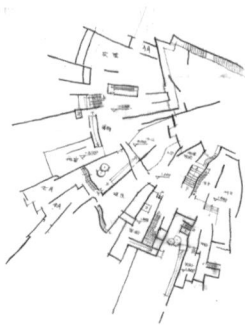

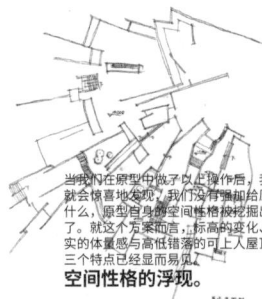

发现空间元素。

当我们在原型中做以上操作后，我们就会惊喜地发现，我们没有附加给原型什么，原型自身的空间性格被挖掘出来了。就这个方案而言，标高的变化、坚实的体量感与高低错落的可上人屋顶这三个特点已经显而易见了。

空间性格的浮现。

这实际上成为了我中期评图的方案。就如某些建筑师做的那样，他们善于为自己的方案寻找场地，场地其实是又一次设计，场地的气质与精神需要与建筑相契合。

寻找场地。

八达岭国家森林公园

地段与事件

八达岭林场在八达岭国家森林公园，它位于万里长城八达岭和居庸关之间，总面积4.4万亩，最高峰海拔1238米，分布植物539种、动物158种，林木绿化率达到96%，为中国首家通过FSC国际认证的生态公益林场。公园主要景区有红叶岭风景区、青龙谷风景区、丁香谷风景区、石峡风景区。红叶辉映残长城和望龙系列景点是公园的最佳景观，其他还有暴马丁香、杏花、梨花等高价值独特景观资源。

地段与事件

林场的日常作业与森林公园的社会教育

除了日常守林作业，林场还要承担社会服务的责任。感受林场生活之点滴，认识林业发展的历程，6000年前的八达岭和现在的八达岭有什么不同，亲身体验林木测量、修枝、割灌、堆肥等林业技能。体验赏鸟的乐趣，为小鸟制作鸟窝、鸟食台和饮水处。认识八达岭森林这个离市区最近的郊野公园的各种植物等，体验自然、感受自然，这些都是八达岭森林公园"没有围墙的教室"户外教学内容。

地段详情

八达岭森林公园内，长城脚下山坡。
谷地。
临近青龙桥车站与森林公园入口。

Fangorn forest, the Lord of the Rings

我对森林的理解
迷路 重复 神秘 好奇
各种意料之外发生的场所
我的操作
通道——联通不同空间 制造神秘气氛
楼梯——营造迷路的空间性格
标高——制造跌落平台 活动与观景

通道。

院落。

孔洞与缝隙。

楼梯。

中期评图的老师评语。
标高与树。

地段与标高

在中期评图过程中老师对于地段提出了很多意见，认为我并没有将树纳入方案的考虑因素，同时在森林保护区修建大体量的建筑也是值得推敲的。若将树纳入方案的考虑因素，体量与树木之间的关系会有很多可能性。体量与环境之间的关系会与现在截然不同。另一方面是标高的变化只体现在几个楼板的起伏与屋面的组合，并没有空间上明显的垂直落差，这一点或许削弱了"标高"这一概念的意义。

从创作到设计

中期评图之前的训练可以理解为"创作"，是在严肃的建筑学讨论之外的东西，是一般人所不认为是建筑的东西，是一个艺术的过程。而中期评图的方案则为"设计"的过程。在将自己的原型转化到建筑空间上时出现了种种问题（地段、功能等等），建筑师不仅要有前期创作的能力，更要有设计的手段，以解决各种问题。

空间经验的积累

将原型转化成建筑空间的过程，不是毫无根据的，而是设计者观察原型、发现原型自身所渴望成为的空间，是考虑到原型自身的性格的。但是设计者若对此不够敏感则难以完成空间的转化，这就需要设计者大量空间经验的积累，大量生活场景的积累，而非手法的积累。当设计者对于原型足够敏感，又有大量的空间经验时，空间自然而然的就从原型中出现了。

注8 建筑观

在前四周的工作中一种建筑观逐渐清晰起来。建筑要解决社会问题、经济问题、解决文化问题，但是归根结底这些都依赖建筑本身的造型与空间操作来实现。造型与空间操作是建筑最根本的语言，若建筑师出手的造型与空间操作就不具力量，则解决社会问题就会令人存疑。

所以依靠前四周发现原型、转化空间的训练，正是要解决造型与空间操作的问题，在观念上认识到"发现"的重要性与造型空间的重要性——前者体现为一种智慧的素养，后者体现为一种美学的素养。

在这一过程中，尤其要强调的是"手"与"脑"的关系。"脑"所代表的智慧与思考永远要走在"手"所代表的行动前面。建筑师与艺术家相比造型能力与画工都不占优势，但是依靠智慧的力量可以获得更大的可能性。"眼高手低"或许是一个建筑师应该有的态度。只有思考与观察，而非落笔画图，才是设计的起点。

建筑师与五光十色的生活或是极具美学素养的艺术家相比都是有局限性的——前者在偶然与巧合中提供美的可能性，后者以一己之力实现天马行空的美学灵感——所以他们要靠智慧与感觉去发现、去选择！

CHAPTER 3

三 白河峡谷度假中心
Week5

Q1：它的空间丰富度足够么？ Q2：它的空间性格是什么？
Q3：它能清晰的给置身其中的你种空间意象吗？

'To express is to drive. And when you want to give something presence, you have to **consult nature**. And there is where design comes in...You can only do it if you honor the brick and glorify the brick instead of just shortchanging it.'

Louis I. Kahn, lecture at Penn, 1971

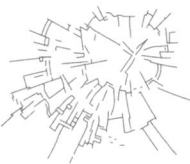

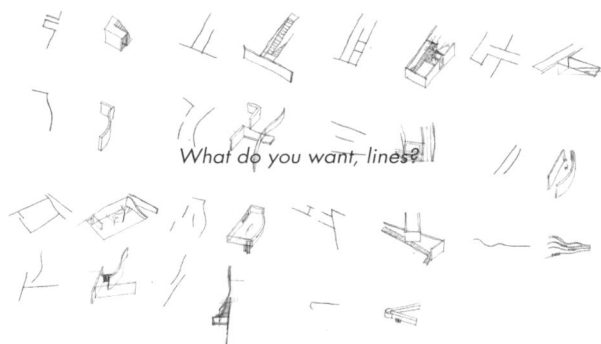

读解与感知

面对一个复杂的平面图式，我们究竟如何将其中隐藏的空间潜力挖掘出来？

路易斯·康在宾夕法尼亚大学的演讲中，那段关于砖的论述前后的两句话往往被忽略。但这两句话有更普遍的意义。consult nature（此处 nature 应解释为本性）代表了一种敏感的姿态，不带入设计者本人的主观色彩，去发现对象物的本性，将对象物的空间潜力挖掘出来。而 honor 与 glorify 更是将这种姿态赋予极度谦逊的意义，使设计者退居于幕后，将对象物的性格完全展现。

回到之前的问题，事实上，平面中的线在建筑师眼中具有高度的信息，可以是墙但却不局限于墙。它或许是梁，这样在线的下方就有了连贯空间的意义；它或许是家具的轮廓，在空间中具有自己的三维坐标……于是空间产生了，同时这空间比原图式平面中的二维关系有更复杂丰富的三维属性，二维图式到三维空间的转化由此完成。

但在面对这个复杂的图式时，各个元素转换成空间的可能性太多，我们需要的是一点一点读解平面，感知空间，发现平面中的元素各自想成为什么。即象们那种 consult nature 的态度，不带入设计者自己的主观意志。

而感知空间，则需要设计者用敏感的心与聪明的脑去仔细观察空间本身和空间中物之间的高低关系、视线关系等等，动人的空间中各种元素之间总维持着一种微妙的关系，给人以恰到好处的愉悦。

What do you want, lines?

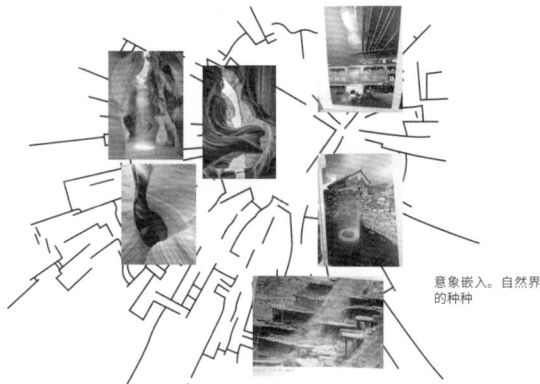

意象嵌入。自然界的种种

WORDS WITHOUT MEANING, MEANING WITHOUT WORDS

徐冰，《析世鉴·天书》，1987-1991
偶然的发现。

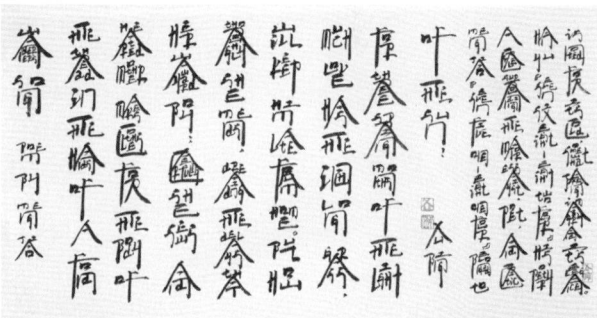

《天书》，徐冰，1987-1991

语言与符号的启示

徐冰的《天书》给我的启示在于，面对一个庞大的系统，需要对其进行整理归纳才能找到其特点，对其进行表达。所以面对浩如烟海的脑中的意象，需要对其进行归纳与整理，才能顺利表达在我的方案中。

空间的字母——系统

在这复杂的图式中，要发现与展现那些我脑中既存的意象其实并不容易，意象是冗杂而突然的，他们没有一个逻辑对其打包整理，而众多意象形成的整体又笼统的形象无法让我在空间中进行表达。

显然我需要工具。我想起了之前看过的图片。

空间的字母表，是我理解空间的钥匙。

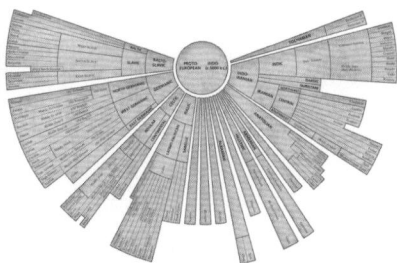

先对图式进行分组，每组中的元素进行细分，发现了空间的字母。

空间与文字系统的同构。

亚美尼亚人的古文字演变过程。现代的字母表可以在远古的象形文字中找到依据，一脉相承。空间又何尝不是如此？

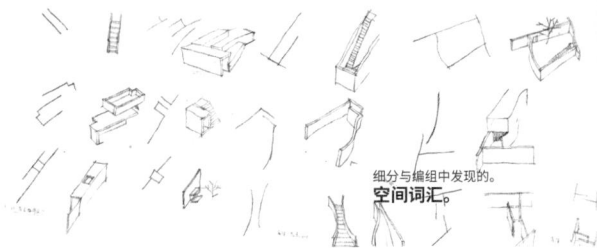

细分与编组中发现的。
空间词汇。

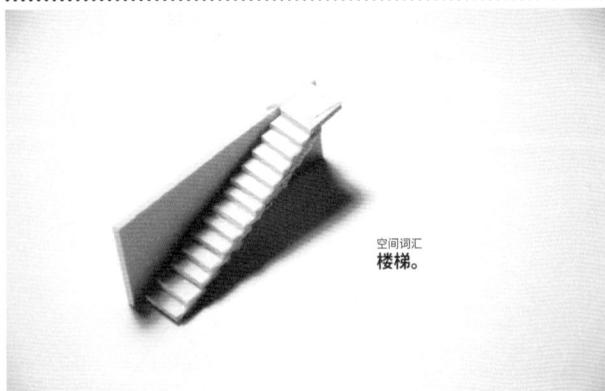

空间词汇
楼梯。

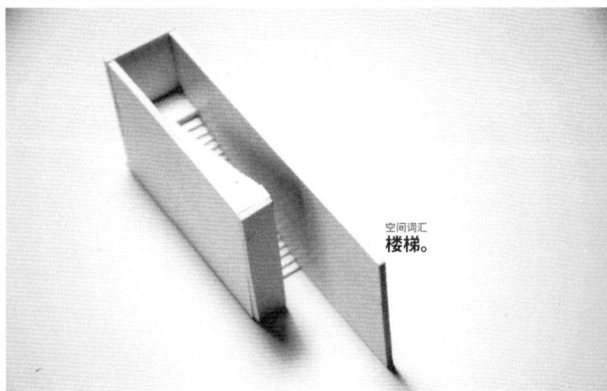

空间词汇
楼梯。

空间词汇
楼梯与过街楼。

空间词汇
孔洞。

空间词汇
门洞。

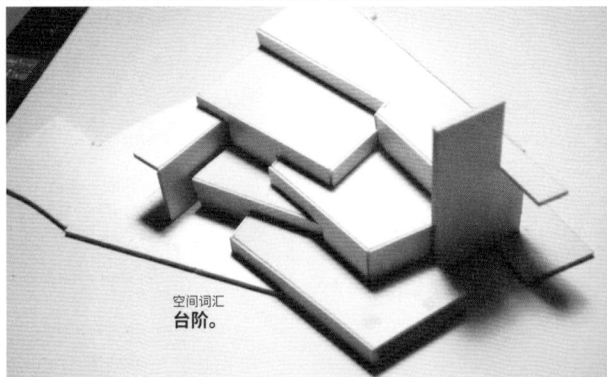

空间词汇
台阶。

空间词汇
台阶。

空间词汇
孔洞与光。

在丰富度、复杂度、空间元素的指引下，有必要对空间进行重新读解，挖掘出潜能的最大值。

重新读解空间。

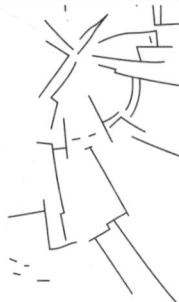

选取平面图式的一部分进行仔细读解。线不再是单纯的线，而是带有高度的空间元素，可以是一段阳台，一段楼梯，也可以是一个长长的沙发。

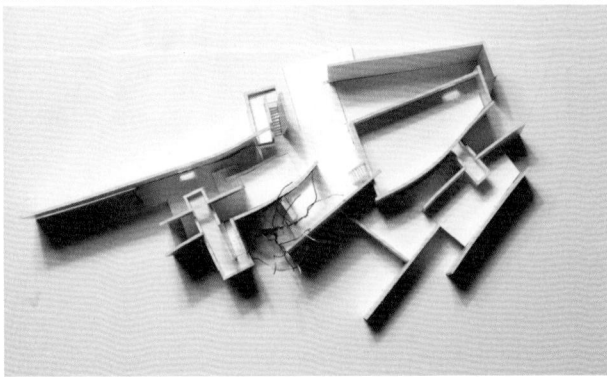

模型细部 WEEK 5

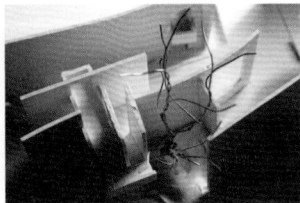

模型细部 WEEK 5

模型细部 WEEK 5

模型细部 WEEK 5

模型细部 WEEK 5

模型细部 WEEK 5

模型细部 WEEK 5　　　　　　模型细部 WEEK 5

空间游走

一个空间的片段中已经蕴含了无限的可能性。

梯段、阳台、窗口、开洞、墙体、孔洞都是空间的元素。

他们之间的任意组合让空间丰富，让体验完整。

我在模型的空间中游走，我用眼、用手、用身体在感受。我踏上楼梯，仰视阳台，趴在窗边，透过墙上的洞口窥视房间另一侧墙上神秘的光。天井像是洞察宇宙的窗口，每一秒看到的风景都不同……

梯段、阳台、窗口、开洞、墙体、孔洞……它们都有自己的一段故事，而我只是把它们放在自己想待的位置上。**建筑空间似乎有了文学性的表达。**

空间读解的依据

空间的读解并不是无凭无据的。

设计者的空间经验会决定空间读解的深度。

这也是空间体验的重要所在。

应该让自己处在真实的空间中。旅行的意义就在此。

不光是体验大师设计的空间，为了避免原力创力的衰亡，我们更应该从其他地方借鉴，从自然界中、从生物的聚落中借鉴，体验山川、峡谷的空间，体验世界各地民居聚落的空间，进行归纳与抽象，成为自己的空间体验，为日后的空间读解积累素材。

看那山谷的空间，顶部洞口洒下的光，圣洁而纯粹，形成强有力的形式，鲜有人造的建筑能够与之比肩。

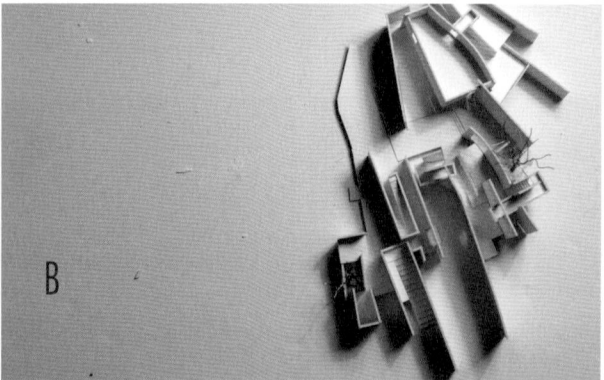

A

B

C

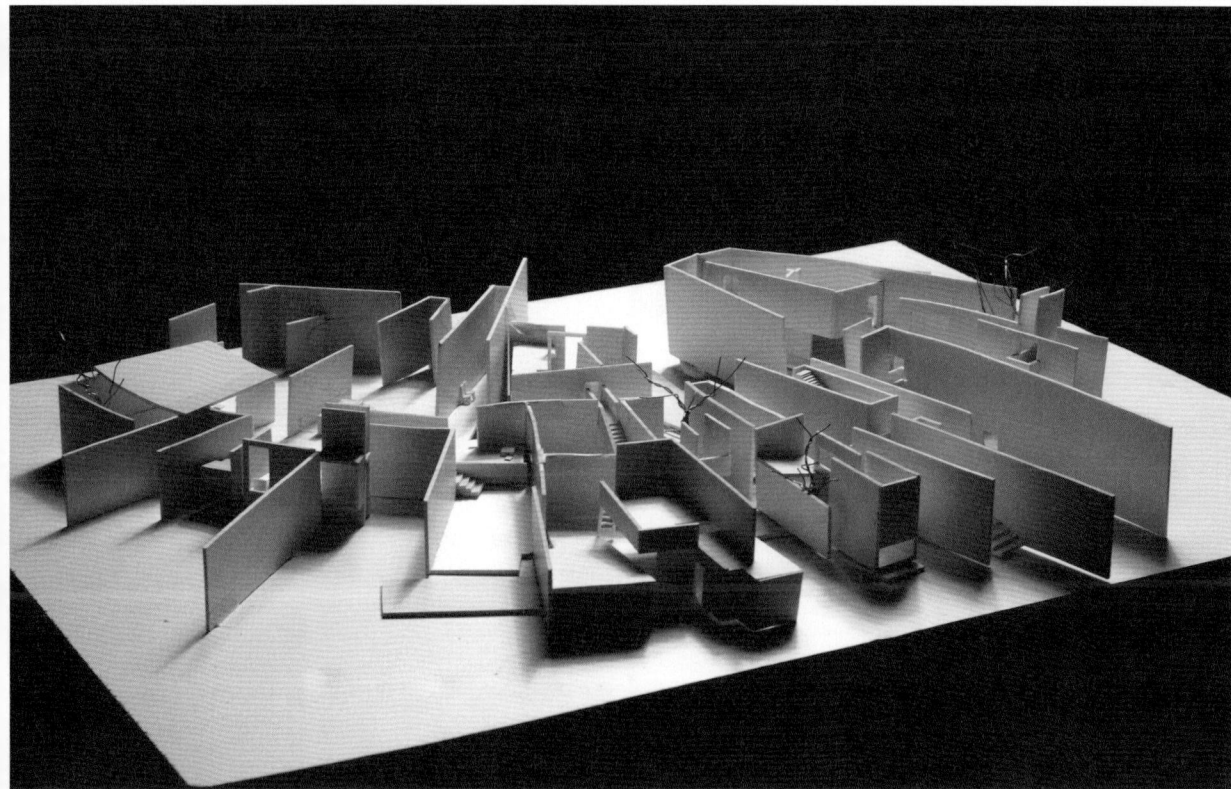

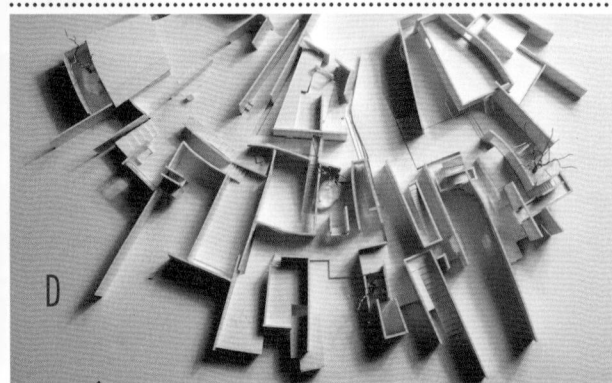

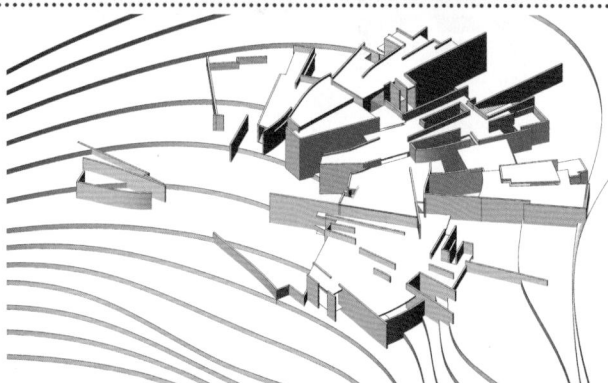

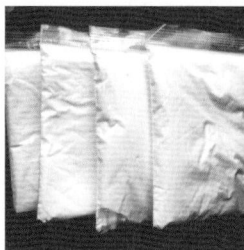

在真实的空间中
漫步。

空间字母表。
空间元素的再现。

空间元素。
楼梯。

空间元素。
楼梯。

空间元素。
通道。

空间元素。
孔洞。

空间元素。
孔洞。

空间元素。
阳台。

空间元素。
阳台。

空间元素。
阳台。

空间元素。
树。

空间元素。
树。

空间元素。
树。

空间元素。
树。

建筑与场地：在自然中"出手"

场地是方案的一部分，建筑与场地的关系加强或削弱方案的力量。面对这样一个复杂的平面，我倾向于将建筑与自然界的偶然性与自由度相关联，因此回避了建筑与城市的关系，进而探讨建筑与自然环境的联系与冲突。场地的选择，同样是建筑师的一次"出手"。

空间性格的思考：向心的"山林"

由原型图式得到的空间自然而然的带有与正交格网拓扑同构的二维格网，扭动之后带有强烈的向心性，而内部空间又有众多不同标高的变化，同时精心考虑高度的开窗带来不可预测的光线投射，有如在茂密的山林中漫步。"山"是坚实而富有高低变化的实体，"林"是控制人视线范围的空间元素，二者正好与方案的建筑空间对应。于是寻觅场地的方向就在于找到一片山中的谷地，建筑在高处，以镶嵌的姿态融入环境。

北京延庆/白河峡谷

白河峡谷是从延庆县东北旧县境内的白河堡水库，经过怀柔，流向密云水库的河流大峡谷。峡谷的上半段是白河堡水库到怀柔汤河口。

这是一处原始风貌保存相当完整的自然峡谷，与永定河官厅山峡和拒马河峡谷并称"京都三大峡谷"，而白河峡谷因其壮丽的风景，更有"百里画廊"的美誉。此外在谷中还有一个类似"雅鲁藏布大峡谷"的雄壮气势"云台揽胜"，更是值得为之走上一遭。

白河峡谷是一处原始风貌保留相当完整的自然峡谷，内容为"百里画廊移动图片岛"。峡谷沿途道路险峻，村落相对稀少，因此，适宜做富于探险精神的自然峡谷游。从延庆县的白河堡水库大坝的东北方向进入峡谷，便可领略峡谷的风貌。近百余年的雕凿如利剑般嵌入淡墨的河床开豁眼的明代长城在山间蜿蜒伸展，雨同峭壁相对立，山间工戒涛荡的激流，大自然的神异景色令人叹为观止。从密云白河溯流而上，向着东山北麓，就到达了白河峡谷最为壮观之处。此地山势陡峭，悬在半出之间的道路高低都是悬崖绝壁，经过令人惊心动魄的穿越石缝间的旋梯，再往前行，就到了这景色最为壮观的地带。登上道路边上挂的石台，群山峻岭和倾泻流淌的白河尽收眼底，景色美不胜收。

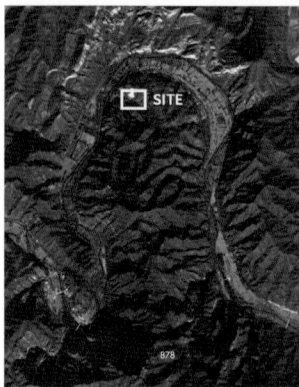

模型制作。

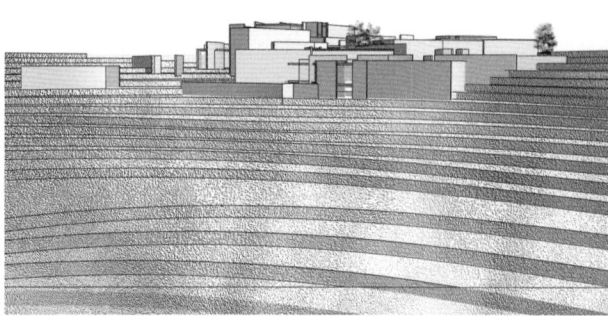

小刀功——PVC板建筑
模型制作。

大木工——密度板底盘
模型制作。

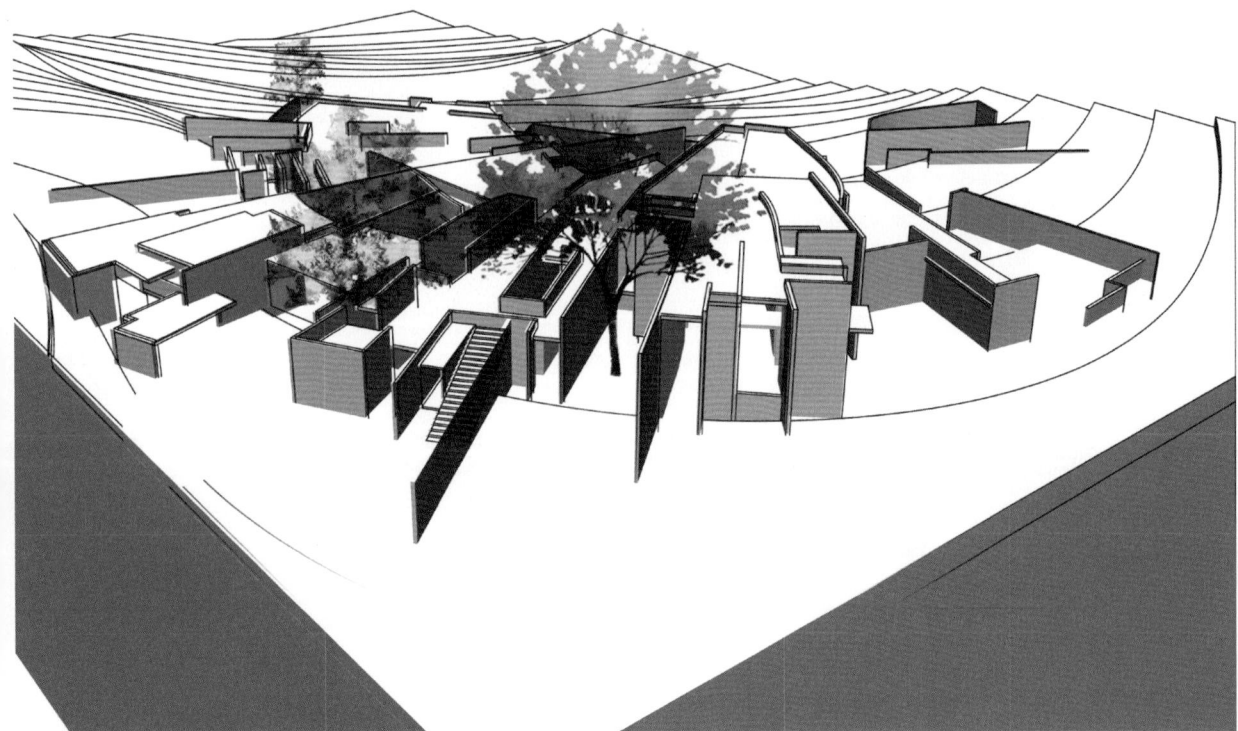

暗淡的无法企及之处

谢志乐

指导老师 王鹏

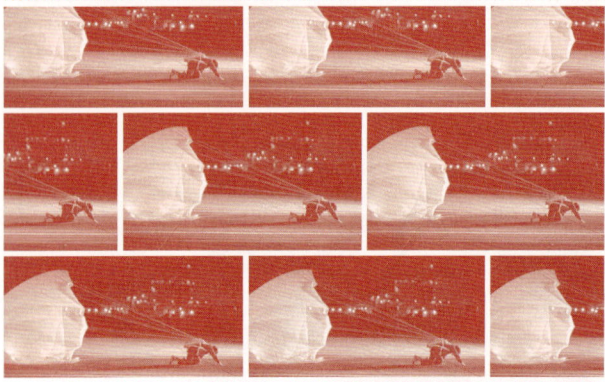

谢志乐
清华大学 建筑系

"点子谁都有，手段是建筑师的专属。" 这次设计课最大的收获是学会了 "不自信"：怎么样在设计中把自己放到一个比较小的位置；怎么去发现，然后利用而不是盲目追求绝对的原创。有三个粗略的步骤：发现原型，形式操作，建筑转化。主要的原则是：东拉西扯，远离建筑。

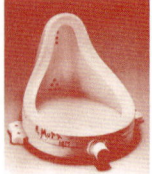

建筑或许并不应该被束之高阁，至少从方法上来说。它与生活，与这个世界的距离其实不远。

课程过程非常有趣。

感觉充分的表达是得到积极反馈的前提，而表达又是源于彼此的尊重。

[1]

初步探索：
园林片段的截取
电路图的发现

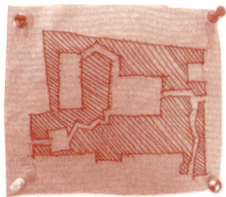

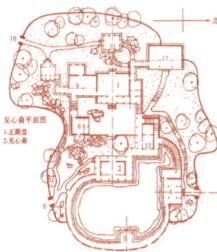

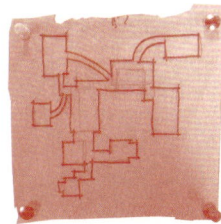

豫园片段的截取，然后进行了简单的图底翻转。

整个见心斋建筑轮廓的选取。

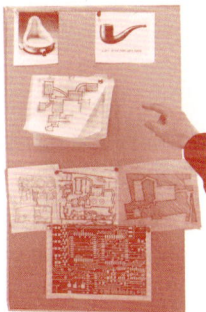

在选取园林片段的时候其实描了很多园林的平面，每个园林其实都不一样，但它们的美都是有相同特征。

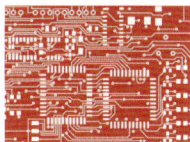

寻找原型，其实是寻找一根稻草，寻找一种新的空间的启发，寻找一种语言。从更大的意义上来讲，也是在说打开自己的视野，设计方法和过程没有任何的约束和规定。

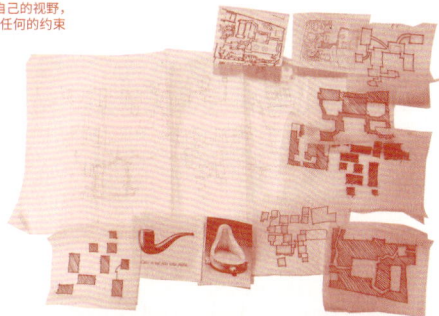

从第一节课，到开始寻找原型，再到第二节课结束，我对这次设计题目的理解在不停的深入和完善。即便到现在，我也不能确定自己就完全懂了，但收获不少，新的想法也陆陆续续地来了。我们在寻找什么？我们为什么要寻找一个待定的对象物？为什么要不断地"选择"而不是自主地"表达"？这些问题并不是一开始就能理解的。第一节课我看了笔记，杜尚是个关键。他挑选现成物，调侃了物品和艺术品的边界。第一步，我的理解其实是剥离对象物本身的语境和意义，丢掉我们理解事物的经验和约定，小便池不过就是一个白色的浑圆的雕塑，恰好符合了杜尚心中的理想的形象，而其中达达式的疯狂戏谑就是对艺术界限的攻击。马格利特的《这不是一只烟斗》除了对柏拉图原型的探索之外，也是分离。我们选择的就是这么一个现成的形态——我们禁锢在纷繁的建筑语言噪音中无法自拔，我们自以为的创作，很大程度上就是单纯的建筑形式的寻找，好像确实很难突破自己，类似的设计方法是必要的训练，但也显得并不是那么健康和有趣。

来看又是分为三个步骤甚至更多。首先是选，然后是择，然后再是抽象转化。那么问题随之而来：选什么？怎么选？怎么操作？

选择的过程中，从宏观到微观的原则有几个。首先是建筑目的。我要设计的是什么建筑？这样的建筑在空间上有什么特征？依据这些特征，我们会在身边的世界中有条件地进行第一轮筛选。其次，当我们确定了范畴之后，又要针对这个范畴的选择原则。比如说园林，打动我的特征是什么？它有哪些东西能够符合这第一个原则？当然，这个原则其实是相对自由的，因为原型本身也会给我们一些出乎意料的答案，而这些答案又会不断地修改我们选择的原则，所以这个过程应当是不断转换变化的。还有一个原则之外的原则是，选取的东西应当是美的。而形式感的建立是依靠观察、积累和训练的。

在经过了第一次上课的评图之后，我发现，按照课程逻辑，我们最应该避免也是常常难以避免的就是建筑语境的耽溺和个人意识处理得不当。首先是一部分同学很难跳离原先的原型，型的出发点逃脱不开建筑元素。其次，选取和操作原型的时候个人观点的不恰当植入往往"露出马脚"。

在第二个问题上我是第一个被指出问题的。在我选取豫园局部建筑的时候，对于某个局部的喜好很容易因为不成熟的形式能力而让原型败裂。

其次，在"折腾"原型的过程中，我们往往控制不住地按照以往的方法"自以为是"地植入很多建筑手法和语言。其实就是操作得过了头。

我们上课的模式基本上是大家把方案都过一遍，然后集中志评。

所以大家最后把模型摆在桌面上的时候，还是显得很有思考量和工作量的。某种程度上对其他组起到了震慑的作用。

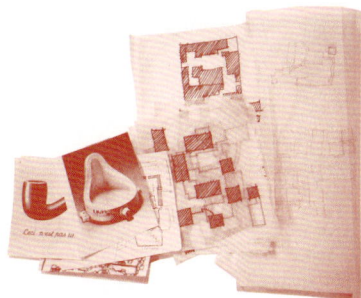

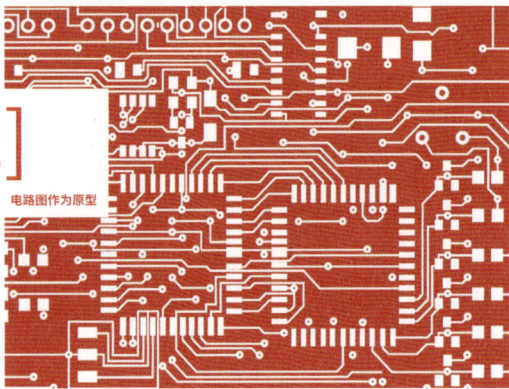

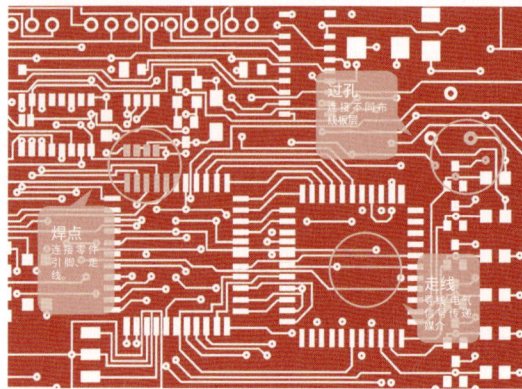

[2]

电路图作为原型

上一次课之后我就一直在想，电路图的"好看"是不是太过偶然？还有没有什么是本身就有美的逻辑和来源、有一定数理关系的东西？但诗歌（高钧怡同学上一节课寻找的原型）也很美，她也找到了一组数字关系，但为什么感觉做得不够好？我们抽取的原型有什么潜在的选择要求吗？

电路图本身有什么特征？这种特征又是什么逻辑的结果呢？

于是我去借了一本《电路图设计》，大致了解了电路图设计中的零件概念和基本的布局布线原则。它很有趣的一点是，每一根线都不会重叠，只会在过孔处交接；元件之间的连接非常错综复杂，像迷宫一样，走进去就不知道会到达哪里；并且在设计平台上自动闪避、推挤模式和波浪布线的设计逻辑使得电路图能够呈现出我们熟悉的面貌，这里面最优化的效率要求导致电路图的线条疏密和面线分布有一定的必然。

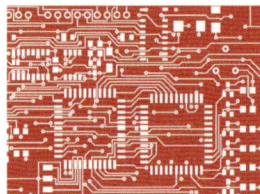

针对电路图自身的逻辑，我对它进行了转译和解读。依照其中的一些现象和条件我把电路原本的视觉信息归纳成了建筑平面。

焊点的抽象——空间与通道的交接部分

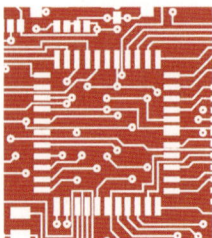

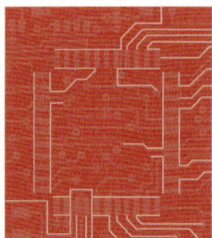

走线的抽象——大部分竖起 遇到通道打开
（几个原则 疏密对比 不过分分割大空间）

1 距离一边比较近，断开两根

2 离两边等面，两边都断开（两根）

3 由1原则剪断后相遇，则两点连线上断开

4 处于节点，全部断开

5 间断断后破坏完整性或者空间上不需要间断则不处理

焊点与走线两个主要元素之间的处理逻辑。可以看出，这五条原则都是来自电路本身的图面关系，而我已经把图像当成建筑来处理了。

转化之后还是能够看出之前电路图自身"互不交错、45度避让、排列紧密"等的视觉特点。老师觉得它更像是一个城市：地块、路网。

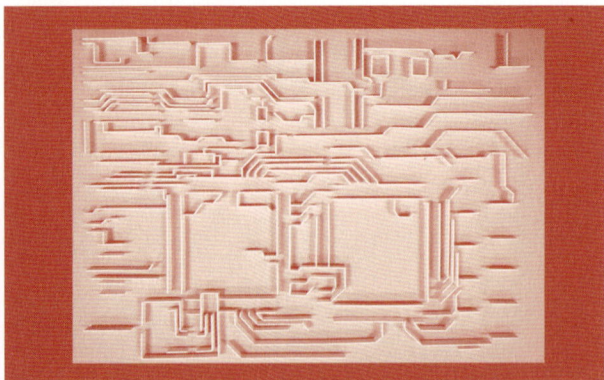

建筑原型寻找的其中一个意义就是，发现自己想象不出或者实际从未有过的空间。

评完方案之后发现一个问题，即对图像操作方法的忽略，或者说是对原型进行形象提取的过程理解不够完整。我完全被原型深深束缚，总是潜意识地抑制个人想象的介入——但这并不意味着所有操作的逻辑就要来自于原型本身。事实上，原型的操作，这整个过程中，应该跟原型的选择一样重要。

并且，我还是需要把原型当做"图像"来处理，而不是建筑。我之前的叙述视角一直是建筑，就事论事的结果就是失去了更多的空间可能。

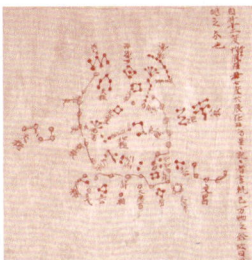

窦唯和莫西子诗合作的《天宫图》启发我，小时候看书知道"分野"——那天上星星的图又是什么样子呢？星星不就是大自然力量的象征么。引力、运动、遥远，星图其实是这种自然现象转译一次过后的视觉结果。

南天星图与北天星图。这些图就好像有多个参数的坐标，在同一纬度上表现不同维度的信息：亮度、距离、方位、时间。

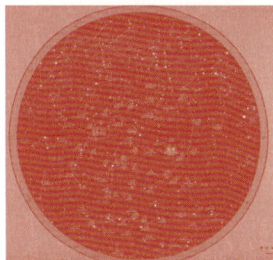

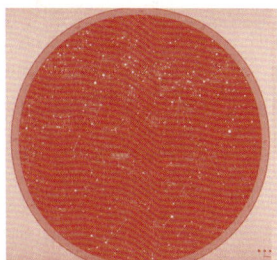

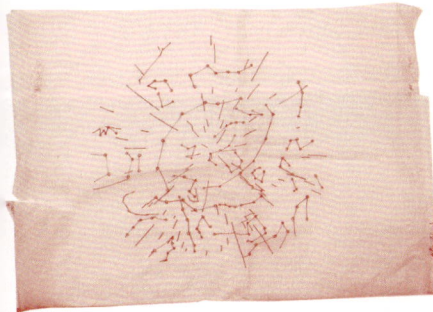

可以看到，星图为了划分不同星座的区域，使用了用很多扇形的组合。我提取了图中象征星星的点，与划分星座区域的扇形中的内向心直线，他们彼此交错，且形成了比较明显的对比；点与线，直线与折线。

在考虑空间效果的时候，我想让直线都是玻璃，而点星依据不同星等变成不同粗细的柱子——看不见的玻璃不能穿过，而看得见的实体柱子之间却是疏松可过的。评图之后我才意识到，引入材质依旧是在建筑的思维里面打转，扼杀了更多的可能性，也忽略了星图的空间本质。

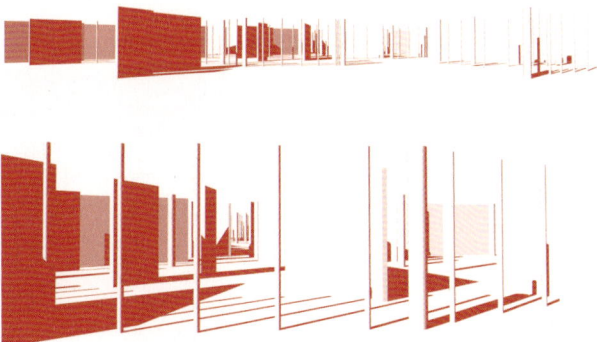

其实...这个时候发现，我们的得到就是
发现一个"形式"，一个如何...我们...
到形式的时候。有像总得它很没文化很
落伍。但其实建筑归根结底要回答一个形
式的问题：用什么样的形式来完成你的设
计目的？什么样的形式可以完成你...
的设计目的？按照以往的学习经验，我们
是先得到一个比较明确的设计目的（类型
或者说功能），然后再用方设法通过"稀
质"来实现我们的想法。我们通过寻找案
例来寻找形式，除了无处不在的噪音影响
和限制之外，这样的搜索其实也并不可
...它不能保证形式的美，也很难以完
成对形式的有效积累和训练。
而这一次的课程设计其实是把这个过程倒
过来了：形式怎样被发现，形式怎样唤醒
功能。我们不断地发现原型——不是随随
便便的东西都能成为原型，但原型往往都
是一些看似平常随便的东西。一切都是有
迹可循又无法起摸的。美有美的特征和逻
辑，它更多的是被发现，而不是被"创造"。

于是我自己归纳总结了一
些寻找原型的思路过程
图。每一次上课都会对这
个思路有一点改进，我对
这个过程的理解又会变得
不一样。

原型

设计"概念" → 选择依据 → 形式语言 → 折腾 → 建筑空间

于是我改进了思路题图。里图的词语含义可能并不完全准确，
仅仅作为一个参照来表达它背后的意思。

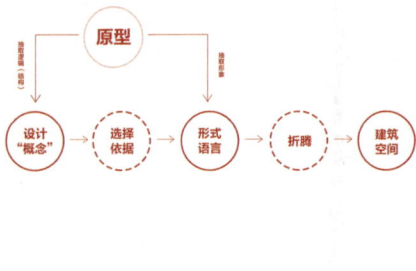

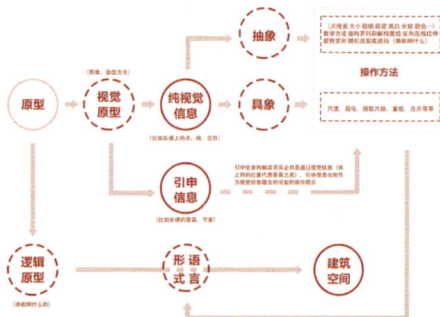

原型 → 视觉原型 → 纯视觉信息 → 抽象 / 具象

操作方法

引申信息

逻辑原型 → 形式语言 → 建筑空间

还有一个比较强烈的感觉是，为什
么我们在操作原型的过程中需要依
赖这么强大的逻辑？因为这个时候
的逻辑是我们经验不足的情况下对
美的保证和弥补。逻辑之下的东西
可能不是最好看的，但肯定不会太
丑。所谓的美，或许都有一定的"数"
的关系。我们需要把它变成了无踪
迹的经验。

[4]

巴别

我将南天星图
上的所有的分
区都取出，然
后将它们全部
scale 到最大
半径相同。

可以看到，划分星图的区域可以被看
作一个一个小小的房间或者建筑。

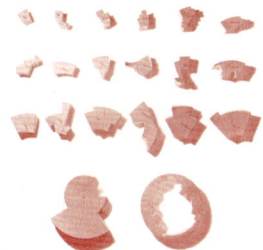

A	B	C	D	E	F
G	H	I	J	K	L
M	N	O	P	Q	R
S	T	U	V	W	X
Y	Z				

我对这种分类和排列的方法很感兴趣。在相同规则下的变化预
示了丰富的组合可能，相同点与差异性同时得到表现。就好像
罗兰巴特在《s/z》里所做的摘取列举工作。每一个单体像一个
一个词语，我们会想象他们之间不同的组合，从而产生一些无法
预料的结果，而这些结果又反过来解释了这个系统本身的特征
和逻辑。

按面积的相对大小分组，
然后确定一种类似语法的
应用规则关系。

最后，再将每一个
词语随机选出，一
层层堆叠起来，彼
此搭接，创造丰富
的虚实有无。而原
有的星点则化为柱
点，在虚空之中划
过，在实体上停止。

一个灯笼，
一种机械。
一种组合。
一种方法。

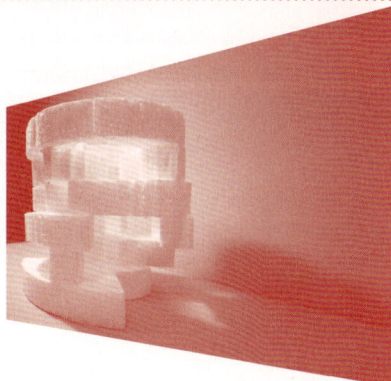

体块之间的随机叠落，为垂直交通创造了无限的可能。建筑整体显示出强烈的纪念性。圆的轮廓，锯齿的内部，不断上升的建筑好像新世纪的巴别塔，但却带来更丰富的交流机会。

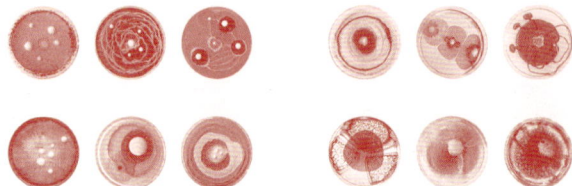

Klari Reis 血液培养皿

图像中的明暗

[5]

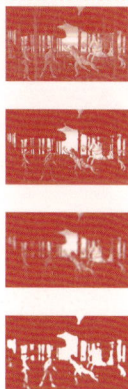

陈梓瑜同学选取的波提切利的《老实人纳斯塔吉奥》给我的启示是，如果她抽象这一幅画的方法是依据"物体"（而物体又是靠颜色区分），那如果我用一张图片中的亮度来区分呢？

一张好看的画，或者摄影作品，应该也同样会有好看的明暗分布。

1 去色——明暗作为单一参数
2 加大对比度——剔除过多细节
3 模糊——合并布局
4 锐化——查找边缘
5 等高线——得到抽象线型平面

对比度 大

对比度 小

对比度 0

模糊 大

模糊 小

模糊 0

锐化 0

锐化 小

锐化 大

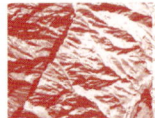

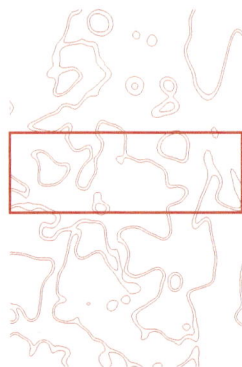

这里以一系列摄影作品为例，可以发现对不同摄影师的作品进行相同的操作，得到的结果都略有不同，且各有特点。

截取一个小片段

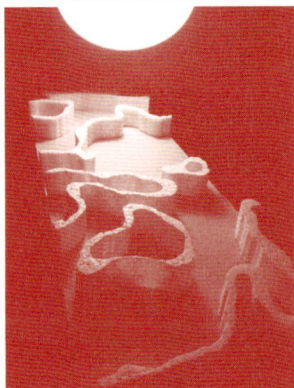

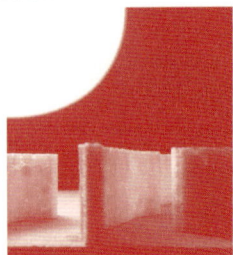

自然的曲线，微妙缓慢的光影变化，有一种东方的感觉。曲径通幽，曲水流觞——来源却不过是一个意大利摄影师。

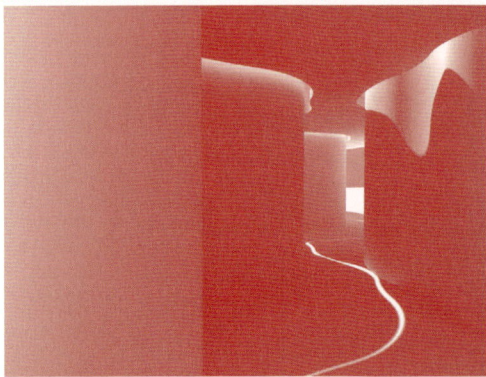

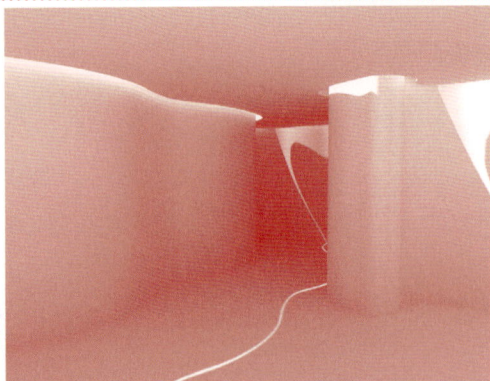

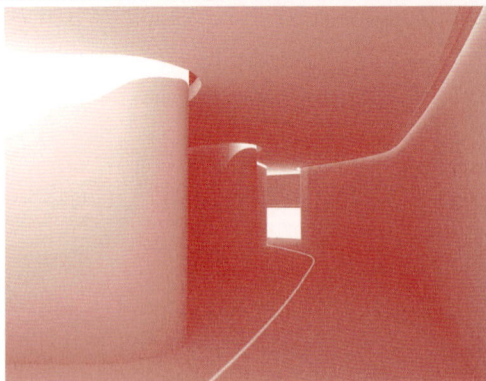

在电脑模型中我尝试着添加了屋顶，它在与墙的交界处被消解掉，使光能够透下来。

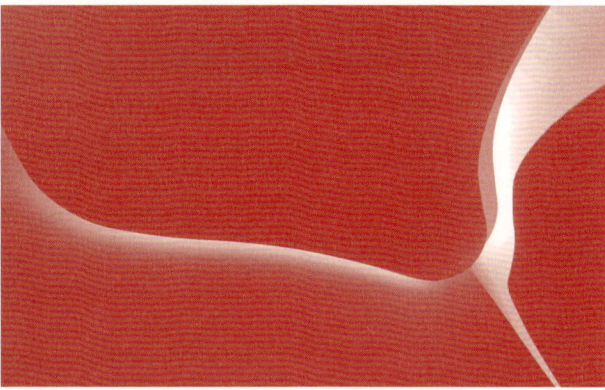

这节课得到的最大感受是：系统、开放、偶然、乐趣。
我们寻找的应该是一整套操作逻辑之下的语言系统。就好像吴忞的电影的探讨，首先将电影语言进行翻译，建立自己的语言库，然后用这些语言在空间的逻辑下建立起一个建筑，再对应回到电影，就完成了以建筑作为媒介的对电影的结构，而因为这一套语言是通用的，所以对任意一部电影都可行。虽然这样的解读方法有自说自话的危险和嫌疑。
在做的过程中真的用不用预想太多的结果，偶然是一件非常有趣的事情，"一开始我并不知道，后来才自己显现的逻辑"，能够找到很多自己画不出来也想象不到的东西。就像选乐谱作为原型的同学，在操作后得到了跟乐谱完全不同的线，而我们发现的偶然，全部都能成为我们自己的语言。其实这整个过程就好像是在尝试，折腾，临摹，吸收。我找到了自己生成形式的可靠的逻辑与方法。
在上课的时候我觉得特别好玩，已经早就不仅仅是建筑的问题了。

ORACLE NIGHT
主动偏题玩一玩小说

[6]

ORACLE NIGHT
A NOVEL
PAUL AUSTER

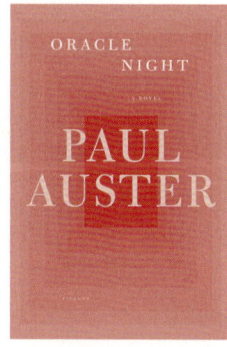

保罗奥斯特是除了卡佛之外我最喜欢的西方作家。冷峻淡漠的语言，神经质的文法，古怪的情节，严密的结构，大都市下的微小生命，都很吸引我。

而《神谕之夜》的蓝本则是他一直以来的心结——《马耳他之鹰》，故事中的故事，一个故事预言另一个故事。作家主人公，文本的神秘，常见的奥斯特命题。我自己对建筑结果并没有什么过分的期待。说实话，做完之后很有是对小说本身有了更深的理解，非常有意思。

这个故事是一个常见的俄罗斯套娃，但故事与故事之间并不是简单的叙述和对应关系，它们相互揭示和预告，并不断地强调偶然。

这个故事的感觉更像是，一个方（或者一个圆），往里收缩出一个小方，然后旋转一下，再继续之前的操作。节点之间的对位关系创造了动人的叙事结构。

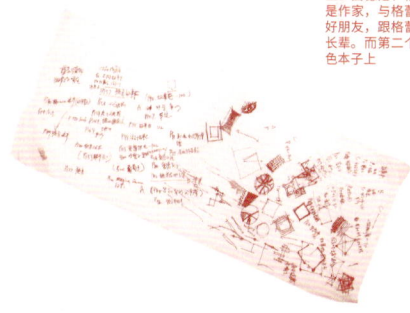

这本小说主要由三个故事组成，主要人物有三：西德尼、格蕾丝、约翰特劳斯。西德尼是作家，与格蕾丝是情侣，特劳斯是他们的好朋友，跟格蕾丝的爸爸是同学，像一个好长辈。而第二个故事是西德尼在一个神秘蓝色的本子上

创作的小说，以《马耳他之鹰》为蓝本，也就是小说中的小说，主人公尼克在出版社工作，收到一位去世的女作家西尔维娅的小说手稿（第三个故事，小说中的小说中的小说），名字就叫《神谕之夜》。尼克爱上了西尔维娅的孙女芭莎，虽然他已经有了妻子（伊娃）。当天他因为突如其来的一道闪电而意识到生活的偶然与不可控，于是随机飞到了堪萨斯，遇到了出租车司机爱德。最后被困在爱德的私人电话簿博物馆——一个地下室。而第三个故事，也就是西尔维娅的手稿内容，则是关于一个中尉，眼睛受伤后反而有了预知未来的能力，而后不幸预知妻子对自己的背叛而自戕。在这三个故事层层嵌套的大结构下，还散落着很多其他的小故事。所有故事之间相互关联，彼此补充与昭示，复杂而又清晰。

将三个故事的叙述事件列出来，确定几个故事的转折点，点与点之间的长度由页码间距决定。考虑到翻译的问题，所以这个数据只是想确定一个相对长度。

P7		P1
P11	P11	
P19		
P32		
P42		
P50	P48	
P59	P58	
	P71	
	P70	
	P60	
P86	P82	
P101		
P107		
P111		
P122		
		P133
P137		
P138		
P149		
P164		
P170		
P176		
P180		
P190		
P194		

故事	A	B	C	D	E	F&G
西德尼	尼克	中尉	杰克	伪军掠领	白板	
约翰	爱德	情夫	总统	叙述者		
格蕾丝	女人	妻子	杰尔	情妇	流产少女	

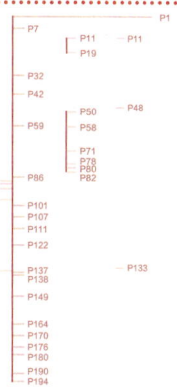

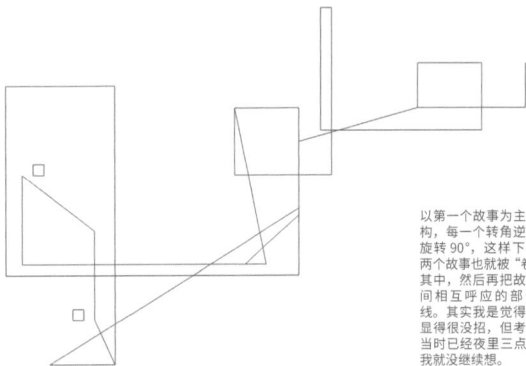

以第一个故事为主要结构，每一个转角逆时针旋转90°，这样下面的两个故事也就被"卷入"其中，然后再把故事之间相互呼应的部分连线。其实我是觉得连线显得很没招，但考虑到当时已经夜里三点了，我就没继续想。

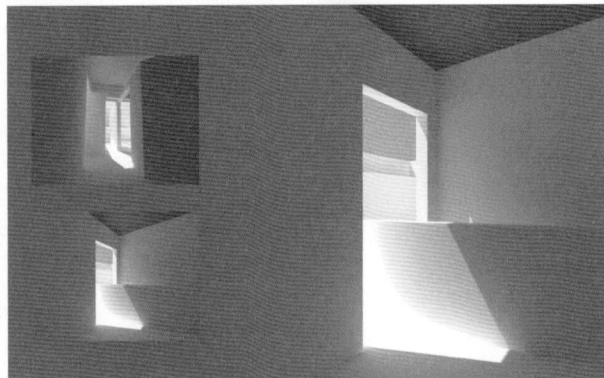

我深知小说跟建筑之间巨大的形式鸿沟，所以在处理的时候只是使用了很简单基本的建筑元素。最后想呈现的也是小说的结构关系和叙述节奏。
（其实是想尝试一下本身没有形象的原型转换。）

[7+8]

一些现成物

这是我在 designboom 上看到的一个洗手池，它有跟杜尚的《泉》一样的漂亮的弧线。把它翻转过来不也是一个轮廓温柔的建筑吗？建筑不一定一定要以功能出发？形式本身有很强的模糊性，一种形式可以满足很多种功能，而一种功能也能够由多种形式来实现。

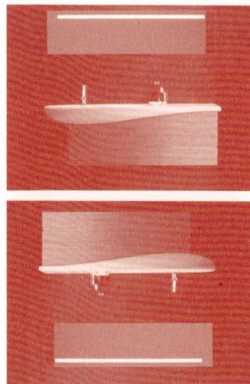

西泽立卫 丰岛美术馆
模特 小出惠介

人体曲线——或者说是肉体曲线，被用来作为家具的设计起源，我猜想，同样讲究线条的建筑或许也可以借鉴一些美好的人体线条。

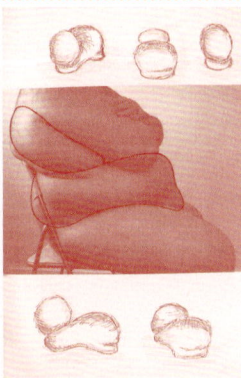

"安格尔笔下的裸女没有思想、没有信仰、没有任何时代的成分。"

我选了两条线。然后线本身就是线形的建筑空间，在行走之中感受流畅。

梵高就很不一样，线条拙拙的。因为他不强调线条。我也很喜欢。

梵高手稿

[9]

音乐其实是三维四维的

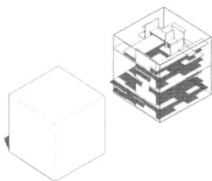

在萨蒂的任意乐章上截取任意一个立方体展开面的部分，将线条上移之后折叠成为一个立方体。

对内部空间的解读方向也是不确定的。不管垂直坐标轴是在哪一个维度上，都能够感受到空间内楼板或墙体之间的韵律和节奏。而墙体和天花因为来自同一方位内的乐章，所以也具有一定的连续性。

王昀老师说，一个人在空间中行走的时候能够很敏锐地感觉到墙、地面、天花灯等物质之间的比例关系。

音乐本身就带有某种和谐的比例关系与节奏走向，而它们又可以被多方向解读——是墙体的同时也可以是楼板。同一个房间，开灯与关灯，人们就会有不同的感知，也就会干不同的事儿。

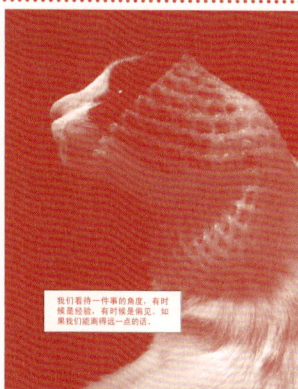

我们看待一件事的角度，有时候是经验，有时候是偏见。如果我们能离得近一点的话。

[10]

记录风

Tim Knowles 是我非常喜欢的一个艺术家，他的艺术行为看似非常随机，但其实都是另外一种意义上的描摹和记录。在 Tree Drawing 项目中，他在不同的植物上系上画笔。微风浮动，枝叶颤抖，预先架设好的画板上就会留下风的痕迹。

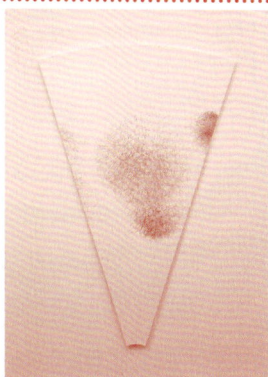

这是一种双重的自然力：风与树。风作为力的来源，枝叶作为力的二次作用者，通过画笔，将"风吹过"这么一个如此具体却又无法具象的过程抽象画般地表现了出来。

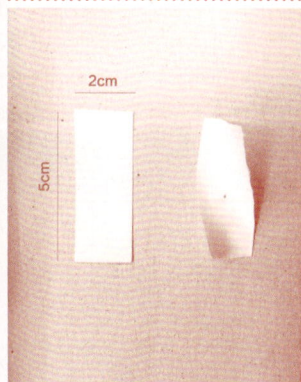

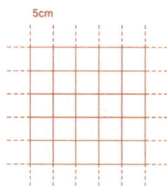

在它的启发下，我想尝试创建另外一种对风的形式记录方法。首先，我选择了一系列 5cmX2cm 的小纸片，弯成小风车的形状，并将其固定在 5cmX5cm 的方格顶点上。经过风吹动与纸片之间的扰动，小纸片会停下来形成一个"最后的画面"，规定它的长边代表风的方向。这样的实验中，误差反而是迷人之处。

chuī

吹

我邀请了五位同组的同学吹了"风记录板"，最后用了我自己吹的结果，再用墙将纸片长边的方向固定下来。

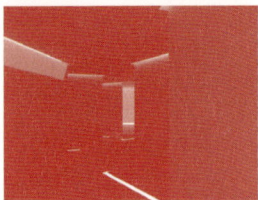

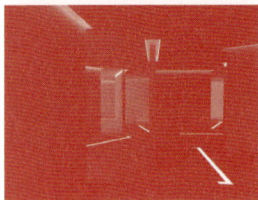

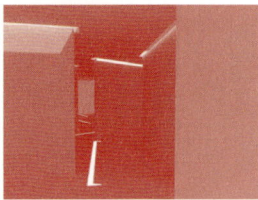

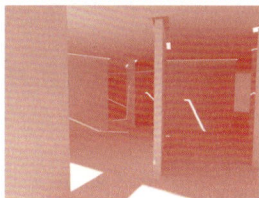

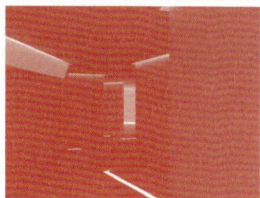

[11] 找辙

依旧是 Tim Knowles，他用夜视相机记录了昆虫飞行的痕迹。

那人的痕迹呢？

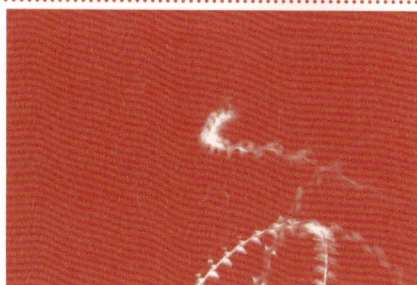

自行车留下的痕迹我们很少能直接看到，如果不是地上有水或者是下雨的话。而实际上，自行车们日日夜夜都在碾压大地，像耕种一样。

于是我想到了自行车。

MADE IN CHINA

从住宿区到学习区有两条笔直的主干道，建筑业大都排列在两条主干道两侧。但第六教学楼设计中的一条斜向道路引入了一些其他角度的行车路线，有别于其他道路上的正交。于是我将我记录的发生地点定在了六教A区门前的小缓坡上。

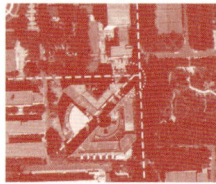

清华向来就有良好的骑自行车传统。图片来自崔或学长。

从这个角度可以看到附条道路的关系，两边停靠了自行车，永复证明前后宽度一体从北视角度了一个缓坡贯在上，并在下课后等待了15分钟，在纸上的车行痕迹拖拽之后拂其落下。

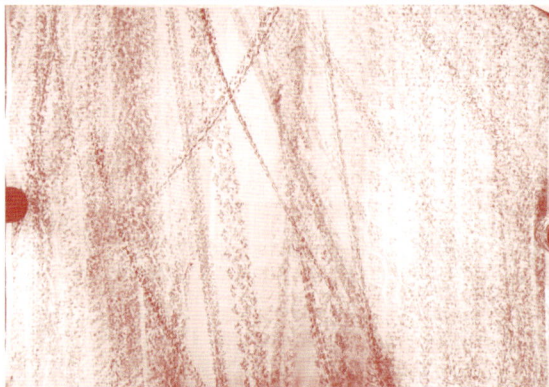

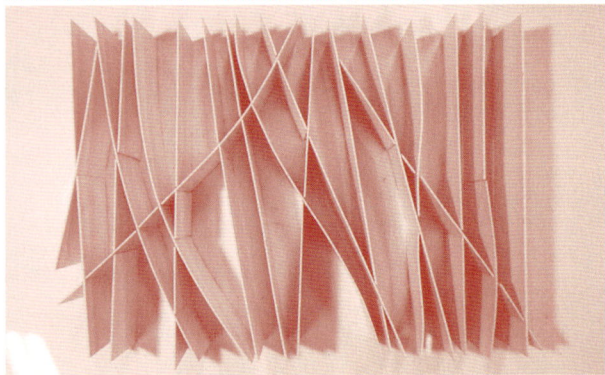

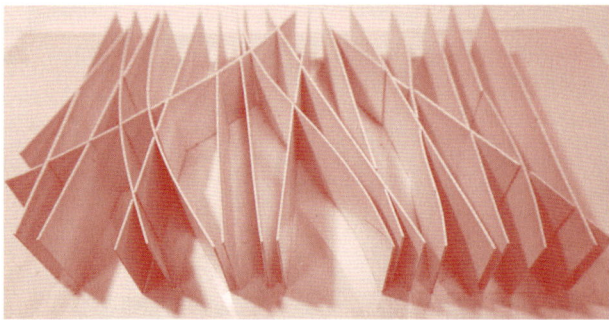

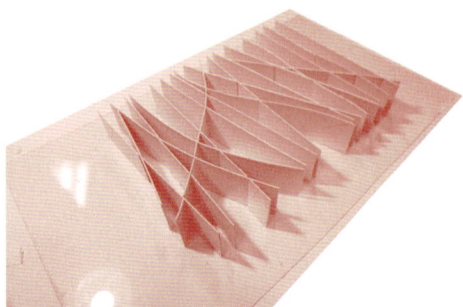

可以看到里面有一些非常有力气的线条。自然而然，重复排列。

[12]

找辙 2.0

地段定在雨儿胡同原华凯宾馆
处。地段面积 50mX30m。

这条车辙痕迹最大的特点就是有清晰的方向性，
且在大致重复的规律下有的细小变化。于是我
想将其变为一组条形的、富有个性的小住宅。

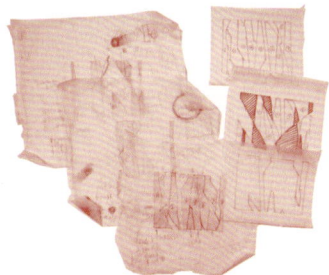

完整的体量中间有一条过道，连接
胡同和后面的四合院。

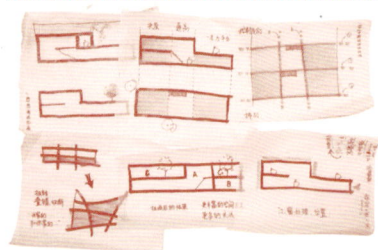

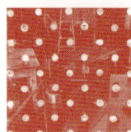

每一个住户都能与其他住户共享一个小的室外平台，
但室内的空间又能保证自己的独立。一个暗淡的、静
谧的无法企及之处。
个人与别人。

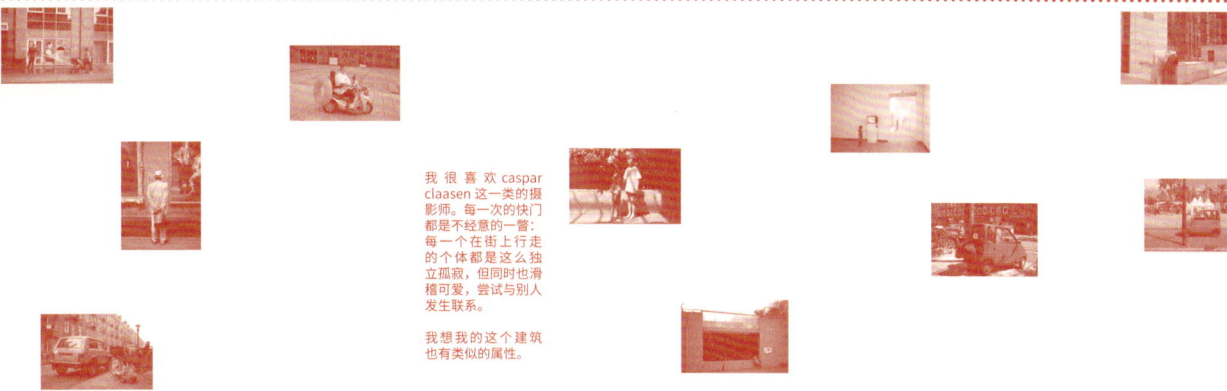

我很喜欢 caspar claasen 这一类的摄影师。每一次的快门都是不经意的一瞥：每一个在街上行走的个体都是这么独立孤寂，但同时也滑稽可爱，尝试与别人发生联系。

我想我的这个建筑也有类似的属性。

找辙 3.0

[13]

1:100 比例模型

在这一次的尝试中，我将之前设计的每一户都单独做了一个模型，他们可以拼合在一起，但也各自完整的。跟之前的巴别塔一样，又变成了一个列举的方法。他们每一个都不一样，但每一个都具备单元的属性，因此就有组合的可能。

它可以像之前设定的那样，完整地蹲在两川胡同，但也可以非常自由地散落在树林间，甚至互相搭叠错。

我后来一直在想，别什么这个方案在中期评图的时候得到了还不错的评价，为什么它能够成立？当然一个重要的原因是它被接受了。我处理它的方法也并不多余。但究其原因，回到自行车痕这个原型上，我想的是，六教门前的地形、行车方向和我选择的记录地点都保证了在一个相同规律下——优美的线条——有一些微妙的、可爱的变化。我们年级有一位韩国女生，她在大二设计系馆的时候画了一条非常好看的弧。她说这个弧就是她的手的动态。自行车的动态则是不同于手的线条。

YI   SAN

WU   QI   JIU

ER   SI

WU   LIU   BA   JIU

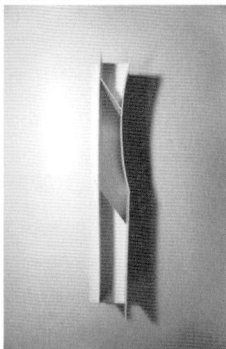

01

于是我将九个
单体全部都排
列出来，从各
种角度表现每
一个小住宅的
特点。线条的
交错、弧墙
的游走投落各
异的光影。个
性迥然但又有
相同的落寞气
质。

02

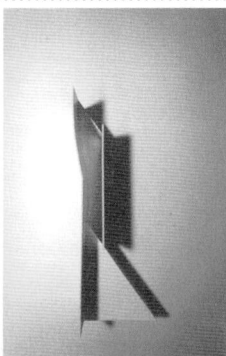

03

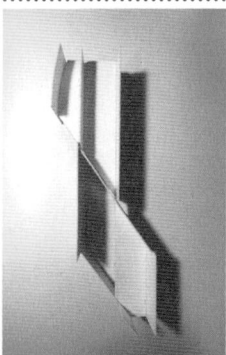

04

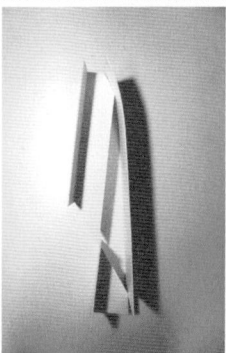

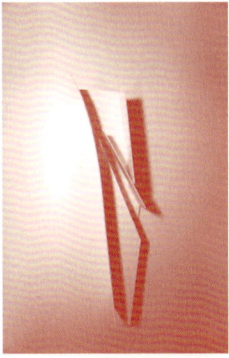

05

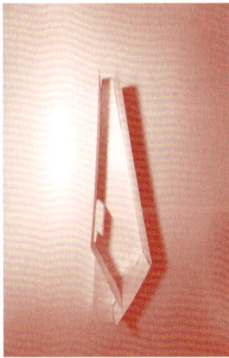

06

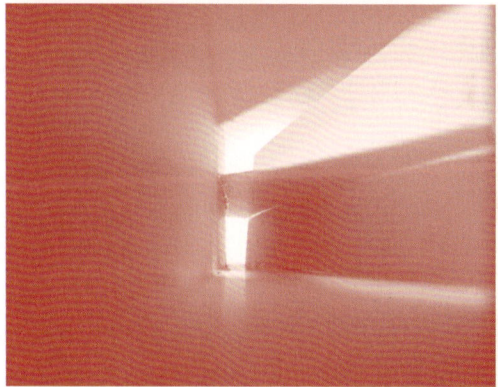

07

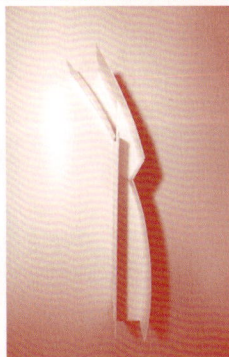
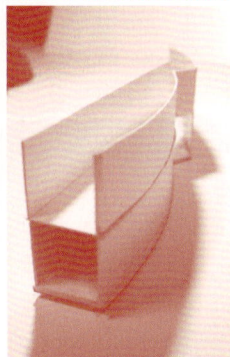

08

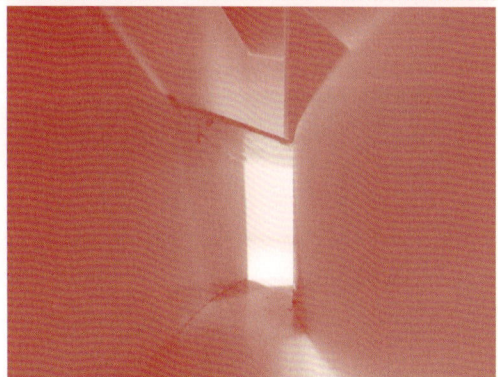

一面高起的弧墙，有光从高
处倾泻，再慢慢地降落下来

王昀老师手图

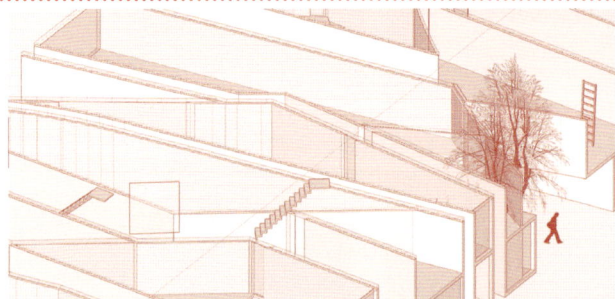

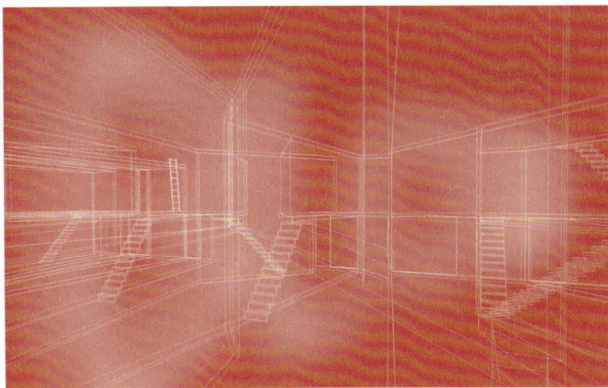

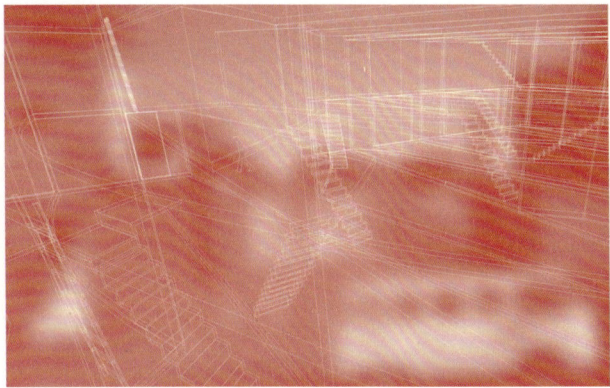

从某种角度上看，每一个室外平台其实跟每一个对应的二层夹层都是同构的。只要改变住宅的开门方向和楼梯位置就可以有不同的空间效果。这样一来，室内和室外的差别就变小了——一个住宅不封闭就可以看作是一层通道外加二层室外平台。

事实上，每一个单体之间并不是完全独立的。除了共用的室外平台之外，不同单体的墙面之间也是有形式上的呼应。

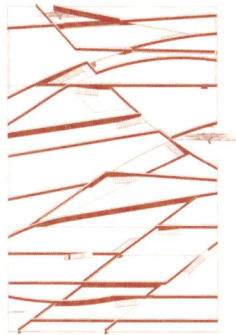

建筑，库哈斯说五十年后会死——如果再这样做下去的话。这次的联系让我觉得设计跟人生一样，在开始选择之前，没有什么是不可以的。建筑是一件严肃的事情，但建筑设计本身却不一定非得这么正经。我觉得任何事都应该有一个走出来的过程。走出来，距离适中，才能把玩，才能了解。我终于有一个机会，可以不用悄悄地看案例来保护自己"独创"的清白——当我们阐释编织了饱满的故事和意义，到了该拿出东西来的时候总归是有些悻悻，到底因为不够美。

Peter Garfield 《从天而降的房子》

从"透视"图可以看出楼板、墙体、楼梯之间的关系。事实上九个住宅内的空间组织都很简单都很相似。但丰富的线条变化却保证了自己的特点。这样相对密集的排列又能比较契合胡同的肌理。而且这样的图我们大家看看不太明白你在干什么就会显得还不错。

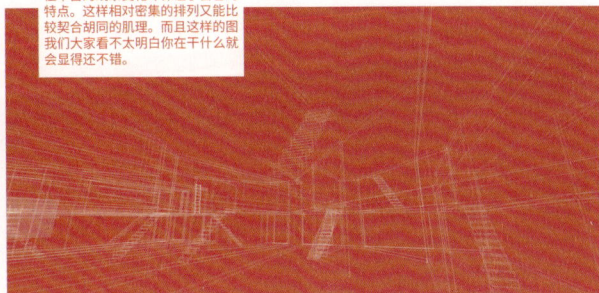

[14] 找辙 4.0
模型制作

我在做模型的时候，还没有黏胶之前，突然发现自己手中拿的东西也还不错——就是一些建筑的枝干和片段，透露着完型前的孕育和空白。马上要到来了，一种等待的状态。一直等不到感觉好像还挺美的，望夫石、望穿秋水，等待戈多，还有嫦娥。拙质和秀气并存。

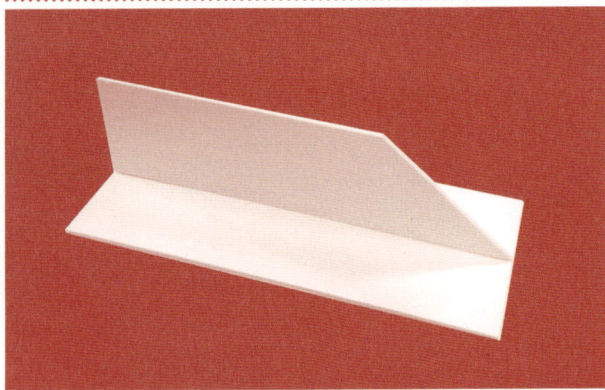

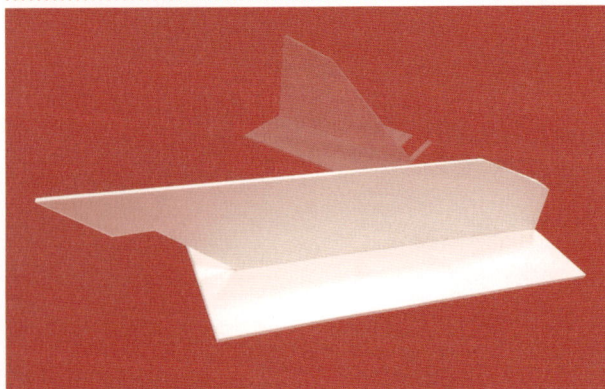
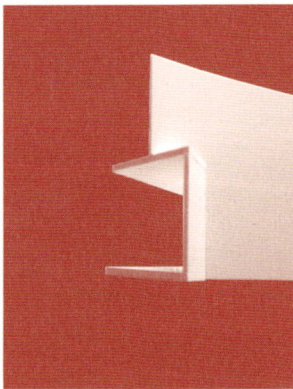
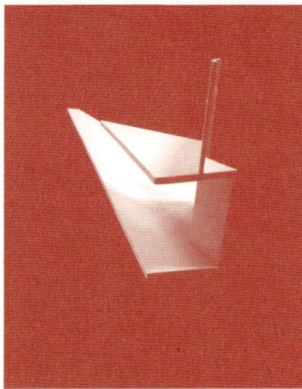

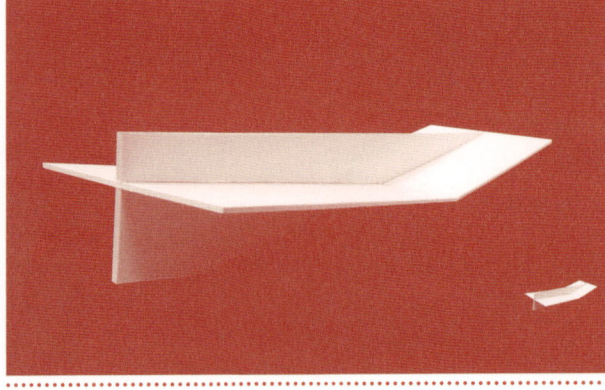

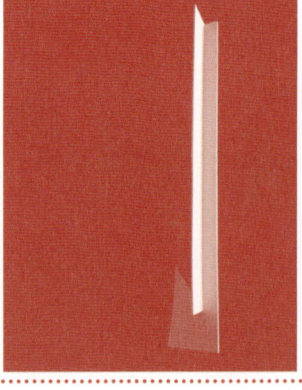

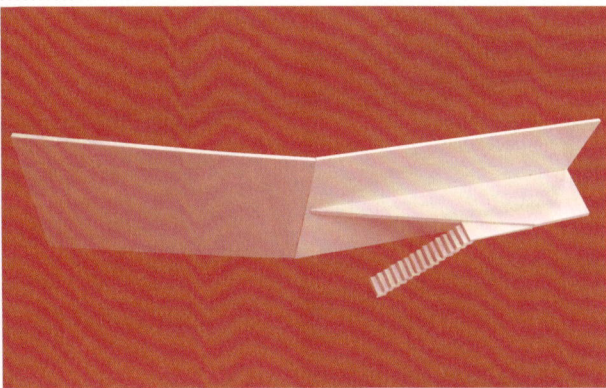

在最后一面墙粘
上之前，我都会
趁手机还没被遮
住拍一些室内照
片时。楼梯的质
感，光的位置。
粘上最后的墙，
这个场景也就暂
时消失了。

室内光线的改
变，楼梯踏步
上的明暗也跟
着在变化。照
片中是手机能
拍到的最大程
度了，但也足
以看到那一点
点流动。

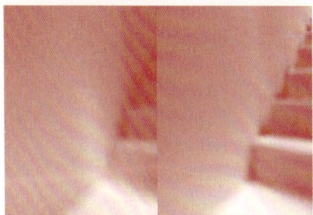

一面墙，一组楼梯，在这么小的空间里面是一个什么样的地位，
或者说作用呢？一点点靠近，光线在改变，视线在改变，没有
的开始有了，有了的慢慢被抛在身后。

之前看王昀老师
发微信朋友圈，
为什么一个差不
多的角度要发这
么多张？我不知
道他实际怎么想，
但当我用熬夜
颤抖的手拍下数
十张"差不多"
的照片之后，我
一张都舍不得删
掉，哪怕是糊掉
的。那一点点微
妙的变化，整个
轮廓的调整，不
小心带来的意外，
都是一种很美的
状态。

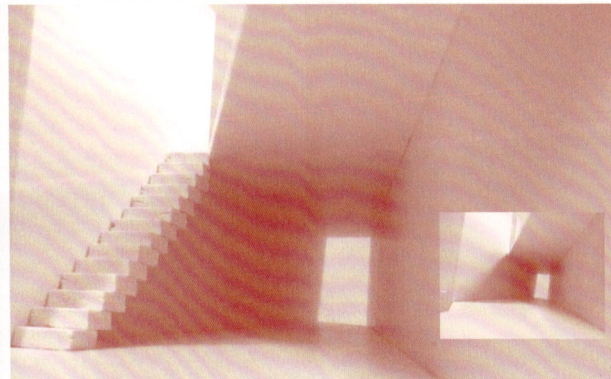

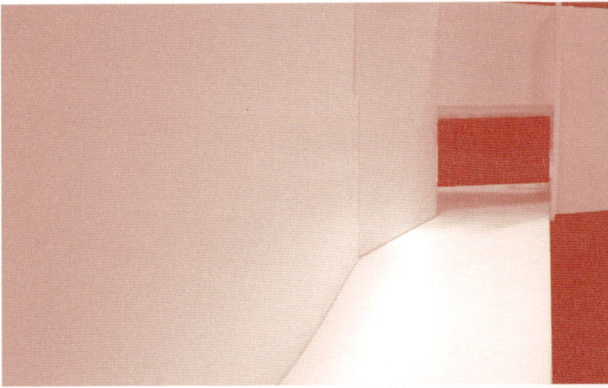

老师说我的
方案的一大
特点是空间
的不确定
性：感觉做
什么都可
以，很抽象，
很不生活
化。后来我
想到，除了
不确定之外
的另一个特
点就是"不
舒服"。

建筑有时候是一种
弥补。有时候我们
某一方面的损失是
为了带来另一方面
的胜利。于是我渐
渐认为美是跟舒适
对立的。但可能并
不是。诗意的空间
应该也是能够与生
活共生的。（当然
我并不是说我的空
间多么诗意我是在
抛砖引玉而已。）

不舒服的意思
并不是说住在
里面很难受，
而是说，这就
不是一种很常
规的居住方式。
这种非常规的
意义在哪里
呢？除了适宜
的面积，美好
的空间效果之
外——与天地
更接近，与别
人更接近，与
自己更接近。

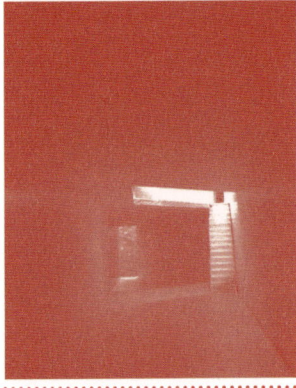

找辙 5.0
模型制作

之前讨论过一个单体中的片段，而单体其实是整体中的片段。他们拆分开之后，又可以进行什么样的组合呢？

甚至是不连续的住宅之间，缝隙两端不平行的墙面也能够创造不一样的胡同空间。

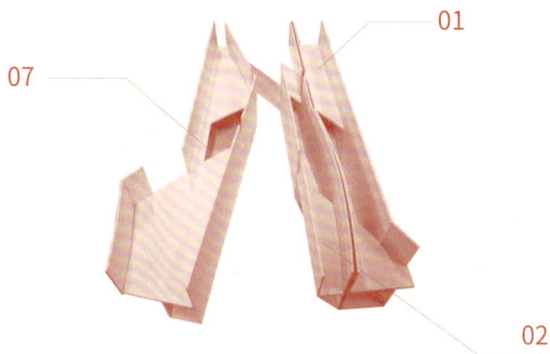

比如八号宅与九号宅，仅仅是将两者之间的距离慢慢扩大，就可以因为缝隙尺度的不同而产生不一样的关系——从采光，到视线对望，再到通道，甚至还可以有过街楼梯之类的。

07

01

02

三个单体的随机组合也能创造很有趣的空间效果。

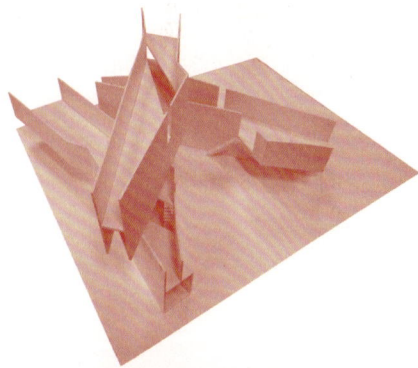

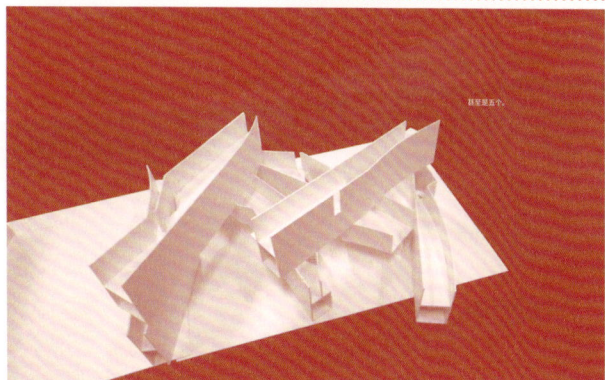

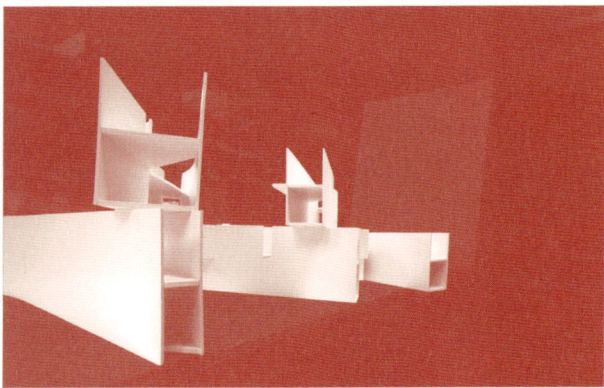
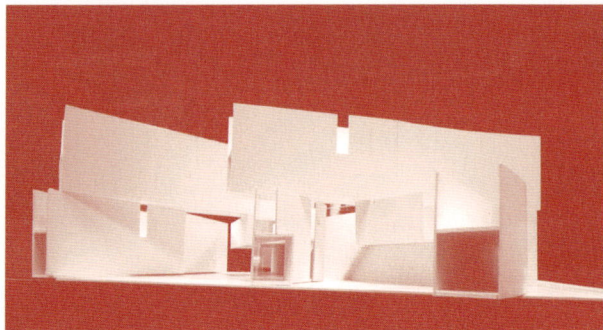
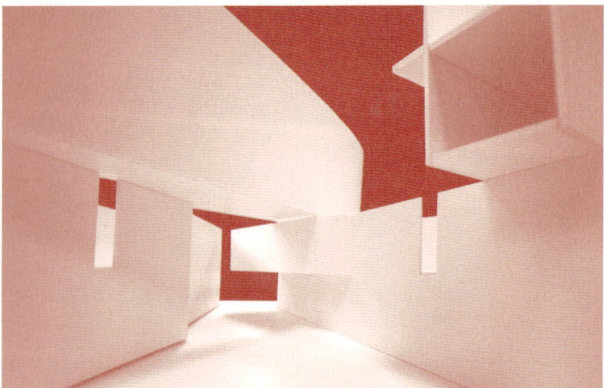
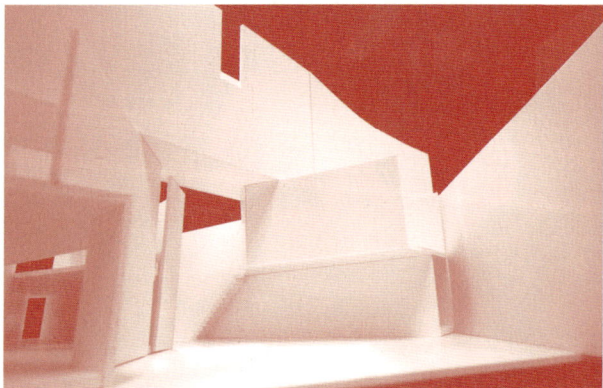
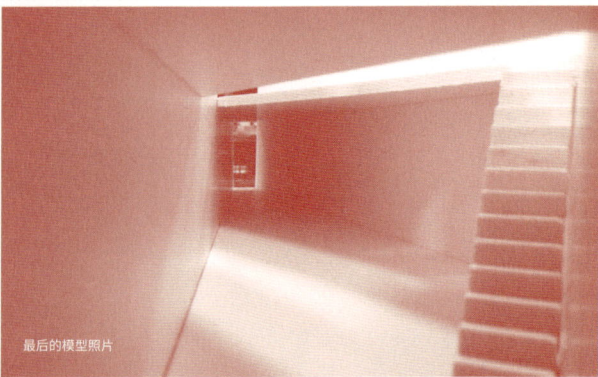

最后的模型照片

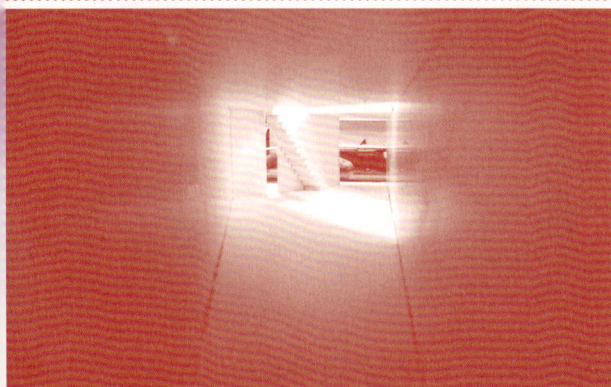
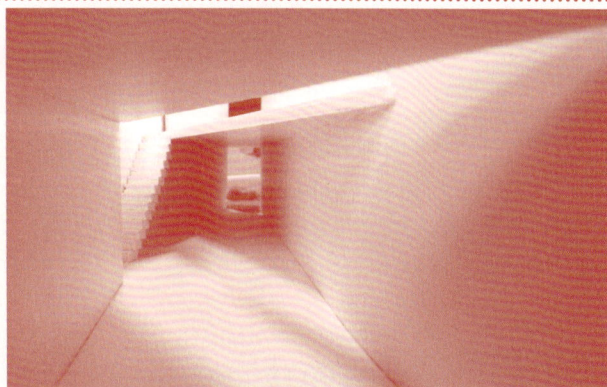
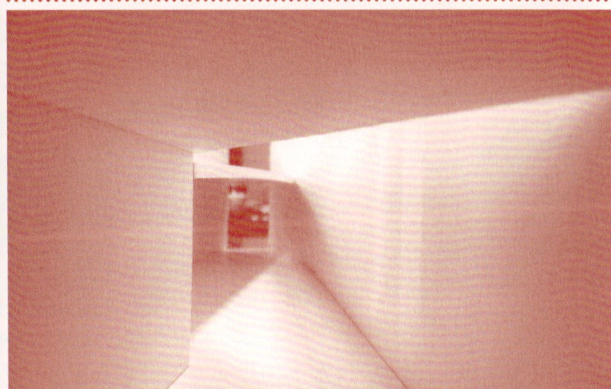

王昀简介

王昀 博士

1985 年毕业于北京建筑工程学院建筑系
　　　获学士学位
1995 年毕业于日本东京大学
　　　获工学硕士学位
1999 年毕业于日本东京大学
　　　获工学博士学位
2001 年执教于北京大学
2002 年成立方体空间工作室
2013 年创立北京建筑大学建筑设计艺术研究中心
　　　担任主任
2015年于清华大学建筑学院担任设计导师

建筑设计竞赛获奖经历：
1993 年日本《新建筑》第 20 回日新工业建筑设计
　　　竞赛获二等奖
1994 年日本《新建筑》第 4 回 S×L 建筑设计竞赛
　　　获一等奖

主要建筑作品：
善美办公楼门厅增建、60 ㎡ 极小城市、石景山财政局
培训中心、庐师山庄、百子湾中学、百子湾幼儿园、杭
州西溪湿地艺术村 H 地块会所等。

参加展览：
2004 年 6 月 "'状态'中国青年建筑师 8 人展"
2004 年首届中国国际建筑艺术双年展
2006 年第二届中国国际建筑艺术双年展
2009 年比利时布鲁塞尔 "'心造'——中国当代建筑
　　　前沿展"
2010 年威尼斯建筑艺术双年展，德国卡尔斯鲁厄
　　　Chinese Regional Architectural Creation
　　　建筑展
2011 年捷克布拉格中国当代建筑展，意大利罗马
　　　"向东方——中国建筑景观"展，中国深圳·香港
　　　城市建筑双城双年展
2012 年第十三届威尼斯国际建筑艺术双年展中国馆等

Wang Yun Profile

Dr. Wang Yun

Graduated with a Bachelor's degree from the Department of Architecture at the Beijing Institute of Architectural Engineering in 1985.
Received his Master's degree in Engineering Science from Tokyo University in 1995.
Received a Ph.D. from Tokyo University in 1999.
Taught at Peking University since 2001.
Founded the Atelier Fronti (www.fronti.cn) in 2002.
Established Graduate School of Architecture Design and Art of Beijing University of Civil Engineering
and Architecture in 2013, served as dean.
Served as a design instructor at School of Architecture, Tsinghua University in 2015.

Prize:
Received the second place prize in the "New Architecture" category at Japan's 20th annual International Architectural Design Competition in 1993.
Awarded the first prize in the "New Architecture" category at Japan's 4th SxL International Architectural Design Competition in 1994.

Prominent works:
ShanMei Office Building Foyer, A Small City of 60 Square Meters, the Shijingshan Bureau of Finance Training Center, Lushi Mountain Villa, Baiziwan Middle School, Baiziwan Kindergarten, and Block H of the Hangzhou Xixi Wetland Art Village.

Exhibitions:
The 2004 Chinese National Young Architects 8 Man Exhibition, the First China International Architecture Biennale, the Second China International Architecture Biennale in 2006, the "Heart-Made: Cutting-Edge of Chinese Contemporary Architecture" exhibit in Brussels in 2009, the 2010 Architectural Venice Biennale, the Karlsruhe Chinese Regional Architectural Creation exhibition in Germany, the Chinese Contemporary Architecture Exhibition in Prague in 2011, the "Towards the East: Chinese Landscape Architecture" exhibition in Rome, the Hong Kong-Shenzhen Twin Cities Urban Planning Biennale, Pavilion of China The 13th international Architecture Exhibition la Biennale di Venezia in 2012.

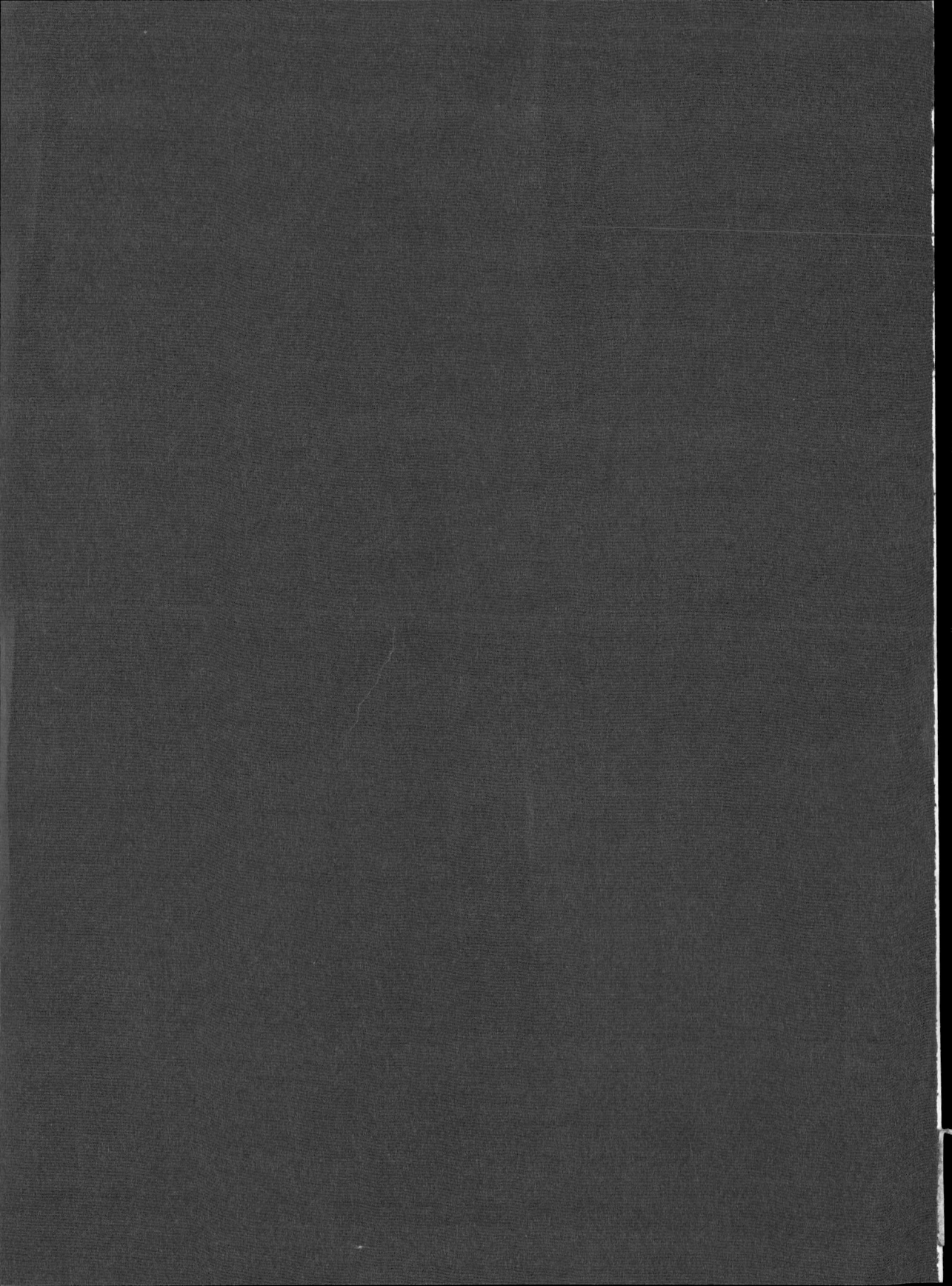